李雲漢——著

懷元廬存稿之一

雲漢悠悠九十年

本書作者李雲漢教授。
攝於民國73年5月4日，政大歷史研究所課堂中。

本書作者李雲漢教授與太太韓榮貞女士，互敬互祝。

目次

叄

壹　總述

引言

中華民國八十五（一九九六）年，我七十歲，出版了一冊學術自敘傳《史學圈裡四十年》。老友張玉法教授讀過後，覺得「意猶未盡」，建議我再寫一書談談「史學圈外」的事。我未作肯定的承諾，但也未曾忘記玉法兄的意見。心想：我雖是個平凡人，小人物，卻是生長在一個驚濤駭浪的大時代裡，青年時代經歷過不少風霜，四十年的公職也接觸到一些不尋常的人和事；身為近代歷史的研究者，有義務為所處的時代和環境作點證言。到民國一百零五（二〇一六）年，已經九十歲了，有了時不我待的感慨。基於此一觀念，乃將歷年所撰四十篇自述性文字彙編為一冊《雲漢悠悠九十年》，留身邊隨時翻閱，想從浮生往塵中獲得自我了解、檢討、安慰，甚至「感覺良好」的「享受」。

「光陰似箭，日月如梭。」是小學時代寫日記時常引用的語句，當時並不了解這句話的真實輻射力；進入老境，才真正體會到陶淵明詩句「歲月不待人」的況味。時常想：有生之年，還能做點甚麼事？要不要對自己的一生作個交代？感謝內子提醒我：寫篇數萬字的自述，把一生值得一提的事簡單的說明一下，就好。於是決定寫這篇「夫子自道」式的文字，列為《雲漢悠悠九十年》之〈總述〉。知己老友們，不會笑我「自我陶醉」罷！

戰亂中成長

七年前——民國九十八（二〇〇九）年，曾寫過一篇〈生平自述〉，首段介紹自己身世：

> 中華民國十六年（一九二七）農曆四月二十二日，我出生於山東省昌樂縣南鄉的一個小山村中。雖然父親曾從事於地方公職，我家基本上是個農業家庭，因此我具有一般農家子弟的性格：誠樸、敦厚、踏實、能耐勞耐苦，卻失之於固執，保守。這性格支配我一生，迄今賤齡已居八秩晉三，絲毫未有改變。

我出生的村莊，名叫「將軍堂」，是紀念一位明代（一三六八－一六四四）為國捐軀的將軍。父親名號是李煥亭，別號文齋，取《論語》〈泰伯〉篇「煥乎，其有文章！」之意。平心而論，父親應當算是一位奇人：他未曾入校讀書，卻憑自修認識一些字，長於珠算，可用蘇州數碼記帳，也曉得一些歷史掌故。曾做過一個小鎮的稅務主管，去青島開過煉油廠，四十歲之後被選入昌樂縣鄉鎮長訓練班，結業後任將軍鄉副鄉長、鄉長，歷十餘年。由於這一經歷，家鄉淪入共產黨統治後，難逃被殺害的命運！母親常氏，是位仍然纏足的舊時代婦女，善於女紅，待人和善，治家亦有方。父親遇難後，依舍妹蓮芳遷居內蒙，茹苦含悲數年之後，於一個雪夜裡抑鬱以終！

六歲以前的事，我毫無記憶。七歲那年——民國二十二（一九三三）年，父親送我進入族伯李蓮亭主持的私塾就讀。從此時起，有十五年（一九三三—一九四八）時間，是我由童年進入少、青年的成長時代。這段時間，並不平靜，先是四年地方匪亂，繼是八年全國抗日，再三年則是國共兩黨兩軍的內戰。就在戰亂相尋烽火連年的歲月裡，我讀了兩年塾學，三年初級小學，兩年高級小學，三年初級中學及三年高級中學，算是按部就班的完成了中等教育學程。只是中間曾因日軍進犯，兩度輟學。所以高中畢業時已經二十二歲了，頭上已發現幾絲白髮！腿上也留下了戰時露宿荒野感染疥瘡遺留的疤痕！

早年所受的教育，是戰時教育，也就是抗日教育。教科書中，教師口裡，軍訓場上，都是幾近沸騰的抗日仇日聲浪；高中畢業紀念歌詞首句就是「砲聲書聲相和，崎嶇奔波，抗敵偽，禦奸匪，全級動員」的真實寫照。我寫過〈我的小學時代〉、〈生活在敵後戰區裡〉及〈我的母校——山東省立昌樂中學〉三篇憶述文字，記述當時的教育制度和軍政實況，曾經邊寫邊流淚。回憶戰時生活，我寫出一段痛苦卻也悲壯的話：

> 熬過了八年艱苦的歲月，日本人在我們面前倒下去了。經過八年的煎熬，父母都已鬢髮斑白，田園也早破碎荒蕪，只有我，從戰火的災難與痛苦的磨練中，成長起來了。慶幸曾親身經歷過對日抗戰這一大時代，使我由童年進入青年的歷程有淚，有血，有恨，有愛，有絕望中的吶喊與掙扎，更有敢於面對橫逆奮鬥到底的勇氣和決心，無憂無懼！我在初來臺灣時的日記扉頁上，曾寫下引以自豪自勉的自我表述：暴風雨中成長的孩子，永遠留戀著暴風雨！

當然，小、中學時代的學生生活，也有一些值得興奮鼓舞卻也須作檢討的境遇。小學六年級時，因不滿意一位孟姓老師的教學態度，曾在課堂上提出他無法回答的問題（日本人侵佔我們察北六縣，請問是那六縣？），叫他受窘。結果被指責為「鼓動學潮」，被記大過兩次。很冤枉，但決定逆來順受。這是學生時代唯一一次受到的懲罰，腦板上留下個小小陰影。中學時代進入浪漫期，活動力加強，曾因幾句失敬言語惹怒了班導師霍先生，幾乎受到處分。學會了玩紙牌，有次與趙世傑玩個通宵，翹了課。也曾想報名參加知識青年從軍報國運動，因係獨子，未被接受。得到的鼓勵也不少，如初中二年級時即在戰時小報《戰地新聞》副刊發表過詩作，為紀念先叔父被日兵殺害，寫過《葉落餘響》小冊。曾被推為班代表參加演講比賽，獲得冠軍。高中入學考試獲中榜首，六學期中兩度當選班長，班史由我執筆，創辦石印班刊《幼稚園》。獲選為三民主義青年團山東支團昌樂中學分團部籌備處學生幹部，也增加了不少勇氣和信心。和我同為學生幹部的同學劉百魁、陳會傑、尹公斗、卞玉玟、宋繼修，於家鄉陷共後都先後渡台，追隨政府，算是「時窮節乃見」，也是「真金不怕火煉」；然否？一笑！

生死交關的年代：一九四九

民國三十八（一九四九）年，是中華民國中央政府在大陸大潰敗的一年；對我來說，則是一個生死交關，或者說死裡逃生的關鍵性年度。公職退休後，曾兩度為文憶述這段悽苦歲月的過程：一是民國八十六（一九九七）年撰寫的〈國破山河在：五十年前流亡生活追憶〉；一是民國九十八（二○○九）年為紀念來臺六十年撰寫的〈我的一九四九：回憶那段生死交關的悽苦歲月〉。前文曾發表於《山東文獻》季刊，獲得不少鄉友及同事的回應。後文為前文的補充，比較細膩、深入，卻只供自己及一二好友回味，或者說是憑弔！畢竟已是過去的事了！但心理上的傷痕是不會消褪的，曾經寫出一段心底中的話：

> 民國三十八年亦即一九四九，是我一生中首次經歷生死交關的慘痛境遇，心理上留下了終生無法消褪，哀傷而又慶幸的烙印！來臺灣六十年了，從未忘記那段悽楚哀痛卻又能化險為夷，或者說是絕處逢生的苦難歲月！

冷靜的回想一番，民國三十八年一年之內，我曾跨越過五大關；前四關是「生死關」，最後一關雖無生命危險，卻也是個勝敗榮枯的轉捩點。痛定思痛，簡單的說明一下吧！

第一關，是與父親冒了生命危險，從家鄉逃亡到青島的歷程。沿途都是共黨統治區，隨時都有被發現我父子的假身分（偽裝為鄰居），遭到拘捕遇難的危險。最危險的一次是在同學滕寶福教學的學校裡小住兩日時，遭到「區長」來盤查，若非父子隨機應變，編一套說詞，騙過這個「土八路」共幹，恐怕就要走向絕路。這位「區長」離去後，我才發覺身上出過冷汗。好險！好險！父子倆趕緊趁夜晚倉卒上路，經過四天四夜，提心吊膽，「成與敗，生與死繫於俄傾之間的冒險進軍」，終於到達國軍駐守的濱海城市青島。我在日記中寫出一句話：「這次逃離虎口，是生平第一幸事！」

第二關，是國軍自青島撤退時，我作了最痛苦卻也別無選擇的決定：移孝作忠；因而保存了性命，不會成為大陸上的孤魂野鬼。在青島，我原想半工半讀，或是找個小工作來扶養父親。但毫無人事關係，處處碰壁。戡亂局勢一天天惡化，首都南京已於四月二十三日棄守，共軍大舉渡江，上海保衛戰亦不樂觀，孤懸北疆的青島勢必撤退，乃是必然的趨勢。五月間，市面已出現各種謠傳！面臨暴風雨來襲前夕，不能不作「走」與「留」的決定。最好是父子一道走，但父親年事已高，身上創傷尚未痊癒，是走不了的。留，當然是死路一條。我曾到收容流亡學生的青年教導總隊報了名，但次日我又走出青教總隊的大門。無論如何，我不能放下父親不管，但苦心焦思，一籌莫展！最後的決定是：忠孝不能兩全，只有移孝作忠，父留我走！這是最痛苦的決定，父子是生離，也是死別！我在〈我的一九四九〉文中，寫出自我安慰的一段話：

> 舍此之外，別無生路。就這樣，我毅然簽字賣身為兵，把四十四圓現大洋的身價留給父親作生活費，把生命交給命運。這算是移孝作忠的行動，也是在忠孝不能兩全的困境中最有利的選擇：既可以以身報國，也保留了一線報仇的希望！我在兩年後之民國四十年的日記中，曾虛擬一封「寄給父親」的信，告訴父親：「不是嗎？只要有我這個兒子勇敢的戰鬥下去，你和媽才會有安慰，才會有希望！」

第三關，是冒了生命危險，「開小差」（當逃兵）離開勤務營，重回青年教導總隊；這一行動，避免了可能在粵海戰役中殉難的悲劇。青島穿上軍服後，運氣還不壞，被挑選進了第十一綏靖區司令部的勤務營，當二等兵。六月二日，護衛司令部登上「台北輪」，航向臺灣。到基隆在港中停泊半個月，再航向海南島的榆林、三亞地區駐紮。勤務營駐三亞，青年教導總隊駐金雞嶺。勤務營的裝備比野戰部隊好，訓練與紀律也最嚴格。我在想，以我文弱書生，待在勤務營會有甚麼前途？還是再回青教總隊吧！要好同學卞玉玟、楊學晏等都在那邊，那兒才是適合我生存發展的地方。這是以生命作賭注的冒險行動，當然要絕對祕密，只把這計畫偷偷告訴同班也是學生出身的張思駿一人，他決定隨我一道出走。我的計畫成功了，我和思駿順利的走到金雞嶺，找到卞玉玟，得到中隊長王其昌少校的許可，成為青年教導總隊第一大隊第三中隊的一名學生兵。這是個極為重要的命運轉折點，由於「出走」，竟能避免了可能葬身粵海的災難。事情經過，我在〈我的一九四九〉文中，作了如下的陳述：

> 我和張思駿「出走」後不久，勤務營即奉令扈隨劉安祺司令官調駐廣州。十月，廣州不守，劉司令官僅帶少數部隊轉戰至湛江登船撤退。由於有一部友軍叛變，危險到了極點，司令官本人都落了水。勤務營損失不輕，不少人有去無回。我如不「出走」，跟去廣州，當然凶多吉少。前年，思駿到我木柵新居來訪，我提起這一幕，慶幸當年的決斷與勇氣，他表示完全同意，說：「很多體力比我們強的人都未能回來，我們如去，肯定是悲劇。」

第四關，是與病魔戰鬥，苦撐了四個多月才穩住，九個月後才康復。我本滿懷熱望來到青年教導總隊的，希望能把自己真能鍛鍊成允文允武的人，有機會為父母報仇雪恥。卻沒想到，到金雞嶺不久，竟然病了。十一月間，已經有十六位同學葬身異鄉，包括昌樂中學同學孫熙烈在內。好幾位同學擔心我的病況，我倒未向最壞處去想，因為我曉得自己係由於逃亡以來長期遭受的困苦折磨與思親情懷形成的鬱結，而憂鬱成疾；再加營養不良，醫務室裡無藥可用，病情才每況愈下。同鄉同學王國安於所撰〈片斷的回憶〉一文中，為我病情記下一筆：

> 李雲漢病得黃焦蠟氣的只剩一把骨頭，在第三中隊的克難房子裡養病。見了他那副憔悴模樣，不禁黯然淚下！在那種連小魚干、蘿蔔乾都難以為繼的清苦生活條件下，「養病」，只能說是一天兩餐能熱湯熱水的填填肚子，獲得充分休息而已！可是正合了孟老夫子「天將降大任於斯人也，必先……」的話，虧有楊學晏、王夢麒、劉漢民、馮祝三等小老弟們熱心照顧，近乎奇蹟似的漸漸康復過來。不然，那會有今日這位馳譽中外的近代史學權威人物！

病中照顧我最多的人，是張思駿、卞玉玟兩兄，馮祝三管福利攤，不曉得從那裡弄來了數個小籠包子，叫我大快朵頤。給我送水的人是楊學武，時常抽空來安慰我鼓勵我幾句的同學，是孫約三、潘滌（字錫九，原名潘貴全）、王國安等人。孫約三、卞玉玟、張思駿和我還合力編刊一份壁報，獲得各中隊的冠軍，是我病中唯一的開心事。病情嚴重的時候，也曾擔心會不會「賫志以歿」！家恨國難尚未盡到責任，不甘心啊！還好，纏綿四個月後，逐漸好轉了，感謝上蒼眷憐！

第五關，是「再度出走」並離開軍營後，流落台北街頭，面臨山窮水盡的困境；卻意外邂逅趙景龍，告訴我流亡學生已被臺灣省政府收容在七洋大樓，要我隨他前往入住。三十八年十二月間，青年教導總隊奉令撤往台灣。我病尚未痊癒，卻又「禍不單行」，與思駿在榆林碼頭竟被勤務營發現，以「逃兵」押回三亞，關進禁閉室。又面臨死亡邊緣，卻處之泰然，拿父親常說的「聽天由命」來自我解脫。還好，禁閉七天後允許我倆隨隊登船，開往台灣，入駐台中。我仍不想困在勤務營，一個人終於找到個機會，再度「出走」，重回駐在太平國民小學的青年教導總隊。玉玟等老同學又驚又喜，分隊長孫建功上尉大力相助，又把我送進醫務室休養。半個月後，獲知小學老師孫鴻祿先生任教於台北縣立瑞芳工業職業學校，決定前往投靠。在玉玟等同學的安排，任教於台中一中兩位霍老師（梓坡師、蘭村師）的收容，在空軍聯絡單位服務之劉德楨同學的協助下，終於平安到達瑞芳，找到了孫老師。孫老師剛到校任教不久，沒法在學校為我謀個臨時小工作，兩天後帶我到台北市區來「尋親問友」，看看能不能為我找個落腳之處。首次在台北街頭「遊走」的經驗，是痛苦而又無奈的！我曾感慨言之：

> 愛國東路、杭州南路、濟南路、中正東路（今忠孝東路），大街小巷，轉了大半天，腳都痛了，飯也沒吃，而工作毫無著落，心想真的是面臨山窮水盡的絕境了，不禁一陣心酸！

沒想到，正當我走投無路的時候，意外的轉機出現了。孫老師和我走過中山南路一號臺灣省政府教育廳（今監察院）大門前，要入內小解，就在洗手間巧遇趙景龍，竟成為我否極泰來的起點。他倆一道走出來，告訴我，省政府已將大陸來台流亡學生收容在中正西路中央日報隔壁的七洋大樓，由教育廳供應飲食，已有十多位昌樂中學同學劉成仁、趙企增等住進去了。景龍對我說：「你就留下來吧，我們一道找出路。」這是我求之不得的機會，是生平最大的幸運事之一，當時興奮得幾乎要跳起來了。孫老師也如釋重負，給我留下新台幣三元，回瑞芳去了。我跟景龍去了七洋大樓，當晚見到白天在松山機場打工的劉成仁，又是一陣喜悅。我不迷信，這次卻真的應驗了「天無絕人之路」的諺語。住進七洋大樓——流亡學生的大本營，開始了生命歷程的新起點：以後不再一個人單打獨鬥，靠政府，也只有政府才是最大的靠山。政府終於設立了臺灣省青年服務團，為我們舖出一條服務於國家社會的道路。

磨劍歲月：高等教育歷程

唐代詩人賈島（七七九－八四三）有一首題為〈劍客〉的詩：

十年磨一劍，霜刃未曾試；
今日把示君，誰有不平事？

我喜歡這詩的豪氣。老同學林義杜為他服務的長青聯誼協會創會十週年，也曾以〈十年磨一劍〉為題，撰文祝賀。我想：到臺灣後陸陸續續接受高等教育，歷時也十年（一九五〇－一九五七，一九六七－一九六九），以「磨劍歲月」為題一述顛簸動盪的求學歷程，應當很妥切。

談到高等教育歷程，首先要感謝政府的資助，因為多次入學是靠政府公費。也要為自己的努力，暗自肯定：因為多次升學深造，都是在試場中獲得優勝。概略言之，我的高等教育歷程有六個階段：

一為臺灣省青年服務團受訓，民國三十九年（一九五〇）三月至八月。時年二十四歲。團址在台北圓山。六個月的教育，分兩階段：前期四個月為綜合教育，注重政治及思想；後期兩個月分科，我選「新聞編輯」。結業後未參加服務團隊，升學行政人員專修班。

二為臺灣省行政人員專修班（後改稱臺灣省行政專修班，民國四十四年（一九五五）併入臺灣省立法商學院，為今日國立臺北大學前身），讀二年制教育行政科，民國三十九年十月入學，四十一年（一九五二）七月畢業，獲專科學校畢業資格。班址初在台北圓山，繼遷台北大直，與青年服務團同一院落。畢業後，報考全國性公務人員高等考試，獲得錄取。

三為陸軍軍官學校預備軍官訓練班暨陸軍步兵學校預備軍官訓練大隊受訓，自民國四十一年八月至四十二年（一九五三）七月。校址均在臺灣鳳山。是為大專院校畢業生接受預備軍官訓練之第一期。養成教育在軍校，分科教育在步校。獲授陸軍步兵少尉官階，其後三度應教育召集，入營擔任少尉排長，每次一至一個半月。

四為受聘為臺灣省行政專修班教育行政科助教，兼辦訓導工作。仍隨堂聽課，策劃並參與學術及參觀活動，私下仍認為在學習階段。為期一年兩個月——自民國四十二年八月至四十三年（一九五四）十月。班址在台北大直（今為臺北市立大直高級中學）。曾寫過一篇〈助教工作的回憶〉，說明我的心得和感想。一件十分得意的事，是與科主任前國立長白師範學院院長、考試院考試委員方永蒸（蔚東）教授，成為忘年之交。

五為甫行在台復校的國立政治大學研究部，就讀於教育研究所。校址在台北木柵（當時木柵尚屬於臺北縣，係一農村）指南山下。係以公務人員高等考試及格之資格考取入學，於研讀兩年通過碩士學位考試後，奉准延長公費一年，留校補讀大學本科所需學分。民國四十三年十一月入校，四十六年（一九五七）六月離校。同時獲授碩士學位證書及大學部教育系畢業證書，此情形似為「空前絕後」。

六為政大教育研究所畢業後十年，考取中國國民黨中央黨部之出國研究公費，去美國進修兩年；自民國五十六年（一九六七）二月至五十八年（一九六九）二月。時年已四十歲，成家也已十年，兒女正讀小學。以著作《從容共到清黨》一書受到哥倫比亞大學韋慕庭（C. Martin Wilbur）教授重視，主動向哥大東亞研究所（East Asia Institute, Columbia University）推薦，聘我為訪問學人（Visiting Scholar）。有間研究室，可以任意聽課及進出圖書館，參加教授每月一次之演講及討論會（Faculty Seminar）。同時得紐約聖若望大學（St. John s University, New York）亞洲研究中心（Center of Asian Studies）主任薛光前博士推薦，至該中心主修亞洲史，獲授碩士學位。

回顧「磨劍十年」期間，真的是百感交集。青年服務團受訓初期，病還沒完全好，營養也不足，更加思念父母，情感變得很脆弱，時常找個空曠之地，痛哭一場。三十九年五月以後，健康才好轉，開始在《團刊》以及《自由青年》雜誌寫點小文章。結訓時，總成績竟為全團六百餘人的第三名，帶給我意外驚喜，也恢復了應有的元氣和勇氣。服務團後期，曾與山東及河南籍的幾位同學徐廣霖、郭增學、孫國勛、鄭源慧等，編刊過《黃河》壁報，頗獲好評。

青年服務團訓練結業後，想進一步充實自己，所以未參加服務團隊，逕行升學臺灣省行政人員專修班。因為是「班」，非「校」，曾被就讀台大及師範學院（今臺北師範大學）的幾位同鄉，笑譏為「雜牌軍」。最大的困難，是窮，難以想像的窮。教育部每人每月只發給公費六十元，伙食費卻需六十二元，連牙刷牙膏都買不起，怎麼會不一副寒酸相呢！但精神是昂揚的，非常珍惜這難得的進修機會。我曾當選第四屆級會總幹事，以「服務熱心，精明能幹，頗為全級同學所愛戴」，班主任上官業佑先生頒令記功一次。畢業時，考選部主辦的高等考試正開始報名，我們去報考，辦事人員竟懷疑這個「班」是否具有專科學校資格，經向教育部查證後，才勉強接受。等到年底放榜後，我班同學竟佔教育行政人員類錄取名額三分之一，大家才刮目相看。我倖被錄取，且名次在前十名內，當然對自己又增加了不少信心！

軍校受訓，我也是抱著戒慎悚懼的心情。我的個性與體力，不適合軍中標準，然政府的決策不能違背，硬著頭皮進了軍官學校。還好，軍校教育沒有想像的嚴重，也由於係首次舉辦大專應屆畢業生預備軍官訓練，隊職官們都小心翼翼，態度溫和而良好。我也盡心盡力，但術科總是不及格，學科成績倒還好。後期分科教育到步兵學校後，竟然曾被推選為第五中隊第二任「學員長」，當了一個月的「隊職官」。結訓時，我的總成績是全中隊的第二名，蒙當時的陸軍總司令孫立人上將召見。一年來的辛苦，總算有個不錯的代價。

在我高等教育歷程中，考進國立政治大學教育研究所就讀，是生活史上的分水嶺，也是個新起點。民國九十三年（二〇〇四），曾寫出一篇〈指南山下話當年——五十年前就讀政大研究部的回憶〉，說明三點：一是在試場上打贏了一次硬仗，圓了中學時代即嚮往的「大學夢」，值得珍惜；一是政大復校伊始，無大廈卻有大師，教育環境深感滿意，引以為榮；一是個人生命史中注入了新動力，燃起了新希望。對於「新動力」，我的解說是：

> 生命的新動力源自何方？一是國家前途展現出明豔的曙光；一是知心女友也是一生伴侶的強力鼓舞，使我堅定了信心，也鼓足了前進的勇氣。

政大三年，是我二十八歲至三十一歲的壯年期，對人生的體會更深一層，開始寫學術論文，想向學術道路發展。寫過的論文，有兩篇值得一提。一是民國四十四年（一九五五），首度參加教育部與中國國民黨中央委員會聯合舉辦的三民主義論文比賽，獲得大專組第一名，受到校長陳大齊（百年）先生熱忱嘉勉，親題親贈他的兩種新著《荀子學說》及《印度理則學》，為老人家校長任內的首例，也是特例。一是民國四十五年（一九五六）撰寫的碩士論文〈中等學校公民教育目標與教材的研究〉，經指導教授王鳳喈、校外委員楊亮功、查良釗、校內委員陳雪屏、吳兆棠五位資深教授組成小組，進行審查並口試，毫無阻難，一致通過，分數還不算低。陳雪屏師於口試場中對我說：「初次寫學術論文，不容易！這才是學術工作的開始，還要加倍努力！」

離開政大十年之後——民國五十五年（一九六六），我才又得到機會到美國進修兩年。其實十年來，我未曾放棄出國進修的希望，內子不斷鼓勵我，服務機關主管羅家倫（志希）老師也這樣期許。不過，我家庭新立，毫無經濟基礎，要出國讀書，必須考公費。最好是帶職進修，薪水照領，不致影響家人生活。等了十年，才抓到這樣的機會——當然，是經過試場中的競爭，才脫穎而出。已經四十歲了，這機會當然要珍惜；兩年的公費得來不易，如何作有效運用以求有最大最佳效果，確曾與內子深思熟慮，決定進紐約的哥倫比亞大學。留美細節，我在《史學圈裡四十年》第二章〈留美生活〉中有所陳述。回國四十八年之後的現在回想起來，覺得有三點感到滿意。其一，開展了治史視野，擴張了知識領域。其二，增強了英文運用能力，留給哥倫比亞大學的英文論著以及聖若望大學多篇英文期末論文，都是自己親筆，討論會上也曾以英語發言。其三，結識了中國近代史領域內數十位中外學者，有利於中外史學研究的交流與合作。韋慕庭、薛光前、梁敬錞、唐德剛等先生已經作古，李又寧、陸培湧、葉嘉熾等也已退休，還不時函卡存問，十分難得。

黨史會服務四十年

政治大學教育研究所畢業前夕，考慮到就業問題。前所長陳雪屏先生曾提示過：

> 不外兩途：一為事功，一為學術。要走那條路？要依據自身條件——智慧、能力、志趣、體力、家庭環境等，作冷靜理性的考慮。

我了解自己是個資質平庸個性內斂的人，拙於言詞，卻喜歡平靜、閱讀、寫作，有力求向上的進取心，且有堅定不移的耐心與毅力。因此對未來的規劃，傾向於學術研究。剛好中國國民黨中央委員會黨史委員會（以下簡稱黨史會）主任委員羅家倫先生，希望政大教研所推薦幾位應屆畢業研究生到黨史會服務，負責所務的沈宗執講師徵詢我有無應徵意願，我答應去與羅先生一談。羅先生也是政大教研所師長，講授「民族主義研究」，我選過課，他也評閱過我的期末論文，所以並不陌生。記得是七月上旬的一天清晨，我去台北市潮州街九三號羅公館去見羅先生作「面試」，談話半小時，就定了案。其後，羅先生寫信給副主任委員狄膺（君武）先生，提到對我的印象：

> 其人沉著謹慎，向學之興趣頗強，能安心坐下工作。

我樂於到黨史會工作，有幾項理由：黨史會是學術機構，有豐富的史料可資利用，適合我的志趣；環境單純而安定，不會有人事糾紛，可以久於其職；羅先生是史學名家，研究工作需他經常指導；羅先生告訴我，在台中市有一棟日式眷舍，我結婚後可申請入住。可是有人認為黨史會是個冷機關，沒什麼好幹的，新聞研究所同學李鑫矩即曾勸告我，不要走這麼冷僻的路。我卻固執的走上這條路，一走就是四十年，無怨無悔；在安定中致力於中國近代史學研究，略有小成，認為自己選對了路——即便是一條漫長而艱苦的路！

黨史會四十年（民國四十六年至八十五年，一九五七—一九九六）的經歷，明顯的分三期：一是工作人員時期，歷時一十八年；二是副主管時期，歷時一十二年；三是主管時期，歷時五年。工作人員時期是基層磨練時期，又分兩個段落：一是「乙等職」階段，做了十年；二是「甲等職」階段，做了八年。依當時中國國民黨中央委員會人事法規，工作人員區分為甲、乙、丙三級：甲等職包括專門委員、總幹事、纂修及秘書，相當於政府公務系統中的簡任職；乙等職包括幹事、編審及視導，相當於公務員系統中的薦任職；丙等職為助理幹事、服務員，相當於公務員系統中的委任職。我初到職時的職稱是編審，屬乙等職階層。民國五十八年（一九六九）自美回國後，升級為專門委員，繼之為總幹事、纂修，屬甲等職階層。和我同時進入黨史會也有同樣經歷的政大教研所同學蔣永敬兄，在其回憶錄《浮生憶往》中認為初進黨史會的工作，是做「學徒」，不是沒有道理，因為我們是從最基層的史料管理工作開始。

我於民國四十六年八月向黨史會報到，主任委員羅家倫先生派我到遠在南投縣草屯鎮郊外的「荔園」（黨史會典藏室所在地）去工作，目的是要我接近史料。雖然苦些，卻也值得。十月，與時任省立桃園中學教師的女友韓榮貞小姐結婚。次年一月，內子由桃園遷往台中市定居。家，帶給我無限溫暖，卻也加重了多重責任；女兒及兒子相繼出生，負擔加重。我與內子都是窮學生出身，白手起家，毫無積蓄，雖各有一份工作，不足以應付兒女養育教育需求，不能不早作準備。於是先找份夜校教職，旋又改為逢甲學院兼課。黨史會的公務一點也不能馬虎，十年中有九年考績列一等。研究工作亦未嘗放鬆，繼《黃克強先生年譜》之後，又以四年時間，完成《從容共到清黨》一書初稿。到民國五十五年（一九六六），才有了「時來運轉」的喜悅：《從容共到清黨》獲得中山學術文化基金會首屆學術著作獎，也考取了中國國民黨中央黨部出國研究的兩年公費。乙等職任內十年的辛勤耕耘，總算見到預期收穫，感到安慰，也引發了進一步的人生規劃與更加堅定的勇氣與信心。

民國五十八年（一九六九）二月自美歸國後，進入「甲等職」工作人員時期。羅主任委員因病退休，由黃季陸先生繼其任。黃先生也是政大師長，希望多給我考驗機會，先派我去「荔園」主持史料清點及編目製卡工作，年底又要我回台北，以第二室總幹事兼辦中華民國史料研究中心（黨史會與國史館聯合設立之研究服務機構，設於新店青潭國史館內）業務。我家亦於五十九年（一九七〇）六月遷住台北市，兒女也分別升入台北市頗有名氣的小、中學。內子在省立台中商業專科學校已具有講師資格，遷來台北後卻喪失了其後升遷副教授的機會，她不以為意，我卻深感歉疚，是終生難以彌補的遺憾！

黃季陸先生是黨國元老，也是位有遠見的達人，政治上是位「不倒翁」，學術文化領域內也有不少建樹。主持黨史會後，以「公開史料，便利研究」為政策，調整人事，購置科學管理儀器，並與國內外史學機構及學人進行合作。我和永敬分別在職務範圍內力求開展與創新，黨史會出現了新氣象。美籍青年歷史學者馬時梓（Herman Mast III）曾在《亞洲研究季刊》（Journal of Asian Studies）以〈國民黨黨史委員會的變化時代〉（Changing Times at the Historical Archives of the Kuomintang）為題，發表專文，其中有這樣一段話：

黃季陸繼任主任委員後，發動了一系列的改革，重要的職位首次由研究有成的學者擔任。蔣永敬被任為秘書，李雲漢任徵集室總幹事，蔣主要負責草屯史庫的管理與監督，李負責史料的蒐集出版，並擔任主任委員辦公室與有意到黨史會作研究之外籍學人間的聯繫。

我在台北工作後第二年——民國五十九年（一九七○），由黨史會報請經中央委員會核定，被列入「特保績優人員」名單，與行政院提出之軍、公、教特保績優人員同時接受表揚，並與蔣中正總統合影留念。中央委員會秘書長張寶樹贈送一部臺灣商務印書館新版《辭源》，頗合我意。已將此書帶去美國，供女兒女婿隨時查考，也有留作紀念之意。

然而，好景不常。黃主任委員於任職兩年六個月之後，年已七十有二，依例於民國六十年（一九七一）五月自黨職退休，專任國史館館長。黨史會主任委員職位由副主任委員杜元載（賡之）先生升任，政策大變。永敬辭去秘書，轉任纂修。我也辭去第二室總幹事兼職，專任居於幕賓地位的纂修，惟仍兼辦中華民國史料研究中心業務，不斷跑青潭，與黃先生反而更接近，受益也更多。由於我參加考試院主辦之甲等特種考試以「最優」成績及格，被分派到國史館任簡任職纂修，成為黨政兩棲人員。及至民國六十六年（一九七七），國史館主任秘書出缺，黃館長要我接任，於是成為國史館專職人員，歷時兩年。我曾寫過一篇〈我在青潭〉，也在《史學圈裡四十年》中列有〈我在青潭〉一章，敘述我與中華民國史料研究中心、國史館暨黃師季陸先生的深厚情誼。記不清與黃師在公、私場合談過多少次話，印象最深影響最大的一次，是談為人處事的道理，我作的記錄是：

> 黃先生時常現身說法，把一些做人處事的經驗告訴我。在一次談話中，黃先生說他的為人有四個字：忠厚和平。忠厚所以待人，和平所以處事，就由於這四個字，使他只有朋友，沒有敵人，成為大家所一致公認的彌勒佛，不倒翁！我一直都牢牢的記在心裡，一個人能做到忠厚和平，做人處事都會無往而不利！

民國六十四至六十六年（一九七五—一九七七）間，黨史會的主持人更迭很快。杜元載主任委員於六十四年（一九七五）病故，中央遴請東海大學文學院院長、書法家蕭繼宗（幹侯）先生繼其任。蕭主任委員只做了一年，中央黨部人事大改組，蕭轉任副秘書長；原任副秘書長秦孝儀（心波）先生，接任黨史會主任委員。這一變動，表面上與我無關，實際上卻叫我經歷了一段由「出走」到「回歸」的突破性過程。「出走」，係於六十六年自黨史會退休去國史館專任纂修兼主任秘書，秦主任委員並未慰留。「回歸」，係秦主任委員於六十八年寫信給黃館長，要我「仍回黨史會，分任繁瑣」，並已報呈中央常務委員會議任命我為副主任委員。時黨史會已遷入台北市陽明山的「中興賓館」（蔣中正總統夫婦的避暑行館），秦主委為其改名為「陽明書屋」。我於六十八年八月去陽明書屋向秦主委報到，開始了我在黨史會的副主管時期。這年我五十三歲，尚在壯年，不盡全力建立信譽，尚待何時？私下已以黨史會作為生涯規劃的最後港口！

依我對秦孝儀先生個性與作風的了解，心中也是憂喜參半。秦先生，湖南籍，有才華，具文采，曾任蔣中正總統之文學侍從秘書二十五年，自有其過人之處。黨中央副秘書長任內，「權高於位」（他自己也承認），脾氣大，對下屬要求超級嚴格。他來主持黨史會，我和永敬都有點憂慮，彼此了解顯然不足。他送走我後兩年，又破格拔擢為副手，似乎並不尋常。黃師及內子均曾提醒我，回會後要竭盡忠誠，全力以赴，不能稍有差池。我到職後首次與秦先生見面時他說的一席話，令我終生難忘：

> 我們先小人，後君子，先說不大好聽的話。你是黨史會老人，有學識，有能力，但你有個大毛病：傲上。沒有人會和我抬槓子，你卻曾和我爭執過，抬槓子。這些我都不在乎。我要的是能做事的人，要你回來，就是要做事。

秦先生把他的近程及長程計畫約略的告訴我，要我好好規劃，並說：「以後要看你的了，放開手做罷。」聽過秦先生的批評與囑託，心情沉甸甸的，卻也十分興奮。我不怕做事，更喜歡做事，秦先生給了我放手做事的機會，不能辜負他這份知遇。以後十二年內，黨史會的大型編纂工程、國際學術會議及對國內歷史教育的推動，學術機構及團體的聯繫與合作，我幾乎無役不與，克盡棉薄。雖不能做到令秦先生事事滿意，卻無大疵可議。尤其是秦先生於民國七十二年（一九八三）出任故宮博物院院長後，我的負擔更重了一些；由於會中諸同仁通力合作，會務推動未受影響。秦先生曾對我說過一件事：有位立法院立法委員問他：你故宮院長夠忙的，是否會影響黨史會工作？他回答：不會的，因為我有位得力的副主任委員。當然，這是秦先生有意對我的口頭勉勵，希望我更加努力！

民國七十六年（一九八七）一月間，我在毫無預警的情境下，收到中央委員會以主席蔣經國先生名義，頒贈給我一座華夏一等獎章。經查詢，始知是秦主任委員的德意，是他專案為我申請的，嘉勉我辦理四次大型學術會議的辛勞。〈獎章證書〉原文是：

> 黨史委員會七十年起，先後舉辦四次大型學術性會議，所有會前之策劃籌備，主題之構思，學人之聯繫邀約，論文之分組調配，李副主任委員雲漢同志襄助獻替，實任其勞。其識遠慮深，縝密將事，使大會圓滿成功，深獲國際學人之交譽，有以致之。特頒華夏一等獎章壹座，用示酬庸。

秦孝儀先生誕生於民國十年（一九二一）三月，至八十年（一九九一）三月已屆七十週歲。依據人事法規，一級單位主管滿七十週歲即應申請退休。他尊重制度，提出申請。當時的黨主席是李登輝先生，秘書長是宋楚瑜先生，核准秦先生於四月一日起自黨職退休。我也打算於秦先生退休後辭職，讓新任有提任副手的方便。黨史會主委接任人是誰？有人已浮出檯面。但秦先生堅持由我來接棒，他說這是為闡揚黨史的全局作考慮，非個人問題。李主席、宋秘書長接受秦先生的推薦，核定由我先行代理黨史會主任委員職務，一年後真除。於是我在黨史會的服務進入第三階段——也是最後一個階段：主管時期。年已六秩晉五，已被視為年長一輩了。

黨史會成立於民國十九年（一九三〇）五月，是中央黨部最早設置的一級單位，主管一向是黨國大老或著名學者擔任；我是首位由基層升遷上來的主管，被認為是「弱勢主管」。更加黨中央正進行縮編，人員與經費均裁減三分之一，做事不無困難。我曾力爭，且曾當宋秘書長面與其親信爭辯，也無能為力。劉世景委員把這情形向秦先生報告，秦先生坦誠以告：「逆勢來了！不僅李主任委員擋不住，即我仍在黨史會，也抗不住。」這是對我的安慰，也是無形的鼓勵！

面對現實，我沒有退縮的餘地。秦先生開創的局面，必須維持下去，明顯的三大任務——孫逸仙博士圖書館的存廢、民國建國八十年慶典以及建黨百年（民國八十三年，一九九四）慶祝活動，必須立即行動，而且只能成功，不能失敗；否則，將成為罪人，抱憾終生。

孫逸仙博士圖書館，原是大陸時代的中山文化教育館，係為紀念孫中山先生而創設的，收藏了不少已絕版的珍貴書籍。遷來臺灣後，隸屬於中國國民黨中央秘書處。民國五十四年（一九六五）移存於新建立的國父紀念館內，更名為孫逸仙博士圖書館，館名為蔣中正總統兼總裁親題。秦孝儀先生接長黨史會後，中央決定該館改隸黨史會。今黨部勵行縮身，負責規劃縮編編制的中央委員會副祕書長兼財務委員會主任委員徐立德擬廢除此館，惹得中央評議委員陳立夫先生不滿，寫信給秦孝儀先生表示憤慨，要求補救。秦先生把立夫先生的信轉給徐副秘書長，另複印一份給我。我職責所在，也寫信給徐副秘書長力陳保留此館的必要，但徐不理會。我去宋楚瑜秘書長辦公室陳情，宋只允保留館長職稱，編制仍須歸併。我深感汲深綆短，徒呼負負。民國八十二（一九九三）年三月，宋秘書長出任臺灣省政府主席，許水德先生接任黨中央秘書長，我才又上呈請求在不增加員額及經費原則下，恢復孫逸仙博士圖書館建置，獲得許可。我在日記中寫出自己的感想：

> 孫逸仙博士圖書館遂恢復為黨史會建制內之一單位，對內對外均可有其自主立場以服務社會大眾。簽請派林泉教授為館長，他亦欣然接受。我三年來的一樁心事，終於獲得解決，自然也感到安慰。

民國建國七十年時，秦主任委員曾發動舉辦一次國際性學術討論會——「中華民國建國史討論會」，我參與籌備，各方反應良好。七十九年（一九九〇），秦主委認為建國八十年更應擴大慶祝，於是聯合國史館、中央研究院近代史研究所、中國歷史學會及教育部，共同舉辦一次「中華民國建國八十年學術討論會」，推秦先生為總召集人，籌備工作則由黨史會負全責。籌備工作於七十九年十一月開始，次年四月秦先生自黨職退休，責任遂由我來承接。秦先生於四月十八日在陽明書屋接受宋秘書長頒贈實踐一等六星獎章典禮中講出一些語重心長的話，特別提到：

> 希望大家支持這個學術會議，讓它開得比過去更盛大，更收穫豐足，更加在國際上能夠發揮它應有的作用。這是我非常馨香禱祝的一件事。

秦先生這段話，無異是對我下的指令，我深受感動也心情沉重。如此重大責任，我能做到令人滿意嗎？我在日記中作了自我期許：

> 中華民國建國八十年的國際學術會議如果辦不好，黨史會將何以自處？我又將如何對秦先生的提拔與厚望，作一交代？我不會拆爛污，決心克服當前的困難，把這次國際性學術會議，開得和以前那幾次一樣的成功。

我的困難在那裡？一是人力不足，一是經費無著落。人力問題，所幸黨史會已退休同人劉世景、吳純瑜、陳立文等，均願留會義務服務幾個月，待討論會結束後再離去；我也向中央秘書處、中央文工會、國史館借將，並懇請李副秘書長文哲兄組成小組，全盤負責會場的英譯。經費方面，寄望於教育部。當時的部長是毛高文先生，他原則同意支持，卻遲遲不作肯定承諾，我和劉世景兄跑過多次教育部，並面請次長施金池以中央委員身分促成，然也無功。最後想到國際文化事業教育處處長李炎先生，他是我革命實踐研究院研究班第十五期同學，請他玉成，他一口答應。我在日記中，寫下一句：「這次國際學術討論會之如期舉行，李炎先生實屬功不可沒。」

討論會於民國八十年八月十二日至十五日在台北市圓山大飯店揭幕，有中外學者暨各史學機構、大學研究人員二百三十人參加。開幕式由秦院長孝儀先生主持，總統府秘書長蔣彥士先生宣讀李登輝總統書面賀詞，副總統李元簇先生以「中華民國建國史的基本認知與發展方向」為題，發表演說。各新聞媒體也都作了詳細報導。討論會如期舉行，圓滿閉幕，宋楚瑜秘書長深感滿意，要我在中央常務委員會議席上作一次專題報告；我提出四點建議，經中央秘書處錄案通知各有關單位從政主管同志，「請參酌辦理」。

更具歷史意義，範圍也更廣闊的任務，是慶祝中國國民黨建黨一百週年各項活動的策劃與執行。中國國民黨以興中會成立之日為建黨之始。興中會係孫中山先生創立的第一個革命團體，於西元一八九四年十一月二十四日成立於夏威夷火奴魯魯（Honolulu, Hawaii），國人稱之為檀香山。到民國八十三年即西元一九九四年十一月二十四日，即屆一百週年。我在任內遇此大慶，十分高興，在《史學圈裡四十年》中寫出我的心情：

> 人逾百齡，即為人瑞，黨逢百年，自屬大慶。我在黨史會主管任內，逢此吉慶，這是百年不遇的大好機會，心裡感到萬分的興奮。

建黨百年大慶前二年——民國八十一年（一九九二）十一月，黨史會即開始策劃各項學術性活動。百年大慶，是全黨上下都應當熱烈慶祝的大事，必須由中央常務委員會議作成決議，通令各級黨部一致遵行。因此，我於十二月十六日在中央常務委員會議席上，以「弘揚黨史的新情勢與新方向」為題作一次報告，除將黨史會的規劃作簡略說明，請求准予備查外，也希望中央發動各級黨部全面慶祝。中央常務委員會議聽取我的報告後，作了如下決定：

> 黨史委員會致力於本黨史料的徵集、維護與弘揚，以鞏固黨基、光大黨魂、黨德，著有績效，今後面對新情勢之挑戰，更改進工作觀念與方向，應予肯定和嘉勉。
>
> 李主任委員雲漢同志所提「弘揚黨史的新情勢與新方向」報告，准予備查，有關準備建黨百年大慶事宜，請中央委員會妥為規劃辦理。

民國八十二年（一九九三）年，我即將慶祝建黨百年大慶之籌備工作，列為工作重點。數度召集副主任委員及各室總幹事會商，並經業務會報討論後，確定「黨史委員會慶祝建黨一百週年工作要項」一種，內含十項：

一、召開國際學術會議
二、編印黨史叢書
三、擴大開放史料
四、擴大徵集海外本黨革命史料及文物
五、徵選本黨黨史優良著作
六、擴大舉辦本黨革命建國史蹟展覽
七、舉辦中華民國史著史料特展
八、舉辦「青年知識份子與中國國民黨」座談會
九、近代中國出版社籌辦系列活動
十、舉辦電視講演及座談

十項工作，每項都包括多種或多層次活動，需要全體同志勉力以赴。我要求諸同仁四點：人人盡責，事事落實，在在勤懇，日日進步。諸同仁確是克盡全力，籌備工作進行順利。我在《史學圈裡四十年》中，說：

> 民國八十三年一年內，黨史會全部人力均投注於建黨

一百週年慶祝活動中，無一閒人，無一呆事。

十項工作中，第一、二、三項為「重頭戲」，功效最顯著，影響力也廣闊。尤其是召開一次大型國際學術會議，主要構想出於我的思考，我確也殫精竭慮，期於圓滿。八十二年九月四日，邀請國史館館長瞿韶華先生、中央研究院近代史研究所所長陳三井先生、國立故宮博物院院長秦孝儀先生暨中國歷史學會理事長宋晞先生會商，決定四事：

討論會名稱：定名為「國父建黨革命一百週年學術討論會」

主辦單位：國史館、中央研究院近代史研究所、國立故宮博物院、黨史會、中國歷史學會。

日期及地點：民國八十三年十一月十九日至二十三日，在台北市中山南路二十號國立中央圖書館舉行。

籌備及費用：主辦單位負責人組成指導委員會，黨史會主任委員為召集人；黨史會同仁組成工作委員會，辦理籌備工作。費用亦由黨史會負責籌集。

民國八十三年十一月十九日上午九時三十分，討論會正式揭幕。邀請總統兼黨主席李登輝先生在開幕式講話，卻因新黨同時間在中正紀念堂廣場舉辦活動，人潮蔓延到中央圖書館正門，李先生到達時只好先到地下室，再搭電梯到會場。與會學者也有人被阻止於中央圖書館正門外，以致會場內有不少空位。我是主辦人，感到難為情；好在李主席沒說甚麼，一切按程序順利進行。我對討論會的規模與氣氛，曾作如下的敘述：

應邀參加討論會的中外知名學者及獲邀以觀察員身分到會的青年學人，比預定的名額超出甚多，計共三百餘人。其中有五十多人係來自美、英、法、德、俄、日、韓、拉脫維亞、新加坡、澳大利亞、香港等國家或地區，率皆飽學知名之士。俄羅斯及拉脫維亞兩國學者之參與盛會，係屬首次，頗為各方所重視。更有日本慶應大學之博士研究生多人志願以自費前來參加，至受歡迎。國內則有五十餘所大學及研究機關之學者、專家及青年研究人員與會，各著名傳播媒體之社長、總編輯等亦應邀參與討論，正所謂少長咸集，濟濟多才，處處洋溢著熱情與溫馨。

第二項中心工作出版紀念叢書，經與有關同仁數度商酌，決定出版黨史著述十五種，內三種為專著，十二種為編著。其後有兩種編撰不及，實際如期於黨慶日出版者十三種，包括我著《中國國民黨史述》在內。第三項擴大開放史料，確也煞費苦心。因為這是史學界的共同期望，也是順應國際檔案文獻管理與開放的趨勢，但此事涉及黨的整體政策，非黨史會所能決定。我決定循序漸進，先於八十二年十一月二十四日向中央常務委員會議作報告時，建議擴大開放史料，中常會決定「由中央委員會有關單位研處」，乃成為一項研究議題。黨史會再擬定一份〈擴大開放史料辦法草案〉，簽請秘書長由督導黨史會業務的副秘書長李鍾桂女士召集有關單位首長集會研議後，提出中央工作會議通過後實施。依據此〈草案〉，規定開放範圍由原規定民國十六年（一九二七）擴展至民國五十年（一九六一），跳了一大步。有單位主管提出疑問，我一一說明，李副秘書長裁定「修正通過」，報請秘書長主持的主管會談於八十三年五月十八日，決議「准予備查」。時間拖了六個月，終於完成法定程序，我在當日日記記有下面一段話：

> 下午的第二十二次主管會談，通過了黨史會擴大開放史料的提案，史料開放範圍已擴展到民國五十年以前，對學術研究而言，應該是個好消息。

慶祝建黨百年活動中，一件意外卻令人欣喜的訊息來自莫斯科：莫斯科大學亞非學院為紀念國民黨建黨一百週年，訂於一九九四年十月二十五日舉行一項學術研討會，邀請我率團前往參加。該學院院長梅立克謝托夫（A. V. Meliksetov）簽發一份俄文邀請函，托由我國駐莫斯科代表處轉外交部。外交部部長錢復於九月十四日在中常會會場中遇到我，即告知此一訊息。外交部把邀請函譯為中文後，再轉給我。這是突如其來的訊息，不管從那個角度看，這都是一件喜訊。我召集總幹事以上諸同仁會商後，決定以最急件呈報秘書長轉主席，建議組團前往。我在《史學圈裡四十年》中，記載：

> 九月二十三日簽報許秘書長，主張接受莫斯科大學亞非學院的邀請，並擬組織一個三人代表團前往。許水德秘書長批註「擬二人組團參加即可」，轉呈李主席。李主席於九月二十七日批示「如擬」，組團去莫斯科的事，乃告確定。我以為這是件非常體面的大好事，聲勢壯一點，要莫斯科大學的學者和學生們建立對中國國民黨的好印象，有何不可！因而仍決定組成三人代表團，臺北去兩人，由莫斯科代表處出一人，既不違背主席的批示，又可符合我們原來的願望，豈不兩全其美。

我計畫定了，決定與陳副主任委員鵬仁兄一道去，另一位代表擬請莫斯科代表處副代表段培龍，外交部也同意。我們計畫搭乘荷蘭皇家航空公司班機，經阿姆斯特丹（Amsterdam）飛往莫斯科，預定十月二十三日啟程，二十八日回到台北，往返共六天。當荷航八七八次班機飛行於南歐、西歐及北歐上空時，也曾想到此行的成敗與安危，也有冒險遠征的豪情與快感。曾經經歷過「反共抗俄」高潮時代的人，能昂首來到當年的「赤都」莫斯科，畢竟不是一件尋常的事！

到達莫斯科機場降落後，駐莫斯科代表羅龍與副代表段培龍兩兄相迎，心情也開朗起來。羅龍兄係政治大學外交研究所第一期同學，段培龍兄在台北時也曾見過面，一切都麻煩兩位安排。住進Hotel Metropol後，首先電話台北向老伴報平安，當晚並接受羅龍兄的歡迎晚宴，了解其後三天日程安排，覺得很得當，很有意義。

參觀、訪問之外，主要活動是十月二十五日在莫大亞非學院舉行的「國民黨一百週年討論會」，我講述「一百年來的中國國民黨」，梅立克謝托夫的講題是「國民黨之歷史地位」，出席俄國學者五十餘人，宣讀論文十三篇，歷時七個半小時。俄國學者所提論文，均與國民黨黨史有關，彼等對國民黨的印象，正面多於負面。我作過筆記，寫下一小段：

> 午餐時間，順便與幾位俄國學者交談，發現他們對我的意見都能接受。他們鄙棄共產黨，對蔣中正、蔣經國兩位中華民國總統都懷有敬意，對中國國民黨的歷史功過，也希望從真正的史實中建立起新的評價。

十月二十六日，先後參觀了克里姆林宮的「紅場」，訪問了俄羅斯國家科學院東方研究所，探訪了蔣經國先生曾經就讀過的孫逸仙大學遺址，搭過莫斯科的地下電車。二十七日上午，並曾給莫大亞非學院研究中國問題的研究生，上過一次課，講述臺灣的過去、現在與未來。下午去代表處拜會表示謝意後，即趕往機場搭機回國。有點疲乏，心情卻異常愉快，因為此行圓滿達成預期的任務。

談論中國國民黨建黨，自然離不開孫中山先生，也不能忘記孫先生與日本的關係。民國八十四年（一九九五）三月十二日是孫先生逝世七十週年紀念日，我想如果能在日本舉辦一次討論會來紀念孫先生，豈不甚好？我向老友慶應大學教授山田辰雄提到這一構想，他同意我的提議，決定於三月中旬由慶應大學在東京舉辦一次座談會或演講會，以紀念孫中山先生。最後的決定是：三月十四日在慶應大學地域研究中心舉辦座談會，主題為「孫中山思想與國民黨黨史研究的趨勢」。於是我與陳鵬仁副主任委員及劉維開總幹事有了為時五天的東京行程，是我第四度訪問東京。

我等係於三月十三日自台北飛往東京，住進「東京都大旅館」，當晚接受山田辰雄教授的晚宴。十四日上午去拜會臺北駐東京經濟文化辦事處，下午參加慶應大學的座談會——事實上是個討論會。山田辰雄以主持人身分，講了話，隨即由我作主題報告，題目是「海峽兩岸研究孫中山思想與中國國民黨黨史的現況與展望」，鵬仁與維開再作補充，然後開始討論。久保田文次、狹間直樹、橫山宏章等名教授先後發言，山田辰雄也提出他的「民國史觀」理論，然後有九位學者（包括中國大陸學者趙軍）講話，發言踴躍，連續五個半小時，有「欲罷不能」之勢。我在《史學圈裡四十年》中，認定是「一次熱烈而成功的討論會」。

討論會次日——三月十五日，慶應大學為我們安排了一次「東京橫濱地區訪查革命遺蹟之旅」，參加者中、日學者八位，收穫頗豐。當晚，我在東京大飯店設宴答謝日方友好，賓主共二十二人，席開兩桌。會見了多位老同學，也結識了多位新朋友。愛國僑領也是位成功企業家李海天先生於十六日晚回請我等，告訴我，為慶祝抗戰勝利五十週年，將於八月間在東京舉辦一次學術討論會，以「戰後五十年的回顧與展望」為討論主題，邀請我去作一次專題演講。在日本慶祝抗戰勝利五十週年，具特別意義，我深受感動，當即接受海天先生的邀請。十七日飛回台北，當日日記中寫出一句自我評價的話：「回來了，一切順利，真的是不虛此行。」

民國八十二年至八十四年間，是一段工作很充實，壓力也滿大的時期，黨史會同仁很努力，很辛苦，也很緊張。百年黨慶的活動全部圓滿結束了，我考慮到如何對同仁們表示點慰謝的心意。不重形式，只做了兩件事：一是於八十四年五月間擴大慶祝黨史會成立六十五週年，舉辦包括退休同仁及眷屬在內的遊園、抽獎、會餐等系列活動；一為寫一首四言詩，以壯志勁節勗勉諸同仁：

> 循緣投分，聲應氣求，
> 切磋箴規，志切同仇。
> 事變垂憂，風雨同舟，
> 奮我正氣，擊楫中流。

八十四年，我已虛歲六十有九，距法定退休年齡尚有兩年，但已考慮到提前退休的問題；也想對自己的學術經歷作一交代。內子同意我的想法，於是我寫了申請提前退休的簽呈，請秘書長許水德先生轉呈李登輝主席。許秘書長不同意，說「讓我們一塊再奮鬥一段日子」，把簽呈退回了。作學術交代的事，倒是兌現了，一冊學術自敘傳《史學圈裡四十年》於八十五年（一九九六）三月，由台北東大圖書公司出版。四月間，與內子假台北市中華路國軍文藝活動中心舉辦一次「李雲漢新著發表暨韓榮貞習畫十年展示會」，是為兩人一生唯一一次聯名舉辦的祝賀活動，很成功，很高興。同月內，另一件值得高興的事，是中央決定授予我一座實踐一等獎章，舉行隆重贈授典禮，李登輝主席即時宣布發給獎金三十萬元，由內子接受，是對我寫出一部《中國國民黨史述》的高度肯定。

一次中央常務委員會議中，聽到李登輝主席對中國過去教育制度的批評，覺得他是以日本人的眼光看待中國，很難過。又有一次，政策會擬一份意見調查表竟有「國民黨是否外來政權」一條，經副主席李元簇強力反對，李主席才同意刪除。八十四年三月，李登輝主席以直接選舉當選總統，五月就職後，預料政策將有大改變，於是決定再上呈申請提前退休。這次許秘書長照轉，李主席也批示「同意」。只是我的退休案，遲至七月三日才由中央常務委員會議通過。次日，台北《中央日報》刊出如下的一則報導：

> 國民黨中央黨史委員會主任委員李雲漢呈請退休，予以照准，所遺職缺由副主任委員陳鵬仁升任。
>
> 李主席登輝先生並對李雲漢任內之表現，特予嘉勉。李主席表示，李雲漢從事國民黨歷史之研究工作數十年，尤以擔任黨史委員會主委一職近四年半以

來，督導策辦各項大型活動，如建黨一百週年多項學術討論會及出版專書等，對黨史之研究發揚，著有貢獻。期盼李雲漢今後仍一本過去對黨的忠誠，繼續為國民黨黨史之進一步發揚給予指導與協助。

學術界對我的評論，可以中央研究院近代史研究所資深研究員王爾敏教授為代表。他於民國九十七年（二〇〇八）十月在《傳記文學》第九十三卷第四期發表一篇〈有貴人相助：士林學彥聚珍〉，舉述「生平所相遇貴人」十人，竟列我名為第八位。他的一段原文：

> 李雲漢先生山東人，誠愨正直，穩重謙和，忠於職守。乃是五〇年代羅家倫識拔之人才。……雲漢前後得羅家倫、黃季陸、秦孝儀三位先生的信任授權，做了不少學術貢獻。黨史會出版品產量驚人，除我們同行重視，有些學者則一向輕忽。我們同道把黨史會的出版品，如《國父全集》、《國父年譜》當成學術寶藏，而多數學者抑之為政論宣傳。我想雲漢是一生做勞苦，而難以受人看重。只有近代史研究所與黨史會合作辦學術活動，世人觀點纔有肯定與尊重的看法。雲漢與我們一批學者共事，雖做主任委員，也是屈己下人，尊重學者。這種領袖風範，使我欽佩而極願共事。承他厚愛，使我佔盡了好處。

筆耕苦與樂

母親曾告訴我，小時候很笨拙，兩歲多才會講話。幼年時代，多病，不善於言詞，卻喜歡動動筆。小學三年級時，曾因寫過一篇慰問綏遠百靈廟戰役忠勇抗日將士的小文章，得到楊振華老師的稱讚，對我父親表示嘉許。喜歡寫日記，我想這對我後來的寫作很有幫助。中學時代，寫過一些小文，保存下來的只有印在畢業紀念冊上的那篇〈高四級班史〉。流落海南島愁病交困時期，還在壁報上寫點詩詞，仍保存了一首詞和一首白話詩。青年服務團、行政專修班以及軍校預訓班時代，照常記日記，並在《台灣省青年服務團團刊》、《自由中華》、《更生報》、《自由青年》、《步訊》等期刊上發表些散文、通訊及小詩。前幾年，我把這些已發表及未發表作品八十二件整編為一冊《風雨聲中》——副題為〈初到臺灣的那段歲月〉，作為自己和家人的紀念。我在〈敘言〉中，寫出自己當時的心情：

> 取題為《風雨聲中》，是想反映我來台及初到台灣那個時代的和環境的特徵。那時代，台海兩岸的戰火尚未停息，狂風暴雨隨時都可能襲來。圓山山麓的絃歌以及鳳山軍營的磨練，都可能只是風雨前的寧靜。說真的，我們這些心懷孤臣孽子悲憤心情的大陸來台青年學子，是在「風雨如晦，雞鳴不已」的情境中，揀來了幸運，壯大了自己。我把這時代中自己留存的作

品彙編起來，標題為《風雨聲中》，誰曰不宜？

這些作品，當然不是學術性的。開始寫學術論文，是在讀政治大學教育研究所時代，這時期的作品也只保存了一份碩士論文；是用政大稿紙複寫的副本，現在翻閱，才發現幼稚得很，不好意思示人。真正開始下苦工夫作學術研究，是自民國四十六年（一九五七）八月到黨史會就業之後。民國九十四年（二〇〇五）十二月，曾寫出一篇〈筆耕一周甲〉，記述自民國三十二年（一九四三）至九十四年間的寫作過程與成果，收入《雲漢悠悠九十年》文集內。九十五年（二〇〇六），當選國立臺北大學第六屆傑出校友，校方要編印《傑出校友專輯》，通知我寫篇自述文字，於是寫了一篇〈生平自述〉。九十九年（二〇一〇），把此文略加增訂，發表於我「行專二教」同班同學合著的《大時代的血淚與歡笑》一書內。我在此文中，對自己大半生的研究著述成果，記了一筆小賬：

> 研究與著述，乃一體之兩面，自以為生平最可安慰之事，莫過於研究著述工作之孜孜不息，曾著有《史學圈裡四十年》以述其梗概。今日計之：自力完成之學術專著，有一十八種；與其他學者合著者，有十一種；編著者，有七種；學術論文（含傳記、專題報告暨書評），有一百二十篇；英文作品五篇；未出版之手稿本著作六種。

這只是個概略的統計。民國九十九年以後，雖不再作任何研究計畫，卻也未曾空度時光，除每日午後在電腦螢幕上任意打點記事、函札及憶述性隨筆文字外，也做過數件學術性工作。民國一百年（二〇一一）時，曾受中山學術文化基金會囑託，與陳三井、張植珊兩位教授合編一冊《中山先生建國宏規與實踐》，內有我撰一篇〈孫中山先生思想體系中的美國因素〉。一百零二年（二〇一三），應三民書局之請，將我著大學用書《中國近代史》再作增訂，出版「增訂三版」新版本，花費將近六個月時間。一百零四年（二〇一五），受國史館之邀請，擔任該館為紀念抗戰勝利七十週年出版之《中國對日抗戰史新編》第三編《全面抗戰》審稿人，並親撰〈總論〉一章，也費時近兩個月。歲月荏苒，已屆鮐背之年，今後恐難再承擔學術工作了。不過，在思考、目力及手指、腕力尚可運用自如之時，還不想「封筆」。提到「封筆」，想到民國九十年（二〇〇一）五月旅居美國時，去伊州自由村探望老友吳相湘教授的情形。他正在病中，親手送我最後的一部著作《現代史事論叢》，表示從此時起，「封筆」！我歸來大略讀過他這冊書後，寫下一句感慨的話：「一位史學家的封筆，等於一位將軍戰到最後時刻放下武器，其內心的無奈與無助，是可以想像得到的！」

回想半個多世紀來的筆耕歷程，感到欣慰，也懷有歉意。欣慰的是：我沒有浪費時間，幾乎將全部公餘、假日及晨、晚間，都用來寫作，對所有公、私研究計畫，都能如期完成。歉意，是對內子而言；我把教養子女的責任及全部家務都推給她，從沒有帶她到外地旅遊，也沒有送她生日及結婚紀念日禮物，她不在意，我卻深感歉疚。有時，我傻想：只要我努力工作，就是對她的酬謝，因為她一直鼓勵我，努力，上進。

長期作研究，不停息的抓筆桿，當然有苦，有樂。我的體驗是先苦後樂，似乎苦多於樂。苦、樂，都已成為過去，且作一番自我警惕式的回顧吧。

我的一十八種學術專著中，以《從容共到清黨》、《中國近代史》、《中國國民黨史述》三書費時最多，思考最久，風險最大，收穫也最豐碩。願略為一述。

我決定撰寫《從容共到清黨》是民國五十一年（一九六二），當時煞費心思。是要論述一段重要而複雜的早期國共關係史，當時是個高度敏感問題，還沒有人嘗試過。我從所能掌握的史料，個人的史學修養及寫作能力去考量，決定冒險一試。我所謂「險」，是如果書出來後，不被當時的國策所容許，不僅將前功盡棄，恐影響到前途，因為當時是戒嚴時期，言論自由有限制。決心既定，幾乎是全力投注。最大的困難，是當時尚沒有複印設備，取材料，寫書稿，都得一字一句的用手抄寫。著述此書，歷時四年（一九六二－一九六五），三度易稿，手指都起繭，年未四十即配戴了老花眼鏡。中間也曾有過「煙霧裡辛苦為誰忙」的感嘆！但我不叫苦，也不畏難，默默耕耘了四年，終於完成了這件艱難的規劃。很高興，這書竟能連闖三關，肯定了它的學術價值，被認為是我早期的代表作。我所謂三關是：

一、羅家倫先生推薦關；

二、中國學術著作獎助委員會評審關；

三、中華民國中山學術文化基金會首屆中山學術著作獎審議關。

羅家倫先生是黨史會主任委員，我利用黨史會之文獻史料著成一書，出版前自然要先送羅先生過目，得到他的許可；我要申請中國學術著作獎助委員會的優良著作出版獎，也想請羅先生推薦。於是帶了書稿來台北見他，當面報告寫作動機及過程。羅先生要我把書稿留下，他要翻閱一遍，再決定是否寫信推薦。很好，羅先生真的親筆寫了推薦信，有一段話說：

> 李君文字質樸，不事誇張，而以對方陰謀文件為佐證，尤為有學術根據之作品。為此專函推薦貴會惠予審查，如能獲選出版，更所欣幸。

於是進入第二關——中國學術著作獎助委員會的審查，這是能否出版的關鍵。這個委員會，主導者為中央研究院，得到美國一家基金會的贊助，審查人選及過程嚴守祕密。半年以後，把審查結果亦即決定授獎並予以出版的著作，公告於台北各報。很幸運，我竟獲得第一獎，獎金台幣一萬元，出版一千冊的安排及費用，全部由獎助委員會負擔。書於民國五十五年（一九六六）五月出版，分上下兩冊，分別由台北商務印書館及香港龍門書店經銷。獎助委員會並請專家撰寫一份英文介紹小冊，向國外學術機構推薦，於是獲得美、日史學界的注意，受重視程度比國內要高。

《從容共到清黨》出版後四個月，報端發現了中華民國中山學術文化基金會舉辦首屆中山學術著作獎的公告。對我而言，又是一次考驗這冊書的機會，決定申請。這次推薦，洽請我兼任教職的台中逢甲工商學院（今逢甲大學），院長張希哲先生立即允諾。把書寄去中山學術文化基金會後，就進入了第三關，成敗很難預料。這個基金會，是民國五十四年（一九六五）十一月，全國各界紀念國父孫中山先生百年誕辰籌備委員會決議設立的，首任董事長是王雲五先生，首次舉辦中山學術著作獎，頗為轟動，許多名學者都以最新著作報名參加。十一月十日，我接到王雲五董事長十一月九日的快郵函件，告訴我：

> 台端所申請本會五十五年度學術著作獎，經於本月八日本會第四次董事會通過，須發獎狀一紙，獎牌一座，獎金新台幣伍萬元。茲訂於本月十二日上午八時三十分，在台北市中山北路國賓大飯店國際廳舉行頒獎典禮。特函奉達，即希準時蒞臨領獎為荷。

第三關順利通過了，名次僅在任卓宣、傅啟學兩位知名學者之後，居第三位，是我意想不到的。各報紙都刊登出簡單的介紹，也是生平頭一次。第一部書連續通過三關，當然感到興奮：草屯荔園辛苦十年，總算有點代價，在學術道路上邁進了一大步。我在《史學圈裡四十年》回憶當時的心情，說：

> 對我而言，得獎的真正意義不在獎金、獎牌和獎狀，而在學術界對我研究成果的肯定。

《中國近代史》的寫作，始於民國六十九年（一九八〇）三民書局董事長劉振強先生的倡議。我和劉先生並不相識，他突然來到我中山南路十一號三樓的辦公室，確出意外。他很直率，說先去臺灣商務印書館看我的著作，覺得我的史觀與文筆適合他希望的標準，因此才冒昧來找我一談。他希望我聯絡幾位史學界朋友，為三民書局寫幾部史學專著，自上古史到近代史；近代史部分，一定要我親自執筆。我很感動，樂於全力相助。這是與振強兄締交之始，迄今已是三十五年的老友了。

我當時擬定的寫作計畫是：

> 我承諾寫中國近代史，有一個想法，是將學術專著與大學教科書融為一體，學術性與可讀性並重，而在體例、文字都能表現出新的風格。為了達成這個目標，決定第一年蒐集並研閱史料，第二年寫成初稿，第三年再作修訂後付排。並決定全書的範圍，始自清的建國與入關，迄於民國七十年代臺海兩岸關係的開展，

時間上有三百餘年，包含近代現代兩部分。

民國七十一年（一九八二）開始動筆，尚能順心應手。不意七月間遭逢兒子肖元於預備軍官訓練期間因公殉職的悲痛，不能不停筆一年之久。至七十四年（一九八五）五月完稿，同年九月出版了初版本。這書是為大學歷史系設計的用書，其他科系感到份量過重，難以消化，為數眾多的專科學校，更希望有個適合他們需求的簡縮本。三民書局根據這些反應，向我情商，希望予以簡節為另一種適合專科學校用書。我答應了，立即著手刪節，於是有了民國七十五年三月出版的第二種版本——簡節本，刪去附註、附錄，內容也作了適度的簡縮。每節之後，增列了研究與討論的題目，以方便於教學與進修。

書出版後，首先寫信向我道賀的是趙淑敏教授，說這是學術價值極高的大學用書，完全符合她多年來的想法。我中學時代的歷史學科教師，燕京大學歷史系畢業，現任政治作戰學校文史系教授王懷中（亦民）先生，寫來一封長信，告訴我：

> 採用吾弟編著之大學用書「中國近代史」已經兩年。多年來所採用之教科用書，以此書最為有價值，對口味。此書之編排十分科學，如每頁有註解，不需要翻來覆去的尋找註解。錯字極少，可與昔年之商務、中華相比。印刷又清楚，在目茫老花之人如我，即使不戴眼鏡，亦可閱讀自如。文字之通暢，更不待言。總之，採用此書，師生都感十分滿意，愉快，不多言。

原著本《中國近代史》初版本於連印八版之後，於民國九十三年（二〇〇四）邀我增訂，出版「增訂二版一刷」本。民國一百零二年（二〇一三）四月，三民書局編輯部又洽商再作增訂，於一百零三年（二〇一四）一月，出版了「增訂三版一刷」本。簡節本初版於民國七十五年（一九八六）三月，至一百零一年（二〇一二）二月，已增訂五次，出版「增訂五版一刷」本。兩書書齡均屆三十年，仍獲各院校及社會人士青睞，不能不感到滿意。三民書局一位未曾晤面的青年編輯，為原著本增訂版設計封面，並於內頁簡單介紹我的學經歷，說我有「深厚文學涵養及史學修為」，故能「譜綴一部又一部史詩般的近代中國史論著」，代表青年知識人士對我的評價，欣幸之餘，惟有更加惕厲奮勉，與時俱進。

《中國國民黨史述》，是為慶祝中國國民黨建黨一百週年而撰述，我在《史學圈裡四十年》中，設有專章，說明我的動機，寫作原則與過程，出版前後以及蔣永敬教授的評論。立意撰寫這部書，是在民國八十年（一九九一）六月，此時我已六十五歲，職位是黨史會代理主任委員，有義務也是責任對中國國民黨百年來的歷史作個交代。我在〈撰寫《中國國民黨史述》的心意和構想〉一文中，坦誠的說：

> 就本人專長及職責而言，撰寫一部較為完整而公正的中國國民黨黨史，乃為當務之急，且屬義不容辭。
>
> 寫一部完整的中國國民黨黨史，自然不是件輕而易舉的事。我曾冷靜的衡慮過本身的條件，也曾徵求過幾位好友的意見，並得到內子的鼓勵和支持，更基於素所抱持的歷史使命感，決定傾一己之力，義無反顧的完成這件向歷史交卷的事。

上引文中提到的好友，是美國伊利諾大學教授于子橋（George Yu），和中央研究院近代史研究所所長張玉法。子橋兄於民國八十年夏季來黨史會做研究，我問他：寫抗日戰爭史或國民黨黨史，何者為宜？他稍作思索，即堅定的說：「你要寫中國國民黨黨史」，理由是：「抗日戰爭史，你不寫，別人會寫；國民黨黨史，你不寫，別的人就很少具備像你這樣的條件，想寫也不敢寫。中國國民黨不能沒有歷史，你又是研究黨史的，所以非你寫不可。」決定了，曾對張玉法兄提過我的想法，他認為份量這麼重的書，最好是幾個人分段來寫。我了解玉法兄的心意，也曾鄭重考慮過，並徵詢內子的意見，最後的決定是：書由我一個人來寫，責任也由我一個人來承擔；不徵求元老意見，也不請任何長者撰序或題耑，以保持獨立自主的研究立場。

此書必須在民國八十三年即西元一九九四年十一月二十四日中國國民黨百年黨慶日前出版，才有意義。算來期限只有三年五個月，排校須三個月，容我執筆的時間最多是三年又兩個月。面對現實，必須破釜沉舟，全力以赴。我在《史學圈裡四十年》中，寫出寫作過程與憑藉：

> 不客氣的說，這書可稱得起是巨構，預計在兩百萬字以上。面對這項大工程，我毫無畏懼，勇往直前。蔣永敬兄曾批評我有「牛脾氣」，我也自認為是一條拖著沉重破車的老牛。現在就是要發揮「牛勁」的時候，不停息，不叫苦，不發脾氣，兩眼瞪著前方，走，一步步的走，疲憊卻又堅毅的走，走。
>
> 感謝內子賢慧，家中大事小事一手承擔，使我毫無憂慮，得以集中全副精力於寫作。晚間的電視節目停了，外面的應酬非不得已，也謝絕參加。所有假日及公休時間，都做了充分有效的利用。我不會用電腦，也不想藉助於剪刀漿糊，還是用最笨拙卻也最踏實的老辦法，一字字一行行的親筆來寫。當然，一邊寫還要一邊想。
>
> 將近四十年來研究和教學所累積的大宗資料，這次有用了。我對黨史的瞭解程度，使我不大用查證就可把每一時期，每一件事的背景和過程連貫起來，有那些主要史料要利用，那些學術論著須參考，那些問題有爭論，須作分析，那些組織及人物係在黨統外存在及活動，下筆時必須予以適當的定位，這些都在我的腦海中，用不著再去「上窮碧落下黃泉」的追尋。

這就是學術界朋友們口中常說的「功力」；我的「功力」，就是我敢於承擔為黨修史的憑藉。

寫作過程中，有位資深新聞界友人袁暌九（筆名「應未遲」）以「在野記者」名義，在《聯合報》的〈地下電纜〉專欄，發表一篇短論〈李雲漢皓首著書〉，說我為了寫《中國國民黨一百年史》，頭髮已經白了。我雖對「皓首」一詞有點訝異，然細心一想，也不能不承認身為「皓首」而無愧色。

民國八十三年八月，書稿完成，送交黨史會第一室總幹事劉維開博士著手編輯及補助工作：配圖、索引、付印、校對；參與其事者尚有邵銘煌、林養志、高純淑、宋正儀等同事，終能按預定計畫，如期於十一月建黨百年吉期出版。公私都有個交代，自然感到很興奮。在日記中，寫下一段感想：

> 本書出版之日，正國內外熱烈慶祝孫中山先生建黨革命一百週年之時，內心十分興奮。念及先師羅家倫先生當年之教誨獎進以及黨史研究必有傳人之啟示，亦覺十分欣慰。本書之出版，盼能對中國現代史之研究以及世人對中國國民黨之瞭解，均能略有裨益。這也是大半生致力研究黨史之一項紀念，知我罪我，其在斯乎？

書出版後，即依慣例送請黨主席、副主席、中央常務委員及中央評議委員主席團主席們存參，然未獲反應，只劉真（白如）先生電話致謝。一年又五個月之後，中央秘書處新任副主任樓文淵先生才簽請秘書長轉呈黨主席，頒授我一座實踐一等獎章。倒是老上司故宮博物院院長秦孝儀先生見到書後，立即撥來電話：「你不聲不響，竟然寫出那麼大一部書，我要請你吃飯道賀。」他也曾當黨史會諸人之面，說：「我任內做到的事，李主任委員都做到了；我做不到的事，他也做到了。」我雖有「過譽」之愧感，卻也非常感謝秦先生的誠意獎勉。他眼界甚高，從不輕易嘉許下屬！

史學界朋友中，先後寫過書評的有兩位：一位是蔣永敬教授，一位是黃大受教授。蔣教授的書評，刊載於中央研究院近代史研究所編刊的《近代中國史研究通訊》第十九期，對本書有褒有貶。褒的地方有兩點：一是說這部書「既有廣度，更有深度」；一是「內容豐富，對讀者很方便，也很有用。」貶的地方也有兩點：一是內容的分配，未能完全做到「詳其當詳，略其可略」；一是不同意我對第十四次全國代表大會推舉李登輝先生為黨主席的決議文，認為：「此乃官樣文章，用作史料，尚須斟酌。」黃大受教授寫的書評題目是〈以治史人的眼光讀《中國國民黨史述》〉，刊載於民國八十五年（一九九六）十一月十二日出刊之台北《中央日報》〈長河〉專刊第十九期，是在我退休之後。他感慨於黨史著作之匱乏，說：「幸而近年來黨史會前主任委員李雲漢先生，以三年二個月之力，撰述了「中國國民黨史述」一書，彌補了此一缺憾。」內容方面，他認為我在〈自序〉中提出之完整性、正確性、系統性、學術性四項原則，「大體可以達到」，另提出「三大特點」：一是空前的，二是公平的，三是公開的。他在文尾也表達一點評論與期望：說此書「對近年來中國國民黨的風雲變幻，著墨不多」，期望有後起的青年歷史學者，能對「一百年後之中國國民黨」有所論述。黃教授生前語重心長，令人無限感慨！

《中國國民黨史述》出版後八個月，我即自黨職退休。當時的秘書長許水德先生，曾以此書為禮物送贈來訪外籍友人。許先生離職以後，就沒人再關心這部書了。民國八十九年（二〇〇〇）三月，中國國民黨在中華民國總統選舉中失敗，於痛定思痛中再次進行「改造」，組織縮編，主其事者竟有裁撤黨史會的想法。我此時在美作客女兒家，聞訊之後，曾電話中央評議委員主席團主席劉真先生，請他向連戰（永平）主席進言請保留黨史會，中央常務委員潘維綱女士也提出同樣意見，連主席始同意保留黨史會，惟將其地位由一級單位降格為文化傳播委員會之下的二級單位，改名為黨史館，編制縮減為三人，完全不能承擔弘揚黨史的任務了！《中國國民黨史述》也注定成為「絕版本」，嗣後黨的負責人不重視黨史，只著眼於選舉。我雖已退休，年齡也七十有四，看到這種情形，欲哭無淚！無限感傷！還是寫了一篇長文〈黨史會七十年〉，發表於《近代中國》雜誌第一四〇期（民國八十九年十二月出刊），為黨史會七十年來的演變與成績，留下簡要的紀錄，亦可視之為《中國國民黨史述》的「外一章」。

上述三種主要著作是大型的書。民國六十二年（一九七三）九、十月間，有三種中型書出版：《于右任的一生》、《宋哲元與七七抗戰》、《黃克強先生年譜》。這年我四十六歲，正所謂「盛年時代」，《于》書係於一個暑期內寫出來，風評不錯。名作家彭歌（姚朋的筆名，此時並不相識）於民國六十二年九月九日台北《聯合報》他的「三三草」專欄，發表一篇題為〈大丈夫〉的評論，說：

> 「于右任的一生」，李雲漢先生著。……內容週備謹嚴，似為右老身後最完整的一部傳記。
>
> 李先生治近代史有聲於時，對晚清變法以及清黨前後史事，特有專研。他以治史的方法來寫右老的一生，取材宏博而審慎，文章簡要而暢達，尤其他能將右老的事蹟與時局經緯相結合，要言不繁，指出人物在時代中的影響與關係，從傳記中反映了歷史的大面貌，更是難得。書中所引右老的詩文及其他材料，選擷精到，眼界甚高。

令我高興的，是「于」書受到台北市新聞記者公會理事長，也是中國國民黨中央常務委員，中央日報董事長曹聖芬先生的賞識，締為文字交。《宋》、《黃》兩書，費時都在三年以上，可謂「盡心力作」，各方的反應都很好。尤其使我滿意的，是前陸軍第二十九軍政訓處主任宣介溪老先生盛讚《宋》書「內容及文辭都好」，特地請我吃過一次飯，請他的女兒宣以文女婿常崇寶（勝君，我政大新聞研究所第一期同學）作陪。宋哲元上將的兩位女兒宋景憲與宋景昭，在台北都曾不只一次的當面表達謝意；張自忠上將的女兒張廉雲，也因此與我有書信往還，並曾於我退休後次年（一九九七），以「民革」北京市負責人身分邀我去北京訪問。黃興（克強）先生的女兒立法委員黃振華女士、女婿淡江文理學院院長陳維綸博士，也認為我寫的《黃譜》很正確，很充實。我另外一種中型書，三民書局出版的《盧溝橋事變》，也費過多年的心力，屬於「得力作品」，為中華民國史學界唯一的一部論述盧溝橋事變的學術著作，卻沒有受到應有的重視；只見青年學者蘇啟明寫過一篇書評〈李雲漢著：盧溝橋事變〉（刊於中央研究院近代史研究所編刊《近代中國史研究通訊》第五期，民國七十七年三月），予以介紹。《西安事變始末之研究》是我到陽明書屋後的第一部著作，首次應用了故總統蔣中正先生的「大溪檔案」及張學良將軍的《西安事變反省錄》，由於政治敏感度高，得到的反應是：毀譽參半。稱譽的是台北《中國時報》的劉台平，他在《時報雜誌》發表一篇〈政府檔案中的西安事變〉，認為「作者立場的客觀性及求證之合理作為是可以肯定的」，「文體流暢、高雅，表達清楚有力」。另一位《中國時報》的周儒，在民國七十一年八月二十九日出刊的《中國時報》〈藝文掃描〉欄，寫一短評〈李雲漢〉，說：

> 政大歷史研究所教授李雲漢，不久以前出版了最新力作「西安事變始末之研究」。……該書體系井然，內容有據，四百頁的篇幅中，在在透出作者對史實和學術的忠誠。

華裔美籍歷史學者以研究西安事變知名於時的吳天威，也寫過一篇「New Materials on the Sian Incident——A Bibliograyhic Review」（刊載於 Modern China, Vol. 10，No. 1 Janu. 1984，pp.115－141），對我此書「有極高的評價」。批評我此書懷有「政治偏見」的人，是中國大陸的一位辛建。他寫一篇〈《西安事變始末之研究》評介〉，刊載於一九八六年出刊之《黨史通訊》第十一期，於表示「其中的某些論斷也不無可取之處」外，嚴詞指責我：

> 基本上沒有使用大陸一九四九年以來出版的有關資料，這就不免使書中的許多論斷失之偏頗。……首先，在關于西安事變性質和作用的問題上，《研究》的作者進行了根本的歪曲。……其次，對於西安事變前國共兩黨重新接觸和我黨積極參與事變的和平解決，《研究》也作了不符合實際的論斷。……另外，《研究》還不顧史實，無限拔高南京國民黨中央親英美派在和平解決西安事變中的作用。

由於上引辛建文中出現「我黨」字眼，就可明瞭他的政治立場及作此批評的用意了。然我尊重他的意見，「書評」本就應該有褒有貶。倒是幾種小型書如《國民革命與臺灣光復的歷史淵源》、《中國國民黨的歷史精神》，曾得到鄧傳楷、崔垂言等先生的好評。《國民革命與臺灣光復的歷史淵源》，為臺灣省文獻委員會暨臺北市文獻委員會於每年暑期聯合主辦之臺灣史蹟源流研究會，採用為講義，再版了多次。，幾種論文集如《中國現代史論和史料》、《中國國民黨黨史資料與研究》、《中國國民黨黨史研究與評論》等，目的在提供研究者的參考，實用性為首要考慮。兩年前，華裔美籍近代史學者李又寧博士來台北，想買一部《中國現代史論和史料》而不可得，只有複印她所需要的一冊帶走。《史學圈裡四十年》是我學術生活自敘傳，書名是我親筆書寫，與內子的《韓榮貞習畫十年》同時出版。是一冊隨筆體裁的傳記，也有史料價值，有學界好友視之為史學著作，蔣永敬兄寫回憶錄，陳三井兄論述學術交流，都曾多次引用。此書也已絕版了。

五十多年來，當然也寫過不少單篇文字。依性質分，這些文字可分五類：學術性論文（含傳記、書評及文評）、記述文（含專題報告、訪問談話）、紀念文、隨筆散文及慶賀、祭悼文字。學術性論文，係提出於國內外學術研討會者，均已發表於各次研討會之論文集或專集。記述文，大部分是記述參與國內外學術活動及各時期各地域之旅遊經歷，小部分則為個人生平的感憶文字，多為未刊稿。紀念文，為悼念五十餘位鄉賢、師長、上司、同事、學界友好、同學及學生而撰述者，有的已發表於紀念集或期刊內，有些則是未發表之手稿。這類文字，近年已初編為一冊《懷德與憶往》，置諸案頭。隨筆散文為數不少，經選取有紀念意義者近百篇，編為《隨興小記》。詩詞，本我所愛好，只以工作性質與需要不同，很少吟詠；為悼念元兒不幸早逝，寫過一些短詩，編為一冊《西河吟》，另外，日記中也發現有些零星散詩。提到日記，頗有歉感：退休後由於搬遷，忍痛把三十幾本日記原本銷毀了，只剩餘幾篇殘存日記及旅外日記。民國九十五年（二〇〇六）開始，才又在電腦螢幕上恢復生活記事，逐年累積起來，名之曰：《暮年日記》，內容不復早年時代之多采多姿。另外，我保存了一部分書札，也整編一下，列為《懷元廬存稿》之一種。《懷元廬存稿》是我晚年整編的一些已刊及未刊稿，含八個主題：《雲漢悠悠九十年》、《風雨聲中》、《懷德與憶往》、《隨興小記》、《日記年紀》、《函札》、《序跋 書評 文評》、《慶賀與祭悼》。另擬編輯《家乘》一種，含四書：《我言我心》、《幼鴻啼痕》、《西河吟》、《習字留痕》。九十歲之年，已決定不再參加社會活動，也不會再作有系統的筆耕工作了。

課堂內外

「課堂內」，係憶述先後在四所大學教學三十年的過程與心得；課堂外，想回眸參與六個學術社團以及國內外四十次大型學術討論會的經緯與感想。是我黨史會本職之外的學術活動，是段有意義，有成果，頗足引以為樂甚至為榮的經歷。

大學三十年教學的過程與心得，我在《史學圈裡四十年》中，闢有專章予以敘述。此處只想先說明兩點：一是教學的動機，一是取得教授資格的過程；再依年次概略說明我與逢甲工商學院（今逢甲大學，以下簡稱逢甲）、中國文化學院（今中國文化大學，以下簡稱文化）、國立臺灣師範大學（以下簡稱師大）、國立政治大學（以下簡稱政大）之人事脈絡及教學心得。

我為何熱衷於教學？我在《史學圈裡四十年》自述〈我這條路——代序〉一文中，說是出於兩種因素：一是奉行先父遺願；一是服膺「教學相長」的古訓。此外，是想推廣中國近代現代史事的正確理念與真相於社會大眾；最有效的途徑是通過大學中的菁英，薪火相傳，方能發揚光大，期於久遠。至於教授資格之獲得，卻是走「腳踏實地」的緩慢道路，一年年、一步步的熬。我有政大碩士學位，政大復校第二任校長劉季洪老師函介我去逢甲，逢甲聘為兼任講師，毫無爭議。逢甲教學四年後又赴美進修兩年，獲得第二個碩士學位歸來後，文化聘為兼任講師，也可接受。因為依據教育部當時法規，兼任年資兩年算一年，一定要兼任六年，才能憑著作審查晉升副教授。民國六十年（一九七一）二月，新任師大歷史研究所所長李國祁博士，邀我去教課，給我的聘書是兼任副教授。同年八月，政大文學院院長兼歷史學系主任方豪（杰人）教授通知我，政大接受美國聖若望大學副校長薛光前博士之推薦，請我回校兼任副教授。到政大報到後，方院長告訴我兩件事：一是兩年內一定要提出著作報請教育部審定副教授資格；一是先在外系講授中國近代史課程，兩年後才可在歷史系開課。當然，我都接受了。我報請審定副教授資格的著作，是《宋哲元與七七抗戰》，順利通過。副教授證書編號為副字第三四七六號，當時的教育部長是蔣彥士先生。在政大足足做了十年副教授，才報准通過新著作《西安事變始末之研究》，取得紅色封面的教授證書，編號是教字第三五二五號，當時的教育部長是朱匯森先生。這資格得來不易，講師、副教授、教授三份證書，我都保存起來作為三十年教學生涯的紀念。蔣、朱兩位部長後來分別在中國國民黨中央黨部及中山學術文化基金會，成為同事，相處和諧，甚感高興；只是兩位先生都已不在人間了。

在逢甲，開了兩門課：日間部講授「中國近代史」，夜間部講授「國父思想」。系別、班次，已經記不清楚了，只記得教室很大，學生人數甚多；夜間部學生中，不乏中級公務人員及中學教師。此時逢甲院長，是立法委員張希哲先生，教務長是溫文儒雅的教育家廖英鳴先生，副教務長是前山東省立濟南女子中學校長、臺灣省立臺中第一中學教務主任李承章（少文）先生。我與三位先生建立了真摯的友誼。張院長不見外，曾要我代他寫一篇有關孫中山先生早年行誼的文章，意在考驗我的文筆，還好，及格了。後來在台北見過多次面，談話總要提到逢甲。廖英鳴先生，後來升任院長、董事長，多次請我回逢甲看看，作過一次專題講演；講演費三千元，我未收，逢甲將此款以我兒肖元獎學金名義，發給成績優良學生。有段時期還將逢甲校刊按期寄給我。廖先生已於民國一〇二年（二〇一三）五月謝世了，高壽一〇三歲。李承章先生是山東壽光籍鄉前輩，我事之以師禮，課後常到他辦公室坐坐，聊聊，只是我遷居台北後，沒再見過面。另外一位在訓導處擔任課外活動組主任的蔣根桃講師，是行政專修班教育行政科後期同學，由於我做過教育行政科助教，他視我為師，謙恭有禮。這種師道友愛風氣，早已不復見於今日社會了。

開始到文化兼課，是民國五十八年（一九六九）自美進修回國以後的事。老同學崔劍奇兄先在文化舞蹈專修科教授英文，要出國進修，要我去代課，是我與文化建立關係之始。當時文化院長是宋晞（旭軒）先生，史學系主任是郭榮趙教授，他們兩位都認為我應當在史學系開課，於是第二年起在史三、史四兩年級開一門新課：「民國史料」，研究所的學生也有幾位來聽課，因而相識。文化史學系、所，基礎穩固，學風甚盛，造就了不少史學人才；如莊焜明、卓文義、蘇墱基、陳重光、施家順、劉鵬佛、簡笙簧等人，都有學術成就。蘇墱基的碩士論文，榮趙請我擔任指導教授，因而對他了解頗多。他畢業後從事新聞事業，曾任《中國時報》副總編輯。可惜逝於中年，我曾為文悼惜。我因公務繁忙不再開課後，仍應史學研究所及三民主義研究所之聘，為博士論文指導教授；曾經指導過史學研究所的邵銘煌、高純淑兩君，三民主義研究所的林詩輝、李彥鴻兩位。四位都與我有黨務系統的同事關係，工作成績優良，學術貢獻亦至為顯著。文化先後任院長、史學研究所所長、教授宋晞、黎東方、吳相湘、程光裕、郭榮趙、王綱領等，都是老友，宋、黎、吳已西歸，程情況不明，唯郭榮趙仍居台中，前幾年還曾寫信來要我寄他一部《中國國民黨史述》。王綱領比較年輕，恐怕也到「不逾矩」之年了。

在師大歷史、三民主義兩研究所（今改名為政治學研究所）任兼任教職，有一十三年（民國六十年至七十三年）。歷史研究所開的課是「中國近代內亂史研究」，是所長李國祁兄的構想，頗具新意。我採專題講述繼之討論方式，自編「講授綱要」，附以主要參考書目，頗覺順心應手。經歷李國祁、張朋園、林明德三位所長，教過的研究生約略有四十餘位，並曾指導過現任國史館館長呂芳上教授的碩士論文。此所培植的優秀史學人才甚多，林滿紅、呂芳上、鄭瑞明、卓遵宏、吳文星、謝國興、張瑞德等教授，乃其著者。因為是選修課程，選課人數都在三至五人之間。有一學期，三位選課研究生都來自韓國，其中一位已經有教授資歷。到三民主義研究所講授「中國革命史」，是由於原任教授李守孔與所長葉守乾的登府力邀，也經歷了葉守乾、葉祖灝、蕭行易三位所長。是門必修課程，每學期都有選課研究生十餘人。我曾指導過朱文原、陳宜安的碩士論文，莊政的博士論文。莊政為一苦學有成的人，畢生致力於孫中山先生思想行誼的研究，頗有成就。他如黃人傑、黃城從事於教學及研究，貢獻亦多。王全民移居美國，改習醫學，已是名醫。歲月無情，我在師大兩所教課時的六位所長，兩位葉先生已離開人間，國祁、朋園已登九秩壽台，明德也應在八十以上。行易最年輕，前些日子在公共汽車上遇見他，承告也已是七十多歲的老者！

政大創校於民國十六年（一九二七）五月，和我同庚。四十三年（一九五四）在臺北復校，先恢復研究部，我是教育研究所第一期研究生，政大成為母校。因此，我在《史學圈裡四十年》中談及三十年教學經歷時，有一小標題：「我愛政大」，說：

> 政大是我的母校，我對政大懷有濃厚的感情，我愛政大，我以出身於政大為榮。

在政大教課二十五年，分三階段：一、外系開課階段：兩年，先後在應用數學系、銀行系講授「中國近代史」；二、歷史系開課階段：三年，講授「中國近代史」；三、歷史研究所開課階段：二十年，先後開過的課有「中國國民黨歷史與理論」、「中國現代史專題研究」、「民國人物」及「中國政黨史」。並曾應李元簇校長之請，在三民主義研究所講授「中國國民黨黨史」三年，後由蔣永敬教授接替。我在政大，經歷劉季洪、李元簇、歐陽勛、陳治世、張京育、鄭丁旺六位校長，歷史研究所閻沁恒、蔣永敬、王壽南、胡春惠、張哲郎五位所長，稱得起是位元老教授，雖是兼任，感覺上卻與專任無異。我曾有專任的機會——那是民國六十五年（一九七六）歷史研究所成立時，李元簇校長主動為我改為專任，排好了課；我以不好意思離開黨史會，親自去婉謝。李校長當然不高興，話說過，也就算了，是位真性情的直爽學人。講授方式，均採大單元教學方式，講述與討論並重。我在《史學圈裡四十年》中，自述：

> 每學期開學時，預定一份講授進度表，內含四至八個單元，每一單元即係一項主題，每一主題印發綱要並附主要書目，每一主題講述一至三週，講完後繼之以討論。每學期也有兩次總討論……三小時連接起來講，中間不下課；遲到或有事須先退席，不必報告，輕悄悄的離去或進來，只要不影響到大家聽講的情緒，就好。切戒在教室內講話。……要撰寫兩篇報告：一篇是專題論文，一篇是閱讀報告，就根據這兩篇報告評定本課程的學期總成績。

我很高興，二十多年來，課堂上從未發生過意外或是小不愉快。當然，我也樂意聽到選課研究生們的反應。只是聽到的，都是正面的。現任海洋大學海洋文化研究所教授吳蕙芳曾來信說，我講課「一貫的認真，嚴謹地闡釋論點，解釋我們的疑惑。」前幾年，女兒在網路上發現一篇〈恆光橋遇李雲漢老師〉，作者吳鳴（彭明輝教授的筆名）寫出一段選我課程前後的感想：

李雲漢老師是我博士班的老師。雖然我在讀碩士班時，李雲漢老師已經在政大歷史研究所兼課，講授民國政治史研究，但我並未選李老師的課。……年少的我，對政治史興趣缺缺，並未選李老師的課。故爾一直到博士班時，才選了李雲漢老師的「民國人物研究」。

李雲漢老師的「民國人物研究」，乃專為博士班開設的課程。……李雲漢老師當時擔任中國國民黨黨史委員會副主任委員（後來接任主任委員），其成名作《從容共到清黨》，剖析聯俄容共的由來與結果，雖然具有鮮明的黨國色彩，但因李老師治學極謹嚴，甚少引發批評。李雲漢老師上課時亦不謹守黨國人物，並兼及學術思想人物。本來我有點擔心上課內容過度傾向政治人物，課程難免無聊，卻因李雲漢老師上課語言之敦厚，常使我忘記他是中國國民黨黨史委員會副主任委員。我想起來選李老師的課以前，常聽學長姊談起李雲漢老師的黨國意識，但真正坐在李老師課堂裡，才發現上李老師的課如沐春風。李雲漢老師嚴謹的治學方式，和他溫厚的待人處世，使我在往後的學術生涯中，時時想起。在一篇自述中，李老師說他是農家子弟，故而性格誠樸、敦厚、踏實，能耐勞耐苦，是非常貼切的表述。

政大歷史研究所創設之初，即決定以中國現代史為教學及研究重點，因而博、碩士班研究生以研究民國史者為多，畢業後亦多從事於民國史的深度研究與教學，成為民國史研究的新一波傳承並創新學者。曾經選過我的課以及我所知悉之政大博士群，如許雪姬、張力、周惠民、邵銘煌、劉維開、林桶法、彭明輝、楊翠華、林美玫、李盈慧、王正華、余敏玲、陳曼玲、陳進金、許育銘、喻蓉蓉、高純淑、莊義芳、毛知礪、吳翎君、吳淑鳳、侯坤宏、王良卿、楊維真等，都學有專精。有幾位曾經或現任院長、所長、系主任等學術主管，成績卓越，聞之亦有「與有榮焉」的喜悅。

一項比較特殊的教學經歷，是受到中國國民黨內最高訓練機構革命實踐研究院的聘請，擔任十多年的講座。這所機構，是黨總裁蔣中正先生於民國三十八年下野後創設的，地址在台北市陽明山（原名草山）。凡是國民黨籍的黨、政中、上級幹部（包括海外工作人員），幾乎都曾受過此一機構的洗禮。訓練分兩層次：一為研究班；一為實踐班。任課教師一律稱講座。我於民國六十八年（一九七九）八月擔任黨史會副主任委員後，革命實踐研究院即聘為講座，於每期實踐班講述「革命理論與歷史」。當時院主任是吳俊才（叔心）先生，教育長是崔德禮先生。民國七十四年（一九八五），黨主席蔣經國先生批准吳主任的提名，要我參加研究班第十五期受訓一個月，結訓時去金門戰地參觀訪問兩天，留給我極為深刻的印象。

「課堂外」參與的學術團體與活動，以及出席國內外大型學術會議的過程與感想，也是我學術生活中使我感到頗有成就感的一面。參加的學術團體主要者有六：一是中華民國史料研究中心，一是中國歷史學會，一是中國近代史學會，一是財團法人吉星福張振芳伉儷文教基金會，一是財團法人中正文教基金會，一是財團法人中華民國中山學術文化基金會。關於中華民國史料研究中心及中國歷史學會的活動，我在《史學圈裡四十年》中，分別設有專章予以說明，此處不再贅述。中國近代史學會係由政大歷史研究所所長張哲郎教授等人所發起，成立於民國八十三年（一九九四），首任理事長為張玉法先生，我初任理事，亦曾任監事，每年均繳納會費，亦出席有關會議及學術活動。該學會成立後的一次重要學術活動，係於民國八十四年（一九九五）九月。舉辦一次「慶祝抗戰勝利五十週年兩岸學術研討會」，會期三天，大陸有三十一位教授前來台北出席，可謂盛況空前，為兩岸學術交流開出鶯聲初啼的先聲。研討會過程，我在《史學圈裡四十年》中，亦有專節「兩岸學術研討會」予以論述，此處也就不必費詞。需要也樂於一提的，是我與吉張、中正、中山三個文教基金會的關係。

先談吉星福張振芳文教基金會。

吉星福、張振芳伉儷是山東籍鄉先進，也是美國舊金山地區的知名華裔人士，以愛國愛鄉，樂善好施，聞名於僑學界。吉出身於軍界，後為國民大會代表；張係青島教育界人士，曾任女子中學校長及大學教授。賢伉儷關心在台魯籍子弟，特提供一筆經費成立基金會，託政大李瞻（士毅）教授經理其事。我於民國七十四（一九八五）年暑期去史丹佛大學胡佛研究所訪問研究期間，曾受到吉張夫婦的熱情接待，對其愛國熱忱深感欽佩。李瞻兄係我政大研究部第一期同學，邀我擔任吉張基金會首任董事，當然允諾。基金會董事皆魯人，推孫震（伯東）為董事長，董事有李瞻、于宗先、張玉法、楊其銑等兄。基金會設有獎、助學金，獎助各大學之博士碩士班魯籍研究生，亦曾資助《山東人在台灣》叢書之出版。我任職至民國一百零二（二〇一三）年，以年事已高請辭，當蒙李瞻兄見諒，同意。

再談中正文教基金會。

設立這個基金會，最早是我在退休前的構想；因為黨史會歷年來積存了五千萬元，應當透過基金會方式，予以有效的運用。曾請第一室總幹事劉維開去教育部取來學術文化基金會設置辦法，準備申請。嗣以即將提前引退，此事留待後任處理比較好。接我職務的是陳鵬仁兄，他於民國八十六年（一九九七）請准成立。公推秦孝儀先生為董事長，鵬仁兄副之，邵銘煌為執行長（第三屆董事會後亦為董事）。我為秦董事長提名為董事，歷任五屆。秦先生任內，以闡揚蔣中正先生之思想行誼及事功為工作重點，主要活動有六：

一、繼續編印《先總統蔣公大事長編初稿》：請蔣方智怡董事提供蔣公日記中有關記述，由劉維開教授初編，我與呂芳上董事複閱後付印，共出版五冊（卷九至十三）。

二、繼續編刊《近代中國》雜誌，改為季刊，請邵銘煌、高純淑負責編輯。辜嚴倬雲董事補助經費一百萬元。

三、舉辦「國民政府廢除不平等條約六十週年國際學術討論會」，日期為民國九十一年（二〇〇二）十月十八至二十日，地點在台北市郊陽明山上之「天籟溫泉旅館」。

四、贊助中央研究院近代史研究所黃自進博士推動「蔣介石先生與日本」的研究計畫，編輯《蔣介石先生對日言論總集》。

五、為紀念黃埔建軍八十年，於民國九十三年（二〇〇四）十月二十九日至三十日，舉辦「蔣中正先生與國民革命軍」國際學術討論會，論文集亦標題為《蔣中正先生與國民革命軍》。

六、為紀念蔣中正夫人宋美齡女士逝世一週年，於民國九十三年十月十六日，舉辦「蔣夫人宋美齡女士言為士則行為士範」學術座談會。

六項學術活動，我都參與籌備，並在各次討論會及座談會中，擔任分組場次主持人。活動情形，我在〈偉人已走入歷史〉一文中，約略敘述。秦孝儀董事長於民國九十六年（二〇〇七）一月逝世，陳鵬仁兄繼任為董事長，蔣方智怡副之。政策改變，偏重於大陸參訪。一百零二年（二〇一三）進行大改組，選舉林豐正為董事長，陳鵬仁副之，工作方向亦因之改變。我年事已高，留任無益，乃決定辭卸董事職務。惟其與國史館等機構共同舉辦之學術活動，只要體力允可，我仍樂於參加。

續談中山學術文化基金會。

我與中山學術文化基金會（以下簡稱中山基金會）之關係，始於民國五十五年（一九六六）之獲得第一屆學術著作獎，五十年了，未曾間斷。首任董事長王雲五先生，也是政治大學政治研究所老師，我沒選讀他的課，卻曾旁聽過，他對我留有模糊印象。頒獎後，師生合影留念。五十九年（一九七〇），我研究宋哲元與戰前華北危局，向中山基金會申請專案補助，王董事長批示補助台幣三萬元，並由財務組長李錫祥（葉霜）向我致意：「王雲老決定獎助你三萬元，很不尋常，對你期許甚殷。」由此淵源，王董事長身後後人為他建立的紀念館開幕時，主持人特別邀請我去參加。我也寫過一篇隨筆文字〈王雲五紀念館落成典禮〉，記敘其事。

中山基金會第二任董事長是考試院故院長楊亮功先生，是我民國四十五年（一九五六）政大碩士論文口試時的校外委員，此後我即稱他楊老師，時有來往。中山基金會設有學術著作獎審議委員會，先後任召集人黃季陸、陳雪屏兩位先生，都是政大老師，總幹事（今稱秘書長）阮毅成先生也是熟人，我雖不是中山基金會成員，卻對它懷有感情。特別是我擔任中國歷史學會總幹事及理事長時期，每年都要編印一冊《史學集刊》，也都受到中山基金會的經濟支援。楊董事長亮功師時常在中山基金會附近一家「心園」川菜館（已休業）邀我、蔣永敬、劉紹唐等兄吃飯、聊天。他要編一冊《年譜》，也交代由永敬、我及國史館主任秘書許師慎，共同負責。書成，由台北聯經文化事業出版公司於民國七十七

（一九八八）年十月出版。

楊董事長亮功先生於民國八十一年（一九九二），以九十八歲高齡過世後，由劉真（白如）先生繼其任，是為第三任董事長。劉先生自臺灣省政府教育廳廳長卸任後，曾任政大教育研究所所長，那時我已畢業離校，見面仍以師禮事之；劉師也曾對我說：「雲漢，你的一切，我都清楚。」師生間也曾交換過著作，他客氣，題款竟稱我為兄，令我驚恐不安。楊師亮功先生於贈我著作《孔學四論》等書時，也是這樣題款。前一代大師的謙卑風範，很少見之於今日社會了。民國八十五年（一九九六）七月，我自黨職退休，同時辭卸所有兼職及榮譽職，並不再接受任何新名義。但當月即接到劉董事長白如先生來信，聘我為中山基金會學術著作獎審議委員會委員，我卻不能說「不」，立即復函允諾。從此時起，為中山基金會略效微力，迄今已歷二十年，是任職僅次於黨史會本職的第二個學術機構。

初到中山基金會學術著作獎審議委員會時，召集人是國立中央大學前校長李新民博士。初次見面，他就說：「李先生，你是首屆學術著作獎得獎人，早就該來基金會服務。」李召集人於民國九十三年（二〇〇四）三月，受聘為基金會董事，不幸於同年十二月逝世。所遺召集人一職，劉董事長聘請國立臺北大學前校長李建興博士接任；董事一職，則由我接任。基金會亦曾設置「博士論文獎」，由博士論文獎審議委員會負責審定得獎人選，報由董事會議決議授獎。審議委員會召集人為教育部前部長朱匯森先生，我和王爾敏教授為委員。只辦理四年，即因政黨輪替，各大學三民主義研究所相繼易名，申請此項獎金者人數過少，經董事會決議於民國九十年起停辦。

中山基金會有一位久於其事，貢獻至大的人，為秘書長亦為現任董事陳志先先生。劉董事長晚年健康情形欠佳，會務實際上係由陳秘書長負責推動，有條不紊。他和我並無任何淵源，卻甚投緣，有相見恨晚之感。他長我三歲，見面或通信都稱志先兄，其敬業精神及堅強毅力，都叫我佩服。他交代的事，不管是否在我職責範圍內，我都全力以赴。他要我擔起《中山先生與日本》一書的撰寫工作，並適時為劉董事長代擬書面講詞初稿，雖有難處，卻從未忍心令他失望。

劉真董事長於民國一百零一（二〇一二）年三月辭世，享壽一百零一歲。董事會召開臨時會議，選舉原任副董事長許水德先生為董事長，是為第四任。我因近年聽力退化甚速，曾考慮進退。有次向許董事長微露此意，他即說：「你比我大不了幾歲嗎！」轉念許先生曾任中國國民黨中央委員會秘書長，是我的老上司，也是位敢負責、肯做事、愛黨愛國的人，他主持中山基金會，有些新計畫、新作法，我怎可做首先告辭，掃人興致之人！一百零二（二〇一三）年十一月，各董事任期屆滿，許董事長於董事會議提議各董事繼續連任一屆（三年），當經一致同意。我私下想：後年（民國一〇四，西元二〇一五）是中山基金會成立五十週年，親自參與慶祝活動，也算是有始有終。慶典過後，再考慮婉言相辭吧。在職期間，中山基金會所有學術活動，只要體力智力許可，自當盡力而為，要貫徹「一息尚存，不容稍懈」的自我承諾！民國一百零四（二〇一五）年十二月，再函許水德董事長請辭兩職，許批示准辭學術著作獎審議委員，慰留董事，並派兩位女性組長親臨舍下致意。我應諾之。本屆董事任期至民國一百零五（二〇一六）年十二月，屆時就自然解職了。回想與中山基金會的長久密切關係，感到很欣慰，很愉快，因為做到了「克盡棉薄」的心意。

參加國內外有關中國近、現代史的大型學術研討會，也是我「課堂外」一項主要活動。回想一番，從民國五十六年（一九六七）八月首次出席在美國密西根大學召開的「國際東方學者會議」起，至民國一〇四（二〇一五）年七月參加國史館主辦的「戰爭的歷史與回憶：抗戰勝利七十週年國際學術討論會」止，四十八年間參加的大型國際學術會議，有四十次。以地區言：

中華民國臺灣二十一次

美國八次

日本四次

香港三次

中國大陸三次

俄羅斯一次

參加這些學術會議的經過與心得，我都有文字記述，散見於《史學圈裡四十年》、《雲漢悠悠九十年》、〈退休五年〉、〈北美散記〉等書文及《近代中國》、《中華文化復興月刊》等期刊，此處不擬多言。惟有兩點，應可一述。

其一，台北地區學術討論會之舉辦，由我首開風氣。民國五十八年（一九六九）十一月，國史館館長也是黨史會主任委員黃季陸先生，創設中華民國史料研究中心，命我負實際責任，我即於五十九年（一九七〇）九月開始舉辦中國現代史學術討論會，邀館、會、中央研究院近代史研究所、台大政大師大文大等校歷史系、所近代史教授及研究生參加。每年舉辦八次，討論會論文及討論發言紀錄編印為《中國現代史專題研究報告》。討論會在青潭，往返不很方便，然大家興趣很高，盛況不減。我主管研究中心業務十年（民國五十八年十一月至六十八年八月），舉行學術討論會八十七次，編印專題研究報告九輯，詳細情形見〈十年來的中華民國史料研究中心〉。此一行動，帶動了各校及研究機構舉辦研討會的興趣，民國七十年（一九八一）以後，蔚然成風。我也要感謝兩位始終在研究中心服務的同仁：呂芳上先生和夏文俊先生。兩位住於青潭國史館簡陋的宿舍內，任勞任怨，功不可沒。可惜夏文俊先生已經離開人間了。

其二，由於參加這些大型國際學術研討會，結識了不少國際史學界的朋友，也擴展了學術研究的視野。如美籍易勞逸（Lloyd E. Eastman）、范力沛（Lyman P. Van Slyke）、艾愷（Guy Alito）、馬若孟（Ramon H. Myers）、吳文津、吳天威、馬大任、陸培湧、于子橋、韋玉華；德籍金德曼（Kindermann）、郭恆鈺；日籍衛藤瀋吉、山田辰雄；香港梁永燊；中國大陸金沖及、張憲文、張同新等先生，都成為好友。民國七十一年（一九八二）三月，隨同秦孝儀先生及張玉法、張忠棟、林明德三位教授前往芝加哥，出席由美國亞洲學會（Association of Asian Studies）主辦，謝文孫教授策劃的「辛亥革命與民國創建」研討會，首次與大陸學者章開沅、趙復三等人相遇，當時會場中言論雖針鋒相對，事後章、趙都曾來過台灣，成為朋友。民國七十五年（一九八六）十月，在伊利諾大學（TheUniversity of Illinois）由吳天威、王冀主辦的「西安事變五十週年國際學術會議」中，遇到一位身分比較特殊的大陸人士楊拯民。他是西安事變主角之一的楊虎城的兒子，是大陸來人的首席人物，曾在大會中發表演講。我和他見過面，打過招呼，卻未曾交談。到民國八十六年（一九九七）七月我去北京出席「紀念七七事變六十週年國際學術研討會」時，楊拯民卻邀請吳天威和我吃過一次飯，以老友相待。他已過世了。兒子楊瀚來台北，也特地找我一談，代表米鶴都（也曾出席伊利諾大學之學術會議）問候我，並邀我去西安看看，我婉謝了。

民國九十一年（二〇〇二）三月至八月，我夫婦赴美探親期間，曾應邀在芝加哥僑社舉辦的兩項學術性活動中，講過話。一是海外中山學社於五月四、五兩日舉辦的「第四屆中山思想與當代世界國際學術研討會」，五日的會主題改為「中國統一前景綜合討論會」，我應邀作引言，講題是「淺談中國統一問題」，次日出刊的《華報》把我的講詞全文刊登出來了。研討會主持人是韋玉華教授，他介紹一位來自大陸的貴賓李贛騮和我見面，原來他是國民黨元老李烈鈞的兒子，現在是「中國國民黨革命委員會」的副主席，能言善道，有點江湖氣概。另一次是同年七月七日，由芝加哥中華會館、中國國民黨美中支部及榮光會聯合主辦的「七七事變六十五週年紀念會」。榮光會是發動單位，紀念會即由會長向光澧主持。我和他並不相識，誠意邀我作專題講演，我為他愛國熱忱所感動，答應了，決定講題是「七七事變真相」。是日到會兩百多人，為芝加哥僑界並不多見之盛會。其後數日，各僑報均刊出會場盛況，也有我數幀照片，連遠在洛杉磯的中學同班同學滕愛華也在《世界日報》看到有關報導，又驚又喜。我在〈北美散記〉文中，記下自己的感想：

> 在芝作客，為僑界社團作一次有意義的奉獻，覺得很高興，因為盡了歷史研究者的本分，也實踐了「匹夫有責」的心願；不管效果如何，總是一樁好事。

感恩．惜福．達觀

「一歲年紀一歲心」，這句家鄉諺語，是真實描述。人到老年，一些嗜好、習慣、言語、心理甚至性格，都會發生或多或少的變化。我認為自己是個比較冷靜卻又遲鈍的人，民國九十五年（二〇〇六）八十歲的時候，寫過一篇〈八十雜談〉，把老年期分成三個階段：

> 我喜歡把老年期分成三個階段：七十歲至八十歲是「少老年期」，雄風不減當年，應當照常工作；八十歲至九十歲是「中老年期」，可以放下工作，但不宜

停止社交活動，抱輕鬆心情面對一切；九十歲以後就是「老老年期」，要真正做到清心寡欲，以養心養神為要著了。

如今自己已進入「老老年期」了，生理上、心理上，都有極大的變化。生理的變化，起因於一些「老人病」的出現，鼻過敏、攝護腺肥大、重聽、泡疹、膝蓋關節微痛、有時暈眩、容易疲倦等毛病，都來了！雖沒有致命的危險，卻影響到健康，肢體漸有無力感，發現以前能夠做的事，現在卻無能為力！像貌也老化或者說醜化得很快，搭公共汽車讓坐的人多了，卻難免有「自慚形穢」之感。自己也了解，這是自然發展現象，是人生過程的必經階段，用不到大驚小怪。心理的變化，則是高度成熟的表徵：事事都看得開，能夠擺脫一些世俗的得失、恩怨與煩惱，心平氣和的面對現實，只求心安理得，以健康、平安、快樂為自我修養的目標。由於一生以研究中國近代史為業，對於時代、環境與思潮的變遷，引發民情、政情、國情及國際關係的改變，可以看到也能理解其偶然性與必然性，因而不會陷溺於無謂的論辯漩渦中。今後的心境，將集中於感恩、惜福與達觀三者。

感恩，是我老年期的第一考慮。我在〈八十雜談〉文中，這樣說：

生平有三恩：一是父母養育之恩，一是師長教導之恩，一是老伴照顧之恩。

未能報答父母養育之恩，是我一生最大的憾事！每次想到父母晚年悲慘的遭遇，自己一生也未能盡到報仇雪恥的責任，就有枉為人子，愧憤交併的感受。〈八十雜談〉文中，忍痛含淚寫下一段話：

父親早已於民國四十一年（一九五二）受盡折磨凌辱後，為中共槍殺於故鄉，母親也於一段忍辱含垢，生不如死的歲月後，逝於內蒙！身為人子，父母先後罹難而無法匍匐靈前，乃我一生最大的憾事！「子欲養而親不待」的愧疚，不時絞痛在心頭！我雖函囑堂侄光三及胞妹蓮芳，分別於故鄉及內蒙為父母立碑紀念，然每一念及父母養育之恩及晚年的慘痛遭遇，就不能不悽然神傷！我今老矣！生辰前夕於徘徊低吟「哀哀父母」詩句外，尚能有何行動可慰二老在天之靈！

細想想，當年的紅禍氾濫，被難者豈止一家！我赤手空拳，實亦無能為力！這是時代的悲劇！罪魁禍首是中共首領毛澤東一夥人！彼等已死亡，當今當權的人事實上已揚棄共產主義，回歸中國文化本位，我反對的目標已經消失了。大時代大災難的變遷中，我能倖存，而且一秉忠愛國家的志節，堅持反共救國的立場，我想這就是對國家盡忠，對父母盡孝！這是父母的最大期望，我畢生遵行不渝！是我唯一能夠做得到的事，也算是對父母盡了「繼志承事」的孝道！

師長們玉我於成，教導之恩沒齒難忘。我心目中的師長是廣義的，於小學至大學直接接受教誨的二十多位業師外，也包括多位鄉前輩及服務機關的首長。

故鄉就讀小學時代，照顧我啟發我最多的三位老師：初級小學是孫鴻祿（福齋）先生；高級小學是鞠鴻儀先生與鞠蘭春女士，兩位是兄妹。孫老師來了臺灣，兩位鞠老師則流落青島，情況不明。中學時代受過課的老師有二十餘位，來到臺灣與我常有來往的有八位：校長霍樹枏（梓坡）先生、教導主任滕振鐸（化文）先生、教務主任王懷中（亦民）先生、事務主任徐金誥（晉三）先生、導師霍樹棻（蘭村）先生、教師趙設科（立文）先生、王源河（星垣）先生、趙建修先生。來臺灣就讀政大時期，對我最具影響力的師長亦有八位：陳校長大齊（百年）先生、前後任教育研究所所長陳雪屏先生、吳兆棠先生、論文指導教授王鳳喈先生、教授羅家倫先生、黃季陸先生、楊亮功先生、劉季洪先生。留學美國時期，最值得懷念的師長有兩位：一為哥倫比亞大學東亞研究所主任韋慕庭（C. Martin Wilbur）先生，一為聖若望大學副校長兼亞洲研究中心主任薛光前先生。以上舉列之二十一位師長，都已先後離開人間了，不勝感慨！他們生前有所囑託，我都盡心盡力，身後也曾寫過十數篇紀念文字，收入《懷德與憶往》專輯中！

山東來臺鄉前輩諸位先生中，我事之以師禮或尊之為鄉賢者，有趙光家（顯庭）先生、王志信（篤修）先生、陳孝祖（繩伯）先生、劉安祺（壽如）將軍、宋憲亭先生、王仲裕先生、趙公魯先生。顯庭先生是昌樂縣籍長者，長期擔任台中市立第一中學人事室主任，發起成立昌樂旅臺同鄉聯誼會，我住台中時時相往來，稱之為師。王志信先生為內子中學時代的校長，被尊稱為山東流亡學生大家長，內子的校長就是我的校長，因之相識之初即以老師稱之。陳孝祖先生曾任第十一綏靖區（轄區為青島市及山東半島諸縣）青年教導總隊總隊長，劉安祺將軍為綏區司令官，兩位是帶我從青島來臺灣的上司。退職後，陳先生出任國立中興大學教授，我稱之為師；劉將軍因陳師推薦而召見賜宴，此後因辦理《山東文獻》時相聚會，我隨諸鄉人敬稱他為壽公。宋、趙兩位立法委員於抗日戰爭時期駐節我縣昌樂，來臺後相識，以鄉賢敬事之。小兒肖元之喪，宋委員關懷備至，曾代表山東同鄉會主祭，並曾為善後往訪國防部長宋長志。王仲裕委員則係我追尋《山東革命黨史稿》一書根源，由延國符委員介紹往訪，因而相識。諸位鄉賢，也都先後駕鶴西歸了。王校長、陳老師、劉上將、宋委員、王委員謝世後，我都親與喪禮，並撰紀念文刊載於《山東文獻》及《中央日報》。

服務機關中，曾為我師或視之為師友的首長及同僚，應有十位。青年服務團及行政專修班時期，先後任團長兼班主任上官業佑（啟我）先生、楊爾瑛先生、教育行政科主任方永蒸（蔚東）先生、青年服務團第一組組長徐振溪（潤川）先生，都有大恩，不敢或忘。黨史會服務時期，先後任主任委員羅家倫先生、黃季陸先生、秦孝儀先生，對我有提攜獎進之恩。羅、黃兩先生是業師，有師生及長官與部屬雙重關係，相處有如家人，兩位師母及師兄弟姐妹也都熟識，迄今仍有聯繫。秦先生長年擔任中國國民黨中央黨部副秘書長，位高權重，與我本無直接關係。民國六十五年（一九七六）他接長黨史會之後，彼此才逐漸有了瞭解，承他兩次破格拔擢，惠我良多。三位先生過世後，我曾不只一次撰文悼念。黃、秦兩先生身後告別式中，家屬於眾多友好僚屬中，決意由我報告其生平事略，自亦有份榮譽感。黨史會之外，尚有新聞界前輩亦係黨中央常務委員曹聖芬先生、中央黨部先後任秘書長蔣彥士先生、馬樹禮先生，任內及退休之後，都曾有長期文字往來，對我多所獎勉。曹、馬兩位先生辭世後，我都曾親與喪禮，並撰專文紀念。

父母、師長都已離我而去了！失去的，永遠討不回來！最重要的，是把握現在。現在，最大也是唯一的恩人，是內子韓榮貞女士。自從民國四十三年（一九五四）冬相識相愛開始，她帶給我幸福的一生，感覺到溫暖、甜蜜、鼓勵和勇氣；沒有她的伴隨與匡扶，我不會走得這樣穩健，生命也許不會延續到今天。六十多年了，兩人都從當年的窮苦學生演變成今日白髮蒼蒼的老爺爺老奶奶，彼此關愛之心，卻絲毫不減，且與日俱增。我拙於言詞，她也不喜歡聽頌讚的話。每逢她生日及結婚紀念日，我不曾送任何紀念品，只是寫出一些內心的話，表白心意。這些話多以詩詞形式表達，已經彙編為一小冊《我言・我心》（未刊稿），暇時翻閱一下，也會有「自得之樂」。

初識榮貞時，曉得她是個德、才、學、貌四美兼具的好學生。婚後近一周甲，才體會到她有更多我所不及的長處。民國九十六年（二〇〇七）十月結婚五十週年時，我寫過一篇憶述文字〈金婚話往〉，說：

> 在我心目中，她是位「五好女士」：「好學生、好老師、好太太、好媽媽、好鄰居。」

我是實話實說，有不少我曾經親眼目睹的證據。共同生活近六十年，令我最感激的關鍵時際，有兩次：一是我出國進修的兩年；教學、家務、教養一雙子女的大小事務，都落在她一人身上，未出任何差錯，證明她處事能力在我之上。一是元兒殉職的慘變，若非榮貞痛苦中的理智與決斷，這個家恐怕千瘡百孔，甚至不復存在了！我在〈同聲泣悼同心奮勵——元兒殉職十週年答謝諸友好〉一文中，有一段椎心泣血卻也剛毅奮勉的敘述：

> 元兒之逝，帶走了我全家的歡樂和希望！……面對橫逆，夫竟不如妻！內子和我攜手共度十年來的悲苦慘澹歲月，她顯得比我更理智、更堅強、更決斷。我真的是由衷的欽佩她！感激她！以一弱女子，能卓然自拔於常人無法忍受的悲慘境遇，而能予我最大的支助，反使我自愧枉為七尺之軀！此生此世，我夫婦同命一體，心如日月，志如鋼鐵，在人生的旅程上，要

以老者健者的精神，迎向最後的目標，無愧無怍！

前幾年，三軍總醫院整型外科前主任王先震醫師看到我就診時，內子悉心照顧及代我說明病況之情形，說：「李先生，你真是個有福之人。」這是真的，我在〈生平自述〉文中，也坦承：「自以為生平最大之幸事，乃為有一賢內助。」如今歲登九秩，來日可數！兩人雖性格不盡相同，然已結成「生命共同體」；我將以餘年，盡力之所及，讓老伴生活得無悔！無憂！無憾！願共同珍惜難得的晚晴歲月！

人在福中要知福，更要惜福，是我進入「老老年」期後，時常想到的覺悟與反省。我有過父母被難與愛兒殉職的大不幸，卻也有多件值得慶幸的境遇，如已經述及之逃離大陸與喜得佳偶是。此外，有三點似可視之為福緣，願略為一述。

其一，臺灣從民國三十八、九年間（一九四九—一九五○）風雨飄搖朝不保夕的危險局面，轉變為偏安一隅進步繁榮的國度，是全體臺灣人民的福氣，大陸來臺軍民同胞的感受特別深刻。有了安定的大環境，我才有機會從事公職四十年，守廉循分，克盡職責，由乙等職之工作人員逐步升遷至主管全局之主管，兩度獲授中國國民黨黨內最高獎章，為中央各單位主管之所少見，不能不引以為慰，甚至為榮。說這是命運，是福氣，雖嫌庸俗，卻不失為真實！

其二、慶幸我在生涯規劃中，走對了應當走的道路：在安定的工作環境中，盡力於中國近代史的學術研究。積五十餘年的努力，終能在此領域內，佔有一席之地。我說這話，是經過一番深思熟慮，切不可自抬身價，但也不必妄自菲薄。退休後十年——民國九十五年（二○○六），國立臺北大學傑出校友選拔委員會通過行政學系的推薦，推選我為第六屆「學術成就獎」一項之傑出校友，是對我史學研究成績的總檢查與總肯定。民國一百年（二○一一），國立政治大學為慶祝民國百年大慶，出版一套《中華民國發展史》叢書，其中〈百年歷史學發展〉一篇，執筆人是著名自由主義派史學家、中央研究院院士許倬雲博士；他於近、現代史領域內，說：「李雲漢、蔣永敬、李國祁、張朋園、張玉法等人，均有重要的貢獻。」又說：「李雲漢和蔣永敬也在中國現代史研究中，貢獻至鉅。」這是無黨無派史學家對我的評鑑，客觀性、公正性，應無疑問。我之能夠在史學圈裡「浪得虛名」，得力於先天的稟賦予毅力，不能不說是與生俱來的福氣。

其三，年登鮐背，尚無腦力滯礙感覺，體力雖日見衰弱，行動幸能自如；自以為有二因緣：一為醫藥衛生及生活品質與習慣之進步與改善，一為另一半之照顧有方。我常想，以年齒論，我已破兩項紀錄。一是我家四代男丁壽命紀錄：自曾祖父李秋、祖父李金桂、父親李煥亭三代之男性，壽命未有超過七十歲者，至我自身，始躍進至九十大關，能不欣然！二是中國國民黨中央黨史會歷任主管邵元沖、張繼、徐忍茹、羅家倫、黃季陸、杜元載、蕭繼宗、秦孝儀共七位先生，壽齡均未過八十八歲（黃、秦兩先生均於八十七歲之年謝世），獨我能創新紀錄，亦足自慰！當然，年齡高，並不代表德業事功榮崇，所舉七位前輩主管各有其卓越成就，單就書法暨文學造詣而言，七位先生都是一代名家，足為我師。

韶光易逝，時不我待，老年人往往落於感嘆、感慨、感傷的氛圍中，無奈的熬過落漠的黃昏歲月。我夫婦都已是耄耋老者，卻有比較健康的想法：把壽命長短置之度外，能存活一天，就應當好好的生活：到了要走的時候，就爽爽快快的走。凡事要從寬處、遠處去想，作現實、切實的考慮；這叫作達觀，是化悲為喜，轉憂為樂的一劑良藥。

「達觀」一詞，源於《書經．召誥》，台北三民書局編印之《大辭典》的解說是：「對於人生有通達的看法，能不受環境際遇，喜怒哀樂所轉移。」這是人生修養的最高境界，也是我等老者所應努力以赴的終極目標。我時常自我反省，有沒有做到這一步？答案是「還沒有」，但「相去亦不遠矣」。因為我於公於私，都克盡本分，無怨無尤。童、少年求學及青、壯年服公職時期，沒有半點有愧於心或有虧職守的事。對家人、朋友、同事以至學生，無不真誠相待，無半點虛偽，驕矜。這都是使我進入老老年期能夠接近達觀的心理基礎：一路走來，俯仰無愧。

老老年人最關心，甚至放心不下的事，也不外兩端：一是子女的生活，一是自身的善後。可是對我而言，兩事都不是問題。我夫婦育有一女：肖寧；一子：肖元；均聰敏敦厚，好學知禮。寧兒於國立中興大學會計學系畢業後，赴美國就讀北伊利諾大學獲碩士學位，並曾考取會計師。畢業後，與同學石世鉅君結婚，經三十餘年之辛勤努力，已建立穩固經濟基礎。育有三男，均受畢高等教育，各有一份甚為適意的工作。女兒每週六晨間都會與母親電話家常，樂也融融。女婿也忠厚信實，每年內總會陪女兒回台一兩次，探親會友。我常與老伴提起：女兒一家和樂，不須兩老擔心罣念，就是福氣，值得高興。元兒畢業於國立交通大學電子物理學系，卻不幸於空軍預備軍官受訓期間意外殉職，令父母傷心欲絕！然又無可奈何！只能於其身後，做到叫他無絲毫遺憾：為他編印一冊紀念集《幼鴻啼痕》，請准總統頒令追贈空軍少尉官階，公葬於空軍忠烈將士公墓，在交通大學電子物理學系設置李肖元同學紀念獎學金，將其存書捐贈電子物理系，並曾捐款新系館之興建，留存李肖元姓名等事，都做到了！父母對亡兒，已竭盡心力！

至於個人身後問題，也時常與內子談起，兩人都同意求「一了百了」。我們屬意於台北市郊的清靜山區，不過，屆時還要尊重女兒的意見。早在民國九十六年（二〇〇七）四月五日，我感到胸部有點不舒服，就在電腦螢幕上草擬了一份〈遺囑〉，只是怕影響到老伴與女兒心情，沒有對她們公開。其中有一段自我表白的話：

> 想想自己一生，成長於抗日及內戰烽火中，求學於艱苦困窮的情境下，然能奮勵不息，無怠無忽；治史勤勉公正，略見小成；從公守廉循分，無忝職責。雖

亦經歷悲歡離合之磨折，終抱無怨、無悔、無愧、無怍之胸懷。尤引以為慰、為幸、為榮者，幸得一賢內助；如無內子韓榮貞女士之匡扶，我一生步履不會如此穩健。

已經過去九年了，這份〈遺囑〉當然失效。我想於九十一歲起，在歲首預立〈遺囑〉一份，當年內有效。在「末日」未到之前，我還是要知福惜福，樂享天年，求個兩袖清風，善始善終。我從民國九十五年（二〇〇六）起，恢復在電腦螢幕上寫日記，並於每年歲尾寫篇短文向知己好友們賀歲祝福，這工作將延續下去，直到神智不清，手指不能動彈的時候！此生未曾浪費太多時間，也值得自我安慰！

中華民國一〇五年（二〇一六）四月，雲漢九十初度，隨筆於台北市文山區木柵路三段六十九號仁普世家公寓大廈六樓之三寓所，留於家人暨少數親朋友好，作為紀念。

四季長青聯誼會會友餐會，兼為李雲漢、焦文海賀九十大壽。民國105年3月10日，台北市區武昌街鼎富樓餐廳。

貳　散記

我的小學時代

趙家嶺初小

我七歲那年，父親送我進入族伯李蓮亭先生主持的塾學就讀。兩年後，改讀新式學校，進入鄰村趙家嶺初級小學，開始讀二年級，應是我正式小學教育的開始。

趙家嶺小學，正式名稱是「昌樂縣第六區趙家嶺初級小學」，是一所綜合一至四年級學生於一間教室，實施複式教學的鄉村小學。教師是楊振華先生，已逾不惑之年，國學修養甚優，尤擅書法，且係昌樂縣政府舉辦之小學教員檢定考試及格，是位好老師。我的學名雲漢，還是楊老師給起的，注音符號也是楊老師教會的。他教學熱心，也很講求方法，只是不善於歌唱，只能教我們唱唱「蘇武牧羊」「五三慘案」之類的普通歌曲。還有位助理老師董鴻，卻不太叫人注意了。

民國二十五年（一九三六），我十歲，對時事已經開始注意了。夏間，縣政府在北展新設的昌樂縣立第四小學開始招生，附近各村初級小學高年級的學生都去報考。趙家嶺初級小學有十多位同學投考，有四位被錄取，記得是：李好英、李好孝、李好朋、李法文。他們入學後不久，穿著簇新的黑色制服回到趙家嶺來，很神氣，我也很羡慕。這件事，使我興起了新希望：要升學。知識領域也逐漸開拓了，開始閱讀訂自上海商務印書館的兩種雜誌：《小學生》和《兒童世界》。

由於日本對中國一步步的侵凌，反日抗日的氣氛已蔓延到鄉村，學校成為談論反日問題的中心。有一次，楊老師的一位朋友來訪，他指著掛在牆壁上的一幅世界大地圖中中國和日本的位置說：「你們看，中國這麼大，日本這麼小，日本竟敢毫無忌憚的欺侮中國，真是豈有此理！」

十一月間，綏遠傅作義部攻克了日人操縱偽蒙軍佔據下的百靈廟，是為「綏遠大捷」。消息傳來，鄉人無不喜形於色，楊老師更興奮無比，對我們說：「我們中國人總算給日本人一點顏色看！這次有功的兩位將領孫蘭峰和孫長勝，都是我們山東人！」他以「慰問綏遠前線將士」為題，要我們作文，我寫了二百多字，有點激動，楊老師卻很欣賞，曾當我父親的面大為誇獎。

抗日戰爭爆發了

民國二十六年（一九三七）七月，中日戰爭爆發了。十一月，日軍侵入山東。次年一月初，昌樂縣城淪陷於日寇，縣長王金嶽棄職他去，一時陷於無政府狀態，學校遂也停課。所幸公安局長張天佐受命為縣長，邀集南部幾位鄉長會商後，決定編組一個團的的地方武力，展開抗日行動。我父親是應邀參與會談的少數人之一，曾對家人透露，會談地點是在船底村鄭曰讓鄉長家中，三五人圍爐而談。決策既定，不數日，新的縣政府成立了。張縣長並派張髯農南去安邱、沂水，與第八區行政督察專員公署暨山東省政府取得聯繫。縣政由混亂到恢復正規，有段灰暗慘澹的日子，我也因此輟學六個多月。

戰時的昌樂縣政府初設於倉上，不久即移設於距我村僅二華里的彭家溝。婦女會的幾位負責人張淑媛、趙貴德、閻同芳等，到我村來發動兒童組織歌詠隊，教唱抗戰歌曲。我被指派為隊長，是為我參加抗日活動之始。記得當時所唱第一首歌曲的歌詞是：

日本人呀不講理，
殺我同胞奪我地！
小朋友呀快起來，
打倒日本好出氣；
出氣，出氣，
出了這口氣！

將軍堂初小的兩位老師

民國二十七年（一九三八）秋，我村的初級小學成立了，全名是「昌樂縣將軍鄉將軍堂初級小學」。我進校復學，讀四年級。教師是縣府教育科派來的趙有貴先生，他本是濟南正誼中學初中部學生，濟南陷敵後，回縣來參加抗戰。趙先生人極謙虛，教學也認真，只是有時說幾句令人驚疑的怪話，例如說汪精衛是主張「和平」，蔣中正「大頭殼」等，都不合當時的情勢。有一次，他還低聲唱起「國民黨，共產黨，兩黨合作國不亡。」的歌曲來。我當時尚無政治意識，又在國共合作抗日年代，也沒感到有什麼不妥。趙先生教我們一年後，就去國軍第五十一軍當了情報官。我長大後，回想趙先生教學時的言行，懷疑他可能是中共的地下黨員。

趙有貴先生離去後，教育科派來接任的人，是孫鴻祿先生。孫先生年紀很輕，只高級小學畢業，但國學根柢甚厚，文筆尤健。孫先生很注重時事，作了一些筆記，我曾借來抄錄，因此瞭解了中央政府的組織和人事。他教學極嚴，常施體罰。他只教我三個月，就送我去參加升學考試了。

縣立下皂戶小學

那是民國二十八年（一九三九）夏天，昌樂縣政府決定在南境我政府轄區內，同時設立八所縣立（高級）小學，並同時統一招生。距我村最近的新設小學，是昌樂縣立下皂戶小學，因此決定去下皂戶村應考。非常感謝孫老師，他親自陪我赴考，準備必備文具，殷殷叮囑要小心。放榜後，也是孫先生首先查榜，告訴我：「考取了，成績還不壞。」

進入昌樂縣立下皂戶小學，讀五年級，覺得一切很新鮮，像是進入了一個新天地。學校沒有宿舍，我和彭家溝的幾位同學寄居在林泉峪村我外婆家裡。學校初創，一切都很簡陋。人事方面，沒設校長，只有教師一人綜理校務及教學；另有工友一人，負責打鈴及炊務。抗戰時期的艱苦，可想而知。次年招考新生一班，有五、六兩個年級，才有了校長，教師也增至三人。儘管環境很困難，日軍（當時統稱他們為日本鬼子）不斷來「掃蕩」（攻擊並燒殺），我們的氣勢卻極為昂揚，抗日的情緒極為高漲，每日升旗降旗，歌聲極為嘹亮。領導抗日的蔣委員長已是我們崇拜的偶像，最常見到的標語是：「擁護蔣委員長抗戰到底」，「驅逐日本強盜」。

鞠鴻儀先生

學校開辦者，首任主任教員、校長，是鞠鴻儀（理堂）先生。鞠先生畢業於青島李村師範學校，抗戰開始前一年返鄉，出任縣立第四小學校長。日軍入侵，學校停辦，乃參加抗戰工作，受命開辦縣立下皂戶小學。他是林泉峪村人，林村與下皂戶村毗連，學校與他家相距甚近，極為方便。

鞠氏也是門第人家，鴻儀先生的祖父文齡老先生是清代的武舉人，他當年練武用的那柄大刀仍然放置在大門門坎後。鞠氏在青島開設中醫藥局，三兄妹都是在青島受教育。鴻儀是大哥，二妹蘭秀，三妹蘭春，都畢業於青島女中，各有所長。鞠家是我外婆一族，按戚誼，鞠氏兄妹是我的表兄、表姐。但我和其他同學一樣，習慣於稱他（她）們為大老師，二老師，三老師。

鴻儀先生的文、理修養，都很健全。當時開八門課程：國文、數學、歷史、地理、自然、公民、音樂、體育。除地理一科係請時任下皂戶初級小學教師的蘭春老師來教外，其他各科統統由他一人承擔，當然很辛苦。好在他正當盛年，尚能勝任愉快。國文課的文章，都是他自己選的，我首度讀到胡適的散文和郭沫若的新詩，非常有興趣。他的音樂修養也很深，校歌的詞、譜，均出自一己之手。很奇怪，每天早晨升旗唱國旗歌，唱到「祝我國旗永輝煌」一句時，鞠師要我們伸平右臂後再放下，表示敬禮；他說：「這是德國式敬禮」！鴻儀先生也很實際，為了要我們人人都能有起碼的「一技之長」，特請鞠瑞周先生來義務教我們「珠算」；記得瑞周先生教我們用的那架毛算盤，好大！

會考及「學潮」

五年級入學要通過入學考，讀完五年級課程升六年級，還要通過會考。會考放榜，按成績分為甲、乙兩等；榜上無名者，自然就要留級了。會考結果，下皂戶、高鎮、卞家莊三所小學的成績最優，三校師生自然感到很榮耀。

升入六年級後，思想變化得很快，反叛性也很明顯。不滿意新來的一位孟繁信老師的教學態度，看不起他的學歷，有幾位同學在孟先生來上課時，提問題向他挑戰，來為難他。我也是挑戰者之一，提的問題是：「日本人侵佔了我國的察北六縣，請問是那六縣？」孟先生答不出來，很難為情。他向鞠校長告狀，說我們幾個人鼓動學潮。不曉得怎麼的，教育科知道了，派督學王華軒來查辦，我卻蒙在鼓裡。等貼出佈告後，才曉得被記大過兩次，于文翰則被開除學籍！這是一次不白之冤，也是一次值得反省及警惕的教訓！

一次戰火中的經驗

在戰地裡讀書，自然得冒戰火的危險，看到戰爭的場面是很平常的事。日偽軍不斷的來進犯，有時候我們事先會得到情報，先行疏散；有時候卻是突如其來，敵人一下子就出現在附近了。下皀戶西邊一華里的村落韓家集子，駐有縣保安團的第三連，其任務之一即是保護我們學校。有一次，駐喬官的敵人來進犯，被第三連圍在北嶺上，槍聲很激烈。學校立即停課，老師要我們趕快走避。我卻不曉得那裡來的勇氣，竟然到村外去觀戰；所幸敵人被打退了，才沒發生危險。當我看到劉連長向一位陣亡兵士遺體行敬禮時，也情不自禁的向這位愛國英雄一鞠躬。這情境，至今難以忘懷！

初入三民主義青年團

六年級下學期，鴻儀老師除正規課程外，開始灌輸一些政治意識。他常在課外找我們談話，告訴我們三民主義青年團昌樂縣分團部成立了，設在萊家溝，團主任由縣長張天佐兼，書記是教育科長趙伯樞。發給我們兩本書：一本是《三民主義青年團團章》；一本是《團長訓詞》。他說可以介紹年齡大一點的同學入團，要去萊家溝講習三天。好幾位同學填寫了入團申請表，我也在內。但到萊家溝後，才曉得我的年齡不足，不能參加講習。只好留在辦公室裡，幫忙寫蠟版，印講義。一年以後，讀初中了，才正式成為三民主義青年團團員。

畢業與祝福

民國三十年（一九四一）六月，我順利的完成了小學學程，領到了生平第一張畢業證書。很可惜，由於戰亂，這張證書早就遺失了。

是六十四年前的事了，想起來還是那麼清晰，那麼親切。故鄉為中共攻佔後，不少師生被驅向流亡之途。在青島，尚曾見過蘭春老師一面，此後即失去了聯絡，生死莫卜！

我懷念下皀戶小學的師生們，更關心他（她）們在老家的境遇，只有為他們作虔誠的祝福。值得慶幸的是有十位小學同學——李好朋、楊學晏、王明斗、王文忻、姚化誠、張來禧、田世義、張鶴書、王文章（今名王慶儒）、馮華（今名馮祝三），到台灣來了，有幾位還能不時相聚，相互關注，能不說是善緣，喜報？

中華民國九十四年三月四日星期五，

李雲漢憶述於台北文山木柵路仁普世家寓所。

生活在敵後戰區裡

淪陷區是戰區

中國對日抗戰時期（一九三七－一九四五），住在西南部大後方的人，把敵人日軍佔領下的沿海各省區叫做淪陷區。這種稱呼沒有錯，卻容易使人誤會淪陷區裡盡是日本人的天下，中國政府的勢力完全撤退了。

其實，淪陷區裡仍有很多地方沒有淪陷。就山東而言，日本人只能控制著主要的城市和鐵路線，廣大的農村與山區仍是中國游擊部隊縱橫馳騁的抗日基地——當時的魯蘇戰區。在戰區裡，不僅省、縣政府的行政體系完整，且有正規的國軍與廣大的地方武力從事於游擊戰，真正是：地無分東西南北，人無分男女老幼，大家一齊奮起來抗日，後方也是前方，處處都是戰場。

我有幸親身經歷了長達八年的戰地生活，是在烽火遍地，血淚斑斑的情境中，由童年成長為青年。那種血淚交織的戰地生活，是戰後一代所無法想像得到的！

楊老師上了最後一課

從讀小學開始，就接受國民政府推動的「國恥教育」，腦筋裡播下了仇恨日本人的種子。忘不了「甲午戰爭」，清軍慘敗，割讓臺灣給日本的恥辱。「國語」課本中有一篇題目是「臺灣糖」，開頭的幾句是：

臺灣糖，
甜津津，
甜在嘴裡痛在心！
甲午一戰清軍敗，
臺灣從此歸日本！

太慘痛了！時至今日，七十年的歲月過去了，想起來心頭仍感到悽愴憤慨。我在鄰村趙家嶺讀初級小學時的老師楊振華先生，愛國情殷，經常把日本人欺侮中國人的事編成故事講給我們聽，我們也都有熱血沸騰的感覺。民國二十五年（一九三六）十一月，綏遠傳出了百靈廟大捷的喜訊，楊老師高興極了，對我們說：「哼，這次總算給日本人點顏色看！你們知道嗎？我們山東出了兩位抗日英雄：孫蘭峰和孫長勝；他倆是傅作義的得力戰將，這次百靈廟大捷就是他倆打的，我們中國人一定有辦法。」

僅僅七個月之後——民國二十六年（一九三七）七月七日，盧溝橋事變發生了，日軍開始大舉進攻中國。那時候，鄉間的消息還不很靈通，我們知道中日兩軍已交戰的事，已經是七月月尾了。楊老師告訴我們這個消息，很有自信的說：「現在好了，和日本人算總賬的時候來到了。聽說蔣委員長已調動大軍北上，我們等著看罷。」

時勢的發展，卻並不像楊老師預料的那麼樂觀。平、津撤守，日軍揮師南下。山東省政府主席兼第三路軍總指揮韓復榘不戰而退，濟南隨之淪陷。日軍沿膠濟鐵路東進，我縣縣城昌樂遂被日軍佔領。學校是不能維持下去了，楊老師噙著眼淚，對孩子們宣布：「日本人真的打到我們家鄉來了，我們不能再安心上課。你們回家去吧，告訴你們的父母，有錢出錢，有力出力，打走了日本鬼子再讀書。」

幸而逃過一場大禍

縣城淪陷，縣長王金嶽棄職西去，地方上慌亂起來了。到處都是某某人招兵買馬的消息，都以抗日相號召。我們第六區區長唐玉純（一齋）組成了抗日自衛隊，首先與日軍交戰，不幸陣亡，成為我縣第一位抗日烈士。其他各部抗日軍，卻多半是假抗日之名，行搜括勒索之實的雜牌隊伍。更奇怪的，一位惡名昭彰的土匪頭子多年來已消聲匿跡，很多人說他已經死了，現在卻又突然出現，搖身一變成了抗日軍首領。也沒有人說什麼，好像在同仇敵愾的愛國情緒激動下，誰也不究既往，只要抗日，就是好人，就是好漢。

父親是鄉長，曾辦過團練，打過土匪。我們家裡養了匹白馬，也有自衛用的長槍和短槍。日本人打到我們家鄉來了，父親自然不能坐視。他召集了本村村長和閭長們開了一次會，決定把所有的洋槍土砲一齊亮出來，彈藥也準備好，組成自衛隊來抗日保家。沒有想到這一行動，竟惹來一場塌天大禍，全村幾乎慘遭洗劫與屠殺。

事情是這樣的：距我將軍堂村八華里的鄌郚鎮，新起了一支抗日軍，首領是位青年學生，姓名是劉漢三，他的部下有百餘人，有幾名是往日的慣匪。他們人多槍少，想打我村自衛隊的主意，目標是衝著我家。劉漢三先寫信給父親「借」馬「借」槍，意思是先禮後兵。父親婉詞拒絕了，也知道此事「非同小可」，衝突恐難避免。父親把村內自衛的事交由村長負責，加強戒備。他自己則隱密的往來於外村，以備有事時作為外應，尋求外援。果不出所料，是在民國二十七年（一九三八）農曆正月二十三日下午，劉部傾巢前來圍攻我們這座只有三十餘戶人家的小山村。剛開始交戰的那個下午，槍聲激烈，劉部有數十人一度攻到我村圍牆外數十公尺處，情況極為危急；由於自衛隊沉著應戰，終於把犯兵擊退了。我身在村內，聽到震耳欲聾的槍聲，看到犯軍放火燒村的烈焰，又驚又怕，不知如何是好。但到次日，就有勇氣為守衛圍牆的自衛隊員送水送飯。那年我是十二歲！

父親在外村，立即趕往公安局局長張天佐（仲輔）先生的駐地，請求援助。張局長說，劉部無端動兵是不對的，他有意相助；但接到情報，日軍要來進犯，如果因雙方擴大衝突而招致日敵來攻，將是得不償失。因此，他決定派其總參議張髯農先生伴同父親前來戰地，進行調解。結果雙方達成諒解：劉部承認來攻我村，係出於誤會，願表示歉意，並立即撤兵；將軍堂村民公然與抗日軍隊對抗，亦不妥當，願請客致歉，並願出錢八十元為受傷劉部兵士療傷。

連續三天的戰禍，總算落幕了。這是生平第一次置身於「圍城」中，生命受到死亡的威脅。這一次，如果讓兵匪混雜，野性難馴的劉部攻進村內，我全家老少的性命就都完了，幸而天佑我家！

「掌櫃的」出面了

劉漢三部隊圍攻我村，證明當時名目繁雜的抗日游擊隊是目無法紀。這樣子的局面再繼續下去，對國家和地方都有大害。父親顯得非常憂慮，時常一個人獨來獨往的「失蹤」，也時常看他深更半夜裡枯坐書房中咳聲嘆氣。好在沒有過多久，父親振奮起來了。他召集附近幾個村莊的村長開會，當場宣稱：「有辦法了，掌櫃的決定出頭，我們要大幹一場。全縣有八個區，每區要組織一個大隊，現有的公安局及各部新成立的抗日軍改編為五個大隊。全縣編組十三個大隊，和日本鬼子拚命！」

情勢怎麼變得這麼突然？「掌櫃的」是誰？我於晚間問父親，才曉得「掌櫃的」是原任昌樂縣公安局（戰前稱公安局，戰時實施新縣制，改稱警察局）局長張天佐先生；他現在已為省政府任命為縣長，就駐在距我村十二華里的船底村，曾密邀父親去參加會議，決定重建縣政，組織真正的抗日部隊，展開長期抗戰。

山東的局勢果然開朗起來了。在重慶的中央政府把魯南和蘇北劃為魯蘇戰區，任命前蘇皖綏靖主任兼國軍第五十一軍軍長于學忠為總司令，山東省政府主席沈鴻烈、江蘇省政府主席韓德勤，兼任副司令。我縣的抗日部隊也奉令改編成魯蘇戰區游擊第二縱隊獨立第五團，由縣長張天佐兼任團長，在昌樂全境及濰縣南境內對日作戰。

「掌櫃的」，是我們家鄉人對家長的一種俗稱，含有幾分親暱和尊敬的意思。全縣人民都稱張縣長為「掌櫃的」，是把他看作是大小事都可全權做主的大家長。這位剛滿三十歲的青年縣長，劍及履及，以恩威並施的手段整理紛亂的局面，先向那些假冒抗日名義實際做禍國殃民勾當的雜牌隊伍開刀。有的改編，有的歸併，有的繳械後解散。像圍攻過我們村莊的劉漢三部，就是被張縣長調到北展去「點名發餉」時繳了械。劉漢三逃到沂蒙山區去了，不久就聽說被殺害。我原以為他是個少不更事的青年人，後來讀到大陸編纂的新版《昌樂縣誌》，才曉得這人原來是中共的地下黨員！

這一來，局勢很快穩定下來了。一切有了制度，縣政有條不紊。抗戰期間，昌樂即被譽為全省模範縣，張縣長也因功晉升為行政督察專員兼保安司令，縱隊司令。抗戰勝利時，他是山東省第八區行政督察專員兼保安第一師師長。又由於抗日勦匪有功，被擢任為山東省政府委員及中國國民黨山東省黨部委員。民國三十七年（一九四八）四月共軍進攻昌濰地區時，他在濰縣於苦戰經月後，壯烈殉職。時年四十二歲，政府明令褒揚，入祠忠烈祠。張夫人李佐卿女士人極精幹，來臺後居住臺中。我早期在臺中工作時，以伯母稱之，時相過從，她也曾面告一些戰時的密辛。

那兒是安全土

民國二十七年春節以後，山東民眾幾乎全部動員起來了。抗日的勁旅馳騁在廣大的沂蒙山區，雄壯嘹亮的抗日歌聲響徹了遼闊的原野，青天白日滿地紅的國旗飄揚在每個村鎮學校的操場上。這是山東從未有過的現象，幾乎人人都有「武裝保衛山東」的願望和決心。有一首歌曲的歌詞中，有這樣的語句：

只有戰，只有拼，才能死裡逃生！
只有戰，只有拼，才能死裡逃生！
拿起那殺人的剪刀、斧頭、鐮刀·鋤頭、鳥槍、鐵尺、土砲，
保衛我們的父母、兄弟、姐妹、生命、財產、田園、土地，
武裝保衛山東！

昌樂縣的游擊部隊是一個團，包括三個營，十二個連，另外就是各村民眾組織的自衛隊。士氣雖高，槍械卻甚窳劣，彈藥尤其缺乏。因此，有的連隊配用大刀，有的連隊則配用短槍。為節省彈藥，他們盡可能的避免與日軍作陣地戰，而採用「摸營」（夜間小規模突擊敵人駐地）戰術，目的在刺殺敵人並奪取其性能優良的機槍與步槍。日本人也不是好惹的，他們不斷糾集大股兵力，輪番向游擊區進擊，稱為「掃蕩」，恣意燒殺劫掠，民眾和軍隊都會遭受慘重的損失。如民國二十八年（一九三九）的「四一三戰役」，即造成縣長坐騎被射殺，第三營營長陣亡，教育科長及政治部主任被俘，全縣軍民傷亡千人以上的浩劫！

漫天烽火中，各級學校卻能次第重建起來，絃歌不輟。昌樂中學也在鄌郚鎮西三華里的山村劉家溝復校了，兩個月中，即被日軍攻來放火燒過三次。我是在民國三十年（一九四一）夏天考進昌樂中學的，發現教室屋頂的茅草上又塗了一層厚泥巴，是防備日本人再來放火的。課桌椅早被日本人燒光了，每個學生得自備一套圖板及馬踏。早上起床後的第一件事就是把鋪蓋打包，捆成個行李捲，背在身上去上學。日本軍隊說不定甚麼時間就來「掃蕩」，只要有警報，我們就得遷移——其實是從這村搬到那村，從這片山林潛進那片山林。在敵人兵隊不斷前來侵犯的戰地裡，那裡還有供我們安定下來讀書的一片安全土地？安全，那時候是多麼令人渴望而不可得的境界！記得當時最喜歡唱的一首抗日歌曲，歌名就叫「安全土」，沉鬱雄壯，道出了我們當時的處境和心情。歌詞含三段：

南奔上北，
北奔下南；
在這邊，望著那邊是安全，

在那邊，又似這邊是安全。
騷首問蒼天，
究竟那兒是安全土？
※※※
東奪一地，
西掠一城；
日本強盜，不斷的攻攻！
飛機大砲，不斷的轟轟！
騷首問蒼天，
究竟那兒是安全土？
※※※
快快起來，
快快起來；
只有抗戰，才有真正的和平，
只有抗戰，才有真正的安全。
趕走日本兵，
中國到處是安全土！

父親死裡逃生

游擊隊不斷的出擊，日本兵不斷的來掃蕩，戰區的民眾都成了驚弓之鳥！很多人夜間不敢睡在村子裡，乾脆在遠處山溝石窟裡或挖個地洞過夜。我從學校放假回家時，往往先在家中睡到半夜，再起身躲到村外的山溝裡去。因為日本兵攻擊的目標是村落，又慣常作「拂曉攻擊」，只要不被他們包圍在村子裡，安全就沒有問題了。

日本的「皇軍」可能是世界上戰鬥力最強的軍隊之一，其殘暴野蠻的作風恐也是首屈一指。在我敵後戰區裡，日軍採用慘無人道的燒殺政策，凡是與其交戰的地區，人民無不遭其荼毒。昌樂縣東南鄉的一個大鎮阿陀，日軍首次來犯時，曾受到游擊隊及自衛隊的痛擊，第二次傾巢來攻，把阿陀鎮燒燬三分之二。在他們佔領區內，只要有鐵路被毀，公路被挖，電線被剪或是有日本人受到襲擊時，附近的中國居民就遭殃了。日本人先把附近的村落包圍起來砲轟，再衝進村內搜殺，最後是放一把火燒光。無辜被殺的平民實在太多太多了！

戰時的昌樂縣政府曾在我們村莊駐過短時期，我村因而成為日軍攻擊的目標，記不清楚被包圍過多少次了。敵人每次來攻，都會造成人民的傷亡。我的叔父李喜亭，村長李學山，閭長李雲卿，秦家的一對母子，張家的一個殘障兒，都慘死於日本人的刀槍之下！我父親也曾有一段死裡逃生的慘痛遭遇！

事情發生在民國三十年夏天。學校放了暑假，我回到家中。有一晚，父親也回來了。一家團聚，大家都很高興，就決定在家裡過夜。誰想到這一夜午夜之後，日本兵偷偷的把我們村莊包圍起來了。天剛黎明，日敵開始砲轟我村。第一發砲彈就落在我家後鄰堂叔李兆亭家中，他腿部受傷了。父親立即帶著我往村外「出水」（就是衝出去逃命）——這是冒險，卻總比在家裡等死好得多。我跟父親在煙硝迷濛中逃出村子，卻不幸誤闖了敵人的陣地。一群日兵端著明晃晃上著刺刀的步槍對著我父子衝來，父親為了安全立即舉起雙手，我卻不顧一切的抄了斜路跳進一條小溝裡去，隱藏起來不敢再動。父親被俘了！他是行政人員兼自衛隊主管，日本兵能放過他嗎？我俯伏在山溝裡，想著可能發生的悲劇，心如刀割，淚如泉湧！

等到日本兵搜殺過去了，我才失神的走回家去。找到母親，她是藏匿在南鄰的猪欄隔牆空隙中才得安全的。等我把父親被日兵押走的事告訴母親，她只說一句話：「完了！天塌了！」然後就開始抽泣！

鄰居及族人也都來到我家了。大家都以為父親必死無疑，計畫分頭去跟蹤日本人，希望能將屍體尋回。誰也沒有想到，下午兩點多鐘時候，父親竟能脫險回來了。他告訴我們，是用機智騙過了日本兵，又用鈔票買通了隨行監視的偽軍，才能在半明半暗的情形下，溜出了日軍行進的行列，藉一條小山溝的掩蔽，才安全脫逃。他也提到，一名偽軍曾悄悄對他說：「快想辦法逃走吧，晚了就來不及了！」中國人畢竟還是中國人呀！

我捉過一個漢奸

魯蘇戰區的發展，使日本人大傷腦筋，也惹起中國共產黨的覬覦。日本人先收買了吳化文的新四師，再來一次大進攻，共軍又從中漁利，于學忠的部隊就難以支持了。民國三十二年（一九四三）秋，戰區總部和省政府不得不撤往安徽阜陽，共軍於日軍撤退後趁虛而入，山東抗戰的局面乃為之改觀。

西、南兩面有中共，東、北兩面是日、偽軍佔領下的膠濟鐵路；處於四面被圍困之下，我們昌樂縣的處境更加艱難了。全縣軍民在張天佐專員兼縣長的統率下，團結一致，屹立不搖，全面動員來保衛家鄉。好在日本人這時也已是強弩之末，不可能再大舉來掃蕩了。共軍於兩次進攻均歸失敗之後，一時也無力再來挑釁。就這樣，我們昌樂縣一直支持到抗戰勝利。昌樂，被認為是戰時山東唯一一片未沾染赤氛的乾淨土。

民國三十三年（一九四四）冬，湘、桂戰事失利，蔣中正（介石）委員長號召知識青年從軍報國。我這時讀初中，同班有六位男女同學參加，我也想報名，可是父親不同意。父親勸慰我說，他只有我這一個兒子，留在戰區裡做抗日工作，一樣是報效國家。

真的，戰區裡是有很多工作等著青年人去做的。縣政府要加強地方上的民眾組織工作，發動昌樂中學的學生，利用寒暑假去各鄉鎮服務。我們先接受兩個星期的政治訓練，然後編隊分組，分派到各鄉鎮去做督導民眾自衛和查緝奸宄的工作。

那是民國三十三年的暑假，我第一次參加服務，被派當組長。服務的地區是畢都鄉的二十幾個村莊，組內有同學五人。一天，我出外巡查自衛隊的崗哨，在畢都東門發現了一個孔武有力的過路客正和值崗的自衛隊員吵吵鬧鬧。他沒有通行證，自衛隊不准他通過，他大吼大叫。我問他：「你是從那裡來的？打算到那裡去？」他竟理直氣壯的說：

「從鄌郚（這時鄌郚已經被日本人佔領了）來，到昌樂城去。」

「你是做什麼職業的？」

「當漢奸。」

這下可把我氣炸了！我立即命令自衛隊值崗隊員：「把漢奸綁起來，送倉上，由縣政府法辦。」我以卑夷的態度告訴這個當漢奸的莽漢：「我就是縣政府派來抓漢奸的人。當漢奸，論國法是要槍斃的。」

漢奸被捆綁起來了，我叫自衛隊立即押解到縣政府所在地的倉上。原來張牙舞爪的莽漢，現在竟也低下頭來，向我這個十六歲的少年人求饒：「我錯了，都是因為家境窮苦才被收買來當漢奸。請求你從輕發落，我也是中國人呀！」

「可是，你做的卻是叛國的勾當。」我告訴他：「到縣政府去投案罷，國法會給你公平的處理的。」

不懼暴風雨

熬過了八年艱苦的歲月，日本人在我們面前倒下去了。經過八年的煎熬，父母都已鬢髮斑白，田園也早破碎荒蕪，只有我，從戰火的災難與痛苦的磨練中，成長起來了。慶幸曾親身經歷過對日抗戰這一大時代，使我由童年進入青年的歷程有淚，有血，有恨，有愛，有絕望中的吶喊與掙扎，更有敢於面對橫逆奮鬥到底的勇氣和決心，無憂無懼！我在初來臺灣時的日記扉頁上，曾寫下引以自豪自勉的自我表述：

暴風雨中成長的孩子，
永遠留戀著暴風雨！

本文初撰於民國六十二年（一九七三）十月，發表於台北《綜合月刊》第六十一期「八年抗戰生活專欄」，題為「我一直在敵後戰區裡生活」。轉載於《山東文獻》第十一卷第一期（民國七十四年六月二十日出版）。民國九十四年三月下旬重寫，頗有增刪。題目定為「生活在敵後戰區裡」。四月一日電腦儲存。李雲漢識於台北市文山區木柵路仁普世家六樓之三寓所。

我的母校：山東省立昌樂中學

「神祕的昌樂」外一章

民國三十四年（一九四五）八月抗日戰爭勝利後，昌樂各界為紀念八年苦戰的辛酸成果，計畫做三件事：一是在縣政府進門處，立一「張公仲輔蒞昌十週年紀念碑」，以示對縣長張天佐（仲輔）先生輝煌政績的感謝；一是創刊《新昌樂》季刊，鼓勵全縣民眾發揚抗戰精神，以建設昌樂為山東真正的模範縣；一是編印一種標題為《神祕的昌樂》的專書，向外界說明昌樂在戰時創造奇跡的實情真相。前兩件事都做到了，後一件事卻不曉得是為了甚麼，未底於成。

作為縣民的一分子，也算是抗戰這一時代的見證人，總覺得這是件很遺憾的事。因此，我也時常在尋思：戰時昌樂的「神祕」在那裡？感謝幾位戰時主持山東黨政的鄉長，曾於有意無意之間提供了一部分答案。請看：

前三民主義青年團山東支團部代書記，立法委員宋憲亭先生說：

> （張天佐）治昌數年，致力於民政、財政、建設、教育諸政，以鞏固抗戰力量，對民眾運動、青年組訓，尤為注意。以致全縣民眾，無一不深明國家民族之大義以抗日寇者，無一不深識是非順逆之大道以勦共匪者；故全境內雖有日寇少數據點，不足為患，而共匪則自倉上一敗，創痛劇深，永不敢復入縣境。於是各級黨政機關，如中國國民黨山東省黨部，三民主義青年團山東支團部，山東省政府魯南辦事處，山東省參議會，及各區專署，各縣政府等，無慮數十單位，群集於昌，不惟徒為一片乾淨土以作避難所，抑且視為東國長城，以維我政權於不墜也。

前山東省政府民政廳廳長，國立中興大學校長劉道元先生說：

> 當日軍陷濟（南）時，張天佐先生以昌樂警察局長代理縣長，亦起而抗戰。以政治重於軍事為其長期戰之中心，人民安居，教育發達，中小學數目超過戰前，省立政治學院亦設立於此。人民同心，軍政一體。敵匪更番進攻，無一次得逞。

前山東正報社長，國民大會代表曹梅村先生說：

七七戰起，抗戰軍興。國土半淪敵手，寇竄魯省後，全境備受蹂躪。惟昌樂以蕞爾小縣，屹然獨存。

前山東省參議會參議員，考試院考試委員王立哉先生說：

（張天佐）繼擢昌樂縣長兼游擊總隊長，更積極組訓民眾，嚴肅奸匪，樹立自治基礎，發揮自衛力量。政績彪炳，眾望咸歸。三十二年升任第八區行政督察專員。適敵寇大舉圍攻魯蘇戰區，省府奉令南遷，留省之黨政軍以及民意機關人員自動集中昌樂。氏運籌擘劃，獨支危局，使昌樂防務，固若金湯。

幾位鄉先生的話，已經可供我們體會戰時昌樂之「神祕」內涵了。我是在那個時代的「神祕」環境中成長的人，深深感覺到故鄉昌樂「神祕」面影的一面，還在於人才的培養，招納和任使。中學時代母校的創立與發展，確也稱得起是一項「奇蹟」，不是嗎？

烽火裡誕生成長

昌樂這個古縣，雖然被認為是「北海高躅」的尚父初封之地，縣誌上也確實有不少像義士逄萌、名將王猛，謀士是儀，孝子王裒、學者閻循觀以及「閻尚書」、「滕翰林」等類的傑出人物，但在戰前的教育文化水準卻十分落後。與毗鄰的安邱、濰縣、壽光、益都、臨朐諸大縣相較，顯然矮了一截。正因為如此，張天佐先生出任縣長後，就決定從普及教育著手來建設昌樂。他說，昌樂沒有金礦，沒有銀礦，但有豐富的人礦；他要努力開採昌樂的人礦，以為國家培植有用的人才。昌樂中學就是張縣長開採人礦的主要事業之一，因此在昌樂中學師生的心目中，張天佐先生一直是他們敬重的保姆。

昌樂中學是在民國二十八年（一九三九）的春初建校的，為山東戰時各中學的「老大哥」之一。它誕生在戰地裡，成長在烽火中，顛沛流離是校史上最大的特色。校址初設於昌樂南鄉的下皂戶村，繼遷東楊家莊。建校剛剛兩三月，就遭受到日寇的瘋狂進攻——慘痛的「四一三戰役」，昌樂精華幾付之一炬！昌樂中學夭折了！一年又三個月之後，它才又在鄌郚鎮屬的劉家溝復校。兩年後，又被迫東遷。

初建校時的名稱是昌樂縣立初級中學，第一期入校的新生也只有初中及師範講習科各一班。民國三十年（一九四一）夏，招考新生各一班，編為第二級，簡稱中二、師二。同年冬，改為省立。就在此時，設於安邱南逯之省立第八聯合中學因校舍為日寇燒毀而停課，其四、五兩級學生乃轉移到昌樂中學就讀，編為初三級、初四級及簡（師）一級三班。初三級畢業後升入高中，編為高一級，至是昌樂中學乃為一完全中學。其後雖又增設師範（後師）部，但校名一直稱為山東省立昌樂中學，未曾改變。

首任校長為劉裕坤（厚民）先生，昌樂人，國立山東大學中國文學系畢業。人長得瘦瘦高高的，不長於言詞，卻有踏實苦幹的精神。他也能與學生們打成一片，每天早上都跟著學生隊伍在操場上跑步。三十年十月，劉校長調任其他公職，校長職務由張縣長暫兼。事實上，張縣長已向省府教育廳保薦霍樹枏（梓坡）先生出任校長。至三十一年（一九四二）二月，省政府正式任命霍先生為校長，任職達七年之久。劉校長時代，採教、訓合一制，設教導處承校長之命，綜理校務。教導主任是滕振鐸（化文）先生。張縣長兼任校長時，將教導處分設為教務、訓育兩處；另有事務處，合為三處。張兼校長聘請的三處主任是：教務霍樹枏先生，訓育滕振鐸先生，事務徐金誥（晉三）先生。霍主任出任校長後，教務主任一職，由王懷中（亦民）先生接任。滕、王、徐三位主任，均任職至抗戰勝利之後。

霍校長樹枏先生，壽光縣人，國立北京師範大學數學系畢業，是有名的數學大師。戰前任教於青島鐵路中學，聲名遠播。他有誨人不倦的精神，校長任內，仍接受學生之請求，在各班教授平面及解析幾何學。他教過我班的課，印象特別深刻。

母校在劉家溝時代，是段多災多難的歲月。兩個月內，校舍曾被來犯日軍焚燒過三次。課桌椅也被燒光了，學生們都準備了圖板和馬踏，每天起床後的第一件事就是先把行李捲打好，有時並帶在身邊，準備一有警報就逃避到他處，警報過了，馬上就再回來上課。

民國三十二年（一九四三）秋，大災難又來了。由於魯蘇戰區總部和山東省政府同時撤離省境，魯南各縣次第為共軍進佔。日軍趁此機會，向昌樂戰時軍政中心之鄌郚地區進攻，並將鄌郚佔領，派兵駐守。縣政中心遂不得不轉移到倉上、馬宋地區，昌樂中學又被迫作了緊急應變——化整為零，高中部先行東遷，初中及師範兩部則於停課半年之後，始在昌樂東北境寺後、辛牟地區的十數個村落中復課。我那時讀初中二年級，復課後上課的村落是龐家河溝。

受到惡劣環境的壓迫，昌樂各機關採取了隱蔽政策。昌樂中學除分散各村落外，並停止舉行大規模集會，不再每日升降國旗，軍訓課程亦停止術科，保留學科，政治教育則相對加強。為便於縣境中部及北部學生就讀，並設立了古疃、路北兩所分校。路北分校係設於膠濟鐵路以北的淪陷區內，由校本部去路北分校，須穿過日偽軍嚴密守衛之鐵路線，十分危險。有一次，霍校長梓坡先生於穿越鐵路時，不幸為日軍所擄，監禁達月後始獲營救脫險。我們仍然時時防備日偽軍的搔擾，也曾因共軍的進犯而停課，戰時的氣氛始終圍繞在周圍！

民國三十三年（一九四四），無論是全面抗戰的大局面，昌樂縣的小局面，都是最為艱危的一年。昌樂中學，卻依然在默默中發展。省教育廳決定要省立益都師範學校復校，並令由省立昌樂中學兼辦，於是霍校長成為「雙料校長」，教務主任、訓育主任，也各有兩位：昌樂中學教務主任王笑房先生，訓育主任高魯生先生；益都師範教務主任翟章武先生，訓育主任亓耀文先生。教師，也從各方面請來了十多位名師。

抗戰勝利了，張天佐專員兼縣長與各界人士研商後，決定在縣城東南郊草山西麓的吳家池子地區，興建昌樂中學的永久校址。校園佔地一百五十餘畝，依山傍池，風景秀麗，萬瓦沉沉，氣象雄偉。有新闢之公路經過校前，交通便利。三十五年（一九四六）秋，本校及分校師生均集中新校舍上課，人數增至二千五百餘人。為師範部同學實習教學，增設了一所附屬小學。又為便於高中部畢業同學準備升大學，特設一所大學補習班，給以公費待遇。同時，昌樂縣立簡易鄉村師範學校也在此地建校（校務先由昌樂中學兼辦），縣立醫院也已在附近開工興建。張縣長並與省府教育、農林兩廳洽妥，設立農業專科學校一所，已延聘前國立西北大學教授，留法農學博士，壽光縣人劉書琴（桐軒）先生，進行籌備。然而，這些計畫都由於昌樂於民國三十七年（一九四八）四月之淪入中共，成為泡影！

堅強的教師陣容

提到母校的教師陣容，我有充分的理由感到驕傲；因為昌中教師陣容之堅強，在當時昌濰各校中應當是首屈一指。首先想起了三位「老師的老師」。一位是昌樂籍的田際隆（治忱）老師，清末山東優級師範學堂畢業，教授地理，學生們稱他老師，老師們稱他老師，校長稱他老師，縣長也稱他老師，沒有人不尊敬他，懷念他。另一位是安邱籍的王郁堂老師，他在辛亥革命時就有名氣，熟悉地方掌故，教歷史，寫得一手好字，字寫在黑板上，值日同學久久都不捨得擦去。再一位是諸城籍的王芸劬老師，是山東有名的國學大師，記憶力特強，講授國文和文字學，一直都不帶講義，全憑記憶背誦，講來卻能一字不差。高一級畢業同學張成義升學山東大學後，曾給我寫信埋怨山大中文系的教授們不夠強，他說：「連鼎鼎大名的王統照，比起我們的王芸劬老師來，差得遠呢！」

昌樂中學的理科最棒，因為教數理的老師都是「北方之強」。校長霍樹柟先生，兩位教務主任王笑房先生和鞏章武先生，是數學界的「三傑」，戰前在北方即有名氣。劉桐軒教授翻譯范氏大代數，三位老師都是校訂人。勝利復員後，劉桐軒先生也有一段時間在昌樂中學兼課。「三傑」而外，劉家溝時代的黃桂顯先生，風度翩翩，口齒清晰，甚受同學們的敬愛。龐家河溝時代的趙光燮（理堂）先生，是專學河海工程的，言詞雖有些木訥，教學卻極為認真。民國三十六年（一九四七）昌樂縣立初級中學成立於馬宋河西後，趙老師出任第一任校長。教理化的王文周先生、袁澤生先生，學有專長，青年有為，也都是難得的長才。抗戰一勝利，他們就都被省府建設廳延攬去負責更重要的職務了。

當然，文史課程的陣容也絕對不弱。授過我國文課的老師，先後有李子才、呂聖與、霍樹棻（蘭村）、劉裕坤、王芸劬等先生。李子才老師白白的臉襯著黑色絡腮鬍，有「虬髯客」的丰采，人極豪爽。他是路北都昌鎮人，暑假回家時曾被日軍拘捕，要挾他不得再作抗日工作，但他脫險後仍間關來校教課。呂聖與老師出身北大，黑髮中分，金邊眼鏡，藍布長衫，一派名士氣概，也是胡適之的崇拜者。他在課堂上講解明人宋濂所撰〈送東陽馬生序〉一文時，不激不徐抑揚有致的音調與表情，深深印在我們腦海中。霍蘭村老師教過我班兩年國文，也做了兩年導師，對我們影響甚大。寫文章，他很欣賞「白描」的筆法，寫出的文章曾印發給我們欣賞。劉裕坤老師講課很嚴肅，不浪費一分一秒。王芸劬老師也是一上講台就開講，廣徵博引，令人「耳不暇接」。

教授歷史的老師，先後有單秋汀、秦桂秋、王亦民、王郁堂等先生，以王亦民老師給予學生們的印象最深刻。亦民師，諸城籍，係燕京大學歷史系畢業，可謂博古通今。他亦具行政長才，戰時任昌樂中學教務主任，戰後任青島扶輪中學校長，均著績效。來台後受聘為政工幹部學校文史系副教授、教授，著有《中國近代史》《中西文化交流的序幕》等書。我寫的大學用書《中國近代史》出版後，亦民師立即到三民書局買來一本，細讀一遍，然後寫信給我指陳優點與缺點，並大加獎勉，一如中學時代的熱情與關懷，叫我感激又感動！

教授英文的老師中，授過我課的有滕振鐸（化文）、亓耀文、趙肖川、郭金南、趙設科（立文）、朱既章、王克捷七位先生。化文師教過我兩次：一是初中一年級上學期，一是三十四年（一九四五）暑假期間的傳譯班。立文師也是在傳譯班教過我，他教文法；化文師教會話。兩位老師都來了臺灣，是我的業師，也是我的長輩。七位老師中，有兩位留學生：郭金南先生留美，王克捷先生留英。耀文師最年輕，教學很熱心，也很嚴格，風風雨雨的傳聞也多。趙肖川先生似乎是來自淪陷區，長期穿一套舊西裝，不苟言笑。朱既章先生性情有點古怪，冷漠中似也有一種情潮。記得日本投降的消息傳來後，朱老師（也在傳譯班教課）興高采烈的來到班上，用英語報告這一喜訊，幾乎要跳躍起來了。王克捷先生是在遷入新校舍之後才來昌樂中學，高三時教我班英文，講話帶膠縣腔，人很熱誠。後來閱讀一些歷史文件，才曉得他早年也是所謂的「左派人士」，只是後來遠離了政治。

兩位教音樂和美術的青年教師，讓我有無限的懷念與感慨。一位是楊振寰先生，英俊而厚實，是劉家溝時代唯一的音樂、美術教師，年齡不過二十多歲。他是位具有藝術天才的青年藝術家，除在昌樂中學任教外，還是當時的抗日宣傳刊物《抗敵半月刊》及《抗敵情報》的美術編輯。他從最年輕的學生中挑選了十多位組織個歌詠隊，不知怎的，不具備歌唱條件的我竟也名列其中。他是位熱誠的愛國者，抗戰勝利後到青島的《民言報》供職，思想卻變得消沉起來了，青島撤退時他竟留了下來，太可惜了。另一位青年美術教師，是來自北方的王聖俞先生，是在我高中時代才來到昌樂中學的。他是新潮派畫家，有次去馬宋街頭寫生，由於穿了洋服，反被當地自衛隊誤認為日本間諜而予以拘訊，成為當時的笑談和美談。同學們也暗地裡稱王先生為「藝術王」。王師來了臺灣，名字改為王爾昌，在臺中市一中教書。我去他家拜訪過一次，大概是由於家累吧，王老師的藝術氣息似乎淡化了不少。

戰時教育特色

昌樂中學是抗日戰火中的產兒，實施的是戰時教育，亦即非常教育。他的若干政策與制度，係基於因時、因地、因人而制宜的原則，未可以平時教育法制衡量之。由於有昌樂縣政府的大力支持，經費無短絀之虞，因而能貫徹戰時國策，形成下述六點顯著的特色。

一、公費制度：抗戰期間，上千成萬的陷區青年奔向大後方，國民政府設立了三十幾所國立中學收容之，全部予以公費，被認為是一項德政。昌樂縣政府也採取了救助與獎勵合為一體的公費制度，在昌樂中學實施。凡外省外縣籍同學斷絕經濟支援者，一律由昌樂縣政府供給膳食，當時的名詞是「吃給養」。昌樂縣籍的同學，則按每月月考成績優劣次序獎勵前十五名：一至五名全部給養，六至十名三分之二，十一至十五名三分之一。倘遇歉收之年或青黃不接之際，如民國三十年（一九四一）夏天的一次大旱災，全體學生的膳食都由縣政府供應。也有兩次，縣府免費供應學生黑色卡嘰布的制服。勝利後，在大學補習班進修的同學，也是全部公費。他（她）們升入大學後，張縣長天佐先生除給予定額公費外，還不時送點零用錢。就在這樣大幅度的獎勵和補助下，許多家境赤貧的農家子弟，仍能順利的完成中等教育。

二、軍訓制度。戰時教育的要求，是學習、生活和戰鬥結為一體。因此，軍事訓練和管理是必要的。昌樂中學的軍訓，劉家溝時代實行得最為嚴格。每週四小時軍訓課，週三、週六下午還有大會操。教官是陰毓崑，平陰縣人，學歷雖不高，做事卻能負責盡職。住在劉家溝外圍幾個村莊中的同學，早上是由軍訓教官帶著跑步趕來升旗上課的。記得是民國三十年九月，縣政府所在地鄭家莊舉行「九一八事變」十週年紀念大會，鄭家莊小學、昌樂中學的學生及保安團隊都參加了。大會由張天佐縣長兼團長主持，邀請國軍第五十一軍第一一三師副師長王坤升少將作講演，歷述九一八當時慘象，激昂慷慨，令人動容。大會結束送走王副師長後，張縣長再登台作嚴厲講評。他說：「今天會場的秩序，昌樂中學是出乎意外的好，部隊是出乎意外的壞。」當然，部隊的指揮官們挨了一頓臭罵，昌樂中學的陰教官在不久之後，升任主任教官。校址東遷後，軍訓制度有了改變：高中實施軍訓，初中實施童子軍訓練。高中軍訓也只上學科，很少再作操場訓練了。軍訓教官除陰毓崑外，尚有朱子鏡、陳玉琢、張孝伯，都是黃埔出身的正牌校尉，文學根柢也不錯。陳教官最資深，他在昌樂中學是客串性質，不久即另有高就。

三、思想教育：昌樂中學重視思想教育，是有其歷史背景的。抗戰前數年，山東即推行「國恥教育」，像我這一代的少年人，抗日思想已根深柢固。張天佐縣長是廬山訓練團培訓出來的幹員，昌樂中學前後任校長劉裕坤、霍樹枏，訓導主任滕振鐸、高魯生等先生，也都是中國國民黨黨員。他們主持下的學校，重視以抗日與反共為中心的思想教育，是很自然的事。昌樂中學自建校起，即建立了三民主義青年團的組織。最初是屬於昌樂縣分團的一個區隊，勝利後奉山東支團部命令，獨立設置昌樂中學分團部籌備處，由訓育主任高魯生先生任主任。分團部於辦理省立昌樂中學及兼辦之省立益都師範團務外，尚轄有省立益都中學及臨朐縣立簡易師範學校的團務。我曾是分團部的學生幹部，深信昌樂中學同學的思想武裝，比任何其他學校都堅強。

四、政治教育：昌樂中學於一般文史課程中加強政治教育的成分外，曾於三十三、三十四兩年暑期，舉辦了全校性的講習班，以加強學生正確的政治意識。三十三年的講習班，軍事與政治並重。編為一個大隊，由陳玉琢任大隊長，朱子鏡、李鴻爵、滕建麟、祁篤堂任中隊長，區、班長則由高年級同學擔任。政治課程有國父遺教、領袖言行、共黨批判、民運組訓、時事分析等，講師多由三民主義青年團山東支團部代為延聘。三十四年的講習班完全以政治課程為主，聘請的幾位講師都是很優秀的理論人才。其中一位從省府請來的相科長，係早期留俄學生，他從歷史傳統上講述親聞親見俄國人侮辱中國人的往事，給我的印象最為深刻。

五、戰時服務：暑期講習班結束後，即分別編組為若干服務隊，分發至各鄉鎮，從事組訓民眾，宣揚政令，督導崗哨，協助治安等工作，期限為一個月。此項服務，在昌樂縣境內前後舉辦過兩次。由於效果不錯，後來安邱縣也舉辦過一次。在接近日偽及中共區的地帶從事這種工作，自然會有危險；我班的張翰業被俘過，師二的王獻雲竟為中共所殺害！

六、軍事補助勤務：戰時軍事第一，學校教育要與軍事需要配合，盡可能的做些貢獻。慰勞將士，是經常性的工作，人人都會唱〈慰勞傷兵歌〉。有些同學，不待畢業，就轉到部隊裡做政工去了。三十四年六月間，據悉盟軍有在青島登陸的可能。昌樂中學因而利用暑假設立了一個傳譯班，分英語、日語兩組，準備盟軍登陸時協助翻譯。我參加了英語組，卻也學日語。只是盟軍並未在青島登陸，我們傳譯班還沒有畢業，日本人就宣布無條件投降了。來臺灣的傳譯班成員，老師有滕化文、趙立文、朱既章三位先生，同學只有我和高二級女同學王銘箴，只是滕、趙兩師已於前幾年歸去道山了。

從軍報國的一群

知識青年從軍運動，是民國三十三年湘桂前線失利後在大後方發動的。但早在這個運動之前，昌樂中學同學即已有人投筆從戎，以實際行動抗日救國。從軍運動的號召傳至昌樂後，不久即鼓起高潮。張縣長親自來對全體同學講話，鼓勵大家報名參加。記得他說過這樣一句話：「要不是年齡稍微大幾歲，我本人一定要參加，這真是千載一時的好機會。」

全部從軍同學的姓名，是記不起來的。我所認識的，有劉景堯、趙怡然、張懷仁、高廣孚、張存武、程威海、趙篤誠、宋其仁、張炳孝、高慶來、賈偉靈、趙企增和女同學劉聖源等數十人。這些同學，都是冒了生命之險，通過敵人重重的封鎖，到達大後方的。他們受盡了苦難，卻也鍛鍊成文武全才的真本領。回憶起他們當年的豪氣，仍然由衷的欽佩。最近讀到張存武兄的〈退休茶話〉，有幾句話真令人感動。他說：「我從家中偷跑去從軍時，身無長物。」「二十世紀中國最大的事是抗日戰爭，有關國家民族生死存亡的大戰。而我有幸，躬逢其盛，投身其中，參加了十萬青年十萬軍的行列。雖然因為日本不久投降，未能殺敵報國，這段經歷是我一生中最大的光榮。」

抗戰勝利後，從軍同學有的復員、復學了，也有的已為國捐軀，永遠不再回來。一位最令人惋惜的美少年同學趙世華，從軍時才十四、五歲，投效海軍，於在美受訓結業接艦回國途中發生了海難而殉身！勝利後不久，又燃起了戡亂戰火，從軍同學多數又再上征途，歷盡艱險，最後又都來到了臺灣。

兩項榮譽

抗戰勝利後的昌樂，頗為省政當局所重視，指定為戰後新政的實驗縣。昌樂中學也以戰時教育典範而碩果僅存的聲名，受到令人刮目相看的榮耀。三十四、五兩年間，昌樂中學獲致了兩項得來不易的榮譽。

第一，設於青島的國立山東大學，復校後開始招考新生。主持人為了對昌樂中學的戰時教育表示肯定，決定請昌樂中學保送二十名高中畢業生，免試入學。高一級畢業同學初緒增、田淑芳、唐炳琨、張成義、朱慶芳等人，都在保送名單之內。張成義時常寄他看過的雜誌給我看，暑期回家時佩帶著山字型的山大校徽，我感到很羨慕，也想畢業後考山大！

第二，民國三十五年（一九四六）暑假，山東省第八區行政督察專員公署決定舉辦一次昌濰地區各中等學校高中部學生暑期軍訓班，含四個大隊，十二個中隊。區隊長以上的幹部，由各校軍訓教官及部隊中挑選的優秀軍官擔任，班長則皆由昌樂中學學生選充。軍訓班班址設於濰縣縣城大馬路南洋菸草公司，訓練期限為一個月。班主任是第二綏靖區昌濰指揮所主任傅立平將軍，副主任是張專員天佐先生，教育長是綏區司令部派來的高參李光村先生，總隊長是張專員的副司令張髯農少將。這次集訓，在山東省是唯一的一次，我有幸參加，被派任為第一大隊第三中隊第二區隊第四班班長。記得大隊長是張彭春，中隊長是王煥新，都是正規軍校出身滿不錯的軍官，區隊長則是一位「略識之無」的行伍軍人，名字也已忘記了。我們穿的是短褲短袖灰色單軍服，感到很神氣。駐濰國軍第八軍曾派隊前來示範美式新武器，樂道院醫院美籍梅大夫前來講解戰後性病的預防，以及各縣縣長趙子貞、潘潔民等前來講述縣政以及對共鬥爭經驗等，都叫我大開眼界。

永難忘懷的畢業歌

昌樂中學有校訓、校徽、校旗。校訓是：禮、義、廉、恥。校徽是一銅質等邊三角形；高中部所用者藍地白邊，初中部所用者，邊地均係銀色，中鑄「省立昌中」四字。三角，代表智、仁、勇；三邊，象徵民族、民權、民生。外型雖不夠美觀，意義卻至為深遠。至於高中，初中校徽分色，係由於便於管理；因為高中受軍訓，初中受童訓，師長教官們一看校徽顏色，即知是軍訓生或童訓生。校旗為橫長形，紅綾邊，短翎，旗面青地，中書隸體校名：山東省立昌樂中學。高四、師二兩級畢業同學錄內，刊有全幅校旗的彩色圖片。

昌樂中學沒有校歌，不能不說是一大憾事。高四、師二兩級同學於民國三十七年（一九四八）一月畢業時，卻共同制定了一首〈畢業歌〉，作為紀念。歌詞如下：

> 砲聲書聲相和，崎嶇奔波。抗敵偽，禦奸匪，全級動員；夜深，雨急，風吹！忽傳勝利我狂喜，萬瓦沉沉拔地起。青年、新生、幼稚園，百花燦爛。畢業矣，往事歷歷！大廈傾，要樑棟，前進！前進！前進！草山蒼蒼，吳池蕩蕩！恭祝我校，萬歲無疆。

這歌詞，是教高四級國文的王芸劬老師作的。王師所依據的資料中，有我所撰寫的〈高四級班史〉，他也曾當面問過我班上的一些往事。歌譜的作者，是教師二級音樂的孔助庭老師。瘦長的身材，溫文儒雅的風度，是位深具才華的音樂家。他唱的抒情小曲，有餘音繞樑的感受。

歌詞中開頭的「砲聲書聲相和，崎嶇奔波。」一句，寫出了我們在戰火中讀書的情境。次句「抗敵偽，禦奸匪，全級動員；夜深、雨急、風吹！」是寫讀書外戰時服務之任務與精神。第三列的兩句，是寫抗日戰爭勝利，師生歡騰，新校舍巍然而起。第四列的「青年、新生、幼稚園」，則是指我班同學先後創辦的三種刊物，象徵我們的文藝活動。「新生」，是幾位同學在《戰地新聞》油印報上開闢的文藝副刊，我曾發表過幾篇短文，且有一首題為「孤塚」的新詩，憑弔一位為國捐軀的無名英雄。「青年」是週報，為馬大信、任撝敘、王天民等人所創辦，共出刊了十期。「幼稚園」是高四級三年級上學期時候，所創辦的班刊，是校內唯一一份雜誌型刊物。我當時是班長，也是這份刊物的首倡者。感謝霍校長梓坡師允許我們用學校的石印機印刷，文章由全班同學動筆，寫版、漫畫及編排，任捣敘出力最多。本想辦月刊，但由於課業甚重，無法全力投注，總是脫期。好像出版至第三期後，我們就畢業離校了。畢業歌詞最後兩句：「草山蒼蒼，吳池蕩蕩」，是形容新校舍依山抱泉的自然環境；「恭祝我校，萬歲無疆」，則是表達我們對母校殷切的期盼與祝福。然而，不幸得很，母校山東省立昌樂中學僅僅生存了十年，就由於昌濰地區之淪入中共而摧折了！中共當局雖將母校更改校名後保存下來，但戰時創校的精神已蕩然無存！

這首〈畢業歌〉，是我中學時代最真實的生活寫照，也是母校建校精神的具體象徵。我保存在身邊，唱之愛之，永難忘懷！

本文初撰於民國六十五年（一九七六）二月，刊載於《山東文獻》第一卷第四期（臺北，民國六十五年三月二十日出刊）。七十七年（一九八八）四月，增撰「永難忘懷的畢業歌」一節，發表於《昌樂文獻》（昌樂文獻編輯委員會編，民國七十七年四月出版）。民國九十三年（二〇〇四）十二月，九十四年（二〇〇五）四月，兩度重作訂正，頗多增刪，乃成今稿。昌樂流臺老人李雲漢識於臺北木柵蝸居，時年七十有九。親手打字儲存於電腦，期能長久保存。

左：昌樂中學校旗。
右：昌樂中學的畢業歌。

校長霍公八秩壽宴。民國75年7月27日，台中。左起為霍樹桐師、王亦民師、李雲漢。

昌樂中學同班同學與校長合影。民國88年2月21日台中。
（後排左起）陳會傑、趙世傑、周樹桂、李雲漢
（前排左起）許衍潤、馬天信、霍校長、劉百魁、周相、卞玉玟。

國破山河在

——五十年前流亡生活追憶

逃亡途中

結束了「砲聲書聲相和，崎嶇奔波」的非常時代，我於民國三十七年（一九四八）一月畢業於山東省立昌樂中學。這正是寒假，要等一個學期後的暑假，才有機會報考大學。記得畢業前夕，教室內黑板上出現了「同學們，暑假京滬平津相見」的壯語，有人是以投考京滬平津地區的第一流大學為目標的。我卻沒有這樣的雄心壯志，只想暑假中能夠順利的考進青島的國立山東大學，心願已足。想讀中國文學系，因為自幼即對舞文弄墨有興趣。沒想到，畢業剛剛三個月，就又面臨著天崩地裂的大變化，使我暑期考大學的夢成為泡影。

我所謂「天崩地裂的大變化」，是指昌濰戰役失敗後故鄉的淪陷。這次不是淪陷給入侵的日本人，而是淪陷給戰時在山東坐大的中國共產黨。早在民國三十三、四年間，共軍即曾數度進攻昌樂，但都被打退了，而且損失很重。因此，昌樂軍民對保衛自己的家鄉，深具信心。然而，民國三十七年（一九四八）四月的昌濰保衛戰，守軍（國軍第四十五師陳金城部暨地方保安部隊張天佐部）於苦戰經月後，終因彈盡援絕，而敗給了共軍，濰、昌兩城相繼淪陷；陳金城被俘，張天佐、張髯農自戕殉國。消息傳來，真如晴天霹靂！死亡與毀滅的陰影壓頂襲來，當時的感受真的有如「天崩地裂」！

為了生存，不能不作逃亡的安排，目的地是當時仍在國軍駐守下的青島——一座以「碧海晴空，綠林紅廈」聞名於世的美麗都市。

故鄉距青島尚有四百八十華里，中間都是中共佔領區。因此，「逃亡」實際上就是隱姓埋名的祕密求生行動，也是一場成與敗，生與死繫於俄頃之間的冒險進軍。想到伍子胥當年由楚國化裝逃亡到吳國的情景，他一夜之間就愁白了頭髮；如今我面臨同樣的命運，恨不能於一夕之間變得機警而有智慧，足以應付逃亡途中可能遭遇到的那些危險和災難！

我逃亡了兩次。

第一次是我一個人擠上從濰縣去青島的「商旅大車」（係山東昌濰地區各縣通用的交通工具，由一至三匹騾馬拉曳而行，雙輪，木質，可乘坐四至八人，亦可載貨，商旅多雇用之。），偽裝為商人，卻一點也不像。也沒有任何證明身分的文件，更不懂得商界慣用的「行話」。到達藍村的檢查站時，我就過不了關，被扣留下來「再考查」。我擔心經不起「再考查」，也想到在家鄉已被共產黨村幹部看管的父親，決定先溜回去與父親取得聯絡後再說。於是趁檢查共幹不注意時，我溜走了。折回了故鄉，用各種不同的方式作掩護，往來各地，為第二次的逃亡作萬全的設計。

終於和拘留所中的父親約定：他於深夜中逃離拘留所，到五十華里外的一位朋友家與我會合，再一道去坊子鎮，由那裡搭大車去青島。初步計畫成功了，但在赴坊子鎮途中，去一位友人服務的學校裡略作休息時，卻又碰上了中共的地方幹部來盤查。若不是父親機警，巧妙的迴避了和我的父子關係，我也察言觀色編造了一篇說詞，才使這個「土八路」幹部一時摸不清底細。否則，後果將不堪設想！今日回想起來，仍是心有餘悸！

我和父親結伴作第二次逃亡，準備工作做得比較周到。有了「路條」（係中共地方政府或機關所發的通行證，紙質粗糙，極易於偽造。逃亡者所持之「路條」，多係偽造品。），也帶了一點點錢，路上比較順利得多。到藍村檢查站，一大群同路來的「商人」同時過了關。再經過國、共兩軍間約二十華里的緩衝地帶，就到了國軍駐守的前哨站。「商人們」不約而同的開始大罵共產黨，原來這些「商人」也都是和我父子一樣的逃亡者，大部分都是反共意志堅強的公教人員。在國軍前哨站，仍要檢查身分。我因隨身帶了山東省立昌樂中學的學生證，很順利的通過這最後的關卡，搭上商用汽車，直駛青島市區。兩個小時後，我和父親找到了位於西鎮的鞠姓親戚家（就是鞠鴻儀老師家在青島開設的中醫診所），安全才有了保障。親戚問我有何感想，我直覺的衝口而出：「得慶再生，謝天謝地！」真的，那種有如隔世的驚喜，是難以用言詞形容的！

忠孝難兩全

在青島，我是新客，父親則是舊地重遊，他於民國十二年（一九二三）前後曾在此地做過事。然而，一切都變了。青島不再是過去的青島，更不是我心神嚮往中美麗清潔的城市。我們也不是遊客，而是如同乞丐一樣的難民。當前面臨的最大問題是：如何先解決我們的生活問題，然後再找一條比較安全的出路。

昌濰地區淪陷後，各中學的師生流亡到青島來，教育部撥款成立了一所青島市轄臨時中學收容他們，母校昌樂中學來青師生數百人都集中在這裡。我來到了這所位於郭口路的流亡中學，但無法在這裡立足；因為我已高中畢業了，做學生過了頭，做老師資格不夠。熟同學們異地相見，除了言辭間的安慰和鼓勵外，對我的困難毫無辦法。任教師的鄭書厚兄送我幾個火燒，算是請客；另把校徽借我佩戴，以便於出進，往來於大街上也比較安全。幾家同學和朋友處也都去過，他們也只能暫時給以援手，自然不能長期依賴人家。局勢又一天天緊張，共軍渡江，南京棄守，青島孤懸北疆，勢必撤軍，這是任何人都預料得到的事。悵惘、無奈與絕望的繩索每日都絞痛在心底，找工作養親甚至半工半讀求深造的計畫一一落空！暴風雨襲來的前夕，苦命人將何以自處！

我一個人的問題好解決，從軍報國是最好的出路。但父親怎麼辦呢？已過了六十歲的人了，身上的創傷還沒有完全康復，帶來的一點點錢用光了，以後的日子怎麼過？暫時落腳在族兄李英平的家裡，自然也不是長久之計。父親就我這一個兒子，我如何能只顧自己而置老父於不顧！我想找一條忠孝兩全的路，可是，路在那裡？

當時青島的最高軍政機關，是第十一綏靖區司令部，司令官兼行政長是劉安祺（壽公）中將。他決定成立一個青年教導總隊，由陳孝祖（繩伯）教授任總隊長，為流亡學生敞開了從軍報國的大門。幾十位要好的同學報了名，我卻有些猶豫。這固然是我應該走的路，但這只能保全了自己，父親怎麼辦呢？有同學勸我：一個人有辦法，總比兩個人都沒辦法好；先解決一個人的困難，再想法濟助父親。這話，也有道理，於是我去青年教導總隊做了志願兵。然而，兩天以後，我又走出了營門。想前想後，我無論如何也不能放下父親不管；情願去做苦工，賺錢養活老人家吧！

情勢越來越惡化！市面開始有些亂了。我和幾位知心好友張培義、劉本茂等討論行止，大家都認為忠孝已不能兩全，必須即刻作決定——即使是最痛苦，最危險的決定，也比坐失時機要好。剛好有名的商家「瑞蚨祥」要出錢僱人去充他們的兵役配額，我認為這是最適合我的機會，可以用自己的身價留作父親的生活費，自己也可得償未來報仇雪恥的心願。我把這一決定面告父親，父親的痛苦在表情上顯而易見，然仍堅定的說：「只好聽天由命了，你自己決定吧！」英平兄安慰我說：「孝心必得好報，雲漢你就去吧，大叔由我來照顧。」

歷史上有不少「賣身為奴」的感人故事，我卻真的是「賣身為兵」，目的都是為了報謝親恩。我的身價是四十四塊現大洋，可供父親一年多的生活費用。一年以後怎麼辦呢？我不敢想。父親於我離開青島後一年多，才被中共抓回家鄉，受盡凌辱，於民國四十一年（一九五二）被難。想到這段往事，不禁淚流滿面！在忠孝不能兩全的最後關鍵時刻，我決定移孝作忠，相信父親在天之靈會諒解我！

金雞嶺的災難

民國三十八年（一九四九）六月二日，劉安祺司令官率所屬部隊及一部分民眾共約十萬人，自青島撤退。先來臺灣，在基隆港停泊數日，旋奉令開赴海南島的榆林港、三亞港一帶駐守。九月間，劉司令官又統率第五十軍去防衛此時為中央政府所在地的廣州。

我此時服役於綏區司令部的勤務營，搭「台北輪」來臺灣的。由於撤退前夕做的大鍋餅未及晾乾即趕裝上船，以致發了霉，不能再食用，我們在船上挨了兩天餓。對日抗戰期間生活在戰區裡，也曾挨過餓，但沒有這次嚴重。假若再餓上一兩天，就會有不少人倒下去了。生平第一次感受到生命不能由自己做主的悲哀，想到家破人亡的慘痛，只有暗自垂淚。

到達海南島最南邊的榆林港，已是六月下旬，勤務營駐進三亞。不幾天，我就決心離開這崗位，去投奔青年教導總隊——流亡學生的大本營。我把這計畫密告也是學生出身的同班難友張思駿，他願與我同行，兩人於是冒險出走——就是「開小差」，當時是嚴重的違紀行為。天佑我倆，順利的實現了心願。

這時原青島第十一綏靖區所轄部隊奉令改編為第二十一兵團，青年教導總隊則改稱為第二十一兵團幹部訓練班學生總隊。幹部訓練班的教育長是王多年少將——後來升任為上將，學生總隊總隊長仍是文人少將陳孝祖先生，後來的國立中興大學陳孝祖教授，我見面一直敬稱為陳老師。

學生總隊的駐在地，叫金雞嶺。這地方距榆林港約十五公里，不是一個市鎮，也不是一個村落，只是在山麓間日本人所遺留下來的幾棟破舊木造營房，聊足遮風蔽雨而已。學生總隊的員生們充分發揮了人定勝天的本領，一本雙手萬能的信念，伐木為樑，編草為簷，結籬為壁，聚枝為床，進而整橋開路，闢山開蹊，經過十幾天的「人與天爭」，一片別具風格的營房居然建造起來了。這種不怕苦，不畏難，胼手胝足，踏實苦幹的氣魄，金雞嶺的學友們稱之為「金雞嶺精神」。在臺灣的金雞嶺師生有學友會之組織，於民國七十六年（一九八七）由張一民兄主編過一冊《金雞嶺憶往》，有七十多篇憶述文字，將「金雞嶺精神」描繪得淋漓盡致。

我寫過一篇〈回憶金雞嶺有感〉，從整體觀念作樂觀敘述，視之為「新建成的家園」和「播遷中的學府」，作了頌讚。然而就我自身的經歷而言，金雞嶺的四個月卻是一段災難頻仍的悽苦歲月，生命曾經遭受到嚴重的威脅。

最大的災難，是病，嚴重的病。病，需要醫藥，可是醫務室裡竟沒有一針有效藥劑！病，需要營養；然而連食米都供應不足，有幾天只能喝稀飯度日子，又何敢奢望滋補品！病情無起色，自己倒不覺得什麼，要好的同學同鄉看到我的情形，就不免有了悲觀的預測。王國安兄在其〈片斷的回憶〉一文中，對我有如下一段感慨也感傷的話：

> 李雲漢病得黃焦蠟氣的只剩一把骨頭，在第三中隊的克難房子裡養病。見了他那副憔悴模樣，令人觸及鄉思，不禁黯然淚下！在那種連小魚乾、蘿蔔乾都難以為繼的清苦生活條件下『養病』，只能說是一天兩餐能熱湯熱水的填填肚子，獲得充分休息而已！可是正合了孟老夫子『天將降大任於斯人也，必先……』的話，虧有楊學晏、王夢麒、劉漢民、馮祝三等小老弟們熱心照顧，近乎奇蹟似的漸漸康復過來。不然，那會有今日這位馳譽中外的近代史學權威人物！

病中照顧我最多的，是張思駿、卞玉玟兩兄。玉玟兄慮事周到，人緣好，很多事都由他代勞。思駿是難友，情同兄弟，時常煮稀飯給我吃。我們三個加上孫約三共同負責辦壁報，思駿畫漫畫，玉玟、約三寫文章，都很出色。我是社長，病中不能多盡力，約三兄實任其勞。還記得約三兄寫過一篇慰問我的文章，令我感到無限溫暖。中隊長王其昌曾溫語安慰，分隊長孫建功更關懷備至。我的身分是個學生兵，竟然病得無法出操上課，只能做點輕鬆的文字工作，內心裡歉意與愧疚兼而有之，情緒煩亂。為甚麼命運之神對我如此苛刻？難道真的會有志難伸，甚至像孫熙烈同學一樣竟然「賚志以歿」？

病，只是災難之一。還有些不幸的遭遇，不想也不忍再去追憶了。民國三十八年十二月，我隨部隊自海南來到臺灣，老同學尹公斗初見面時看到我的狼狽相，很急切的說：「怎麼會弄成這樣子，怎麼得了！趕快想辦法！」我們都身無分文，孑然一身，又有甚麼辦法可想！

住進了七洋大樓

民國三十九年（一九五〇）一月間，我在臺中市學生總隊的醫務室裡養病。在卞玉玟、孫國勛等兄的照顧下，漸有起色，心情也好了許多。曉得霍校長梓坡師及蘭村師均任教於省立臺中一中，徐晉三師則任空軍子弟小學教務主任。徐師侄兒，我昌樂中學同班同學徐漢民兄，在一個晚上來看過我；也曉得劉德貞主管設在臺中火車站前面的一個空軍服務站。我也想痊癒之後，離開軍中向社會其他層面闖盪一番。徐晉三老師來醫務室看我。他說，孫鴻祿來信說，已為我找到一份工作，要我儘快北上去看他。孫鴻祿先生是我讀初級小學時代的業師，當時任教於臺北縣立瑞芳工業職業學校。這消息，自然使我欣喜萬分。不等病好，即搭夜車北上，到臺北，再轉瑞芳。從臺中到臺北的車票，是劉德貞為我買的，他於深夜裡接我到車站，送我上車。從臺北到瑞芳，則是坐了不付款的「霸王車」。查票員似乎看出我是窮小子，也沒問甚麼，放我一馬！

孫鴻祿先生告訴我，工作是找過，但沒有成功。我的希望又破滅了。但找到了孫老師，總算暫時有了依靠，慢慢再想下一步。兩天過去了，什麼辦法也沒想出來。孫老師帶我到臺北來「尋親問友」，看看能不能為我找個落腳之處。在臺北，大街小巷轉了大半天，腳都痛了，飯也沒吃，而工作毫無著落，我想真的是面臨山窮水盡的絕境了，又是一陣心酸。然而，就在此際，偶然的巧遇拯救了我。事情是這樣的：

> 孫先生和我走過臺灣省政府教育廳（臺北市中山南路一號，今監察院）大門前時，忽然內急，因入廳內找廁所方便，要我在門外等他。他在洗手間巧遇趙景龍，告訴趙我正在大門外等。兩人一道出來，景龍告訴我，他和其他幾位昌樂中學同學都住在七洋大樓。他說，你就留下來好了，我們流亡學生一道找出路。

對我而言，這真是天外飛來的好消息。我不是個迷信的人，現在卻相信人世間確有「絕處逢生」這樣冥冥中的安排。孫鴻祿先生當然也高興萬分，給我留下三元新臺幣，回瑞芳去了。我跟趙景龍住進了七洋大樓，發現劉成仁、梁廷琛、趙企增、孟慶明等同學都住在這裡。成仁家與我家有三代世誼，居於侄輩，他白天在松山機場打工，晚間回到七洋看到我，驚喜萬分，立時將身上僅有的三元送給我。這是大陸來臺流亡學生的接待處，有一百零八所大專院校來臺學生住進來了，來自我家鄉昌濰各縣的同學已有二十多位。回到了流亡學生的大本營裡，自認為生平最大的幸運事之一。

七洋大樓就是七洋行的舊址。座落於臺北市原中正西路（今忠孝西路）舊火車站前面，舊中央日報社的隔壁；由於新火車站的興建及忠孝西路商區設計的變更，舊中央日報社及七洋大樓都已蕩然無存了。七洋是座三層樓的建築，每層樓都已住滿了大陸流亡學生，我勉強在三樓樓梯口佔了個位子，晚來的人就只有向隅了。這些學生，每天午、晚分四批到教育廳的大餐廳用餐，自然是由教育廳招待。當時的教育廳長是陳雪屏先生，他對流亡學生的照顧，十分得體。趙景龍就是去教育廳用餐時遇到孫鴻祿的，真想不到事情會是那麼巧，也算是「無巧不成書」的一個實例。

住在七洋大樓的流亡學生有多少？恐怕很難做出精確的統計。因為有的登記過，領有方形白色布質的姓名證；有的則因個人的理由（如缺乏證件或不願公開來歷是），未曾登記。也有人住一段時間後，找到工作，搬走了。當然，新人也不斷湧入。橫豎三層樓的地面都滿是地舖（席地而眠的簡單被褥），行走時幾乎難以插足。三樓西邊間隔出一小間，供女生住。這些人平日裡出出進進，好像各不相關。但又像有個代表性的組織，只是我始終不十分清楚。他們曾向各處請願，奔走，要求政府設立反共大學，也作反共宣傳。臺灣大學這時候發生了李玉成檢舉中共職業學生演話劇為中共宣傳的事件，傅斯年校長不相信是事實，反而指責李玉成搗亂，予以處分。七洋的流亡學生支持李玉成，要「對付」傅斯年。還記得一樓入口處的樓梯邊貼出了巨幅標語，文字是：

反共卻為共反，傅斯年居心何在？
打狗反被狗咬，李玉成多麼可憐！

人多了，分子自然很複雜。不斷看到有軍事單位來七洋大樓察看有無他們的逃兵。警備總部也派來幾位軍官常川駐守，防止意外。有些學生，則是逃難不忘讀書，每天都到設在新公園（民進黨人執政後，改為「二二八和平公園」）省立博物館內的臺北圖書館研讀，準備升學。事實上，已有人考進了新成立的臺灣省立地方行政專科學校，係借用成功中學的校舍上課。昌樂中學同學張懷仁等兄就是駐足於七洋的政專學生，我每次看他們帶了講義夾去上課，心裡很欽佩，也好羨慕。我雖已辦了登記手續，吃飯沒有問題，又承時在寧夏路警察分局任職的小學同學李好朋兄給我辦妥了身分證，行動很安全，但內心裡總是不踏實，深感一切都在未定之天，好無奈！

民國三十九年（一九五〇）的農曆年節，是在七洋大樓過的。是別離父母流亡在外的第一個年節，滿懷傷感，那裡有半點喜悅的氣息！看看同伴們，有人在嚶嚶飲泣！也有人在引吭悲歌！天又落了雨，街上顯得格外淒清！一位同學不曉得從那裡弄來了酒，喝得酩酊大醉，躺在七洋門前馬路邊的水泥地上，動也不動。我曉得，他只是借酒澆愁而已！這樣灰暗的日子過了快兩個月，到二月底才又見到一絲微弱的曙光。

圓山受訓與大直苦讀

流亡學生需要的不僅是消極的收容，而是要求給他（她）們受教育或是工作的機會。他們來自大陸各省，都是各院校中的菁英份子，反共意志堅強，活動力或者說是煽動力也極銳利。政府若處置得當，將是一股有用的建設力量，否則將有無窮盡的麻煩事滋生。政府自然了解這一道理，決定由臺灣省政府教育廳主導，設立臺灣省青年服務團，凡是在七洋登記過的流亡學生經甄審後均予以組訓，然後參與各項省政服務工作。曾發表過一位吉林省籍的學者崔垂言先生為團長，他可能是知道這批流亡學生不好應付，因而未曾到職。三十九年二月間，省府才改任湖南籍的上官業佑（啟我）先生為團長，設團址於圓山，定於三月間正式開訓。

消息傳到七洋，大家的反應是將信將疑。上官，何許人也？難道他真的不怕這群闖南鬧北的流亡學生嗎？過幾天，新任團長要在中山堂光復廳講話，要我們前去聽講，很多人都不去，表示沒信心。我去了，聽到上官先生大聲向大家保證：「三月上旬，我一定會接你們到圓山去。」可是掌聲依然很稀落。我心裡想：但願這話不是哄人的！

上官先生沒有食言，按既定計畫把我們一車車的接進了圓山臺灣省青年服務團的團區——後來是美國軍事援華顧問團團址，今日則是臺北足球場。編隊後隨即開始訓練，生活緊張起來了，精神也振奮了許多。三月二十九日青年節，全體員生上書已於三月一日復職的蔣總統中正先生，表示願作革命的先鋒，矢志效忠，革命的火花似乎已在團區裡迸發開來了。

漸漸的，我對上官團長的出身、經歷、觀念與作風，有了了解。他是中央政治學校大學部第一期畢業的，當時被視為是「天子門生」的一群。處事明快，二十八歲即任職為少將。三十八年冬西北局面崩潰時，他是西北勦匪總部政務處長，最後一位由中央派飛機從蘭州接出來的政府官員，其忠貞甚為蔣總統嘉許。接長青年服務團之後，以繼承革命傳統相號召，計畫把七洋這群散漫消沉的流亡學生，訓練成一支有「雷霆萬鈞，閃電飛奔」（趙友培撰青年服務團團歌歌詞首句）之勢的革命隊伍。平心而言，青年服務團的教育是成功的，上官先生也因此而獲擢任中央黨務要職。

青年服務團實行軍事管理。團本部之下，有兩個大隊六個中隊，及一個女生中隊。我被編入第二大隊第五中隊，中隊長為仲滌痕；後期教育時則編入第一大隊第一中隊，中隊長為秦士傑。訓練進程分兩個階段：第一階段四個月，為前期教育，以政治課程為主，偏重思想教育；第二階段兩個月，行分科制，以專業課程為主，為結業後的服務工作做準備。

前期教育期間，我仍處於不安定的劣勢地位。病還沒痊愈，晨操跑步我都跟不上。感情脆弱，思親情切，時常找個空曠無人的處所，痛哭一場。離開父母一年了，是生離，也是死別，國仇家恨集於一身，心情自然沉重而悲愴。但沒有片刻忘記自己的責任，也想克盡自己的本分，聽課與勞務從不馬虎。好在自蔣中正總統復職以後，大環境逐漸好轉，人人也都興起了新希望。五月入夏以後，我身體就逐漸康復了，開始在《團刊》上發表點小文章，勇氣和信心也為之大增。

後期教育期間，我在分科時選擇了新聞編採，聽過羅家倫、馬星野、李曼瑰、任卓宣等教授的課，閻錫山、黃朝琴、謝東閔、薩孟武等名流的講演，也曾跟一位自中央廣播公司請來的年輕小姐楊曼華學過臺灣話。蔣經國先生曾於一大早來參加我們的升旗典禮，並作精神講話。記得上官團長作介紹時，很興奮的說：「今日邀請本身也是青年的一位朋友來對大家講話，他，就是蔣經國先生。」

身體好了，也開始勤奮起來。除在《團刊》發表小文外，尚在新創刊的《自由青年》寫過幾篇文章，有一段時間並曾被聘為編輯委員，記得社長兼總編輯是錢江潮先生。幾位山東、河南籍的同學徐廣霖、鄭源慧、郭增學、劉成仁等組成個壁報社，出刊〈黃河〉壁報，我也應邀參與其事。同學中氣味相投，來往較多的，除昌樂中學的老同學外，尚有劉錫銘、伍猷謀、韓欽元、王述親、郭增學、姚潤身、高明敏等十餘人。只以歲月荏苒，際遇各別，迄今仍時相過從，引為忘年之交者，只劉錫銘兄、高明敏兄等數人而已。

青年服務團為期六個月的訓練，至三十九年九月間圓滿結束。完全出人意外的，我的總成績竟是全團第三名。前五名同學要在結訓典禮上頒獎，是我來到臺灣後首次獲得的榮譽。五位獲獎同學是：第一名王述親（安徽），第二名褚金鎧（河南），第三名李雲漢（山東），第四名李君平（吉林）、第五名劉淑貞（女，山東）。劉淑貞是山東壽光縣籍，曾在昌樂中學讀中一級，比我高一班，因而對我講話時經常以「大姐」身分訓誡我：「小朋友，還不大懂事。」

青年服務團的結業證書，由團務委員會的三位常務委員共同署名。三位是：教育部政務次長鄭通和（西谷）先生，臺灣省政府教育廳廳長陳雪屏先生，青年服務團團長上官業佑先生。這是我來臺後第一張證書，很珍惜，至今仍然好好保存著。結訓後的出路呢？感謝上官先生，已為我們設計了兩條路：一是服務，一是進修。服務，是按志願與專長，分別編入軍中服務各隊、民眾服務大隊、文教工作大隊及山地服務隊，待遇比照軍職之上、中、少尉薪給。進修，是由青年服務團附設一個行政人員專修班（不久即改稱臺灣省行政專修班，其後併入臺灣省立法商學院），予學生以專科學校資格。專修班初設普通行政、教育行政、土地行政、財務行政四科，後又增設社會教育、工商管理兩科。有的一年制，有的二年制，行政業務則由青年服務團兼辦。班主任初為上官業佑先生，民國四十一年（一九五二）上官先生出任中國國民黨臺灣省黨部主任委員後，由前三民主義青年團陝西支團部書記長楊爾瑛先生繼其任。這時班址已由圓山遷往大直了。

服務與進修兩條路之間，我選擇了後者，想再讀幾年書。老實說，三十九年前半年，臺灣海峽的戰火隨時可能引爆，我也隨時準備應召參加保衛臺灣這最後基地的戰鬥，生死尚在未定之天，心中不敢作任何樂觀的規劃。及六月二十五日韓國戰爭爆發，美國的第七艦隊駛進臺灣海峽來隔離臺灣與大陸間的武力攻擊，臺灣的安全才有了暫時的保障。為何不利用局勢漸趨安定的機會去進修？不完成高等教育的歷程，將無補於未來為國家服務，也將是一生最大的遺憾！

進專修班，也要經過形式上的考試。除了青年服務團一部分結訓同學外，國立長白師範學院一部分學生來臺後，教育部也把他們送進專修班。因此，專修班的學生百分之百是大陸來臺流亡學生。年齡都在二十歲以上，一部分已上過大學。由於長期流亡的緣故，有些人放蕩不羈，大多數則是由於飽受失學之苦，求知上進的慾望極為強烈，因而四十一、四十二兩年度參加高等考試的成績，極為優異。

在專修班，我讀二年制教育行政科，簡稱「二教」。在圓山讀了一個學期後，就遷到大直去了。教授多半是請臺灣省立師範學院（今國立臺灣師範大學）的先生們來兼任，有孫邦正、宗亮東、雷正宇（國鼎）、鄒謙、余書麟等先生。教社會教育的楊希震、教憲法的張金鑑兩位先生是政大老人，教政治學的江觀綸教授則是臺大的新秀。教英文的是新近回國的施建生博士，教國文的則是有湖南才子之稱的許君武教授。仍然實行軍事管理，「二教」編為第三中隊，隊長是唐際盈先生，他就是今日頗有名氣的書法家唐濤。讀書的環境是不錯的，只是公費不足，生活太清苦了。名義上是公費，但每人每月教育部只發給新臺幣六十元，遠較師範學院學生的公費待遇為差。每月伙食費要六十二元，全部公費付伙食費尚不足二元，那裡還有其他零用錢？更談不到新的衣服鞋襪。我有一段時間，連牙刷牙粉都買不起。在高雄服務的李錫公兄，每次回到圓山來，就會給我們幾位小老弟們買點牙刷毛巾等日用品，感到很溫暖，但也很慚愧。搬到大直後，除了有餐廳餐桌不須再露天吃飯外，窮困的情況並未改善，比往日流亡的日子好不了多少。也正因為如此，每個人都勤奮力學，想從窮困中為自己開闢出一條道路。我最了解自己，沒有任何可資依賴的背景和憑藉，唯一的道路就是要在試場中「打硬仗」。我的第一個目標是考取全國公務人員高等考試，取得公務人員法定任用資格。很高興，這一目標於畢業後半年內達到了，而且名列前茅，自信心也因之增強不少。我是教育行政人員高考及第，事實證明這資格對我後來升學有了大用。

鳳山軍校預訓班

民國四十一年（一九五二）六月，行政專修班畢業。似乎沒有叫我興奮的感覺，反倒因為又將面臨一段新考驗而有些憂慮不安。

「新考驗」是甚麼？政府決定實施預備軍官制度，教育部指令公立六所大專院校的應屆畢業學生，除女生及已具備軍人身分之青年軍學生外，一律去鳳山陸軍軍官學校（簡稱軍校）預備軍官訓練班報到，接受為期一年的軍事訓練。六校是：國立臺灣大學、臺灣省立師範學院、臺灣省立農學院、臺灣省立工學院、臺灣省立地方行政專科學校、臺灣省行政專修班。行政專校與行政專修班名稱雖異而實質相同，被認為是姊妹校。為避免混同，前者簡稱「政專」，後者簡稱「行專」。

此一新制，是中國教育史上的創舉，目標是在培植文武兼備的建國幹部。就大方向、大原則而言，此一舉措絕對正確，我自然要熱烈響應。然就本身條件衡量，健康情形並非十分良好，性情與志趣也不太適合軍人的要求，因此在入營之前，頗有疑慮：以我的條件，經得起此一嚴厲的考驗嗎？不，這正是最好的磨練機會，可以匡正自己的弱點，何樂而不為？

八月一日，是第一期預備軍官到鳳山軍校報到的日子。鐵路局為我們準備了一列專車，從臺北直開鳳山。晨六時，臺北車站即擠滿了搭車及送行的人。我同班同學樊景周在其回憶錄《奔流的澧河》中記述當時情形：

「六點多鐘，便到了車站。整個車站，幾乎被我們這些從四面八方來的應屆畢業生，給全部站滿了。一些外校的同學，像臺大、師院的同學們，父母、親戚、女朋友（有的也有太太），扶老攜幼的趕到車站來送行，甚至有的還佩掛彩帶，涙涕四溢，還真有點像過去抗戰時期的從軍場面。」

臺北車站送行的人叢中，我看到了臺灣大學校長錢思亮先生。他親切的和學生們談話，叫我很感動。我們坐的是專車，但非快車，各大站皆停。每次停車，月台上都看到當地的行政官員及民意代表列隊相送。這樣走走停停，到達鳳山時已是午後四點多鐘了。軍校已有妥善的準備，我們很快就被送進了預先分配好的營房，隊職官們熱誠而耐心的引導我們找到自己的床位。次日理髮，換衣服，當天就變成了英姿煥發的學生兵。

我被編進預訓班第一大隊第一中隊第三區隊第七班，學號是一〇七二，駐第一棟樓二樓。同班同學有程鎮鑑、李子達（後來的名導演李行）、常士宣、莊權、賴瑋、鄭香洲、李昌操等。教育班長是陳乃華少尉，中隊長是何鴻灝少校，都很親切；其他長官的姓名一時記不起來了。陸軍軍官學校校長是羅友倫中將，預備軍官訓練班主任是王寓農少將，兩位都是足智多謀的儒將，深獲學生們的信賴與敬佩。與預訓班同時在校的，是正科班第二十四、五兩期，其中有昌樂中學同學滕建孟、田世義、張海昌、王文章、孫英三等十餘人，課餘時相聚敘，相慰相勉。劉景堯兄此時在陸軍步兵學校當教官，中秋節之夕，給我送來一盒月餅，吃起來似乎特別有味道。

預訓班的教育分三個階段：第一階段是入伍教育，四個月，在軍校；第二階段是分科教育，六個月，在各兵科學校；第三階段是綜合教育，一個月，仍在軍校。

入伍教育是軍官基本教育，場所是課堂、操場、野外。這是訓練最嚴格的一個階段，當然很辛苦。特別是野外操練，往往是汗流浹背，灰頭土臉，軍服濕了又乾，乾了又濕。好在身體已康復，大多數操課我都跟得上；只有體能訓練中之「跳木馬」以及實彈射擊中的「打環靶」，幾乎是得零分。前者是因為我膽小，動作笨；後者係由於眼睛散光，盯不準目標。教官們並未因此而為難我，讓我安全過關。

分科教育，係以主修科系為標準，也參酌各人的意願，分配為步、工、砲、輜重、裝甲五科，分發至相關兵科學校受訓，為期六個月。我想學政工，但首期預訓班並未將政工一科列入。退而求其次，只有步兵適合我了。我們學文、法、行政的人，大部分都學了步兵，如李子堅、董翔飛、張豐緒、崔劍奇、樊景周、楊仕俊、呂士朋、王錦章等兄是。分科教育要重新編隊，其中第五、六兩個中隊是步兵隊，我被編入第五中隊，中隊長是陳澤寰少校。兩個中隊到陸軍步兵學校（簡稱步校）報到後，步校即成立了預備軍官訓練大隊，大隊長是馮倫意中校。步校與軍校校區毗連，然性能與風格卻大不相同了。

進了步校，我的身分似乎提高了不少，這是由於兩種情況的發生。一種情況是：步校校長龔愚中將破格給予我們軍官待遇，比照初級班（尉官班）學員，週六午後放假後可延至下週一早上回校，這就自由得多了。另一種情況是：兩隊均實行自治制度，由同學選舉學員長及各區隊長來執行中隊長區隊長職責。我們第五中隊首次選出的學員長是李子堅兄，任期一個月。第二任「民選學員長」竟然是我，要主持早、晚點名，帶隊往來教練場所，儼然是「一隊之長」。任期也是一個月，磨練出一些經驗。開昌國兄是「民選區隊長」，見面時常說：那時候每天都要向你敬禮；呂士朋老兄已是退休教授，見面時也喜歡調侃我：那時候你老兄是學員長，很神氣呀！

第三階段的綜合教育，係分科教育結束後，各隊回到軍校接受一個月的政治教育，以課堂講授，討論，心得寫作為主。就要結業了，心情放鬆了不少。但我還是很認真，尤其寫心得，一點也不馬虎。後來羅錦堂兄（夏威夷大學教授）告訴我，第一隊的那位李指導員特別欣賞我寫的心得報告，曾對他提過多次。

一年的預備軍官訓練結束了。我的總成績在第五中隊前二名內。每中隊前二名學生，由當時的陸軍總司令孫立人上將召見談話。輪到我時，自然畢恭畢敬，他也和顏悅色，要我坐下。他說了一番大道理，希望我留在軍中服役。當我坦率說明自己性情和體能均不適宜於常備軍官後，他就很不高興的說：「我就曉得你們這些文學生沒有大志，好，你去吧！」

流亡在外，整整五年了。所幸國家已在臺灣立住了腳，我的學業也告一段落，以後的日子將盡全力報效國家與社會，做個俯仰無愧的人。願上天保佑！

本文初撰於民國八十六年（一九九七）二月，刊載於《山東文獻》第二十三卷第一期（民國八十六年六月二十日出刊）。九十四年（二〇〇五）四月至五月間重作增訂，頗多增刪，避免與其他相關記述重複也。李雲漢誌於臺北文山木柵路三段六十九號六樓之三寓所，年已七十有九。民國九十四年五月七日星期六，電腦儲存。

誼同手足：浪跡三難友。左起為李雲漢、卞玉玟、張思駿。民國38-40年間，青島、海南、台灣。

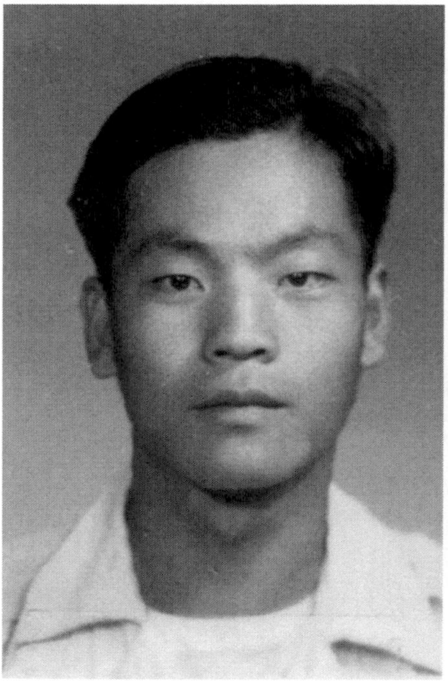

左：民國41年6月20日，台北博愛路，新中國攝影社。
中、右：民國42年，陸軍軍官學校預備軍官訓練班第一期，台灣鳳山。

助教工作的回憶

民國六十八年（一九七九）八月，我辭卸了國史館主任秘書職務，受任為中國國民黨中央黨史委員會副主任委員。這一職務，是要報請中央常務委員會議核定的，需要一份翔實的簡歷表。我在經歷欄填寫的第一項職務是「臺灣省行政專修班助教」。管人事的先生看到了，略帶驚訝的問我：「這項經歷能否免填？」意思是這項職務不是重要的，而且與新職差距甚大，不太調和。我卻很懇切的堅持：「這是我最喜歡的一項經歷，一定要填寫。」我講的，是出自內心的話。直到今天，我仍然非常珍惜行政專修班一年助教的經歷。回想起在大直的那段日子，感到無限的溫馨與懷念。

那是民國四十二年（一九五三）七月，剛受畢陸軍軍官學校預備軍官訓練班第一期的軍事教育，正在考慮就業問題。按照去冬高等考試今春放榜錄取的名次，是會分發到臺灣省政府教育廳服務的；同時卻又接到通知，青年服務團團長兼行政專修班主任楊爾瑛先生已致函省政府人事處，要求派幾位行專畢業同學回班服務，指定的名單中有我，且是第一名。經過一番考慮，決定回到團、班這個大家庭裡，一方面是想對團、班略作回饋；一方面也是想到回團、班服務，進修的機會大些，還是想再升學。

回到專修班後，蒙班主任召見，賜告：為配合教育計畫並便於與教授及同學間的聯繫，專修班決定實施助教制度，每科設助教一人，兼辦訓導工作；你們回校的七位畢業同學，都要擔任助教工作。旋即接到班主任的聘函，聘我為二年制教育行政科的助教。我也立即以充滿興奮和自信的心情，開始一段略帶幾分「浪漫的憧憬」色彩的助教生活。

事實上，行專的助教是「黑官」，因為行專並無獨立的行政編制，團的編制上也沒有「助教」一職。名義上，我和楊仕俊、陳子謙、戴卓英、袁默之、顧海濱、劉宗藩六兄是班的助教；實際上，我們卻都是團的組員，屬於第二組——也就是班的教務組。雖然名實並不相副，我仍然感到十分愉快。一共做了一年又四個月的助教，留給我的是一段非常值得懷念的美好回憶。

行專的各科科主任，教授，都是兼任職，陣容相當堅強。這一點，不能不感謝前後任兩位班主任——上官業佑先生、楊爾瑛先生——的遠大眼光。上官先生是行專的創辦者，對學生要求很嚴格，期望也很殷切，一開始就延聘了十多位名教授，為學生們的學業打好基礎，所以民國四十一、四十二兩年參加全國性公務人員高等考試同學的成績，特別優異。各科設科主任，則是楊爾瑛先生的建樹。記得二年制教育行政科的主任是前國立長白師範學院院長方永蒸（蔚東）先生，是一位德高望重的教育家，也是東北各省備受尊敬的耆宿，後來曾連任四屆考試委員，享壽一百零三歲。王撫洲先生是財務行政科主任，劉岫青先生是土地行政科主任；普通行政科主任先是溫崇信先生，後是阮毅成先生。社會教育科主任是王星舟先生，本職是教育部社會教育司司長。工商管理科主任的姓名，我一時記不起來了。幾位科主任都是有名的學者，也都有豐富的專業經驗。教育行政科的教授如講授國文的許君武、任今才，講授教育課程的楊希震、孫邦正、宗亮東、雷正宇（國鼎）、余書麟、賈書法，講授法政課程的張金鑑、阮毅成、謝瀛洲等先生，我都相識。其他各科的教授陣容，我就不十分清楚了。

就任助教後頭一件該做的事，是去漢中街晉見科主任方永蒸先生。我原以為方先生在漢中街有自己的寓所，而且很寬敞，到達後才發現他只是借人家的辦公室臨時歇息一下，自己並沒有住所；家人則住在臺中市。我沒有跟方先生讀過書，自居於私淑弟子之列，一開始見面就稱方老師，方先生則一直稱我李先生。第一次見面，一老一少，坐在兩張破椅子上談上半天，從修己到待人，從治學到為政，真正是無所不談，使我有如沐春風的快樂。方先生一本教不厭，誨不倦的精神，盡其所能的獎勉後進，愛護學生。他不時請名家來班上講演，如臧廣恩（伯京）先生等是。教育行政科同學畢業時的參觀訪問，也都由方先生親自接洽，並親身參加，參訪了臺中一中、臺中師範、新竹師範、新竹中學、新竹市一中、竹師附小等學校的教學活動。從民國四十二年相識起，我一直與方先生保持聯繫，信函往還，他都是親筆。晚年，還曾邀我去他溝子口的寓所作過口述歷史，其情形我曾撰文發表於王大任主編的《東北文獻》。

阮毅成先生，法學名家。我和他初識於行專教授休息室裡，聽他對中華民國憲法制定過程及基本精義的論述，頗有茅塞頓開之感。他的泰山是名詩人錢逸塵老先生，也在專修班不定期講授國文。我們幾位助教常於課後請老先生講述詩學。有一次，我請老先生為我取個別號，他未多思索，即說：「倬吾」，係取《詩經》《大雅》〈雲漢〉篇首句「倬彼雲漢，昭回于天」之義。我覺得缺乏創意，未能採用。阮毅成先生晚年，倒和我成為時相晤談的文友，在中山學術文化基金會辦公室，或是董事長楊亮功老師、傳記文學社社長劉紹唐老兄的飯局中，時常碰頭。他稱我雲漢兄，我則一直敬稱他為毅公。不幸的是毅公已經離開人間了，我去靈堂向他致最後的敬意時，又曾回憶起大直時代我請他對同學作學術講演的往事，那情境太令人感動了。

這時候，行專的教務與訓導業務，係由服務團的第二組主管，組長劉耀中先生實際上就是行專的教務主任。劉先生在大陸時代，因高等文官考試成績優異而獲任湖南某縣縣長，為人厚道。組內設教務、訓導、教材三課。教務課課長是龐登龍先生，面貌很嚴肅，做事卻認真負責，絲毫不苟，且能任勞任怨，默默耕耘，後來升任副組長。訓導課長是馬鶴凌先生，為人熱誠豪邁，做事明快，時值盛年，頗富理想。大概是專修班成立三週年紀念吧，我們想編刊一份紀念專刊，從撰稿到編印，馬先生和我全力承擔。永遠不會忘記我倆帶了稿件到臺北市區接洽印刷廠的情形，又要快，又要省，跑上大半天，終於找到一家合適的，但我們的早飯、午飯，都沒吃！教材課長是張純興先生，情形我不太清楚，人也不常見面。

助教工作做了快一學期，仍然很帶勁的忙碌著，劉組長耀中先生卻向我透露了可能調職的消息。劉先生說，教材課長出缺了，班主任有意調我去接任，叫我早作準備。我當時眼高手低，竟然毫不考慮的表示，不願幹這種事務性的差事。劉先生很失望的樣子，但有長者風範，並沒說甚麼，事情也就過去了。不到幾天，有事去見班主任楊先生時，卻受到了責備。楊師很嚴肅的問我：「別人想做，不要他做；要你做，你卻不做。為什麼？難道真的不懂我的意思？」我這才憬然有悟，竟然辜負了班主任有心栽培的厚意。但我確信自己不是幹教材課長的材料；勉強幹，一定幹不好，萬一出了紕漏，就更對不起師長了。

教育行政科的同學，一部分是青年服務團第一期老團員，是我的老同學，老伙伴。一部分是後來的新團員，算是我的學弟。還有一部分是香港回國升學的僑生，算是新同學。無論是新同學，老同學，大家都是難兄難弟，情同手足。一共有八十幾位同學，其中有十二、三位女同學，大多數來自香港。同學實行自治，有個班會，以總幹事為首腦。歷任總幹事有黃時孝、喬育彬、黃斌等人，都是老同學，均以熱誠練達著稱，無論什麼事都會做得好好的。只可惜黃時孝英年早逝，令人扼腕。我名為助教，卻隨堂聽課，並參加各種活動，毫無芥蒂，樂也融融。老同學不把我看作是外人，時常以他（她）們的公私事務和我相商，有一位男同學要追求同班一位女同學，曾要我私下幫他修改情書。有些事，如果我做錯了，或不能令人滿意，也會有同學私下對我分析利害得失，使我有彌補或改正的機會。新同學對我比較客氣，像劉昌孝、湯岳中等人，都稱我助教先生；蔣根桃、古自賢寫信時更尊稱為師，叫我很不好意思。新同學中有對情侶——陳定夷和李粵芳（廣東政要李揚敬的女兒），畢業後結婚去了美國，住在紐約。我赴美進修時常到他們家作客，回國後也經常有信件聯絡。很不幸，粵芳於數年前逝世，定夷寫了兩三冊悼亡詩來紀念她，令人讀後為之心酸！

助教本職之外，也曾數度被調遣做其他班隊的訓練工作。第三期新團員的入團訓練，要我擔任一個星期的軍訓教官。首批反共義士自韓國接來臺北後，曾在青年服務團暫時設班講習，班指導員羊宗達先生簽請上峰派我為副手，增加了負擔，卻也獲得不少新經驗。民國四十三年（一九五四）一月二十三日，一萬四千多名反共義士自韓國搭船到達基隆，我曾帶行專學生代表到碼頭歡迎，並送他們駐進楊梅義士村。見到他們用鮮血染成的國旗，聽到他們嘹亮激壯的歌聲，也不禁為之熱血沸騰。一年多的助教工作，對我啟發至多，自己覺得成熟了不少。

遺憾的是：行專的助教制度只實行了一年；下屆新生入學後不久，助教就被廢除了。原因何在？我未曾加以深究，可能是由於編制變更與人事更迭有關：班本部另外設立了訓導組，新任組長趙玉琳先生有自己的想法和做法。即使助教不廢除，我也不能不脫下助教的帽子。因為在四十三年九月間，國立政治大學研究部在臺復校，我報考教育研究所，有幸被錄取，不能不離開團、班這個大家庭，開始人生另一段行程了。助教工作，從此成為我難以忘懷的一段經歷。

原稿初撰於民國七十九年（一九九〇）三月，發表於臺灣省青年服務團暨行政專修班四十週年紀念特刊（七十九年三月二十九日出刊）。九十三年十二月，九十四年三月，兩度增訂，三月十八日電腦儲存。李雲漢識於臺北木柵。

行專二年制教育行政科第二期同學畢業後五十一年——民國九十四年（二〇〇五）八月六日，由劉慶林發動，邀請臺灣北部同學中午在臺北市敦化南路一段三二九巷十號諾貝爾美食店餐敘，我應邀參加。到場二十餘人，有半數係畢業五十年後首次相見，大家均在「坐七望八」之年，暢所欲言，倍感親切，樂事也。

依劉慶林兄編輯之〈台灣省行政專修班教育行政科（四三年班）同學通訊錄〉，全班畢業同學共八十三人：計移居國外者二十人，棄世者十八人，失聯者二十人，有明確住址電話可資聯絡者二十五人。慶林撰有兩文印贈與會同學：一為〈培養愛國學子教育的搖籃——省行政專修班教育行政科畢業半世紀感懷〉；一為〈我們奪標凱歸——追記台北區大專院校音樂觀摩會〉。兩文都是班史史料，所記事項，有些我並不清楚。喬育彬兄贈送他新近出版的自傳《悲歡歲月》，每人一冊。記述他一生的際遇——從流亡學生到大學教授，極為細緻，令人欽佩。育彬兄也是「七洋老友」，讀他記述「考入臺灣省青年服務團」及「接受正式專科教育」經過，猶有「身歷其境」的感覺。

李雲漢記於中華民國九十四年八月七日午後三時。

指南山下話當年

——五十年前就讀政大研究部的回憶

有夢成真

高中畢業那年—民國三十七年（一九四八）一月，同學們於課後閒談時，時常談到各人畢業後的生涯規劃。有人鐵定要考大學，而且雄心萬丈，想報考北方平津或南方京滬一帶的名校；有人卻想先就業，同時自修，幾年後稍有積蓄後，再作升學深造的打算。

我是個資質平庸，言詞木訥，秉性保守的人，而且是父母的獨子，老人家是不希望我遠離家鄉的；況且經濟環境也非十分富裕，想「遠征」，事實上是有困難。然而，我也並非「心如止水」，而是也在默默的思考如何突破所面對的重重藩籬。在報紙上，看到國立政治大學建校由顧毓琇博士出任校長的消息，心情為之一振。我想這所由中央政校與中央幹校合併而成的新學府，應是全部公費的，畢業生的出路也不會有任何問題，能夠考進這所新大學，該有多好！現實而理智的考慮卻在提醒我：這只是一番空想，一個美好的夢；以我的主客觀條件而言，這夢想實現的可能性，幾等於零。

誰又想到，國共內戰的烽火摧毀了我的家園，流亡的浪潮把我推送到臺灣，偶然的奇遇—或者說是千載一時的機會，幫我實現了考進政大的美夢。

那是民國四十三年（一九五四）的暑假，中國青年反共救國團舉辦的暑期自強活動中，有一項是中央山脈探險。計畫分東、西兩隊：東隊由花蓮出發西進，西隊由台中出發東進，兩隊在奇萊山西側的雲海會師後，再分別向台中、花蓮行進。每隊有隊員一百人，都是高中暨專上學校的學生。設領隊一人，輔導員四人，負責行動管理與生活輔導。總團部學校組組長彭靖寰先生問我：能否擔任東隊的輔導員？我答應了。半個月下來，探險的任務是圓滿達成了，身體卻感到疲憊，精神也有些委頓。回到台北大直的住處，想「自我封閉」幾天。偏偏時在教育廳服務的崔劍奇兄緊急電話找我，說：「怎麼老找不到你？你知道嗎？政大研究部在台灣復校登報招考研究生，可以憑高考及格的資格報考，趕快去報名，趕快準備應考。」

找來報紙一看，劍奇兄講的完全真確。只是距考試只有三個星期，沒有充分的時間來準備了。有沒有考取的把握？很難說。考慮一番，決定打一次硬仗，報名應考。成功了，我在教育研究所錄取十四名研究生中，名列第六，是我生平首次嚐受到「有夢成真」的喜悅。我在《史學圈裏四十年》一書中，曾有這樣的回憶：

（民國）四十三年九月政大研究部復校招生時，規定可以以高考相關科別及格之資格來報考，這機會便被我抓住了。但一直在流亡途中跑南走北的人，要和大學本科四年甫行畢業的新銳在試場上較量，其困難是可想而知的。這是我第二次在試場上打硬仗，不能不以破釜沉舟的決心來應戰。又勝利了，帶給我指南山麓兩年充滿溫馨和希望的研究生生活。

在學程上「更上一層樓」，不僅自己更加堅定了上進的信心，友好及同事們也都深感欣慰，對我多方鼓勵並協助。我在大直，名分上是行政專修班助教，實際底缺卻是委任一級組員，待遇菲薄，因此時常「寅吃卯糧」，預借薪津一千多元。現在要走了，這筆借款理應歸還，我卻真的是沒有還款的能力。主管會計部門的先生們和我商定了個情理法三者兼顧的辦法：由我上呈團長兼班主任楊爾瑛先生，請求准我延期三個月離職，以便扣還我預借的款項。楊先生立即批准了，這是有意支援我的權宜措置，我豈能不知？真的很感激楊老師的有意玉成。

冬天快到了，我卻只有一條薄薄的短被，不但不足以禦寒，看起來更覺寒酸。在主任秘書室服務的倪冰清小姐建議我買條棉絮及被面，她願義務為我縫起來，並要送我到木柵政大報到。倪小姐後來與青年書法家孫伯南兄結婚，我每次遇到伯南兄，必然問一聲：「倪小姐好嗎？請代我問候。」

去政大報到是在下午，蒙青年服務團第一組（主管總務）組長徐振溪（潤川）先生派車相送。振溪先生來台前，是山東省第十二區行政督察專員兼新泰縣縣長，為人和藹可親，做事認真負責，沒半點官架子，我考取政大研究部，他特別高興，小吃店請我吃一餐，並公然「假公濟私」，派公務車相送。但他有分寸，是要司機於下班後送我，到達政大研究生宿舍時，已是萬家燈火時分了。記得那晚落過雨，鄉野小徑泥濘難行，相伴送我前來的幾位男女同事，濺了滿腿泥水，真叫我過意不去，也沒齒難忘。

幾位同學同鄉，除了言詞的懇切勉勵外，還曾對我提供經濟上的支持。時在中國國民黨澎湖縣黨部任職組長的王笑泉兄寄我一百元，中學時代同班同學時正執教於深坑國小的程威海兄贈我一百元，在台北市警察局服務的劉誠心兄送我五十元。他們都是靠微薄的薪金維持生活，卻能奮勉上進的公教人員；這種患難與共，相互策勉的情誼，如何不叫我由衷感激而又深感榮幸！

無大廈卻有大師

國立政治大學在台復校，完全是新任教育部長張其昀（曉峯）先生的傑作。中央政府遷台初期的教育政策是「不建校，不復校」，程天放部長堅守此一政策近五年。張其昀先生係於民國四十三年（一九五四）七月出任教育部長的，次月即決定恢復國立政治大學，予社會以耳目一新的感覺。事出倉卒，籌備復校及招生的任務就由教育部承擔起來。尤其具有創意的，是先辦研究部，設公民教育（次年改稱教育）、行政（次年改稱政治）、國際關係（次年改稱外交）、新聞四個研究所；報考資格於大學本科有關各系畢業生外，高等考試相關類科及格者，亦得報考。這一規定，給予苦學奮發有實學卻未曾踏入大學門檻者一個公平競爭的機會，不能不說是一項革命性措施；在我們身受其惠的人的感受上，自然是一項心懷感激的德政。但由於這一措施不符合學位授予法的規定，第二年招考研究生時就被取消了。

在正常的情形下，一所有歷史有名望的大學，要有巍峨廣闊的校舍，更要有望重士林，著譽國際的大師名家。政大於倉卒間在台復校，自無像樣的校舍可言，然一開始即擁有堅強的教授陣容，則是有目共睹的事實，對青年學子的吸引力，意外強大。

政大研究部開辦之初，係借用教育部在木柵指南山下疏散用的一座「四合院」式家屋作為臨時校舍。另在附近小溪邊，趕建兩排木質平房，作為餐廳及研究生宿舍，真是簡陋得出奇。第二年大學部各系招生時，才有了永久性校舍的規劃與興建。經先後任校長陳大齊、劉季洪、李元簇等先生的銳意經營，才有今日的規模。

論大師，首推校長陳大齊先生。大齊先生別號百年，浙江籍，名經學家，亦具行政經驗。四位所長：陳雪屏先生，邱昌渭先生，崔書琴先生及曾虛白先生。專兼任教授羅家倫、薩孟武、浦薛鳳、劉季洪、王鳳喈、謝幼偉、王雲五、程天放、黃建中、樊際昌、黃季陸、鄒文海、吳兆棠、項昌權、翁之鏞、趙麗蓮、趙一葦等先生，都是望重一時的名學者。聽他們講壇上發抒的真知灼見，如沐春風，真是最稀有也最具品味的享受。

還記得，我們的開學典禮，是於民國四十三年十一月二十四日在台北市中山南路教育部內的小禮堂舉行的。由陳校長百年先生主持，張部長其昀先生以貴賓身分講了番語氣親切而旨意深遠的話。在我來說，這是個最值得紀念的日子，當天的日記中作過如下的記述：

> 十一月二十四日是中國國民黨建黨紀念日，是中國近代革命運動的起點。我們政治大學選定這一天來開學，是具有深遠而重大的意義的。我們希望今天是中國復興運動的開端。由於政大的復校，希望能使中國的政治放射出新的光芒。
>
> 開學典禮於上午九時假教育部的禮堂舉行，我剛好於典禮開始前五分鐘到場。同學們到的相當踴躍，遠在中南部的幾位也都趕來了。教授們也都翩然蒞臨，面熟的幾位先生是程天放、陳雪屏、羅家倫、崔書琴、薩孟武；來賓中的錢思亮、劉真兩位校長，也是最常見到的前輩。
>
> 典禮由六十八歲高齡的陳大齊校長主持。他老人家身著長袍馬褂的中國禮服，清臞的面容掛著慈祥的光輝，發出亮光的眼鏡襯在鼻梁中間，令人對這位德高望重的老教育家，肅然起敬。我們同學們，更是由衷的敬佩與慶幸。

老校長報告政大復校教育宗旨後，就由教育部長張其昀先生致詞。張部長給未來的政治大學畫出一幅美麗的遠景。他希望政大研究部成為東方文化的薈萃，成為國際學術界重要的研究中心。他說，計畫在政大研究部增設中國哲學、文學及史地研究所，並將成立國際學舍，作為接待國際學者的場所。張部長特別提出「光芒從東方來」一句話，來勉勵我們。誠然，今天的政大無疑的要以中國文化的傳承者自居。想到這，我們一方面感到慶幸，一方面感到惶恐，我們的責任實在太大了。

陳校長百年先生，民國前二十五年（清光緒十三年，西元一八八七）出生，民國元年（一九一二）畢業於日本東京帝國大學後，即回國任教於國立北京大學，歷任教授、系主任、教務長、代理校長，是位名副其實的教育家。政大復校後，前中央政校計政學院校友們曾贈匾給陳校長，書曰「經師人師」，我想百年先生當之無愧。百年先生精通日文，也擅德文，記得田培林（伯蒼）先生來校講演時曾說：「你們的陳校長，民國二年就在北大教過我德文。」這話給我的印象極為深刻。他也應當通梵文或印度文，否則如何能成為印度理則學的專家？今我難以忘懷的一件事，是陳校長百年師曾當面獎勉我，並親筆簽名贈我他的兩種新出版的專著：《荀子學說》與《印度理則學》，以毛筆寫出：「雲漢同學惠存　大齊敬贈」。我在《史學圈裏四十年》中，記下這件事：

> 四十四年秋，我參加一次全國性三民主義論文比賽，獲得第一名。報紙公佈之日，陳校長把我找到校長辦公室，說：「恭喜你，你為學校爭光；我沒有好的禮物送你，送你兩本書。」我雙手接過老校長親筆題名致贈的一冊《荀子學說》和一冊《印度理則學》，又興奮，又感激，老校長一兩句話令我感到無限溫暖，終生難忘。

復校之初，行政組織極為簡單。校長室似乎只校長一人，未見有幕僚人員。校長之下，有一位秘書長，他就是前河北省政府教育廳廳長，到台灣後出任省立台北建國中學校長的賀翊新先生。秘書長之下，有教務、總務兩個組，各設主任：教務組主任是孫殿柏先生，總務組主任姓劉，名字記不起來了。另有個小小的圖書室，負責人是黎寶金女士。秘書長一職的設置，可能是沿襲中央政治學校時期的舊制，但這是不符合大學組織法的規定的。次年大學部恢復，學校行政組織也正規化，校長之下，分設教務、訓導、總務三處。教務長是浦薛鳳先生，曾請其任教清華大學時代的得意門生鄒文海教授以副教務長名義來協助他。浦先生同時也是政治研究所所長，原任所長邱昌渭先生不幸逝世。賀翊新先生改任訓導長，但不久就離職了。新任訓導長是吳兆棠先生，也不久，吳先生即改任教育研究所所長。總務長記得是項昌權先生，他曾代理過台北市市長。另四個研究所，都由所長推薦一位先生為專任講師，負責所內行政事務及課業輔導。我們教育研究所，陳所長雪屏師請的是沈宗埶先生，他是以編寫過高中三民主義教科書獲得陳師的賞識。政治研究所請的是易君博先生，是位優秀的青年政治學者。外交、新聞兩所的專任講師，我已沒有印象了。住校最早的教授，可能是主管體育衛生的鍾人傑先生。還記得初進校時，每天一大早，鍾先生就來到我們宿舍外，呼叫大家趕快起來，上山走走，欣賞這人間仙境的晨間之美；只是有早起習慣者，三兩人而已。

春風和暢

唐人韓愈（退之）把傳道、授業、解惑三者，列為為人師者的三項職責，是非常實際而且周延的說法。但人非萬能，為師者也並非人人均能具有這三項專長，施教的場所也未必局限於講堂，還是孔夫子所說「三人行必有我師」，更能道出大眾教育的真諦。

我政大研究部的師長，確是名彥宗師，極一時之選。但他們並非人人都是全才，而是各有所長，亦各有所短；各有所專，亦各有所偏。但他們都具有教育家的氣質與胸襟，融身教言教為一體，無分風晨雨夕，不論課內課外，只要有機會和同學們在一起，就可以談經論道，辨偽析疑，令同學們感到時時春風，歡愉無窮。

我們教育研究所所長陳雪屏先生，專長是心理學。他並不開課，只是不定期的作幾次專題講演，內容多屬於社會心理學範圍。他重視我們的課業，也關心我們的生活。要求我們閱讀孫中山先生的重要著作，要作札記並寫心得，先送由沈宗埶先生評閱後，再向他提出報告。他曉得我們幾個流亡學生出身的人英文程度會差些，因而於暑假中特別請甫自美國學成歸國的李其泰博士為我們補習英文。過一段時期，陳所長就通知全體同學去他台北市新生南路寓所吃自助餐；每逢端陽及中秋，也常帶來粽子或月餅，要班代表程運兄分贈各人，使我們隻身在台的浪子也能享受到家庭的溫暖。雪屏先生精於棋藝，更善於書法，尤工於行書，曾書贈每位同學一幅長條墨寶。我把贈我的一幅裝裱起來，長期保存。內容是一首七言古詩，原詩及款式如下：

翠竹黃花一草堂，柴門月出課耕桑。蘇林投老思遺事，譙客辭徵住故鄉。彊飯卻扶芒屨健，高歌脫帽酒盃狂。莫道過眼年光易，征調初發已十霜。

雲漢學弟　陳雪屏

我選過羅家倫、浦薛鳳、薩孟武、黃建中、謝幼偉、王鳳喈、趙一葦、邱昌渭、翁之鏞、樊際昌、劉季洪等先生的課，也曾不定期旁聽過程天放、黃季陸、田培林、王雲五、林尹等先生講課或講演。當然，由於學術背景，治學門徑，語言習慣的各異，各先生的講述方式、態度、言詞等，亦各有所本，且各具特色。大體言之，可歸納為兩種情形：

一種情形是：依據各自的專長著述，加以重點性發揮，當然也作必要的補充或修正。如羅家倫先生開的課程是「民族主義研究」，即在闡述他於抗日戰爭期間發表的名著《新民族觀》的論點。浦薛鳳先生講授「西洋政制研究」，取材主要來自他的權威著作《西洋近代政治思潮》。薩孟武先生講授「中國政制研究」，則係本於他尚未出版的手稿本新著《中國政治社會史》。黃建中先生講授「中國哲學研究」，邱昌渭先生講授「民權主義研究」，也都各就其所長，作重點性論述。羅先生講課聲音雖痧啞，用詞卻甚優美；浦先生之旁引博證，薩先生之妙語如珠，黃先生之中規蹈矩，都令我無限敬佩，獲益良多。

羅家倫先生眼界高，評分嚴。我呈繳的期末論文，自以為用了不少心力，得到的分數卻只是七十五加五。羅師說：初次評閱，認為只能給七十五分，閱過全部論文後，覺得應增加五分，才算公允。邱昌渭先生雖曾任總統府秘書長高官，對同學卻毫無官氣，和藹可親。他講授「民權主義研究」，要大家熟習《民權初步》中的集會程序，當堂開會演習。不料大家竟公推邱師為會議主席，老人家主持會議，解說各項程序並應付各種動議及辯難，累得滿臉汗水，大家這才有些不好意思的歉感。

另一種情形是：教授們跳脫課程主題的範圍，自行選取另項主題或某項理論，來作介紹或評論。像王鳳喈先生，開的課是「中國教育史」，講述的內容卻集中於一冊新書《盲人之國》的評述。趙一葦先生的課是「西洋哲學」，卻只是引導我們去研讀柏拉圖（Plato）的英文本名著《理想國》。謝幼偉先生的課是「三民主義哲學」，他也只講解中華文化中的倫理，並以「孝」字為闡述的重點，似乎一個學期下來，還只是在「孝」字的義理中打轉。這幾位先生的意見是：你們都是研究生了，當然懂得選讀書籍；老師們的著作，你們可以自己去讀，課堂上讓老師們自由發揮，補充些新觀念和新知識，豈不更好？

「研究生」的身分，當時確是很叫人羨慕。有幾位老師對我們很客氣，像浦師薛鳳先生在課堂點名時，都稱「某君某某」，如周君道濟，高君明敏是。第二年到職負責課外活動的陶唐先生，在飯廳裏有事對大家宣布時，開頭必稱「各位先生」，而非「各位同學」。研究生佩戴的三角形藍底校徽，於政大兩字外，另有一個「研」字，乘坐台北市公共汽車時，也會招來其他乘客們欣羨的眼光。這是我親身經驗過的事，這枚校徽我妥慎保存已達半個世紀之久。

研究部第一期入學同學，四個研究所共計五十六人。除外交、新聞兩所有幾位同學通學外，其餘都住研究生宿舍。兩人一房，我的室友是鍾永琅兄。一日三餐，也在同一餐廳。餐宿作息都與共，因而培養了彼此間濃郁純真的感情。

此外，我們還有幾項特色：一是平均年齡比較大；雖也有一部分是大學甫畢業的「年輕人」，大多數則是具有相當社會經驗的「識途老馬」。年齡最大的一位，是政治研究所的齊覺生兄，已逾不惑之年，大家都戲稱他為「齊老大」。一是來自大陸各省及台灣各地，學術背景不同，經歷亦非一致，生活習慣和處世態度也因之有異。但也有「心同理同」與

「有志一同」的共同點，那就是強烈的求知慾，純正的愛國心，以及以政大為榮的榮譽感。

我們也有個自治會的組織，係由各所同學推一位代表組成。記得我們教育研究所的代表是高長明兄，自治會的會長是政治研究所的徐有守兄。有守兄當時已是「老資格」而且是自學成名的文化人，曾以筆名徐蒙發表過多種著作，其中《荒村之月》、《煉獄》、曾獲中國青年劇社第一獎。還記得，有一次我和有守兄同搭台北到木柵的公路局班車，他對我獲得三民主義論文比賽第一名表示祝賀，然後淡淡的說：「要寫點大部頭的東西才好。」這句話，促使我深自反省了一陣子。

飯前飯後，常有三五位同學站立在飯廳外小溪邊一小方空地上，高談闊論。我偶而參加，聽過齊覺生、楊樹藩、馬起華、邱創煥等兄的軼聞趣事。印象最深刻的一次，是楊樹藩兄聲言：「『心不在馬』並非一般人所謂『心不在焉』的反諷語，而是確有歷史依據的典故。依據何在？在於《漢書》所載武帝與養馬官上官桀的對話。」樹藩兄是《漢書》專家，他的話我自然深信不疑。齊覺生兄時常談及當年在日本人佔領下的東北故鄉，從事祕密抗日工作的驚險經驗，講到高潮時口沫飛濺。

我們教育研究所第一期的十四位同學，多數畢業於臺灣師範大學教育系。畢業於行政專修班教育行政科，以高等考試及格資格考進來的，是高明敏、徐傳禮、鍾永琅和我。程運兄也是以高考及格資格考進來，以前曾進過那所專上學校，我不清楚。年齡最大的，可能是王承書兄，他那時已經是考選部的科長。年齡最小的，應當是陳石貝兄，秉性率直。以籍貫言，有臺灣、福建、浙江、江蘇、安徽、山東及廣東。書讀得最好的，應推陸珖兄。陸珖兄於畢業後赴美深造，獲博士學位後，一直在那邊任教。鄭瑞澤與程運兩兄則一直在政大教育系任教，貢獻良多。呂寶水、鍾永琅、陳石貝三兄的事功，都在教育部。辦學成績優異，由中學而進身專科學校校長的人，是高明敏兄。做過中學校長及任教於大學的，尚有高長明兄和李序僧兄。長明兄後來去了美國，序僧兄不幸雙目失明，不能充分發揮其抱負。徐傳禮一直在美國發展其事業，江漢松則去南洋辦教育。王承書兄也還在台灣文教界服務，只是不常見面。黃啟炎兄英年早逝，令人惋惜！我們都是年逾古稀的老人了！回憶五十年前指南山下同窗共硯的甜美生活，曷勝睠念！目睹今日政風學風之江河日下，又如何不感慨萬千！

新動力與新希望

自民國三十八年冬到四十三年冬的五年間，是我生活在台灣的第一階段，是段由失落、哀傷、徬徨、掙扎、期待等情緒交織在一起的暗淡歲月。近年我整理舊稿，把這段時期寫的文字彙集成帙，名之曰《風雨聲中》。寫了篇〈敘言〉，其中有幾句話披瀝出當時的處境與心態：「國破家亡的慘痛，背鄉離井的哀傷，以及風雨飄搖，命運尚在未定之天的憂愁，無時無刻不縈結在心頭，悲憤但卻無奈。」

民國四十三年十一月進入政大研究部就讀，是我生活史上的分水嶺，也是個新起點。從這時開始，生命中注入了新動力，燃起了新希望，興奮的迎向一個樂觀的遠景。

生命的新動力源自何方？一是國家前途展現出明豔的曙光；一是知心女友也是一生伴侶的強力鼓舞，使我堅定了信心，也鼓足了前進的勇氣。

就國家命運而言，誰都曉得，最重要的影響力來自美國。民國三十九年（一九五〇）六月韓國戰爭的爆發，促成了美國對華政策的改變，也暫時緩和了中共進攻台灣的危機；但中美兩國間的關係尚未能穩定，暗礁仍然很多。最近讀到蔣故總統中正（介石）先生民國三十九、四十兩年的日記，更加了解當時國際情勢的險惡，有怵目驚心之感。四十二年即一九五三年美國新任總統艾森豪（Dwight D. Eisenhower）就職後，情勢趨向好轉。至四十三年即一九五四年十二月二日兩國簽訂「中美共同防禦條約」之後，中華民國台灣的安全始有確切的保障。政府也開始了實施台灣經濟建設的長遠計畫，民心士氣隨之高昂起來。次年，東歐的蘇聯附庸國匈牙利爆發了全面性反共抗暴行動，雖然未能成功，卻也轟動了全世界，鼓舞了反共人士們再接再厲的心志。這一新形勢，自然也帶給我無限美好的憧憬。

我不能不承認，而且引以為榮，令我人生推進至一個新境界的動力，來自新結識的女友。她，就是三年後和我結婚的韓榮貞女士。「愛力瀰無邊」，是羅家倫先生的名言，我在與女友交往的過程中，深深感受到這句話所蘊藏之無比強大的潛力。

與女友交往，始自我進入政大研究部就讀後的一個月，也就是民國四十三年十二月。耶誕節，我們首次交換了賀

愛之始：最早的合照。民國44年2月，台北。

卡，雖只短短一兩句話，很明顯的，已經有靈犀相通的默契。她是個德、才、學、貌四美兼具的好女孩，當時是在今國立臺北大學前身之臺灣省立法商學院讀書。是山東同鄉，也是流亡學生出身，彼此的生活態度和人生觀都相近，也都有強烈的上進心，這方面，她比我似乎略勝一籌。

未進政大前的「王老五」年代，最怕星期天，日記裏不知有多少「寂寞最怕星期天」的感嘆。有了女友後，就終日盼望星期天，因為只有星期天才可以見面談心，一掃幾天來的課業壓力及一些不如意事造成的陰霾，享受到關懷，溫馨和鼓勵，也增加了不少活力，信心和勇氣。生平第一套絨布睡衣，是她利用課餘時間親手為我縫製的，穿在身上又輕又軟，不自覺的顯示出喜悅與榮耀的表情。我受薩孟武先生慫恿，想預約一套台北藝文印書館影印的四史和十三經，苦於資金不足。她卻全力贊助我，願意提供僅有的一點點存款。她也是靠政府公費吃飯的窮學生，一點點小錢存來不易，我如何忍心來花用！她這份心意就是支持我的最大動力，我能不奮勉有加，期能無負於又愛又敬的人嗎？

碩士學位考試

依規定，讀碩士學位的期限是二至三年。多數同學都決定只讀二年，我也不例外。第一年集中選課，每學期讀十個學分。第二年起，上學期仍繼續選課，下學期就全力投注於論文的撰寫，準備參加碩士學位的筆試和論文口試。

當時論文撰寫的規定，比現在寬鬆些；口試卻比今日來得鄭重而嚴格。論文寫好，經指導教授認可簽字後，複寫五份即可申請口試，不需要打字印出來。口試則是由五位口試委員「會審」，要全票通過；只要一位委員投下否決票，就被擋下去了。半年後申請第二次口試；如再被擋，就注定與碩士學位無緣，工夫白費。

撰寫論文的第一步，是先向所長報備，並商請洽聘指導教授。第二步是擬定題綱，徵求指導教授同意後，再蒐集並研讀資料，開始撰寫。我們的所長陳雪屏先生，由於出任政府公職後無暇兼顧所務，因而向校長懇辭並推薦吳兆棠先生繼其任。我去看吳先生，說明自己的構想。吳先生卻很乾脆的說：「我剛到職，對同學們的課業不十分清楚，一切由自己作決定吧！」

我也認真的考慮過自己的條件以及時間的限制，覺得不能好高騖遠，找個平實的題目，以應用中文資料為主，為上上策。初步決定以中等學校的公民教育為寫作的範圍；雪屏師、兆棠師，也都同意。至於指導教授，雪屏師認為王鳳喈先生最適當。最後決定的題目是〈中等學校公民教育目標與教材之研究〉，王鳳喈先生也同意擔任指導教授。

王鳳喈先生，湖南人，是教育界前輩。來台灣以前，他是湖南省政府教育廳廳長。民國三十八年秋，山東省八所流亡中學過境湖南時，曾受到王廳長的照顧與接濟，受惠師生無不心懷感激。王校長志信（篤修）先生在其回憶錄《前塵往事憶述》一書中，寫出這樣幾句話：「余奉命率學生來湘設校」，「晉謁王廳長鳳喈先生」，「王廳長係留美教育學博士，曾任各大學教授」，「謙謙君子，和藹可親，當對其熱誠關愛魯省學生，多方照顧，面致懇摯謝意。」

鳳喈師的名著是《中國教育史》，我用心讀過全書，很敬佩他的見解和功力。在台灣，他的本職是國立編譯館館長，在政大是兼任教授。他為人溫文儒雅，講話不激不徐，十足的教育家風範，令人有「即之也溫」的感受。我在教授休息室向他報告論文撰寫計畫時，他曾很鄭重的提醒我：「資料要多，取捨要嚴，論析要精。寫作不是那麼容易，你曉得，我那冊《中國教育史》花費過多少時間和精力！」

我的碩士論文，分七章：一、緒論；二、公民教育的理論基礎和領域；三、中等教育與公民教育；四、我國中等學校公民教育目標的分析與評價；五、我國中等學校公民教育教材的分析與評價；六、我國中等學校公民教育與美國中等學校公民教育之比較；七、總結論。末有附錄三，附表三十三。用「國立政治大學論文用紙」複寫，幫我複寫的人，是大學部教育系一年級同學徐文閱君。引用中文書籍三十七種，譯文書籍九種，西文書籍十五種。總頁數為三百六十；每頁有六百字空格，除去段落空白處及標點符號外，實際字數約在十五萬字左右。我保存了一份論文原本，雖然因紙質過脆已有破損，複寫字跡也不十分清楚，但我仍然十分珍惜它，與校徽同為我就讀政大研究部的紀念文物。

學科考試於民國四十五年五月間舉行。考兩科：「教育哲學」與「西洋教育史」；我順利過關。論文口試才是緊要關頭，有幾天，心情確有點忐忑不安。校方為我聘請的五位口試委員：主持人：指導教授王鳳喈先生；校內委員：前所長陳雪屏先生，現所長吳兆棠先生；校外委員：前安徽大學校長，監察院監察委員，秘書長楊亮功先生；前西南聯合大學教授兼訓導長，今台灣大學教授查良釗先生。楊、查兩先生，久聞其盛名但無緣請教，也知道兩先生嚴正不阿的個性，心中難免有些畏怯。

論文口試係在六月中旬舉行，地點在大學部一間新落成的教室內。首由主持人王鳳喈先生講幾句開場白，就叫我報告論文寫作經過及內容大要。我報告要結束時，說了句客套話：「論文還不夠成熟，敬請各位老師多指教。」不料卻招來鳳喈師當面指責：「李同學用不著說客套話，如果論文還不夠水準，我怎會簽字讓你提出來？」我臉上立即有發燒的感覺。還好，各位考試委員依次考問時，並未觸及太多的疑難問題，我也能以誠實冷靜的態度答辯，沒再失態。口試完畢，我先退出會場，等候口試委員投票評分的結果。數分鐘後，被傳喚再進入會場。主持人宣布論文通過，各委員都和我握手道賀。我也分別向各位委員先生行禮致謝，一時竟有久病初愈，欣喜卻又茫然的感覺。還記得陳師雪屏先生對我的期勉：「第一次寫學術論文能有此成績，很不容易。不過，這才是學術研究的開始，以後還得加倍努力。」

我保存了一張口試現場的照片。穿一件白色香港衫，頭髮亂蓬蓬的，站立著答問，顯得很「菜」。只是記不得這照片是那位友好拍攝的，真的很感激他或她！

很高興，兩位校外考試委員查先生和楊先生，後來都成為時有往來的良師益友。

查良釗先生，字勉仲，是位北大出身的學術界前輩，也是位仁慈溫厚的長者。查家是名門世家，勉仲先生的兩個弟弟也都是名人：一位是法學家曾任司法行政部政務次長的查良鑑；一位是在香港以「金庸」筆名寫武俠小說知名於世的查良鏞。查良釗先生和羅家倫先生曾同時持節印度，成通家之好。還記得羅先生次女公子羅久華教授來台北作研究，查先生陪她到國史館找我的情形；久華師妹已經是中年人了，查先生卻仍然把她看作是垂髫時代的小姑娘，不斷的抓她的手臂，攏她的長髮。那份長輩對子姪的純真之愛，太率真也太感人了。在《傳記文學》雜誌社劉社長紹唐兄主持的民國人物座談會上，也常遇到查先生，他總是要言不繁，卻能恰到好處。

楊亮功先生任監察院秘書長住景美埤腹時，我曾登門拜訪過一次，適逢他公出，沒有見到。直到他晚年自公職退休，出任中山學術文化基金會董事長之後，才有時間時相聚敘。亮功師為五四時期的北大學生，曾蒐集當時的資料編成一冊《五四》專書，用筆名「諒工」出版。後來去美國史丹佛大學留學，專攻教育。他是蔣永敬兄的碩士論文指導教授，永敬兄曾告訴我一些楊師的思維與風格。楊師晚年想對自己的一生作個交代，因而託蔣永敬兄和我為他編撰一部年譜，後來又增邀了許師慎先生。他時常約我們吃小館，有著作出版，也一定親筆簽名相贈。手頭有一冊楊師所著《孔學四論》，他在內頁上用毛筆寫出：「雲漢吾兄存正，楊亮功謹贈。七三、五、六。」真是太客氣了。我和永敬兄也曾請楊師作口述歷史—憶述民國三十六年（一九四七）以閩臺監察使身分，來臺查辦「二二八事件」的經過，說了不少文字史料中看不到的祕辛。

時光飛逝，我的五位碩士論文口試委員都已成為古人了。吳兆棠先生的喪禮，我是從台中趕來台北參加的，並在《傳記文學》的「民國人物小傳」專輯內，為他寫過小傳。楊亮功、陳雪屏兩師都享高壽；辭世後，我都曾寫過悼念的專文，在《傳記文學》發表。王鳳喈師謝世時，我在國外，沒什麼表示，感到很遺憾。老人家笑瞇瞇的對我誇耀他千金，名記者王理璜「文采不錯，很有勇氣」時的神情，仍不時出現在我的腦際。查良釗先生逝世時，我不在台北，也就沒有留下甚麼印象了。

補讀、兼差與就業

通過了碩士學位考試，全所同學也舉辦了一次慶賀畢業的環島參觀旅行，理論上研究所學程已經結束，實際上卻還得留校一年，來補讀大學部缺少的二十多個學分。因為依據學位授予法，必須先取得學士學位才可授予碩士學位；我是以高等考試教育行政人員及格的資格考進教育研究所，沒有大學本科畢業的學士學位，和我同樣情形的同學還有六、七人。政大為解決此一問題，經與教育部洽商，決定將公費延長一年，讓我們到大學部教育系選課，補滿學士學位所需要的學分，然後由政大同時授予學士及碩士證書。讀過研究所後再回頭讀一年大學本科，在中國教育史上應當是空前絕後的事，也是我個人生活史上新鮮而奇異的一段歲月。

補讀學分，並未構成我心理上的壓力。因為所欠缺的學分並不多，幾門教育系的基本課程也已是「學之有素」，況且有幾門課，教授已言明只要繳讀書報告就好，不必天天到堂。就這樣，一年的補讀很輕鬆的過去了，而且還曾到校外兼過差。

談到兼差，似乎是窮苦學生都曾有過的經驗。最普通的兼差，一是當送報生，一是做家庭教師。送報，我沒有實際的經驗，最近讀到老友孫英善的回憶錄《四十年家國》有關「台大一舍四室」晨間送報的描繪，才曉得「送報」並不是件輕鬆愉快的工作。當家教，我倒有短時間實實在在的體驗：經友人介紹，到台北縣議會議員鄭炎先生家中做過五個多月的家庭教師。鄭先生住景美埤腹，有三個小孩：老大鄭元良，讀師大附中初一；老二鄭仲良及小妹鄭佩芬，都讀小學。我教的對象是老大，老二和小妹也湊上來旁聽。如今，元良、仲良都在美國成家立業，佩芬自美學成歸國，已是具有女強人光環的媒體人，名作家。鄭炎先生則已駕鶴西歸了。

民國四十四年（一九五五）暑假，曾找到一份看書、選題材、做卡片的工作，係在自己宿舍中做。事情是這樣的：外交研究所所長也是中國國民黨中央設計考核委員會主任委員的崔書琴先生，計畫將孫中山、蔣中正兩先生的著述言論按段落要點擇定子題，再剪貼成卡片，以便於應用時查取。崔先生要外交研究所同學陳栗找幾位同學，利用暑假來做這件事。陳栗兄找我、鍾永琅、簡木桂三人，我們都欣然接受這項工作，而且都盡心盡力去做。崔先生是美國哈佛大學博士，其名著是《三民主義新論》與《孫中山與共產主義》。在中國國民黨中央各單位主管中，被認為是開明派，我聽到他對國民黨黨務的一些嚴厲批評，十分佩服他的見解和勇氣。他請我們四個同學吃過一次飯，在座的有崔夫人以及新由香港來台不久的劉紹唐先生。紹唐又名宗向，是書琴先生任教西南聯大時代的得意門生，以《紅色中國的叛徒》一書，有名於時。他後來是《傳記文學》雜誌和出版社的主人，也成為我的知己好友，可惜他已於民國八十九年（二〇〇〇）二月離開了人間。

補讀教育系學分那一年，我曾先後至兩家中等學校教課。先是台北市的私立育達商業職業學校，是由我行專時代同班同學陳子謙兄介紹的。子謙兄先在育達任教，有次向王廣亞校長提到我，說我考進政大研究所時「三民主義」一科的成績是九十分，最近又獲得全國性三民主義論文比賽大專組第一名，王校長就說這樣的人才要請來教課，子謙兄就代我答應下來了。我在育達，教高三的「三民主義」和高二的「國文」，稍後我又介紹陳栗兄去教英文，但只有幾個月，就辭謝了。民國四十六年（一九五七）二月，我又去臺灣省立桃園中學教課。這時候，女友畢業後已在桃中女生部任教。我中學時代的教導主任滕振鐸（化文）老師則在高中部任教並接任訓導主任。化文師希望我能去協辦訓育業務，也是想叫我多些和女友相聚的機會，我自是樂於從命，接下了桃園中學的聘書。只教一班高三「三民主義」及一班高二「國文」，每週有兩天仍回到政大「做功課」。其間有一個多月，還於晚間去台北市南海路省立台北建國中學夜間部為杜奎英兄代課。奎英兄是政治研究所第二期同學，要去日本作畢業旅行，拉我來「急人之急」。他教歷史，初、高中各一班。我於上完課後趕回桃園，常在子夜十二時過後，一個人沿成功路行進，仰望滿天星斗，倒有扮演「獨行俠」的狂傲之感。

民國四十六年（一九五七）六月，補讀的課程全部結束，同時領到教育系畢業證書及教育研究所碩士學位證書。我證書上的照片，沒戴「方帽子」，只著便裝，似乎也沒感到有甚麼遺憾或不便。接著而來的是就業問題，也是此生今後發展的方向問題，不能不作慎重考慮。

教育研究所建所之初，曾以培養大專院校三民主義師資暨理論研究人才為宗旨，其後乃擴及於全面的教育領域。陳所長雪屏先生最關心我們前途，入學不久，即曾提示我們，要對未來早作理智冷靜的考慮。他說：「一個人的發展，不外兩途：一是事功，一是學術。要走那條路？這要依據自身的條件，如智力、性格、學術根柢、健康狀況、社會適應性等，作冷靜理智的考慮。既經決定，就應當心無旁騖，全力以赴！」

校方為輔導我們就業，曾作過志願調查。我自忖不具備走事功道路的條件，因而有心投注於教學與研究，當時填了三項志願：一是大專學校教學，二是三民主義理論研究，三是中國國民黨中央黨務。後來進行的結果，第一、二兩項都未能如願，第三條路也有了修正：只作黨史的編纂與研究，而不涉足於組織、訓練與文宣等部門的實務工作。

教學，是我最喜歡的工作，留校也是我最大的心願。我曾對所長吳師兆棠先生表白這願望，但吳先生說：「學校希望各同學向外發展」。留校不成，只有試試其他院校。設於北投的政工幹部學校設有「革命理論系」，負責人周世輔先生接受考試院考試委員、前國立長白師範學院院長方永蒸先生之推薦，歡迎我去，我卻覺得不適合自已的志趣，婉謝了。黃季陸老師介紹我去台北工業專科學校任教，我也與工專校長康代光先生見過面，但感到有點失望，不想再作進一步接觸。就在此時際，沈宗埶先生告訴我，羅家倫先生請教育研究所推薦幾位同學去他主持的中國國民黨中央黨史史料編纂委員會，從事黨史史料的整理與編纂工作。沈先生對我說：「最好你能去羅先生那邊，把教學的機會讓給其他同學。」不過，他又說：「羅先生要求的條件很高，要中英文都好。你好好考慮一下吧！」

我認真的考慮了幾天，決定接受這一考驗，請教育研究所推薦，並約期去晉見羅家倫先生。是七月上旬的一天早上，我到達台北市潮州街九十三號羅先生的寓所，應羅先生的「面試」。羅先生問我一些求學經過及志趣方面的事，並順手寫一個「愾」字問我怎麼讀。這沒難住我。我雖木訥，對羅先生的提問，都掬誠以答，並不考慮是非對錯。羅先生也將他的要求，工作性質與環境，一一告訴我，問我能不能接受。我竟未多作思索，就作了肯定的承諾。這次談話，改變了我未來的前進方向：由學校教學轉向史學研究，也由此開始了我的《史學圈裏四十年》。

政大三年的研讀，是我一生教育進程中的黃金時代。一旦要離校，確有些依依難捨。深以當時教育研究所未能開辦博士班為憾；否則，我可能仍然徜徉於指南山下的校園裏，多待上三、五年。還好，畢業離校十四年後，有幸應母校歷史系、所之聘，兼任教職達二十五年之久，使我懷有「終生政大人」的喜悅。

民國九十二年（二〇〇三）十一月，我夫婦告別了台北市興隆路二段的老家「懷元廬」，遷來木柵路三段「仁普世家」六樓的新寓，於是再度成為木柵的居民，舉頭就可望見相識已達半個世紀之久的指南山。木柵，不再是個樸素的鄉村，我也不再是個黑髮蓬蓬的青年人！每天清晨，二老相偕走過道南橋，穿過政大校園，步上環山大道，是作二十年如一日的健行常課，也是想尋覓失去已久的青春之夢。藍天、白雲、青山、綠茵、清溪、石徑、粉蝶、翠鳥……，以至輕煙淡霧，細雨斜風，竟是那麼熟悉，那麼悅目，那麼親切！只是當年同窗們的讀書聲、談笑聲、腳步聲，不知從何處尋覓！

民國九十三年（二〇〇四）四月初撰，五月增訂並以毛筆重錄。九十四年（二〇〇五）六月電腦儲存。李雲漢識於北美旅寓，時年七十有九。

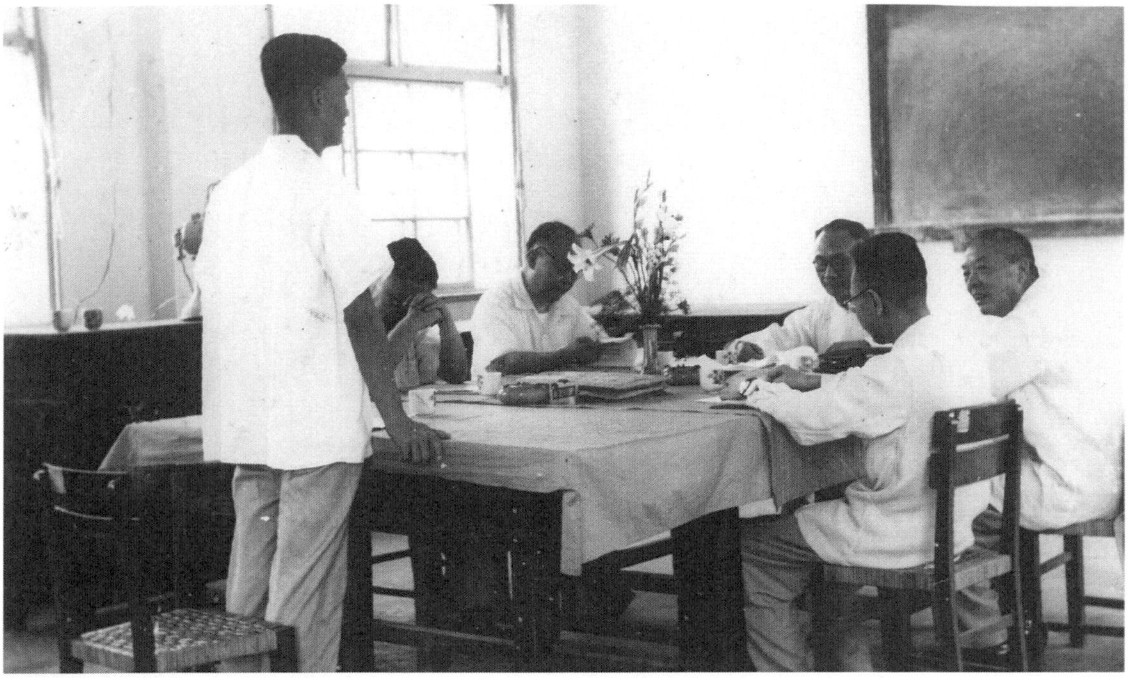

雲漢政大碩士口試。民國45年7月13日。主持人：論文指導教授王鳳喈先生。（由左至右）吳兆棠教授、查良釗教授、陳雪屏教授、楊亮功教授。

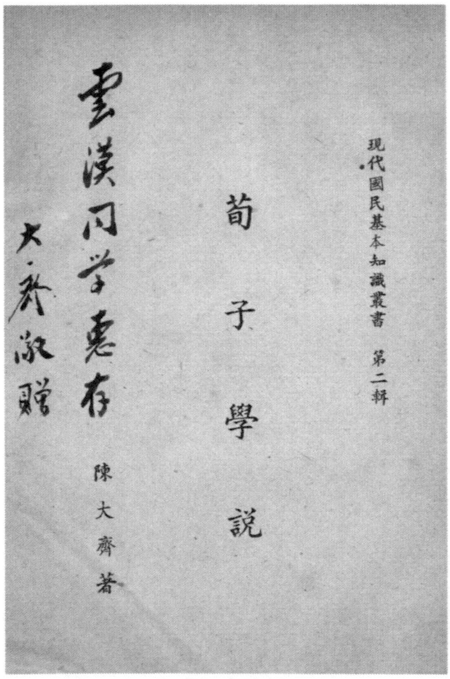

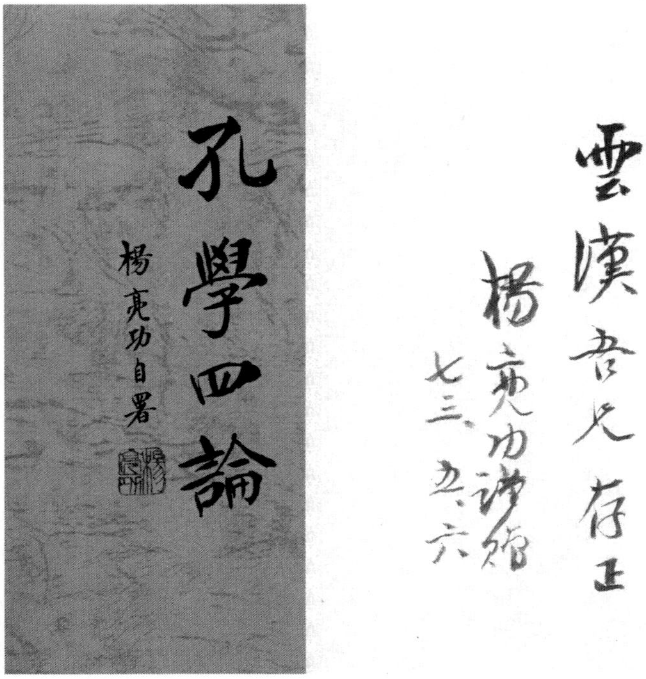

左：陳校長大齊師親提親贈其新著。
右：楊亮功教授贈書。

黨事八九椿

自願參加三民主義青年團

我最早參加的政治團體，是三民主義青年團，不少人簡稱它為「三青團」。

那是在抗日戰爭期間，我在故鄉山東戰區昌樂縣就讀小、中學時代。記得是民國二十九年（一九四〇）冬天，我十四歲，就讀於昌樂縣立下皂戶小學六年級。有一天，校長鞠鴻儀先生找了八、九位同學到一間小會議室裡，講述一篇「團長訓詞」，隨後他再加以解說。我這才曉得，我們縣裡已經成立了三民主義青年團的分團部，教育科長趙伯樞（宸豐）任書記，發下幾本小冊，要我們研讀。鞠老師只說，三民主義青年團是新成立的愛國團體，團長就是正在領導全國軍民從事抗戰的蔣中正委員長，前途很有希望，年齡已達團員標準的同學，可以申請入團。我還不到十八歲，沒資格申請，有失望的感覺。

我是民國三十年（一九四一）八月升入初中的。我們的學校初名昌樂縣立初級中學，我入校後一年增設高中部，升格為山東省立昌樂中學。由於是在戰區中，敵人日軍不斷來攻擊——他們稱之為「掃蕩」，學校曾被迫停課半年，並遷址至縣境東北部馬宋地區。三十二年（一九四三），我讀初中二年級，這才滿了十八歲，由同班同學宋其仁、陳會傑介紹入了團，我們班上有兩個團的小組。為何要入團？尚不是信仰問題。當時並未讀到《三民主義》之類的書，也不瞭解青年團的組織和政策，只是覺得既然是愛國團體，就應當加入。班上成績比較優秀的同學都加入了，我怎可徘徊於團外？

既然入了團，就要熱心參加團的活動。從初三到高一這兩年間，有三次印象深刻的活動：一是參加了山東支團部（已由沂蒙山區移駐於昌樂縣境內）在校區內舉行的團員大檢閱，由支團部代書記宋憲亭先生任大閱官，極為莊嚴。二是三十四年（一九四五）八月抗日戰爭勝利了，昌樂縣各界在馬宋鎮東河沿的廣場上舉行慶祝大會，我有幸參加，見到國旗、黨旗、團旗、軍旗迎風招展，支團部宋代書記以大會主席身分講話，激昂慷慨，與會者也都興高采烈，頻頻歡呼。三是抗戰勝利後，蘇俄軍隊進據中國東北，延不撤兵，並劫掠工礦物質及設備，各地學生紛紛抗議，我校同學亦到濰縣縣城遊行示威，高呼「東北是我們的！」「把俄兵趕出東北去！」口號，情緒憤激。團員們扮演了重要的角色，也是我首次參加愛國大遊行活動。

民國三十五年（一九四六）秋，我們座落於昌樂城外五華里吳家池子的新校舍大部完成，我班遂北遷至新校舍上課。次年（一九四七），昌樂中學的團務組織擴大了，由隸屬於昌樂縣分團的區隊，升格為直屬山東支團部的昌樂中學分團部籌備處。籌備處的主任是訓導主任高魯生先生，書記是教師趙建修先生。書記之下設有五股，每股設股長一人，幹事一至二人，股長及幹事均係遴選自青年教師及高年級學生，有一間專用的辦公室。記憶所及，曾任股長的有張繼明、劉百魁、鄭書厚、趙世奎；曾任幹事的，有劉景孔、李雲漢、陳會傑、尹公斗、卞玉玟、張培華、宋繼修等兄。諸人中，高魯生先生於三十七年（一九四八）四月昌濰戰役時為共軍所執，不屈而殉。趙建修、劉百魁、陳會傑、尹公斗、卞玉玟、李雲漢、宋繼修等來了台灣，其餘諸人下落不明。五十多年前的事了，當時尚是高中二、三年級的學生，如今已都是白髮蒼蒼的老人；然老而彌堅，愛國志節及熱忱未嘗稍減。

我在昌樂中學分團部做義務職學生幹部，有一年半時間，是段很值得懷念的時光。我被派在第一股做幹事，管文書，並掌團印。每月要向在濟南的山東支團部提一份工作報告。支團部舉辦文宣比賽也要參加，還要編印自己的宣傳刊物，都由我一手承辦，股長張繼明兄看都不看，就簽字上呈書記、主任了。高主任很細心，逐字逐句都過目，有時也會改動或增加些語句。年度終了，支團部的工作考評中，對昌樂中學分團部的文書工作表示滿意，高主任高興，我也高興。高主任為對我們幾位學生幹部表示鼓勵，除操行成績各加五分外，並請准由昌樂縣政府贈與我們每人一套黑色棉制服，穿在身上又軟又輕，很得意，很光彩。

陽明山冬令講習會

民國三十六年（一九四七）九月，「黨團合併」後，原來的三民主義青年團團員，理應成為中國國民黨黨員，事實上卻非如此。在烽火漫天的時際，團的名冊尚未及完全呈報黨中央，大陸就陷落了。我中學時代的團員身分，黨中央「無案可稽」，因此我到台灣後，就不能不重新申請入黨，覺得很委屈。

我是民國三十八年（一九四九）十二月來到台北的。次年三月起，進入台灣省青年服務團受訓六個月。團長是上官業佑（啟我）先生，強調青年服務團是「革命學府」，中國國民黨正進行改造，「革命學府」的愛國青年們應當以黨改造後的新生力量自居。不錯，在當時大陸淪胥，台灣岌岌可危的險境中，只有挺起身來迎接挑戰，才有希望拼出一條生路。我以三民主義青年團的「老團員」自居，在青年服務團團刊、自由青年雜誌等刊物上，寫過幾篇鼓舞士氣的文章，於是伍獻謀兄等勸我申請入黨。要經過填表，審核等手續，到三十九年七月，我才領到了一份「中國國民黨黨員證書」。黨證字號是台徵字第一四八〇七，相片是新攝的，呆呆的，很土氣，這年我是二十四歲。

國民黨在改造期間，青年工作係由中央改造委員會第二組主管。中二組的主任是谷正綱（叔常）先生，主管室的總幹事是李煥（錫俊）先生。民國四十年（一九五一）暑假，他們在省立台北工業專科學校（今台北科技大學）舉辦了一次夏令講習會，遴選各大專院校的學生黨員參加，為期一個月，班主任就是上官業佑先生。我這時已在行政專修班就讀，認為這是個很好的進修機會，曾親向上官先生（兼行政專修班主任）提出請求，他以「名額有限」，不准；但也對我承諾：「下次冬令講習會時，要你去。」

沒獲准參加夏令講習會，心中有些悵惘。青年服務團老同學劉錫銘、鄭源慧，前昌樂中學同學現就讀省立台中農學院（今國立中興大學）的劉明欽、宋繼修等都在講習會中，很叫人羨慕。還是找一天下午，與趙景龍一道去工專看看他們，聊解心頭鬱槩。

冬令講習會係於民國四十一年（一九五二）一、二月間舉行，地點在台北市郊的陽明山，借用革命實踐研究院的房舍，為期兩週。這次是由中央改造委員會第二組直接辦理，谷正綱主任兼會主任。上官先生沒有食言，他指派我去參加，另外與會的團、班同學有袁非、杜聿新、張銘森、劉宗藩、顏慶宏等。團的幾位高級職員陳大拔、王忠華、談子民等奉調來做輔導員。會員有兩個來源：一是各大專院校的學生社團幹部；一是各縣市黨部主管青年活動的第二組組長。人數近百位，男同學居十分之九，女同學僅六、七位。男同學中之王笑泉、劉湯丞，女同學中之冉亦文、叢燦滋，後來都成了朋友；只是叢燦滋出國，失去了聯絡。劉湯丞這時讀省立台灣師範學院（今國立台灣師範大學），後來考進了國立政治大學教育研究所，成為我的學弟。冉亦文則是內子中學時代同班好朋友，現在是鄰居，時相過從。

講習會的課程安排得很緊湊，連晚間也有活動。詳細的課程安排，已經記不清楚了，只記得當時的教育部長程天放先生，台灣省政府教育廳長陳雪屏先生，曾聯袂來參加我們的一次會議。

講習會的教職員和會員，都穿一樣的棉軍服，戴大盤帽，生活起居都極有秩序。會員編為若干小組，每小組五、六人，住同一間宿舍，有一位輔導員。我這一小組的輔導員是來自台中農學院的黃亦晨教授，同學有吳鋼、伍立戎等，都來自師範學院。黃教授後來曾通過幾次信，幾位同學由於畢業後各奔前程，從未能再見面，只能依稀記得當時各人的面貌。

講習期間，印象最深刻的一件事，是中國國民黨總裁，也是中華民國總統的蔣中正（介石）先生，親來點名，訓話。三十九年四月間，我曾在台北市中山堂的光復廳聽老人家訓話，這次則是近距離相對凝視，鬍鬚都看得很清楚，生平也就是這一次。有人很緊張，臉都繃得緊緊的，我卻沒那麼樣的感覺，只覺得老先生的炯炯目光，令人敬畏。

講習會於四十一年（一九五二）二月八日結束。這一天，我留下了三幀深具紀念意義的照片：一是團、班同學與谷正綱先生的合照，一是我們六位同學與谷正綱、上官業佑兩位先生的合照，一是山東省籍男女同學一十七人與谷正綱先生合照。我請谷先生在我的日記簿上題字留念，他立即以自來水筆寫出：

為實現三民主義而奮鬥
雲漢同志
谷正綱　四一，二，八。

這是谷先生的期望，是我保存谷先生唯一的一份墨跡。前幾年，忍痛把日記原稿銷毀了，卻把這份手跡保留下來，放進了我的未刊稿《風雨聲中》下冊內，有時會翻開來回味一番。

革命實踐研究院研究班第十五期

我做了五十多年的國民黨黨員，只有兩次機會接受黨的訓練。一次是前面提到的冬令講習會，一次是奉調至革命實踐研究院研究班第十五期，接受為期一個月的「研究」教育。進研究班，完全出於意外。我於民國六十八年（一九七九）八月出任黨史會副主任委員，次年（一九八〇）四月，吳俊才（叔心）先生奉命接掌革命實踐研究院，聘我為講座，在講習班講授「革命理論與革命歷史」。既已擠身於「師長」之列，自無再回鍋受訓之理。叔心先生查閱各講座資歷，發現只有我一個與革命實踐研究院無淵源，認為是「憾事」，因而想找機會調我去研究班受訓。但每期研究班名額有限，且以青壯幹部為對象，因而一延再延。到民國七十四年（一九八五），我五十九歲了，依規定六十歲以上就不能再列為調訓對象，叔心先生因而簽請把我列入第十五期調訓名單。這情形，我並不清楚，是教育長崔德禮先生事後告訴我的，他並說，吳先生很高興，曾說：「我們總算調李雲漢來受訓了，講座要繼續延聘。」

由於已在講習班講課五年多，我對革命實踐研究院的人事很熟悉。吳主任俊才先生，早在他主持國際關係研究所時代，就認識，他主持文工會，創辦了一份學術性季刊《中華學報》，我是基本的支持者和撰稿人。教育長崔德禮先生，是新識，他有禮賢下士風格，我去講課時，總找機會談談，四川人的性格很豪爽。歷任教務處長盧立人、焦仁和、金開鑫，都是好友。輔導處長是閻沁恆，政大歷史系同事，是叔心先生強請來幫忙的。通訊研究部副主任華志明兄，是青年服務團老同學。在教務處負責課務的洪碧姬編審，是我在師範大學三民主義研究所講授「中國革命史」時的門生。我去報到受訓的第一天，碧姬送來一籃水果，是歡迎，也是祝福。

研究班第十五期的研究員，有二十九人。就記憶所及，同學姓名如下：

陳義揚　李雲漢　徐錠基　谷家恆　章孝慈　開昌國　楊昌年
林維義　李　炎　郭崑謨　顏正平　顏慶章　連勝彥　祝基瀅
李德武　楊文賢　萬心澄　羅天行　李宗仁　林聯輝　鍾榮吉
洪俊德　王瑞林　沈　蓉　郭慶芳　莊國欽　王業凱　嚴雋泰
賴耀煇

二十九人，各有來頭。有國民大會代表、立法委員、監察委員、大學教授、公司董事長、中央機關次長、司長、處長、專科學校校長、將軍。身世亦有較為特殊者，如嚴雋泰是嚴故總統家淦先生哲嗣，章孝慈是蔣經國故總統與章亞若女士所生孿生兄弟之弟（兄為章孝嚴，民國九十四年三月改為蔣孝嚴），谷家恆則是谷正綱先生的公兒。連勝彥是新莊望族，父親是連清傳老先生，他則是有名的書法家。由於王瑞林年齡最長，現任法務部政務次長，官位亦最高，所以大家選他為研究員長，為他增加了不少負擔。沈蓉、郭慶芳是女士，沈是護理專科學校校長，郭是台南籍國大代表，兩位都有大家閨秀風度。最活躍、講話技巧也最妙的，應是立法委員鍾榮吉兄；李宗仁兄表現得極為老成。祝基瀅兄係自美歸國學人，在政大新聞系任教授。有一段時期，祝基瀅任中央文工會主任，鍾榮吉任中央社工會主任，李宗仁任中央考紀會主任委員，我是中央黨史會主任委員，同一期同學中有四位黨中央的一級單位主管，也算是一段佳話。

結訓前，曾去金門作兩天的訪問。我在民國七十年（一九八一）曾陪幾位外籍學者去金門一次，當天來回，只是走馬觀花。這次去，參觀了不少地方，包括馬山喊話站、古寧頭戰場、擎天岡大理石醫院、太武山、酒廠、民俗村等處。我在太武山攝過一幀照片，作仰天長嘯之態，似也有滿懷幽怨，有志難伸之慨！

李元簇先生怒斥「外來政權」說

我自民國八十年（一九九一）四月主持黨史會之後，開始列席中國國民黨的中央常務委員會委員會議（簡稱中常會），有發言權，但無表決權。事實上，除了奉命作過幾次專業性工作報告外，我只是洗耳恭聽，從未發過言。但當議題討論極為熱烈，或有爭議致氣氛高度緊張時，也會有心驚耳熱的感覺。如今想來，最叫我難以忘懷而且感慨萬千的一幕，是副主席李元簇先生怒斥「外來政權」怪論。

那是民國八十五年春，黨主席李登輝於接見日本右翼作家司馬遼太郎放言「國民黨政府也是外來政權」之後，中央政策委員會向中常會提出一份「黨員意見調查表」，請求公決。「調查表」中有一項竟是詢問「國民黨政府是否外來政權」？真是匪夷所思！常會中，主席循例問大家有無意見，氣氛極為低沈而緊迫，只見李副主席元簇先生起立講話：「怎麼會有這麼一條？國民黨是從美國來的嗎？是從日本來的嗎？」

李元簇副主席發言後，與會人員的眼光都集中在李登輝主席身上。大家心知肚明，政策會是秉承李登輝的意圖行事。還好，李主席的裁決是「政策會把文件收回去。」大家這才鬆了一口氣。我注意到李登輝面無表情，內心裡一定銜恨李元簇。我也看到政策會的執行長與副執行長不斷小聲交談，只是不曉得談些甚麼。

李元簇先生接任政治大學校長時，我已在政大歷史系兼課，因而相識。歷史研究所成立時，他曾主動要我改為專任，我因不好意思脫離黨史會而婉謝。民國八十二年（一九九三）他以副總統身分出任國民黨第一副主席後，每逢中常會都會見面。有時也寒暄幾句，我仍稱他校長。他在常會中很少講話，這次算是「平地一聲雷」，我更是由衷的敬佩與興奮。

直屬小組成員

國民黨實施改造以後，最基層組織單位為小組，而且所有黨員均須納入小組。我在求學階段，屬於知識青年黨部；軍校預訓班受訓時，屬於特種黨部；留學美國時，則改隸於駐美直屬第三分部，負責人是莫其鑫，我還曾應莫之請在紐約《華美日報》寫過一篇文章，為黨宣傳。回國後，黨籍歸隸於中央直屬區黨部。民國六十八年（一九七九）任職黨史會副主任委員後，編入台北市委員會直屬第四小組，歷二十餘年，未曾改變。

任國史館主任秘書時，時常聽到黃館長季陸先生說，他屬於台北市直屬第三小組，成員盡是黨政要員，嚴家淦總統也在此小組內。每月輪值擔任小組會議主席，要請大家餐敘，已成為慣例。我參加直屬第四小組後，發現這小組的成員多半是中央黨部各單位的副主管，有少數主管，而且退休人員居多。小組長最初是婦工會副主任周文璣，繼之是財委會副主委王炳南，兩人都很認真，按月開會，按季繳納黨費，寫心得，作報告，樣樣都不可少。我最初每月繳黨費台幣二百元，七十四年起每月繳五百元，八十六年年滿七十週歲，就不再繳了。八十九年喪失政權，九十年黨籍重新登記，我自願登記為永久黨員，一次繳黨費台幣一萬元。

由於職務調整，住所變更，病亡等因素，直屬小組成員的變動也很頻繁。近來整理舊藏文件，發現了一份「中國國民黨台北市委員會直屬小組黨員名單」，列有一、二、四、五，四個組，八十八人。文件未註明年月，由表列人員任職情形判斷，應當是民國八十五年（一九九六）以後的編組。早期和我同小組的十多位老同志，如高維翰、周文璣、楊銳、周靈鈞、裘冠民、許朗軒、明鎮華、陳學齡、蔡鐘雄、王炳南、龍運鈞等，都未包括在內。然而這總是份原始文件，還是把它抄錄下來：

中國國民黨台北市委員會直屬小組黨員名單

小組番號	黨員姓名
一	李登輝 連　戰 邱創煥 許水德 何宜武 吳伯雄 徐立德 章孝嚴 趙守博 周宏濤 董世芳 連文彬 孫治平 徐　亨 馬英九 蘇　起 簡漢生 吳經國 曹友萍 林詩輝 朱　甌 魏　鏞
二	劉兆田 蔣廉儒 焦金堂 張炎元 毛敬希 梁永章 梁孝煌 宋長志 梁肅戎 商惟翕 吳舜文 張　鈞 易　懷 譚衍慶 孫乾方 李國鼎 嚴冬青 張祖璿 葉萬安 鄭文華 王　昇 丁懋時 吳東明 戴美玉 倪文亞 謝東閔 孫運璿 劉伯倫 張炳南 劉達人
四	崔垂言 黎元譽 陳鵬仁 盧啓華 蕭昌樂 宋時選 陳水亮 王紹堉 張其黑 李啓楨 吳思珩 許大路 李雲漢 郭　哲 簡維章 張式綸 黃澤青 馬鶴凌 陳叔同 鄭森棨 吳豐堃 吳挽瀾 王能章 黃麗卿
五	周天固 金克和 劉師誠 陳立夫 朱匯森 熊先舉 胡立宇 張光耀 王敬先 王長庚 張成國 上官業佑

看這份名單，也令人無限感慨。李登輝背叛了國民黨，被開除黨籍；周宏濤、魏鏞、宋長志、梁肅戎、李國鼎、謝東閔、盧啟華、張式綸、周天固、金克和、陳立夫、上官業佑等先生，均已作了古人；老、病、退休後不再聞問世事的，大有人在。仍然肩負領導重任的，只連戰、馬英九兩人而已。連為現任黨主席，四年來忍辱負重，備極艱辛。馬為副主席，且為台北市市長，為黨人新希望之所寄，未來幾年還有艱苦的仗要打。

直屬第四小組老同志中，年齡應以張式綸（雪涵）為長，他享壽一百另三歲。黨齡應推高維翰為高，他是蔣經國先生早年留俄時的同學，那時即是黨員。周靈鈞，是蔣經國先生主政贛南時的得力助手，抗戰勝利後出任浙江奉化縣縣長。他寫過幾篇憶述性文章，我曾應邀在王成聖的《中外》雜誌上撰一短文介紹。蕭昌樂也是贛南幹部，楊銳曾長期從事於情報工作，腦中的密勿甚多，有時也「欲語還休」的透露點內幕。小組有位幹事，舒文軒，任職於中央秘書處，義務為小組奉獻，數十年如一日。他病故後，其哲嗣舒森亦入秘書處服務，並繼承其父遺留之直屬第四小組幹事職務，直到小組結束。父子相繼為小組義務服務幾十年，其忠懇與風義，令人十分欽佩。

兩種一等獎章

獲得服務機關授獎，是對工作能力與績效的肯定，也會提高在人際關係中的價值，自然是值得高興的事。我在黨史會服務近四十年，前三十年似乎是默默無聞，或者說好聽點，默默耕耘，雖也曾拿過獎勵低級工作人員的力行獎章，也曾於年度考績列「績優特保」人員，但總感到平淡無奇，怪自己太不爭氣。最後十年（一九八七－一九九六），才獲得兩座黨內高級獎章——華夏一等獎章與實踐一等獎章，算是在平淡生活中多了一點點漣漪。

華夏一等獎章，是由蔣經國主席於民國七十六年（一九八七）一月頒授的。我那時擔任黨史會副主任委員，向黨主席推薦者則是黨史會主任委員秦孝儀先生，理由是我在連續籌辦四次大型學術會議中，襄贊有功。事前我一無所聞，我在《史學圈裡四十年》自敘傳中，記了一筆：

> 民國七十六年一月中旬，忽然收到中央委員會頒給我的華夏一等獎章一座，外附鑲框的「獎章證書」。這事事前我毫無所悉，臨事也沒有授獎儀式。我覺得很突然，電話問劉秘書世景兄，才曉得這是主任委員秦孝儀先生的德意，是秦先生為我與世景申請的。我是一等，世景是二等，因為近三、四年來的學術會議，我倆最辛苦。

我把這件事列為「意外的喜訊」，雖然不值得炫耀，總可作為一項紀念。「獎章證書」編號是「七十六年史字第〇〇〇二號」，原文是：

黨史委員會自七十年起，先後舉辦四次大型學術會議。所有會前之策劃籌備，主題之構思，學人之聯繫邀約，論文之分組調配，李副主任委員雲漢同志襄助獻替，實任其勞。其識遠慮深，縝密將事，使大會圓滿成功，深獲國際學人之交譽，有以致之。特頒華夏一等獎章壹座，用示酬庸。主席蔣經國。中華民國七十六年一月。

實踐一等獎章之頒授，是民國八十五年（一九九六）四月間的事。理由是獎勵我著成《中國國民黨史述》一書。促成這件事的人，則是中央秘書處副主任，也是許水德秘書長親信的樓文淵先生。我的《史述》出版兩年多了，黨中央並沒有注意到。八十五年三月，我的《史學圈裡四十年》出版，序言中提到這點，樓副主任讀過後，立即建議秘書長，簽請授我一座華夏一等獎章，作為鼓勵。後來發現我已有過華夏一等獎了，於是改授實踐一等，其位階與華夏是相同的。而且決定公開並擴大舉行授獎儀式，請黨主席李登輝親自主持，邀請史學界友好前來觀禮。典禮中，李主席當眾宣布授以獎金台幣三十萬元，由內子接受，表示對她辛勤協助的謝意。這件事，由於李登輝後來的變節而失去光彩，然而事實畢竟是事實，我仍願將「獎章證書」原文保留下來：

黨史委員會主任委員李雲漢同志致力本黨黨史與中國現代史研究，歷四十餘年，成就卓越。民國八十年，

實踐一等獎章。

基於歷史使命感，以義不容辭之精神與無比之毅力，歷時三年餘，完成《中國國民黨史述》鉅著，甚獲學術界推崇與肯定。李同志積極宣揚黨史之赤誠，暨為黨奉獻之忠忱，殊堪敬佩。特頒授實踐一等獎章，用彰榮典。

中國國民黨之獎章，猶如中華民國政府之勳章，有綬帶，至為美觀，是可以佩戴的。但我從未佩戴過，只視作是紀念品，連同中央評議委員證書，暨主任委員任用書等文件，妥為保存。當然，最後的命運還是要「隨風而逝」，不留痕跡。

十六屆中評委第三次會議

接到中央委員會通知，邀我出席訂於民國九十二年九月七日在中央黨部中正廳召開的第十六屆中央評議委員第三次會議。退休後，未曾再出席黨的全國代表大會暨中央評議委員會議，但都按規定於會前辦了請假手續。這次會，決定如期參加，以盡自己的本分。

中國國民黨設置中央評議委員，始自民國三十九年（一九五〇）黨務改造時代。當時受聘為中央評議委員的僅二十五人，都是功在黨國年高德劭的元老。隨了時代的演進，黨中央的組織不斷擴張，人事上也一波波的新陳代謝，凡是曾任高級黨職或具有特別身分的人，退休或卸職後，多半由黨主席聘為中央評議委員以為酬庸，因而人數也賡續增加。我

雲漢作品展示櫃前。民國85年4月。

是民國八十二年（一九九三）八月黨舉行第十四次全國代表大會時，由黨主席提名經大會通過獲聘為中央評議委員的，至今已經十二年了。第十四屆中評委人數是三百四十五。今為第十六屆，已達五百九十八人。這是依據《通訊錄》統計的數字，實際人數當在六百以上。人多了，自然品流不齊，引人詬病。中評委的名次，除主席團主席四十五人外，餘均以年齡為序排列之。很有趣，長於我者僅一三一人，幼於我者則達四百六十多人，我已升格為「老一代」黨人了。

九月七日上午，我尅時到達會場報到。會議開始後，首由連戰主席簡短致詞，然後公推李煥（錫俊）為主席，主持會議，對各中評委提出之文字提案共十三案，進行討論。十三案中，以馬樹禮、陳建中、趙自齊、朱士烈、脫德榮、梁子衡、張希哲、王成聖、張鴻學所提「本黨應敞開心胸，積極與親民黨、新黨及友我之無黨派人士合作，爭取二零零四年總統大選之勝利，重掌政權，使中國國民黨之光輝，歷久彌炯，中華民國之聲威，永遠揚名於世界。」一案，最具代表性，這是全黨共同一致的願望。事實證明，這一願望落空了！另郭哲所提「請建立中心思想以挽救國魂案」，主旨在「建議中央面對中心思想蕩然無存的嚴重性，急起直追，找回以三民主義為中心思想的可行道路與方法」，亦是語重心長，只怕今日之中央也無能為力了。

我出席會議的另一目的，是希望能見到一些老友，結果卻有些失望。首先在「出、列席同志請假函電」欄內，發現宋時選、劉真、崔垂言、朱匯森、歐陽勛、華力進、黃鏡峰等人因病請假。馬樹禮、廖英鳴都有提案，卻未曾見到人來。葉明勳來了，行動已不十分方便。夏功權則是坐了輪椅，且曾發言，但態容言詞已呆滯逾恆，令人不禁悽然。我很想能見到潘振球、張宗棟，問問他們病況，但未發現他們在場。見到面並作短暫交談的人，只秦孝儀、楚崧秋、張劍寒、李鍾桂、魏萼、脫德榮、郭哲、張其黑、王士祥、夏正祺、蕭知行等先生和女士。楚崧秋和我同座，談話最多。

黨史會同仁楊麗美編審在會場服務，來看我，並送我一冊《王昇與國民黨》，附題則是「反革命運動在中國」。帶回家來，花兩三天時間翻閱一遍。書是一位外國人Thomas A. Marks寫的，由四位青年學者李厚壯、張聯祺、劉聲豪、張維屏譯為中文。取材多係王昇本人、家人、朋友、部屬的口述，是一冊很完整的王昇的傳記。文筆很流利，論述亦有條理，但由於著者並非出身於歷史學界，對中國國情，政情之理解不夠深入，因而這冊書尚難稱之為學術專著。其中雖有不少鮮為外人所知的訊息，卻也有輕重不分，主觀色彩過濃的缺點，副題「反革命運動在中國」，尤有是非不明之失。我很想了解當年王昇在中央黨部內設置「劉少康辦公室」的經緯，這本書提供了比較有系統的說明，但仍然不能盡釋我心中的疑團。這個在中央黨部內曾經被視為怪胎的「單位」，到底是做了些甚麼樣的「大事」呢？

我為劉偉森喝采

劉偉森，英文名字Wilson Lew，是僑居美國舊金山的一位中國國民黨老同志。他目前的職務是：中國國民黨中央評議委員，舊金山國父紀念館名譽董事長暨基金會主任委員，台北華僑聯合總會常務理事，金山灣區港澳之友協會會長。

我與劉偉森初次見面，是十多年前在台北中山北路麗晶大飯店早餐廳中。他和莫鏗等金山來人邀故宮博物院秦院長孝儀先生和我共進早餐，談舊金山國父紀念館籌備諸事。秦院長和我都認為這是件大好事，允諾在我們能力範圍之內，盡力相助。此後偉森與我不斷有書信往還，多半是談舊金山國父紀念館籌建情形，也談到他有意在中國國民黨黨史範圍內貢獻點心力。

據我所知，劉偉森在大陸時代，即任職於廣東省黨部，曾任監察院院長的余俊賢是他的老上司。大陸易手後，他去了舊金山，也一直在為國民黨的黨務和當地的僑務熱心工作。舊金山《少年中國晨報》停刊後，舊金山同志發動在原址建立國父紀念館，劉偉森出力最多，貢獻也最大。

近十數年來，劉偉森著成兩種有關黨史的書。一種是《孫中山與美加華僑》，我曾應邀為其撰序。另一種是《全美黨史》，亦即《中國國民黨歷程與美國黨務百年發展史》，原稿曾寄我看過，我也於民國九十二年五月為撰一序。書還未出版，偉森先將序文送由中國國民黨駐美總支部編刊的《黨員通訊》第四期發表了。這事是加州大學教授張緒心兄來信告知的，一個月後又收到劉偉森寄來的《黨員通訊》第四、五兩期原文，文末並對我略作介紹。

劉偉森鑑於黨中央的《中央》月刊停刊後，對海外宣傳不無影響，因又建議駐美總支部暨駐加總支部發動募印《三民主義》中、英文本，以廣流傳。兩個總支部均召集代表大會，通過劉偉森的提議，成立了「美加各界推廣三民主義募印委員會」，推駐美總支部常務委員趙川三為主任委員，劉偉森等為總幹事，展開工作。至二〇〇三年六月，已募得美幣六萬餘元，加幣一萬五千餘元。同年十月，中、英文本《三民主義》同時出版。附錄「美加各界推廣三民主義募印委員會榮譽職銜及工作人員芳名錄」中，列我於十位「指導員」名單內，深感名不副實；惟亦理解劉等駐美同志之心意，聽之而已。

劉編《全美黨史》上冊，已於民國九十三年（二〇〇四）四月出版，下冊尚在編纂中。上冊內容甚充實，只編排方式略欠嚴整。封面書題為《中國國民黨歷程與美國黨務百年發展史》，為秦孝儀先生所題。圖片有兩百多幀，文字部分共八篇，三十五章。附錄部分，則為美西、美東、美中三個支部提供之文字敘述與圖片，簡介各支部之歷史與現況。有三篇序文，我撰者居首；編者於文末增列我的小傳暨我與秦孝儀先生之合照。另篇序文為前僑務委員會委員長毛松年先生所撰，毛先生高齡已九十有三，至為可佩。第三篇「序言」，為駐美總支部之〈《全美黨史》發行人的話〉，係美西支部書記長陳伯豪執筆，敘明此書撰寫的緣起。

民國九十三年（二〇〇四）十一月，收到劉偉森來信並附有關資料，始悉此書榮獲華僑救國聯合總會之華文著述第一獎，當即復函道賀。偉森高齡已八十有九，尚為黨史努力不懈，稱得起是位老而彌堅的有志之士。至盼此書下冊能於本年（二〇〇五）內編成出版，正可作為他九十大壽的一項賀禮。勉乎哉，偉森老兄，我為你喝采！

民國九十三年十二月初稿，九十四年三月增訂。李雲漢誌於台北市木柵路三段六十九號（仁普世家）六樓之三寓所。

（由左至右）蔣永敬、黃季陸師、李雲漢。

（由左至右）蔣永敬、楊亮功師、李雲漢。

陽明書屋瑣憶

秦主委的大氣魄

中國國民黨中央黨史會典藏的大宗近代史料，自民國三十八年（一九四九）遷運來臺後，一直存放在臺灣中部草屯郊外一所名為「荔園」的四合院房舍中，用起來當然非常不方便。臺北地區學術界朋友想去「荔園」，看史料，作研究，更是難上加難。我曾在那裡工作過十多年，也深以工作條件之不足不佳為苦。記得曾經去過「荔園」蒐集研究資料的學人，中華民國學者有吳相湘、王德昭、陳固亭、張玉法、關中、李本京、李又寧、陳福霖，美國學者韋慕庭（C. Martin Wilbur）、華裔美人鄭憲，日本學者山田辰雄等，總數不過十數人。這麼多珍貴的原始史料不能作有效運用，真是太可惜了。民國五十年代以後，兩岸情勢已經緩和了，史家研究也出現了欣欣向榮的氣象，因此都希望黨史會能像故宮博物院一樣，遷來臺北，為史學界作充分而有效的服務。

黨史會的幾任主任委員，羅家倫、黃季陸、杜元載、蕭繼宗四位先生，也都曾有意要北遷，但都力有未逮。羅先生的困難，在於得不到中央財委會的支持。當時的財委會主委徐柏園先生對羅先生有成見，是大家都知道的事。黃先生人緣佳，但不願意低頭求人。他以「公開史料，便利研究」作號召，但得不到黨中央的回應，也只能與國史館合作，在青潭設立個空有其名的「中華民國史料研究中心」，由黨史會自草屯運來三萬件史料，供歷史學人及研究生參用。黃先生任職只兩年，就依例自退。繼其職務的是杜元載先生，雖也曾在臺北近郊尋覓場地供黨史會使用，要許朗軒副主委司理其事，結果卻一無所成。蕭繼宗先生任職只一年多，他的政策是「蕭規曹隨」。「北遷」這一棘手難題，直到秦孝儀（心波）先生接長黨史會之後，始圓滿解決。

秦孝儀先生是於民國六十五年（一九七六）十一月，由副秘書長原職調任黨史會主任委員新職。這一異動，對秦先生本人而言，當然是有些委屈。然就黨史會來說，卻是千載一時的大好機會。

秦先生，讀書人的氣質，湖南人的個性，黨內外友好及僚屬都敬稱他為孝公。以他長年與兩位蔣總統的密切關係，在黨政高層累積的聲望與人緣，一本對黨的忠貞及對工作的熱忱，經過一番細密的思考後，展現了驚人的智慧與氣魄，一口氣把荔園、青潭、以及總統府總統事略編纂室的史料集中到臺北陽明山，更一手為黨史會創建了一座廣闊而美麗的新址——陽明書屋，使黨史會走進了它寶貴的「黃金時代」。我於民國六十八年（一九七九）八月，應召由國史館回到黨史會擔任副車，有幸見證了陽明書屋將近二十年的興衰史，也留下了一些令我難以忘懷的回憶。

所謂「神祕面紗」

外間人士不了解陽明書屋的來路及內涵，常以奇異的眼光視之，傳播媒體界的朋友更喜歡採用「揭開陽明書屋神祕的面紗」之類的語句。陽明書屋真的很神祕嗎？神祕的緣由在那裡？

其實，陽明書屋的「神祕」是歷史的產物。這是一處森林公園，風景幽美，氣勢不凡，是極為理想的遊憩場所。日本人統治臺灣時代，其皇太子曾來此地遊覽；光復之後，中國童子軍總會也曾選為露營區。其後，蔣中正總統及夫人選定此地為「避暑官邸」，因而有「中興賓館」的興建。每年暑期，蔣總統伉儷總會在此處住一段時間。蔣夫人似乎更喜歡這地方，她的國畫多半成之於此處，我初來書屋時曾看到她用過的畫具。老蔣總統在此處則有數次生病的紀錄。最近讀到姜必寧醫師寫的一篇〈夕陽無限好——兩蔣晚年侍醫回憶〉（《傳記文學》八十六卷四期，一一八頁），寫道：

> 我進入官邸才兩個月，先總統蔣公於一九七二年在陽明山中興賓館突發急性心肌梗塞症，昏迷三天三夜，性命垂危。幸有醫療小組急救，並聘請美國羅徹斯特大學余南庚教授飛台會診，應用新藥，幸而轉危為安。在醫療小組日夜照顧之下，蔣公高壽再延長了三年。

既然是國家元首的行館，安全與警衛措施是必要的。為防空中照像，房頂及四壁都塗為深綠色，隱於綠樹叢林中不露痕跡。正館周圍，建有碉堡四五座，駐有憲兵或衛戍部隊日夜警戒。中興路（自陽金公路至陽明山公園）列為警戒區，兩端均設有崗亭，無通行證者不准通行。於是中興賓館就像士林官邸一樣，成為另一方小天地了。外人看來，自然是個非常神祕的地方。

老蔣故總統介公是在民國六十四年（一九七五）四月逝世的，此後蔣夫人也未再去中興賓館居住，但賓館的警衛配置並未改變。六十八年（一九七九）四月，秦主任委員孝儀先生獲得蔣夫人暨蔣經國先生的同意，將中興賓館充作黨史會新會址，並改名為陽明書屋。進口處水泥石柱正面鑲嵌著一方大理石名牌，上鑄篆體「陽明書屋」四字，即為秦先生親筆所題，下款落為「中華民國六十八年六月一日，衡山秦孝儀題」。

黨史會史料北遷工作，在秦主委邀請軍方大力協助下順利完成，隨之原存藏於桃園大溪的總統府機要室檔案——即史學界最感興趣的「大溪檔案」，也搬遷進來。我就於此時奉令重回黨史會工作，一待就是十七年（一九七九—一九九六）。初來陽明書屋時所留下的印象，是環境清幽，而戒備森嚴，走進走出正館門口，都有值勤衛兵問好，敬禮，真的感到很不自在。好在隨了時間的推演，那種森嚴肅穆的氣氛，也就逐漸沖淡了。憲兵人數減少至一排，一班，警衛只留大門及正館兩重，正館警衛且換了便衣，以服務員身分出現。到民國八十年（一九九一）四月我接掌黨史會後不久，憲兵就完全撤走，中興路也開放通行，陽明書屋已毫無神祕可言，只是仍有人喜歡寫故作玄虛的文章而已。

一號副主委辦公室風水差

黨史會編制上，設兩位副主任委員。秦主任委員心波先生到任時，兩位副主任委員是許朗軒先生與梁興義先生。梁先生由於健康欠佳，不多問事；許先生掌理綜合業務，頗為辛勞。民國六十八年六月，梁先生請准退休。秦主任委員考慮會務的開展，決定請准中央增設副主任委員一人，並決定以專任委員陳敬之（伯誠）升補梁興義之缺，另報請中央以我李雲漢充任新增設之副主委一職。這幾件人事案，均經六月六日舉行之中央常務委員會第一二三次會議通過。但我因國史館主任秘書職務須待黃館長季陸先生覓得適當繼任人選後始能交代，遲至八月初始到陽明書屋向秦主任委員報到。

舊、新任三位副主任委員的分工以及辦公室的分配，秦主任委員也都親自作了決定。許副主委最資深，又負責綜合業務，因此秦主委把他的辦公室安排在大義館內，與秘書室、第一室及總統事略編纂室為鄰。正館左側後樓二樓的幾間房間，也闢為辦公室。左邊第一間指定為陳副主委敬之兄辦公室，第二間則是我的辦公室，再過來是專任委員陳在俊兄辦公室，再過來是纂修辦公室。秦主任委員告訴我，要我在此處辦公，是因距他的辦公室很近，有事要商談時比較方便。這間辦公室設備很簡單，只有一張辦公桌，一張坐椅，一幅茶几配兩把沙發及一排書櫃；然我感到很滿意，不僅十二年副主任委員任期內未曾變動，接任主任委員後也一直在原室辦公，直到退休，似乎未曾感到有甚麼不對勁：左鄰第一間其後卻傳出了風水欠好的傳聞。

問題出在陳副主任委員敬之兄的過早逝世。敬之兄係於民國七十一年（一九八二）八月屆齡退休，然精神體力都還好，甫被推任為湖南文獻社社長，正計畫鴻圖大展，不料九月間竟因胰臟病發而告不治。因此有人耳語，說他的不幸與辦公室風水有關。接任敬之兄職務的，是前中央通訊社社長，香港時報社董事長林徵祁兄。徵祁兄人本豁達開朗，不拘小節，但聽到有關辦公室風水問題的傳聞後，似乎也很在意，曾請時在孫逸仙博士圖書館服務，對風水頗有研究的楊光祚兄來他辦公室勘察，並調整辦公桌位置及方向。他於民國七十五、六年間，竟也發現身上有了毛病，退休醫療，終也無法挽救他寶貴的生命。陳、林兩兄的不幸遭遇，更使「一號副主委辦公室風水欠佳」的流言，煞有介事的傳聞開來了。

我不是個迷信風水的人，對於這樣的風水傳聞，持以「姑妄言之，姑妄聽之」態度。然對於兩位同僚好友的先後棄世，深感戚戚，也都曾為文悼念。悼念陳副主任委員敬之兄的文章，題曰〈哀悼敬之兄〉先後刊載於《藝文誌》（民國七十一年十月號）及《陳敬之先生紀念集》。悼念林副主任委員徵祁兄的文章，取題為〈游刃於新聞與歷史之間——記林徵祁先生二三事〉，刊載於民國七十九年六月九日之台北《中央日報》〈副刊〉。徵祁兄於黨史會副主委任內，同時兼任中央日報社董事長，我則兼為董事，有此因緣，故悼念文寄由《中央日報》發表。徵祁兄福建籍，為新聞界前輩陳博生先生外甥，出身清華大學暨中央軍校，不僅文武全才，而且中英文俱佳。如此人才，求之於今日新聞界，實不可多得。

幾項憾事

陽明書屋一十七年的經驗中，大體而言，應該說已做到了「善盡職責」，感到俯仰無愧。但憾事還是有的，只怪自己的修養不夠，躁急性格難改，有時又情感脆弱，以至失態。事後雖愧悔，損傷卻已難以彌補。

劉世景（維中）兄，是位精明幹練的優秀行政人才，能力強，善協調，思慮周密，操守清廉。歷羅、黃、杜、蕭、秦五位主任委員，均以機要暨秘書身分深受倚重，杜主任委員盛讚他「政通人和」，秦主任委員且曾譽之為「聖人」，此皆我親耳所聞之事。我到陽明書屋報到後，秦主委交辦的第一件事，是要我親筆起稿呈文中央，提升劉世景、陳在俊兩兄為專任委員；但要世景兄仍兼任秘書職務。我和世景兄共同對秦主委負責，合作無間，但有一次為籌開香港學術會議事，在家中和他通話時，竟以所言參差而發了壞脾氣，猛甩了話機。內子立即糾正我，我也深感歉疚，世景兄卻能體諒我的心情，不以為意，我卻迄今難以忘卻這次教訓。

民國七十二、三年暑期，黨史會分別和革命實踐研究院、國立政治大學合作，舉辦歷史教學講習班，通過教育部遴調高初中歷史科教師數百人參加講習，為期一個月。教育部送來名冊後，即由黨史會負責聯繫，希望每班次都能足額。秦主任委員要許副主任委員和我分別擔任此項「動員」工作。許副座負責部分，百分之百成功。我負責部分，則有二人未報到。講習班結束後，秦主委在陽明書屋召開檢討會，言詞中明顯的指出「動員」成敗關鍵，暗示我未能克盡全力。我覺得很委屈，因為未報到的人都有正當理由，不能相強。只說了幾句，就抑制不住自己的情緒，落淚了，弄得氣氛很低沉。秦主委沒再說甚麼，我卻為自己的失態深感歉疚。五十多歲的人了，怎麼還這樣孩子氣！連這點擔當都沒有，以後如何能負更多的責任！慚愧之至！

民國七十三年（一九八四）五月，黨史會與中國歷史學會等文史機關與團體，共同舉辦了一次「中華民國歷史與文化學術討論會」，秦主任委員要我做個「有實無名的總提調」。主要籌備工作，都由黨史會同仁來承擔，每次籌備會議也都由我主持。有一次，討論論文的評論人選。有一篇民國初年文學發展方面的論文，劉纂修世昌兄提議請陳副主任委員敬之兄來評論，我立即說「不適當」。我也知道敬之兄熟悉三十年代文學，也有著作出版，但未曾從事過學術工作，與論文作者的學術地位與聲望不相稱，怕受外間批評，因此未接受世昌兄的提議。會後，我就聽到了對我不滿的聲音。幾天後，劉委員兼秘書世景兄對我說：「那天你講話，得罪人了。」我先是默然，繼是歉然，但不想向任何人解釋。

民國八十三年（一九九四），為中國國民黨建黨百年大慶，我呈准中央，決定大幅度開放史料。史學界朋友無不興奮異常，文化工作會並邀請媒體界人士數十人前往陽明書屋實地參訪。《新新聞》週刊則持懷疑態度，著文謂黨史會此一行動恐是虛晃一招。正當此際，臺灣電視公司的新聞主播汪用和小姐帶了助理人員來陽明書屋訪問我。我在正館會客室接待她，表示歡迎。汪小姐首先轉達了新聞部經理李惠惠小姐的問候之意，然後提出詰問式的問題，竟與《新新聞》的論調如出一轍。我很不高興，問她「妳的問題怎麼與《新新聞》一樣」？她隨即把《新新聞》那篇文章拿出來了。我一時按捺不住，發了脾氣。汪小姐倒很有風度，說了聲抱歉，並謂今次的訪問不播出了，就這樣不歡而散，很洩氣。自我檢討，錯在我躁急衝動，讓一位年輕媒體人受到挫折，很過意不去。況且汪小姐是中央青工會委員汪大華兄的女兒，誼屬晚輩，我怎可隨意向她發脾氣，有失長者風度！以後也沒有向她表示歉意的機會，遺憾之至！

來訪貴賓

陽明書屋雖遠在陽明山後山，訪客仍然不少。有的是機關團體集體來參觀，有的是政、學界人士個別來瞻仰孫中山、蔣中正兩位革命領袖的文物，或是住下來研閱史料及寫作。大多數訪客是國人，也有外國的政要及學人。一般研究人員，係由第一室同仁負責安排。貴賓來訪，多半由主任委員或副主任委員親自接待。

外國政要來訪，多是出於黨政中樞的安排，對外並不公開，會中也只有正副主管與聞其事。印象最深刻的一次，是新加坡總理李光耀先生及隨行的幾位部長，來陽明書屋參加晚宴。席開三桌，我是第三桌兩位主人之一。由於李光耀總理只穿了灰長褲白上衣，未打領帶，做主人的也作同樣的穿著，談話也很隨便，中英語交雜，並不感到拘束。席間當然不涉政治，連他們下榻何處，我也沒有多問。

我接待過的貴賓中，有兩位早期革命領導者的後裔。一位是孫滿，他是孫中山先生的侄子，父親是孫眉（德彰）。是由美國來臺灣觀光，特地來陽明書屋看看叔父遺留的文獻與文物。我陪他走遍了正館的每一間展覽室，並適度的予以解說，他表示很滿意。回美後寫信來道謝，語意極為懇切。另一位是華裔美籍傳奇性人物楊帝澤，他是孫中山先生早年革命時代所謂「四大寇」之一楊鶴齡先生的孫兒，也是一位從抗日戰爭爆發到大陳島撤退這段期間，身銜美軍軍職卻為中華民國效力的高級軍官，先後受到老少兩位蔣總統的信賴與器重。他出生於一九一零年。八十歲時寫了冊自傳《飲水思源》，王象生譯為中文，由中央日報社於民國七十八年（一九八九）出版。他就是在此時再到臺灣，抽空到陽明書屋一遊。我接待他，和他談了很多。他性格豪邁，對中國當代史事極為熟悉。他說，列名「四大寇」的祖父被尊為革命元老，十幾歲時就有吸鴉片的壞習慣，後來戒除了。父親在夏威夷的茂宜島經商並開牧場，賺的錢都貢獻給了革命黨。我翻閱他的自傳，發現了這樣的語句：「我們家相當大的一部分財產，都花在革命事業上，使革命不輟。」「我們持有中國執政黨國民黨發給的借據，確定中國政府欠我家大約一百萬銀圓。」（第二十八頁）

陽明書屋二樓左側的幾個房間，原是蔣公暨夫人的寢室及書房，秦主任委員布置為總裁紀念堂。前側外廊上有兩把籐椅，已經很破舊了，由於蔣公暨夫人曾經坐過，暫時不忍心丟掉。有一天，前中華民國駐菲律賓大使陳質平先生來書屋參觀，看到這兩把破舊椅子，高興得不得了，說：「這兩把椅子是我送給蔣公伉儷的。」他摸了又摸，久久不捨得離去。老大使也對我講了些駐菲時的見聞，認為菲律賓人對蔣公的尊敬遠在其他國家元首之上。

黃大洲先生擔任臺北市長時，曾假一個星期六帶領其市府團隊去淡水作自強健行活動，回程中要來陽明書屋一遊。我特地從臺北趕上山來接待他（她）們。黃市長參觀過有關文物後，曾和我在正館二樓右外廊憑欄遠眺，閒談了一陣子，覺得他雖然身在仕途，仍不失書生本色。年末市長選舉，聘我做顧問，我也曾向親友們為他拉票，卻由於藍營的分裂（新黨推出趙少康來競選）而落選。他本是李登輝主席的愛將；李背叛中國國民黨之後，黃能堅守立場，拒絕與李同流合污，很叫我欽佩。比起另一位情形相同卻氣節不保的黃姓朋友來，人格高尚得多了。

國內史學界朋友以及撰寫博士論文的研究生，前來陽明書屋查閱資料的人不少。我要我們的一、三兩室配合，設有專室專人負責接待。客人上山下山，除自行駕車外，大都乘坐黨史會同仁的交通車，還算方便。我也時常去接待室看看客人們，或是請他（她）們中午來我們的小餐廳共用午餐，順便聊聊。青年朋友有時也希望我能抽時間單獨見面談談，多半談論研究經驗及對某些特定問題的看法。有幾位研究生，還曾義務幫忙搬運或整理史料。

外籍學人來陽明書屋作研究者，人數雖不多，停留的時間則較長。如來自美國的葛林（Donald Gillin）、于子橋（George Yu）、韓國的閔斗基等教授，少則停留數週，多則住上幾個月。他們都是我的老朋友，于子橋教授正和施樂伯（Robert Scalapino）教授從事一項龐大的有關中國革命運動的研究計畫，需要三到五年的時間，曾就某些章節徵求過我的意見。閔斗基教授則曾希望安排我去韓國講學一個學期，先徵求我同意，我沒有意願，只有謝謝他的好意。

兩次會慶餐會

黨史會成立於民國十九年（一九三〇），國民政府之北伐統一粗告完成之際。依據建會文獻，係中國國民黨中央黨部之一級單位，設於南京，於此年四月二十八日開始辦公，而以五月一日為正式成立之日。因而，五月一日遂成為黨史會的會慶，相沿成習。

民國四、五十年代，羅家倫先生主持黨史會時期，每逢會慶，都放假一日，並招待同仁吃碗壽麵。其後數任主任委員，對會慶似乎淡薄了。直到民國七十九年建會六十年會慶，秦主任委員心波先生始決定擴大慶祝。他決定兩件事：一是請劉纂修偉鵬兄主稿，寫一冊名為《汗青一甲子》的黨史會會史；一是邀請已退休同仁及眷屬前來陽明書屋參觀，中午餐敘，借資聯誼。

偉鵬兄是位有才華，也有個性的纂修。他主編的那冊《汗青一甲子》，圖文並茂，於民國七十九年五月一日出版，十六開本，一百八十三頁。書名為孝公秦先生親題，內頁書名後加副題：〈中國國民黨中央委員會黨史委員會建立六十週年紀念〉；封面為陽明書屋正館入口之照片，封底則為漢皇宮瓦當文「千秋萬歲」拓文，此拓文乃是秦先生特為黨史會選定的專用標誌。偉鵬兄把黨史會六十年歷史區分為四個時期：「南京草創、奠立基礎」、「西遷重慶、在艱彌厲」、「播遷南投、績效再現」及「匯聚臺北、發皇黨史」。內容充實，條理分明，堪稱佳構。

五月一日會慶日，在職及退休同仁歡敘於書屋，熱情洋溢，亦為黨史會建立以來不可多見之盛會，無不以黨史會近年來進入鼎盛時代為慰為榮。

我自民國八十年四月起，主持黨史會會務。由於黨中央實施簡縮政策，人力財力均大幅減弱。然八十三年為中國國民黨建黨一百週年大慶，如何能不擴大慶祝！連李登輝主席也曾當面告訴我，要做得有聲有色。於是釐定一項包括六大項目的計畫，向中央報備，並激勉同仁，全力以赴。八十二、三兩年，大家各就各位，積極工作，異常緊張，當然很

同心共賀：黨史會成立六十五年。民國84年4月30日，陽明書屋。（由左至右）秦孝儀、李雲漢。

辛苦。所幸八十三年的百年大慶，各項工作均能如期完成，績效卓著。大家這才鬆一口氣，感到欣慰、興奮。八十四年五月一日為六十五週年會慶，我乃決定作大規模的慶祝，藉對同仁及家人表示謝忱。籌劃工作，交由秘書室文專門委員伯瑞兄負責，他熱心，又有經驗，當能不負所託。

果然，五一會慶的活動熱烈非常。邀請參與人員，除陽明書屋員工及家人外，擴及於曾經直接或間接協助過黨史會業務的友人。活動項目，於參觀、座談、餐敘外，增加摸彩。我懇邀前主任委員秦孝儀先生前來主持，他立即贈送了兩份大獎，並慨允屆時來襄盛舉。慶典開始，首先請秦先生講話，一開頭就給我戴頂高帽子，說：「我過去做過的，李主任委員都做到了；我未曾做到的，他也做到了。看，今天竟有這麼大的場面！」

摸彩，是這天會慶活動的高潮。獎品不少，種類也形形色色。我是主管，當然要送一份大獎。內子也應邀前來，送一幅以金魚雙嬌為主題並已裝框的國畫為獎品，結果為孫逸仙博士圖書館的黎寶金專門委員抽中。太好了，好像是天公所作的巧安排，因為黎女士是我就讀政大研究所時圖書館的負責人，那時她就曉得我有個漂亮的女朋友，今日獲得內子的畫作，不也是一種緣分？

孝公邀宴山東人

秦孝儀先生是湖南人，自然有湖南人的性格；然在交友及用人方面，他似乎不拘泥於地域觀念。中央黨部副秘書長任內，信任的機要總幹事（後升任秘書）喬維和兄籍隸察哈爾。曾經大力提拔過，推薦其出任蒙藏委員會委員長的董樹藩兄，係來自綏遠。任職黨史會主任委員期間，前後任副主管共六人，湖南籍者只陳敬之兄一人；所信任的委員兼秘書劉世景兄，則是安徽籍。秦先生主持故宮博物院時也是一樣，幾位先後任副院長昌彼得、江兆申兩位先生暨張臨生女士，都不是湖南人，主任秘書王秋土兄則是臺灣籍的青年一代。在我主觀的感覺上，秦先生對我們山東人似乎懷有好感，他幾次提到要請我們山東幾位鄉長暨史學界的「山東幫」吃飯，聊天。我的記憶裡，印象最深刻的有兩次。

一次是在故宮博物院。秦先生以院長身分，宴請財團法人吉星福張振芳伉儷文教基金會諸位董事。吉、張賢伉儷均為山東人，基金會董事長孫震（伯東），董事于宗先、楊其銑、張玉法、王曾才、侯健（建人）、朱炎（南山）、李瞻（士毅，兼執行長，為第二任董事長）、李雲漢，共九位教授，也都是「齊魯健兒」。這次餐會的印象，已經很模糊了。最近讀到李瞻兄的新著《大時代見證：萬里孤鴻》，刊有此次餐會的一幀照片，註明宴會日期是一九九五年六月十八日。照片上，除秦院長孝儀先生外，客人有孫震、于宗先、王曾才、李瞻及李雲漢。另有作陪的故宮博物院副院長張臨生女士及主任秘書王秋土先生，張女士也是我們山東的才女；兩位都已隨了秦院長的退休而又不願伺候政黨輪替後的新貴，離開故宮了。

另一次宴請山東人的餐會，是在民國八十年四月。主客預定為前陸軍總司令劉安祺（壽如）上將，暨至聖先師孔子奉祀官，現任考試院院長孔德成（達生）先生。這件事，秦先生已講過好幾次，要我負責聯繫。由於大家都忙，一時找不出個適當的時間來。直到秦先生要離開陽明書屋了，才要我趕快辦，並要我和他共同做主人。我先與劉上將壽公通電話，決定了日期；再與孔院長聯絡，他表示「樂於奉陪」。另外的客人，秦先生要我決定，當然以請山東籍人士為限。我決定邀請與劉壽公有特殊交情的陳孝祖教授，暨學術界之孫震、于宗先、呂實強、張玉法、孫同勛、朱炎等兄，以及和我一樣由青島跟隨劉壽公與陳孝祖先生，撤退來臺，現任國防部軍事情報局副局長楊學晏中將。地點是在陽明書屋，時間則訂在晚上。屆時除孫震兄（時任臺灣大學校長）臨時有事不克上山外，餘人均尅時到達。是晚談笑風生，賓主盡歡，秦先生贈送客人每位一份有關黨史的紀念文物，極有意義。我也保留了一份，作為曾經長期為陽明書屋服務的紀念。

義工們

陽明書屋的主館，我們稱之為正館，即以前的中興賓館，也就是蔣公暨夫人住過的行館，為一棟經蔣夫人親自示意，由修澤蘭建築師精心設計的二層樓房，陳設甚為考究。正門面對一座林木蒼翠的森林公園；後院亦為闢有魚池，植有龍柏、紅櫻等名貴花木的內庭小公園，外緣圍以牆垣，自成一片小天地。底樓尚有地下層，供庋藏名貴史料之用。正

為劉上將安祺賀壽。民國70年6月，台北。由左至右李雲漢、劉安祺、王曾才。

館各室，多闢為紀念堂或文物陳列室。正館之外，環繞森林公園，有附屬房屋六所，分別命名為大忠館、大孝館、大仁館、大義館、大智館、大勇館，分別供辦公、研究、編纂、典藏、整理及拍攝、縮影之需。

對陽明書屋作有形或無形貢獻的人，除在職員工同仁外，尚有一部分義務奉獻的人。有好多位同仁，如劉委員世景、吳專門委員純瑜、黎專門委員寶金、陳編審立文等，均曾於退休後再義務為黨史會服務一段時間；葉有廣女士則迄今仍為「在職」義工。

如此廣闊的空間與分散的房舍，其整潔的維護與花木的整理，自然需要相當的人力。單靠黨史會二十幾位員工是不夠的，必須藉助於編制外的助力，也就是要靠主動願為陽明書屋盡心盡力的義工朋友。

談到這些朋友，首先想到戴位珩先生。他是蔣公官邸的老人，中興賓館時代就來此地服務。他對書屋的一草一木，都瞭解其來歷，也懷有感情；所知此間的祕聞軼事也多。蔣公伉儷在的時候，他忠心耿耿；我們黨史會搬來了，他留下來服務，對秦主任委員唯命是從。書屋的大部分事務工作，劉兼秘書都交由戴先生來做。他個性剛直，有些事也會有自己的主張，與黨史會負責同仁看法未必一致，但確在兢兢業業的為書屋做事。在秦主任委員辦公室服務的王仲民，也是官邸舊人，承命處理秦先生一部分公私事務，也可說是順心應手，黨史會就省去辦理機要的人力了。

戴位珩先生的辦公室內，有兩位年輕助手：一位是黃慶彰；一位是蔡元國。兩人的性格不一樣，服務的熱忱與負責的態度則屬一致。黃慶彰，黨性強，因不滿李登輝主席逐漸偏離國民黨傳統路線，而參加了新創立的新黨。他的摩托車上插著新黨黨旗，但進入陽明書屋範圍即行取下，這說明他做事有分寸。蔡元國，是位帥哥，原是在陽明書屋擔任警衛的憲兵。退役後就留在書屋服務，底缺則被安排在中山樓的警衛班內。他結婚後，就住在書屋邊沿一所附屬房屋內，以便於照顧書屋夜間安全。每逢颱風之夜，他於巡視書屋各館房舍後，即電話我家中報告有無災情，叫我放心不少。從來客奉茶到收拾餐桌，他幾乎甚麼事都做。

另外有個「清潔班」，負責各館舍及道路清潔的維持。成員大部分是國軍退除役士兵，也有幾位是黨部的退休服務員。他們年歲雖大些，工作精神卻不輸給年輕人。他們把書屋看作是自己的家，有一種相互依存的感情。在正館服務的幾位，我都相識，深知他們工作認真而又相互扶持的態度。地面及走道按時打蠟，纖塵不染。有次我走過時竟因路面過滑而失足跌倒了，清潔工人表示歉意，我卻真的很欣賞他認真踏實的工作精神。

黨史會退休同仁有個聯誼會的組織，由孫纂修子和兄任召集人，陳立文教授擔任總幹事，文伯瑞專門委員擔任副總幹事，每半年就餐敘一次。義工同仁們，只要時間及健康情形許可，都會來參加。暢談陽明書屋往事，無不津津樂道。然言及今日情形，則又不勝滄桑之歎！

產權糾紛

在我主持黨史會會務的五年間，一件麻煩事是陽明書屋產權糾紛的處理。民國八十年以前，沒有人提起過陽明書屋的產權問題，因為大家都認為這地方是臺北煤業巨子李建興先生捐獻給老總統的，一切都合法。後來有人要向陽明書屋「索還」土地，才發現問題不是那麼簡單，必須作細密的查證與務實的處理。

首先要求陽明書屋「還地」的一個「單位」，是「立法委員陳水扁辦公處」，來一份「公函」，說陽明書屋外圍的一座碉堡是佔用附近某姓居民的土地，要歸還原主。我想查查原中興賓館原始建築資料，但由於原負責興建的陽明山管理局已撤銷，檔案無存，無法查起。詢問官邸舊人，則謂曾經給予地主補償金，惟查不到證據。我們希望地主能提出證據，他們提出早年的所有權狀。我決定以此為依據，將碉堡用地及地上物交予地主，惟於交地文件中註明日後如有產權爭執，黨史會概不負責。黨史會低調處理此事，純係尊重惟一可資依憑的證據，也避免有心人士引以為詆毀國民黨的藉口。

民國八十四年的臺北市長選舉，民主進步黨候選人陳水扁拜藍營分裂之賜，以比較多數票當選。我預料他將利用陽明書屋產權問題，作為打擊國民黨的一項手段。果然，臺北市政府財政局來了公文，說陽明書屋用地中有一部分是市有土地，要求「歸還」，並派來測量人員進行測量。我們為此事延請了律師，回文駁正。來往文件三四通，由於臺北市政府並未掌握到有效證據，也未敢過於逞強。後來陳水扁競選連任落敗，此事也就無人再提了。

陽明書屋產權的最大麻煩，在於李建興後人不承認其先人捐獻土地一事，堅決要求歸還其土地。關於此事，黨史會曾會同財委會多方查證，得知當年李建興先生之捐獻土地係口頭陳述，並未簽署文字契約，亦未辦理土地過戶手續，因而李氏後人仍握有土地所有權狀。既然如此，只有與李氏後人協商解決。我傾向由黨中央出錢將此大片土地一次買下，曾與李氏家族代表在陽明書屋開過一次協商會議，然李家不同意出售，此事也就延宕下來了。我退休後一年，黨中央決定黨史會遷入臺北市中央黨部辦公大樓，將陽明書屋交與內政部，再由內政部撥交陽明山國家公園管理處管理及維護，以後情形我就不清楚了。

慶祝蔣夫人期頤嵩壽座談會

我於民國八十五年（一九九六）七月提前退休，離開陽明書屋。很懷念書屋的同仁們，但由於六七月間動過一次手術，健康尚未恢復，沒再出門。十一月中，去三軍總醫院再作一次檢查，證明已完全康復，隨也開始參加一些學術活動。八十六年（一九九七）二月間，接到黨史會的邀請函，欣悉要在陽明書屋召開一次「慶祝蔣夫人期頤嵩壽座談會」，我當然樂於接受邀請，藉便回陽明書屋看看。

座談會係由黨史會出面邀請，實際發動並作規劃的人，

慶祝蔣夫人期頤嵩壽座談會。

是秦前主任委員孝儀先生。邀請對象，以曾經直接追隨過蔣公伉儷的先生、女士們為主；黨史會前、現任主管副主管及專任委員五人亦在受邀之列。到會者有二十六人，曾於陽明書屋正門前合影留念。人分兩排：前排坐，有十一人；後排立，有十五人。我有幸與俞國華、郝柏村、周宏濤、曹聖芬、唐振楚、秦孝儀、潘振球七位先生，辜嚴倬雲、黃新平、邵夢蘭三位女士，同坐前排，似乎也躋身於「元老」行列了。

座談會由俞國華、郝柏村兩先生共同主持。發言者，多依據直接對蔣夫人言行事功的瞭解，親切而又深入，極能引人入勝。我於兩年前，曾寫過一篇〈蔣夫人宋美齡女士的志業與貢獻〉的長文，深感蔣宋美齡女士實為近代中國最傑出的婦女領袖，對國家具有多方面的貢獻，她的思想自成體系，風格也與同時代的其他婦女領袖截然不同。為顯示她生平志業的自主性，我認為不須處處為她戴上「蔣夫人」這頂帽子，稱她蔣宋美齡女士似乎更能顯彰她歷史地位的客觀性與卓越性。我這一看法僅是個人的一點感觸，說說而已。遺憾的是，國內外至今還看不到一種完整公正而可讀性極高之蔣宋女士的傳記！

這次來陽明書屋，是退休後唯一一次「舊地重遊」。時間有限，除正館一樓的會議室外，未能到其他館舍看看同仁們，心中也確有幾分歉意！陽明書屋由神祕而繁榮，由繁榮而沒落，身為見證人之一員，回顧往事，難免感慨萬千！

中華民國九十四年七月十日星期日，李雲漢憶述於臺北木柵仁普世家六樓寓所。時年七十有九，退休已屆九週年矣。

中國國民黨中央黨史會陽明書屋時期同仁名錄

主任委員：秦孝儀 李雲漢 陳鵬仁

副主任委員：許朗軒 陳敬之 李雲漢 林徵祁 陳鵬仁
喬寶泰 樓文淵

專任委員：劉世景 陳在俊

秘書：劉世景 邵銘煌

纂修：蔣永敬 蘇振申 吳伯卿 劉世昌 孫子和 劉偉鵬
林　泉

館長：翟君石 劉偉鵬 林　泉

總幹事：呂芳上 孫子和 阮繼光 林　泉 胡璞玉 邵銘煌
劉維開 賴德炎 郭易堂 劉偉鵬 許兆瑞 詹明棧
林宗杰

工作同仁：吳純瑜 王紹易 范廷傑 陳哲三 金慈海
黎寶金 李德嫺 武競時 楊光祚 楊麗美 葉有廣
林養志 張瑞成 董國銘 陳立文 高純淑 胡海敏
文伯瑞 夏文俊 林　德 高稚偉 蔡相煇 陳麗霜
朱文光 賴國昌 陳其華 盧學曾 莊義芳

琴鳴瑟和

七十歲七十幅畫

內子於民國七十五年（一九八六）四月開始習作國畫，極為用心。先從孫雲生先生習山水，繼從杜簦吟先生習翎羽。雖為家事拘牽，無法全力投注，惟日進月將，頗多心得。七十九年（一九九〇）三月，與昔日同窗今日畫友之知己友好十數人，組成友友畫會，且於八十年（一九九一）八月假臺北市南海路國立臺灣藝術教育館舉行聯展，風評甚佳。我興奮萬分，有「與有榮焉」的感覺，乃鼓勵她勇猛精進，表示當我七十生日之期，希望能再有一次畫展，她也欣然作了「七十歲七十幅畫」的承諾。

民國八十五年（一九九六）四月，我將度過六十九週歲誕辰，進入「七十初度」的境界。前一年，內子即在考慮是否要舉行畫展一事。她做事一向謹慎小心，期於周全。也因此而思前慮後，難免猶豫遷延。倒是她一位好友葛瑩真女士的外子莊仲儒先生爽直建議：「作畫，就是要展覽給人家看的，不必考慮太多。」莊先生建議租用臺北市中華路國軍文藝活動中心二樓的展覽廳，他願代為接洽。內子也就立即承諾，次日即與國軍文藝活動中心洽定八十五年（一九九六）四月九日至十五日之檔期，舉行一次個人畫展，當然這是一次大膽的嘗試。

同步共勉

內子先曾撥電話到我陽明書屋辦公室，告訴我她的決定，我當然舉雙手贊成。公畢回家後，兩人再作進一步規劃，決定內子展畫，出畫冊，我則趕寫一冊自述學術生活的書，於畫展開幕前出版，與畫展同日同時同地舉行發表會，以表示兩人同步協進，互策共勉之心意。並約定：不麻煩任何同事及友人，所有大小事務都要由自己承擔，因為這完全是我夫婦自己的事。

內子謙抑為懷，認為自己的畫藝尚在學習階段，因而把畫展定名為「習畫十年展」。為了提高畫作的品質並充實其內容，她又跟名畫家黃磊生先生學習嶺南派畫風，常席不暇暖。至於畫冊編印，我曾建議找中華印刷廠，她婉謝了。另經調查、檢閱、比較後，決定與「漢陽廣告」洽談。巧得很，「漢陽」派來商洽的那位巫素貞小姐曾在省立桃園中學女生部讀過書，自認為內子的學生，因而格外熱心，又有經驗，從選稿、標題、拼版、印校以及邀請卡的設計，都由她依據內子的意見，一手完成。畫冊取名為《韓榮貞習畫十年》，係集王羲之的行書字，清麗瀟灑。十開方形本，共三十五頁，含畫五十幅。內頁有我寫的「序言」暨內子的「簡歷」；我在「序言」中寫出了幾句「自勉自賀」的話：

會友以畫，輔仁以文；
心性剛正，志慮忠純。
丹青翰墨，共結同心；
白日青天，萬古常新。

我的書，以記述自從事史學研究以來的過程及成效為主旨，不涉生活細節，故取名為《史學圈裡四十年》。一部分

謹訂於中華民國八十五年四月九日(星期二)
下午二時，假臺北市中華路一段六十九號 國軍
文藝活動中心二樓展覽廳，舉行
李雲漢新著「史學圈裏四十年」發表會 暨
韓榮貞習畫十年展茶會
肅柬奉邀，敬請
光臨指教

李雲漢
韓榮貞 敬邀

內容，有舊稿可循，但要改寫；一部分內容，則純係新稿，自然需要不少時間。自民國八十四年（一九九五）七月至十一月這段時間，幾乎把所有公餘時間都投注於新稿的寫作，連晨間健行活動也暫時中止。還好，體力頂得住，到十一月下旬就大體完成了。剛好三民書局劉董事長振強兄邀請十多位史學界朋友在復興園晚餐，我坐他鄰座，問我有沒有新書要出版？我就把此稿告訴他，並約定下月初將書稿送到三民書局。

十二月二日下午，我把書稿親自送到復興北路三民書局劉董事長振強兄的辦公室。振強兄爽快極了，立即交代秘書：「此稿列入滄海叢刊，以東大圖書公司名義印行，立即發排，務須於明年三月出版。」三民指派一位青年編輯負責此書的編校，他來我臺北辦公室幾次，於照片選取及文字修飾方面提供一些意見。大體上，依照滄海叢刊體例，但書

名我要親筆書寫。不是由於我的毛筆字寫得好，而是表示負責，看來也感到真實而親切。全書共五百五十頁，照片三十二幀。尾頁有段「簡介」：

> 本書為作者從事中國近、現代史研究四十年經歷之自述。始於民國四十六年（一九五七）初至史學機構任職並研究，迄於八十五年（一九九六）七十初度。除自序及照片外，含二十三項主題，一百四十四項子目。記述其個人研究及著述之艱辛歷程，策劃、主持或參與國內及國際近二十次學術會議之經過；兼述大學教學三十餘年之心得，暨參與並主導中國歷史學會會務活動之經驗。是作者之學術生活寫真，亦為中華民國史學界四十年來進展情形之側面紀錄。文筆生動流暢，情節感人至深。

小遊六福村

三月下旬，我的書和內子的畫冊都印好了。我向三民書局一次購買三百冊，準備於「習畫十年展」與「新著發表會」開幕之日，連同內子《習畫十年》畫冊一併贈送給嘉賓好友。到這時，我才對黨史會同仁公開此事，大家都深感驚訝，也都十分高興。

去年十二月，曾去美國女兒家小住兩個禮拜，並把我夫婦自勉自賀的計畫告訴女兒，她即說屆時全家回臺北來參加。四月初，她一家五口同機回來了。大孫石桓源，九歲；次孫李華強，八歲；三孫石君度，六歲。他們雖然曾經回來過幾次，由於年齡小，記憶不清，沒甚麼印象。這次要他們多看到一些臺灣的景物，決定安排一次「六福村之遊」。我請簡禮思同志經理此事，他做事穩重，責任心也強，很快就租定一部中型旅遊車，可承載十八人。我們邀請女婿石世鉅的父母及家人，簡禮思君家人，一道參加這次六福村一日之旅。

記得是四月七日，一大早，我們三家人集合在我家附近的興隆路二段一五三巷巷口，登車出發。兩個小時後，到達了目的地。六福村，是北臺灣最大的野生動物園，也有兒童遊樂的各種設備，孩子們往往興致勃勃，留連忘返。親家翁暨禮思都陪孩子們參與各種活動，我與內子則只有旁觀的份兒；默默欣賞他（她）們樂極高叫或驚懼惶惑的各種表情，也有無限樂趣。我們車甫行進入口站之後，車頂及前窗部位就都坐滿了調皮的猴兒，真叫我有點驚懼。萬一有隻有大氣力的猴子撥開車門竄入車內，怎麼辦？好在自開園以來，這樣的事還沒發生過！

離開六福村後，我們去了石門水庫。選一家比較寬敞而潔淨的餐廳先行用餐，魚是名品，菜也選新鮮可口的，總期能適合孩子們的口味。餐後繞行石門水庫一周，領略一番此地的山川勝景，車就駛向返回臺北的高速公路了。陪孩子們出遊，多了一次親情的體驗，其意味雋永無比，能不珍惜！

四九盛會

內子和我決定不作過分的張揚，邀請卡也只寄送給兩人的同道好友，並註明：「響應環保號召，維持場地整潔，懇辭花籃暨一切餽贈。」邀請文是這樣寫著：

謹訂於中華民國八十五年四月九日（星期二）下午二時，假臺北市中華路一段六十九號國軍文藝活動中心二樓展覽廳，舉行李雲漢新著「史學圈裡四十年」發表會暨韓榮貞習畫十年展茶會。肅柬奉邀，敬請光臨指教。

四月八日中午以後，開始展覽室的布置。內子此次展出作品近百幅，皆用心之作，均經金代裱畫店裝裱鑲框，整齊美觀。掛畫也要有藝術眼光，雖有友人及女婿等幫忙，主要還靠內子親自來調度。九日上午，黨史會的幾位同仁前來協助，各友好仍然贈送了不少盆景、花籃暨賀聯詩文，也都一一放置好。正午以前，一切都準備妥當，心中也才有了踏實的感覺。

賓客陸續到來了，展覽室內已是嘉賓雲集，笑語盈耳。午後二時，由司儀宋正儀小姐宣布發表會與展覽茶會準時開始。首先請來賓講話，先請中國國民黨中央委員會副秘書長祝基瀅先生，他說他是不請自來的朋友，要代表秘書長許水德先生表達賀忱。他講的不錯，所有中央委員會的秘書長、副秘書長、各單位正副主管同仁，我都不願驚動他（她）們，沒送邀請卡。繼請故宮博物院院長秦孝儀先生講話。秦院長全日都在立法院為故宮博物院預算事備詢，是不方便離開的；他卻仍然抽身來到現場，嘉勉我夫婦幾句。接下來，請中央研究院院士張玉法先生。張院士一開始就說，他是主動要來說幾句話的。因為是同道好友，最了解我，看過我的新書後有些話要說，隨即對我的《四十年》說了些「讀後感」。第四位應邀講話的來賓，是內子大學時代同班同學，兩任高級中學校長，也是名畫家的陳慶麟女士。她對內子習畫的過程及畫作的風格，作了平實的說明，語多嘉許。

四位嘉賓講過話後，由我來致謝詞。首先要感謝各位先生、女士們的光臨，為愚夫婦增加了無限的光彩，特別是遠地來的同學，以及幾位多年不見的前輩，更是感激不盡。我和內子，對各位親朋好友的鼓勵與期勉，自當牢記在心，繼續努力，不敢懈怠。我要特別對老上司秦院長孝儀先生多年來的教導與提攜，史界之友劉董事長振強先生出版我這冊新書的熱心贊助，師事陶壽伯前輩以畫梅著稱於時之戴之甫女士連年來對內子的多方鼓勵，誠申由衷的感激。

我在邀請卡上雖說明辭謝花籃等一切禮品，但仍有三四十種盆景及花籃等送來，且有不少係名貴品種，叫我內心很不安。也有十多位好友送來親筆題寫的詩文，我都懸掛在入口處的側壁上。謝謝高專門委員稚偉兄，他把這次說明會全部過程暨每幅畫作，都拍攝下來。女婿則全程錄影，留下了一套完整的紀錄。中央日報社前記者，今為一家媒體單位主持人張世民先生，細心看過畫作，畫冊及我的新著後，託一位中央日報社女記者黃富美寫一篇短論，連同我夫婦的合照，在四月十一日中央日報「每週人物」欄內刊載出來，讚稱我倆「一出書，一展畫，聲氣相合，伉儷情深。」

賀詞與謝函

友好惠贈的賀詞有十多幅，以秦院長孝儀先生親撰親書者最為典雅。原詞如下：

鼎彝典重

珠玉高華

雲漢老兄主任委員新著史學圈裡四十年發表會，榮貞夫人習畫十年展示會，琴鳴瑟和，一時稱盛。

爰集金文鼎彝典重珠玉高華，以申頌美，無量無量。

中華民國八十五年四月上浣之吉

秦孝儀心波玉丁寧館快晴

畫展第二日晚間，秦院長在臺北市忠孝東路來來大飯店二樓湘園設宴，款待內子國畫老師黃磊生先生暨夫人，劉董事長振強先生，暨我夫婦，表示慶功。

文學家，前中國文藝協會理事長，筆名鍾雷，曾任孫逸仙博士圖書館館長有年之翟君石先生，寫來一首詩「以祝成功暨雙壽」。詩曰：

史學圈中四十年，
春秋大筆巨如椽；
相牽更有丹青手，
福壽鴛鴦不老僊。

書法家，前黨史會同事郭易堂兄、許兆瑞兄，前國史館同事唐元甫兄，都寄來親筆賀詞。內子同學張俊傑兄、董士林兄及我青年服務團同事徐尚溫兄，也都撰詞相賀。丁清原女士則盛讚內子畫作為「畫中有詩，詩中有畫；非凡成就，舉世無雙。」意外的，一位素不相識的聞仲芬老先生，從新竹寄我一幅嵌名聯語：

發揚黨史，有聲有色勝雲霓，男女欽敬；
認真研究，無私無我超漢書，中外景仰。

丁、聞兩位的賀詞過於溢美，愧不敢當。曾專函聞先生致謝。畫展期間，來館觀賞者甚多，有的畫友集體前來觀摩，也有人帶學生來欣賞，邊看邊解說。有一位老先生，特別欣賞那幅「曇花」，來過幾次，久久不忍離去，說「越看越傳神」。畫展開幕之日，有幾位朋友出國去了。過兩天，一回來就立即趕來展示場觀賞，于宗先兄及陳寬強兄都是如此。臺大校長孫震兄於我新書序言中得知我的生日，特別差人送來舍下一盆名貴的蘭花，我當即電話他臺大辦公室道謝。

畫展於四月十五日結束，我夫婦於次日聯名致函各友好，表達誠摯的謝意。函文如下：

> 此次雲漢新著《史學圈裡四十年》發表會，暨榮貞習畫十年展示會，承蒙駕臨指教，錫詞勗勉；並惠饋墨寶名品珍卉，或賜書函嘉勵。雲誼薄天，衷悃感奮，嗣後更當益自精進，冀能不負期許。謹函申謝，敬候
> 道安。

感恩更惜福

發表會與畫展期間，我當然很興奮，很愉快；畫展一結束，心中卻有陰影出現了。因為面部左頰靠鼻梁部位，生了個小瘡，已經幾個月了，根盤下陷，非馬上醫治不可。吉凶難卜，家人難免惴惴不安。於是去三軍總醫院民眾診療中心就診。先看鼻科，後看外科，最後才找到整形外科，由王先震主任主治。王主任是有名的醫治毒瘤專家，他一看，就說「這不是個好東西」，立即安排我住院，動手術。我了解，生了病就要聽醫生的，並不緊張。內子也很冷靜，對我說，一切都要面對現實。倒是已返回美國的女兒肖寧獲知我要開刀後，急促的要求媽：「不管情形好壞，都要告訴我！」

住院時，才曉得三軍總醫院只有三等病房有一張空床。一間病房內有四張病床，有三張床的病人及伺候病人的家人已擠得滿滿的，根本沒法住進去。怎麼辦？真為難！幸好陪我夫婦前來的程威海兄夫人劉鍾渝嫂，憑她曾在三總做過事的人脈關係，獲知特等病房尚有一間套房，但要院長批准方可入住。鍾渝嫂逕自去見院長，說明我的情形，准了，真是謝天謝地。這天是四月二十六日，後來我從內子的記事簿中，發現她記下了以後三天的情形：

> 八五年四月二十六。雲漢住進三軍總醫院介壽樓三十四病房一床（套房）·當日下午三時許，檢查；
> 一、心電圖
> 二、X光
> 三、抽血
> 晚五時回家
> 四月二十七。檢查有關手術抽血檢驗
> 四月二十八。上午十一：三〇手術室拍石膏像，正，側，三〇度，四十五度，九〇度等。
> 晚十時，麻醉師來訪。十時三〇分起打點滴，始有些緊張。

四月二十九日正午，我被推進了手術室進行有生以來第一次手術。由於係全身麻醉，完全不知道手術進行情形。直到在恢復室悠悠醒來，一睜眼看到內子焦急的面容，聽到她說「呀，醒過來了」，神智才慢慢恢復過來。經化驗的結果，不是惡性毒瘤，我也就回家休養。誰又想到，病並未痊癒，一個月後病情復發。連王主任都感到詫異，說「怎麼會這樣呢？」於是又動了第二次手術，把病根澈底割除。一直

到十一月，經最後一次檢查後，王主任才說「沒有問題了，放心罷。」這場病災才算安然度過。

病中感情變得更脆弱，脾氣變得更躁急，難為了太太，覺得虧欠她太多。病中也曾有反省，似乎也悟出個道理，那就是人要知福惜福，知恩感恩，才心安理得，感到快樂。人的毛病就在於「身在福中不知福」，辜負了有恩於己的人，也糟蹋了自己的幸運，真是愚不可及，甚至是不可饒恕的罪惡！

民國九十四年（二〇〇五）七月十七日星期日，颱風「海棠」來襲之夕，李雲漢憶述於臺北木柵寓所。

懷元廬隨筆

海南悽苦詞

顛沛流離何時了，苦難知多少！悽苦酸淚逐西風，故人噎咽相對夢寐中。

大地山河應常在，只是顏色改。問君赤禍幾時休？潢池浪沸滔滔無盡頭！

這首調寄「虞美人」的蕪詞，是我民國三十八年（一九四九）秋冬間浪跡海南島時所填。五十多年前的舊作，早已忘得乾乾淨淨，想不到卞玉玟兄從他的日記裡發現了我這首詞，立即抄寄給我。他說，詞共四闋，只有這一闋還看得清楚，其餘三闋則因年代久遠墨色消褪，沒法辨認了。重讀舊作，心潮不禁洶湧起來，五十二年前海南那段悲慘悽苦的歲月，又清楚的映現在腦際。民國三十八年，是中華民國政府大潰敗的年代，我以一個二十三歲的流亡學生首度穿上了軍裝，在第十一綏靖區青年教導總隊當學生兵，由北國的青島轉移到海南的榆林。辦壁報是唯一的文化活動，我和同隊的孫約三、卞玉玟、張思駿三兄負其責。玉玟說，我們辦的壁報在各隊的比賽中獲得第一名，因此他特別把他自己的作品和我這首「虞美人」詞抄錄下來，一直保存到今天。當時我們都是意氣豪邁的青年郎，如今卻都是白髮蒼蒼的衰老漢，時不我待也！蒿目時艱，益增愴懷疇昔的忉怛之感！

我愛這首詞，因為這是我流亡途中留存的聲音，也是我目前仍保存之中學時代作品的第二篇。那時候，家已破，國將亡，病魔又纏身，面對「滔滔無盡頭」的赤禍，苦命人將何去何從！五十年前的感受，今日想起，仍悸然心酸！所幸我們這群流亡學生，終能在驚濤駭浪中迎來了黎明，尚能為國家民族克盡一份國民應盡的責任！

民國八十九年（二〇〇〇）十月，台北。

卜少老去矣

中華民國八十九年（二〇〇〇）十一月五日之台北聯合報，刊出了「新聞界聞人卜少夫昨病逝香港」的消息，我為之一怔。這叫我想起了本年二月過世的好友劉紹唐兄，想起了二月二十三日台北第一殯儀館景行廳紹唐祭典的感人場面，和香港《新聞天地》週刊主持人卜少夫先生代表友人講話的情形；也叫我想起了前年十二月間，紹唐兄做東，在同慶樓飯店請卜少老、永敬兄嫂及我夫婦吃飯的溫馨。誰也沒有想到，紹唐兄走後不到八個月，卜少老就又駕鶴西歸！

我在抗日戰爭勝利（一九四五）後在故鄉就讀高級中學時代，就是《新聞天地》的讀者，識得卜少夫其名，卻未能見到其人。直到近十多年來，由於《傳記文學》雜誌社劉社長紹唐兄的關係，才見到堪稱新聞界名人也是奇人的卜少夫。跟其他友人一樣，我也禮稱他為少老。我們並非深交，只是在紹唐兄多次邀請的飯局中隨便談談，但他的坦率、真誠和義氣，給我留下難以消卻的回憶，甚至可以說受到他的吸引。特別是在同慶樓那餐晚宴，他和我講話甚多，說最近犯了老毛病，忍不住氣，罵了人。他又握了我的手說：「奉勸老友，一定要好好對待太太，不然會後悔！」他當時眼裡含了淚，不消說，他是想起了不久前逝去的老伴，才有感而發！

《聯合報》記者李春報導：「昨（十一月四日）日凌晨四時許，卜少夫自行拔除維持生命的醫療儀器，不再進食飲水，上午十時陷於昏迷，半小時後告不治。」少老是自己決定要早點離開塵世的，他在最後一期的《新聞天地》（總號二四四二期）刊布了〈告別讀者〉和〈向朋友們揮手〉兩文，從從容容的向他依存了九十二年的世界告別，真的是「人間瀟灑走一回」呀！

〈向朋友們揮手〉一文開端，少老寫了四句詩：

聚散一盃酒，
江山萬里心；
好友情永在，
風雨任飄零！

少老，去罷，你不會寂寞，你會永遠生活在中華文化的長流中！

民國八十九年十一月六日，台北。

習字留痕

我寫毛筆字，始於小學啟蒙時代，摹柳公權玄秘塔，當時情境已經十分模糊了。只記得有一次字寫得太差，被董鴻老師打了一耳光，哭了。董老師罰我重寫一張「仿」，只好照做。這次不敢馬虎了，很用心。新寫的「仿」中有個「千」字，四年級同學李好忠看到後，說：「你才二年級，這個「千」字寫得比我們四年級還好。」挨過打嗎，印象太深刻，至今不曾忘記。

讀小學五年級開始直到高中畢業，都是用毛筆寫作文，寫日記。時值抗日戰爭期間，學校處於烽火漫天的環境中，一夕數驚，老師也未能嚴格要求，所以寫的字沒甚麼進步。及故鄉陷於中共被迫流亡在外，就不再寫毛筆字了。民國四十六年（一九五七）秋初到中國國民黨中央黨史會任職時，偶而還寫寫毛筆字作消遣，後來由於工作及寫作均用鋼筆及原子筆，毛筆就被甩到一邊去，幾十年塵封不動。直到民國七十一年（一九八二），我已五十六歲了，為了排遣喪明之痛的感傷，才又借寫寫毛筆字來自我慰藉。為悼念亡兒肖元而寫的《西河吟》詩集，都是我的毛筆原稿，字裡行間處處閃爍著悲楚的淚光！

寫字比較努力的階段，是民國七十九年至八十九年（一九九〇－二〇〇〇）的十年間。我把習字定為日課，不論在辦公室或家中，每天都抽時間寫幾行。抄寫過《道德經》、《靈飛經》、《草根譚》以及《古文觀止》中的唐、宋名作，寫《千字文》則在百遍以上。我沒有嚴格的臨帖，因為字已成型，改也改不過來，其實也沒有改的必要。十年下來，寫的字已成堆成堵，占有我狹小書室中不少空間，成了一種頗有「雞肋」之感的負擔。

去年（一九九九）起，我決定忍痛割愛，自行消卻存稿過多的負累。去年銷毀了將近二十年的日記原稿，今天則決定銷毀十年來的習字原跡。但也不忍心叫這十年來的耕耘完全無影無蹤，我把每次習字後所留的感言撮集起來，用同一的信箋以毛筆楷書重寫一遍，作為「留痕」。聊供自我陶醉而已，最後恐怕還是要付之一炬！

中華民國八十九年十二月二日，
雲漢感懷於台北市興隆路陋寓懷元廬。
年已七十有四，仍不脫流浪者生涯。

賀老友新著

近三個月來，先後收到了五種贈書：一是張麗君著，天下文化書坊出版的《真澄歲月——林澄枝的故事》；一是許薌君等採訪撰稿，台北五四書店出版的《記憶，也是歷史》，是「七海弟兄」對蔣經國先生的感念集；一是徐有守與其長兄徐柏容合著的《棣華詩集》，由臺灣商務印書館出版；一是樊景周的自敘傳《奔流的澧河》，出版者是台北飛馬文化事業公司；一是蔣永敬的新著《孫中山與中國革命》，由國史館於民國八十九年（二〇〇〇）十二月出版，本（民國九十年）年一月二十六日（舊歷年初三）由著者親自署名面贈。

五種贈書的傳主或著作者，都是我的老友。林澄枝女士是中國國民黨中央委員會老同事（曾任中央婦工會副主任、主任，現任副主席），樊景周是中興大學前身行專時代教育行政科的同班同學，徐有守、蔣永敬則是政治大學研究部同學，四位當然都是我的老友。我不是「七海弟兄」；但提供《記憶，也是歷史》一書中蔣經國先生圖片的高稚偉，執筆寫前言〈蓮成花猶在〉且為「著作權人」的楊康寧，都是同事，同鄉，自然更可視為老友而不見拒。老友的贈書，我都很用心，很仔細的閱讀過，感到親切，更感到興奮，願為老友新著的出版，獻上最誠摯的賀忱和敬意。由於自身是個中國國民黨黨史和中國近、現代史的研究者，對蔣永敬兄的新著興趣至濃，期待亦殷。永敬兄謙稱「都是些舊文章」，翻閱篇目，多數題目也都「似曾相識」，但就以往對永敬兄治史態度及著述風格的體察，知道他的文章條理清晰，文字簡潔，取材新穎，詮釋精當，篇篇都有很高的學術價值，值得一讀再讀。因此，我對永敬兄新著，不因它是「舊文章」而輕易放過。

永敬兄這冊大著，是他歷年來在國內外各次學術研討會及著名雜誌發表之革命史論文匯編。含二十一篇論文，依論文性質區分為四編：一、思想理論與政策；二、辛亥革命；三、人物與團體；四、問題討論。他說曾把這些「舊文章」「作了部分的訂正」，也就是作了「推陳出新」的工作。讀過這些論文後，不能不佩服老同學的勤奮、認真、勇毅和智慧。在台灣，多年以來已見不到有關孫中山先生思想事業夠水準的學術專著問世，老友這一巨著確定當得起「空谷足音」的稱譽。我為老友賀！更為中國國民黨黨史研究與中華民國國史研究賀！國史館出版這冊史著，是前館長潘振球先生所決定的，也願順便向也是老友的潘前館長致意。以後的國史館，恐怕不大容易再出版這類的書了，不禁一嘆！

民國九十年一月二十八日，台北。

易堂兄應無遺憾

郭易堂兄病逝於台北耕莘醫院的事，是黨史會同仁楊麗美編審於二月二日掛電話來告訴我的。當日晚間，一直以友人身分照顧易堂兄的李乃祥君來電話，說明易堂兄逝世情形及治喪計畫，以簡約快速為主，以便其兒媳攜其骨灰儘早返回山東廣饒原籍安葬。

易堂兄已病了一些時日，我對他的逝去並不感到意外。二月五日一大早，就趕去新店耕莘醫院太平間的小禮堂行禮致祭，並瞻仰了他的遺容。一生勤懇為黨奉獻的老人，就這樣落寞無奈的走了，想到相識三十多年的情境，內心裡確有一陣不勝悽愴的感受。

初識易堂兄，是在民國五十六年（一九六七）一月間，他那時任職台中市西區區黨部書記。我考取了中央公費，要去美國進修，辦理出國手續時才曉得要繳戶籍所在地的「良民證」。若要按普通程序申請，由派出所，分局，市警局再行文到警務處，要三個多星期；而我行期已定，不能等那麼久，於是想找「捷徑」。我與服務於省黨部的孫國勳同學提到這事，孫國勳說，這事要找郭易堂。我找到易堂兄說明情形後，他就帶我直接去台中市警察局辦理，越過了派出所及分局兩級，並要求市警局以快速件處理，市警局也答應了。親見市警局人員對易堂兄很誠懇，很客氣，也很親切，才曉得易堂兄的人脈廣，人緣好，對黨的地方協調工作「做到了家」。這是初次見面，很高興黨的基層有這麼深得人心的好同志，彼此也有「一見如故」的感覺。

民國五十九年（一九七〇），我在台北受任為中央黨史會第二室總幹事。室內同仁羅本初兄屆齡退休，空出了個幹事缺，我很想物色一位文筆好，思慮周密，又能在辦公室內坐得住的同志來補充。曾與項達言兄提起這事，達言兄立即推薦郭易堂，我也立即同意。我去黨史會台中辦公室，邀易堂兄來面談，他也立即一口答應。我簽呈黃主任委員季陸先生約見易堂兄，見面只談幾句，就決定行文台灣省黨部調郭易堂來黨史會。有人問易堂兄：黃主任委員為甚麼三言兩語，就決定要你來黨史會？易堂答覆得很妙：大概是黃先生看我「面帶忠厚」，不會惹是生非吧！

易堂兄出生於民國八年（一九一九）十月。弱冠之年，即參加山東戰區對日抗戰工作，於當時史事人物頗為熟悉。三十八年（一九四九）來台灣後，一直從事黨務工作，直至屆齡退休。他工於書法，亦善於文牘。轉職黨史會後，於史料之蒐集、整理、典藏及發行，均多致力。間亦撰寫人物小傳及史事論評，發表於《傳記文學》、《山東文獻》等雜誌。依據《山東文獻總目錄》，易堂兄先後發表文章十三篇，其篇名、卷期及出版年月如下：

篇名	卷期	出版年月
劉殿華烈士革命事略	三五	民國六十二年十二月
追懷先烈李少南先生	九二	民國七十二年九月
山東人在抗日戰爭中之犧牲與貢獻	一一三	民國七十四年十二月
瑣記悍匪崔九（上）	一二一	七十五年六月
瑣記悍匪崔九（下）	一二二	七十五年九月
故立法委員李郁廷先生二三事	一三一	七十六年六月
李玉堂先生事略	一五一	七十八年六月
漫談劉桂堂其人其事	一七三	八十年十二月
孫武故里在廣饒	一八一	八十一年六月
「論丁惟汾」讀後	一八四	八十一年十二月
追憶幾位抗戰老人	一九二	八十二年九月
閒話劉桂堂與何思源	一九四	八十三年三月

易堂兄在黨史會工作近二十年，退休後又已十多年。身體本來很健康，近年來卻為病痛所苦。黨史會同仁，尤其是楊麗美、葉有廣、文伯瑞等，不時予以適當的照顧，他時時心存感激。病情進入危險期後，兒女輪流來台侍奉，兒媳亦來相陪。身後喪事，悉由兩位同鄉好友李乃祥、李震（世昌）料理，雖甚簡約，然連戰主席，王金平、蕭萬長兩位副主席，林豐正秘書長等均致贈輓額，同事好友亦均親臨弔唁，情誼隆矣。有兒女如此孝恭，有同事同志如此關懷，有鄉人友好如此義氣，易堂兄，應無憾也！

民國九十年二月六日，台北。

戴國煇的愛與憎

史界同道好友戴國煇教授逝世一個多月了。一月十日台北的報紙報導出戴國煇逝世的消息，確實叫我很驚愕。我一直以史學界的少壯派來看待他，年齡並不算大，怎麼會猝然而去呢！

我和戴國煇首次見面，是在二十年前，在台北圓山聯勤俱樂部一次宴會中。我們都參加一次討論近代中日關係的學術討論會，見面也只是寒暄幾句。他那時好像很拘謹，也有幾分矜持，在會場裡不多講話，甚至不苟言笑。後來他受國立政治大學之聘在歷史研究所任客座教授，我們成了同事，見面的機會多了，漸漸成為熟人，好友。這才發現他性格的另一面，熱誠，風趣，帶點豪氣；做學問，談問題，則仍然一本嚴肅認真態度，愛憎是非之間不容假借，十分堅持，是正人君子。

對於比他長幾歲，或是出道早幾年的史界朋友，戴國煇喜歡以「老大」稱之，蔣永敬兄和我就時常被他封稱「你老大如何如何」。當然，他口中的「老大」，絕非幫會中的「老大」；在他，只是一種親切的暱稱，略帶幾分尊重之意，這也是他為人謙虛之處。

政治大學聘期屆滿後，他回到了東京立教大學，任歷史研究所所長。民國八十四年（一九九五）三月，我和黨史會同仁陳鵬仁兄及劉維開君同去東京慶應大學，出席一項以「孫中山思想與國民黨黨史研究的趨勢」為主題的討論會，順便與戴國煇兄見過數次面，承他在一家韓國飯店「明月館」款待。我在《史學圈裡四十年》自敘傳中，對這次相聚以及對他的著述態度，作過如下的回憶：

> 我們是吃燒肉、冷麵，吃法很別致。我們都吃了不少，談了很多話，覺得很開心。我告訴戴教授：他在《中國時報》發表的一篇評論文章，很受到我們中央委員會的重視，因為講的有道理。也同時為他經總統府提名為國家統一委員會的研究委員，表示道賀。他性格豪爽，思想新穎，對一些複雜問題，都有顯彰大是大非的看法。對二二八事件是如此，對中國統一問題也是如此。他反對台獨份子，但反對的理由基於理性，而非意氣，這是他之所以成為國際知名學者的基本原因。

戴國煇兄研究台灣近代史，他的主要著作有《臺灣史探微》、《愛憎二二八》、《臺灣結與中國結》等書，前二種他都曾送我一冊，他也曾當面和我談有關「二二八事件」的事。他認為歷史研究不能受政治意識的支配，尤其不能脫離史實。他所愛的是正義，是真理，所憎的則是顛倒是非，曲解史實。愛憎之間，他有道德勇氣，也堅持學術正義，這使他成為當代最有風骨的史學家之一，他的觀點和言論身後更顯得出不朽的價值。

從吳伯雄副主席的談話中，得知戴國煇兄居留日本四十年，未曾申請入籍日本。從戴夫人林彩美女士的談話中，得知戴國煇兄一生奉行不渝的座右銘：「寶劍鋒從磨礪出，梅花香自苦寒來」。從王作榮有關《愛憎李登輝》一書的說明中，想到戴國煇兄於是非忠奸之辨的嚴正立場，從二月十日的告別式中，選唱國煇兄最喜歡的「松花江上」、「玉山之歌」，想到他愛鄉愛國的情懷。戴國煇兄生活的歲月只有七十年，他留給人間的節操、風範、勇氣以及在史學研究方面的成就，卻是永垂不朽的！

民國九十年二月十二日，台北。

此文發表於《近代中國》季刊第一四一期，頁二〇六—二一三。承主編人於文中，加刊一幀黨史會同仁為郭易堂祝賀七十壽辰的照片，頗為此文生色。民國九十四年九月十日略作訂正，打字儲存於電腦文件檔。七九老叟李雲漢誌於台北文山木柵蝸寓。

書情・友情・史情

與書為友

與書為友，是我生平最大的樂趣。

游蕩史學圈裡將近半個世紀，曾經積蓄過不少書。以文字分，大部分是中文書，小部分是外文書——主要是英文，次之為日文，還有少數俄文及韓文。以性質分，大部分是史學典籍及論述，次之為經學、文學、哲學。以來源分，大部分是史學機構及史界友人的贈書，小部分是自己花錢購買的，也有小兒肖元因公殉職後遺留的藏書。退休以前，台北和陽明書屋兩處辦公室內都陳列著幾個書架和書櫥，另外還有我專用的藏書室；家中則有書房，擠得滿滿的，擠不下的或是暫時不用的都搬進了儲藏室。退休後，辦公處所的藏書請同事們代為清理，歸公的歸公，銷毀的銷毀，未曾帶回家來。家中藏書也受限於空間，過一段時間就得作割捨的工作；同時也收到一些新贈書，因而仍有「書滿為患」的壓迫感。但不願輕言割捨，因為每本書都懷有感情，也都各有其不能以價格來衡量的價值，不定什麼時間就會發揮其無可取代的功能。

然而，書能發揮功能，在於有人來讀，來用。書排列在書架上而沒有人能讀，能用，那就是浪費，太可惜。所以，我歡迎同道好友和晚生後輩們，能運用我的書。我也想主動把一些學術論著和史料專輯，提供給幾位晚輩同道，希望對他們的研究有所裨益。

新獲十八種贈書

民國九十年（二〇〇一）十月至九十一年（二〇〇二）一月間，先後收到了十八種贈書。先將著（編）者及書名開列於下：

狹間直樹編《梁啟超・明治日本・西方——日本京都大學人文科學研究所共同研究報告》

久保田文次編《萱野長知・孫文關係史料集》

黃自進主編《蔣中正先生研究資料目錄（一九八〇—二〇〇〇）》

陳立文著《從東北黨務發展看接收》

高廣孚著《菊盧詩詞稿》

祁宗漢編著《比翼懷念集——潘錦端之人與事》

江南風著《江南風文集》

張玉法著《中國現代史》（增訂版）

王杰主編《辛亥革命與中國民主進程》

孫英善著《海外論政》
韋玉華著《學海獻曝》
《史學的傳承》編輯小組編《史學的傳承——蔣永敬教授八秩榮慶論文集》
王子壯著《王子壯日記》（中央研究院近代史研究所原稿影印本）
程光裕、陳碧瑩編著《香山集》
王爾敏編《袁氏家藏近代名人手書》
陳雋、張一民編審《陳子彰文集》
劉安愚著《教育生涯回顧》
蓋瑞忠著《先秦工藝史》

十八種書，都是新近出版的著作。多數係由著者或編者直接贈閱，如張玉法、陳立文、蓋瑞忠的著作是。有的是由海外寄來：狹間直樹、久保田文次的著作寄自日本，高廣孚的詩詞集寄自加拿大，孫英善、韋玉華的文集寄自美國。亦有由第三者轉贈者，江南風（本名孫希如）的文集係由老同學林義杜兄面交，書內附了作者與義杜兄關於羅貫中《三國演義》開場詞中「漁樵」與「漁翁」孰是孰非的筆戰文字；義杜兄於〈休戰記〉一文中引述了我的一點淺見，因而送一冊給我。王杰主編的論文集，係廣東省社會科學院孫中山研究所叢書之一，燕山出版社出版，由黃彥教授來台北時帶來相贈，書中收入了黃彥的一篇〈試論孫中山的社會主義思想〉。王爾敏編訂的《袁氏家藏近代名人手書》出版後，中央研究院近代史研究所所長呂芳上兄親贈一冊。該書上編收有黃興於清末辛亥年（一九一一）寫給袁樹勳的一封親筆信，是我以前沒有見到的。我曾寫過《黃克強先生年譜》，竟然不知道有這封信，自慚孤陋之外，也喜獲此一新發現。祁宗漢，我並不熟識。他夫人潘錦端女士係山西省籍國民大會代表，曾任中國國民黨中央婦工會副主任多年，與我有老同事之誼，祁先生因將其所編潘女士的紀念集寄我一冊。《陳子彰文集》，係由老同學張一民兄見贈。十八種贈書的來路不同，但都代表著作人或編者的深厚友誼，使我感到溫暖，甚至鼓舞。除了數種史料性書籍備供有需要時查參外，其餘各書我都一一閱讀，即篇幅長達十巨冊的《王子壯日記》，也花十幾天工夫讀過一遍，感觸甚深，啟發亦多。後來，我把這套書贈送給政大歷史系的教授劉維開博士。

兩位劫後餘生的愛國者

讀過高廣孚兄的《菊廬詩詞稿》，使我想到兩位於抗日戰爭（一九三七－一九四五）中死而復活的好友：一位是高廣孚，另一位是孫約三。

高廣孚，戰時和我是山東省立昌樂中學同學；到台灣後，又曾先後在國立政治大學教育研究所同窗。畢業後，他一直在國立台灣師範大學任教；任教育系教授，有段時間並兼任總務長。前幾年退休，移居加拿大溫哥華（Vancauver,Canada）。好幾年沒有見面了，今接他寄贈詩詞集一冊，分外高興。在昌樂中學，他比我高兩班。我曉得他沒有畢業，就於民國三十三年（一九四四）響應知識青年從軍報國運動，離開學校到戰時的「大後方」去了，卻不曉得他在經過河南商丘時，曾經經歷過九死一生的危難。他的詩詞稿中，有一首〈青年從軍商丘遇險追記〉：

日寇侵華局勢殆，青年十萬應請纓。
同行坐困荒村店，聯絡走迷古睢城。
日夜惶惶驚虜趾，心神惴惴懼敵兵。
嚴冬夜暗傳噩耗，次日平明變困鶯。
階囚膽裂辯無辜，惡寇心橫動酷刑。
氣似游絲身待斃，魂已出竅意難平。
黃昏屍棄荒郊冢，斗轉人甦午夜星。
我慶生還重蒞豫，商丘淚湧哭亡靈。

廣孚在烽火遍野的時代裡，經歷了死裡逃生的災難，但沒有磨損他愛國救國的豪情壯志。抗戰勝利後回到課堂裡，奮勉精進，成為教育界的一員健將。退休後，過起閒雲野鶴的生活，曾遍遊世界各地，並赴大陸遊覽憑弔。他的《詩詞稿》，大部分是他遊蹤所至的即景和感懷，字裡行間，處處流露出愛國傷時的悲憤。

苦難的歲月裡，高廣孚兄並非唯一的受難者。和他情形相似而能死去活來的另一位好友，是孫約三兄。約三兄年齡比我長幾歲，抗戰前即畢業於山東法政專科學校，能文，字也寫得好。抗戰開始後，他參加了我們故鄉昌樂縣的抗日游擊部隊，日夜與日敵纏鬥。他擔任過一個連的「政治指導員」，即今日國軍編制中的連政戰官（輔導長），時時要以身作則，身先士卒。在一次日軍的「大掃蕩」戰役中，不幸被俘了。日兵不由分說，一槍把他打死！過了一陣子，他又甦醒過來了，略為一動，不料為日兵發現，再打他一槍，又死過去了。大半天後，日軍離去了，他竟又悠悠醒來，得到當地民眾的救助，才撿回了死去兩次的生命。這次悲慘的遭遇，卻未能減損他奮勉愛國的勇氣，他是戰將，也是福將！

民國三十七年（一九四八），故鄉為共軍攻佔。孫約三和其他忠貞為國的人士一樣，離開家鄉踏上流亡之途。三十八年（一九四九）秋，在海南島的金雞嶺，我遇到了他。我是青年教導總隊的學生兵，他則屈就為同總隊同中隊的一名班長。操餘課後，我們常聚在一起談些鄉情國事，也互相安慰鼓勵。並曾組織壁報社，按月編成壁報張貼出來，圖文均足稱道。記得他常引用鄭思肖（所南）《鐵函心史》中的詩句，他說最愛這部記述宋亡雜事的史書。當然，他也懷有與鄭思肖一樣悲憤的情懷。

來到台灣後，我繼續升學深造，約三又在軍中待了幾年，然後轉職到嘉義縣政府教育局，主管安全與人事。他為人信實，處事公正，因而人緣極佳，各校校長無不深知其人其品而備致景仰者。他恆以老兵自詡，但老兵也會凋零的。約三已於民國八十年（一九九一）一月間辭世，他所遺留的，只是清白與正直！

為蔣教授永敬兄賀壽

民國九十年（二〇〇一）十二月十五日，去南港中央研究院學術活動中心參加「一九二〇年代的中國」學術研討會。中間休息時，遇到中研院近史所研究員借調東華大學擔任歷史系主任的張力學弟，送我一冊新出版的《史學的傳承》，副題為「蔣永敬教授八秩榮慶論文集」。永敬兄年登八秩，我是知道的。由學生輩為他編刊論文集祝嘏這事，我卻一點信息也沒有，退休後真的逐漸變得孤陋寡聞了。接過這冊論文集，感到突如其來的驚喜。我對張力說：「太好了，謝謝你，我帶回家再詳細閱讀。」當晚即讀過〈序〉及殿後的〈作者與蔣教授因緣〉，不禁感嘆：師道之不存也久矣！今於此書復見之！殊為難得，深感欣慰！

這冊論文集，含學術論文十篇。作者分別是：郭伶芬、詹瑋、許育銘、陳進金、陳紅民、楊奎松、陳謙平、張力、劉維開、林桶法。其中陳紅民、楊奎松、陳謙平三位是大陸歷史學者，雖非永敬兄之門生，卻私誼甚篤，自居於私淑之列。其他郭、詹、許、陳、張、劉、林七位，都出身於國立政治大學歷史研究所，他（她）們的學位論文必都出於永敬兄的指導。七位也都曾選過我的課，我也深知他們都是現代史學界後起諸英中的佼佼者，潛力深厚，前程遠大。論文集的編輯，係由張力、劉維開、許育銘、陳進金主其事，出版則係由邵銘煌一手承擔，交由近代中國出版社出版，精美大方，同時刊載了永敬兄的傳略及著作目錄，極為完備。編輯小組提供的「序」文說：「如今八十歲的蔣教授依然活躍，不時發表頗具創見的學術論文」，這值得永敬自豪，更令我這個老友不無「與有榮焉」的感覺。

永敬兄和我兩度同學（政大、哥大），也兩度同事（黨史會、政大），相識相知已有四十六年，交稱莫逆。他有很多長處，鍥而不捨的實幹精神乃為其一。初至黨史會時，我倆在草屯荔園同室同案，無所不談。嘗聞其夫子自道：「本人想幹就幹，可謂姓蔣名幹，字就幹。」雖係戲言，卻也真的表明他積極而豁達的治學精神。回憶往事並衡之今情，我於十二月二十七日草成通俗俚詩，為永敬賀壽：

我友永敬蔣公，民國史界先鋒；
當年說幹就幹，如今道冠群英。
譽著臺海兩岸，庭滿桃李春風；
欣賀八秩華誕，喜頌松柏長青。

王子壯日記

王爾敏教授於一次電話中告訴我：「你們山東老一代國民黨人王子壯的日記原稿，經我介紹，已由中央研究院近代史研究所影印出版了，很有價值。」他說，想把近史所分給他的一套，轉贈給我，問我要不要。他同時告訴我，王子壯的女婿是名導演李行，本名李子達，是他師範大學同學。由於這層關係，他才獲有機會促成王子壯日記的影印。李子達，也是熟人麼，是我民國四十一年至四十二年（一九五二－一九五三）在鳳山陸軍軍官學校預備軍官訓練班受訓時同隊同班同學，他太太王為瑾也曾見過一面，卻沒想到她是王子壯的女兒。王子壯，本名王德本，北京大學法律系畢業，為五四時代的新人物，畢業後即由丁惟汾的引薦投身於中國國民黨的黨務。北伐前參與山東地方黨務，北伐統一之後，則服務於中央黨部，歷任秘書、監察委員會副秘書長、秘書長、監察院監察委員、銓敘部政務次長等職務，以積勞成疾，於民國三十七年（一九四八）八月病逝南京。由於自身是研究黨史的人，王子壯的日記，是我很想讀到的。因而在電話中告訴爾敏兄，請告知近史所將此書直接寄給我，同時也感謝他的一番美意。

《王子壯日記》，由近史所於民國九十年十二月中旬派專車送至舍下。共十冊，起自民國十年二月，止於三十七年七月。惟十年至十三年的日記頗有殘缺，另三十六年只有〈三十六年的回顧〉一文，三十七年亦只有寫給陳立夫的一封信。我細讀全文，很為王子壯的道德勇氣所感動，認為這書不啻是抗戰前後中國國民黨的一面鏡子，照出了所謂黨國大老或大員的本來面目。當然，在歷史學者的心目中，王子壯日記的可貴，在於它的高度史料價值。我完全同意呂芳上所長在〈「王子壯日記」的編印緣起〉一文中所作的評價：

> 「王子壯日記」的史料價值極高。民國十年至十三年「隨想錄」中，有關北大學風，校園動態，政治牽動學術的案件，均有記載；抗戰前有關黨政問題，包括地方軍人異動，黨內蔣胡派系，山東黨務等，不論親自與聞或品評之辭，均是過去難能獲知的資料。抗戰八年完整的日記中，一個文人對抗日時期中央政治變遷，地方與中央關係，社會變化，物價波動，黨團糾紛，黨內派系糾葛，蔣宋關係的批評與認識，戰後接收與時局等，著墨極多。對研究抗戰時期黨政、社會、文化等問題，留下個人觀察與記錄少見的珍貴史料。總的說，子壯先生雖非黨國的達官貴人，但因長時間人在中央，或與聞中央黨政事務，或親與其事，「日記」中所反應的：不只是一位忠心耿耿的黨員對時代的記錄，更是一位知識分子對時代的觀察與自白，允為民國史之重要史料。

陳明侯冤死之謎

山東籍老革命黨人陳幹（明侯）於辛亥革命時，曾組建淮泗討虜軍與清軍戰於淮徐一帶，頗著聲名，為南京臨時政府陸軍部任為陸軍第三十九旅旅長。南北統一後，解除軍職，其後數年仍周旋於南北政府間，與南方護法政府及北方段（祺瑞）、吳（佩孚）及國民二軍胡景翼部，均有交往。民國十六年（一九二七）國民革命軍北伐至長江流域，陳氏乃赴南昌謁見總司令蔣中正，願負弩前驅。遂被任為支隊司令，號召舊部，進軍徐州，與革命軍第十軍王天培部並肩作戰。七、八月間，王天培以失守徐淮而為蔣治罪槍殺。陳於八月中旬自前線來南京欲謁蔣氏有所陳述，詎蔣已下野離寧，陳乃為李宗仁、白崇禧以通匪罪名拘捕，旋即槍殺。或謂陳之罹難，乃為蔣、桂角力中之犧牲者；惟案情真相如何？迄無人予以釐清。尚憶民國四十六年（一九五七），我初至黨史會服務時，得晤纂修姚薦楠老先生，係陳明侯舊友。言及陳氏被害一案，老先生憤言：「太不應當了！明侯無辜遇害，尚背了通匪惡名，真是天大的冤枉！冤枉！」

我曾查閱黨史會庋藏有關陳明侯的史料，如陳名豫撰〈故陸軍中將陳君明侯墓表〉及陳氏哲嗣孝祖教授所撰年譜及傳記、文集等，對於陳氏遇難冤情，亦未作明確陳述。今讀《王子壯日記》，意外發現王氏所記山西省籍老黨人王用賓（太蕤）對於陳案的口述史料，應為切近事實之陳述。茲錄其原文如下：

> 陳明侯，山東昌邑人，為同盟會員，國民黨中之怪傑也，紀元前參與關東軍，民國初元又組織淮上軍，豪邁不羈，勇敢多謀。吳佩孚極盛時代，以不甘寂寞，投之。北伐時期又復大肆活動，為白崇禧以結聯土匪繳劫槍械罪，於十六年槍斃於金陵之雨花台，說者冤之。近聞王太蕤先生（山西人，現任公務員懲戒委員會委員長）談其活動之經過甚詳，誌之：
>
> 北伐軍於十五六年之交攻下南昌後，吳佩孚退處河南，勢甚蹙。明侯以與直系有舊，說于學忠部歸中央，于允之。路過武漢，為唐生智道及。唐欲予以名義，不必轉向蔣先生要求。陳以與原約未符，不應。唐銜之，急遁得免。時武漢與南昌之間，已不相下。既由南昌領得委令，行至安徽已不能通，寧漢分裂之勢已成矣。時安慶駐軍為王天培部，與之談，深相投。關於于之委令，雖托人由樊鍾秀轉致，地形已成隔絕。會北伐之令下，王天培任津浦路之左翼，陳乃為之策劃，自己躬任前鋒。問用兵幾何？答以八枝匣槍已足，謂淮上盡其舊部也。當正式部隊尚在蚌埠、固鎮一帶激戰之際，彼已到徐州附近，先以青天白日旗樹於雲龍山巔，然後入城散布謠言，謂革命軍從北方已到，佔領山頭。一時人民遷徙，軍心漫散，彼乃召集徒眾，一舉佔領。時李、白為前方總司令，方報告蔣先生戰爭如何激烈，忽接陳電徐州已告克復，白等深滋不悅。此當時克復之實情也。既佔徐州後，氣焰不免增高。白等到徐後，彼所佔之鎮守使署並未相讓，益增其不快。彼方廣招部屬，土匪流氓，均隸其下，山東著匪劉黑七亦在其中。未幾，蔣先生以及五委員下野，徐州難以固守。北伐軍不能當孫傳芳、張宗昌之壓迫，即南退。陳雖招人甚多，但未有固定濟養，有若干土匪不能耐，欲搶劫正規軍，陳力加制止，終不免有若干已實行搶劫。及陳倉卒歸南京，李、白等以新仇舊怨，立即捕拿，次日槍斃於雨花台。丁先生（惟汾）前往保救，已無及矣。厥後雖送上呈請昭雪，以李、白關係均未之應。陳之本身雖不

> 無相當之過失，若以彼為土匪，劫奪國軍，則不免失之過甚，惜今日尚無申雪之機會耳。（下略）

程光裕的《常溪集》與《香山集》

民國九十一年（二〇〇二）一月，收到老友程光裕教授與夫人陳碧瑩共同編著的一冊新書：《香山集》。見書如見人，心中充滿了喜悅與溫馨，也湧起了關懷老友的情愫。老教授高大而又略現佝僂的身影，面色紅潤而常露笑意的態容，不激不徐而又清晰有致的言詞，都同時出現在我的腦際。

程光裕，生於民國六年（一九一七），長我十歲，出道也早，於民國四十三年（一九五四）出任臺灣省政府教育廳主任秘書時，我方就讀於國立政治大學教育研究所。我和他相識，是在民國六十年代，由於我們都是中國歷史學會的理事，每逢開會時就會見面談談，算來也已有三十年以上的友誼。他是中國歷史學會早期的發動人之一，民國四十三年即當選第一屆理事，年僅三十七歲，為二十七位理事中最年輕的一位。第三至六屆則當選監事，第七至二十八屆為理事，二十九至三十屆又為監事。他是歷屆理監事同仁中最資深者，所以我於第三十屆理事會被推選為理事長後，曾於首次理監事聯席會議中，對他及其他幾位資深理監事，誠致欽佩與感謝之忱，並請光裕兄將中國歷史學會在台成立之經過寫一專文，存作學會會史史料。記憶中，我服務於黨史會期間，有關華僑史史料考訂及人物傳記之撰述曾多次求助於光裕兄，他無不欣然應諾，爽快之至。他也時常於電話中，和我討論一些現代史事，或是述說他出外旅遊的見聞和心得。

民國八十五年（一九九六），我收到了程光裕兄的《常溪集》——是他五十餘年來所撰各式文字的集成。內容除圖片外，分專論、序例、書評・國史隨錄、傳記、遊記、南洋雜識、紀念文及附錄九部分，以專論所佔篇幅最多，也是他治學的風格和識見所在。全書分裝為五巨冊，二千八百多頁，稱得上是洋洋大觀。我曾電話向他道謝，也曾參加諸友好在六福客棧為他舉行的祝賀餐會。

《香山集》，是程光裕於《常溪集》出版五年後，與夫人陳碧瑩女士共同編著的第二部文集，書名為其同窗好友宋晞（旭軒）所題。內容分浮生錄影、函札恩情、文稿留痕、學術專論、僑賢傳記、僑史資料、永遠追念及生命之歌八部分，外加附錄，合裝一冊，近六百頁。其中「函札恩情」及「文稿留痕」兩部分，均係師友來函及其個人著述之部分原跡影印。「生命之歌」部分，則係他的「自傳」及「住院記」兩文。於「自傳」中，述其治學精神與志趣節操：

> 我性喜恬靜，治學重心、眼、耳、手、腳五到。愛讀書，惟空泛之論著不讀。研究重深究，雖瑣細問題，亦願窮究。立論重實證，「有一分證據，說一分實話」，為文須言之有物，不作無病呻吟。……生平志趣，研究，教學，行政循序而行，力求其完善。於事盡忠，待人和恕，惟擇善固執，對不誠信，無節操者，痛惡之餘，亦俟機勸勉，冀能改過遷善。

與程光裕兄相識三十餘年，深知其思想作為，一直秉持一位愛國知識份子的本色，他與張其昀（曉峯）先生間的師生情誼，尤為今日教育界樹立了榜樣。然而，歲月是不饒人的。光裕兄已屆八六高齡，近年來老夫婦也為病痛所苦。《香山集》的出版，似乎也是他學術生涯的一個交代。讀到他「念人生如朝露，世事無常，彩霞寂散，羽化歸真為最樂」數語，無言以慰老友，惟有虔誠的為他祈禱！

工藝史學者蓋瑞忠

收到蓋瑞忠寄贈的新著《先秦工藝史》，不禁回想起四十八年前相聚時的情景。

那是民國四十三年（一九五四）間的事。我在今臺北大學前身源流之一的省立法商學院大直分部做助教，認識一位教育行政科的新生，瘦瘦高高的，很勤快，很隨和，很熱誠，對師長也很有禮貌，講話似乎快一點。他，就是山東萊陽籍的蓋瑞忠。同年秋後，我升學政大研究部，離開大直，對他以後畢業以及就業的情形，茫然不知。直到四十多年以後，收到他的第一種著作《中國工藝史導論》，才曉得他已是嘉義師專（今嘉義師院）的教授，有心對中國工藝史進行有系統的研究。

工藝史，在中國通史整體研究中係比較弱的一環，蓋瑞忠有志來彌補此一缺陷，自是令人欣慰之事。經幾十年的努力，他先後出版過《秦漢工藝史》、《隋唐工藝史》、《宋代工藝史》、《元明工藝史》、《清代工藝史》以及於民國九十年（二〇〇一）十一月甫行出版的《先秦工藝史》，他也有意繼續進行臺灣工藝史的研究。積一生心力，從事於中國工藝史的研究，可說是一位立大志成大事的人，雖年逾耳順，而寶刀未老，委實令人可喜可賀。

蓋瑞忠不僅是位工藝史教授，更是一位卓然有成的畫家，書法亦不差。近年來，不斷在臺海兩岸舉行畫展，風評至佳。他畫的是國畫，尤擅長於松、石。我參觀過他最近在台北市中正紀念堂展示廳舉行的書畫聯展，由於自身是外行人，不敢對其書畫擅作品評，但氣勢之雄偉，筆鋒之剛勁，卻為參觀者所一致肯定。由於他多方面的成就，被選拔為臺北大學的傑出校友，接受李建興校長的表揚。法商分部歷屆畢業生中，獲此榮譽者，蓋瑞忠似是第一人，不禁再為他鼓掌致賀。

關於「二二八」

民國九十一年（二〇〇二）二月二十八日，是臺灣「二二八事件」五十五週年紀念日。前後幾天，報紙、電視、廣播中盡是有關「二二八」的宣導，激情的色彩雖較往昔略減，然氣勢之豪壯有增未已，較之雙十國慶與臺灣光復節之冷漠，真不可同日而語。只是有關言論並無新奇之處，只有台北市長馬英九提出「二二八不是族群衝突的暴動，而是一場官逼民反的事件」的看法，為「二二八事件」的歷史定位提供了較新的解說，然於史實真相恐怕還是有一段距離。

「二二八」是個不幸的事件，不少人——在臺灣的大陸人和眾多的本省人，在此一事件中受到毆打、羞辱、拘捕繫獄及殺害。受難者本人及其家人內心的痛苦和悲憤，是可以理解的。然就歷史研究的立場而言，如何以純正客觀的立場予以公正持平的詮釋，而使是非功過之判別達到毋枉毋縱，才是史家的職責。只是在目前的時代和環境中，這樣的史論一時還難以出現。

我不是研究臺灣史的專家，卻對「二二八事件」的研究深致關切。最早讀到的專書是唐賢龍的《二二八事變內幕》，後來聽當年奉令前來查辦此一事件的前閩臺監察使楊亮功師，面告一些祕辛。本省籍幾位身與其事者所寫的回憶性著述，也都曾涉獵。民國八十年（一九九一）一月，行政院設立了一個「二二八事件研究小組」，邀請社會公正人士與歷史學者參加，我被聘為研究委員，因而有一年的時間得以參閱有關史料及研討意見，自信對「二二八事件」有了多方面，多層次的了解。及八十四年（一九九五），行政院另設立財團法人二二八事件基金會，辦理受難者家族申請補償金等事宜，我曾應聘為首屆董事，得有機會閱及一些申請案的內容及申請者的陳述。看到的史料越多，覺得事件的發生與演變越複雜，也深信這問題應當是歷史問題，應當由歷史學家去詳研精審以求得適當的定位，不應再作為政治訴求，致使問題變質。

歷史學者中，已有不少人以極為嚴正的態度來觀察並評論「二二八事件」。近閱張玉法教授增訂新版的《中國現代史》，以長達十頁的篇幅來論述「陳儀任臺灣行政長官時期的治理與二二八事變」（原書六三五－六四四頁），可見其重視此一事件的程度，立論亦甚直樸中肯。只是歷史學者以客觀立場所作的論述，不可能為受難方面主觀感受所積聚的期望相符合。如由「二二八事件研究小組」召集人之一的新聞界前輩葉明勳主撰，而由歷史學者張玉法、李雲漢、陳三井、賴澤涵共同參與意見而成稿的「二二八建碑碑文」，可視為切近史實的觀點，卻不能為受難家屬代表們所接受；而受難者家屬代表們所撰的碑文，又不為社會各界人士所肯定，因而臺北二二八和平公園內的紀念碑，出現過有碑無文的現象。處此情境中，歷史學者們欲從真與偽、全與偏、對與錯、是與非、義與利、理與情之間，找到「歷史的正義」，還真不容易！

此文係於民國九十年（二〇〇一）冬，隨意寫於台北市興隆路陋居懷元廬。刊載於《近代中國》雙月刊第一四七期（民國九十一年二月二十五日出刊）；九十四年（二〇〇五）十月八日重作訂正，並儲存於電腦文件類。李雲漢識於台北市文山區木柵路三段仁普世家六樓之三蝸居。

退休五年

提前退休

中華民國八十五年（一九九六）七月十六日，我結束了公職生活，自中國民黨中央黨史會主任委員任內退休。

按人事法規，中央一級主管的退休年齡為七十週歲。我剛滿六十九週歲，還可再做一年，但已決定要提前離開了。事實上，我在八十四年（一九九五）即曾上過簽呈自請提前退休。秘書長許水德看到我的簽呈後，覺得很奇怪，就電話要我去他辦公室一談。他問：「為何上這簽呈？是有甚麼不滿意的事故嗎？」我怕他誤會，趕緊說：「沒有，完全沒有，只是想早把位子讓給年輕人。」他隨即說：「不要啦，讓我們一塊再奮鬥一段日子麼，簽呈帶回去吧！」

八十五年三月，總統選舉，李登輝主席順利當選連任。五月二十日，在桃園體育館舉行就職大典，我隨中央各單位主管一道去觀禮。回程我就想到：是我再上簽呈自請退休的時機到了。因為總統就職後，黨政人事必有一番大變動，我趁此機會離開，應是順理成章的事。次日就親自用毛筆寫了簽呈，自請提前退休。這次許秘書長照轉了，李主席也很快就批示「同意」。簽呈是我自寫自封的機密件，黨史會同仁並不知情。幾天後，掌理機要的楊麗美編審到我辦公室來談別的事，我順便把這事告訴她，她深感意外，幾乎要哭了。其他同仁曉得這事後，也都感到突然，甚至有人怪我不應當說走就走！

提前退休，也得到內子的同意和支持。事實上，她已不只一次的和我談及此事，從理智的角度分析，給我作過建設性的建議。一生中，經歷過數次重大的事故，她的堅強和決斷足以彌補我秉性優柔之失。能有這樣才德兼具的賢內助，深感慶幸。

我把退休的事告知陳副主任委員鵬仁兄，希望他當仁不讓，立即作接棒的必要安排。我於六月十九日曾給秘書長許水德先生寫一封信，推薦鵬仁兄。兩天後，許秘書長要我再去他辦公室對繼任人選作最後商決。我回到辦公室後，寫下如下的一段記事：

> 中華民國八十五年六月二十一日午後五時，應邀去許秘書長辦公室，商黨史會主任委員人選，余以陳鵬仁兄接任為適當，許秘書長允即簽報主席。仔肩得卸，頓感輕快無比。當即電話告知內子，並書數語誌感：
>
> 求仁果得仁，

善始更善終；
助人亦自助，
有德復有功。

雲漢自慰自賀於辦公室。

我的退休案，於七月三日經中央常務委員會會議通過。次日《中央日報》刊出如下的一則報導：

國民黨中央黨史委員會主任委員李雲漢呈請退休，予以照准。所遺職缺由副主任委員陳鵬仁升任。

李主席登輝先生並對李雲漢任內之表現，特予嘉勉。李主席表示，李雲漢從事國民黨歷史之研究工作數十年，尤以擔任黨史委員會主委一職近四年以來，督導策辦各項大型活動，如建黨一百週年多項學術討論會及出版專書等，對黨史之研究發揚，著有貢獻。期盼李雲漢今後仍一本過去對黨的忠誠，繼續為國民黨黨史之進一步發揚給予指導與協助。

我本想於七月五日就交卸職務。秘書處人事部門同仁主動為我改為七月十六日，盛意可感。我親筆寫信給前輩、先進、好友們，對他們多年來對我的愛護、指導和支持，表達由衷的感謝。回想在黨史會服務期間的言行作為，尚無重大誤失，可以說已做到了「克盡職守」，惟於待人處事之欠圓融練達，則引以為疚。內子曾不時規誡，我也確是小心謹慎。七月十日，曾將自己多年來的體驗草為「處世十二要」，以自規自勉：

是非要辨得明　名利要看得輕
節操要守得緊　學問要做得精
時間要用得當　朋友要交得深
金錢要捨得用　交誼要淘得純
機勢要把得準　潮流要認得真
思慮要想得周　衡決要求得平

七月十六日上午舉行了交接典禮，由許水德秘書長主持。當晚，由黨史會秘書邵銘煌策劃為我舉行了倍感溫馨的歡送會，我在黨史會長達三十七年的經歷，至此劃上了句點。以後的歲月，完全屬於自己的！

紀念羅志希先生百年誕辰

我在退休前所策劃尚未及實行的一件事，是紀念羅志希（家倫）先生百年誕辰。很高興，由於故宮博物院秦院長心波先生的支持暨黨史會同仁的努力，這件事得於民國八十五年十二月間圓滿完成。

羅志希先生生於清光緒二十三年（一八九七），其百年誕辰為民國八十五年（一九九六）十二月二十一日。年初，羅先生長女公子羅久芳教授曾以此事相詢，我告訴久芳：「志希先生主持黨史會時間最久，貢獻至大，為他舉辦百年誕辰紀念活動，黨史會義不容辭。」五月間，羅先生次女公子羅久華教授自美來台，代表羅夫人張維楨女士把一批家藏珍貴書畫捐贈給故宮博物院，也談及志希先生百年誕辰的事。秦院長心波先生當即決定：故宮博物院決定於十二月二十一日舉行「羅志希先生百齡誕辰紀念演講會」，暨「羅志希夫人捐贈展」，邀故宮博物院、國史館、黨史會、政治大學、清華大學、中央大學等有關機關學校之友好參加。黨史會方面，我也決定於十二月間舉辦四項活動：

一、訂於十二月六日舉行「羅家倫先生百年誕辰口述歷史座談會」邀志希先生友好、學生、僚屬暨史學界人士參加。

二、出版劉世景編《羅家倫先生文存附編——師友函札》。

三、出版劉維開編著《羅家倫先生年譜》。

四、《近代中國》雙月刊於本年十二月號人物專欄，以羅志希先生為中心人物。

我於七月間退休，並未影響到羅先生百年誕辰紀念活動的進行。十二月六日的「口述歷史座談會」由陳主任委員鵬仁兄主持，我以〈志希先生二三事〉為題作了報告。呂芳上兄發言時，提到羅先生於我在民國四十六年（一九五七）初到黨史會時，曾寫信給副主任委員狄膺（君武）先生介紹我，說：

> 李雲漢同志係政大研究院畢業，得碩士學位，任以該室編審。其人沉著謹慎，向學之興趣頗強，能安心坐下工作。

呂芳上衝著我說：「羅先生這幾句話，恐怕你至今還不知道。」又說：「就憑這幾句話，可知羅先生有知人之明。」我確實不知道羅先生曾這樣評論過我，經芳上指明後，反倒覺得很惶恐，但願我這三十七年來的表現，證明羅先生的觀察沒有錯。

故宮博物院於十二月二十一日舉行的「演講會」，規模要大得多。久芳、久華和久芳的先生張桂生教授也都自美來台參加。早在三個月前，秦院長就邀我做主講人，我建議另找一位更有聲望、地位和言詞清晰的人，以求好效果，但秦院長不接受。秦院長是老長官，他的個性我清楚，說一不二，既有此吩咐，我不能再有意見。我想這是一次學術演講，因此定的題目是〈羅志希先生的新史學觀〉。還好，講過後，還沒聽到不太好的批評。我想我這口又濁又硬的山東話，很多人不會十分懂，只是他們不好意思當面批評而已。

羅先生是我就讀國立政治大學教育研究所時的業師，也是接受政大推薦讓我到黨史會工作的長官，更是引導我走向史學研究這條路的導航者，並且是我結婚時的證婚人。他逝世後兩年，我寫了一篇〈羅志希先生逝世二週年祭〉，發表於張玉法兄創辦的《新知雜誌》。羅先生八十冥誕之年，我再寫一篇〈羅志希先生的大學時代〉，連同黃季陸、秦孝儀、羅久芳、蔣永敬、呂芳上、夏文俊、劉世景等先生的作品，合編為一冊《羅志希先生傳記暨著述資料》，由中華民國史料研究中心於民國六十五年（一九七六）十二月二十一日出版。其中有一篇以「編輯小組」名義發表的〈《羅家倫先生文存》編輯報告〉，係由我與劉世景兄合寫。近代中國出版社出刊《中華民國名人傳》系列叢書，第十二冊中之〈羅家倫傳〉，也是我的用心之作。這次撰述〈羅志希先生的新史學觀〉，是第四度為紀念羅師而動筆了，也是退休後寫的第一篇論文。這年三月，台北東大圖書公司出版了我的《史學圈裡四十年》，於〈感喟與省思〉一題中立一子題：〈為羅先生說幾句話〉，針對若干對羅先生不公平的批評，說了幾句公道話。

北京行

民國三十八年（一九四九）來到台灣，從此與家人音訊斷絕。七十八年（一九八九），才開始與舍妹及堂弟通信，得悉先父已於民國四十一年（一九五二）農曆四月十六日為中共槍殺，先母亦於民國五十七年（一九六八）農曆十一月六日病逝內蒙舍妹家。我痛哭了幾次，卻也無濟於事。雖然兩岸人民已開始往來，同鄉同學返鄉探親者絡繹於途，我卻無意再踏上傷心之地，按時匯點錢接濟舍妹及堂弟，心願足矣。

退休後，要不要去大陸看看？又成為我須作鄭重思考的問題。民國八十五年十月間，有朋友去北京訪問歸來，傳達人民大學教授張同新和北京「民革」負責人之一的張廉雲，正計畫邀請我去訪問的信息。張同新教授曾於民國八十四年（一九九五）九月來台北出席中國近代史學會舉辦之「慶祝抗戰勝利五十週年兩岸學術研討會」，訪問過陽明書屋，因而相識。張廉雲女士係抗日名將張自忠的女兒，由於我寫過張自忠的略傳，因而數年前即有函件往還。她侄兒張慶隆教授來台灣任中原大學客座教授時，也同我見過面，一道吃過幾次飯，他當時就說一定要姑姑邀你去北京看看。果然，張廉雲女士來了邀請函，說已蒙批准邀我去北京訪問。我回信說：現在北京太冷，等明年夏天北京舉辦七七抗戰六十週年學術討論會時再去，豈不更好？

北京，中國的文化古都，是我久所嚮往的地方。內兄韓榮慶教授也已由重慶遷往北京，等於內子在北京有了娘家，我去出席學術討論會，內子去探親，我也可函告內蒙臨河舍妹來北京一敘，豈不公私兼顧，一舉數得！與蔣永敬、張玉法兩兄晤敘時，曾提及此一心願，他倆均函告北京中國社會科學院近代史研究所所長張海鵬教授，張所長再轉告「紀念七七抗戰六十週年國際學術研討會」的召集人前所長劉大年先生，劉先生很快就給我寄來了邀請函，張海鵬所長也電話舍下表示歡迎。我也決定寫一篇〈盧溝橋事變前後之中國國民黨（一九三六－一九三八）〉的學術論文，提出於研討會宣讀。

研討會的日期是七月四日至七日，地點在豐台的京豐賓館。我夫婦計畫於七月三日啟程前往，當日傍晚可到北京。沒想到，旅行社為我們申辦進入大陸的「台胞證」時，內子很順利，期限為三個月；我的申請則遲遲不見回音，直到要動身前兩天，才收到簽注過的「台胞證」，但限制在大陸停留的時間只有十五天。夠了，我本來只計畫停留十二天，多了也沒有用。我又商請同時受邀前往北京開會的劉鳳翰兄同機，他北京很熟，一同行動也比較方便；鳳翰兄卻開玩笑說，他的任務是「為李公護駕」。

七月三日下午四時左右，我們到達了北京首都機場。手續很順利，出機場入境大門後，看到榮慶大哥和張海鵬所長都親來接機，又高興又感激。榮慶大哥於抗戰初起時即去了後方，與內子已有五十多年沒見面，內心的興奮可想而知。大嫂也一道來接機，更是首次相見。內子即由兄嫂接去韓府，翌日他們兄妹又同去濟南探視長姐。我與鳳翰兄則坐張海鵬所長的車直赴京豐賓館辦理報到手續。晚餐時，就見到了劉大年和張同新，劉表示熱誠歡迎，張表示正和張廉雲安排我會後的活動，希望能叫我滿意。

研討會中，意外的受到禮遇。七月四日上午的開會式，受邀坐到主席台上，並講了話。我提出三點意見：一是要弘揚抗戰精神——我認為抗戰精神，就是中華民族團結愛國，堅苦卓絕的精神；二是擴展抗戰史研究的範圍，進行全面的，客觀的學術研究；三是加強兩岸間的學術交流。我這簡短的講詞，應北京《抗日戰爭研究》季刊副主編榮維木之請，發表於該刊一九九七年第三期（總第二十五期，一九九七年八月二十六日出刊），是我迄今唯一在大陸發表的短文。九月二十二日。榮副主編再寫信來台北，「代表編輯部向你衷心致謝」。

研討會期間，除全程參與各場、次分組討論會外，另有三事值得一記。一是吳天威兄面告，楊拯民要請他和我吃午飯。楊拯民，是一九三六年十二月西安事變主謀人之一楊虎城的長子，位居全國政協副委員長。民國七十五年（一九八六）十月我去美國伊利諾大學（The University of Illinois, Urbana）出席「西安事變五十週年學術討論會」時，楊也來參加，碰過面，但未多談。這次要請吃飯，我頗猶豫，天威兄堅持非去不可。天威兄是主客，只有陪他一道去了。是在一座氣勢很雄偉的華廈內。楊解釋這不是他的家，是借用的。菜餚也很講究，侍者卻是男性。我們邊吃邊談，不涉政治。楊表現出溫文儒雅的一面，使我對他的印象為之改觀。不像胡繩，當我提到十五年前曾在芝加哥「辛亥革命與民國創建」國際學術討論會見過面時，卻有意的顧左右而言他。第二件事是去盧溝橋參觀並參加了在「人民抗日戰爭紀念館」前廣場舉行的「七七事變六十週年紀念大會」，聽了幾位共軍老將領劉華清、呂正操等人的講話，似乎都不著邊際。張廉雲女士，也以抗日將士遺族代表身分致詞。第三件事，是北京大學歷史系的一位學生代表於晚間來電話，邀我於研討會結束後去和他們開次座談會，我因為分不出時間來，婉謝了。他沒再說什麼，我心中卻有幾分歉意。

討論會於七月七日上午結束。下午我就遷入位於西長安街的民族大旅社，是張廉雲女士派人為我代訂的。內子也從濟南回北京來了，由大哥、大嫂陪同來到了旅社，算是「歸隊」。當晚，張廉雲在北海附近的「御膳坊」請吃飯，主客是我夫婦及來自台灣的劉鳳翰、李恩涵兩兄，陪客除張同新教授外，尚有金沖及先生。金是中共中央黨史研究室主任，和我在中國國民黨的職位相當，以前雖曾交換過著作，這次則是第一次見面。

七月八、九兩日，是張廉雲、張同新分別為我安排的參觀活動。八日，由張廉雲招待，她派一位趙女士帶車來接我夫婦，參觀了西山碧雲寺孫中山先生衣冠塚、臥佛寺、頤和園、天壇及故宮，當然是只看個大概。在頤和園停留的時間較多，我們曾登上萬壽山，到過排雲殿，俯視一頃碧波的昆明湖，使我想起了王國維投湖自殺的往事，此老真是愚不可及。在天壇，也盤桓了一段時間，以致到故宮時已近黃昏，只從紫禁城外緣繞行一段，沒有入內。故宮文物精華都在台北，宮殿氣勢也在電影及電視劇中見過，我們不願叫趙女士和司機過於勞累，所以提前趕回旅館來了。

九日，張同新教授為我夫婦安排了「古北口之行」。他在八日晚間，即曾偕同北京市政府統戰部的一位先生和一位女士來旅館看過我們，談談台灣生活狀況，也說明去古北口的安排情形。九日八時三十分，張同新就帶了車來接我們。經密雲縣政府時，又多了一部車載了當地的接待人員。中午時分，到達了古北口，登上了古老的司馬台長城。這段長城，保存了古老的原貌；連民國二十二年（一九三三）長城戰役時為日本入侵軍隊破壞的一座城樓也未修復。因為這地方不是一般的觀光區，所以山川草木都顯得古樸無華。我們也特地參觀了「抗日陣亡將士墓」和「紀念碑」，我和內子並肩向陣亡將士英靈行禮致敬。午飯是吃的當地菜，亦頗可口。飯後又稍作流連，隨即原車返回北京。登上古北口的長城，就有不虛此行的感覺，十分感謝張同新教授極具創意的安排和引導。

七月十日及十一日，是安排與家人相聚的日子。我於七月六日從豐台發一通電報給內蒙臨河的舍妹，要她於十日趕來北京相聚。十日一大早，她們一家三代老少八口都趕來了，四十多年不見面，倒還能看出早年像貌的輪廓；只是鄉音已改，際遇各別，有些觀念已大有差異。第二天上午，陪他們遊覽了人民大會堂，中山公園內的中山紀念堂，社稷壇，並招待他們全體吃餐團圓飯。飯後，他們就回內蒙去了。當晚，邀內兄全家來民族大旅社，在中餐廳共餐，然後來房間敘舊談心，留下了極為愉快的回憶。

七月三日去，十二日回，這次北京之旅只有短短十天，卻是一生中值得紀念的事項之一。北京的氣氛和以往大不相同了，而且時時在進步中。張廉雲女士和張同新教授的盛情款待，令我衷心感謝。與家人相見，了卻多年來沒法實現的心願，也感到無比的高興。北京，我為你前途的發展懷有高度的期盼和祝福！

謝答榮慶大哥贈詩

內兄韓榮慶先生，年輕時即被稱為才子。記得徐清河（醒民）老伯說過：「榮貞大哥榮慶，才思敏捷，人也長得漂亮。」抗戰開始後，他報國心切，追隨政府去了大後方，於畢業於武漢大學後，即在重慶從事於教育工作，主持高等學府，成績斐然。退休後，應公子韓加教授之請，由重慶移住北京，敘天倫之樂。他喜歡詩詞，致內子信中常附以信筆寫出的詩句，於敘情狀物，無不流露真摯的情感與曠達的胸懷，讀後倍感雋永親切。

此次北京之行，係首次相見，親接其恂恂風範，頗有相見恨晚之感。夫人系出名門，亦致力教育事業，賢伉儷志同道合，相得益彰。我們此行，帶了兩冊屬於家乘的舊著相贈：一是亡兒肖元的紀念集《幼鴻啼痕》；一是我的自述《史學圈裡四十年》。我的書，算是「自我推銷」，也是誠心誠意的請他們指教。回台北後三個禮拜——民國八十六年（一九九七）八月三日，接到榮慶大哥寫給內子的信，附了題贈給我的一首詩，原文是：

贈雲漢

功夫不負有心人，自古百煉始成金；
勤學苦讀四十載，史哲圈裡出奇文。
治學有成出奇峰，欲上絕頂須攀登；
東齊學人李雲漢，一書問世四座驚。
古稀學士日日健，皓首窮經不計年；
問君歸去何所事，筆耕不倦更無前。

大哥此詩，想是閱讀過我的贈書後所寫，對我獎勉有加，令我且感且愧。惟對大哥「筆耕不倦」之期許，固不敢稍有怠忽，令其失望也。八月五日，信筆草成小詩以回敬。原詩如下：

謝答榮慶大哥贈詩

卓犖英才出少年，奮赴國難人超凡；
百年樹人千秋業，立教垂則踵前賢。
魯渝鯤燕萬里緣，半紀長思一日還；
回首前塵還如夢，促膝話往笑燈前。
千里惠我金玉言，圭臬長奉敢偷閒？
七十益解歲寒意，兩心共譜矍鑠篇。

紀念蔣經國先生

民國八十七年（一九九八）一月十三日，故總統蔣經國先生逝世十週年紀念日，除了在國內參加紀念經國先生的兩次座談會外，還曾應邀去日本東京作了一次以「蔣經國先生的志節和理念」為題的講演。

國內的兩次座談會：一是一月六日正中書局主辦的漆高儒著《蔣經國評傳》發表會，我講話的主題是〈重視蔣經國先生最後的國是主張〉；一是一月八日，由中國國民黨中央黨史會主辦的蔣經國先生逝世十週年口述歷史座談會，我提出書面意見，題目是〈懷思與期盼〉，會後發表於《近代中國》雙月刊第一三三期。兩次都是有感而發，對國事黨事都懷有深沉的隱憂。

東京的演講，是應日本蔣經國中日文化交流基金會主席李海天之邀請。同時受邀者，尚有陳主任委員鵬仁兄。講演會的正式名稱是「蔣故總統經國先生逝世十週年紀念演講會」，日期是一月十五日下午，地點是東京Miyako Hotel，主辦者除日本蔣經國中日文化交流基金會外，尚有中山學會，台商會等團體，由李海天主持，駐日代表莊銘耀也在會上講了話。

我的講詞，是一篇學術論文的形式。我是在蔣經國出任黨主席時代，由國史館回到黨史會擔任副主任委員職務的。到職前，他曾在中央黨部的主席辦公室召見我，談話雖只三言兩語，但他誠懇的態度和務實的言詞，都使我感到極大的鼓勵和啟示。民國七十七年（一九八八）一月十三日蔣經國逝世的消息傳開後，我深感痛惜，且有「大廈將傾」的感覺。曾親自參加他的喪典，並為《蔣總統經國先生哀思錄》編撰人之一。新聞局奉令編印《蔣經國先生全集》，共二十七冊，我又受聘為「總審稿」，忙幾個月時間，把蔣經國先生一生的著述、言論、函電、公牘、札記等細心閱讀一遍，對他的人格、思想、志節和事功，頗有體會。經國先生在世時，我沒寫任何論述他的文章。他逝世後前三年，曾寫過兩篇學術論文來紀念他。一篇是〈經國先生與戰後中俄東北交涉〉，一篇是〈蔣經國先生在抗戰期間的奮鬥〉。這次在東京講述的〈蔣經國先生的志節和理念〉，是第三篇為紀念蔣經國先生而寫的學術論文了。

我也曾應《中華民國名人傳》系列專書主編人之邀，寫

再訪日本：東京講述蔣經國勛蹟。1988年1月。（由左至右）日譯人陳鵬仁、主講人李雲漢、主持人李海天。

過一篇〈蔣經國傳〉，刊於該叢書第七冊。後來，國史館館長瞿韶華先生決定由國史館編刊《國史擬傳》系列專輯，有關孫中山先生傳，他採用黃季陸先生舊作；蔣中正先生傳，計畫請秦孝儀先生執筆。至於蔣經國先生傳，他考慮了好久，最後決定要我寫。他先電話相約，然後當面懇託：「想來想去，還是你最合適」，「這個忙，你非幫不可。」「根據你原來寫的蔣經國傳，增訂一番就好。」老友相託，我只有「恭敬不如從命」了。這就是《國史擬傳》第七輯所刊載的我那篇〈蔣經國傳〉，含十五子題，雖仍嫌簡略，但大經大節均已包括在內了。我對蔣經國先生的總評是：「是一位以平凡、平淡、平實自許，事實上則是一位高瞻遠矚，沉毅英斷，愛國親民，大公無私的平民政治家。」

登山感懷

自民國七十一年（一九八二）九月起，我夫婦把晨間登山定為常課，如非有雨、病、出國等原因，迄今十九年來，未曾間斷。

我等登山，有近、遠兩程。近程是住所附近的景美山，亦即台北市南郊遊覽勝地仙跡岩，平日每晨都可登一次，約需一個至一個半小時。遠程是在暇日中去木柵東南兩面的群山眾寺走一大圈；多半是從政大出發，經指南宮、天恩宮、三元宮，到樟山寺，再回到政大，需四至五小時。這地區，眾山環抱，林木深鬱，茶園連陌，是新闢的觀光區。登山的目的，是活動筋骨，健胃強身。如登住所附近的仙跡岩，我們會在山上覓一塊空曠之地做做體操，但不會大聲喧譁。如去木柵後山的觀光茶園，沿外環山路走一大圈，全程已近十公里，運動量足夠了。夏天還會被晒得膚色紅黑，汗流浹背。登山，更有不少樂趣。沿途群芳競豔，百鳥爭鳴，澗水淙淙，涼風陣陣，會令人暫時忘卻了塵囂，有曠達清暢之感。有時遇到老友，駐足小敘，互道短長，也別有一番情趣。有一次，我夫婦和老同學高校長明敏兄去木柵後山健行時，一時興起，竟翻越數重山巒，走到了銀河洞，欣賞那懸在半空中的瀑布，然後再循原路走回政大，創下了登山以來行程最遠耗時最久的紀錄。

登仙跡岩，則又是另外一種情趣。景美山是座小家碧玉型的山，並不甚高。沒有群峰環立，風嘯雲飛的景觀，卻有叢林蒼翠，雜花散香的清麗。山間有寺，有亭。主寺即仙跡岩巨石下的仙岩廟，另有紫範寺、山前寺、福德祠等，分佈於山右，山前及山左。亭臺亦有五、六座，最早建立也最具意韻的是那座六角型慈善亭，有兩副楹聯，文曰：

仙境非遙由此進
跡痕常在引人來

慈雲出岫多甘雨
善士施人有好因

慈善亭外，尚有獅子會、台北市政府建設局等近年來所興建的數座水泥亭，供遊人小憩，未標亭名，亦未有任何文字記述。倒是由景華街上山的道路上，有一座克難式的草亭，顏其名曰「長春」，想係為附近居民中的退休（役）人士所搭建。亭柱上書有一副聯語，別具一格，且寓深意：

為名忙，為利忙，忙裡偷閒，且進涼亭坐坐；
勞心苦，勞力苦，苦中作樂，聊將世事談談。

登仙跡岩，有時也會觸發文思和逸興。我不是文士，更不是詩人，只是從小學時代起，就愛讀詩。戰時讀中學，喜歡寫些不成章法的新詩，自稱為「自由體」。後來流亡在外，歷盡辛酸，情之所至，有時也會草成一些難期大雅的詩句，聊以抒懷寄傲，自我慰藉。近年偕老伴登山，也曾寫出一些感懷詩。下面是民國八十六年（一九九七）八月三十一日所寫的兩首詩：

一

孟秋吉日晨未曙，妻我相將登岩峰，
羞月破雲微含笑，疏星眨眼尚惺忪；
晨課相沿十五秋，幾朝霜白又風清？
葱蘢滿目觀不盡，蒼茫世變何須驚！

二

仙公路上覓仙跡，仙廟岩巔有仙蹤，
綠蔭叢中蟬作興，山客過處留山聲；
二十年前中秋夜，曾伴愛兒踏月行，
無奈生平傷心事，老懷無語問秋風！

民國八十七年（一九九八）出國幾個月，回到台北已是八十八年（一九九九）春正。回家次日即登仙跡岩，興感所至，又草成〈登仙跡岩有感〉長詩，錄之留念：

睽違六七月，縈情苦且殷；歸來遽登臨，山青草木深。
磴道層層上，遊客喜成群；南腔北調裡，識得祖與孫。
長春亭猶在，圍案多義民；無名亭三座，落坐皆閒人。
護徑盡紫蘭，野薑何處尋？青蕨已成樹，白蘿花吐芬。
林際飛繡眼，妻見喜吟吟；珍禽畫中友，輕盈逐風塵。
登上仙岩巔，禮敬中華魂；放眼海天闊，不見故鄉雲。
仙廟傍仙跡，善士種善因；香火祈寧泰，道佛久共尊。
寺外另有寺，鐘鼓頻相聞；平安共相期，遐邇同此心。
渡海已半紀，公役四十春；世亂休致後，歲月近黃昏。
國破徒負負，野老志難伸；離亂猶未已，何處寄此身？

「林際飛繡眼」句中的「繡眼」，鳥名，眼環以白色，嬌小靈活，態容極可愛，妻取之入畫。仙跡岩巔豎有旗桿，中華民國國旗凌風飄揚，無間寒暑，有凜然不畏橫逆之概，我視之為國魂之表徵，因有「禮敬中華魂」之句。仙跡岩主神為呂洞賓，亦有佛教之菩薩，合道佛為一體，亦中華文化發展之一特色也。

畫中話

內子韓榮貞女士於民國七十五年（一九八六）起，習畫國畫。先後受教於孫雲生、杜簦吟、黃磊生等名家，於山水、花卉、翎羽，均曾投注。民國八十年（一九九一），曾與數位畫友在台北國立臺灣藝術教育館舉行聯展，八十五年曾在台北國軍文藝活動中心舉行個人習作展，風評均甚佳，並出版《韓榮貞習畫十年》畫冊一種。

於國畫，我是百分之百的外行，完全沒有品評的能力。然而，我卻是她勤習國畫的受益者。承她的美意，每於畫成，即對我說明畫作的構想及寓意，並時常要我在畫上題字。為了題畫，就得好好用心習字。幾年下來，我的毛筆字雖仍難登大雅，然有些進步，則是無可否認的事實。我喜歡因畫意畫境而表現內心的感想與盼望，寫下五言或七言的詩句，因而也增強了我舞文弄墨的興致。兩年前，我整理舊稿，把題畫的詩句選輯成小冊，名之曰《畫中話》，珍存於我的私稿中，以免散失。

早期為內子題畫，是一幅山水人物。主題為數重山峰，峰腰有平台，台上有茅屋，屋外有扶杖漫步的高士。峰下則是一灣清潭，潭上有輕舟盪遊，舟中人依稀可見，似談興正濃。我乃題詩其上，曰：

山間話桑蔴，
潭上泛輕舟；
達人有逸興，
歲月無盡頭。

內子早期的畫作中，我最喜歡那幅意境清逸灑脫的「葦花秋雁」。造境很清純：湖畔蘆葦花正開，臨風搖曳，意態婀娜。葦叢中棲有雙雁，狀甚親暱；空中明潔清新，有一雁俯飛而下。內子要我題詞，乃就畫面情境與主觀心意結合為一，成一小詩：

雁鳴一片秋，
散盡萬里愁；
葦叢織綺夢，
結伴到白頭。

國軍聯勤總部每年均舉辦文化活動，含文學創作、國畫、油畫等多類，向現役將士及軍眷、遺族徵求作品作定期之展覽，並延聘名家評鑑等第，優勝者發獎金獎狀。民國八十七年（一九九八），服務於聯勤後方留守署台北服務處的陳碧瑩女士屢邀內子參展國畫。蓋小兒肖元於民國七十一年（一九八二）在預備軍官受訓期間因公殉職，我夫婦遂被列為國軍遺屬，有參加此項活動的權利。內子以陳女士多年來熱心為我們服務，盛意難卻，因而以一幅「荷塘翠鳥」與之，攜去參展。經評選後，內子此畫榮獲銅駝獎，獲獎牌及獎金。事出意外，我比她更高興。十一月二十六日，陳女士親將獎牌獎金送至舍下，睹之不勝欣喜，因撰感言相賀：

神來之筆，意外之喜；
無價之報，才力之徵。
卿不言功，功在心中；
兩心深處，月白風清。

作客女兒家

女兒女婿在美國完成學業後，即留在那邊工作。他們都在一家科技公司上班，甚為忙碌。三個孫男方就讀小學，在在都需人照顧。我退休後，女兒很希望我們能去美國多住些時間，一方面家人團聚，多享些天倫樂趣；一方面幫他們照顧孫兒們，減輕他們點負擔。親子情是割捨不了的，我夫婦因而決定每年都去女兒家住上幾個月，多為他們盡點心力。等孫兒們都長大之後，不再需人照顧時，我們就安居台北，不再兩地奔波。

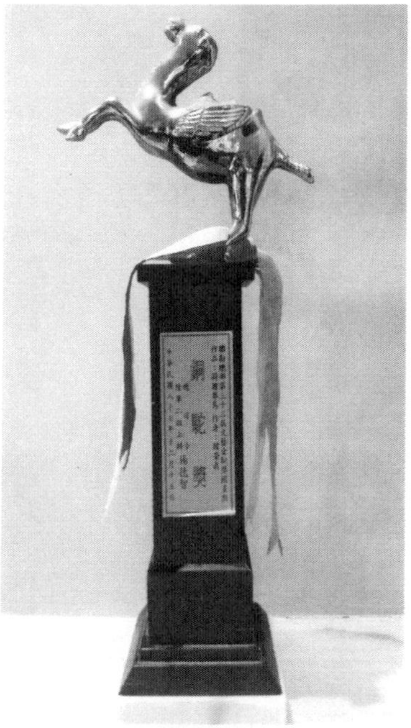
韓榮貞獎牌：銅駝獎。聯勤總部主辦：第33屆文化藝術展示會。民國87年9月，台北。

我曾於民國五十六、五十七兩年（一九六七－一九六八）間，到紐約進修。其後去參加多次國際學術研討會，對美國並不陌生，生活也還能適應。內子比我靈敏，適應力也強，更加有做不完的事加自在她身上，雖然勞累些，但也不會有太大的壓力。女兒女婿為了調節我們的生活，每年我們來美期間，他們都安排一、兩次長程旅遊。有時自行駕車，有時則搭乘飛機。因此數年來，我們曾深入密蘇里州（Missouri）有名的鐘乳石洞群，訪問過林肯（Abraham Lincoln）的故居和墓園，也曾沿密西西比河（Mississippi River）溯流而上，去訪問大文豪馬克吐溫（Mark Twain）的故鄉。也去過加拿大欣賞尼格拉大瀑布（Niagara Fall）的壯觀，遊覽過加東名城杜倫多（Toranto）。美國西部有名的大峽谷（Grand Canyon）和黃石公園（The Yellowstone National Park），我們都曾住過兩三天，飽覽那些巧奪天工的天然景象和從未見過的那些野生動物，胸懷因之開闊了不少。黃石公園是美國最早最大的國家公園，數年前一場火災燒焦的林野遺跡仍在，噴泉之多之奇也不能不令人嘆為觀止。唯一的遺憾，是始終未曾見到狼的真面貌。

春花秋月，在台灣並不稀奇。夏雹冬雪，卻只有在中國北方和美國北部才能有真實的體會。民國八十七年（一九九八）十一月，我客居美北伊利諾州（Illinois）瑞柏市（Naperville）的一個新社區。一個夜裡，雪花初飄。翌晨憑窗外眺，莽莽枝椏間皆掛銀花，唯一老鴉兀立其間，瑟縮不已。感而為句：

老年流浪漢，北美暫作家。九月秋未盡，寒夜已飛雪。推窗林間望，蕭瑟一昏鴉。雪泥未留痕，來日知幾何？

晨間散步，是最好的消遣，也是我們的首要功課。記得是民國八十八年（一九九九）十一月九日，於晨步途中突有所感，歸後即草為〈秋晨漫步〉小詩：

凌晨天氣清，與來郊外行；熹光已破雲，雁陣正當空。漠漠疏林遠，蕭蕭秋意濃，兩老步履健，細語話平生。

多讀點古史

退休後，在生活和進修方面，曾作深刻的檢討和反省。人老了，角色變了，無論在個人修養和處世態度方面，不能不作適度的調整，甚至要作必要的修正。

以往四十多年，我把我的學術生活分作三部分：閱讀、教學和著述。教學工作，早在民國八十四年（一九九五）秋季，即停止政大歷史研究所的課程，只繼續指導兩位博士研究生撰寫論文：一位是政大歷史研究所的王正華，一位是師大三民主義研究所的莊政。到八十六年六月，兩位的博士論文順利通過口試一關後，我的工作也宣告結束。著述，或者說是寫作，雖是我興趣所在，但也不能不因馬齒徒增而自我限制：決定不再從事於學術性較高的研究工作，非不得已也不再參加學術會議宣讀論文，只隨興之所至，寫點輕鬆的隨筆或短論。只有閱讀，是不能停止的。但也發覺以往偏重於閱讀近、現代史史料和史著，未能多涉獵通史及斷代史，在史學修養上難免有所缺失。因此決定退休後的歲月中，要多讀點古史籍。

談判古籍，早年在政大研究部讀書時代，就曾分期付款，訂購了台北藝文印書館影印出版的四史，十三經和二十五史中的一部分：《魏書》、《晉書》、《宋書》、《唐書》、《舊唐書》、《新元史》。這些書，除《史記》《漢書》《後漢書》曾經讀過外，其他部分都讓它們安靜的排在書架上，四十年未曾翻動。如今排上用場了，它們都成了我的「基本用書」，不時翻閱。

我有一部台北世界書局出版的《新校史記三家注》，一部《新校資治通鑑注》，是最新版，最新標點，也是我翻閱次數最多的兩部書。是在民國八十六年即一九九七年香港回歸中國前一個月，故宮博物院舉辦一次「從《南京條約》到《日本投降》的恥痛與奮發——中華民國力爭自由與平等外交史料特展」，開展日特別舉行「專題演講會」，邀陳教授捷先兄和我為主講人——捷先兄講清末時期，我講民國時期。我講的題目是〈國民政府收回香港九龍的決策與交涉（一九四一－一九四八）〉，故宮博物院付我演講費台幣五千元。內子建議我：用這五千元買套《資治通鑑》長久存閱，不是很有意義的事嗎？我完全同意，立刻就去世界書局買來這兩部書。

讀古籍，需要慢慢的閱讀，細心的體會，才能瞭解其精義。《史記》《漢書》以前曾讀過，現在是讀第二遍。《三國志》《資治通鑑》都是第一次讀，所以格外細心，並作了眉注，心得也多。司馬遷為中國第一位大史學家，史筆為萬世宗，但記事也有疏漏之處。如《史記》〈夏本紀〉部分，竟失記「少康中興」史事，誠出人意外。唐人張守節撰《史記正義》，即曾斷定此乃「馬遷所為疏略」。其果無意乎？抑有意為之？如屬後者，居心可議矣！

讀古籍，因有所發現而匡正個人史識之不足，亦為莫大的樂趣。我讀陳壽《三國志》之〈吳志〉，發現孫權之親信重臣中，有五位山東人——劉繇、太史慈、滕胤、是儀、徐盛；其中是儀確定，滕胤也可能是我的小同鄉，親切感乃油然而生。我在想：這幾位鄉賢何以不近仕曹魏而遠就孫吳？是個小問題，卻也有趣，值得尋繹。又讀《資治通鑑》，才發現了唐代魏州的昌樂，並非今日我的原籍山東昌樂。昌樂同鄉誤認唐魏州昌樂籍的天文學家張遂為鄉賢，乃是一項錯誤的認知。我因而撰寫一篇〈魯冀古今兩昌樂〉刊載於《山東文獻》季刊，以匡正之。史實得以澄清，使鄉人不至繼續錯誤下去，內心實感到無比的愉快。

前些日子，接到蔣教授永敬兄來信，提及近來「除練字外，即讀《資治通鑑》。」並慨言：「今之當權者如能多讀良史，必能有益於蒼生也。」我有同感。以史為鑑，應當是當權者不應漠視的準則！

吾輩空懷畎畝憂

民國八十九年（二〇〇〇）三月十八日的總統大選，中國國民黨的候選人連戰敗於民主進步黨的候選人陳水扁，中國國民黨因而喪失了執政權，淪為在野黨。對忠貞的老黨員而言，這是五十多年來所遭受到的最大挫敗與恥辱，內心的沉痛與悲憤是可以理解的，因而發生了一批批老黨員於選舉後立即到中央黨部吶喊抗議，要求黨主席李登輝立即下台的行動。這情景，我看在眼裡，痛在心裡，真有說不出的一種苦滋味！

就理論上講，民主國家經由全體公民的投票而出現「政黨輪替」現象，是正常的發展。但台灣不同，因台灣有嚴重的國家認同問題。政權落到了在「黨綱」中明定要「建立獨立自主的台灣共和國」的民進黨手中，中華民國就有被終結的危機，那裡還有甚麼前途！說真的，目前執政的民進黨未更改國號，只是為了利用「中華民國」這件「外套」，來掩護其逐步脫離中華文化體系的行動；說中華民國目前是名存實亡，並不過分。畢生為中華民國而奮鬥的人們，此時能不滿心孤臣孽子的感受？

總統大選敗陣之後，中國國民黨痛定思痛，在新任黨主席連戰主導下，進行了黨的「改造」。我是黨齡已滿五十年的老黨員，我愛中國國民黨，近年來眼見黨已偏離了建黨理想，內心裡實也充滿了失落感！說真的，我對黨此次「改造」，並不感到滿意，但我仍然對黨的前途抱有殷切的期望！

在黨的改造過程中，黨史會的存廢和歸屬一度成為令人憂慮的問題。在「選票第一」的時代，那還有人考慮黨史、黨德、黨魂等問題！雖然也曾有一位中央常務委員潘維綱女士力陳黨史會保存原貌的必要，但也未能影響決策者的決定。在黨機器的新架構中，原為一級單位的黨史會終被降格為二級單位的黨史館。雖不令人滿意，總算維持了保存並弘揚黨史的傳統，已經很不容易了！

黨史會建會於民國十九年（一九三〇），到降格為館，已滿七十年。我在黨史會服務近四十年，深知黨史會對黨史、國史的弘揚，有其不可磨滅的貢獻，撫今追昔，感慨殊多！民國八十九年（二〇〇〇）十一月，我主動撰寫一篇〈黨史會七十年〉的長文，送請《近代中國》雜誌發表。其中有幾句逆耳忠言，知我罪我，不遑顧也！

看到台灣目前情況，不禁聯想到南宋愛國詩人陸游（放翁）的詩句：「初報邊烽照石頭，旋聞胡馬集瓜州。諸公誰聽芻蕘策，吾輩空懷畎畝憂。」我在台灣生活已五十多年，關愛台灣，不敢後人，時勢如斯，又將奈何？徒呼負負而已！放翁的詩句，正是我等今日處境與心情的寫照，但願台灣不蹈南宋的覆轍！

我曾瀏覽一些台灣史料與史著，深悉在日據時代，台灣有志之士如吳文秀、丘逢甲、連橫（雅堂）、羅福星、蔣渭水、翁俊明等，曾為孫中山的革命事業與台灣光復的行動，而奔走呼號，凜凜烈烈，正氣常存！奈何今日台灣竟無其人！不禁擲筆一嘆再嘆！

願為兩個基金會略效微力

退休時，不只要解除黨史會主任委員本職，其他學術機構和團體所聘贈的榮銜如顧問、委員等，到期也自動停止，不再接聘。國史館的聘書由潘振球館長親交，我當面接下了，次日還是寫一封婉謝厚意的信，將聘書璧還。山東鄉先生翟醒宇要我接掌秦啟榮先烈紀念基金會，親自電話懇商，我也堅持請他另覓適當人選。甚至《近代中國》雜誌，我辭去了發行人名義，編輯委員會議決議要聘為編輯委員，由社長喬寶泰兄來電話相邀，我也回應：「有事，我可以做；名義，不必。」我這樣做，有點不近人情，甚至受到對方的誤解和批評，但我仍堅持自己的理念：退休就是退休，不要拖泥帶水，更不應再居什麼名義；要做個不折不扣的自由人，才會感到輕鬆快樂。

只有兩個基金會，我仍然有個名義，願意效力：一是財團法人中正文教基金會；一是中華民國中山學術文化基金會。

中正文教基金會，是陳鵬仁兄接掌黨史會之後創立的，推秦孝儀先生為董事長。我認為這是鵬仁兄任內主要的貢獻。有了這個會，不管黨史會的地位有什麼變化，中國國民黨和中華民國的歷史仍可以繼續研究和發揚，蔣中正總統的思想和事業也才進入學術研究的範疇。

承秦董事長見愛，提名我為董事，已歷兩屆任期。只要董事長仍是秦先生，只要我的健康還可以，不管有沒有董事身分，我都樂於為中正文教基金會盡一分力量。基金會近四年來，由原黨史會秘書今黨史館主任邵銘煌博士任執行長，策劃並舉辦了不少有意義的活動，不僅與中國近代史學會等團體密切合作，且積極開展與大陸學術界的交流，這真是令人高興的事。基金會也得到中華婦女聯合會原秘書長，今主任委員辜嚴倬雲女士的大力支持。

民國八十六年（一九九七）三月二十日，為蔣中正夫人宋美齡女士百歲華誕，黨史會在陽明書屋舉辦一次「慶祝蔣夫人期頤嵩壽座談會」，我應邀參加，並以「蔣夫人宋美齡女士歷史地位與評價」為題，發表了意見。八十八年（一九九九）三月，中正文教基金會董事會議決定聯合各史學機構共同舉辦一次以「蔣夫人宋美齡女士與近代中國」為主題的國際學術討論會，我被指派為七位籌備委員之一，參與規劃。但到討論會於同年十一月一日至三日在故宮博物院舉行時，我卻因人在國外，未能出席，只提出題為〈宋美齡女士的愛國思想〉的一篇論文，由邵銘煌秘書代我宣讀。我和蔣夫人只見過兩次面，對她的生活行誼並無深刻的瞭解，但因曾應中央婦工會主任林澄枝女士之邀，為蔣夫人寫過簡傳，題為〈蔣夫人宋美齡女士的志業與貢獻〉，對宋女士的愛國思想頗多體會，因而撰成此文。大會安排由王爾敏教授作評論。爾敏教授一開始就稱許：「史家嚴肅筆觸，以質實為尚，分四個重點探討蔣夫人的愛國思想，具史學識斷，申論皆據充分史料，可作永久參考。」然後他建議在論文第五子題「平等互利的國際觀」部分，應補充蔣夫人於一九九七年應美國國會之請去華府接受祝賀並作講演一事。爾敏教授的看法是：「夫人以第二次世界大戰五十年的總結，由她畫下句號。抑且重回美國國會講演，這代表世界大戰碩果僅存的世界領袖到美國國會講演，這代表世界民主殿堂受國際友邦尊仰，這十五分鐘講演，代表我們中華民國在抗戰中間對世界的犧牲與貢獻，可以說是夫人愛國思想的回報。我建議本文應該寫出。」

中正文教基金會贊助中央研究院近代史研究所黃自進博士主持的一項「蔣介石先生與日本」的研究計畫。我認為非常有必要，有意義，所以在董事會議時發言支持。黃自進並曾懇邀我也參加他的計畫，我卻自度不具備研究此一主題的條件，而專函婉謝他的好意，並請他諒解。

中山學術文化基金會和我的關係，更為久遠。我是該基金會首屆學術著作獎的得獎人，撰寫《宋哲元與七七抗戰》一書時，也曾獲得新台幣三萬元的獎助。歷任董事長王雲五、楊亮功，學術著作審查委員會召集人黃季陸、陳雪屏，都是我就讀政大研究部時的老師。曾任總幹事的阮毅成，曾任秘書的李錫祥，也都是老友。然而，中山學術文化基金會聘我為學術審議委員，則是劉董事長白如（真）先生接任後的事。

學術審議委員會的召集人，原為前中央大學校長李新民先生。李先生於民國九十四年逝世後，由前台北大學校長李建興先生繼其任。委員原有李庸三、貢穀紳、馬漢寶、李建興、郭德威、王曾才和我。其中文史部分，只曾才兄和我；曾才兄於兩年前突又辭職，如今只有我一人了。另外，我還曾受聘為博士論文審查委員會委員，亦即各大學博士論文之與孫中山先生思事業有關者，可申請獎金，經審查合於授獎條件後，即頒授獎狀、獎牌和獎金。審查委員僅三人：朱匯森（兼召集人）、我、王爾敏。只是近年來，由於政治生態的變化，中山思想已很少人研究，申請獎勵者越來越少，去年竟無人申請。至九十二年，此一獎勵辦法就停止了。憶及以往的盛況，令人無限感慨而又無奈！

我為中山學術文化基金會效力，自然不止於學術著作及論文的審查。另如《國父思想答問》一書之編撰，三民主義《正解》三書的規劃，以及中山叢書之進行方向與作者人選，我也都應邀提供個人的意見。

中山學術文化基金會現任執行長是前教育部次長施金池，也是舊識。負責實際業務推動的人，則是秘書兼學術、財務兩組組長的陳志先兄。他熱誠果斷，勇於負責，與之共事，十分愉快。我近年來不時出國，深恐有誤學術著作之審查工作，曾函請志先兄轉陳劉董事長白如先生請早考慮接任人選，惟迄今未獲同意。

民國七、八十年代，在王清波、高崇雲兩先生主持國父紀念館時代，亦曾不斷舉辦有關中山先生思想的學術活動，包括在台北、香港等地舉行的多次學術討論會，我都應邀參加。八十八年以後，都婉謝了。民進黨執政後，國父紀念館的體質和功能有了變化，孫逸仙博士圖書館及中國國民黨黨史會的一部分藏書，已被迫遷出。名為國父紀念館而不能容納為紀念國父而設立的孫逸仙博士圖書館，能不算是咄咄怪事！

劉董事長白如（真）先生，主持中山學術文化基金會會報。

兩本半書

我在《史學圈裡四十年》一書自序〈我這條路〉中，曾大言不慚的說：「著述是我的素志」，「每過二、三年，總有一冊書出版，否則就覺得沒有交代，對不起自己。」退休前，我做到了這一點。退休後想法略有改變，不想再作專題研究，只想於情之所激或興之所至時，寫點率真而又輕鬆的文字，聊以自娛。儘管如此，我仍然在好友的慫恿下，於退休後五年內，寫了兩本半書。

我所謂「兩本半書」，是說曾寫過兩本完整的書，另一本是和友人合寫，我只寫了一半，所以稱之為半本書。這半本書，我指的是：應中山學術文化基金會之請，與王爾敏教授合著的《中山先生民族主義正解》。寫作計畫是我擬的，體例上是一冊學術論文專集，共有十題，我寫了六題，爾敏兄寫了四題。寫作的時間是民國八十七年（一九九八），書出版於民國八十八年（一九九九）二月，出版書局為臺灣書店。我寫的六題是：中山先生民族主義思想的形成與發展、早年排滿思想、民族平等與五族一家、民族融和與民族團結、國家的獨立與統一、濟弱扶傾——中山先生與亞洲民族獨立運動。都是新作品，且未在其他雜誌發表，維持我一向信守道義的風格。王爾敏教授是我特別邀請來「共襄盛舉」的，他也慨然允諾，不失學者本色。這書出版後，他應邀主撰《中山先生民生主義正解》一書，要我撰寫兩題，我也義無返顧的接受下來，也算是對爾敏兄的一點回報。

另兩本完整的書，一是應中山學術文化基金會之請，於民國九十年（二〇〇一）夏季撰寫的《中山先生與日本》，一是受張玉法兄之託，於民國八十七、八十八年（一九九八－一九九九）間所寫的《民國山東通志——政黨篇》，兩書均於民國九十一年（二〇〇二）出版。

《中山先生與日本》一書，是中山學術文化基金會近年計畫出版的中山先生與世界各主要國家關係系列書籍之一。最初約定的執筆人是陳鵬仁兄，後來因為鵬仁兄事忙，謙辭了，基金會也曾接洽過其他歷史學者，都未能獲得承諾，一直到民國八十九年十二月末，陳志先兄一通電話，把這事推給我。原定民國九十年年底或明年初交稿，我在內子的建議和鼓勵下提前動筆，於九十年六月間就完成初稿，再經訂正和補充，於十月間向中山學術文化基金會送出定稿。「受人之託，忠人之事」，我想我做到了。內容分八章，五十九節，逾二十萬言。在同性質的中文著作中，應當是比較完整而立論持平的一種。

編刊《民國山東通志》，是張玉法兄的大手筆。玉法兄是中國近、現代史的權威學者，於民國政治史、文化史外，亦致力於山東省史的研究與編纂。他的《中國現代化的區域研究——山東省》兩巨冊，為山東近世紀中演變發展進行學術研究的嚆矢。編著則有兩大巨構：一為已經出版的《山東人在台灣》叢書；一即正在排校中，預定於民國九十一年出版的《民國山東通志》。兩套大部頭的山東史書，均出於玉法兄的倡議，設計與編校，均由山東文獻社出版，亦均設有編輯委員會來推動。很高興，我也被聘為兩套叢書的編輯委員，負責撰述有關民國時代山東黨政方面的文稿。

《民國山東通志》，是聯合台海兩岸學者四十餘人共同執筆，也是一項創舉。全書共分三十一卷，亦即三十一志：大事志、地理志、行政志、職官志、軍警志、政黨志、選舉志、司法志、財稅志、金融志、物產志、工業志、礦產志、商業志、農業志、交通志、家族志、四民志、生活志、醫衛志、宗教志、禮俗志、人團志、社運志、災荒志、救濟志、移民志、教育志、文化志、著述志、人物志。共三百二十萬字。其特點，見於〈山東文獻社出版《民國山東通志》啟〉一文之說明：

> 本志不同於一般志書者凡二：其一，每志皆以學術論文的方式處理資料，引用資料必註明出處。其二，除利用檔案、官書、報紙、年鑑等一手資料和研究論著外，兼著重口述歷史和個人經歷見聞。

《政黨志》，由我來執筆。這是一項很廣闊、很複雜、很費力、但不容易做得圓滿的工作，玉法兄要我來承擔，說找不到比我更合適的人，這樣重要且多爭議性的主題也不能隨便落筆。我考慮再三，還是答應下來了。我是山東人，為山東人做點事是應當的。花了大半年的時間，終於寫成了初稿。內容係敘述民國時代，有組織、有政綱、有活動，其存在時間在三年以上且於山東政治發生實際影響之六個政黨在山東的發展活動情形。六個政黨是：中國國民黨（含三民主義青年團）、中國共產黨（含所轄三個青年團）、中國青年黨、中國國家社會黨（民國三十五年八月以後擴組為中國民主社會黨）、中國農工民主黨、中國民主同盟。《政黨志》雖為《民國山東通志》之一卷，但其內容及體例均具獨立性，因此我視之為一本完整的書，為我退休後撰述的兩書之一。

我也是《山東文獻》季刊掛名的編輯委員。為了表示真心支持的誠意，過段時間就捐助一、二千元，同時也寫篇文章備用。退休五年來，我在〈山東文獻〉發表過九篇文章：

國破山河在——五十年前流亡生活追憶（二十二卷一期）
在臺任職中央黨政機構之山東人名錄（二十三卷二期）
在臺魯青籍中央民意代表暨中央政府各院部會正副首長人士名錄（二十三卷三期）
大陸時期任職中央黨政機構之山東人士（二十三卷四期）
永懷王師志信先生（二十五卷一期）
趙著《山河劫》序（二十五卷一期）
霍樹枏先生與昌樂中學（二十五卷三期）
魯冀古今兩昌樂（二十六卷三期）
魏晉時代的營陵王氏世家（二十六卷四期）

此外，還寫過兩篇與山東史事有關的文章：一是〈《陳幹明侯先生傳記文錄》序〉，此書由北京中國社會科學院近代史研究所出版時，改稱《陳明侯將軍傳》；一是〈再談山東昌濰戰役——對陳金城回憶之糾評〉，發表於《近代中國》雙月刊第一三五期（民國八十九年二月出刊）。

追懷師友

自身進入老年，長輩師長及同學好友辭世的消息，不時衝擊我原本脆弱的感情。

退休前幾個月內，莫珩、陳水逢兩兄及瞿韶華先生相繼過世。莫珩兄夫人冉亦文女士與內子是中學時代的同窗好友，我因而結識莫兄，兩家時相往來，相知甚深。他病中，我們曾去醫院看過他幾次，他似乎已知病將不起，面對他日見消瘦的病容，實在想不出可以安慰他的話。他過世後，我們參加了他的喪禮，我也寫了輓聯悼念。陳水逢兄，是中央黨部同事，比我年輕。由於有博士學位，又是台籍菁英，故仕途順利，在黨內做到副秘書長，在政府則為最年輕的考試委員。他指導研究生撰寫學位論文，題目與歷史有關者，就一定拉我共同指導或做口試委員。他住所與我陋寓相距不遠，晨間登山，時常見他赤足短裝，一副老農模樣。他逝於四川，骨灰運台安葬，我也寫了輓聯。瞿韶華，本官場中人，歷任行政院秘書長、臺灣省政府秘書長、考選部長，最後的職位是國史館館長。相識雖較晚，但由於他在國史館館長任內與黨史會暨史學界推誠合作，因而私誼甚篤。他病逝後，我為治喪委員，曾寫一篇〈我與瞿韶華先生的相識與相知〉，刊載於他的紀念專集《韶光華彩》內，表達了對老友的由衷感念。

退休後五個多月，孫國勛去世了。國勛是我就讀山東省立昌樂中學時低幾班的同學，民國三十七年（一九四八）家鄉陷共後又是一道逃難，一道來到台灣的難友，在行政專修班就讀時則是同班同學。他一生從事於中國國民黨黨務，有苦勞，也有貢獻，雖然他的個性和作風不無值得檢討之處，基本上他是個有功於黨的人。他不幸患了不治之症；病中我和內子數度去看他，他聽了內子幾句安慰他的話，流下了眼淚。他去世後，我為他寫了〈行狀〉，公祭之日，我兩度代表中學及行專同學擔任主祭人，悲傷的心情久久不能自已。

民國八十七年（一九九八）四月，黨史會主辦的《近代中國》雙月刊為已故黃季陸先生出刊百年誕辰紀念專輯，總編輯邵銘煌要我寫篇紀念文。黃先生是恩師，長輩，也是長官，他於民國七十四年（一九八五）四月病逝後，我先後寫過〈哀悼黃季陸先生〉和〈師恩浩蕩〉兩文來紀念，並於在懷恩堂舉行的追思彌撒中報告黃先生的生平。八十四年（一九九五）四月，黃先生逝世十週年時，我曾發動召開過一次學術討論會，自己也發表一篇〈黃季陸先生與中國革命〉的學術論文。儘管如此，這次仍然寫了一篇〈回憶追隨季師的日子〉，結論是：「季師往矣！風範與節操永留人間。」

民國八十八年至九十年（一九九九—二〇〇一）間，先後有三位師長，五位同學，三位好友，四位老同事離開人

祝賀孫國勛、林瑩光結婚三十年。民國74年9月30日，台北。

間。人生無常，生死好像都在旦夕之間！

三位師長，一位是內子就讀高中時期的校長，我多年以來以師禮事之的王志信（篤修）先生；一位是我的母校前山東省立昌樂中學校長霍樹枏（梓坡）先生；一位是我讀國立政治大學教育研究所時的所長陳雪屏先生。三位師長都在民國八十八年內謝世，也都身享高齡：王師九十歲，霍師九十三歲，陳師則高齡九十九歲。我對三位師長，都寫了悼念文字，來追懷永不磨滅的師生情義。

紀念王師志信先生的文章，題曰〈永懷王師志信先生〉，刊載於《山東文獻》第二十五卷第一期。王師著有《前塵往事憶述》一書，論及「傲上」與「抗上」的經歷時，引為同調。說我只是「傲上」，他則「同有『傲上』之病，且有過之；不止抬槓，而且『抗上』，據理力爭。」（原書四〇七頁）說我的「傲上」，不是「毛病」，「適足證明李氏之忠耿與率直，遇事能言和敢言，乃風骨嶙峋的耿介之士。」師生間心理之契合，可想而知。

紀念霍師梓坡先生的文章，題曰〈霍樹枏先生與昌樂中學〉，刊於《山東文獻》第二十五卷第三期，最後的一段話是：

> 回憶五十八年來的師生情緣，內心倍感戚戚。謹譜小詞以祭：
>
> 數學天才稱金剛兮，
> 令譽早滿東魯；

辦學聲名冠山左兮，
引領春風化雨。
鯤瀛布教門多士兮，
幾番沂浴雩舞；
載福載壽駕鶴去兮，
功德輝耀千古。

陳師雪屏先生逝世時，我不在國內，六月下旬閱報始獲知這一消息。追懷往事，雪屏師的聲音笑貌不時出現在腦際，流亡來台初期及就讀政大三年的艱苦歲月，歷歷如昨。我寫了一篇〈永懷恩師陳雪屏先生〉，回國後寄給傳記文學月刊社，到同年十月發表出來。我永遠記著在我通過碩士學位論文口試後，雪屏師對我說的話：「恭喜你，初次寫學術論文能有此成績，很不容易。不過，這才是研究工作的開始，以後要學的還有很多很多。」這是鼓勵，也是警惕，使我感到溫暖，也終生受用不盡。

五位同學是：王述親、吳存信、周奉和、楊承彬、馬起華。王、吳是青年服務團的老同學，周、楊、馬是政治大學研究部的老伙伴。王述親是黨的幹才，歷任各縣黨部、台北市黨部、台灣省黨部主任委員，中央組工會副主任、主任等要職，以穩健多謀著稱。吳存信先後出任財政部、經濟部主任秘書、台灣肥料公司董事長，溫文儒雅，協調能力極強。周奉和任職中華電視台教學部主任近三十年，成績卓著。楊承彬本職為政大教授，並曾出任台中市政府教育局局長，台北商業專科學校校長等職務。馬起華則為名政治學者，一直在政治大學任教，並經常參加台灣及大陸地區的學術研討會，且不時作驚人之論。五人中，除馬起華年逾八十外，其他都在甫逾古稀，尚有可為之時，而竟撒手西歸，能不令人惋惜！

三位好友，我指的是台北《傳記文學》雜誌及出版社社長劉紹唐（宗向），香港《新聞天地》週刊創辦人兼社長卜少夫，和歷史學者、名教授戴國煇。其中，紹唐兄和我關係最深，感情彌篤，他於民國八十九年（二〇〇〇）二月病逝次日，我去劉府祭拜時，面對他的遺像，不禁放聲大慟。我對一家電視台的記者講述過紹唐兄的成就與影響；也寫過一篇〈我所知道的劉紹唐〉，刊於《近代中國》雙月刊第一三五期。我和內子一同去參加了他的祭典，我也出席了他逝世一週年的紀念會，並且講了話。至於卜少夫、戴國煇兩位，雖相識較晚，然有心意契合，緣投志同之感。我在〈懷元廬隨筆〉漫談中，寫出了我對卜、戴兩位好友的友誼和感觸。

於民國八十九、九十年間謝世的四位黨史會老同事，是許朗軒、胡璞玉、郭易堂、楊毓生四兄。許兄是陸軍中將，原任國防部史政局長，轉職黨史會後任副主任委員，和我共事十多年。他過世時，我不在國內，未能參加祭禮，至感遺憾。胡、楊、郭三兄，均曾任職總幹事，貢獻良多。三位的公祭，我都參加了。也曾為胡、楊兩位親撰了輓聯；對郭易堂，我在〈懷元廬隨筆〉中寫下一題：〈易堂兄應無遺憾〉，對他的生平作了簡單的介紹。

民國九十年春、夏間，陳立夫先生和盧啟華老兄也辭別了人間。他們的治喪委員會都把我列名為治喪委員，我卻因不在國內而未能親臨致祭。表兄鞠鴻文也過世了，享壽八十二。胡小娟告訴我，朱諶教授也不在了。朱氏年齡並不算大，真的是「黃泉路上無老少」呀！

吳相湘持贈最後著作

民國九十年（二〇〇一）夏，我夫婦來芝加哥郊區的瑞柏市（Naperville）小住。五月一日，接到陳雋兄四月二十九日寫的信，說：

> 前天吳相湘教授來電，問及兄是否已來芝加哥，很想能與你見見面。我告訴他你已抵此，但只是電話上聯絡過，尚未晤面。
>
> 吳教授已年近九十，行動不太方便。現住芝城西北郊Libertyville，距此約一小時車程。兄如願意，那一天好天，我可開車到你處接著你一起去他家見見面。不知兄意如何？望暇時賜示。

吳相湘教授，相識四十年的老友，二十五年未曾見面了，那有不想見面一談的道理！於是立即掛電話給陳雋兄，請他聯絡個適當的時間。兩天後，接陳雋兄電話，告知訪吳日期訂在五月四日下午，他駕車來接我一道去。五月四日是五四運動紀念日，也是文藝節，相湘挑選這個日子見面，可能也是意有所屬。

五月四日午後三時三十分，我乘陳雋兄嫂的車一道來到吳相湘先生的住所，是一座公寓大樓一樓靠左首的一間公寓。按鈴進門後，看到相湘服裝整齊的坐在輪椅上，面對著進門處，不消說，他已在等候並歡迎我們。我走上前去緊握住他的手，說：「吳先生，你好。」他的回應是：「是雲漢兄嗎？我的眼睛看不清楚，只聽聲音來辨別友人。」雙手緊握著久久不放，我再說句：「二十五年未曾見面了，看來你氣色很好。」

我說相湘教授氣色很好，只是想安慰他。事實上，他有些虛胖，兩腿已不能行動，耳已重聽，一眼已完全失明，一眼也有些矇矓不清。在他小小客廳裡，聽他敘說健康退化情形，也發現他說話有時顛顛倒倒，有時則甚清楚明白。沒有別的，只是老態畢現而已。他已八十九歲了，加以七年前喪偶之後，難免有孤苦老殘的感傷！雖有孝順的女兒來照顧，但總無法排遣暮年的落漠與陰鬱。人，誰都有暮年，誰都無法免除「老年人的悲哀」！

儘管氣壓很低沉，我們仍然談了不少話。談老友，談寫作。相湘說，他自前年起，已不能讀書寫字。女兒請了一位臨時工來照顧他的生活。談了一個多小時的話，怕他太累了，想起身告辭。他立即要照顧他生活的那位女孩取出一冊《現代史事論叢》送給我，說：「這是我此生最後一部書，我已不能題字相贈，只有親手持贈以表心意。」

探視過老友後，真的有無限感慨，甚至感傷。在我印象中，吳相湘一直是一位勤奮好學，著作等身，但又個性強，脾氣急，眼界高，而又憤世疾俗的史學家。如今見到的卻是一位老態龍鍾，行動不便，慈祥卻又遲鈍的孤獨老人！歲月不饒人也！我在給蔣永敬兄寫信時，告訴他：「老友吳相湘已不復當年的豪氣和霸氣！」

見過面後兩三個星期內，吳相湘先生曾來過數次電話，和我「聊天」。事實上，卻只三言兩語，有些話我聽不懂，我的話他也無法聽清楚，因為他重聽，我的聽覺也在退化中。內子笑我倆：「兩個聾子通電話，各說各話。」他自己不能撥電話號碼，要靠別人幫忙。如無人幫他，電話也就掛不通了。兩三個星期後就不再接到他的電話，我有些納悶，只有默默的為他祝福。

吳相湘送我的那冊《現代史事論叢》，內頁印有他的幾句紀念詞：

> 謹以相湘此生最後一冊書紀念
> 父母師長教養深恩大德
> 香港澳門回歸中華祖國
> 「五四」愛國運動八十週年
> 吳相湘一九九九年元月五日美國伊州自由村

以往吳相湘送過我多種他的著作，我只存供有需要時查考。這冊書，我卻是從頭到尾細細的讀過一遍。有幾篇文章，甚至讀過兩三遍。我曾寫下我的感想：

> 全書含六幀圖片，五十八篇文章，都是作者晚年的作品。有學術論文，有史事紀述與評論，有史料介紹，有人物論評，有序跋，有書評，也有作者生平的自敘。從這些文章中，又見到了吳相湘的學養、風格、情操和志節：愛國情殷，治史勤懇，學殖豐厚，而又特立獨行，不同於流俗。也看到了他晚年思想轉變的軌跡：對台灣當政者的失望，對大陸開放後文化建設成績的肯定，以及對中華民族統一富強遠景的嚮往。很明顯的，他是一位熱愛中國歷史文化的史學家，早已跳出了若干時空因素所造成的藩籬，而篤信：「天地間盡是史料，史料中別有天地。」

吳相湘的習慣，每種著作出版，他都會寫篇很長的序文，說明著作的背景及內容大要。這冊《現代史事論叢》，可能是唯一的例外。不消說，精力已有所不濟了。一位史學家的封筆，等於一位將軍戰到最後時刻放下武器，其內心的無奈與無助，是可以想像得到的！

歡慶辛亥革命九十年

民國九十年（二〇〇一）五月間，收到兩份邀請函。一份是香港「辛亥革命、孫中山與二十一世紀中國」學術討論會籌備委員主席林啟彥寄來的，邀我出席將於本年十一月十二日至十四日在香港浸會大學舉行的討論會並發表論文。另一份是台北「辛亥革命九十週年學術討論會」籌備委員會召集人秦孝儀簽發的，討論會的日期是本年十月六日至九日。同時，山東省昌邑市也有一個紀念革命先烈陳幹（明侯）先生的討論會，除寄邀請函外，陳府族人陳雋兄亦電話相邀。香港的會，我未多考慮即回函婉謝。昌邑的會，我應當參加，但因時間分配不出來，只有向陳雋兄說明並請他諒解。台北的會，則是非參加不可，因為於公於私，我都應當予以熱烈的支持。

台北的討論會，係由中國國民黨文化傳播委員會黨史館、中正文教基金會、中央研究院近代史研究所、中華民國史料研究中心共同舉辦。這五個單位都與我有深厚的歷史淵源。事實上，主動發起並負籌備主責者為中正文教基金會，秦董事長也義不容辭的擔任籌備會的召集人。秦先生以往在黨史會主任委員任內，曾主辦過中華民國建國七十年、八十年兩次大型國際學術討論會，有聲有色。這次討論會，由於適應國內外情勢的變化，以「辛亥革命」替代「中華民國」，主持者的苦心，識者自能了然於心。平心而論，今天在台灣尚能舉辦紀念辛亥革命的學術討論會，已經是難能可貴了，能不感到萬分欣慰嗎？

接邀請函後，決定如期出席討論會，但不提論文。我也特別寫信給秦董事長心波先生，說明我的心意：不是偷懶，而是建議多邀請年輕學人撰寫論文，一新耳目；如果需要我做主評——如果有主評人的設置，甚至主持一次分組討論會，自當樂於從命。

六月下旬，接負責討論會議事安排的劉維開副主任電話，於問候起居外，提及籌備會檢查論文撰寫情形，認為沒有一篇有關中國國民黨對台灣之貢獻的文章，乃一憾事，因而決定邀我在此範圍內撰提一篇論文，期於周全。既然籌備委員會有此安排，我當勉力為之，要維開寄點近一年來黨中央的政策性資料。七月十三日，又收到維開一封長信，於謝我「幫了一個大忙」外，並提及「現在請學者幫忙為黨做些工作，實在不容易。」這情形，我很清楚。不少黨培植的新進人才，都因對黨失望而拂袖他去，遑論黨以外的學者！失去了學術界的支持，是中國國民黨的致命傷之一！

幾經思慮，我決定論文題目定為：〈中國國民黨在臺灣（一九四五－二〇〇一）〉。早在民國八十五年三月——我退休前四個月，在《史學圈裡四十年》一書中，即曾考慮到這一問題，有個子題就定為〈嚴肅面對中國國民黨的臺灣時代〉（原書三六二－三六四頁）。我的意見是：

> 國民黨在台灣四十多年來，本身確已經歷了極大的變化。如領導階層的遞嬗，體質與制度的改變，黨政關係的運用，本土化的趨勢，民主改革的影響，主義理論的式微及統獨思想的爭論等，均係值得檢討的問題。只是時代越近，史料越缺乏，問題越敏感，功過越難見。有些政策正在實施中，當然無法判其成敗。因此，對於中國國民黨在台灣的歷史，實應以鄭重而嚴肅的心情，作客觀深入的觀察，不能不寫，但也不

> 能奢望將若干盤根錯節的問題，憑一本書或一篇文章就能夠水落石出！

如今，我就要憑一篇學術論文，論述中國國民黨在台灣五十六年的歷史，自然是高難度的事。也正因為如此，我不能不設定兩項前提來自我限制：一是只作提要性、重點性論述，非有必要，不多引證長篇史料或數據；一是對於基於立場及史觀不同而作的一些攻擊性，甚至誣蔑性的著述，不作無益的回應。即使如此，還是花費了足足一個半月的時間，才草成一篇三萬字的論文。落筆之難，速度之慢，心情之沉重，均為以前所未曾有！

討論會如期於十月六日開始報到，七日正式開幕。開幕式中，中國國民黨新任主席連戰應邀講話，對遠道而來的外籍及大陸學者表示由衷歡迎之意。討論會分兩組進行，我的論文被安排在B組第一場。主持人是劉翠溶女士，評論人是于宗先博士，兩位都是經濟方面的權威學者，也都是中央研究院院士。我報告後，除于宗先兄的評論外，尚有中央研究院近代史研究所的張啟雄，北京中共黨史研究室的章百家，提出詢問。但都與論文的內容無關，而是有關國民黨來台後有那些重大變化及國共兩黨異同問題。我對他們的詢問，以極為誠懇的態度說明我的看法，當然不一定能使他們滿意。下午的討論會，我參加了A組，擔任南京大學歷史系教授兼中華民國史研究中心主任張憲文論述民元南京臨時政府之論文的評論人，給予很高的評價，也提出幾點補充性建議。

由於政治情勢變了，台灣傳播媒體對這次國際學術討論會意外的冷漠。《中央日報》報導了連戰主席在開幕式中講話的內容，但未報導會議的全貌。倒是一位記者王炯華，把我論文中有關「本土化」的一部分文字摘錄出來，冠以〈李雲漢：國民黨早已本土化五十年〉標題，在十月八日的《中央日報》刊登出來。他這樣做，事先未經我同意，標題也不合於我論文的原意，摘錄的幾段文字倒是抓住了重點。有朋友看到這篇報導後，來電話索取論文的全文，林義杜兄要我寄給他三份。

這次討論會，我全程參加，遇到了一些數年不見的老友，如德國慕尼黑大學的金德曼（Golfried-Karl Kindermann）、美國史坦福大學胡佛研究所的馬若孟（Ramon Myers）、香港的齊錫生、中國大陸的金沖及、章開沅、張憲文等教授，抵掌暢談，分外高興。討論會辦得很成功，與會學者深感滿意。這要歸功於邵銘煌、劉維開、高純淑、文伯瑞、楊麗美等人的全力以赴，以一當十，做得有條不紊，面面俱到。論文報告人中，有十二位是曾經選過我的課的史界菁英，他（她）們如今都是副教授、教授，有數人曾任或現任系、所主任。林玲玲、陳曉慧、吳蕙芳都特別來找我談談，她們都已得到了博士學位，分別任教於文、武高等學府。談及今昔校園學風，也有不少感慨。

「老笨牛」自白

我是個資質平庸，處事笨拙的人，卻又有倔強而又固執的脾氣，內子常說我又拗又笨。所幸心地善良，對人忠誠，又有求知上進的慾望和毅力，因而還能有不少知心的朋友；在史學研究的道路上，也能憑一己之力，闖出一席之地。

最了解我的人，首推內子。此外，要推老同學蔣永敬了。永敬早年就曾批評我太衝，曾對內子告我一狀：「雲漢太衝，連羅先生（志希師）都衝。」他早年寫文章憶述和我同時在草屯荔園那段黯淡歲月時，用了個小標題，就是：「李雲漢的牛脾氣」。

永敬兄並沒有冤枉我。我不僅「衝」——就是頂撞——過羅志希先生，也奚落過黨史會的兩位副主管，並與主任委員秦心波先生抬過槓，這就是被指為「傲上」的原因。同事中，受過我「衝」的人，也有好幾位，包括老朋友劉世景兄和老同學馬永駿兄。再往前推，我在七、八歲的時候，就曾「衝」過家叔父。所幸師長、長官、同事、同學、家人都有寬容我的度量，未因我的言語粗魯無禮而有所銜恨。內子是我最親近的人，也是領略我「衝勁」最強最多的人。她以反諷的語法，把一道大家都喜歡吃其味衝鼻的辣菜，命名為「李雲漢菜」。

不是不知道自己的缺點，也不是不想改進。黃季陸老師在世時，曾當面請教他待人處事要訣，他只告訴我四個字：忠厚，和平。我也儘量向這方面做，然而「山難改，性難移」，自己的修養並未見好轉。我承認又笨又拗（拗，字典解釋是「頑固不變通個性」）。拗音同牛，合起來就是笨牛，人老了，就成了「老笨牛」。我曾寫過一首打油詩〈老笨牛吟〉以自況：

嗟嗟此一老笨牛，不知何時白了頭；
只求青草能入肚，任人鞭笞無怨尤。
拖犁曳車日復日，氣喘吁吁無春秋。
默默盡得牛本分，路旁倒斃始告休。

從小學開始，我就有寫日記的習慣。流亡年代以及在陸軍官校與步校接受預備軍官訓練期間，也不例外。一直到民國八十九年（二〇〇〇）冬才停止寫日記，並將幾十年來的日記原稿銷毀了。以前寫日記，每年開始時都寫下幾句警語作為自箴，如今只保留了民國八十八年（一九九九）元旦所寫兩則：

新春十箴

勤以補拙，儉以養廉。
動以強身，忍以化怨。
誠以待人，嚴以律己。
虛以容物，靜以制躁。
慎以處事，恥以勵志。

自詠自勵

明恥能致強，守禮自尊嚴。
賤齡逾古稀，何可再偷閒。

生平無大志，嶙峋一老年。
留得清白在，無負今生緣。

這些話，也還是「老生常談」，然卻是發自我靈魂深處的心意。人在年輕時，壯志凌雲，人人都有自己的憧憬，意氣風發。壯年時代，自當竭智積慮，大開大闔，奮力於事業的開展，尤當「堅百忍以圖成」。進入老年，就不能不認清自我，遷就現實，一切事都不能逞強，而須「退而求其次」了。往者已矣！最緊要的是如何珍惜現在！把握現在！我「老笨牛」已無太多的企求，只想善加利用難得的機會和僅有的空間，適度適時發揮此生的「剩餘價值」，達到俯仰無愧的境界，即心滿意足矣。

民國九十年十月十一日，完稿於台北市興隆路陋寓懷元廬。先後發表於《山東文獻》第二十七卷第三、四期（民國九十年十二月、九十一年三月出刊），《近代中國》第一五〇期（民國九十一年八月出刊）。民國九十四年九月二十八日完成訂正及電腦儲存。李雲漢識於台北文山木柵路仁普世家六樓新寓，時年七十有九，退休已滿九週年矣。

北美散記

二〇〇一年四月—二〇〇二年九月

辛灝年其人其書

二〇〇一年六月十七日，是美國的父親節（Father's Day）。前一天晚上，女兒接我夫婦去一家中國人開設的「帝國」自助餐廳（Empire Buffet）吃飯。同時受邀前來參加者，有女兒女婿的同事好友王又新、陳莉明夫婦，和鄭偉全家，共有四對夫婦，加五個半大不小的男孩。是好友餐敘，也是為我提前賀節。

飯後，陳莉明交給我一本書，書名是《誰是新中國》。她說：「這冊書先送你看看。著作人聽說你曾主持過中國國民黨的黨史會，很想有機會和你見面談談。」凡是談論中國現代歷史的新書，我都喜歡閱讀。因此很高興把這冊書帶回家來讀，至於是否見面，那是以後再考慮的事，先了解書的內容為宜。

我的習慣：閱讀一冊書，先從了解著者的學術背景開始。這冊《誰是新中國》的著者，是辛灝年（Xin Hao-Nian），對我而言，是完全陌生。讀過書內的「作者簡介」和「後記」，才曉得「辛灝年」是筆名。著者的原名是高爾品，其簡歷是：

> 辛灝年，原名高爾品。中國安徽巢縣人，一九四七年十一月二日生於南京。武漢大學中文系畢業，中國大陸知名的作家和學者。「六四」之後，曾數次上街遊行，抗議中共天安門大屠殺，並憤而辭去了所有「社會職務和榮譽頭銜」。嗣後，曾兩度應邀赴北美講授「中國現代史和中國新文學」。一九九四年春，赴加拿大擔任多倫多大學訪問學者。同年底，應臺灣《聯合報系》的邀請，赴臺作訪問研究。一九九五年夏，應美國哥倫比亞大學邀請擔任訪問學者，翌年二月，被哥大聘為歷史學博士後研究員，一九九七年復擔任哥大訪問學者。辛氏曾於中國大陸出版十餘部文學歷史著作，具有廣泛影響。一九九四年來北美後，已發表中國現代史專論近二十篇，並應邀在美、加十幾所大學和各地僑界講演「中國現代歷史反思」系列五十場，次次引起震動。

辛灝年這冊書，有一位美國學者和兩位中國學者寫過「序」。美國學者是哥倫比亞大學教授黎安友（Andrew J. Nathan），他開頭即說：「這本書展現了一個人獨自探索歷

作客女兒家：父女談心。

史真相的成果」，認為著者的思想已得到「熱烈的反響和接納」。兩位中國學者：一位是謝幼田，他認為辛灝年「從文學家變成了歷史學家」，他這本書「是理的匯聚」，也是「情的凝結」；另一位是鄭義，推崇辛著「是一部傑出的歷史學著作」，不但建構了「民主革命史」的體系，而且使「歷史事實」得到「再發現」，並認為「本書既是辛灝年的著作，也是中國大陸知識份子群體智慧的結晶」。

論年齡，辛灝年足足比我小了二十歲。他是在抗戰勝利後第二年（民國三十六年，一九四七）出生的人，受的是中

（由左至右）女婿、大孫、三孫、二孫、女兒、媽、爸。

共統治下的教育，與我一直在中華民國政府的教育與政治制度下成長、工作，並親歷「九一八事變」之後的六年國難，八年對日抗戰，五十年臺灣建設與趨向沒落的背景，完全不同。我以一個背景完全不同，卻都同樣關懷並投注於中國現代史的「老者」身分，來閱讀並評價辛灝年這冊《誰是新中國》，確有不少異乎尋常的發現與感慨。

書名《誰是新中國》，著者說「為許多旅美中國大陸留學生所建議」，這說明「誰是新中國」這個問題，是許多旅美中國大陸留學生共同關注，共同探索，也有相當程度之共同認知的中心問題。問題的核心是：「誰是新中國？誰才是真正的新中國？是『中華民國』？還是『中華人民共和國』？」著者的答案是：「由孫中山先生所創建的亞洲第一個民主共和國——中華民國，才是真正的新中國。」（第三四八頁）在自序「周雖舊邦，其命維新」中，著者特別指明他所視為「新中國」的中華民國，是孫中山與蔣介石兩位先生先後創建與捍衛的中華民國，而非假借中華民國名號進行毀滅中華民國陰謀的「中華民國」。著者於卷首特別聲明：

> 作者在本書上卷所為之辨析和辯護的中華民國與中國國民黨，只能是那個曾作為亞洲第一個民主共和國，並艱難推進了民主建國歷程的中華民國，和那個曾創造了、並曾艱辛捍衛過中華民國的中國國民黨。即由孫中山先生和蔣介石先生及其真正的繼承者們所開創，所捍衛，所建設的中華民國和中國國民黨。而不是頂著中華民國的國號，卻要拋棄中華民國的國統；承繼了中華民國國統，卻又要背離整個中國；掛著中國國民黨的招牌，卻要菲薄孫中山先生的三民主義理念，詆毀中國國民黨的民主性質，歪曲中華民國建國的艱辛歷程，否定曾在艱難時代為臺灣的繁榮和進步奠定了歷史基礎的蔣介石先生——即一方面企圖將中華民國和中國國民黨的歷史傳承予以腰斬，一方面則企圖誘導整個臺灣走上分裂祖國和割斷歷史之路的中華民國和中國國民黨——如果這樣的中華民國和中國國民黨已在出現，或有可能出現的話。

著者寫這段話時間是在一九九八年十一月，他的書出版於一九九九年六月。出版後不到一年——二〇〇〇年五月，他所擔心的情境在臺灣出現了。——中華民國國號已被盜用，而中國國民黨則於選戰敗北後欲振乏力！著者看到此種情形，悲憤之情恐難自已！

內容上和結構上，《誰是新中國》包含四部分：一為導論，含兩章，陳論世界各國民主革命與專制復辟的歷程及趨勢。二為上卷，主題為「辛亥革命、中華民國與中國國民黨」，含八章，佔三百零七頁的篇幅，析論中國近代民主革命的起源、發展、成功的條件，中國國民黨捍衛、建設中華民國過程中的困難與成就，凸顯孫中山和蔣介石兩位領導人的歷史地位與貢獻。三為下卷，含七章，佔二百七十六頁，主題為「共產革命、農民造反與中國共產黨」，以批判筆法，析論中共的建立，對中國民主革命參加、破壞和背叛經過，假抗日以圖存擴張，發動內戰「打江山」，終於在中國大陸復辟了專制制度；把批判的矛頭指向毛澤東。四為總結，僅佔三頁又半，主題為「中國民主進程的四階段和民主與專制的三大較量」，其對中國前途的論斷是：「中國的統一，前提是民主。全中國人民唯有追求民主統一，才能避免專制一統，才能真正實現和完成現代中國的民主建國使命和祖國統一大業。

著者認同辛亥革命，把辛亥革命定位為「中國民主革命的勝利發端」（上卷，第一章），其歷史意義在於「創立了真正的新中國——中華民國。」（九十一頁）在中國近代歷史的長流中，居於「分水嶺」的明顯地位。他說：

由於辛亥革命劃清了新舊中國的鮮明歷史界限，開創了中國歷史發展的新紀元，所以辛亥革命又必然的會成為中國近代歷史和現代歷史的「分水嶺」。但是，近五十年來，因毛澤東的旨意，和毛氏所發明的「新、舊民主主義革命」的荒唐理論，中共史學界也就不得不將中國現代歷史的開啟年代，強行劃定在爆發了五四運動的一九一九年。……今天，當我們在對中國近、現代歷史的反思中，已經能夠明白毛氏這一劃分的「用心」時，重新將光輝的一九一一年，即偉大辛亥革命爆發和勝利的年頭，當作我國現代歷史的起點，就不僅是在學術上對於歷史的一個澄清，而且關係到我們對祖國前途的歷史性追求。所以，它才是我們必須認真對待的重大歷史問題和重大政治問題。

（上卷，第九十五頁）

否定毛澤東的一些欽定教條，大陸學者中非只辛灝年一人，但態度之堅決及言詞之銳利，應以辛氏為首選。他在「後記」中透露：他在海外使用的筆名辛灝年，係「取『辛亥年』之諧音」（第六七一頁），其對辛亥革命竭誠肯定的熱情，可以想見。一個一直在中共統治下成長的文學家兼史學研究者，有全面的，直截了當的，絲毫沒有保留的向中共一向所堅持的史觀挑戰，絕對是一位勇者的表現，也是經過多年對歷史反思所獲致的結論：拆穿騙局，回歸歷史的真實面。

著者對孫中山、蔣介石兩位先生，由衷的尊崇。他在《誰是新中國》的首頁，表明此書之撰著，是要獻給兩大群體和兩位偉人。兩大群體：一是「半個世紀以來，用智慧與痛苦、鮮血和生命才凝就了本書主題的——中國大陸人民」；一是「一百年來為推進全中國從專制向民主過渡而前仆後繼，萬難不辭的——所有先賢和先烈們。」兩位偉人則是：

中華民國的締造者，共和制度的創建者，現代中國的開拓者和中國民主進程的歷史領袖——孫中山先生。領導了北伐，統一過中國，贏得了偉大衛國戰爭勝利，奠定了臺灣民主繁榮基石的民族英雄——蔣介石先生。

對孫中山先生的推崇，史實俱在，不會有太多的爭論。稱頌蔣介石先生為民族英雄，在大陸學者有關著作中尚不多見。著者在本書上卷共八章中，以整整五章的篇幅來論述蔣氏的歷史功勳，而於第六章附文〈民族英雄——蔣介石與陰謀武裝政變——西安事變〉首段，即以抗戰勝利一事舉出了「為什麼說蔣介石是民族英雄」的四項理由（二八七至二八九頁），大意是：

——宋之岳飛、文天祥，明末之史可法，都是反抗外敵侵略的人物，然未能挽救亡國之禍。蔣介石領導抗日戰爭，使國家免於危亡，且贏得光榮勝利。岳、文、史諸人均被稱為民族英雄，蔣「倒反而不能被稱為民族英雄嗎？」

——第二次世界大戰期間，法國亡了國，蘇俄雖未亡，「其淪陷的土地並不比中國小，傷亡的人數亦不比中國少」，戴高樂等人都能身負民族英雄的榮耀，「相反，非但沒有亡國，並且對世界反法西斯戰爭著有卓越貢獻的戰勝國——中華民國的領袖蔣介石，倒反而不能稱為民族英雄了？」

——蔣介石領導抗日戰爭，「非但沒有亡國，並且正是在這一場反法西斯戰爭中，蕩盡了百年來壓在中國人民頭上的奇恥大辱——廢除了不平等條約，收回了東北、臺灣及澎湖列島的主權，以一積弱之國而成為世界反法西斯四大領袖國之一，爭得了舉世公認的榮耀。如是，作為中華民國偉大衛國戰爭之最高統帥的蔣介石先生，如若他不是民族英雄，則誰可誇之？

——蔣介石在抗戰中的實際指揮、建設及持久戰大戰略等作為，「就更為表現了他作為一個民族英雄的本相。」若與「一心只要『日蔣火拼』，心心念念只想乘國難以搶天下的毛澤東」相比，毛都能成為「中國人民的大救星」，「難道蔣介石先生只作一個區區的民族英雄都不夠格嗎？」

著者自承於本書上卷中為中華民國與中國國民黨作「辨析和辯護」（作者自序），但對孫中山、蔣介石兩先生和中國國民黨也有若干批評。他批評孫中山於決定及推行「聯俄容共」政策時，「出現了嚴重的失誤」（第一五五頁），失誤之一，是孫中山「在決策『聯俄容共』的做法之前，就未能認清列寧共產革命的性質和惡果，更對蘇俄推行『東方路線』的陰謀不甚了了。」至於「國民黨和蔣介石的重大歷史錯失」，著者亦毫不隱諱的指出：「以傳統思想文化對抗現代共產思潮——思想陣地的先敗」、「權威領袖不威，民主橫遭利用——反被指為獨裁」、「數度容降容叛，黨爭內興外連——困惑黨人民心」、「蔣介石在戰後外交和戰略上的重大失誤」（第三一一至三二二頁）。對中國國民黨，著者著眼於中共一向指稱國民黨為「反動」；他從歷史上看到中國國民黨一百年來做了六件大事：一是推翻帝制，創造共和；二是「反對形形色色的專制復辟」，完成北伐，統一中國；三是領導抗戰，廢除不平等條約，且「成為世界反法西斯四大領袖國之一，和聯合國創始會員國」；四是在內憂外患長期交相煎迫之下，建立了憲政體制，「頒布了一部真正民主的『中華民國憲法』」；五是長期堅持反共以維護中華民國，數度獲得成功，最後卻慘遭失敗；六是在臺灣實施民主憲政，堅持中華民國法統，從而將臺灣建設為中國歷史上未曾有過的民主繁榮境界（第三四九頁）。他的結論是：

> 一個政黨，在百年中做了六件大事，五件正確且成功，一件失敗但非錯誤。那麼，這個政黨還是反動的嗎？還是一定要打倒的嗎？（第三四九頁）

儘管著者對中華民國和中國國民黨的歷史有著比較完整的了解，但由於引用的歷史文獻和原始史料不足，本書上卷內因而出現了一些錯誤。舉例言之：

——把同盟會誓詞「驅除韃虜，恢復中華，創立民國，平均地權」中的後二詞，次序顛倒了，寫成「平均地權，創立民國。」（第八十二頁）

——把一九〇六年的萍（鄉）瀏（陽）醴（陵）之役，誤作為「萍、瀏、豐起義」（第八十八頁）。

——把革命先烈禹之謨寫成「禹之模」，陳可鈞寫成「陳可君」（第八十九頁）。又列有「劉慎終」一名，未知何所依據？

——廖仲愷，寫成「廖仲凱」（第一五九頁），雖一字之差，然亦不可疏忽。

——著者提到：「國民黨『一大』所選出的二十五名中央執行委員中，中共黨員竟佔了十一名（一名候補）。」（第一五七頁）錯了！中國國民黨第一屆中央執行委員共二十四人，其中中共黨員僅三人：譚平山、李守常（大釗）、于樹德。候補中央委員十七人，有七人為中共黨員：沈定一（玄廬）、林祖涵（伯渠）、毛澤東、于方舟、瞿秋白、韓麟符、張國燾。

本書下卷，論述的主題是「中國共產革命與中國共產黨」。著者不同於一般中共革命史書的作者，他不以中共的建立與發展為主軸，而係以中國民主革命為主軸，以中華民國為主體，來評論中共的「叛國」陰謀與行動，且看其全卷七章的標題：

一、中共參加、破壞和背叛中國民主革命。
二、中共叛亂、叛國並蛻變為一個農民造反黨。
三、中共假言抗日以圖存，借口抗日以擴張。
四、皖南事變的真相。

五、中共在革命的名義下，發動內戰打江山。
六、中國共產黨全面復辟專制制度。
七、中國大陸晚清政局的全面重現和極端發展。

著者是在抗戰勝利後出生，完全接受中共教育的陶冶，對中共在大陸建國後的作為有直接的體驗，但對中共早期活動的理解，則係由於後來對中國近現代史的研究與反思。文字上，他指責中共為叛，為偽，乃是基於其主觀的認知；然所敘述的史事則有所依據，絕大部分都合於事實。他在上卷中批判過馬克斯（Karl Marx），說馬氏「剩餘價值觀錯誤」（第四十六頁）及「對資本主義認識錯誤」（第四十八頁）。他也談論過「何謂國共合作」，「何謂新三民主義」（第一六五至一六九頁）。認為中共聲言曾有兩次「國共合作」——一是一九二四年之參加國民黨，一是一九三七年之發表「共赴國難宣言」參加抗戰，實則兩者都不是「合作」，而是：

> 前者不過是中共受命蘇俄，藉參加國民黨為手段，而要對國民黨施以「挖心戰術」；後者則是中共自己在四面楚歌，乞降求命之時，對於中華民國政府的表面投降與虛偽歸順。（第一六五頁）

總之，在著者心目中，中共的專制統治，是中國民主革命過程中的「逆流」（自序）。鄭義的序文中，則點明著者觀點是：「中華人民共和國不過是中華民國歷史上一段專制復辟時期」。中國歷史發展的趨向是民主，「專制復辟」必將「隨著中國大陸人民對於民主和自由的不懈追求，而最終地土崩瓦解。」（第八頁）他也曾善意的提醒中國國民黨人：「中國國民黨的前途在大陸，而不在臺灣。」（第三四九頁）

讀過辛灝年這冊近七百頁的《誰是新中國》之後，確有不少感慨。我並不完全同意著者的觀察和論斷，卻為他熱烈認同中華民國和中國國民黨的赤誠所感動。這樣的著作，不來自臺灣，而出自中共統治下大陸青年學人之手，能不令中國國民黨人於欣慰中，感到愧疚而深刻的反省！

二〇〇一年六月二十一日於北美旅次

參加「中國統一前景」討論會

二〇〇二年三月九日，我夫婦再度飛來芝加哥（Chicago）西南郊的瑞柏市（Naperville）哈布森橡園村（Hobson Oaks），小住幾個月。

四月上旬，接老友韋玉華電話，說：「電話臺北府上，沒人接，我想你一定來到此間了。」「海外中山學社計畫於五月間舉辦一次討論會，請你參加，並作引言人。詳細資料我再寄給你。」

接到玉華兄寄來的「通知」後，始知討論會的全稱是「第四屆中山思想與當代世界國際學術研討會」，於五月四、五兩日舉行。四日的會，在芝加哥西郊假日旅館

（Holiday Inn，993 Route 83 Elmhurst，IL 60125）舉行，共有三場，討論戴鴻超、鄭竹園、劉本傑、劉遐齡、凌渝郎、韋玉華、陳博中、蔡文輝八位教授提出的九篇論文（鄭竹園提兩篇）。五日的會是第四場，移至中國城（Chinatown，Chicago）的順景山莊二樓舉行，主題改為「中國統一前景綜合討論會」：主持人有三位：李贛騮、韋玉華、劉天同；引言人有三位：李雲漢、冉伯恭、陳一川。我考慮一番，覺得自己並非此一主題的專家，但為了表示熱心支持此一有意義的活動，決定如期前往。當即函告玉華兄說明此意，並告知小婿石世鉅，屆時麻煩他抽空接送。

五月五日上午九時二十分，我到達討論會會場，見到韋玉華和鄭竹園兩位老友，戴鴻超兄則因兒子到旅館看他而未來順景山莊。韋玉華為我介紹劉天同和李贛騮，劉是中國國民黨中央評議委員，他說他曉得我，只是未曾見面。李贛騮則素昧平生，他聽韋玉華說我曾在黨史會服務，就說：「你一定了解我父親的事蹟」。我問：「令尊是——」，他答：「李烈鈞」。我這才曉得他原是大陸「中國國民黨革命委員會」的副主席，乃說：「當然，當然，協和先生是令人尊敬的元老，功在國家。」我又說：「難得在此地遇見你，我們是本家。」玉華兄接一句：「兩位也是同黨」，大家哈哈一笑。事實上，說「同黨」很牽強，因為大陸上的「民革」和正宗的中國國民黨，建黨宗旨及黨綱並不相同。

討論會開始，我第一個作引言。我準備了一份講稿，但並未依講稿「照本宣科」，而是作要點陳述。要點有三：一是說明中國統一的必然性，二是中國今日統一的困難，三是中國未來統一成敗的因素。我這份講稿，定個題目是「淺談中國統一問題」。會後講稿為玉華兄取去。《芝加哥時報》的報導中，卻把我的講稿列為論文了。只有《華報》，曾把我的講詞全文刊登出來。

三位引言人報告過後，開始自由發言。首先發言的，是譚永盛，繼之是一位歐陽教授，接著是王全民醫師。先後大約有八、九位先生及女士發言，最後由李贛騮作專題講話。他以極高亢卻非常誠意的語調講了十分鐘，說「華僑為中國統一之母」，「兩岸不會打仗，必能和平統一」，「臺灣同胞受中國文化之薰陶，比大陸同胞深，這不能不感謝兩位蔣總統」，「大陸也在變，治國的理論基礎和中共內部的決策機制也在改變，集體領導的趨勢極為明顯」。他也不否認中共有腐敗現象，並謂曾經建議中共的領導階層加以改善。

會後餐敘。首先發言主張武力統一的那位譚永盛是韓國來的山東人，把地址抄給我，說：「李先生下次來時，請到我家來住。」真是快人快語，且有幾分俠氣。另一位榮光會的會長向光澧，湖南人，懇邀我於七月間來對他的會員們講一講盧溝橋事變真相，我沒有拒絕，但也未作肯定的承諾。這是我能做也該做的事，只是人老了，不適宜再在大庭廣眾前講演。我建議向先生，找一位年輕而形象好的歷史學者來報告，效果會好得多。

講述「七七事變真相」

二〇〇二年五月三十日，芝加哥榮光會會長向光澧來電話，談「七七事變六十五週年紀念會」講演的事。他說，紀念會確定於七月七日假中華會館禮堂舉行，一定要請我去作一次專題講演，讓此間僑界明瞭七七事變發生的真相。我告訴他：這件事很有意義，也有必要，只是我年齡已高，形象及語音均不適宜再在大庭廣眾下演講，請從芝加哥地區華裔學人中另覓年紀輕形象好的人來報告，以期最好的效果。向會長卻堅請要我允諾，並說：「你對這段歷史有專著問世，眾所景仰，且不須多費時間準備。」我最後告訴他：「請儘量找找看，如真找不到更合適的人，我就去應卯，不能讓大家失望。」

六月十四日，向光澧會長在電話中告訴我：紀念會將擴大舉行，由芝加哥中華會館、中國國民黨美中支部及榮光會共同主辦。大家討論過，一定請你來主講，這是對此間僑界的最大的鼓勵。我沒有再作推辭的理由，於是決定講題是「七七事變真相」。六月二十一日，《芝加哥時報》、《美中新聞》等中文報紙就出現了如下的報導：

> 芝加哥中華會館，中國國民黨美中支部及芝加哥榮光會定於七月七日（星期日）上午十時半在中華會館二樓大禮堂聯合舉辦七七抗戰六十五週年紀念會，並邀請到李雲漢教授發表「七七事變真相」的專題演講，會後準備有午餐招待。

六月二十五日，向光澧會長三度來電話說明紀念會籌備情形，並謂屆時將由國民黨黨務辦事處主任任弘前來接駕。我告訴向會長：「不必麻煩任主任來接，我會剋時自行趕抵會場。」帶一部《中國國民黨史述》贈送給美中支部，另一冊《盧溝橋事變》贈送向會長，略表微意。女兒女婿已從報端獲知此事，決定全家於七月七日同赴芝加哥中國城，算是護駕，也是助威，會後則去一家「龍鳳酒樓」叫孫兒們大快朵頤。

談七七事變，我確是成竹在胸，不須多作準備。為了求得內容扼要而充實，且條理分明，還是花了兩三天時間，寫了份十多頁的「綱要」。只談四個問題：一是日本何以有一支強大的軍隊駐屯於中國華北心臟地帶的平津地區？二是日軍在盧溝橋附近作實彈演習是否為「條約權利」？亦即是否合法？三是七月七日當晚，日軍以一名士兵失蹤疑為中國駐軍所擄，要求進入宛平城搜查，因而導致衝突，所謂「失蹤士兵」是真是假？四是日本軍人及不少歷史學者，提出所謂「第一槍」問題，是否真有其事？日人的用心何在？

七月七日上午十時二十分，女婿石世鉅送我到中華會館門前。甫下車，即遇到一位看來年齡和我差不多的老先生熱情的和我打招呼，並幫我提了那套《中國國民黨史述》。初以為他是接待人員，交談後才曉得他也是前來參加紀念會的來賓，姓常。他的熱情，使我有賓至如歸之感，誰說海外華人對同胞的態度冷漠？進入會場，幾位老友——陳雋兄嫂、韋玉華教授、王全民醫師等，都到了。向光澧會長、關其煉主席、劉天同委員等，也前來相迎，禮堂裡充滿了溫馨。稍後，台北駐芝加哥經濟文化辦事處處長陳俊賢也到了，有點官氣，我始終沒有和此人講半句話。

紀念會準時於十時三十分開始。其情況有如美洲《世界日報》記者張惠姿所述：

> 為紀念七七抗戰六十五週年，中華會館、榮光會及國民黨美中支部三個單位，七日首度在華埠舉行了聯合紀念活動，包括榮民弟兄，南北華埠新興僑團代表二百餘人參加，展現了勿忘國難，記取歷史教訓的精神。……紀念儀式由榮光會會長向光澧主持，場面莊嚴肅穆，舞台正中央懸掛有「勿忘國難」四個大字。與會人士在典禮中高唱中美國歌，並向國父及領導八年抗戰，獲得最後勝利的蔣介石委員長遺像行三鞠躬禮，以表達眾人對其追思與敬意。

依據「紀念大會程序」，主持人向光澧會長報告開會宗旨後，由中華會館主席關其煉致開會詞。他講廣東話，也夾雜著國語。再由陳俊賢處長致詞，還算得體。最後由我作專題演講。考慮到時間很緊湊，所以沒說客套話。開門見山，次第分析四個關鍵性的問題，並對一部分日本人的強詞奪理，予以批判。以往在課堂講課養成了談經論道的習慣，不懂得幽默，也不知講求技巧，再加上一口又濁又硬的山東話，聽眾們怕難以完全聽得懂。好在時間控制得不錯，講了五十分鐘，剛好把問題交代清楚，音量還算大，中間未曾有口渴或咳嗽現象，可謂一氣呵成，心中感到很高興。聽眾的反應如何，我不知道，也不想探詢。《世界日報》七月九日的報導中，卻有如下一段記述：

> 應邀擔任主講的政大教授李雲漢一個小時的專題演說，引經據典的針對七七抗戰中，有關「合法駐軍說」、「合法演習說」「日本士兵到底有無失蹤？」、「誰開了第一槍？」四大疑點，作了深切剖析。李雲漢說，歷史學者最大的責任是還原歷史真相，以提醒世人不要再重蹈覆轍。

紀念七七抗戰，美國各地僑界湧起了一股熱潮，這情形在臺灣已經不再出現了。芝加哥地區，除七月七日上午的紀念會外，另一個僑團「美中地區抗戰史實維持會」則於當日下午在芝城西郊的僑教中心舉辦了紀念會、音樂演奏、合唱、太極拳表演等系列活動。據該會創會會長劉漢屏表示，抗戰史實維護會全世界的四十三個分會，今天都同步紀念。芝加哥史維會現任會長為張博明，理事長為嚴克映，我並不熟識。讀過嚴氏在中文《芝加哥時報》發表的〈紀念六十五週年七七抗戰〉一文，曉得他屬於戰後在臺灣出生的一代，他說「熱愛臺灣大地」卻也「嚮往著中國」，對臺灣一部分專事挑撥省籍觀念並高唱「去中國化」喪心病狂的人，則嚴詞斥責。

芝加哥地區的中文媒體，都對紀念七七抗戰的活動作了適度的報導。作為媒體龍頭的《世界日報》，先於七月六日刊出紀念會開會的消息，繼於七月九日幾乎以地方新聞版全版的篇幅作了深入的報導，也刊出了一些活動照片。每週五出刊的幾家中文報如《芝加哥時報》、《美中新聞》、《神州時報》等，也都於七月十二日刊出了醒目的報導和圖片。《美中新聞》以頭版頭條新聞，大字標題為

還原歷史真相　記取歷史教訓

七七抗戰六十五週年紀念中華會館圓滿舉行

記述文字延伸至第三版，有五幀圖片。《芝加哥時報》則以A二版整版刊出文字報導及九幀圖片，標題是：

芝加哥榮光會　國民黨美中支部　中華會館紀念抗日沉思：

蘆溝橋頭第一槍是誰放的？

史學家李雲漢在芝加哥講述七七事變真相

九幀圖片中，有三幀我是主角：一是我講演時的單照，一是關其煉主席、劉天同常委、向光澧會長贈送我感謝盾牌的合照，一是我贈送《中國國民黨史述》給美中支部，由劉天同接受時兩人合照。報導文字是記者艾野寫的，一開頭就說：「著名史學家李雲漢教授七月七日在芝加哥以豐富的現代史料來講述評議七七事變的歷史真相」，但第二段文字卻把我的姓名誤作中共的建黨元老李維漢了，我想讀者們會作「會心的一笑」。

在芝加哥作客，為僑界社團作一次有意義的奉獻，覺得很高興，因為盡了歷史研究者的本分，也實踐了「匹夫有責」的心願；不管效果如何，總是一樁好事。

二〇〇二年七月十五日，雲漢於北美伊州瑞柏市郊旅寓

訪問過芝加哥的中國國民黨領導者

中國國民黨係於一八九四年（清光緒二十年）十一月建黨，至二〇〇二年十月，黨齡已屆一〇八年。其高層領導人士中，曾來美國芝加哥訪問者，先後有四人：孫逸仙先生、黃克強先生、宋美齡女士、連戰先生。

孫逸仙先生，是中國國民黨創黨人，也是中華民國的締造者，在黨為總理，在國為國父，地位崇高，備受絕大多數中國人的尊敬。孫先生在辛亥革命（一九一一）前在海外奔走革命時代，曾三度到芝加哥訪問，茲分別說明如後。

孫先生首次訪問芝加哥，是在一九一〇年一月十八日。他係應芝加哥華人耶穌教牧師蕭雨滋之函邀，由紐約搭火車來到芝城，受到蕭雨滋、蕭漢衛及其他僑眾的歡迎。翌日，芝加哥華埠一部分熱心祖國革命事業的華人，在會英樓設宴

歡迎孫先生，孫先生即席演說「革命的必要」，據稱「達五六小時之久」。由於受到孫先生演說的感動，不少人贊成革命，於是決定成立同盟會芝加哥分會。據《國父年譜》記述，先後宣誓入會者有十七人：

> 首次加盟者有蕭雨滋、蕭漢衛、梅培、曹湯三、羅泮輝、程天斗、梅喬林、李雄、梅天宇、梅賜壁、梅友伙、梅彬等十餘人；譚贊、伍頌唐、何寶衡、梅壽、林光漢等數人繼之。即以梅壽所設之泰和店為通訊處。

十七位會員中，蕭雨滋、蕭漢衛是父子關係。梅培（光培）、梅喬林、程天斗等人，於辛亥革命民國肇建後都曾回國追隨孫先生。梅喬林曾與李綺菴合撰〈開國前美洲華僑革命史略〉長文，刊布於《建國月刊》第六卷第四、五期合刊本，原稿則由中國國民黨中央黨史會（今黨史館）庋藏。梅喬林先生於民國元年（一九一二）曾任南京臨時政府孫大總統的秘書，晚年受任為黨史會纂修，工書畫，長鬚飄飄然，狀若仙翁。民國四十六年（一九五七）我到黨史會服務時與之相識，每逢春節團拜時都由老先生主持；他享壽一百歲。

孫逸仙先生首次訪問芝加哥停留日期，陳錫祺主編《孫中山年譜長編》謂「先生居芝埠月餘」，與事實有出入。蓋孫先生於一月十八日抵芝加哥，二月十日即到了舊金山，實際居芝之時間應為二十日左右。他於建立同盟會分會外，並曾向僑眾接觸募集革命經費，效果並不理想。有梅斌林者，曾撰〈孫中山在芝加哥〉一文（刊於《辛亥革命回憶錄》第八集）指證：「孫先生到洗衣館等處勸募，與餐館工人等接觸。募捐時往往受到冷遇，甚至被拒之門外，但先生不以為意。」

孫先生第二次訪問芝加哥，係在一九一一年四月二十八日，即「三二九（陽曆四月二十七日）黃花岡之役」之次日。他係由朱卓文陪同自紐約前來，目的仍在募款以應廣州起事急需。到芝城後，得知廣州起義失敗消息，先為之憂；繼知黃興（克強）、趙聲（伯先）、胡漢民（展堂）脫險歸港，乃為之喜。《國父年譜》據胡漢民、梅喬林之自述記其事曰：

> （孫先生）抵芝加哥。廣州起義失敗消息，西報已傳之殆遍，先生對同志之生死安危，道遠莫知真象，倍感關切；而袍澤情深，尤愴然於懷。乃致電香港機關部慰問，其文曰：「聞事敗，各同志如何？何以善後？」上無人名，蓋先生是時尚不知黃、趙、胡諸人是否生還也。至（舊曆）四月四日（五月二日），始接胡漢民復電，命梅喬林譯之。甫譯電文首句「克伯展歸」四字，先生露笑容曰：「天下事，尚可為也。」當時同志莫解其意。先生旋告曰：「克者，黃克強；伯者，趙伯先；展者，胡展堂也。吾所慮者，同人盡遭不測耳。今得安全，余心慰矣。」繼將全文

譯竟，文曰：「克伯展歸。克夫（何克夫）、克武（熊克武）、執信（朱執信）力戰出險。佛山事，毅（胡毅生）或在彼。死者姓名後報。」翌日，又接漢民來電云：「恤死救亡，善後費重，奈何？」先生閱電告同志曰：「展堂等亦極擔憂，惟籌善後費，是在同志之努力而已。」於是各地同志先後電匯巨款接濟，辦理善後。先生旋即赴舊金山。

上引文中「旋赴舊金山」一語，亦與事實有出入。蓋孫先生在芝加哥尚曾稽留數日，並曾訪問過日友萱野長知之親戚大塚太郎，詢問自美國前往日本之可能性。並曾於五月四日「通電全世界，佈告革命宗旨。」且有在芝加哥籌組「革命公司」之意。孫先生於五月七日離芝加哥後，也未即赴舊金山，而是前往波士頓，再去華盛頓，又去洛杉磯，到六月十八日始到達舊金山。

孫先生第三次訪問芝加哥，是在辛亥武昌起義後三日——一九一一年十月十三日。此次係由聖路易前來，住於蕭雨滋家。同盟會芝加哥分會為慶賀武漢三鎮光復，決定於十月十五日（舊曆八月二十四日）舉行預祝中華民國成立大會，孫先生為之親撰通告，題曰「預祝中華民國成立布告」，全文如下：

公啟者：武昌已於本月十九日光復。義聲所播，國人莫不額手相慶，而虜運行將告終。本會謹擇於二十四日開預祝中華民國成立大會，仰各界僑胞屆期踴躍齊集慶祝，以壯聲威，有厚望焉。此佈。天運辛亥八月二十二日，芝加古同盟會啟。

茲因應辛亥革命爆發後的國際情勢，他在芝加哥只停留五日，即乘車去華盛頓。他希望能與美國國務卿諾克斯（Philander C. Knox）會面一談，但未能如願。

第二位到芝加哥訪問的中國國民黨高層人士，是在同盟會時代，無副黨魁之名卻有其實的黃興（克強）先生。黃先生係於一九一四年六月間自日本來到美國，先到加州小住，然後應美東同志及僑胞之請，於九月下旬東行，第一站即為芝加哥。

據我查證有關文獻，確定黃先生抵達芝加哥的日期為九月二十九日，受到同志梅培、曹湯三等人之熱烈歡迎。他下榻於國會旅社（Congress Hotel），除與梅培「傾談竟日」，討論阻止袁世凱所派代表陳錦濤、蔡序東與美國銀行接洽借款，建議孫逸仙先生修改中華革命黨總章之「附從」及「元勳公民」兩點外，並曾與孫先生老友林百克（Paul Linebarger）見過面。黃先生在芝城僅停留兩日，即東赴紐約。

第三位應邀來芝加哥訪問的中國國民黨要人，是宋美齡女士。宋女士是蔣中正（介石）先生夫人，中外人士多稱之為蔣夫人。她是中國國民黨在對日抗戰期間對婦女運動及對美外交深具影響力的一位婦女領袖，迄今仍然是中國國民黨中央評議委員主席團之首席主席。

宋女士於一九四三年應邀訪問美國和加拿大，曾轟動一時。芝加哥市長凱萊（Edward J. Kelly）懇切邀請宋女士來芝一行，當獲同意。她係於三月十九日自波士頓來到芝加哥，首由凱萊市長呈獻金鑰，並親自駕車載宋女士沿湖遊覽四十五分鐘，被認為是最受歡迎並享有最高禮遇的外賓。

宋女士在芝加哥訪問五日，曾發表兩次重要演說。一是三月二十一日下午，於出席美中及美東十一城市之僑團在中國城安良堂舉行之「全僑歡迎大會」時，即席演說，聽眾情緒熱烈，掌聲雷動。宋女士在中國城，受到近兩萬名僑眾的夾道歡迎。一是次日（二十二日）在芝加哥體育長場舉行的市民歡迎大會，伊利諾州州長、芝加哥市長及地方菁英均來參加，盛況空前。宋女士講詞全文，已收入台北出版之《蔣夫人言論彙編》卷三，她陳論中美兩國立國精神，介紹中國文官制度及機會均等的設計，國際條約之不足恃，國際合作之必要，並曾堅決表明中國抵抗侵略之決心：「吾人一致決心，繼續作戰，堅信吾人之理想，值得保存，且必能保存。」

二〇〇二年四月十日至十四日，中國國民黨主席連戰（永平）先生到芝加哥訪問五天，是為第四位來訪之中國國民黨領導者。十一、十二兩日，連先生之活動範圍在芝加哥大學，以出席芝大董事會會議並與昔日師友晤敘為主。十三日，連先生訪問了芝加哥僑社龍頭的中華會館暨中國國民黨美中支部，出席了六十多個僑團共六百餘人參加的盛大歡迎晚宴，鼓起了訪問活動的最高潮。

近年來，芝加哥僑社對臺灣政情的變化與中國國民黨的趨向式微，極感憂慮與悲憤。連戰先生的來訪，自然會使僑眾感到振奮。中文傳播媒體都以極大篇幅報導了訪問活動，中華會館主席關其煉、董事長陳達偉領銜，六十九位董事，十一位顧問，聯名在報端登出了歡迎廣告，以「力挽狂瀾」四字表達了他們的心聲和期望。

我在芝加哥作客，沒有機會參與歡迎或進言，卻以極為興奮的心情，逐日閱讀有關連先生活動之報導。我深為僑界諸領導人的愛國熱忱和直言進諫所感動，也為連先生幾次決斷性的談話感到欣慰。四月十四日上午，連先生於其下榻的芝城半島酒店與海外黨員座談，於答復同志們關於「尊李」、「黨產」等敏感問題時所說的兩段話，尤能振奮人心。一是：「李登輝已經是過去式，他的時代早已過去了。他說我聯共反臺，這是對我莫大的侮辱，我永遠都不會原諒他，除非他收回這句話！」（二〇〇二年四月十九日《芝加哥時報》A一版）一是：「我們國民黨的真正最可貴的黨產，才是中山先生的思想與三民主義的理想。」（同報A三版）這樣的言詞，在臺灣已不大容易聽得到了！

美中地區的華文報紙

據我所知，以芝加哥市為首府的美中地區，有華文報紙九家：《世界日報》、《星島日報》、《芝加哥時報》、《美中新聞》、《神州時報》、《辰報》、《僑報》、《華報》、《大紀元時報》。除《星島日報》、《僑報》外，其餘各家都是我在芝城作客期間，經常閱讀的「精神食糧」。各家的報格不同，自不能用同一的尺碼來衡量，讀者的身分和背景更是形形色色，對華文報的感受和評論，恐也是言人人殊。我只是就個人的所見所感與所聞，對七家華文報略作評介。

《世界日報》（World Journal），是臺北聯合報系在北美洲創刊的最大華文報紙。總社雖設在紐約，芝加哥卻是中西區發行的重鎮，因為它的中西區業印中心設於芝城，且在中國城設有辦事處。它是日報，芝城及其郊區的華人每日中午即可從中國人開設的餐館及超市購得當日的報紙，對關心東方政情及軍情的人士，最為方便。《世界日報》也是唯一標用中華民國紀年的華文報紙，對來自臺灣及認同中華民國的華人而言，多了一層親切感。

《世界日報》的篇幅，也是各華文報紙中的龍頭大哥。它分為ＡＢＣＤ四部分，ＡＣ部分各有十四版，ＢＤ部分各有八版，合計總版頁數為四十四。新聞部分，分美國及世界要聞，臺灣、香港、中國大陸、東南亞各國的新聞，報導極為均衡。而地方新聞、影藝、專刊、財經消息及各類廣告，可謂應有盡有。其世界副刊、上下古今專刊、小說世界、家園、香港副刊、兒童世界、萬象等專欄，內容亦簡短新穎，引人入勝。我最喜歡讀「上下古今」專欄內的文章，有時會讀到史界老友陳捷先、陳三井、王家儉等兄的作品，有時則從一些掌故短文中獲得訊息，有助於解決心中的疑難，真是「開卷有益」。最近的一例：我在中學時代，即喜歡朗誦一首唐詩：「一去二三里，煙村四五家，樓臺六七座，八九十枝花。」但不知作者為誰。最近於二〇〇二年七月十五日《世界日報》「上下古今」專欄中，讀到萬木春、瀟葉所撰〈煙村石窟之謎〉一文，始知此詩為唐代歙縣人許宣平所作。許為隱士，李白來訪不遇，卻於其茅廬門牆上見到此詩，「意謂俺到煙村去也」，十分有趣。

《世界日報》每週日增印一份《世界週刊》，贈閱各訂戶及購閱者。《週刊》係八開雜誌型，彩色，橫排，內容有風向（社論）、醫藥保健、企業經營、美國現象、生活、人物、專題報導、社會文化、休閒、繽紛、旅遊、理財、法律、應用英文等欄以及各行業的廣告，以適應各階層讀者的需要，甚受歡迎。

《世界日報》和《星島日報》之外的幾家華文報，都是週報，每逢星期五出刊。以篇幅言，《芝加哥時報》和《美中新聞》最多，分別有五十及三十餘頁。神州日報次之，《辰報》又次之，《華報》及《大紀元時報》則又次之。這些報，不管政治立場為何，均使用正體字（大陸上稱之為繁體字），亦均以西元（或稱公元）紀年。

《芝加哥時報》（Chicago Chinese News），號稱為「報導美國華人新聞最詳細完整的報紙」及「美南報業傳播集團遍佈全美九大都市」，每期篇幅為ＡＢＣＤ四單元，每單元有十四頁，共五十六頁，確是洋洋大觀。發行人為李蔚華，總裁為李著華，社長為郭笑榮。李著華為親民黨全國委員，曾赴臺北出席於二〇〇二年六月一日舉行之親民黨第一屆全國委員會議，並於六月十四日的《芝加哥時報》發表整版（A三版）專題報導，標題為「能力．活力．勝利——宋楚瑜：親民黨將帶給臺灣人民新希望與未來！」

《芝加哥時報》除主要政治外交及國際關係的報導外，亦有不少專欄，作極有分量的專題論述。如六月十四日的「特稿專刊」，即曾刊出張一程撰〈恐怖主義縱橫談〉、宗鷹撰〈艱辛往途．豪邁開拓——美國油畫大師涂志偉畫路藝程〉等專文，頗受讀者歡迎。

《美中新聞》（Chinese American News），自稱為「美中地區發行量最大的中英文報紙」，「服務美中華人社區歷史最悠久」。社長為張政榮，係中國國民黨人，且為美中支部委員，但對黨的海外政策和美洲黨務常持批評態度。二〇〇二年四月十四日，他參加連戰主席在芝城半島酒店召集的座談會中，曾作逆耳忠言，嚴肅的質疑國民黨在海外的向心力。

編排上，《美中新聞》採中國傳統的方式，直排，自右而左，英文部分自左而右。紀年採西元，中英文並用，不註農曆干支及月日。分兩部分：第一部分有十八頁，內容為焦點新聞、評論報導、社區新聞、綜合報導、經濟廣場、廣告世界等欄；第二部分亦有十八頁，內容以影藝娛樂、醫藥衛生、廣告及英文專欄。報導以穩健著稱。整體言之，其特色有二：一為廣告最多，佔總篇幅三分之一，以「廣告效力宏大，資訊最正確」相號召；一為重視醫療衛生，其「醫藥衛生」專欄有四頁，其中兩頁為「醫藥與健康」，其中由王全民醫師執筆之「臨床筆記」專欄，極受肯定。後二頁則為「大芝加哥地區著名醫生及診所」及「大芝加哥區華人醫師名錄」，均附地址及電話，以便聯絡，讀者稱便。

《神州時報》（China Journal），係老僑報，於一八九三年創刊於紐約，已有一百多年歷史。紀年採西元，在美國各大城市及加拿大同步發行。篇幅分AB兩部分，共二十八版。用正體字，直排。隨時勢之轉移而變化其報導方針，近年來頗著重於僑社與大陸關係的開展。如本年六月，一向支持中華民國之安良工商總會首次組團訪問中國大陸，其總理伍建生聲言支持中國統一並堅決反對臺灣獨立一事，該報即多所著墨。其「小說報」專欄，刊載大陸人物史事等內幕報導，如〈三十二年前中國第一星升空的背後〉、〈毛澤東和他的原配夫人〉等，亦頗能引發僑界大眾的興趣。

《辰報》（China Star），與中國之星電視台，同為具有大陸背景的傳播媒體，屬於中國之星媒體集團（China Star Media Corporation）。其總裁為一女性，名周黛薇（Daway Zhou），我曾與之見過一面。《辰報》紀年以農曆干支為主，附以西元。採用正體字，橫排，由左而右。報導能作全面性考慮，大陸動態及在美親大陸社團之活動固多所敷陳，而於親中華民國人士所舉辦之活動，亦能據實報導，如海外中山學社於二〇〇二年五月間舉辦之「第四屆孫中山思想與當代世界國際學術研討會」，《辰報》的報導即甚平實。「《辰報》副刊」，多為記述文人生活之作品，並連載〈紀曉嵐全傳〉、〈一九四九：京滬暴動內幕〉等長文，亦廣受讀者喜愛。

《大紀元時報》（The Epoch Times），為「全球發行」之華文報，二〇〇〇年八月創刊。美中地區所發行者稱「美中版」，供應美中十五州及加拿大溫莎市。文字橫排，由左而右，分AB兩部分，各有八頁。A部內容為要聞報導及科學文化；B部則為地方新聞、生活、健康、論壇、體育及影視。政治色彩甚淡薄，無社論及評論性文字。紀年用西元，報導均用「大紀元訊」，採訪記者並不署名。自謂：「獨立於任何政治及商業集團之外，不受任何國家政府和區域利益左右。」

《華報》（Asian American News）係小型週報，篇幅不超過十五頁。發行人為湯岳中，惟報頭並未刊布發行人姓名。其立場為堅持支持中華民國並促進兩岸統一，對民進黨政府施政及駐外官員之厲行「本土化」及「去中國化」，嚴詞抨擊。文章多短論，執筆人有彭懷恩、何筑熙、胡忠信、曾祥鐸、許承宗等。政論文字外，亦刊載學術性作品，如連載蕭民元撰〈論語辨惑〉是。

加拿大洛磯山區九日遊

二〇〇二年八月上旬，女兒策劃了一次全家人參加的遠程旅遊。目的地：加拿大中西部洛磯山區（Rocky Mountain Area，Canada），阿伯特（Alberta）與英屬哥倫比亞（british Colunbia）兩省毗連地帶之三大國家公園：班福（Banff National Park）、賈士波爾（Jasper National Park）、及悠侯（Yoho National Park），南北縱長有二百三十公里。行程：八月四日自芝加哥歐海爾機場（O』Hare Airport）飛加拿大中部名城卡技利（Calgary）租車以六天時間遊覽三大公園區的主要景觀，再回卡技利遊覽一天，於八月十二日飛回芝加哥。

來回程，都搭加拿大航空公司（Air Canada）的班機。以前聽朋友們說，加航的信譽不錯，飛機新，票價公道，服務也熱心。但我這次首次搭乘加航班機的經驗，並不十分愉快。因為去程起飛時間一再延遲，回程中又臨時宣布換機，浪費了不少時間，不能不叫我對加航的印象打個折扣。

加拿大洛磯山區，以「最富浪漫色彩的湖光山色」聞名於世。此次親歷其境，也確有別開天地，美不勝收的感覺。

八月八日，是個難忘的日子。中午，我們來到了有名的冰河區，搭乘特別裝備在冰雪中行駛的旅遊車（Snow Coach），沿阿薩巴斯卡冰河（Athabasca Glacier）上駛，登上了哥倫比亞冰原（Columbia Icefield）。置身於一二〇〇〇多呎的山巔，看孩子們在冰野裡追逐嬉戲的情景，真的有「不知天上宮闕今夕是何年」的曠怡之感。下山後，繼續沿轉折於山麓澗畔間的旅遊公路前行，於黃昏時刻到達了賈士波爾。女兒為賀父親節，特別安排搭乘高空纜車（Gondola），橫過峽谷，到對面一座高山上的西式餐廳中吃晚飯。憑窗外望，於霞光萬道中欣賞層巒疊嶂浩渺無垠的景象，不禁想起了〈中華民國頌〉歌詞中的佳句「峰峰相連到天邊」的深邃意境，那是多麼雄偉壯闊的山河！

山，吳敬梓《西遊記》對各種不同的山貌的描寫，生動逼真，令人歎服。童年時代生活在故鄉，百里外的沂山諸峰，也給我留下了嵯峨雄巍的印象。如今見到的北美洛磯山群峰，削拔峭絕，氣象萬千，給予我極大的新奇感，也增加了新體驗，但無論如何也見不到故鄉山雄河壯的北國風貌。

這地區，一年十二月中有九個月大雪紛飛，只有六、七、八這三個月天晴氣爽，是旅遊的旺季。山上積雪溶流而下，匯聚成各種不同水色和形狀的湖。從班福到賈士波爾兩百多公里的旅遊帶上，湖泊無數，最大也最美的名湖則屬路易士湖（Lake Louise），次之有馬倫尼湖（Moraine Lake）、弓湖（Bow Lake）、悠侯湖（Yoho Lake）、馬利基尼湖（Maligne Lake）。這五個湖，我們都曾遊賞過。孩子們遊興最濃，一到就租船下水，蕩漾於晴空碧波中，悠然自得。我夫婦是老年人，只有由女兒陪同，在湖濱道路上漫步，欣賞叢林中的鳥語花香，或是落坐於環湖道路旁的木椅上，於徐徐清風中，享受那青山綠水間心曠神怡的樂趣。八月八日上午行經弓湖北沿駐足觀賞湖景時，卻見對岸弓山（Bow Mountain）的全影倒映在清澈的湖水中，美麗無比。這使我想起劉鶚（鐵雲）在其《老殘遊記》中所記濟南大明湖內出現千佛山倒影的描述，真的是令人拍案叫絕的奇觀。

山巔積雪，山谷成湖，峰與峰間則有不少峽谷，水流狂奔而下，因地勢之陡峭，因而形成或大或小，或急或緩的瀑布（fall）。我們在六日上午於自班福駛往路易士湖的中途，曾一遊頗負盛名的江斯頓峽谷（Johnston Canyon），果然名不虛傳。我夫婦曾循谷畔小徑（trail）步行近一小時，尋幽而至有如萬馬奔騰的瀑布，稍後再循原路歸返，至接待中心小憩。中途雖曾淋過雨，興趣卻絲毫未減。八日上午，車經弓山山麓時，又曾隨孩子們一口氣登上標高二千二百多公尺的巔峰（Bow Summit），一覽披圖冰河（Peyto Glacier）的遺跡。默思以年逾古稀的老者，尚能健步登高而未有疲態，能不引以為慰！

種類繁多的野生動物（wildlife），不時出現在路旁，最能逗引遊人們的興致。這些動物，主要的是黑熊（black bear）、美洲豹（jaguar）、野狼（wild wolf）、郊狼（coyote）、麋鹿（elk 亦稱大角鹿）、鹿（deer）、羊（sheep）、山羊（mountain goat 亦稱大角羊）以及各種鼠類和鳥類。我們在旅遊行進途中，數度遇見過麋鹿、鹿和山羊，兩度遇到過黑熊，卻未曾有緣一睹美洲豹和狼的芳容。與其他地帶的情形不同，此地的野生動物是不怕人的。我們於八日下午遇到的一隻小黑熊正在路旁揀吃草果，儘管車與人緩緩而行，競相拍照，牠卻全不在意，旁若無人。於路易士湖濱漫步時，又曾見到一隻碩大的花栗鼠直立路中向行人打拱，目的在討取食物。當我們在馬倫尼湖濱餐館用餐時，一隻松鼠也堂而皇之進了餐廳，在各桌食客腳下揀拾碎屑，毫不在意人來人往，也不怕被捕捉或被驅逐。這當然是加拿大觀光當局極力保護野生動物所產生的現象。觀光當局規定：遊人車輛要與狼、熊等烈性動物最少相距一百米，距鹿、羊等馴性動物最少相距三十米，以免野生動物受驚或行人受害。即使如此，每年仍有一百二十餘頭野生動物死於輪下，牠們的突然出現乃是造成車輛閃躲不及而致撞斃的主要原因。

旅遊第八天——八月十一日，正是星期天，我們遊覽了卡技利的幾處紀念性社區和公園。一是加拿大奧林匹克公園（Canada Olympic Park），公園中主要建築則是一所奧林匹克紀念館，亦即奧運名人館與博物館。由於卡技利是一九八八年世界冬季奧運會的主辦城市，成績甚佳，因而建立了這所紀念公園，號稱：「加拿大奧林匹克公園是全球最獨特設備的場所之一。它是多種奇特康樂活動與加拿大奧運健兒優秀訓練中心組合的所在。」我們在女導遊駕車並說明下，參觀了冰屋——CODA國家滑蹓中心，作了一次「奧運漫遊」（Olympic Tours），並登上「快路火箭——夏季運橇」的「啟動台」，一覽公園的全景。孩子們對於「以每小時九十五公里的快速在混凝土的跑道上全力飛馳」，饒有興趣，我們老人則只好知難而退了。中午，我們又驅車前往中國城（Chinatown），參觀了卡城中華文化中心。這座外觀上莊嚴華麗的建築，係仿照北京天壇的型式，充分顯示出中國風味。它係於一九九一年五月動工，一九九二年九月落成啟用，為加拿大境內最大的中國文化標誌之一。內含霍英東文化大禮堂、周治濟伉儷大禮堂、圖書館、博物館、手工藝品店，並附設一家「帝苑海鮮酒家」。其中博物館內所展示者，為仿製的秦代兵馬俑，係中國大陸於參加一九八六年溫哥華（Vancouver）世界博覽會展出後，移贈於加拿大僑界者。由於時間有限，我們無法作細密的觀賞，匆匆一瞥後，再到中國城各主要街道作一番巡禮。見到「中國國民黨卡技利支部」的招牌，想到目前國民黨在海外的退縮行動，心情為之悽然良久！

離開中國城，我們再步行前往位於卡技利市區中心第七、八兩街之間的一座室內花園——地瓦年花園（Devonian Gardens），瀏覽一周。這所卡技利最大的室內花園，設於「多倫多道宋尼廣場」（Toronto Dominion Square）的四樓，面積二.五英畝，花卉草木多係由美國佛勞瑞達（Florida）移來之熱帶植物，全靠空氣調節與水土保養來維持其生長。水池中並養有肥碩的錦鯉。除提供遊客觀賞外，並提供婚禮及集會場所給申請者，亦定時舉辦展示或表演活動。卡城還有座極有名聲的動物園，我們這次卻抽不出時間去參觀，不無遺憾。

結束了旅遊行程，於八月十二日傍晚回到了芝加哥近郊自己的旅舍。略感困倦，心情卻甚為爽朗。圓滿的做完一樁有意義的事，有誰能不感到短暫的輕鬆愉快呢！

二〇〇二年八月十六日，雲漢書於伊州瑞柏旅舍

童年時代入讀塾學的回憶

前天收到中央研究院近代史研究所寄贈的《近代中國史研究通訊》第三十三期（民國九十一年三月出版），於「史

料介紹」欄內讀到王爾敏教授那篇〈《莊農雜字》所反映的農民農業生活〉，感到快慰，也喚回了七十年前就讀私塾時代的一些回憶。

王爾敏教授這篇文章，主旨在介紹清代及民國初年流行於山東農村的一種小冊《莊農雜字》的史料價值。他文章開頭就說：

我今時要介紹一本清代人記錄的農村耕稼生活細節的傳抄小冊，是流傳在山東鄉村的一種傳統農業知識的重要教材，是五言體一韻到底的記誦之詩歌。

爾敏兄大文中舉述了《莊農雜字》的四個特色，舉出四例來做內容背景的解剖。他認為這是研究農民生活的直接史料，應予保存，不能「令之滅絕」，語重心長，令人感動。事實上，二十多年前，在臺灣出刊的《山東文獻》第六至八卷各期，即曾刊出寒光、張存武、王廣健、曹繼昌、劉德麟、趙培遠等魯籍人士的文章，對《雜字》的著者年代、籍貫及內文中所記述的時令、農具、犁田、播種、除草、收割、果菜、豆類、營養品等名稱，及市集、婚禮、渡節、過年等習俗，都有翔實的解說。張存武教授是山東臨朐人，《雜字》的作者是他同縣同鄉前輩，內容所述也都是以臨朐為中心所做的實況記述，所以由他帶頭來做《雜字》的「箋釋」，是最適當的人選。他和王爾敏兄一樣，以歷史學者的眼光看待《雜字》，認為是「很有價值的農村社會文獻」，「是本有關農村生活，農業生產，和農村幼學教育的書。」

我對《莊農雜字》（亦名《日用雜字》），具有一份濃厚的情感，因為這是我年甫六歲初入塾學就讀時啟蒙四書之一。四本啟蒙教科書教讀的先後順序：一是《三字經》，開頭一句是「人之初」；二是《百家姓》，開頭一句是「趙錢孫李」；三是《千字文》，開頭一句是「天地元黃」；四是《日用雜字》——我清楚記得所讀的書名是《日用雜字》，而非《莊農雜字》或《莊稼雜字》，內容則是一樣的，開頭幾句是：

人生天地間，莊農最為先。要記日用賬，先把雜字觀。你若待知道，聽我謅一篇。

四種書，當年曾熟讀數百遍，能背誦如流。前三種，至今也還能默誦出來，大致不差；只有《日用雜字》，由於都是地方俚語俗字，離開家鄉後完全用不到，所以就慢慢淡忘了。如今只能記得十分之二三的語句，有些稀奇古怪的字和詞，今日見到竟然都不認識了。

不過，由於張存武、王爾敏等兄先後寫文章來論述《莊農雜字》，使我不能不回想到童年時代就讀塾學的三年歲月。我七歲入塾，時為民國二十二年（一九三三）。想想民國建國進入「共和新時代」已經二十多年了，我生長的村莊裡竟仍然有「私塾」這種傳統而落後的教育制度存在，其人心之蔽塞與保守之性格，真令當代人難以想像。我讀的「私塾」，也叫「村塾」，是我們的「家族企業」，教師（當時稱師傅）是族伯父李蓮亭先生，學生共四人，都是李家子弟：兩位輩分比我高，稱他們為叔；兩個「初學蒙」（首次入學來啟蒙的幼童），是比我大一歲的二堂兄李雲啟和我。蓮亭伯年已七十二歲，白鬚紅顏，道貌岸然，學識人品都不算差，只是思想上是清廷的死忠，認為「天下不可一日無君」，時時企盼能有「後清」出現。我初入學，即逢到這樣一位業師，現在想來實在很可怕。當時卻也感覺不到甚麼，因為師傅只教我讀書寫字，不談政治。沒有課外讀物，更沒有報紙，閒人也不能隨意進來。一間師生五人朝夕相處的教室是我唯一的「天下」，教室外的事完全看不到，聽不到，也想不到！

塾學，是舊社會科舉制度下流傳下來的產物，目的在「赴考」。依當時的塾學教育進程，分三個階段：第一個階段是啟蒙期，要誦讀基本教材——就是前述《三字經》、《百家姓》、《千字文》及《日用雜字》，為時二年。第三、四、五年為第二階段，要熟讀四書：《論語》、《孟子》、《大學》及《中庸》。第六、七、八年為第三階段，以讀經為主，要讀完五經：《詩經》、《書經》、《禮記》、《易經》、《左傳》，並須吟詠唐詩。八年下來，熟讀了四書五經，就是所謂有了「全篇學」，算得是個「讀書人」，可以去應考了。由於學生們的智愚賦性不同，讀書的進度也不一致，有人不到八年就可以「出徒」（即今日之「畢業」），有的人即使是「皓首窮經」，也還是逃不了「半瓶醋」之譏。我在村塾讀過三年，於啟蒙四書外，讀完了《論語》和《孟子》。《論語》讀得最熟，可以從頭到尾一口氣背誦下來，但對其內容義理，一點也不懂。因為師傅未曾「開講」，我當時也未「開竅」，從未向師傅提問過問題。

時代畢竟在進步中。父親由於參加了地方自治人員的訓練，思想變新穎了。他決定要我退出塾學，進新式學堂。我村中尚未設立新式學堂，乃送我和大堂兄雲龍去三華里外的趙家嶺初級小學就讀。教師是楊振華先生，問過了我的塾學經驗後，要我從小學二年級讀起，這年我已九歲了。趙家嶺讀書的情況，我在〈我的小學時代〉一文中作了簡要的敘述，這裡就不多辭費了。

我常想，三年的塾學是否完全是浪費？對一些正在發育中的兒童是否會造成戕害？從教育原理和個性發展的角度看，塾學確實是不足取法的一種制度；但如完全否定其教育功能，卻也未必完全合理。以我直接的經驗而言，這種刻板褊狹完全忽視學童的興趣與個性的教育方式，確會形成身心發育中的若干障礙；但在成年以後接受高等教育時，卻又體認到三年塾學熟讀四書，對於傳統文化的認識與接受，確有無可否認的效能。我當然不贊成塾學教育方式，也反對毫無選擇的去「讀經」，但我仍然很珍惜自己的塾學時代，覺得時間並沒有完全浪費，起碼曾為我的學程預先打好一點國學修養的基礎。

二〇〇二年八月二十八日，北美旅舍。

本文曾發表於《近代中國》季刊第一五三、一五四兩期（民國九十二年三月、六月出刊。）九十四年（二〇〇五）十月重作訂正，略有更動，並電腦打字儲存於「我的文件」專檔。李雲漢識於台北文山木柵路三段仁普世家六樓之三寓所，時為民國九十四年十月二十四日星期一上午。

一段頗為充實的歲月

民國九十一年（二〇〇二）十月——退休後的第七個十月，先後參加了三次自以為很有意義的學術活動，有限度的充實了老年生活的內容，也是對自身精神體力的一次考驗。

第一次活動，是參加了「國民政府廢除不平等條約六十週年紀念國際學術討論會」。

討論會的主辦單位有三：財團法人中正文教基金會、中國近代史學會、中國國民黨文化傳播委員會黨史館。日期是十月十八日至二十日，地點在台北陽明山天籟溫泉會館——這地方，正確的地址是台北縣金山鄉重和村名流路一至七號，為了增強其大都會新式旅館的號召力，對外稱之為陽明山天籟溫泉會館。

這年夏天，我和內子赴美探親，小住幾個月。八月間接到開會通知，約我在「蔣中正先生廢除不平等條約的志業」範圍內撰寫一篇論文。當時正計畫全家去加拿大洛磯山區的幾處國家公園旅遊，美國的短暫住處也沒有可用的史料，所以決定於九月間返回臺北後再動筆；並決定以邀請函中所開列的「蔣中正先生廢除不平等條約的志業」為論文主題。一切按預定計畫進行，如期回國，論文也如期交稿。

十月十八日午後一時四十分離開家，去中國國民黨中央委員會大門口搭乘開往天籟溫泉會館的專車。四時三十分到達會場並辦妥報到手續，住進了五〇六號房間，與老同學蔣永敬兄同室。我倆稍事安頓，即分別電話家中向太座報平安。六時出席歡迎餐會，八時就出席了「會前會」，時間安排得甚為緊湊。

「會前會」，是由中國近代史學會理事長呂芳上教授主持的一次座談會，座談主題是「不平等條約的定義」，由國立中興大學歷史系年輕教授唐啟華作引言。我認為不平等條約的定義是十分明確的，不必再作討論；但我尊重籌備會的安排，並未表示異議。虛心聽聽青年朋友們的意見，總是好事。學術場合，最忌諱「前輩先生」們，「以老賣老」。

依據議程，大會共舉行六次討論會，外加一次「綜合座談」。我的論文被安排在十月十九日十五時五十分至十七時二十分舉行的第三次討論會，與蔣永敬的〈孫中山晚年北上與廢約運動〉、馮兆基的〈國民黨與國民政府廢約運動的回顧〉，同組討論。主持人是陳三井博士，講評人是呂芳上教授。三井兄是前任中央研究院近代史研究所所長，老朋友；芳上兄是現任所長，曾受課於永敬兄與我，屬後起之秀。全部十八篇論文的作者中，永敬兄年最長，我次之；所以陳三井兄於講話時，曾力讚「蔣李二公」的「地位」與「成就」，並謂呂芳上是「蔣李二公」的「最佳傳人」。一開始討論，氣氛就很熱烈，三井、永敬、芳上及李國祁兄講話時都妙語如珠，時間已超過了，仍有欲罷不能之勢。發言者共十一人，涉及我論文者，有呂芳上、李國祁、張玉法、林德政四位，我都作了簡明的回應。只有呂芳上提到國防最高委員會檔案中兩項史料，我都沒有看過，只有坦誠承認，並表示誠懇的謝意。

最愉快的事，是見到了許多老朋友，如呂士朋、陳三井、王曾才等兄，都好久沒有見面了，這次小聚，得以抵掌暢談，歡樂無比。青壯學人多是學生輩，其中周惠民、陳進金、吳翎君、邵銘煌四位都提了論文，劉維開則擔任講評人，王正華、卓遵宏、林桶法、林德政、李朝津、許育銘、孫若怡等，都曾長談。孫若怡已出任中興大學歷史系主任，特別向她道賀。林德政告訴我，陳捷先兄由加拿大回到臺灣，在宜蘭的佛光大學任教。好幾位朋友已從《近代中國》雙月刊讀到我那篇〈退休五年〉，言談間對我有勗勉也有期待。

中正文教基金會董事長，也是討論會總召集人秦孝儀先生，三天來一直在會場，先後主持歡迎酒會，開幕典禮，綜合座談及閉幕典禮。由於秦夫人許海平女士甫於十月十一日過世，十七日公祭，十八日秦先生就來到會場，真的是公而忘私，令人敬佩。在一次私人談話時，我坦誠對他說：「你的達觀和堅毅是別人所無法比擬的，雖處逆境，對你卻十分放心。」我也默默的為他祈禱，希望哀傷的陰雲很快就能過去。

臺北的傳播媒體，只有《中央日報》報導了此次討論會的訊息。十月二十日的《中央日報》，報出了我的姓名和論文的幾點提要，卻把我的職務誤作「中正文教基金會董事長」，叫我很不安。剛好《中央日報》董事長兼社長邵玉銘兄前來開會，我把這事告訴他，他說要告訴執筆的記者。果然，二十一日的《中央日報》第四版刊出了「小啟」：「本報昨日將中正文教基金會董事李雲漢誤植為董事長，特此更正。」

討論會結束後一個禮拜，接到中央日報社專刊主編馬西屏電話，說要將我那篇論文的第一、二兩節轉載於該報的「中山學術論壇」，徵求我同意。馬西屏是老友，他受命負責這一專欄的編務。「中山學術論壇」又是中山學術文化基金會委由中央日報社隔週出版一期的專刊，因此我復告西屏兄：只要你認為可以，我無不同意。十一月二日出刊的「中山學術論壇」第二五六期，刊出了我論文的前兩段，更題為〈蔣中正的愛國與民族主義〉。另刊出邵銘煌的一篇〈尊稱孫中山為國父的鐵證〉，我一併剪存下來，留作紀念。為中國國民黨的文宣略效微力，是值得高興的事。與銘煌弟文章「同榜」，也是首次，感到很欣慰。

第二次活動，是接受邵銘煌主任的邀約，出席了十月二十四日在中央日報社四樓會議室舉行的「『愛國以誠保臺以命』的臺灣英雄」座談會，主旨在追懷並表揚中國國民黨派往大陸工作人員的壯烈事蹟。

邵主任銘煌弟在電話中告訴我，他是臨時受命來籌備這次座談會，時間迫促，只好勞動老友們來參與；他也提到，這項活動是慶祝臺灣光復節的項目之一。我對於「敵後工作」一向不接觸，也沒興趣談這樣的問題，但為了慶祝臺灣光復節，卻感到有一分責任。況且這是黨史館主辦的活動，我當然要支持，因此答應銘煌準時到場。

座談會於上午九時三十分開始，由中央政策會副執行長兼大陸工作會主任張榮恭主持。銘煌是主辦單位主管，卻成了照料會場的人，看來很不調和，會場的氣氛也很低沉，我有點失望。出席座談的人有三類：一是殉難人員的家屬，有何月含、楊罔市、林玉盞、楊瑞春、黃耀基；二是學者，有帥化民、李雲漢、蕭行易、黃城、周玉山、陳立文；三是主管大陸事務人員，有張榮恭、徐新生、劉先根。其中，蕭、黃、周、陳、徐五位都是老相識，在此場合見面，也令人感到高興。

十月二十五日的《中央日報》三、四兩版中，刊載了與臺灣光復有關的論述和報導。第三版的「觀念世界」專欄，刊有三位學者的文章：楊泰順撰〈愛臺灣的意涵：慶祝光復節感言〉，石之瑜撰〈光復非恢復原狀〉，隋杜卿撰〈談國家認同的危機與轉機〉。第四版全版則是此次座談會的報導，主標題是：「愛國以誠、保臺以命的臺灣精神——國民黨文傳會黨史館、近代中國雜誌社與中央日報合辦座談會紀實」；刊出了與會者的照片與講話大要。我佔的篇幅最短，內容也與我講的不甚符合；照片中則是最蒼老的一個，形像很「衰」。中央日報是臺灣諸媒體中，唯一慶祝臺灣光復節的一家，其他各報都隻字不提。這情形非自今年始，如讓民進黨繼續執政，今後對歷史的宰割將會變本加厲！

全部座談會參與者的講話，由高純淑專門委員彙編為「『愛國以誠保臺以命』的臺灣英雄」座談會紀錄專文，刊載於《近代中國》雙月刊第一五一期（民國九十一年十月二十五日出刊）。我講話部分，係純淑根據錄音帶所整理者，與原意大致符合。純淑是我政大歷史研究所授過課的年輕一輩民國史學者，她的專業與負責精神，也叫我感到十分欣慰。

第三次活動，是十一月一日，應邀到中華軍史學會主辦的「近代日本對華軍事侵略」學術研討會，作一次專題講演。

這件事，是張玉法兄給我找來的工作。玉法兄在十月上旬的一次電話中告訴我，沒事要找事做，要我幫幫中華軍史學會的忙，答應在這次研討會中作一次專題講演。他也曉得我已淡出學術活動，希望這次是例外。我也曉得，玉法是中華軍史學會的副理事長，研討會的舉辦是出於他的安排；同時也想到中華軍史學會初創時和我的一段淵源——宋長志上將曾親來我辦公室徵求意見，也曾擔任過理事；宋已謝世，為了感念他，也為了不叫玉法失望，我答應下來了。事後卻又有點後悔；因為講演非我所長，人老了，形像也惹人厭，何以還要自暴其短！

幾天後，中華軍史學會的鄒淑華小姐有電話來，問我講演的題目。我告訴她：給我一段時間吧，我要好好考慮一番。

我不是說謊，是真的要費一番心思，找個適當的題目。既不能離研討會的主題太遠，也不能在「軍事侵略」範圍內班門弄斧。一度想談談近代日本對中國的文化侵略，但手頭的資料並不充分，還是放棄了。最後決定找個四平八穩，雖非專長卻也不是門外漢的題目：「孫中山先生與日本關係的省思」。我剛寫過《中山先生與日本》專書，就以這書的〈導論〉為綱，再補充一些新資料和新詮釋，相信不至於落入俗套。

題目定了，看了一星期資料，再花費一星期的時間把講稿寫出來，約六千字，足夠一個小時用的。重點在論述四個問題：一是孫先生友日聯日的理由；二是日本朝野對孫先生的態度；三是孫先生對日本的失望和忠告；四是三點省思：中、日文史料的異同、鑑別與選用問題，所謂「滿洲租讓問題」，孫先生「大亞洲主義」的被曲解利用問題。

研討會地點，選定南港中央研究院學術活動中心。這是由於近代史研究所願為協辦單位，才申請到這一理想場所。日期為兩天：十一月一日至二日（星期五、六）。「專題講演」安排在一日上午十時四十分至十一時四十分；對我而言，這時段不前不後，非常適當。

十一月一日上午九時離家，十時二十分到達會場。陳鵬仁兄介紹我與中華軍史學會現任理事長郭宗清見面，也與幾位史學界的老友宋晞、李恩涵、李霜青等寒暄一番。四十分，準時上臺講演。還好，五十分鐘下來，沒有喝水，沒有咳氣，一路講下來，輕重還分得清楚。會後，年輕朋友林桶法、陳逢申都說我講話「中氣十足」，不管他（她）們是否有意恭維，我都感到高興；因為我確是順利的度過此關，沒有「丟人獻醜」。

南港往返，自萬芳醫院至昆陽一段，都是搭捷運車。由於經過和平東路一段時，看到國立臺北師範學院的正樓懸有「紀念先總統蔣公誕辰」的布標，很感欣慰。由於執政的民進黨人敵視蔣故總統中正先生，這樣的標示已經不可多見了。臺北師院尚有此凜然行動，能不令人欽佩！

民國九十一年十一月二日，雲漢記於臺北興隆路寓所懷元廬。〈孫中山先生與日本關係的省思〉講稿，其後發表於《中華軍史學會會刊》第八期（民國九十二年四月出刊）。

愴然於心

中華民國九十一年（二〇〇二）九至十一月間，有六位師友先後過世了。他（她）們是：我小學時代的老師孫鴻淥（福齋）先生，供職國史館三十年的董淑賢女士，財團法人中正文教基金會董事長秦孝儀（心波）先生夫人許海平女士，輔仁大學教授名書法家王靜芝（方曙）先生，前立法委員宋梅村（淑璟）先生，工藝史教授也工於書畫的蓋瑞忠同學。這六位女士先生雖都相識有年，但平日不常見面；不幸的消息傳來，確有些意外的感傷！

孫師恩惠長存

抗日戰爭第三、四兩年——民國二十八、二十九年（一九三九－一九四〇），我在出生地——山東省昌樂縣第六區將軍鄉將軍堂村，讀初級小學。教師前後有兩位：先是趙有貴（景三）先生，後是孫鴻淥先生。

趙有貴先生，戰前是濟南正誼中學初中部學生。濟南為日軍侵佔後，他回到故鄉昌樂參加抗戰，由縣府教育科派來我村初成立的小學任教。趙先生學識不錯，人也很隨和，與村民及學生相處還好。只是講話很隨便，有時又有點神經兮兮。當時我年幼無知，並不感到有什麼不對。成年後回想起來，才覺得趙先生怕是個思想有問題的人。記得他曾當我們學生的面，低聲哼唱「國民黨，共產黨，兩黨合作國不亡」的中共歌曲，又曾對「常識」課本中一課「孫總理與蔣總裁」中所附蔣介石肖像，出言不遜。他教學一年後，就改投國軍第五十一軍去做諜報工作，也叫人感到不解。他背後是否有一隻看不見的手？

繼趙先生之後，來我村我校任教的，是孫鴻淥先生。孫先生是昌樂縣第七區孫家莊人，年紀輕，只有高等小學畢業學歷，但由於家學淵源，知識豐富，文章寫得好，毛筆字也不錯。孫先生教學認真，不苟言笑，甚注意政情時勢的變化。我那時讀四年級，依然懵懵懂懂，不大注意課本外的事物，孫先生卻能提醒我，要讀點課外東西，準備升學。民國二十九年，昌樂縣新設立了八所高級小學（只設小學五、六年級），同時招生。孫先生與我父親商量後，要我去報考距我村僅八華里的昌樂縣立下皂戶小學。考試之日，也是孫先生親自去陪考。錄取了，也是他第一個看到榜單後向我父親道賀，並諄諄面告我一些開學前後須作準備的事項。孫先生，真正是我啟蒙的業師。

我升學後一年，孫先生也升學昌樂縣立初級中學第一級。一年後，我小學畢業，升入同一中學第二級。因此，我和孫先生於師生情誼外，多了層同學關係。初中畢業後，孫先生升入山東省立益都師範學校，我則升入昌樂中學高中部。兩校校址設在同一地方，我們也時常見面，有段時間且同住一處，因此我仍然受到孫先生多方面的照顧。記得有一次我病了，很嚴重，是孫先生親自覓民伕以抬椅送我回家。來往五十華里，害他一整天沒有好好的吃飯。

由於讀的是師範學校，孫先生的心願是做一名稱職且能開創新局面的小學校長。這心願，實現了。三十六年（一九四七）至三十七年（一九四八）間，曾在青島市任小學校長。三十八年（一九四九）來臺灣後，又曾做過臺北縣的屈尺、九分兩所小學校長。但他一生的教育生涯，還是以在幾所中等學校中教學的時間最久，任教時限最長的學校是臺灣省立南投中學。

孫先生在北部任職時，我還時常去看望他，他也曾到臺北大直來找過我。他去中部任教後，見面的機會就不多了。前年，有同學在霍校長梓坡先生喪禮時見到孫先生，後來對我說：「孫鴻祿看來很蒼老，兒輩似也不大成材。」我對情況不了解，也不能說甚麼。今年（二〇〇二）九月從國外回來，獲悉孫先生已經過世！未能親自去弔唁，深以為憾！幾個月過去了，仍不時憶起兒時跟孫先生受教誨的情景，以及初來臺灣時承他關照的種種。這情誼，在我有生之年，不會忘記！

董淑賢因公殉身

董淑賢女士意外猝逝於辦公室的不幸事件，是國史館協修王正華女士電話中告訴我的，這真是令人難以相信的事！在我一直視之為後生晚輩的人，怎麼會在如此無辜而又無助的悽慘情形下逝去！

是在民國五十九年（一九七〇）夏天，我正擔任中國國民黨中央黨史會纂修兼第二室總幹事，在台北市中山南路十一號中央黨部後大樓三一三室辦公。一天，黃主任委員季陸先生告訴我，一位輔仁大學中文系剛畢業的女學生要求來黨史會工作，要我先接見，談談話。黃先生並說，她名字叫董淑賢，是你們山東人。第二天，董淑賢果然來了。我問她的專長和興趣，也發現她很樸實，率真，沒有一般所謂「時代女性」矯揉造作的習氣。但她不是學歷史的，黨史會也確實沒有空缺，因而不敢說比較肯定的話，只叫她回去等候通知。我把這情形報告黃主任委員，黃先生卻說，她可以一邊做一邊學，只要人品好，坐得住，叫她來做臨時人員吧！

董淑賢小姐來上班了，就在我的第二室打零工。辦公室很狹小，已有我、郭易堂、胡春惠、林泉四人辦公，再無空隙另擺一張辦公桌，就只有要她「打游擊」——那裡有空隙，就在那裡工作。這樣當然很不方便，對她來說，自然有些委屈，但她都忍耐下來了。不論甚麼事，交給她，照做；奉公守法，絕無外騖，與同事相處也極為融洽。半年後，黃主任委員依例自退，專任國史館館長。董淑賢是額外臨時人員，不可能再在黨史會待下去。我向黃先生建議，把董淑賢安排到國史館去，以機要人員在館長室工作。黃先生同意了，國史館便成了董淑賢另一個「家」。

董淑賢未曾參加公務員普通或高等考試，以機要人員進用，不會有問題。但到黃館長退休後，新館長自然要更換機要人員，董淑賢的困難便發生了。雖也保存了僱用的位子，工作的性質卻與她的經驗銜接不起來。她雖努力學習，有些工作的難度也非短時間可以克服。年齒日增，又有家累，因此心理上的壓力很大。據說她因公累而倒斃於辦公處所，乃係工作量超重而致精力過度透支所致。這是她慘澹一生的悲劇，也反映出身為主管者必須痛切檢討的疏失。

王正華告訴我，董淑賢之喪定於十月七日在第一殯儀館福壽廳舉行公祭。我先請正華代送輓幛，並決定屆時前去行禮。那天，在靈堂裡看到懸掛著的淑賢遺像，發現比我印象中的她蒼老了許多，憔悴得有點可憐。她甫過耳順之年，高堂老母尚在世，而竟含冤以去！我想到董老夫人暮年殤女的悲痛，也難抑內心裡的哀戚。自己也是有著西河之痛的可憐者，感受特別痛切！

秦夫人許海平女士有德有福

中正文教基金會秦董事長心波先生賢內助許海平女士身染病恙，入院治療，是去年年底的事。今年四月間，我曾自北美旅次致書心波先生一詢病情，心波先生復告「病情反覆」，乃知尚未痊可。九月初回到臺北，與秦府通過一次電話。尚未及前往振興醫院探視，不幸的訊息即先傳來。是黨史會同事，基金會秘書楊麗美小姐電話中告訴我：秦夫人已經過世！暫厝振興醫院地下二樓往生處，黨史會同仁將於十月十四日前往致祭。聽麗美講過這幾句話，我情不自禁的自言自語：怎麼可能呢，怎麼會有這種事！但理智提醒自己，事情是真的！多少事的發生都難以預期！

我有立即前往秦府去看看秦先生的衝動。但轉念一想，此等哀戚，並非言語所能安慰的，去又何益！把這事告知內子，她也深感痛惜！十四日下午，我先隨黨史會一部分同仁去振興醫院行禮致祭，特別囑咐秦家二少爺：要節哀，更要好好照顧爸爸！

十五日，臺北《聯合報》有了如下的一則報導：

秦孝儀夫人許海平病逝

【台北訊】前故宮博物院院長秦孝儀夫人許海平，十月十一日下午一時病逝於台北振興醫院，享年七十。喪禮將於十七日（星期四）在振興醫院（台北市石牌振興街四十五號）圓中心禮堂舉行。

秦孝儀與夫人許海平伉儷情深。許海平臨終時，秦孝儀和兒子無忝隨侍在側；兒子無逸、無荒及女兒無恙自美國回來奔喪。許海平喪禮十七日上午八時家祭，九時公祭。

十月十七日起個大早，與內子趕搭六〇六公共汽車去振興醫院參加祭典。黨史會老友蔣永敬、劉世景、陳在俊、孫子和、王伯立、陳立文及劉象山夫人、吳伯卿夫人等，都到了。黨史會為公祭單位之一，推我為主祭人。祭畢後與秦先生緊握一下手，相勉相惜的情懷盡在不言中。

近日來，與黨史會老友見面或是在家中與老伴閒聊，時常談到秦夫人的事。人，都有走的時候，秦夫人只是走的早了些。我們平時與她不常接觸，但從老友們的談話中，得知她是位賢慧有德的人。世景兄常說，黨史會歷任主管的夫人，像羅太太（張維楨女士）、黃太太（王仝麟女士）、秦太太，從來公私分明，絕不麻煩公家一絲一毫，辦事務的人甚至未曾到過她們的住所。這一美德，在黨史會已相沿成習。秦夫人也是有福之人，受到夫君的關愛之外，還有慈母生活在一起；直到兩年前，太夫人才謝世。秦先生伉儷情深，初遭鼓盆之痛，我擔心他難以承受。轉念他是明智豁達之人，意志之堅強無與倫比，絕不至於氣沮志喪，因此也就放心了。夫人公祭後次日——十月十八日，他就去陽明山天籟溫泉旅館主持「國民政府廢除不平等條約六十週年國際學術討論會」，一連三天，未曾離場，真正是「忍常人之所不能忍」，能不令人且感且佩！

王靜芝的不朽志業

十一月十九日，台北《聯合報》刊出了王靜芝教授「日前病逝臺大醫院」的報導。妻問我看到這段消息沒有？我回答：「看到了，我正在尋找二十多年前他書贈我的一幅墨寶，想重溫那段友誼。」

找到了，是一條幅，以行書寫了一篇五言長詩。詩句及題款如下：

宿昔青門裡，蓬萊仗數移。花嬌迎雜樹，龍喜出平池。
落日留王母，微風倚少兒。客中行樂秘，鮮有外人知。
能畫毛延壽，投壺郭舍人。每蒙天一笑，復似物皆春。
政化平如水，皇明斷若神。時時用抵戲，亦未雜風塵。

雲漢吾兄法家指正　王靜芝

簽名下，蓋了兩方印章。上面一方文曰「王大安印」，下面一方文曰「霜茂樓」，均為小篆體，極易辨識。「大安」，是他的別號；「霜茂樓」，是他的書齋。看到這幅字，也就想到了二十年前相識的經過。是中國廣播公司要編播一種寓有民族精神的廣播劇，特邀請歷史學者和劇作家一道來座談，研商，一連開過好幾次會。我代表歷史學界，王靜芝教授則是劇作家，他當時是用的筆名王方曙。另外還有幾位先生，姓名已經記不起來了。我和王教授的意見大體相同，因而談話很投緣，他因而寫此條幅送我，奉承我為「法家」，引為同道。

據我所知，王靜芝教授另有個別號叫「龍壑」。他是東北邊城佳木斯人，民國五年（一九一六）出生，活了八十六歲。佳木斯原屬吉林省；抗戰勝利後，國民政府將東北三省重劃為九省，佳木斯屬於合江省。中共建政後，恢復遼寧、吉林、黑龍江三省舊制，疆域則大幅調整，佳木斯乃被劃歸黑龍江省。他畢業於北京輔仁大學，是國文系的高材生。戰時曾在重慶從事抗戰工作；戰後行憲，當選為第一屆國民大會代表。三十八年（一九四九）隨政府撤退來臺，從事於教育與寫作；先後任教於國立藝術專科學校及東海大學、師範大學。輔仁大學在臺復校後，專任輔仁大學教授，並兼國文系主任及中國文學研究所所長。

王靜芝教授是著名的國學家、劇作家、書法家。國學方面的著作有《詩經通識》、《經學通論》、《國學導讀》、《韓非思想體系》等書，其中《韓非思想體系》曾獲中山學術文化基金會之學術著作獎。在輔仁大學中國文學研究所講授經學課程，一為「先秦思想研究」（博士班），一為「中國經學史」（碩士班）。劇作甚夥，其中《收拾舊山河》與《憤怒的火燄》兩種，連續獲得中華文藝獎金，《秦漢風雲》廣播劇集則曾獲中山學術文化基金會民國六十二年度之文藝創作獎。他也寫小說，長篇有《山林之歌》，短篇有《柳煙》等多種。詩詞則已彙集為《霜茂樓詩詞草》。關於書法的著作有兩種：一為《王靜芝論書叢稿》；一為《書法漫談》。後者係應中山學術文化基金會之邀請而寫，列入「中山文庫——人文系列」叢書，由臺灣書店於民國八十九年五月出版，可能是王教授最後的著作。我存有這冊《書法漫談》，也曾細心閱讀過一遍，第十四章〈一百年來書法流程〉，介紹並品評清末及民國初年之書法家，讀之尤熟。他尊崇書法名家沈尹默，他的書法也得沈尹默的嫡傳。

報載，輔仁大學要負責為王靜芝教授治喪，場面恐不會大。去輔大交通不很方便，我決定不去參加祭典，只是想到二十年前那段友情，不能不想到這位學者光輝的一生。他的學術成就已足使他的生命不朽，在中國學術文化的長流中永遠泛著銀色的浪花。老朋友，安心的去吧！

宋梅村淡泊名利

十一月十九日，張玉法兄電話中告訴我：宋梅村先生已過去了，訂於二十七日上午九時在臺北市第二殯儀館懷親廳致祭。家屬不擬登報，也不發訃文，但山東文獻社同仁不能不去向我們的發行人行最後的敬禮，希望編輯委員們都能去參加。

玉法兄同時提到。《山東文獻》應發表點紀念文字；只是有關宋先生的資料太少，不容易落筆。我有同感。只曉得他是山東籍的立法委員；在山東文獻社，先是總編輯，繼之是發行人。他其他的經歷和事業，我完全不清楚。查查《山東人在臺灣》〈人名錄〉（上），也只有宋先生很簡單的小傳：

> 宋梅村，山東魚台人。光緒三十年（一九〇四）十二月三十日生。山東大學畢業，革命實踐研究院第十七期，聯戰班第二期結業。曾任山東《國民新聞》編輯，山東《民國日報》編輯，北平《華北日報》總編輯，東北大學講師，《西京日報》總編輯，西安《正報》社總經理。當選第一屆立法委員。

宋梅村先生於民國三十七年（一九四八）之參選第一

屆立法委員，是由中國國民黨所提名，在山東省第七選舉區（包括菏澤、曹縣、城武、金鄉、魚台等十六縣）當選。他似乎未曾參加過山東黨政工作，來臺後也一直是「陽春」立委，至民國八十年（一九九一）二月退休。

在臺山東籍立法委員中，我認識六位：延國符先生、王仲裕先生、杜光塤先生、宋憲亭先生，趙公魯先生，宋梅村先生。延國符先生，係因訪談《山東革命黨史稿》事而通信，相識。他曾邀我至其新店寓所便餐，告訴我不少中華革命軍東北軍及山東護國軍，分別在濰縣、周村起兵討袁史事。延夫人唐舜君是畫家，也是國民大會代表。延先生告訴我，《山東革命黨史稿》原稿在王仲裕委員處，於是我有前往北投訪問王委員之行。在王府，我首度見到這部《史稿》，也聽王先生述說丁惟汾等老革命黨人纂修這部《史稿》的過程。為了廣為流傳，我建議影印發行，王先生同意了。王先生過世後，我應其族弟王仲懿之請，為他寫過一篇〈革命黨人王仲裕〉，分六次連載於台北中央日報副刊。杜光塤先生，名法學家，先後任教於青島國立山東大學暨南京中央政治學校（民國三十五年改制為國立政治大學），為資深且聲望至隆的立法委員，名教授。我和杜先生相識於美國紐約哥倫比亞大學，我在那裡進修，杜先生來作短期訪問，由於研究室相鄰，因而時作交談，他曾請我到他女兒家吃過一次飯。我事杜先生以師禮，只可惜他回國後不久即撒手人寰，未能多所請益為憾。宋憲亭、趙公魯兩位先生，為山東黨政要人，於抗日戰爭後期都曾駐節於我縣昌樂，來台後與我私人間也時有往來，我以長輩事之。兩位先生謝世後，我都撰專文及輓聯以志哀思。與宋梅村先生相識，是由於參加山東文獻社的關係。他和我，雖然都未曾實際參與社務或編務，但每年總有數次餐會，邀發行人、社長、總編輯及編委會諸人同聚一堂，閒話「家常」，其樂融融。宋先生對戰時山東史事，甚有興趣。三年前，鄉人趙國祥（子貞）所著《山河劫》一書由其後人出版。我應邀為撰一序，同時在《山東文獻》發表。宋先生讀到後即電話張玉法兄，詢問此書何處可以買到。玉法兄轉告我，我乃商請張來禧（至礽）兄洽請著者家人奉贈宋先生一部。宋先生似乎不喜歡張揚，很少提及自己的志事。民國七十年代，臺北中華書局曾編印一套《中華民國當代名人錄》，列有「民意代表」一類，曾請他提供自己的事略，他卻婉謝。

十一月二十七日宋先生的祭典，我按時前往參加了。場面很冷清，致祭者似乎只有山東文獻社一個單位。我於祭禮後，並瞻仰了他的遺容。享壽百年，老先生的清淡風格始終一貫，稱得起是個令人肅然起敬的典型！

蓋瑞忠猝逝瀋陽

十一月二十日晚上，內子接大學時代同班同學陳慶麟女士電話，得知她們同班同學也是四季書畫會會友的蓋瑞忠教授，已於十九日猝逝瀋陽。內子轉告我這一突如其來的不幸消息，真叫人難以置信！大前天——十七日，我才收到他的一封信，僅僅是五天，怎麼就天人永隔了呢！

蓋瑞忠的信，是十一月十四日寫的，提到十五日要去大陸，卻做夢也沒想到此次走的是條「不歸路」。把他來信的原文錄下作為紀念吧：

雲漢鄉長尊鑒：

謝謝你寄來的「民國山東通志」和「口述歷史」抽印本「書情・友情・史情」兩份資料，至為感謝。鄉長是做學問的人，而我卻是一個走偏鋒，具有叛逆性格的浪子，摭拾別人牙慧，儘管有別開蹊徑的創意，實際上由於基礎差，總難登大雅之門。鄉長的獎掖勾陳，難掩溢美窠臼，但願在您的鼓勵提攜之下，安下心來，利用有生之年，真正做點學問，好好畫幾張像樣的畫，作個留痕！明天（十五日）我又要去大陸了，一則享受一下天寒地凍，雪花飛舞的樂趣，再則要去蒐集些工藝史料，補充營養。我將追隨您治學的態度和執著，為工藝史做些整理工作。再次感謝您並祝福您。月底回來之後，或許有機會大家聚聚，讓專修班的師生都能老而彌堅，緊緊的擁抱在一起，團結在一起！冷風南下，天氣變化，請善自珍攝。並祈鼓勵榮貞多寫多畫，而且要表現自己，不是「別人為我們思想」！祝健康愉快。

蓋瑞忠拜上十一月十四日

蓋瑞忠這封信，寫得很率直，很坦誠，道出了他的一些未來的規劃，抱有高度的熱忱與期待，雄風似未減當年。——但，這一切，都變成永遠不可能的事了！「人算不如天算」，雖不情願，又能如何！

蓋瑞忠生於民國十九年（一九三〇），算來已是七十三歲。他起個筆名叫「御百老人」，是以百歲高壽自相期許。近年來，活躍於臺海兩岸畫壇，信心滿滿。上帝卻偏偏不給他情面，硬要他提早三十年返璞歸真，這就是哀痛欲絕的喪家人所詰問的「天胡不仁」的境界吧！

李雲漢寫於臺北文山興隆路陋寓懷元廬，
民國九十一年十一月二十七日。

《山東文獻》休刊志感

惋惜但不悲傷

《山東文獻》要休刊的事，張玉法兄於去年夏天就曾對我提到過。去年九月二十日出刊的第二十八卷第二期果然刊出了〈山東文獻雜誌社啟事〉，敬告讀者、作者、贊助者：

山東文獻創刊的目的，除聯絡鄉誼以外，主要是徵集史料，以纂修《民國山東通志》。今《民國山東通志》已纂修完成，並已出版，階段性的任務可謂已達成。預計至民國九十二年三月山東文獻第二十八卷第四期出版完成之後，暫時休刊。

讀過這一告白，心中有些不捨與惋惜，但不悲傷。誰都曉得，天下沒有不散的筵席，《山東文獻》遲早會走入歷史；而且，玉法、英惠諸兄連續二十八年來的義務服務，犧牲不可謂不大，實在沒有理由要他們幾位無限期的犧牲下去。我曾寫信給玉法，同意休刊，並認為《山東文獻》維持到今天，已經是難能可貴的奇蹟，他的付出與貢獻必將為山東鄉親與當代史的愛好者，永銘在心。

我的角色

《山東文獻》創刊於民國六十四年（一九七五）六月，首位發行人，也是雜誌的產婆，是山東教育界前輩時任國大代表的楊展雲（鵬飛）先生，社長是前青島市代市長孫繼丁先生，總編輯為立法委員宋梅村先生。編輯委員會當時只有六位委員，按姓名筆劃排列：王曾才、朱炎、李雲漢、張玉法、張存武、陶英惠；前三人僅係掛名，實際編務則由玉法、存武、英惠三兄負其責，玉法兄實為「有實無名」的「總提調」，出力最多。

封面刊名「山東文獻」四字，係至聖先師孔子奉祀官孔德成（達生）先生手筆。達公因有公務員（特任官）身分，不方便出任雜誌社任何名義，僅以贊助人身分，參加有關活動。孫繼丁先生謝世後，大家推劉上將安祺（壽如）繼任社長，壽公慨然允諾。每逢餐會，達公、壽公談笑風生，且相互調侃幾句以為樂，楊鵬老與宋梅村先生則一本恂恂儒者本色，不多講話。鵬老對我們幾個晚輩，極為關切。記得民國七十一年七月小兒於預備軍官入伍訓練時因公殉職後不久，鵬老於晚間從旅館裡電話告我：「我剛由國外回到臺北，沒能參加公子喪禮，很遺憾。你一定要堅強，化悲痛為大愛，尤其要照顧好太太。」

我是掛名編輯委員，從未實際參加過編務。然熱愛《山東文獻》之心忱，自信不落任何人後。我是個忠實讀者，幾乎每篇文章都讀過；自己也寫過二十七篇文章。我也是個榮譽贊助戶，自己不時捐點錢外，太太及女兒也都各捐少許；還曾拉外省籍之中國國民黨臺北市黨部主任委員余鍾驥先生捐贈二千元。當然，玉法兄策劃並主持的《山東人在台灣》與《民國山東通志》兩部叢書，我也義無返顧的竭盡棉薄。只是我所做的，與玉法、英惠兩兄相比，實在是微不足道。讀到李憲玉鄉長〈山東文獻感言〉詩中，有「雲漢玉法諸學者，泰岱精英擔重任」一句，不禁愧謝交併。

《山東文獻》中的昌樂籍作者與贊助者

我縣昌樂，本是個地瘠民貧，文化較臨封各大縣落後的小縣。至對日抗戰期間，始以縣政清明，士氣高昂，教育普及，民眾組織嚴密著稱，被視之為戰時山東的模範縣，戰後又為山東省政府指定為新縣制實驗縣。只是好景不常，於民國三十七年（一九四八）四月為共軍攻佔，縣內精英多數為中共所慘殺及迫害，近千青年學子及義民幸得追隨政府撤退來臺。

旅臺昌樂同鄉，分別服務於軍、政、教、醫、警各界以及中國國民黨黨務工作，成績還算不錯。使我感到十分欣慰的事，莫過於對《山東文獻》的熱愛與支持。有的人寫寫稿，有的人捐點錢，與我見面敘舊時也都會談到這份雜誌的事，關懷之情溢於言表。寫過文稿的人，我所認識的最少有十一位：趙國祥（子貞）、趙建修、張至礽（來禧）、趙顯庭（光家）、趙設科（立文）、崔廷選、宋繼修、徐晉三（金誥）、潘錫九（貴全）、張澤恩、劉成仁（用化名「人二」）。他們的文章，有長有短，有詩有文。其中以趙國祥寫的《山河劫》，是一冊厚厚的書，在《山東文獻》連續刊載至二十八次之多；他又以趙子貞本名發表短文五篇，成為發表文章期次最多的作者。以一位曾在戰時山東歷任縣長十餘年的人，在臺灣從事小學教育，而寫作如此勤奮，十分可佩可敬。他的書出版時，我曾應邀為之撰序，認為是戰時山東昌濰地區各縣最完整也最有價值的一部史述。趙建修先生也是《山東文獻》主要作者之一，曾發表過十七篇短文，雋永可讀。張來禧兄則發表過十篇詩作，係署名為張至礽。趙顯庭、趙立文兩先生及張澤恩兄的文章，發表前均係寄我先行校閱再向編委會推薦者；《文獻》第十三卷第四期「昌濰淪陷四十週年紀念」專欄內的文件與文章，也是出於我的抉擇。

依據《山東文獻社榮譽贊助戶題名錄》之記載，曾經捐款相助的昌樂同鄉中，有二十四人係我所熟識者。他（她）們是：

卞玉玟 卞安之 尹公斗 田世義 李肖寧 李雲漢 初超凡
孟慶明 孫英三 張來禧 張福盛 張春興 張瑞岐 張鶴書
陳樂千 崔廷選 崔華章 楊學晏 趙子貞 趙國祥 趙建修

劉成仁　劉　信　韓榮貞

上開名錄中，趙子貞與趙國祥係同一人，故實際贊助者為二十三人。所捐款額，在五千元以上者有九人，其姓名及捐款數額如下：

楊學晏：一四〇〇〇　李雲漢：一二〇〇〇　張鶴書：九〇〇〇　崔華章：九〇〇〇　卞玉玟：八〇〇〇　張瑞岐：七〇〇〇　張春興：六〇〇〇　趙建修：六〇〇〇　劉成仁：五五〇〇

九人都是山東省立昌樂中學師生，且是近同鄉，楊學晏與張鶴書是我小學時代同學。他們都是軍公教人員，並非十分富裕，能不斷支援山東文獻社，我很感欣慰，也十分感謝。有同鄉、同學，是把捐款寄給我，要我轉交文獻社，如住在臺東的崔廷選兄，即係如此。

一張圖片與一場餐敘

民國九十二年（二〇〇三）三月二十日，最後一期《山東文獻》——第二十八卷第四期——出刊了。這象徵一個精神生命的終止，不能不叫我湧起不捨與感嘆的思緒。

封面插圖，是山東文獻創刊十週年時，在展覽場中所攝一幀十一人合照。分前後兩排：後排右起，依次為宋梅村先生、劉安祺上將、楊展雲發行人、褚承志先生、李雲漢、張存武；前排右起：趙儒生、陶英惠、王曾才、王治中、何國隆。封底有一幀四人合照，右起依次為何國隆、張玉法、張存武、陶英惠，係雜誌創刊二十週年時所攝。我有幸身列十一人合照中，是我參加山東文獻社二十八年的一項珍貴紀念；只是我左側的四位前輩先生均已作古了！有位朋友看到這幀照片後，電話中調侃我說：「照片中你穿了『青年裝』，好年輕，若把『青年裝』倒過來念，不是『裝年青』嗎？」說過，哈哈大笑！

雜誌封面內頁，有以「本社」名義發表的一篇〈休刊的話〉，自然是玉法兄的手筆。封底內頁，是英惠兄所撰〈休刊雜感〉，很感慨的說：「創刊號是我編的，現在休刊號又輪到我來編，說起來有始有終，可是內心真有些不捨！」這兩篇短文，可以代表文獻社諸同仁的共同心聲，我讀來尤感親切。這期壓軸雜誌，有三十二篇文章，其中有三篇文章的作者，是我昌樂中學的師長與同學——趙建修師，張至礽及宋繼修兩兄，這也說明我的故鄉師友愛護並支持山東文獻社的精神，始終如一，能不令我欣慰萬分！

張玉法、陶英惠、張存武三兄，為《山東文獻》辛勤耕耘二十八年，創造了地方文獻出版界的奇蹟；玉法兄尤其辛勞，貢獻最多。我忝列友于，與有榮也。早就想邀三兄小吃一次，藉表慰賀心意。只因我與玉法先後出國一次，又有「薩斯」（SARS）疫疾來襲，就延宕下來了。直到九月十九日，我邀三兄在「銀翼」餐敘；英惠卻又臨時有事不能來，只我和玉法、存武兩兄小飲幾盃，暢談一番。玉法說，文獻社為讀者服務至本年十二月末，有兩種書要出版：一是《山東文獻總目錄》；一是《山東文獻社榮譽贊助戶題名錄——附山東文獻社民國六十四年至九十二年經費收支表》。有始有終，負責到底，樹立作人做事的好榜樣，我要再敬一盃。當日晚，我寫下一段札記：

《山東文獻》成功的完成了它的任務，留下了完美的形象和不朽的精神。這是我在臺灣參與的許多文化活動中，很值得自慰自豪的一件事，留給我一段極為美好的回憶！

雲漢誌於臺北，民國九十二年十月一日。

我家三遷

桃園安家

民國三十七年（一九四八）五月，共軍攻佔了我的故鄉，摧毀了我的家園，此後我即成為浪跡天涯，無家可歸的人。三十八年（一九四九）十二月，來到臺灣。其後數年，在圓山、在大直、在鳳山、在木柵，我都是以校為家，「吃大鍋飯」，除了一些書籍外，身無長物。直到四十六年（一九五七）十月六日，與韓榮貞女士結婚後，才在她任教的臺灣省立桃園中學女生部教職員宿舍中，爭取到「半邊厝」，建立了我們的新家——簡陋得有點寒酸，卻充滿溫暖，留給我無限甜美的回憶。

談到我們的婚禮，也簡樸到有點出奇。我倆都是就業未久，毫無積蓄的「窮措大」，不能不處處撙節，能省則省。婚禮是在臺北市濟南路臺灣省社會服務處的禮堂舉行的，自然比租用大飯店的大會廳便宜多多。結婚當日上午，我倆是從桃園搭乘公路局普通班車來臺北的；婚禮過後回桃園，則是借搭中國國民黨桃園縣黨部主任委員鄭培仕先生的便車。內子未請化粧師，只由她大學同班同學毛志文小姐來幫忙。女儐相是請內子好友時正就讀臺大的李鑫小姐來權充，男儐相則是臨時拉差，找胡佩璋同學伴我亮亮相，想來真是「少不更事」。婚禮雖然近乎草率，氣氛卻極為熱烈馥郁。三位長輩——證婚人黨史會主任委員羅家倫先生，我的主婚人省立桃園中學訓導主任滕振鐸（化文）先生，內子的主婚人蒲臺縣國民大會代表胡月村先生，都未因婚禮的儉約而稍露不霽。師長、鄉友、同學、同事也都親臨祝賀，禮堂有爆滿之勢。政治大學教務長浦薛鳳老師即站在門外，等我禮成步出禮堂時才見到他，真是又感激又抱歉。

我說我們的新居是「半邊厝」，是因為我們只住了一棟日式房屋的一半，另一半是用木板牆隔開來，住戶是桃園中學女生部另一位教師高鏡清先生。高先生是教國文的，曾做過山東濰縣縣長，國學根柢很深厚。兩家雖只是一牆之隔，但外門則是南北分向，因而很少與這位老先生見面。

新家，卻是舊房舍。我們沒有裝潢，沒有購置新家具。這是由於只打算在這裡住段短時間；我在臺中工作，家自然以遷往臺中為宜。另一方面，也確是由於手頭拮据，不想強撐門面。唯一一套新家具，是滕興華兄購贈的籐製小桌椅。興華兄是滕師化文先生的哲嗣，我中學時代的同班同學，為人忠厚、信實而質樸，是我婚禮中的男方介紹人，也是我初婚時期生活清苦的見證者。

內子和我，都是流亡學生出身，對於窮苦的生活不以為意，且甘之如飴。我那時是在臺灣中部南投縣草屯鎮郊外的「荔園」辦公，每週五晚間始能回到桃園家中，週一大清早就又得趕快車南下。內子仍每日教課，搭幾位單身教職員的小伙食團，家中並不起炊。儘管如此，我們的新家裡仍然洋溢著溫馨甜蜜的氣氛。老同學劉錫銘兄與蘇淑年姊曾專程自臺北來看過我們，對我們「小而美」的家，深感羨慕。

臺中辛勤十二年

民國四十七年（一九五八）一月，我們由桃園遷居臺中，是為成家後的首次「喬遷」。

臺中的家，位於臺中市東區（行政上屬於南區），門牌初為「市營巷三十九號」，後來改為「精武路一一三巷二弄十二號」。這是個日據時代日本臺中州官員的住宅區，前後兩條短街，都是日式平房，室內鋪的是「榻榻米」（疊蓆）。臺灣光復後，由臺中市政府接收，命名為「市營巷」。中國國民黨中央黨史會遷來臺中後，向市政府購得此屋。原為代主任委員徐忍茹先生居住；徐遷居合作新村新房舍後，此屋暫時成為空巢。我結婚後，蒙羅主任委員家倫先生批准，讓我遷入，就成了我的新家。

新家只一房一廳，外加小廚房、廁所及進門後的「玄關」。廁所仍是舊時瓷洞蹲用式，並無沖水設備。由於近數年沒有人住，門窗都顯得很破舊，不是少玻璃，就是開關失效，電線破損。然而，這是個單門獨戶的小院落，前後都還有點空地，後院中還有一株龍眼樹。對我倆這種從未有過完全屬於自己的「小天地」的人來說，已經很滿意了。政治大學外交研究所同期同學呂秋文兄來臺中訪友時，曾過訪我家，說：「李雲漢，你甫做事就有這棟房子住，滿不錯呀！」

新婚未久，很甜蜜，面臨的難題也很多。最大的難題，是窮。房子略加修繕，要錢；起碼的生活費以及無可避免的社會應酬，要錢；隨了女兒、兒子的先後出生，家庭開支增多，更需要錢。我倆雖各有一份安定的工作，但只靠每月微薄的薪俸來養家，仍不免捉襟見肘。況且，沒有一點積蓄，生活是沒有保障的，萬一遇到緊急事故須立即應付時，怎麼辦？要有點積蓄，除儘量儉省外，還須設法增加收入。以我這個並無專技在身的「笨書獃」而言，增加收入的唯一途徑就是到學校中兼兼課。

家住臺中市，每天卻得趕往二十公里外的「荔園」上班，要騎兩段腳踏車，坐一段四十分鐘的公路局汽車，來回在路上要耗費三個小時。這已夠辛苦了，如再兼教於學校，勢將棲棲皇皇，忙於趕路。但生活的需要，是迫切而現實的，因而決定尋求兼課的機會。內子任教的臺灣省立臺中商業職業學校附設一所晚間上課的補習學校，心想這倒適合我，因為並不妨礙我日間上班。曾把這心意函告臺北育達商校的袁默之兄，他把這情形告知王廣亞校長。王校長了解我的學行和人格，遂立即寫信給臺中商校教務主任楊茂林先生，推薦我。我對默之兄和王廣亞校長的古道熱腸很感激，但未把這事放在心上。直到秋季開學了，楊茂林主任託內子轉告我：有個機會，盼即一敘。這是我去臺中商職補校兼職的開始，也是我家與楊家成為通家之好的根源。

在臺中商職補校兼職三年後，再由母校國立政治大學劉校長季洪師介紹，至逢甲工商學院（今私立逢甲大學）兼課，名義是兼任講師。當時逢甲的院長是張希哲先生，教務主任是廖英鳴先生，兩位都是廣東籍名士，也都成為我所欽敬的好友。另外，廣東籍國民大會代表陳積中先生創辦了一所僑光商業專科學校，在教育廳任股長職務的前行專老同學鮑家驄兄介紹我去兼課，名義是兼任副教授。陳積中先生溫文儒雅，可惜天不假年，僑光尚未建立穩固的基礎，竟賚志以歿。

遠程上班上課，自然很辛苦，好在時當盛年，還能勝任愉快。內子除繁重的課務外，復承擔了全部家務及教養兒女重任，其犧牲奉獻，較我尤多。當然，心理上仍然承受著一大壓力，那就是繼續進修問題。自忖總不能長久在如此忙迫的煙霧中混過一生，總得在史學研究的園地裡，自我培養點差強人意的成果。能夠進一步出國進修，更是我久藏心中的最大願望。也值得自我慶幸，在內子熱誠的鼓勵與強烈的支持下，我終於見到了辛勤耕耘的成果：首部著作出版，並連續獲得中國學術著作獎助委員會和中華民國中山學術文化基金會的學術著作獎；也順利考取了中國國民黨中央委員會的出國進修公費，可以原職原薪到美國進修兩年，使我進入了人生的新里程。

出國進修的兩年（一九六七－一九六九），對我和內子，都是一次嚴酷的考驗。我是單人獨馬的去美國「闖天下」，雖然有公費可以維持生活，不需要去打工，然而課業的繁重，生活的單調，思家的情懷，長期的苦悶，都無時無刻不煩擾在腦際，真有度日如年的感覺。內子的負擔，折磨和犧牲，比我更大，更多。為了兩個孩子的生活和教育，她把課務作了必要的調整，大事小事都由她一肩擔負起，日間晚上都在忙亂和焦慮中熬過。那時候，我家中並未裝設電話，國外家內只靠信函來聯繫，我也才真正體會到「家書抵萬金」的況味。一別兩年，現在想來真的十分可怕。好在堅強的意志和靈犀相通的期待，給予我們最大的勇氣和信心，終於平安而圓滿的度過了這段歲月。

家住臺中的十二年，正是我們年富力強的年代。靠了兩人無怨無悔的堅苦奮鬥，才逐漸擺脫了窮困而接近小康之境。我於民國五十八年（一九六九）二月回國後，又在臺中工作了大半年，才因職務的更動，而有舉家北遷的行動，是為第二次「喬遷」。

由新而舊的臺北興隆路老家

民國五十八年秋間，黨史會的組織和人事作了一次調整。組織上，將原來的秘書、總務、編輯、徵集、典藏五個室，改組為秘書、第一、第二、第三、第四、第五，共六個室。人事上，黃主任委員季陸先生決定起用新人，令派蔣永敬為秘書，劉世景、李雲漢、張恩柄（大軍）、楊毓生、項達言分任第一至第五室總幹事。六人中，張、楊兩位原職本是總幹事，蔣、劉、李、項則是新任，年齡都在四十歲至五十歲之間，被認為是壯年實力派。

我接任第二室總幹事不久，又奉命兼辦中華民國史料研究中心業務，須常川留住臺北，家自然也要遷到臺北來。剛好中央財務委員會奉准辦理貸款購屋工作，每戶可以貸款臺幣二十萬元，分二十年按月自薪俸中扣還。對我這窮人來說，真是及時甘霖，解除了資金難籌的困境，可以放心在臺北物色一所房屋作為新居。後來我才曉得貸款購屋一事，主要的促成者及負責人，是財委會張副主任委員式綸（雪涵）先生，曾當面向他道謝。他送給我的一冊自傳《臺海晚晴記》，迄今仍然好好保存著。

這時的臺北市，正興起興建公寓住宅的熱潮。我和蔣永敬兄等曾看過不少新建的房屋，但未發現適合我等所希望的條件者。興隆路是新闢臺北市區通往木柵的幹道，路側已有四五處公寓社區建成或施工中。我們去看了幾處，都不中意。最後來到興隆路二段的「萬盛二村」，看了靠邊間的四房二廳四十坪公寓，我認為很理想，就決定議價訂購。永敬主張再多看幾家，並建議去臺北縣的中和鄉看看，我說不必再浪費時間了，買此處房屋就好。永敬遷就我，決定買下弄底靠山邊的那棟，是二樓。永敬後來曾調侃我說：「李雲漢，老笨牛吃草，認定了那塊地。」

興隆路房子的門牌號碼是：臺北市興隆路二段一五三巷四弄二號之二，也就是二號三樓。當時屬於景美區，如今則隸屬於由木柵、景美兩區合併而成的文山區。我之所以選定這所房子，有幾個原因：一是面積夠大，而且格局整齊，每個孩子都可擁有自己的房間，我也有了專用的書房，不再像住臺中時那樣局促了。二是房屋為三樓邊間，三面有窗，光線充足，空氣亦相對流通。三是交通方便，且鄰近市場、郵局，警察局的興隆路派出所也在此社區內，安全無虞。四是鄰近私立靜心中小學，希望孩子們能考進這所頗負盛名的學校，免除遠程通學之苦。這是新社區，每棟樓都是四層，前後廊都很寬大，樓梯也算寬敞；缺點是沒有電梯及地下室。房子是民國五十八年（一九六九）建成的，我家於五十九年（一九七〇）暑期遷入。當時是簇簇新的房舍，同事王紹易兄等看過後還深表羨慕。

搬入新居，首先要解決的問題是孩子們的升學。寧兒在臺中已小學畢業，到臺北來要考初中。她先後報考了三所有名的私立中學——衛理女中、靜心初中、崇光女中，均獲錄取，真的是旗開得勝。我希望她就近讀靜心，她卻選擇了遠在士林外雙溪的衛理女中。元兒在臺中讀到小學五年級，到臺北後要升六年級。運氣不錯，靜心小學適於此時擴大招考六年級插班生，他從容赴考，高分上榜。孩子們升學順利，有賴於他們根柢不差，這自然要歸功於內子平日的勤加教誨與督勵。只是內子自己的工作，卻不順利。原任教的臺中商職升格為專科學校後，她已是合格講師，遷來臺北後，卻連個公立高中的教師也找不到！秋季快開學了，才蒙景美國民中學校長李炳炎兄發來聘書。一年後，轉任私立中國市政專科學校（今中國工商技術學院）講師。又一年，轉教於臺北市立金華女子國民中學，才算安定下來。因遷居北市而喪失了由講師循序升等的機會，自然是極大的委屈。她沒有抱怨任何人，我內心裡卻永遠留存著未能善盡夫責的愧疚！

剛搬來興隆路新居時，鄰近的社區都還沒有闢建，顯得有點荒僻。幾年後，萬美新村、翼注新村等社區蔚然而起，對面興隆公園後側的大片臺地，也由一片荒野變成鱗次櫛比的高級住宅區，我家附近也就繁榮起來了。最難得的，是中學時代的老同學陳會傑、程威海、劉百魁、曹鑾書、楊學晏，先後遷居到鄰近的社區來，不時見面歡敘，其樂無窮。曹、楊兩家幾年後又喬遷他處，陳、程、劉三家兄嫂，一直是相鄰相親，有如兄弟姊妹。同棟樓內的鄰居，也都是公教人員。樓上是教育部中等教育司司長廖傳淮，樓下是港警所長尹朝民；尹的對面是中國國民黨中央秘書處秘書馬鶴凌，他的哲嗣即今臺北市市長馬英九。我家對面住的是一位空軍少將，姓周，名字記不起來了。這是剛搬來的情形，後來尹、馬兩家都又他遷了，只有樓上的廖家沒有動，是不折不扣的老鄰居。

自民國五十九年起，我有十二年的時間，生活得滿愜意的。工作很安定，家務由內子處理得有條不紊。孩子們按部就班的由中學而大學，寧兒且已出國留學，元兒也以高分考過了GRE語文測試，一俟服完預備軍官役即將出國深造。有一次，高校長明敏兄來舍下閒聊，再三讚稱我家為「神仙家庭」。——然而，人有旦夕禍福，就在元兒甫自國立交通大學電子物理學系畢業，考取預備軍官分發空軍訓練中心受訓時，卻不幸因公殉職！這一慘變，奪走了我家的歡樂和希望，留給我夫婦內心裡永遠無法消除的傷痛！

為了紀念元兒，我夫婦決定把興隆路的家，命名為「懷元廬」。內子刻了一方篆體「懷元廬」的印章，有畫作成品即加蓋其上。我每於一文寫成之後，也多註以「民國某年某月某日於臺北懷元廬」字樣。當然我們不會刻意向外間顯示「懷元廬」的意義，只有明悉我家此一不幸遭遇的親朋好友，才會體會到其中的真情。趙建修先生於我一篇追思黃季陸老師的文章殿尾發現「懷元廬」三字後，頓感戚然，特寫信給我再申哀思。

元兒逝於民國七十一年（一九八二）七月，算來二十多年過去了。我夫婦已是退休老人，興隆路老家的房齡也已超過三十年。原來是明亮潔淨佈局不俗的新寓，如今卻是四壁斑駁，門窗鏽蝕，老態畢露。然而，我對這老家懷有深厚的感情。孩子們是在這裡成長的，我的大部分著作和內子的畫作是在這裡完成的。這裡曾經洋溢著我們的笑聲，卻也可以隱約見到我們的淚痕。算來我們在這裡已經住過三十三年，是我一生中居住時間最久的地方，處處留有我夫婦胼手胝足，慘澹經營的痕跡，也時時縈繞著牽腸掛肚，悲歡離合的情愫。

新居何處覓

感情，是人生珍貴的動力；理智，則是現實的指標。任何有關安身立命的長遠打算，都不能脫離現實。興隆路的房子越來越破舊，許多或大或小的缺陷陸續顯現出來，是現實。人已進入老年，體力在逐漸退化中，思想行動越來越遲緩，是現實。老房子沒有電梯，出進要徒步上下三層樓梯，有時又須提點包裝的食品或衣物，感到有些吃力，也是無可否認的現實。現實如斯，不能不面對，也不能不因應。雖然我對舊房子心懷戀戀，卻也不能不考慮身在老境中的困難與需要，於是有了另覓新居的打算。

數年前，內子和我即時常思考此一問題。在我，認為是件大事，大概這是一生中最後一次更換住所。搬對了，可以順利解決我們面臨的難題，真正做到「老者安之」。萬一新居不合適，比此處的條件更差，那將是自尋煩惱，後悔也無濟於事。

我們希望的新居，應當以方便、雅靜、安全為主，應該避開煩囂的市區。有朋友建議到鄉間買寬敞而清幽的庭院，我們認為這將自趨於孤獨與寂寞，面臨的難題會更多。我們也不願意遠離要好的同學朋友們；人到老年，「老友」與「老本」、「老伴」、「老健」，同樣是不可缺少的「幸福要件」。

在我們主觀的意識上，感到文化氣息較濃的文山區，仍是適合我們居住的地方。近年來，我們在木柵地區看過一些新建的房子，有大廈，有別墅，也有公寓。有的很氣魄，有的景觀好，也有的距市場、醫院、捷運站很近。有幾處，如木柵的拔川大廈和興隆路的「舒曼之家」，都曾鄭重的考慮過，但最後發現有不容忽視的缺點，決定放棄。去年（二〇〇二）冬，陳會傑兄選購了辛亥路四段一棟新建大廈的七樓，覺得條件很不錯，建議我們去看一看。我們去了，也曾與房主談論過房價，但還是發現有缺點，緊急煞車。「三思而行」以免「後悔莫及」，是我們一直信守的原則；也正因為如此，一直未能覓得合適的新居！

再回木柵

民國九十二年（二〇〇三）二月，我夫婦再度飛美探親，在女兒家住了兩個月。時常與女兒談到正面臨的住屋問題，她也同意更換新房。內子希望能在木柵覓得適當的新房，有幾位老同學住在附近，可以互相照顧。我同意她的想法，只是覺得房子不容易找，有次對她說：「不要那麼樂觀；那裡有一切條件都適合我們的新房子等著我們去買？」事實的演變卻證明我的想法過於消極，沒想到兩個月後，問題竟能迎刃而解。

我們是四月十八日回到臺北家中的。當時「煞士」（SARS）疫災已在蔓延，外出要特別小心。但我們並未在意，二十七日就去了木柵，發現由仁普建設股份有限公司興建中的「仁普世家」新廈，B棟大樓中有房子很適合我們。帶回資料來研究了一番，也在電話中問明了一些細節。五月二日，邀程威海兄及冉亦文姊一道去和建設公司的經理們作細部商談。初步有了交集，預付兩萬元訂金。其後經數度電話商談，終於在五月十二日正式簽約。幾年來煩擾在心的住所問題，順利解決，心情因之輕快不少，內子更高興異常，說這是「心想事成」。

新房位於「仁普世家」B棟六樓靠近七十七巷的一戶，門牌號碼是臺北市木柵路三段六十九號六樓之三，隱含三、六、九數字，友人說這是吉祥的象徵。面積在所有權狀上雖記載為三十五坪，但除去公共設施占用部分，房間實際可供居住面積僅有二十六坪多一點，約為興隆路老家的三分之二。我們之毅然決定「由大變小」，有兩項基本理由：

其一、「我們家裡人兩個」，而且是爺爺、奶奶了，用不到大房子，也會相對的省卻內子整理房間的時間，免她過於勞累。

其二、新房設施完備而新穎，安全性高。鄰近就有大賣場、郵局、銀行、公車站、髮廊以及一家我「情有獨鍾」的麥當勞（McDonald's）簡餐店，上下樓也有兩架電梯，進大門後又有服務台，訪客方便，信件也無遺失之虞。這些都符合我們一直希望的條件。

新房雖於五月上旬簽約，但完工交屋卻在五至六個月之後。利用這段時間，除正常的生活及交誼活動外，我們要處理兩件事：一是舊房子的出售；一是多年來積存衣物、書籍、文物的減除。

舊房子的出售，內子選擇由仲介公司代辦的方式，委託「信義房屋」的「興隆店」處理。房齡已是三十四年的老屋，我擔心乏人問津。及「信義房屋」在報紙上刊出廣告後，卻有不少人來看房子。房齡雖老，卻有面積大、採光好、臨近市場、學校等優點；內子一直保持地板、門窗、家具的整潔，也頗能引發顧客的好感。有一家林姓中年夫婦看中了這老屋，我們也決定削價相讓，於是於十月十七日成交簽約。房子賣定了，我們卻又有些捨不得。簽約那天，我們曾對新房主表達此一心情，女房主乃對內子說：「李媽媽，請放心，我們一定會好好愛惜這房子。」

最使我感到難分難捨的，是五個大書架和四個大書廚中存藏的書籍。雖然多數是舊書，卻是我四十多年來從事史學研究的基本資材，它們為我已盡了最大的效用，如今要割捨了，難免思量再三，萬分依依。起初，還想把藏書捐贈給文獻或學術機構——如黨史會或政大史研所；當我獲悉這幾所機構也已「書滿為患」時，就打消了原意。如今已是電子時代，研究者上網路找尋資料十分方便，誰也不想多留出空間來存儲固體舊版書。冷靜的想一下，自身既決意不再作嚴肅的學術研究，這些書已無太多的利用價值，況且遲早是要捨棄的，何必困於書情而惴惴不安！新居空間小，只能容納少數三、五箱，因而決定只保留一小部分有特別意義及具有紀念價值的新書，其餘的統統讓人運走。我不能不承認，當我一次次，一批批，把這些藏書移交給運送工人時，心中充滿了歉意，幾至落淚！

還有師友及同道友好們贈送我的書畫，也教我煞費苦心，卻想不出萬全之策。最後決定：未經裝裱的原件占空間有限，全部保存下來；已裝框的卸除框架，只保存書畫本體；幾幅中堂及賀聯，不便存藏，只好將文字部分錄存留念，原品則予以銷毀。也有些獎牌、銀盾之屬的紀念性文物，只能選擇少數與我生平關係密切的幾件——如退休時，黨史會及中國歷史學會送我的銀盾，保存下來，其餘的則忍痛毀棄。內子的紀念文物，也作了同樣的處置。至於衣物用具，須轉贈或捨棄的就更多。這方面，就偏勞內子化幾個星期來處理，也見她感嘆無已。

十一月二十八日，我們辭別了興隆路的老家，搬進了木柵路的新居。承內子老同學冉亦文、陳慶麟兩位女士在新家相助，我的老同學陳會傑、程威海兩兄往來於新舊兩家間照料，萬分感謝。這是我家第三次搬遷，也是我第二度做了木柵這地方的居民。第一次住木柵，是民國四十三年十一月至四十六年七月就讀政大研究部的三年間。那時的木柵，尚是臺北縣的一個鄉村，樸素而落後；今日的木柵，則已成為臺北市區的一部分，高樓大廈，蔚然而起，交通也早四通八達了。

新家雖小，卻是我夫婦認真而理智的選擇。我對新居，懷有很高的期望。私下曾以「小而全」、「小而安」、「小而雅」、「小而暖」四者，自我期許。「小而全」，係指房內外的設備很齊全，略如「麻雀雖小五臟俱全」之義。「小而安」，係指環境，有安靜、安適、安全之「三安獨厚」。「小而雅」，係指裝潢陳設，力求雅靜清逸，留得書香本色。「小而暖」，則喻兩老相處，能營造並長保溫馨的氣氛與溫暖的感受，有恩有義，無愧無怍。果能如此，此生又有何憾！

中華民國九十二年（二〇〇三）十二月十日初撰，九十三年（二〇〇四）四月八日毛筆重抄，九十四年（二〇〇五）七月二十四日電腦打字儲存。七九老人李雲漢識於臺北文山木柵路蝸居。

偉人已走入歷史

新書稿先讀為快

最近應邀審閱了兩份有關已故蔣總統中正（介石）先生的書稿：一份是劉維開博士編纂的《先總統蔣公大事長編初稿卷十》，主要材料是蔣介石先生民國四十年（一九五一）的日記；一份是黃自進博士編纂的《蔣介石先生對日言論選集》，主旨在從蔣氏一生對日本的言論中，論證並分析蔣氏對日本的了解，評價以及對日政策的演變。兩份書稿，都是編纂人的用心之作，內容中有不少創意，註釋及評論亦甚允當。我以一個讀者的心情閱讀全稿，深感快慰，給予很高的評價。

劉維開，國立政治大學史學博士，現任政大歷史系副教授。之前曾在黨史會服務多年，主管編輯業務及學術活動。對中國現代史事及史料極為熟悉，著作多種，頗獲佳評。這冊書稿，係受中正文教基金會秦董事長孝儀先生之邀託而編纂，等於把蔣介石先生初來臺灣後的日記予以公開。就當代史研究而言，的確是一大喜訊，也將是研究蔣氏在臺思想政策的有力佐證。

我對蔣介石先生的思想事功，也曾作過局部的研究，並寫過幾篇學術論文，但為時代和環境所限制，未曾得有一閱蔣氏日記的機會。前年，有幸讀到蔣氏民國三十九年的日記，今又讀到劉編中所引四十年的日記，使我對蔣先生思想、性格、智謀、政略等方面，有了新的了解和體察，也改正了若干相沿成習的觀念。

黃自進，日本慶應義塾大學法學博士，現為中央研究院近代史研究所研究員。前幾年，曾在中正文教基金會的贊助下，進行一項「蔣介石先生與日本」的研究計畫；今年則完成《蔣介石先生對日言論選集》的編纂，全書將由中正文教基金會於民國九十三年內出版。出版前，先由陳三井教授和我審閱一遍，以示鄭重。

黃自進博士於九月初電話告訴我這種情形，請我「不要見拒」。我約他九月八日見面一談，並接過他分裝為三大冊的書稿。同月二十六日審閱完畢後再約他見面，把書稿交還。我在「審查意見表」內，對此書稿的評價甚高。見面時也表達了對黃博士的欽佩與期許，特別對他所撰前言〈史料說明〉長文，認為有不少創見。當然，我也對書稿的若干筆誤及值得商榷之處，以籤條標出，請他參酌訂正。

黃自進君寄我一冊甫行出版的新書《林金莖先生訪問紀錄》，是他訪問前駐日外交官林金莖先生的談話，由簡佳慧紀錄。林金莖，在東京及臺北見過多次面，也算是舊相識，但對他的身世和學術背景，所知不多。讀過這冊《訪問紀錄》，才有了較為完整的認識，對他的看法也有了相當程度的修正。

黃自進說，繼這冊《蔣介石先生對日言論選集》之後，將定個新題目，繼續對蔣介石先生的思想和策略進行研究，這是值得鼓勵的好事。近年來，臺灣由於政治環境的改變，史學研究的氣氛十分不景氣，青年一代對蔣介石先生的事功，不是茫然不知，就是成見在胸，甚至滿懷敵意。在此種情勢下，黃君有此志氣和毅力，確是難能可貴。

黃埔建校建軍八十年

民國九十三年（二〇〇四）三月五日，財團法人中正文教基金會舉行本年度第一次董事會議，由董事長秦孝儀先生主持。由於民國九十三年為黃埔軍官學校建校暨國民革命軍建軍八十週年，邵董事兼執行長銘煌提出一份以紀念蔣中正先生與黃埔建校建軍為中心的年度工作計畫，當經董事會議一致通過。計畫舉辦兩次學術性活動：

其一、於六月十六日黃埔軍校校慶日，舉行以「蔣公與黃埔」為主題的口述歷史座談會，邀請在臺黃埔先進暨學者專家參加，並敦請前行政院長郝柏村先生主持。

其二、於十月二十九、三十兩日，即蔣中正先生一一八歲前夕，舉辦以「蔣中正先生與國民革命軍」為主題的國際學術討論會，預定邀請國內外學者專家及軍界先進百餘人與會，將宣讀論文一十八篇。

董事會中，秦董事長指定李雲漢、陳鵬仁、呂芳上、簡漢生、喬寶泰、邵銘煌六位董事為籌備委員，組成籌備委員會，以我為召集人，進行籌備工作。事實上，一切實際工作都有賴邵兼執行長銘煌來推動，他的得力助手是秘書楊麗美小姐。我這人性情遲緩，有時卻又有些躁急。秦董事長既然要我做召集人，就應當盡一分責任，因而電話銘煌，於四月十五日召開了一次籌備委員會議，提供了一些意見，有關邀請人選，論文撰寫原則及截稿日期，會議地點等，都請邵執行長完全負責。邵、楊及高純淑專門委員都富有辦理學術活動經驗，又能熱心盡責，我確信他們能勝任愉快，此後即未曾再過問。果然，兩次學術活動都能如期舉行，而且設想周到，效果圓滿。

六月十六日之口述歷史座談會，係在國立中正紀念堂瑞元廳舉行，由秦孝儀、郝柏村兩位先生共同主持。與會者，以黃埔校友為多。年級最高者，如二期之張炎元，四期之何志浩，均年逾九十而尚能耳聰目明，為黃埔建軍史作證言，殊為難得。一期之孫元良尚健在，只是不能自由行動了。另有耿若天、孔令晟、岳天、郭宗清、周仲南、帥化民、王詣典等，均為上、中將級將領，張昭然、傅應川、范英、容鑑光等，則為軍史界的朋友。近代史學界應邀與會者，只陳三井兄、張力弟等數人而已。三井兄始終參與，並作了口頭報告，對黃埔校史之「在大陸蒙塵，在臺灣則蒙羞」，作了辯正。我事先考慮到發言的人會很多，時間怕不夠用，因而準備了一份書面意見，題曰〈由黃埔建校過程看蔣介石先生的風格與遠見〉。《近代中國》季刊於發表此次座談會紀錄時（第一五七期），把我的「書面意見」作為「論著」發表出來，其學術性就更明顯了。總編輯的考慮是對的，謝謝他。

「蔣中正先生與國民革命軍」國際學術討論會，如期於十月二十九、三十兩日舉行，地點在臺北市國父紀念館的中山講堂。二十九日上午的開幕典禮，由秦董事長孝儀先生主持，並請郝柏村先生作專題演講，講題是〈我親身體認的國民革命軍〉。講稿先印出來了，因得先期閱讀全文，很有創意，能與時俱進，不愧是一位儒將。

討論會兩天，六場次，討論論文十八篇，論文撰述人則有二十位，因為有兩篇係兩人合撰。我沒提論文，主張多請青壯學者提論文，「老人」可作評論或主持人。銘煌等商定，要我做第一次討論會（二十九日下午一時三十分至三時）主持人，報告人為陳三井、容鑑光、傅應川三位先生，講評人則為呂芳上教授。前些日子患了感冒，還沒痊愈，擔心中間會咳，出醜，所以帶了兩杯礦泉水上台。還好，一切正常，時間控制也恰到好處，對自身健康倒是多了幾分信心。

參加此類學術活動的樂趣之一，是能與一些國內外的同道好友們見面，暢談離愫。這次討論會，有美、日、韓、加及中國大陸的學者十餘人，其中馬若孟（Ramon Myers）、葉文心、陳明銶三位教授是老友，相見甚歡。馬若孟說，他也七十五歲了，葉、陳則正當盛年。國內出席的學者，多半是青、壯輩的幹才，論文報告人中之楊維真、王正華、邵銘煌、劉維開、林德政、陳進金六位博士，都是政大歷史研究所聽過我課的同學。史界老友蒞會者，只陳三井、李國祁、呂士朋等教授，中研院近史所前所長呂實強兄來一會就走了。蔣永敬、張玉法兩兄，一在大陸，一在美國，都未能前來與會，不無憾感。倒是意外的見到了前駐莫斯科副代表段培龍兄，他是我在民國八十三年（一九九四）去莫斯科大學訪問的主要推動者，何時回國，我並不曉得，今日相見，喜不自勝，再三向他道謝當年在莫斯科對我的協助。他告訴我，羅龍（當時為駐莫斯科代表）兄已退休，目前客居維也納，回國的機會恐怕不多。

十八篇論文，均由中正文教基金會編印為一冊《蔣中正先生與國民革命軍》，極為精美大方。編印工作，我想是高純淑專門委員出力最多。這也是對史學界的一項貢獻，純淑應會「勞而無怨」，然否？

紀念宋美齡的文物展與座談會

蔣中正夫人宋美齡女士逝於民國九十二年（二〇〇三）十月二十三日，享壽一百零六歲，為第二次世界大戰同盟國諸政要中最後棄世的一位。她跨越了三個世紀，因而媒體界有人稱她為「永遠的蔣夫人」。

民國九十三年（二〇〇四）十月，宋女士逝世已屆一週年。臺北市有兩項紀念活動：一為由中華民國婦女聯合會主辦，在國父紀念館中山國家畫廊舉辦的「世紀蔣宋美齡——走過三個世紀的傳奇」特展；一為由財團法人中正文教基金會主辦的「蔣夫人宋美齡女士言為士則行為士範」學術座談會，地點在國父紀念館中山講堂。兩項活動，我都應邀參加，並擔任學術座談會第二次會的主持人，日期為十月十六日。

紀念文物展的展出日期為九十三年十月九日至十一月十四日。十月九日上午舉行開幕式，我偕同內子準時前往參加，並細心觀賞了全部展出品。有人對宋女士的十多件旗袍深感興趣，我則對她的毛筆習字簿十分好奇。看來也是半路出家，因為早期寫的字不大成型，晚期的書法則頗有可觀。畫作有二十多件，我是外行人，不敢妄作批評。倒是她的起居室，簡單得令人不敢相信，卻十分雅致。文物展之外，婦聯會也舉辦兩次專題講演：一是十月十日下午，由周聯華牧師主講「蔣夫人的宗教信仰」；一在十月二十四日下午，由蔣徐乃錦（已故蔣孝文的夫人）主講「祖母蔣宋美齡女士」。兩次講演，我都因事未能去參加。

學術座談會十月十六日上午的開幕典禮，原定由婦聯會主任委員辜嚴倬雲女士主持，但由於辜嚴女士因病不克前來，改由秦董事長孝儀先生代為主持。一整天，分四場次進行論文引言報告及討論。由我主持的第二場，引言報告人有兩位，姓名及報告題目是：

石之瑜：民族國家之間：蔣宋美齡的現身策略

陳逢申：蔣夫人與抗戰宣傳

石之瑜先生，是臺灣大學政治系教授，研究蔣宋美齡的歷史地位，有專著問世，我認為他是學術界研究宋女士的先鋒。陳逢申女士，是臺北師範學院社會教育系講師，也是文化大學博士候選人，是位極具潛力的青年學人。兩位都是舊識，也都很客氣，稱我為老師。另外三場的主持人，朱重聖副館長，蔣方智怡委員、秦孝儀董事長，秦先生兼致閉幕詞。論文報告人亦即引言人，為劉維開、陳立文、周功鑫、李彥鴻、呂芳上、陳進金六位教授。六位中，有四位曾修過我的課，四位曾在或現任中央委員會職務，只輔仁大學藝術史研究所所長周功鑫博士源出故宮博物院，是朋友。就此項人事佈局觀察，我有自家人辦喜事的感覺。好的方面講，是自家有了繼志承統的好子弟；如就負面去著眼，就不能否認有關中國國民黨歷史人物的研究，尚未能在廣闊的史學園地裡播種，開花！

會場中，意外的遇到幾位老友。孫英三、王祥鑑是中學時代的同學；英三是應邀參加，祥鑑是散步到此地，純屬巧遇。另見到前國父紀念館館長施俊文兄，暢談一陣，互道珍重，他希望下次討論會還能來參加。

蔣中正與近代中日關係

十一月初的一個晚上，接到中央研究院近代史研究所研究員黃自進先生電話，邀我去參加近史所將要召開的「蔣中正與近代中日關係」國際學術研討會，並做張玉法院士所提論文的評論人。我告訴自進，年歲已高，聽力衰退，言語亦不靈光，最好找位比我更適當的青壯學人來評論。我講的是實在話，不是設詞推脫。自進則坦誠相告：「我們也曾多方面考慮，覺得你是最適當人選。在幾位先進學者中，你的健康狀況算是最好的，請你一定幫我們這個忙。」他接著說：「我們沒有錢，開這次研討會很不容易，日本有十多位學者應邀前來，其中有你的老朋友山田辰雄。這類的研討會，以後恐怕也很難召開了。」自進的話出自肺腑，我因而承諾：「如無更適當人選，我願勉為其難。」

十一月十五日，收到黃自進寄來張玉法兄的論文稿，題目是〈蔣介石對日本兩次出兵山東之反應（一九二七－一九二八）〉。當晚就接到玉法兄電話，原來他已由美國返回台北了。他說論文略有改動，當請黃自進再寄一份修正稿過來。次日傍晚，就又收到了自進兄寄的第二次稿，立即開始詳細閱讀。山東人談山東史事，很方便，也很親切。玉法的文章主要是依據國史館藏蔣介石日記等原始史料，內容完全正確，沒有甚麼可評論的。我只想表達自己讀後的感想，因而準備了一份〈閱讀張撰「蔣介石對日本兩次出兵山東之反應（一九二七－一九二八）」一文的一點感想〉的文稿，作為屆時講話的張本。

研討會於十一月十九日開始，為期三天，二十一日結束，地點在臺北市南港中央研究院近代史研究所檔案大樓一樓的會議室。玉法兄的論文安排在第一次討論會中報告，我也成為第一位評論人。評論時間只有六至八分鐘，因此我未全照準備的文稿發言，只是很自然的作了幾點補充性說明。我提到，我是一九二七年即日本第一次出兵山東的那年出生的；小學時代，最流行也最喜歡唱的歌曲就是「五三慘案紀念歌」，首句是「五三慘案真悲慘，日兵攻濟南……」。我那時，也曾親耳聽到曾在濟南讀書的鄉人，口述慘案發生時血淋淋的史實，至今猶覺悽然心傷。我這幾句話，引起多位青年學人的興趣。散會後，張力及李盈慧兩學弟都問我：「老師能否把五三慘案紀念歌唱出來？或把歌詞寫出來？很有意義，也很重要。」但我叫他（她）們失望了，說：「年代久，記不完全了，那首歌是採用了『蘇武牧羊歌』的歌譜，『蘇武牧羊歌』我倒是會唱的。」

日本學者來了十多位，包括我的老友山田辰雄教授，和他的高足——現任敬愛大學國際學部助教授的家近亮子博士。另外有西村成雄、姬田光義兩位教授，曾多次見面，也算是老友重逢。加藤陽子、高橋伸夫、段瑞聰三位則給了我名片。山田辰雄說，他已六十六歲；我則說比他大整整一旬，七十八歲了。他對他的日本同伴說：「但願我到七十八歲時，能像李先生一樣的健康。」家近亮子送我她的一冊新著《日中關係之基本構造》（二〇〇三年十一月出版），我想回贈一冊著作，只是沒有最新的成品，揀一冊民國九十一年（二〇〇二）二月出版的《中山先生與日本》相還贈，也算是「秀才人情」。

三天會，我只去了兩個上午。但全部論文都帶回家來，存備參考。十九日，兩次研討會中間休息時，在茶水間遇到不少史界友人，以年輕人居多。簽到桌旁擺了不少近史所出版的書刊，本是廉價出售的。魏秀梅女士隨手取來一冊《近代史研究所》及一冊《中央研究院近代史研究所同仁著作目錄》送給我，不用付款。老友盛意，令我心感，兩書對我都很有用。

山田來台開會，玉法自美歸來，約定於十一月二十二日中午，在中央研究院學術活動中心的西餐廳請他倆共進午餐，藉便話舊。那天我先到了，他倆隨後而至。三人邊吃邊談，極為盡興。不料同時前來用餐的陳慈玉教授悄悄的去櫃台付了賬。她告訴我們「已買單」了，我連說「不好意思，不好意思。」因為我是專程來做東的，卻變成了被招待的客人，而且與陳女士並不很熟，感到很不安；但也無可如何，只多說幾聲「謝謝！謝謝！」

這次研討會的舉行，黃自進應居首功。陳永發所長同意主辦以蔣中正為主題的研討會，也值得鼓掌、欽佩。張玉法兄透露，近史所曾向官方請求補助，都遭到拒絕。民進黨政府一向敵視蔣介石，儘管蔣氏為收復臺灣，保衛臺灣以及早期建設臺灣，著有大功勳！

孫逸仙對孔孟思想的論述

十月下旬的一個中午，中山學術文化基金會秘書兼學術組長陳志先兄撥來電話，說：「孔孟學會要在十一月十二日舉辦一次紀念孫逸仙先生的學術座談會，邀請你作引言人。」他並強調：「現在找學者做這樣的事，很不容易。大家覺得你最適當，希望你不要推辭。我先電話向你說明，執

（由左至右）陳立夫、郭哲、潘振球、李雲漢、秘書。

行長張植珊將再電話懇邀。」過了不一會，張植珊電話來了，並把日期、時間、地點及有關事項告訴我。志先、植珊都是老友，我沒有理由不作肯定的承諾。

臺北地區，以闡揚孔孟學說為宗旨的學術團體有兩個；一是孔學會，係由前國民大會代表，中國國民黨中央委員會副秘書長郭哲（希哲）先生主持，出刊《孔學與人生》雜誌。是在民國八十五年（一九九六）三月，孔學會舉辦過一次學術座談會，邀請我和毛松年、張植珊、楊仲揆、陳在俊同席作引言人。我去了，報告的題目是〈中庸中和與中道——從孔子到孫中山先生的一貫主張〉，曾刊載於《孔學與人生》季刊第三期。另一個是孔孟學會，為陳立夫先生創辦，李煥、朱匯森等先生曾任理事長，現任理事長是國立臺灣師範大學前校長，曾任監察院監察委員的梁尚勇兄。既承諾參加座談會作引言，就應當準備一份報告稿，交與紀錄人員參考，初步決定的報告題目是〈孫逸仙先生對孔孟學說的論述〉。

十一月九日，始接到孔孟學會來函，告知：這次座談會是由孔孟學會與中央日報副刊聯合舉辦「孔孟思想與現代人生座談會」之第一場，主題為「孔孟思想與國父學說」；時間為民國九十三年十一月十二日上午十時，地點在臺北市和平東路一段一二九之一號綜合大樓五樓五〇四會議室，主持人為梁理事長尚勇先生，邀請之「與談人」有五位：李雲漢（政治大學歷史系退休教授，國民黨黨史會前主任委員）、李鎏（臺灣師範大學國文研究所前所長，國文系教授）、張志銘（臺灣大學社會系暨國家發展研究所教授）、周陽山（文化大學中山學術研究所教授兼所長）、林黛嫚（作家，中央日報副刊主編）。

座談會準時開始。到場的人，不足二十人，多數是師範大學暨師範學院退休教授。看起來，孔孟思想的傳承是難以為繼了，不能不教人感慨歎息。然而老教授們精神健碩，兩個半小時下來，無人有倦容。我是第一位報告人，半小時，沒有打咳，音量也很大，自己感到還滿意。報告過後，在座的師範學院教授宋錫正先生前來我座位旁，小聲說：「李先生，很佩服，我也是山東人。」

座談會梁理事長講詞暨五位「與談人」的講稿，由中央日報副刊發表。由於講稿都很長，副刊不能全部容納，林黛嫚主編不能不予以刪節，並分為兩日刊出。第一日是十二月三日，刊出了梁理事長尚勇兄和我的照片及講詞；李、張、周三位先生的照片及講詞，則見於十二月四日的中央副刊。我的講稿被刪節的不算多，然已非完璧，好在我保留了講稿的原文，也算為紀念孫逸仙先生一百三十九歲誕辰略盡一點心意。

民國九十三年十二月六日，星期一，

李雲漢記於臺北木柵仁普世家六樓之三蝸居。

花蓮天祥二日遊

由松山到天祥

中華民國九十三年（二〇〇四）十二月十九日，女兒肖寧全家自美返回台北，晚十二時始抵木柵家中，這是他們首次住進我們的新家，大家都高興。

他們預定在台灣停留十二天。希望給三個孫兒留下顯明而美好的印象，除遊覽台北地區的主要景觀外，並於二十七、八兩日作一次花蓮之旅，主要目的是想遊覽太魯閣國家公園轄區東段由花蓮至天祥間的景觀。

以往，我曾四次到過花蓮，這次是第五次。著名風景區的天祥，過去只去過一次——孫國勳任中國國民黨花蓮縣黨部主任委員時，請我去講演，招待我去天祥吃午飯，走馬看花的兜了一圈。這次則訂了晶華度假酒店，準備品味一番深山叢林間的美景。

一行老少三代七個人——女兒李肖寧、女婿石世鉅、孫兒石桓源、李華強、石君度，暨我老夫婦，於二十七日晨七時三十分自松山站搭自強號快車，直駛花蓮。九時五十分到達，甫出站，即有世鉅小妹惠美夫家小叔周建華先生駕車來迎。周先生是在花蓮長大的人，現任國民中學教師，豪爽暢達，人脈甚廣。這次是應二嫂石惠美之請，請假來權充導遊。我們兩日內的旅遊活動，悉由他安排，可謂緊湊周到，殊為難得。我對他的回謝是兩句話：非常欽佩，非常感謝。

周建華先生帶來的那部小型遊覽車，足以容納我們一家七口。他帶我們先去遊花蓮郊區的美崙山公園、七星潭海濱、漁人碼頭，並到一家名為「孔記」的飯館用午餐。在我而言，一嚐家鄉口味，自是高興萬分。餐後即驅車西進，沿立霧溪婉延而上。經太魯閣國家公園管理處時曾作半小時停留，看電視簡報，並觀賞其陳列館及庭院布置。繼續西行，沿東西橫貫公路，經長春祠，到了布洛灣，又作了半小時的觀賞。布洛灣，昔為太魯閣族（Truku）部落所在，帶有濃厚原始風味。自然生態資源豐富，原住民文化的遺跡亦多，有原住民工藝展示館，可供參觀，另有布洛灣山月村為住宿區。由於天色已晚，略作瀏覽後就又匆匆上道了。

晚六時，到達了我們預訂的住宿地——天祥晶華度假酒店，英名則為Grand Formosa，位於花蓮縣秀林鄉天祥路十八號，自稱為「度假仙境」。周建華先生送下我們後，就逕回花蓮，約定次日上午九時三十分再來接我們開始另一段旅遊。

晶華度假中心住一夜

晶華，不愧為度假中心，房間寬敞，設備齊全，溫泉浴、游泳池、會議室等，一應俱全。而傍山面水，靜中帶動，極為雅緻。我夫婦住一五四室，係西式房間，窗外有小徑，山色青翠而鳥鳴嚶嚶，有如仙境。女兒一家五口則住於一七〇室，係日式榻榻米房間，亦別有風味。孫兒們興趣盎然，晚間猶去泡湯，也算增加了一點東方生活的新經驗。

二十八日凌晨起床後即到旅館外漫步，見天氣晴朗，溫度適中，甚感欣喜。我們在梅園中欣賞梅花，又經稚暉橋畔小徑走一段，轉入普渡橋，但未登上那座矗立著白色觀音塑像的祥德寺。只是距文天祥塑像及其名文〈正氣歌〉雕塑處尚有段距離，未能前往一睹為憾。八時三十分早餐，十時三十分離開晶華，仍由周建華先生駕駛兼導遊，邊說邊行，妙趣橫生。其中有多處景觀，給予我極為深刻的印象。

慈母橋憶慈母

一次難得的經驗，是走過由綠水至合流間四十分鐘行程的步道。我們車抵綠水，即下車先到綠水地質展示館，聽取管理員作簡報，隨即開始了一段崎嶇陡峭的山道行程。有斷崖，有隧道，羊腸小徑，蜿蜒於山坡叢林間，雖有罕見之樹木、禽鳥、昆蟲等景物可觀，然地基鬆濕，碎石處處，那段隧道內更是漆黑一片，躡足拊壁而行，令人有驚悚莫名之感。經一段鐵索木橋，所幸搖擺度不甚強烈，我等老人尚可屏氣以過。小心翼翼的走完步道全程後，乃有如釋重負的輕快之感。近來右腳趾略感不適，此段山路尚能平安走過，竊以尚能經得起考驗而自慰自豪。

走出山路後，沿公路東行兩分鐘，即到合流露營區。登車前行五分鐘，到了合流的慈母橋。這地方稱為合流，是因為立霧溪與支流老西溪在此處匯合了。慈母橋，是故總統蔣介石先生為紀念其母親王太夫人采玉女士所命名的。我於前次應孫國勳之邀來遊時，記得當時尚是水泥橋，其後毀於天災，數度重修，如今則是鋼索鋼梁的吊橋，護欄則是大理石所砌，梁、索均為鮮紅色。橋頭右側小丘上的慈母亭仍在，只是因年久失修，有安全顧慮，已予以封閉。橋左側的溪床上，有一塊巍然盤立的大理石座，底層為白色，上層為深綠色片岩，造型奇特，狀如青蛙，故名之曰青蛙石。石上建有涼亭一座，為蔣故總統經國先生所建，名曰蘭亭，亦寓感懷母恩之意。我們全家登上青蛙石，但見溪水來處，絕岩峭壁，風嘯雲遊，有如置身仙境之灑脫，乃留一合影為念。到了慈母橋，不能不想到自己的母親，也黯然神傷了一大陣。

步行走過九曲洞

離慈母橋東駛，轉眼間即至九曲洞，再下車循步道東行。步道乃於山腰中鑿石而成，曲折迴轉，隧道連連，對岸則峭壁挺峻，溪中怪石嶙峋，天成險勢，有鬼斧神工之妙。此段奇景，為太魯閣峽谷中最美麗最雄偉之景觀，學者兼書法家梁寒操曾題「九曲蟠龍」四字於峭壁，儒將黃杰於台灣省政府主席任內，亦曾題詞誌勝，詞曰：「如廊之迴，如河之曲；人定勝天，開啟奇局。」

憑弔築路殉難人員

走過九曲洞，再登車直趨燕子口，其特色為兩岸的大理石岩壁上有許多洞穴，成為燕群雨天中最安全的棲身之所。與燕子口相距約三百公尺處，原有為紀念開闢東西橫貫公路（今稱中部橫貫公路）而殉難的段長靳珩所興建之靳珩橋。及今橋已為颱風摧毀，只有靳珩的紀念碑，碑上立有靳珩的銅像。碑文題為「靳珩段長殉難記」，內容係論述築路工程之艱辛以及殉難者生命的光輝。碑係蔣經國先生於民國四十八年（一九五九）十二月所立，撰、寫人則為史學大師錢穆（賓四）先生。今蔣、錢兩先生均已作古，憶及經國先生之樸實無華暨賓四先生之長衫飄逸，於景慕之餘亦多感慨。

長春祠，為紀念中部橫貫公路開路殉難人員而興建，時為民國四十七年（一九五八）。原祠曾於民國六十九年（一九八〇）、七十六年（一九八七）兩度毀於風災，今日所見者乃民國七十七年（一九八八）重建之新祠。只因為時間所限，我們並未能前往祠前瞻仰，只在車上表達了內心的敬意。

樂觀的暗示

由靳珩橋東行三分鐘，即到寧安橋與天王橋交匯處。寧安橋為公路石橋，天王橋則為吊索橋。天王橋頭右側下河沿，有座天王廟，廟旁有泉，名曰心泉。據稱泉水能治病，我們確曾見到有人駕車來取泉水，至於靈驗與否，不得而知。但聽周建華先生娓娓道來，頗有聞所未聞之妙。天王，碑文稱之為「不動明王」，有幅門聯，文曰：

不動金剛至佛地傳正法輪
明王大慈大悲普利諸有情

大外孫桓源曾在小廟前擲筊抽籤問卜，詢申請大學事，籤條交我來解讀，四句皆大吉大利。雖明知此等事跡近迷信，然仍充滿喜悅，預祝孫兒們個個都能旗開得勝，前程似錦。

花蓮市區巡禮

出溪畔後未久，即進入平地，已是花蓮縣新城鄉的地界了。周先生說選一家有特殊風味的餐廳用餐，果然是一家「貌不驚人」，連招牌都未高掛的「王記茶舖」。進得店來，卻發現甚為寬敞，桌椅擺設及壁上字畫亦甚別致，所供應各式湯麵也極可口。竹筷紙套附印有「王記茶舖」店號外，尚有「茶花・文人畫・點香・清游香・——茶之四藝」一行字，我於茶道是外行，弄不清「四藝」的底蘊，也沒多問。

離開「王記茶舖」後，開始花蓮市郊的巡禮。到過東海岸的一座廢棄的碉堡，也到國姓廟旁的海岸享受海風的吹拂。那裡有座石碑，刻有採自《花蓮縣誌》記述花蓮命名由來的一段文字，原來花蓮乃是「迴瀾」一詞的諧音，首見於清同治年間的官文書。再驅車至福園——是座私人的中國式庭院，掛滿當代名人題詞及匾牌，花木亦甚名貴。出福園後，直往忠烈祠，天色已暗，只能看個大概，見到故副總統謝東閔，前行政院長孫運璿等人所題的匾額。左側有匹銅鑄的駿馬，作昂首長鳴狀。三孫先後躍上馬背作出英雄姿態，攝影留念。

離開忠烈祠後，又在花蓮市區兜了個圈子，一覽街景。看到花蓮薯店，叫我想到民國四十三年（一九五四）夏天，擔任救國團舉辦之中央山脈探險隊東隊輔導員在花蓮集訓時，購買以茅草包裹之地薯郵寄台中趙景龍一嚐東部野味的情形。五十年前的事了，那年我是二十八歲，今日仍然很想念當時的「花蓮薯」。

感謝周建華先生

近六時，我們趕到花蓮火車站，搭上開往台北的自強號列車。兩日花蓮之旅，胥由周建華先生之安排與引導，盛情可感。由於與石府有親戚關係，他再三表明理所當然，然我夫婦總覺他捨公就私，破費甚多，不能不表達謝意。終由內子誠懇而委婉的說明我等心意，送與六千元以補餐、車費用，內心始感安適無愧。內子慮事之周詳，非我所能及也。

中華民國九十四年（二〇〇五）一月二日，
補記於台北文山木柵仁普世家六樓新寓。李雲漢誌。

再到美國

第二十度來美

中華民國九十四年即西元二〇〇五年五月十日，我夫婦自台北經東京飛來芝加哥探親。屈指算來，已經是第二十度踏上美國土地了。

首次渡美，已是三十八年前的事；是到紐約（New York）哥倫比亞大學（Columbia University）讀書，待了兩年。以後九次訪美，都是為了出席學術會議，作學術訪問，蒐集資料，短期研究及參觀。我曾到訪或駐校研究的大學，有十所：哥倫比亞大學、紐約聖若望大學（St. John's University）、密西根大學（University of Michigan, Ann Arbor）、哈佛大學（Harvard University、馬里蘭大學（University of Maryland）、伊利諾大學（University of Illinois）、夏威夷大學（University of Hawaii）、史丹佛大學（Stanford University）、聖路易大學（University of St.Louis）、及華盛頓大學（Washington University, St. Louis）。去過的文獻機構有三：美國國會圖書館（Library of Congress）、國家檔案館（National Archives）及中文資料研究中心。第十一次以後來美，都是為了探親，女兒女婿也順便安排了多次美中、美西以及加拿大地區的旅遊：先後去過密蘇里州（Missouri State）東部鐘乳石洞觀光區、大峽谷（Grand Canyan）、黃石公園（Yellow Stone Park）、加拿大東部的尼加拉瓜大瀑布（Niagara Fall）、多倫多（Toranto）及中部的洛磯山區（Rocky Mountain Area）的名勝地帶。

這次來美，預定停留六個星期。也想趁此時間，整理一下留存在女兒家的一部分舊文稿，檢查想保留一陣子的帶回台北，其餘的都要銷毀，已經沒有太多的不捨情懷了。

小遊兩所大學校園

六月五日，星期日，全家同車去西北大學（Northwestern University）觀光，大孫桓源則是去參加一位名家的演奏會。

西北大學，名字並不陌生，有好幾位師友出身於此校。還記得杜元載先生曾對我談起就讀西北大學時代的往事，津津樂道。實地來到西北大學校園裡，這還是第一次。其緣由，乃是由於大孫已申請到西北的入學許可，算是準西北學生，家人陪他先來認識一下環境，是大家都高興的事。大孫今年高中畢業，申請大學連續獲得伊利諾大學（University of Illinois, Champaign）、芝加哥大學（Chicago University）及西北大學三所名校的入學許可，當然值得高興。究竟入那所大學？家人要他自己作決定：他考慮的結果，選擇了西北的生物工程系。在美國成長的孩子自主性高，將來的道路都要由自己去規劃，父母只是從旁協助而已。

西北大學校園傍近密西根湖（Lake Michigan）畔。風光優美。女婿帶三孫去欣賞演奏會了，女兒陪父母沿湖濱信步而行，細語絮絮，親情款款，目睹帆船點點，鷗飛翩翩，確是不可多得的享受。轉入校區後，叢林群廈，相互掩映，具有美國一流大學共同的特徵：遼闊、蒼翠、花木扶疏而又古意盎然。但沒有巍峨高大的校門，只在十字路口一座花園門口有一拱形鐵門，鑄有校名，算是西北大學唯一的標誌。意外的，路樹叢中發現了一些槐樹，聞到了花香，也叫我想起了北京，想起了故鄉，那邊的槐花也該黃了吧？

六月十二日那個星期天，全家又開始了一段為期四天的旅遊行程。第一站，就是去威斯康辛州（Wisconsin）首府麥迪蓀（Madison）參觀威斯康辛大學（University of Wisconsin, Madison）。這是女兒順應二孫華強心意所作的安排，因為華強明年高中畢業，希望先行參觀幾所有意提出申請的大學，作為選擇的參考。十二日來了威大，十六日父母又帶他去印地安納州（Indiana）西拉法也脫（West Lafayette）參觀了普渡大學（Purdue University）；十六日，還要去西北大學選課六週，算是試讀。

威斯康辛大學是州立大學，有十個校區，而以麥迪蓀為本校。校區位於麥迪蓀市區中心，門達他湖（Lake Mendola）南岸，景觀極為優美。我們於上午十一時到達威大，先到接待中心稍憩，然後觀看電視簡報，隨後分為兩組：女婿帶三個孫兒參加由導覽員引導的校區遊覽活動，需時一小時又四十分鐘；我夫婦則由女兒陪同沿人行步道自由遊賞，先去艾倫長生花園（Allen Centennial Gardens）中的新美國花園（New American Garden）賞花；稍後又沿湖濱步道走回程，聽到湖濤拍岸的激盪清脆之聲，看到雁鴨競逐的喜悅歡愉之態，心中自也生出曠逸超脫之感。午後二時，一家七口又在接待中心會合，共享美式午餐。憑窗遠望湖上風光以及露天餐飲情態，也別有一番風味。

讀達賴喇嘛自傳有感

離開威大校園後，驅車至麥迪蓀市中心轉一圈，就到東郊最好的旅館「唐尼」（Best Western, Madison East Towne Suites）住下來。我老倆的房間號碼是二二二，孩子們住二二〇。很寬敞，設備也齊全，大家都滿意。

晚飯是到一家西化了的中餐館：外邊的招牌都用英文，店名叫Imperial Garden。店員會講中國話，菜單則又全是英文，做出來的菜也是亦中亦西。我想這是華裔美人的生存之道，但客人並不多，看來生意也不是很好做。

飯後尚有空餘的時間，女兒提議到附近一家大書店Barnes & Noble逛逛。孩子們最高興，一進書店門口就各自去尋找所愛了。老伴卻去翻閱藝術類的書。我在歷史與哲學類的書架上隨意瀏覽，發現了達賴喇嘛以英文寫的自傳My Country, My People，引起了我的好奇心，想看看與林語堂的《吾土吾民》有何差別！隨即翻閱了十幾頁，立即思潮洶湧，感慨萬千。達賴自居於西藏人領導者的地位，視西藏為自古以來的獨立國，以中國為鄰國；歷史上，西藏曾侵略中國，中國更多次入侵西藏。達賴的論述，固然大部分都有歷史的依據，但忽視了近三百多年來中國對西藏的宗主權，仍難免流入一偏之見。以這樣的觀念灌輸於藏人，能不算是傳播分裂主義的思想？於中國及西藏的前途將發生甚麼樣的影響？

中國的邊疆及民族問題，仍然是很複雜的。如何能做到真正的長治久安，要看執政者的智慧了。開放、交流、開發、交通等，都不失為有效的途徑；中國正大力推動的青藏鐵路及西北開發計畫完成後，西藏的情勢必然會改觀。

參觀航空博物館

六月十三日晨九時，我們離開麥迪蓀的旅館上高速路向東北方向疾駛。兩個半小時後，到達奧式卡（Oshkosh）市郊的航空博物館（Airventure Museum），參觀正在舉行中的多種教育活動與展覽。

這座號稱全球最早建立，規模最大的航空博物館，是由美國實驗航空協會（Experimental Aircraft Association，簡稱EAA）所支持。協會有十七萬會員，遍布世界各地，包括航空史學者、發明家、駕駛人、建築師、工程師、航空愛好者以及其他人士。博物館內有廣闊明亮的陳列間，安裝了各類飛行器各部位的機械，並有影視及音響設備，介紹機械原理及操作過程。兒童及青年遊客，最喜歡那些電動設備，玩個難停難捨。底層陳列著各型完整飛行器，也有不少戰史文件、模型及實物。我在這裡，意外的發現了二次世界大戰期間，美國空軍志願隊來華助戰的資料，非常驚喜。有一幅長方形布質小旗，印有中華民國國旗暨「來華參戰洋人，軍民務必保護」字樣，是戰時中美合作的最好物證。牆壁間懸掛的各國各種空軍軍徽中，也看到了青天白日軍徽，立即拉過老伴來，叫女婿拍照留念。

航空博物館於室內參觀活動之外，尚有室外舉行空中表演及飛行。館外有一座機場，名曰「先鋒機場」（Pioneer Airport）。每年自五月第一個週末至十月第二個週末為開放期，遊客均可購票搭乘小飛機升空飛行，八至十二歲的兒童免費。我們未參加此項活動，於參觀博物館全程後，即去附近的一家速食餐廳午餐，然後轉上高速路繼續北駛。

進入威斯康辛州的東北角

六月十三日下午四時三十分，我們進入了美國威斯康辛州東北角的一個半島——地形上稱為Door Pennisula，姑譯之為門半島；政制上稱為Door County，姑譯之為門郡。此地是我們這次旅遊的目的地，計畫停留兩天兩夜。女兒一家都曾來過，算是舊地重遊；老人家則是首度蒞臨，希望能有耳目一新，心曠神怡的境界。

看看威斯康辛州的地圖，地形上很像一把方形水壺，門半島就是伸出水面中的壺嘴，它的東面和北面是密西根湖，西面是綠灣（Green Bay）。半島全長七十五公里，海岸線則有二百五十公里。有州立公園五處，郡立公園十二處，燈塔十座，飛機場三處。環繞半島有島嶼十多個，最大的一個是北面的華盛頓島（Washington Island）。到處都是茂密的綠樹叢林，猶如天然公園；然道路縱橫交錯，車輛往來如織，則又是鄉村化的城市。此地是美國十大景觀區之一，被早期的法國人形容為「一個如此雋美的王國」（A Kingdom So Delicious）。

我們進入門半島的第一站，是到White fish Dunes海灘欣賞夕陽晚照下的海景，但由於雲層過多，景觀打了折扣。孩子們仍是興致勃勃，在灘邊競作「水上打漂」遊戲。成群的海鷗前來逗趣，在我們上空輾轉飛翔，鳴聲盈耳。半小時後，我們又到了Cave Poind，看綠灣岸邊及水中大片大片的石板。天色已晚，不能不趕往預訂過的旅館Land Mark——位於半島中部，隱藏於叢林中，是住宿、餐飲、運動、游泳、休閒等設施一應俱全的觀光客「大部落」。安頓好後，我們又驅車前往一家以烹烤鮮魚著名的餐廳Pelletier s，大快朵頤。

六月十四日一整天，我們都在半島上參訪各處景觀。看過三座燈塔，在Eagle Bluff Lighthousewu停留較久。到了Eagle Harbor，眺望海灣中馬蹄形的Horseshoe Island，鬱鬱蒼蒼，頗具靈氣。半島北端，在Gills Rock海岸欣賞Wisconsin Bay內的平靜水面，又到輪渡碼頭，看往來於半島與華盛頓島之間的兩家渡輪——Island Clipper與Yankee Clipper 的川流不息，頗以此次不克去華島一遊為憾。上午天氣晴朗，午後卻突然發生變化，不到五分鐘，就陣雨如注了。所幸我們已在一家西餐廳午餐，沒受到影響。下午的遊覽，集中在半島的東海岸——亦即瀕臨密西根湖的一面，向南行駛。中途經過Algoma, Two Rivers, Manitowoc, Milvaukee諸城市，進入伊利諾州。沿途有幾處牧場及製造廠，都進去看看，以滿足孩子們的好奇心。

首先去參觀的，是一處牧場。是在一大片平原上，牧草葱蘢茂盛。中間一座家屋，是牧場主人的住所，也是他一貫作業的工廠。從養殖牛隻，收取牛奶，到製成乳酪，冰淇淋等食品，一氣呵成。孩子們興致甚高，也品嚐了新出爐的成品。另去一家專賣櫻桃製成品的商店，妻和女兒都買一點由櫻桃煉製的護膚膏。到Algoma，又先後參觀了一家Chess製造廠和釀酒廠，天已微雨，只有孩子們進廠看看，我和老伴並未下車。車再上路時，即高速行駛；女婿駕駛技術優良，沒有不舒適的感覺。

傍晚了，距女兒家還有一個小時車程。老伴提議先到五年前曾經光顧過的那家韓國飯店吃麵，大家都贊成。很佩服妻的記憶力，我竟對那家韓國店毫無印象，直到抵達現場看到中文招牌時，才想起前次來過的情景。這次叫的麵，味道很鮮，份量也夠，人人滿意。韓國人開的店，卻全用中文作招牌，服務生也會講中國話，連竹筷也是中國大陸製品，又見到客人滿座，門外還排了長龍，我也真的為店主人高興。

六月十五日晚十時，回到了女兒的家。旅遊四天，自然有些勞累，但想到天公作美，逢上難得的好天氣，也著實高興。五天後就可回到台北的窩裡，恢復二老相依為命的安靜日子，是享受，也是樂趣，能不好好的珍惜！

二〇〇五年六月十九日，星期日，初稿於美國伊利諾州萊爾市女兒肖寧家中。是日正逢美國父親節，次孫華強去西北大學暑期選讀之日。李雲漢誌，時年七十有九。

南京匆匆四日記輿

張憲文先生電邀

民國九十四年（二〇〇五）三月間，南京大學中華民國史研究中心主任張憲文教授電話舍下，告訴我：「今年是中國同盟會成立一百週年，也是孫中山先生逝世八十週年；為紀念這兩件歷史事件，我們已決定舉辦一次國際學術討論會。請你來參加，順便看看南京的古蹟名勝。我曉得你還沒有到過南京，這邊的朋友們也很希望和你見見面。來罷，沒什麼好考慮的呀！」憲文兄是老朋友，用不著客氣，我說：「退休以後，就未再作嚴肅的學術研究，也不想多耗費精力和時間寫論文。參加學術討論會不提論文，是不好的——」憲文兄立即回我：「你不須寫論文，只要人到場，就好。」事情就這樣定下來了。當時我很高興，稍後又有些猶豫。清靜慣了，不大想動。但做人要言而有信，不能讓老朋友失望，決定於八月間到南京走一趟。內子支持我，但不想伴我同行，免增加主辦機構接待的麻煩。

四、六、七月間，三次接到學術會議籌備會的書面通知，兩次電話，及張主任憲文兄寫的一封信。得知討論會的正式名稱是「紀念中國同盟會成立一〇〇週年暨孫中山逝世八〇週年國際學術討論會」，日期為二〇〇五年八月十九—二十二日，地點在南京市中山陵四方城二號南京國際會議大酒店。會議期間，與會人員的食宿費用由會議籌備委員會負擔，往返旅費則由出席人自行負擔。但有例外，憲文主任在信中告訴我：「經會議組委會研究，海外幾位已經退休的教授（包括你在內），其往返機票費用（台北——香港——南京）由會議提供。」這是對老教授的禮遇，後來曉得，四位台北的同道老友蔣永敬、李國祁、張玉法和我，都被列入受禮遇的「元老學者」名錄之內。原約定我可以不寫論文，但七月間接到會議籌備會通知：「會議組委會擬邀請您在大會上作學術講話，或主持會議討論。」既然要講話，必須有點準備才是，於是花兩個星期時間，還曾去過一次黨史館查閱史料，終於寫出一篇〈孫中山先生與台灣的歷史因緣〉，帶往會場備用。

初到南京

八月十九日，是要離家去南京的日子。機票早由內子電話華旅網際旅行社吳玉娟小姐訂妥，由台北往返香港搭國泰航空（CX），香港往返南京則選擇了港龍（KA）。由家中去桃園中正機場，則由我自己預約好漢傑公司的計程轎車。晨六時即從家中出發，很從容，也很順利。首次搭國泰班機，印象不錯。只是香港的新機場，結構複雜，範圍又大，轉機時地上地下，電梯電車，耗費了不少時間，總算找到了港龍航空公司飛往南京的候機室。不一會，珠海大學亞洲研究中心主任胡春惠兄與李谷城教授趕到了，兩位也是應邀去南京參加同一個會議，春惠兄昨下午曾電話舍下相告。飛機一起飛，就進入中國大陸的天空，思潮也隨之起伏了一陣；今天的大陸與五十六年前相比，是不可同日而語了。午後二時三十分，飛機降落在南京南郊的祿口國際機場。祿口，好生疏的地名！原來是江寧縣屬地界，今日則是南京市的江寧區範圍。南京，也不再是中華民國首都所在的直轄市，而是江蘇省的省轄市！我查閱《中國地圖全集》，關於南京市的介紹，遠遜於對蘇州市的描繪！儘管如此，曾為六朝京都，形勢虎踞龍蟠，曾為太平天國的「天京」，且為中華民國開國之城的南京，仍是我心繫神注，頂著輝煌歷史光環的好地方。孫中山先生生前就看好這地方，不是沒有道理。

從香港到南京的旅客並不算多。我未曾托運行李，因此通關手續很簡便。一出機場，就有幾位南京大學中華民國史研究中心的研究生來迎接；上車後，發現已經有一位日本學者中村哲夫坐在後座了。春惠兄及李谷城教授都曾進出南京多次，只有我是首次踏上江南的土地，難免有點好奇。一路上，都在注意高速公路兩側的指標，發現「中華門」、「秦淮河橋」等站名時，不禁心神一爽，總算來到了小學時代就在教科書上讀到令人嚮往的地方。接待同學告訴我：我們並不進城，只是沿南郊的機場、繞城、滬寧等幾段高速公路向東走，直趨中山陵園區內的國際會議大酒店。一個小時後，我們就到達這座風格別致的國際會議場所，向這次學術討論會的接待組報到。張憲文主任親自在大門口迎接，告訴我，蔣永敬兄、李國祁兄、張玉法兄三對夫婦，都已住進酒店來了，從北京來的金沖及先生也將於今晚到達。

大會安排我住一樓的一〇〇七房間，出進不需要找電梯，很方便。房間很寬敞，設備也齊全。只是電話機的國際線暫時被切斷了，必須去櫃台繳費後始能撥出去。第一件事是要向台北家中通話報平安，於是去了櫃台。憲文兄在那邊，立即用他的手機撥碼到台北，內子接聽。我告訴她，已安全抵達南京並完全安頓下來，一切順妥，放心就是。她只兩句回話：「一切自己當心，安心開會，不必再急著打電話回家。」第二件事，是去二號樓看看永敬兄嫂。在他處，巧遇南京大學歷史系的茅家琦教授，及廣東社會科學院的黃彥教授，暢談一陣。黃彥說，今晚他本要做東請大家吃飯；第二歷史檔案館館長楊永建堅持要先宴請台灣來的幾位學者暨夫人，他只好退讓了。

晚六時，我們幾位台灣客應第二歷史檔案館之邀，去南京市白下區苜蓿園大街七十九號那家「向陽漁港紫金店」吃晚飯。楊館長、馬副館長及一位蔡鴻源研究員做主人，菜色也可口，大家都盡興。我顧慮自己的腸胃，未敢過量。飯後，主人送我們回到旅館，已是九點多了。到南京第一天，感到很愜意，是好的開始。

會議所在地的這家「南京國際會議大酒店」，頗有來頭，氣勢也不凡。正店之外，還有五座樓，一所大游泳池。正店左側，設有一家以「金牌龍蝦」作號召的「尚珍舫」。正店大門上方的店名匾額，為武中升所題，只是我不清楚此

南京大學主辦同盟會成立一百週年暨孫中山逝世八十週年國際學術研討會，2005年8月，南京。主席台上講話。

初訪南京。（由左至右）張憲文、李雲漢。

人的來歷。周圍的花草樹木繁多而茂盛，品種也很名貴。在中山陵園廣袤蒼翠的區域內，這座旅社應可算是最大最好的會議場所。唯一叫我感到不爽的事，是在放置在所住房間內的一份〈酒店簡訊〉（第十七期）內，發現酒店內共產黨部活動的圖片與說明文字，政治意味太濃厚；圖片中看到那排頸翻紅領腰繫紅帶，為慶祝中共建黨八十四週年而歌唱的員工們，似乎有些無奈與委屈！

在開幕典禮中講話

翻閱《會議手冊》，才曉得我被列為十一位「學術顧問」之一，並被安排在開幕式中致詞。冊列致詞的人，有七位，姓名及職銜如下：

南京大學校領導致開幕辭

中山陵園管理局王鵬善局長致歡迎辭

中共中央文獻研究室副主任金沖及教授致辭

中國國民黨黨史會前主任委員李雲漢教授致辭

教育部袁國清司長致辭

南京市領導致辭

江蘇省領導致辭

開幕式於八月二十日（星期六）上午九—十時，在酒店二樓友誼廳舉行，由張憲文主任主持。時間僅一小時，有八個人講話，每人可用的時間不到八分鐘。我只好就準備的講稿中之第二節——〈台灣在孫中山先生心目中的地位〉，作簡要的報告。當然，我不是「照本宣科」，於扼要的把幾個重點說明後，也臨時增加了幾句話。我指出孫中山先生「收復失土」的主張，由中國國民黨實現了，台灣已於民國三十四年（一九四五）抗日戰爭勝利後重歸中國版圖。我也點明：中國國民黨諸領導人中，最早提出收復台灣的，是蔣介石先生，他在民國二十二年（一九三三）就在石家莊公開說，將來不但要收復東三省，還要收復台灣。當時，徐永昌認為蔣是在說大話；但十二年後，蔣先生的話成為事實。

開幕式過後，全體與會人員到外面的廣場中攝紀念照。張憲文主任宣布，請年長的學者坐前排，其餘的學者站在後面，不計排次。我自度是老人，但不願坐前排中座，幾個人推來推去，最後還是被推到中央座位。看這幀合照，前排坐者共二十人。我與金沖及先生居中：金之右側九人，多為大陸本地學者及各級領導，除金先生外均著便裝；我之左側，依次為蔣永敬、張玉法、李國祁等先生，除兩位便裝外，餘均為身著西裝之「海外客」。左右兩側看來似乎「壁壘分明」，實則全係偶然的巧合。胡春惠、林家有兩教授與日籍學者橫山宏章亦坐前排左側，張憲文主任卻太客氣，站到第二排右側去了。

難得的對話機會

照過像後，有二十分鐘休息時間。海峽兩岸的學者，對面傾談，把這段時間的功效發揮到了極致，我更有「應接不暇」之感。金沖及先生是老友，談到前次台北見面後數年來的情形及他的哲嗣金以林教授來台北作研究期間的一些趣事，倍覺親切。武漢中南財經政法大學人文學院教授毛磊「毛遂自薦」，開門見山的拉住我：「李教授，你是研究國民黨黨史的，我研究共產黨黨史；我們有些觀點不一樣，有些看法卻又相同。難得有此機會，要好好談談。」我們邊談邊走，連去衛生間的時間也未放過。他說，大陸上有一千五百多所大學，但沒有一所是紀念辛亥革命的。他想建議中共教育當局，把他任教的大學改為辛亥大學，問我有何看法，我當然贊成，說：「這是極有意義的大好事，相信海內外絕大多數的中國人，都會支持。」南京師範大學歷史系教授張連紅先生，來台北訪問時曾和我見過面，這次也談了不少話。他也是南京大屠殺研究中心主任，對中日兩國的前途感到憂慮。

有多位與會學者，遞給我名片，我卻愧無名片回贈。他（她）們是：南京大學副校長閔鐵軍教授、中國社會科學院近代史研究員庄建平教授、東華大學人文學院廖大偉教授、貴州省社會科學院研究員馮祖貽教授、吉林大學文學院副院長趙英蘭教授、武漢大學人文學院歷史系蕭致治教授、安徽師範大學社會學院房列曙教授、日本北九州市立大學橫山宏章教授、神戶學院大學人文學部中村哲夫教授。中山陵園管理局局長王鵬善、副局長沈先金、辦公室主任張學東三位先生，也都送給我名片，希望以後多聯繫。三人名片上都印有中山陵一部分景觀，很美，很別致。

老友重逢。（由左至右）李雲漢、金沖及。

名門名湖半日遊

八月二十日下午，本是分組討論時間。會議主持人張憲文主任卻對我說：「你第一次到南京，要多看看。不要參加分組討論會了，我要呂秘書陪你去中華門、玄武湖一帶走走。」這話正中下懷，很感謝憲文主任設想周到，我十分高興的接受了他的美意。

呂秘書，單名晶，是南京大學中華民國史研究中心秘書，一位籍隸無錫的年輕小姐。會前一星期，曾和我通過電話，以老師相稱。也曾聽到齊錫生教授當張憲文主任的面，誇獎呂秘書能幹。她來接我，坐計程車前往預定一遊的第一站——中華門，扮演了主人兼導遊的角色。

我對南京中華門的第一印象，來自抗日戰爭圖錄中的一幀照片：民國二十六年（一九三七）十二月，日軍司令官騎著駿馬，耀武揚威的率隊進入中華門，隨即開始慘無人道的大屠殺。六十八年以後的今天，我親自看到的中華門，已沒有戰爭的痕跡，而是南京人引以為榮，「集金陵古城垣之大成，列世界古城堡之最」，被稱為「世界最大的瓮城」的「中華門城堡」。它是具有六百多年歷史的古蹟，下面一段文字是《中華門城堡》摺頁中的「簡介」：

> 中華門，始稱聚寶門，形似陶瓮，又稱瓮城，一九三一年改名中華門。它修建于元至正二十六年至明洪武十九年（公元一三六六年至一三八六年），在南唐都城正南門基礎上擴建而成。中華門佈局嚴整，構造獨特，有三道瓮城、四道券門貫通。各券門均有能上下啟動的「千斤閘」和雙扇木門，遇有敵兵攻入，城門內「千斤閘」迅速降落，切斷退路，伏兵四出，分別殲滅，恰如瓮中捉鱉。城堡分為三層，最上層的木結構「鏑樓」現已不復存在。東、西兩邊馬道直達城頭。整個城共有二十七個藏兵洞，可以藏兵三千餘人。「藏兵洞」是我國古城堡中獨特的建築，在古代戰爭中對物資的儲備和兵源設伏具有十分重要的作用。中華門城堡，南北深一二八米，東西寬一一八．四五米，總面積一五一六八平方米，城牆最高處達二一．四五米。整個建築用石灰、桐油和糯米汁作黏合劑，極為堅固。它現已成為研究我國古代軍事設施的重要實物資料。

城堡內有一間「朱元璋與中華門」展覽室，陳列著有關朱元璋（一三二八－一三九八）及明初的文物。在這裡，我第一次看到明代登記全國戶口、賦稅、徭役的「黃冊」。出展覽室後，呂小姐即陪我先繞行一周，看了藏兵洞。然後拾級而上，登上最高層的平台。近看城牆外的護城河，遠眺山巒叢林間的高塔，清風徐來，暑氣全消，別有一種曠達的感受。平台上轉一周後，即沿右側馬道慢慢走下來，有一對新人正在馬道上拍照。我也注意到每塊砌城鋪路用的瓷磚側面塑有幾行字，只是年久模糊，看不清楚了。經查〈中華門城堡〉摺頁，發現有一段說明：

南京明城牆，據初步估算共耗用了數億塊城磚。城磚一般長四十釐米，寬二十釐米，厚十－十二釐米，。其質地有兩種：一為青灰磚，二為瓷磚。磚的側面打印有提調官、司吏、窯匠的姓名，是朝廷要求為確保質量而採用的監督措施。

離開中華門後，呂秘書叫車載我們去看一段玄武湖畔，保存完好的的明代城牆。牆角有標示牌，要建立「明城垣博物館」，上城垣觀光也得買門票。我們登上城牆頂，始知頂面約有二十公尺寬，也舖了石塊，很平坦。我們在城牆頂面上慢步而行，半個南京的形象盡入眼底。呂秘書告訴我，那片金黃色房頂的建築是雞鳴寺；這片白牆綠瓦的房舍是原來國民政府時代的考試院，現在是南京市政府；左前方湖邊那片扁平的新式樓房是南京市新建的火車站。她的介紹，也引起我的一些聯想。雞鳴寺，不就是南京陷敵後，國軍工兵營營長鈕先銘藏身之地嗎？這位日本士官學校出身參與南京保衛戰的青年軍官，於城陷後，就躲進雞鳴寺做了假和尚，半年後始告脫險。一九四九年到台灣後，成了有名的譯作家，曾寫過一冊《還俗記》來記述他這段驚險而曲折的經歷。

城牆上漫步一陣後，走下去，到玄武湖邊欣賞湖上的悠悠畫舫，離離帆影。玄武湖是南京城內的一個大湖，風光十分幽美，如能與二三友好泛舟賞月，當另有一番情趣。湖後有個五州公園，面積達四七二公頃，一份旅遊文件介紹說：「三面環洲，一面臨城，碧波蕩漾，景色十分美麗。」我這次來遊，卻只能在湖濱欣賞一番，自有「意興未盡」之感！

薄暮了，不能不趕回旅館。沿途經過梅花山下，我想到汪精衛的墳墓戰後為工兵營炸得粉碎的往事。沿途兩側都是高大的梧桐，也逗起一絲鄉思，不知我山東老家穀場邊那株大梧桐還在否！呂秘書沿途告訴我：南京市市樹是雪松，市花是梅花，也就是中華民國的國花；沿中山路的法國梧桐是劉紀文任市長時種植的，如今成為南京市的一項特色，乃是拜國民政府之賜！

討論與贈書

討論會列入議程的論文，共七十三篇。據大會印發的《論文匯編》，卻有八十五篇。其中有二十六篇，屬於《孫中山紀念館研究論文精選》。討論的時間只有一天半，很難安排討論會的場次及篇目。很佩服會務組諸人的智慧，他（她）們把討論會分成兩種方式：一是「大會報告」，只開會兩次，全體與會人員均參加，由名教授茅家琦、張玉法、橫山宏章、蔣永敬、黃彥、李國祁、胡春惠、中村哲夫作報告；二是「分場討論」，同時間內分四場舉行，共舉行十二次討論會，由林家有、蕭致治、饒懷民、齊錫生、馮祖貽、謝俊美、鄭會欣、沈寂、毛磊、朱漢國、李學昌、朱言明十二位資深教授，分別主持。另設有評論人，由朱言明、史全生、庄建平、沈寂、經盛鴻、李谷城、李學昌、郭必強、崔之清、高華、趙英蘭、郭漢民、張同樂、毛磊、朱寶琴、陳彥、鄭會欽、廖大偉、林家有、馮祖貽諸位教授承擔。兩次「大會報告」，我都參加了。十二次「分組討論」，卻只參加了一次——第十一次討論會，而且應邀講了五分鐘的話，和幾位青年朋友們分別攝影留念。

會議場合中交換著作，是學術界很流行的事。此次討論會，除大會印發的那冊厚達六二〇頁的《論文匯編》外，我另外收到贈書五種：

張憲文主編：《民國史研究專集》

張憲文主編：《民國南京學術人物傳》

沈先金主編：《孫中山的足迹》

蕭致治、石彥陶等著：《黃興與辛亥革命》

金沖及著：《五十年變遷》

五種贈書的著作者，張、金是老友，沈、蕭都在這次討論會中見過面。張憲文先生主編的兩冊書，是南京大學中華民國史研究中心的學者們，近年來致力於《民國史研究》課題的一部分成果。《民國史研究專集》〈前言〉有如下之說明：

> 本論文集係課題組成員在研究過程中，取得的中期成果。今匯編成冊，以資交流，並請學術界朋友批評指正。

張憲文先生是大陸地區倡導民國史研究的先驅，經十多年來的努力，南京大學中華民國史研究中心已成為成果輝煌的研究重鎮。張氏第一部有關民國史的著作，是《中華民國史綱》，美國友人易勞逸（Lloyd E. Eastman）到南京大學作研究回國經過台北時，為我帶來一冊，是我閱讀並引用大陸學術著作之始，也是我與張先生後來結識的根源。他有個大計畫，想邀集台海兩岸的民國史學者，共同撰寫一部比較客觀公正的中華民國史。他曾與張玉法兄談到這事，也許是由於時機尚未成熟，這計畫尚未能到達落實階段。

金沖及先生身為中共中央黨史研究的主管，而能保持學者本色，不斷的有大部頭的著作出版，委實令人欽佩。我和他政治立場雖然不同，而且長時間立於對抗地位，但在治學態度與處世風格上，卻有相似之處。他每有著作出版，都設法送我一冊。最早送我的書，是《周恩來傳》，繼之是《毛澤東傳》，兩年前送一冊《中國的轉折年代——一九四六年》，這次送的是《五十年變遷》，精裝一冊，七百六十六頁，去年三月由北京中央文獻出版社出版的新著。他送我書，都親筆簽名，而且是用正（繁）體字。只是我迄未有著作回贈，很感到失禮。

參觀歷史遺迹

八月二十一日下午三至六時，是大會安排的參觀時間，預定參觀的目標，是中山陵、明孝陵、總統府。南京第二歷史檔案館楊館長及馬副館長又懇邀去他們館裡看看，這個館的辦公處所就是我們國民黨黨史會在南京的老房子，我也應該去一下，於是約定他們午後二時來接，大概瀏覽一番，三時前一定回到旅館歸隊。同去的人，有金沖及等七八位，只走馬觀花式的在展覽廳內轉一圈，就告辭了。臨行在貴賓簿上簽名留念的，也只金沖及和我兩人。

中山陵與明孝陵，是我久想一遊的地方，但參觀時間各僅半小時，注定是要半途而返了。中山陵，我只走過第二道大門即天下為公門，就被告知時間已到該回頭了。倒是和同行的青年朋友們照了些合照，也算不虛此行。中山陵園管理局印製了一份〈中山美陵紀念郵折〉，印有中山陵三副圖片，浮雕四幅，孫中山紀念館照片一張，印有孫中山遺像票額十元之中華民國郵票四張、票額八分之中華人民共和國郵票四張，連戰、宋楚瑜於今（二〇〇五）年四、五月間前來謁陵的照片，及連戰手書「中山美陵」墨迹。

我收到這份紀念品，確也有了「心實往矣」的感覺。明孝陵，昨天已遠觀其外貌，今日仍無緣登殿瞻仰，只是沿兩側林木深鬱，不時出現吉祥動物石雕巨象的瞻仰大道前行，也只走過了那對巨大的石象，就又轉身回頭。同樣的，呂秘書為我和幾位老友們攝下了幾幀照片，作為紀念。

參觀長江路（原國府路）的總統府，就從容得多了。由「識途老馬」張憲文主任親自引導，重要的歷史景觀都未放過。先右折去看看太平天國的天王府，見到洪秀全及其妃子們的塑像，以及太平天國的一些文件。再回到總統府的主建築，順甬道前行，在總統辦公樓前，見到國民政府故主席林森（子超）先生手植的樹木。總統辦公樓有三層，總統辦公室、副總統辦公室、秘書長辦公室、會客室、會議室，都

初訪南京。

集中在這裡，非常局促。設備也極簡單，總統辦公室內的沙發，可以作為古董來展示了。儘管如此簡陋，歷史精神卻為中外人士所景仰，遊客絡繹不絕。離開總統辦公樓之後，轉到西側庭院，繞過雨花台博物館，到了前江蘇省諮議局舊址——這座小樓，就是中華民國首任臨時大總統孫文先生就職與辦公的地方。有間小會議室，不過八九個座位，有誰想到中華民國首次國務會議就是在此處召開的？

夫子廟與金陵春

討論會的最後節目，是八月二十一日晚間的「賞夫子廟夜景，品秦淮小吃」。這題目，美極了，夫子廟的小吃是有名的，秦淮河的雅逸更是古今傳誦的，初到南京訪問的人，有誰不想到此逗上一圈！這是我想像中的心願，實際上卻未能領略到這種況味。時間太短促了，夫子廟只從停車場到金陵春酒樓走個來回；秦淮河，城外的一段我有一瞥之喜，城內深具浪漫歷史傳聞的一段，迄今仍無緣相見！

夫子廟的街上，有兩處招牌引發我的感想。一是「李香君的故居」；有朋友懷疑其真實性，胡春惠兄肯定是真的，只可惜沒時間進入一睹這位江南名妓的遺跡。一是「烏衣巷」，雖明知眼前的烏衣巷並非唐代詩人劉禹錫筆下的烏衣巷，卻仍有世事滄桑不勝今昔之嘆，「舊時王謝」的流風餘韻何處尋覓？

晚餐是在「秦淮金陵春酒樓」，這名稱似也有幾分誘引力。菜色不錯，多是地方小菜，甚可口。用餐時，有國樂，也有清唱、舞蹈、吹簫等表演。令我感到高興的，是酒店贈送顧客每人一冊袖珍型《秦淮詩集》。文字部分有五十六頁，收印王獻之、李白、崔顥、劉采春、劉禹錫、杜牧等五十位名家所作歌詠秦淮河的詩詞，共五十六首。尾頁註明此冊為南京夫子廟旅遊實業發展股份有限公司製作，足徵南京人的思維中，文化氣息仍受到相當程度的重視。

賦歸與期盼

依預定計畫，於八月二十二日上午八時離開中山陵區之國際會議大酒店，前往祿口國際機場。雖然港龍航機到十一點才起飛，我希望多點時間在機場內走走，也可從從容容的辦理各項必要的手續。

張憲文主任很客氣，派南大民國史研究中心研究生魏兵兵專車相送。魏君告訴我，他是江蘇高淳人，家鄉以產鱸魚著名，希望我下次來南京時能到他家鄉看看。他對抗日戰爭史滿有興趣，曾就淞滬保衛戰、南京大屠殺等事件提問，我一一為之解說。他也提到許倬雲教授曾到他們中心講過課，很受歡迎。也希望校方能邀請我去講一段時間的課，以擴展他們的視野。青年人天真可愛，也使我感到有後生可畏的喜悅。

飛機起飛，告別了南京。默念此行，感到很滿意。張憲文主任對我說，明年十月，他計畫在浙江奉化開一次國際學術討論會，浙江方面允諾提供經費，應當不會有問題，屆時還要邀我參加。金沖及先生也曾告訴我，明年為孫中山先生一四〇歲誕辰，計畫在廣東翠亨開會紀念，屆時希望能再見面。他並說，你已去過北京，看過西山碧雲寺孫中山先生的衣冠塚；這次來了南京中山陵；明年去翠亨村，不是很完美的安排嗎？感謝兩位老友的盛意，我的回應是：只要時間及健康狀況許可，我樂於躬逢其盛。

中華民國九十四年九月三日星期六，

李雲漢記於台北文山木柵路三段仁普世家蝸居。

時年七十有九。

木柵鄉居樂

好山好水好友

遷住木柵，就快兩年了。新鮮況味已逐漸消退，滿意的心情卻未曾稍變；始終認為這次搬遷，是內子和我所做的最好選擇。

木柵，雖然不再是個純樸的鄉村，而是繁華的台北市區的一部分，但在我主觀的感覺上，仍是居住在鄉間——因為鄉村的一些特色，仍然保存在這裡的街道上，市場裡，山麓及河濱。我幼年生長在故鄉的鄉村裡，從事公職期間的辦公場所也多半在郊外，因而對鄉居有偏愛，於五十多年前曾任情徜徉過的指南山麓醉夢溪畔，更有一份純真的感情。我喜歡木柵，這裡有好山，有好水，還有我和內子的知己好友們。

木柵，是個群山環繞中的小盆地。西、北兩面的幾座山阜及臺地都已開發，東、南兩面的山巒則是台灣中央山脈的北端，層巒疊嶂，連綿蜿蜒至主脈，雲氣氤氳，看不分明了。這群山巒氣勢雄偉，林木蒼翠，奇花珍禽，遠近聞名。五十年前我在山下的政大研究部讀書時，這地方完全是原始風貌，如今則已開闢為觀光茶園區，以貓空為中心，成為台北近郊有名的遊覽勝地了。那時候，只有一座廟宇——指南宮，位於「白雲深處」，香火鼎盛。如今指南宮左側及後側增建了兩座金碧輝煌的「寶殿」，沿叢山外環新建的天恩宮、三玄宮、樟山寺等巍峨廟宇，更是遊客絡繹，有「後來居上」之勢。前幾年，我們住興隆路舊居時還時常來作「長程健行」，走上四至五個小時；這兩年，健康狀況已不適宜作英雄式的「長征」，未再去高山深處尋幽攬勝。現在小型公共汽車已可直到貓空，市政府又計畫設置自動物園經貓空至樟山寺的空中纜車，我真的還有邀約二三老友上山一嚐野味的興趣！

木柵境內，有一條小河，老名稱曰景美溪，後來有人把自動物園至政大的一段稱之為道南溪。這條小河，在木柵地帶初墾年代曾是交通要道，後來逐漸沒落了，有如《聯合報》記者林宜靜所報導：

> 早期文山區的水路交通，景美溪的船隻可以從石碇楓仔林港，經過景美溪口，再往艋舺進入新店溪，但隨著水運沒落，一如台灣許多河道，景美溪逐年汙積變窄，部分河道被混凝土封堤成溝渠。（民國九十四年十一月十六日台北《聯合報》C一版）

由於河道淤塞，豪雨時節往往氾濫成災，附近居民暨政大師生無不身受其苦。記得有一次夜間水淹政大，高齡校長陳大齊先生困於室內，情況危急，幸有新聞研究所第二期同學陳聖士兄奮勇前往，背負老校長脫離險境，始未釀成悲劇。也由於這一教訓，臺北市政府下定決心要對景美溪做澈底整治。經過數十年的努力，不獨河道疏濬，兩岸築堤並設置抽水排污設施，且將動物園至政大棒球場一段河道兩岸闢建為河濱公園，栽植樹木花卉，遍設各類球場，於今已是木柵居民晨間最好的活動去處，遠離了水患的威脅。因此，我把景美溪視之為「好水」，令木柵居民引以為慰，為榮。當然，景美溪的維護不能專靠台北市政府，木柵的居民及學校也共同努力。上引林宜靜的報導文字中，提到文山（木柵）已有「守護景美溪聯盟」的組織，她的一段報導原文是：

> 「象神」颱風讓飽受摧殘，汙積多年的景美溪發威，加速了地方「守護景美溪聯盟」成立。聯盟以文山社區大學成員為主，從社區出發，結合文山區大中小各級學校、附近機關、鄰里參與。

我所喜歡的好水於景美溪之外，尚有一條更小的溪流——自指南山上曲折而下，流經政大校區注入景美溪的醉夢溪。我在政大研究部讀書時，宿舍就在這條小溪的旁邊，每天早上我都沿著小溪慢慢走一段，觀察花草及蛙類生態及成長情況，有時會有意外的發現，滿有意味。那時的小溪完全是原始面貌，今日的小溪則是經過多次修整，加寬加深，成為政大山上山下兩校區的界河，也多了渡賢、濟賢兩座橋。我最喜歡聽大雨過後溪水滔滔而下，有如萬馬奔騰的聲音，也喜歡小溪接近與景美溪合流處右岸那一大片白番番的芒花，隨風搖擺，婀娜多態，好美！

另一項叫我感到欣喜的因素，是木柵這地方有十多位好朋友，時相過從，甚至守望相助。內子有兩位最要好的老同學，成為她精神上強有力的支柱。一位是她高中時代曾經共過一條棉被的知心室友冉亦文女士，就住在我們新居右鄰的一棟大廈內，兩人情同姐妹，無話不談；我倆出國期間，家就由亦文來照顧。亦文在大學時代，還曾和我在陽明山冬令講習會同過學，如今又是我學習電腦打字的指導老師。內子的另一位知已好友，是她大學時代的同班同學陳慶麟女士，住在深坑翠谷的一座大宅院內，有好幾路公共汽車直到木柵，來往很方便。慶麟以前從事教學及辦學，兩度擔任高級中學校長；如今則是國畫家，為兩個畫會的會長。其中之一是由她們大學同班同學組成的四季書畫會，內子也是成員之一，每三個月聚集一次，每年舉辦畫展一次，相互切磋，樂趣無窮。慶麟也時常親自駕車載三五好友遊山賞花，自然包括內子在內，有時也邀我同行。內子和慶麟讀大一時就是眾所公認的優等生，有一次請一位外籍名人來講演，要挑選兩位學貌兼優的女生代表同學獻花，她倆中了選。我曾在場觀禮，記得很清楚，回想起來倒真有「與有榮焉」的快樂。

居住興隆路時代，我中學時代三位同班同學都住在同一社區內，不時見面暢敘，山南海北，無所不談，引為人生最大的樂趣，也是最珍貴的享受。如今我雖遷來木柵，仍只是咫尺之遙，過段時間就找到一起餐敘，夫婦四對，有如兄弟姐妹。三位兄嫂是：劉百魁、范勝妹伉儷；陳會傑、劉景芬伉儷；程威海、劉鍾渝伉儷。三兄與居住桃園的滕興華兄係結拜兄弟，小輩們依序稱四兄為大爺、二爺、三爺、四爺。我本沒資格入「爺列」，有時卻又被封稱為「五爺」，也感到很光彩。

木柵社區內，原住有我的好友三人：蔣永敬兄、劉世景兄、胡春惠兄。春惠兄近年來常住香港，見面的機會就少了；永敬、世景兩兄則不時見面或通話。永敬兄和我是政大教育研究所的老同學，相識於民國四十四年（一九五五），迄今整整半個世紀。前些日子，我曾對蔣大嫂于文桂女士提到這點，引以為榮。真的，五十年一路走來，政大老同學，黨史會老同事，當代史研究的老同道，興隆路時代的老鄰居，經歷相同，觀念也大致相近，政大研究部早期（第一、二、三期）同學中能有幾人？我嘗說，最了解我的人當然是內子韓榮貞女士，次之應當是蔣永敬兄了。永敬兄在其自述傳記《浮生憶往》一書中，有幾處對我的論述「入木三分」。劉世景兄是黨史會三十五年（民國四十六年至八十年，一九五七－一九九一）的老同事，有一段短時期，永敬兄世景兄和我成為黨史會的「核心」，被稱為「三劍客」，值得回憶的事很多，也很有趣。只是進入老年之後，往事已淡若輕煙了。

還有鍾永琅兄，在行專與政大兩度同班，政大且為室友，住木柵久康街，距我家很近。只是他多半時間都住在杭州，春節前後才回來，才可以通電話聊一陣，或餐敘一次，最近倒是在街上見過兩面。胡佩璋兄住木新路，比較遠一點，他來看過我，我卻未曾回訪。佩璋也是青年服務團及行專兩度同學，比我小幾歲，尊我為大哥，但經過多年中學訓導主任及校長的磨練，言談比我老練得多，我為他高興。

溪畔低吟

晨間健行，仍是我夫婦的既定常課，非因出國、病痛、大風雨等原因，從不間斷。為避免意外的傷害，不再做體力已不能及的登山活動，只走走平路，上上斜坡，約費一個半小時。大致的行程是：晨五時三十分至六時間，離開住所。經木柵路、開元路，穿過木新路涵洞，登上景美溪右岸河堤。有時走下河堤，循河濱公園內的人行道走個來回，並在空曠處或球場中做做體操；大多數日子，則是由河堤過道南橋，進入政大校園。穿過政大山下校區後，即開始沿環山一道、二道、三道（或由三道開始，經二道到一道）前行，上山又下山——圍繞著政大山上校區，走上一大圈。再回到山下校區內，然後步出大門，搭公共汽車回家，時間已是七點半左右了。

每晨登上景美溪河堤並漫步道南橋的人行道上，就有呼吸舒暢，心神爽朗的感覺。晨風陣陣，從東北山口吹來，鷺步甸甸，現悠然自適之態，這情境確可令人陶醉。抬頭東望，山巔天空中的雲彩已編織成一幅幅奇美無比的天然畫，山陵、宮殿、房舍、村落、河流、橋樑、叢林、雁陣、道人等圖像，一一出現，真有鬼斧神工的巧妙，像極了！美極了！內子是習過畫的人，獨具欣賞大自然的慧眼，指指點點，不斷的讚美；我也是看在眼裡，樂在心裡，真的像是到達了渾然忘我的境界。只可惜好景不常，剎那間煙消雲散，旭日已從山那邊投射出萬道金色光芒！

河濱公園裡，道南橋上，醉夢溪沿，恆光橋頭，留下我夫婦數不清的腳印，偶而也觸發我淡淡的文思，草成幾首難期工雅的詩句。下面是民國九十四年（二〇〇五）四月十三日寫的一首五言及三首四言短句：

景美溪沿漫步

晨來漫步處，古溪名景美，
鱗波正蕩漾，鷺群恣意飛。
兩岸新公園，珍卉多芳菲，
山風對面迎，曉雲何所歸！

佇立景美溪畔

文山舊郡，道南新溪，
晨風拂面，花香沁鼻；
近樹遠山，逗我遐思，
笑語老伴，我心曠怡。

道南橋上

一、

水流漾漾，銀波粼粼，
鷺翔款款，鷗視沉沉；
人行匆匆，車奔轔轔，
雲過悠悠，曦臨溫溫。

二、

舊橋新建，臥波長虹，
左頌萬壽，車流如龍，
右期恆光，市聲營營，
熙樂萬姓，願卜永豐。

同年七月十二日晨，內子於恆光橋頭雜貨攤上，購得人造翠鳥一對，在電力操縱下能動能唱，而維妙維肖，狀極可人。我喜而為之記，成句如下：

恆光橋頭喜得人造翠鳥志感

晨與健行天方曙，橋頭市聲早喧嚷；
偶得籠中美翠雀，形羽神似假何妨？
堤道群芳正競豔，溪底水淺嘆魚殃！
竊喜二老尚矍鑠，相將攬勝好韶光。

七月十三日晨走過景美溪及醉夢溪畔堤路時，想到這地方——政大山下校區西半部，五十年前尚是一片草原，芒草都有五六尺高。一天傍晚，我一個人穿過這片草原，冷風撲面，大有「秋風蕭瑟暮色寒」的蒼涼之感。憶及往昔，遂成七絕一首：

溪畔憶往

晨興天色尚迷離，溪畔行人已如織，
啾啾雁陣掠空過，哈哈兒群競球技。
尚憶芒花盛開時，踽踽林間晚風急，
過眼風霜逾半紀，窗友笑語何處覓！

木柵舊址

景美溪上有橋三座：道南、萬壽、恆光，以道南橋的年代最老。道南橋始建於何年，我未曾考訂，但在民國三十九年（一九五〇）夏天，我首次來到木柵造訪指南宮時，就曾走過這座老橋——當時還是座狹窄的石橋。五十五年過去了，這座橋經過多次擴建，至民國七十三年（一九八四）始建成橋面雙線道，有人行道及護欄的水泥鋼筋大橋。這座橋，也是木柵新舊社區的分界線：橋東端是以政大校區為中心的新社區；橋西端則是老木柵，亦即「木柵村」的舊址。關於「木柵舊址」，臺北市文獻委員會曾於民國七十二年（一九八三）四月，立碑於道南橋右側河堤上，作如下之說明：

清康熙中葉，泉州移民入墾內湖溪一帶荒埔。因懼烏來社區山胞侵擾，乃在所居打鐵寮四周結木為垣，以資屏障，而保生命財產，遂名木柵村。雍正元年（公元一七二三年），隸於淡水廳淡水堡。嘉慶時，改隸拳山堡，陞木柵村為木柵莊。嗣以人口增多，另建內湖莊以容之。地在青山碧澗之側，風景極為清麗。柵毀於何年，已難考定。舊址約在今道南橋北畔，亦即木柵舊街之周圍地方。

上文中所言及之「木柵舊街」，即今日為木柵路、保儀路、指南路及景美溪所圍繞，而以開元、集英兩條小街為中心的區塊，面積恐不及木柵總社區的十分之一。「舊街」區內有一座祠堂式的廟宇，名曰「木柵集應廟」，建於「大清光緒甲午年小春之月」，應列為歷史古蹟來善加保護。此廟二樓楹聯中，有三副分別以「木柵」、「保儀」、「集應」三詞六字為句首，似也有顯彰歷史傳統的用意。三副聯文如下：

木楝畫丹青，千重雲影；
柵欄圍碧綠，萬道嵐光。

保土佑民，萬世子孫永祀；
儀行忠心，百代聖君尊王。

集承正氣，三千垂竹帛；
應頌鏖兵，四百護山河。

政大保舊迎新

國立政治大學，簡稱政大，建校於民國十六年（一九二七），已有七十八年歷史；自臺北復校（民國四十三年，一九五四）算起，也已超過半個世紀。我在政大，讀過三年研究所，教過二十五年課，近兩年來幾乎每天早晨都到政大校園裡走一圈，因而與政大有一種特殊的感情，時時留意政大的發展與變革，有榮辱與共的感覺。

時代、潮流、環境都在不停的變化著，新陳代謝已是社會演變的常規，政大在外觀上呈現出保舊迎新的景象，是很自然的事。復校之初，政大很重視建校的兩大傳統：一是中國歷史文化；一是其在大陸時期（一九二七－一九四九）的特徵。前者表現在主要道路、橋樑、集會及餐憩場所的命名，如四維道、八德道、渡賢橋、濟賢橋、四維堂、憩賢樓、會賢亭、大智樓、大仁樓、大勇樓等是；後者表現在以早期師長名號為主要教學大樓之名稱，如果夫樓、志希樓、鼎丞樓、逸仙樓、季陶樓、井塘樓、天放樓、百年樓、道藩樓、中正圖書館等是。這一傳統，歷任校長陳大齊、劉季洪、李元簇、歐陽勛、陳治世、張京育諸先生，都嚴格遵守著；鄭丁旺校長以後，就逐漸改變了。新建築不再以早期有貢獻的師長或校友名號為標誌，而以其功能為名稱，如商學院、傳播學院是。也有舊大樓改建為高聳大廈之後，就放棄了原來的名稱，如鼎丞樓改建為商學院之後，原樓名就消失了。

依我的記憶，復校後的校舍，不論是教室或辦公室，都是用空心磚建造的二層樓房，辦公室是一座四合院，陳校長百年先生曾在院內第一間校長室內召見過我。這些空心磚房子早就無影無蹤了，代之而起的，就是今日走進校門大道後首先看到的兩棟二層綠瓦樓房：右邊是果夫樓，左邊是志希樓。兩棟老樓又舊又矮，如今是理學院三系所在地，實在很不調和；然這是復校初期政大精神的象徵，每一位校長都想保存這兩座矮樓的原貌，不輕言改變。同樣的道理，平平矮矮的四維堂，已經歷五十多年的風霜，至今也還是原形原狀。「四維堂」三個字，是復校後首任校長陳大齊（百年）先生親筆，其中那個「維」字有點歪歪斜斜，但為了保存原跡，也是對老校長的尊重，沒有人提議改變。我想，保持舊傳統是政大校風的一項特色。

歷史文化的傳承，本就是新舊事物的自然銜接，是所謂「承先啟後」的過程。新與舊，是相對的，而非絕對的。今日之舊，乃是二十年前的新；今日的新，可能就是二十年後的舊。新與舊，是傳承與遞嬗關係，可以先後接合，也可以並行不悖。這情形，從政大總務處在環山道上樹立的各式標示牌文字上明顯的表現出來。例如：一則禁止外人私行墾殖的標示牌文字是：「本校校區內嚴禁墾植，違者移送法辦。」這是所謂「威權時代」以上示下的嚴厲口氣，是舊時代的遺風。另一則勸告行人勿亂丟垃圾的標示牌文字，則委婉的寫出：

除了足跡，什麼都不留，
除了攝影，什麼都不取；
請攜帶垃圾下山。

山客們看到這樣文雅和緩的勸告文字，能不會心一笑，對政大心生好感嗎？這是新時代的新精神，新作風；很高興見到母校政大年輕一代的行政人員，已有「迎新」的思維和行動。

環山道上

環山道，是政大山上校區的外環道路，依山坡開建，上山又下山。政大名「路」為「道」，自也有其道理，只是我未作查證。這是我夫婦晨間健行的必經之路，一草一木，都感到熟悉而親切。

環山道含三段，即環山一道、二道、三道；每段的景觀有相同處，也各有其不同的特色。相同處，是每段都見到青山綠樹，雜花野草，風吹鳥鳴，行人絡繹。不同的是：每段都有獨具的地勢、路樹、地標及視野，也會觸發不盡相同的感應。

從渡賢橋至男生自強宿舍路口，是環山一道，為山上校區內的幹道，校內公車設有三站：百年樓、藝文中心、蔣公（中正）銅像。主要的路樹是楓香、洋槐、古榕、龍柏；花卉則有九重葛、黃蟬、豔紫荊、仙丹。這段路兩側，有兩座突顯政大傳統精神的紀念性建物：一是建於文學院廣場內的「政大精神堡壘」，建於民國七十二年（一九八三），正面碑額為劉故校長季洪先生所題，背面碑文為歐陽勛校長所撰，記述政大建校經過暨民國三十八年（一九四九）冬遷校成都，一部分師生參與與共軍作戰而壯烈犧牲的史事；一是建於環山一道與後校門進校道路交會處之「校長蔣公（中正）戎裝馬上銅像」，係民國七十六年（一九八七）建校六十週年紀念時所立，像座正面書有「永懷校長蔣公」六字，左右兩側分別雕有蔣公手書「親愛精誠」暨「堅苦卓絕」名言，前者為政大校訓，後者則為抗日戰爭時期我民族精神之表徵也。

由男生自強宿舍路口至樟山寺登山口的一段，為環山二道。這段路為上坡路，前半坡度較小，視野也較開闊，可以看到台灣北部第二高速公路的車流，以及遠山叢林間露出半壁身影的樟山寺。路樹像香椿，並未標示出真正的學名。後半段轉了兩次大彎，坡度也急遽昇高，走到此處，身上難免就有濕淋淋的感覺了。路邊草野間，有時會有一兩隻白鷺正在東張西望呢。

環山二、三道的連接處，也是全路的制高點。由此右行可上磴道逐級登山，直趨樟山寺；左行一小段後就可居高臨下，一覽校景，也可由陡峭的下山步道層層下落至文學院或傳播學院；向前直行，即是循環山三道走下坡路，經桃園、網球場，出濟賢橋，回到政大山下校園。制高點右邊山坡上，豎有民國八十七年（一九九八）全民造林植樹活動紀念牌，上有總統李登輝的名字，後來由於李氏背叛了中華民國，登輝二字不知何時被塗抹了。

站在環山三道路口，遠觀北、東兩面重重山巒間的煙雲變幻，近看木柵東郊新興社區的高樓巨廈，回想到五十年前我在指南山下堅苦攻讀的情景，也確有十年河東十年河西的感嘆。兩座鶴立雞群般矗立於台北東區的地標：世界第一高樓一〇一大樓，與位於動物園與福德掩埋場之間的「長頸鹿煙囪」（我不確悉其名稱，以其狀如煙囪，外圍飾以長頸鹿圖像，姑名之。），更會引發一些令人難以捉摸的聯想。大概是去年夏初一個早上，天方亮，我夫婦即來到這地方，蒼茫中遙視兩大地標，感而發為如下的詩句：

環山三道讚二地標

一、一零一高廈

遙睇一零一，晦明縹緲間，
標高冠當世，科技著先鞭。
無奈國運變，群妖弄狼煙，
我為萬姓悲，何日見堯天！

二、長頸鹿煙囪

煙囪長頸鹿，看守動物園，
無間風和雨，不解悲與歡；
惟喜童稚樂，笑迎老少年，
長作遊人伴，無語頌平安。

環山三道最長，最美，最清爽雅靜。漫步這條路上，最好的享受是觀察排列整齊的路樹，欣賞各種爭奇鬥豔的鮮花，傾聽林間鳥兒婉轉的歌唱與對話，有時也喜見松鼠跳躍枝頭或大搖大擺的穿越馬路。路樹叫黑板木，筆直的向上生長，有傲視群樹的雄姿。我喜歡它們直立而不倚，臨風而不曲的耿介性格；只是直者易折，每逢颱風過境，就見斷枝殘梗，一片狼藉，令人愴然。黑板木多半不開花，偶而見到一兩株開出一串串白花，就大為驚奇，是否它們也分雄雌？同樣的情形，見於路側蔓延力極強的「野芋」（我不確知其真名，以其形狀像芋，姑稱之曰野芋。）：絕大多數野芋並不開花，今夏卻意外發現有兩叢野芋開放了椎形紅花，我引為是一種祥瑞，倍感興奮。環山三道靠台電鐵塔附近轉彎處，有一方遍植桃樹的「桃園」，這裡的桃樹只開花，不結子，花雖不十分鮮艷，卻有一年開花兩次的記錄，這情形在我北方故鄉是看不到的。群花之中，我還是很喜歡紫色小啦叭型的牽牛花，它不畏寒暑，生命力強，有時爬滿一株高樹，點綴成「雜花生樹」的美景。有山就有樹，有樹就有鳥。走在環山三道上聽鳥語鳥歌，更是一種特別的享受，鳥兒們有的愛獨唱，有的喜共鳴，更有的是雄雌兩性間的唱和。可惜遊人中沒有公冶長，聽不懂鳥兒們說什麼，唱什麼。

晨間漫步環山道，當然不完全是「滿心喜樂」，有時也會有大掃人興卻又無可奈何的情境。三五流浪狗的突然出現並相互追逐吼叫，或是攜狗上山的狗主人任由他（她）們的「寵物」隨地便溺，都不能不叫人搖頭歎息。另就是不期而至的驟雨，也會把沒有隨身攜帶雨具的行人們淋成「落湯雞」，女士們就很難為情了。我夫婦也曾有數度被風吹雨打的經驗，但我們登高健行的興致絲毫不減。

喜逢老友

最高興的事，莫過於在環山道上、政大校園內，遇到老同學、老同事、老朋友、鄰居、學生以及並不知姓名的遊人，駐足小談，或相伴同行，說南道北，興致盎然。

老同學中，經常遇到的，是程威海兄。有幾次，在一道及三道口，遇到劉百魁兄嫂。程、劉兩兄，是我在山東故鄉就讀中學時代的同班同學，民國三十七年（一九四八）五月故鄉為中共攻佔後，各奔西東，三十八年（一九四九）年尾才又在台灣聚首。各自的經歷不同，各人卻都有一本說不完的經，每次見面都滔滔不絕。威海兄的軍、教、學、政經驗豐富，做事的衝勁也大。百魁兄一直是誠信君子，優良教師。兩兄的長處，很值得我學習。劉大嫂范勝妹女士習畫有成，與內子見面多談畫事，兼及家事，甚為相得。

李慶榮兄，是民國三十九年（一九五〇）台灣省青年服務團的老同學。人長得瘦瘦的，具有文學才華，時常在《團刊》上發表作品，我和他因而成為精神上的「文字交」；因為我們並不同隊，沒有見面談話的機會。結訓後，我繼續升學，他則在新聞界工作，五十多年來未曾見過面。想不到，前幾年在木柵後山貓空地帶的山路上遇見了。是他先認出我來，說：「李雲漢，是你！」原來他和夫人李豐女士每週都來登山，和我夫婦相遇則是第一次。我們談了一陣子，他兩度告訴我：「要健康，一定要吃糙米。」其後多次相遇，有一次在政大校門口馬路上，我和內子已下山來了，他夫婦剛要上山，他把手中三份報紙塞給我，就匆匆趕路。我翻開報紙，發現主要的新聞及專論他已點閱過，很佩服他的勤奮與細心。

劉世景兄，黨史會的老同事，無數次在政大校園中遇到他。他有時牽一條狗，帶一頂小白帽，提一根手杖，裝束與平日穿戴整齊的形象不同，走到近前才認出他來。他不上山，只在校園內河堤上散步。民國四十六年（一九五七）相識，迄今已四十八年，老友相逢，自然要閒扯一陣。有時在政大校園內遇到項達言兄遺孀邱京蕙女士，她習過國畫，也曾在教會做義工，勤勉自持，令朋友們感到欽佩。還曾數度遇到前中央考紀會秘書葉蔭，人很篤實精幹，出身於政大東亞研究所，因而見面總稱我為李老師。「人之患，在好為人師」，我不能不時時提高警覺。

人在政大，地在政大，晨間健行遇到的老友，自以「政大人」為多。教育研究所我同期同學，一直在教育系任教並擔任過系主任的鄭瑞澤兄，教育研究所出身，曾任教育部訓育委員會常務委員、台北商專校長、政大教授的楊極東兄；歷史研究所首任所長，並曾任訓導長的閻沁恆兄，長期任教授並曾任所長的林能士兄，教授孫鐵剛兄；政治研究所畢業後，出任政大法學院院長、內政部次長的雷飛龍兄，曾任三民主義研究所所長的張亞澐兄，曾任訓導長、東亞研究所長的芮和蒸兄；外交研究所畢業後赴美深造獲博士學位，回國後曾任新聞局長、行政院大陸委員會主委、政大校長的張京育兄；都是我夫婦經常遇到的老友。他們有時是「單人獨馬」，有時則與夫人偕行。我們相遇，有時只打個招呼，說聲「早」！有時則相伴同行一段路，談上一大陣。雷飛龍兄、張京育兄、林能士兄，都曾放緩腳步，陪我夫婦走下山來。還記得張京育兄大談其校長任內未及實現的計畫，如設立藝術學院、推廣東南亞研究等；撫今追昔，也有無限感慨。九十三年（二〇〇四）夏，每晨都遇見一對年輕夫婦上山來，喊一聲「李老師早！」我卻一時記不起他的姓名，又不好意思問，後來劉維開弟告知，那是李貴豐夫婦，曾在史研所選過我的課。又有一次，下山走至藝文中心前丁字型路口時，適逢紅燈，就停下來了；對面來一部快速左轉車，車內女駕駛高聲喊一聲「李老師早」，就過去了，我並沒看清楚那女孩是誰，但我判斷一定是歷史研究所助教李素瓊，她永遠是那樣爽朗、盡責而有禮貌。

雖然是在政大校區內，遇到的老友卻不限於政大師生。每逢假日，各地區前來政大再登後山觀光的學術界人士不少，有時會意外的遇到老朋友。前幾年，數度遇到郭喜斌兄，他已從僑生大學先修班主任任內退休。相遇次數最多的，是前國立編譯館、中央圖書館館長、今法鼓山人文社會學院院長曾濟群兄，他多半是與夫人同行。有一次，在政大校內走過八德路時，聽到有人喊「李雲漢」，定睛一看，才發現是台灣師範大學教授、前行政院文化建設委員會副主任委員張植珊兄，和幾位師大教授前來登山。中國文化大學教務長兼史學研究所所長王吉林兄也常來健行，在文學院後山登山磴道及環山一道上，不止一次碰到他，談上一陣。九十四年（二〇〇五）十一月間，週六及週日山上健行時，開始見到中國青年救國團主任李鍾桂女士。她也是我中央黨部的老同事，只是她有女伴相隨，見面也只招呼一下，點頭為禮。在木柵市場及麥當勞速食店內，有兩次遇到中央研究院近代史研究所研究員朱浤源教授，他說一大早即來麥當勞要份簡單早點，藉便在此地看書，如此用功，令人佩服。

我住處「仁普世家」A棟大廈鄰居陳德龍夫婦，也是晨間活動愛好者，有時同時出門，有時路上相遇，互道早安，相互祝福。有一天早上，我們走到環山二、三道交接處，遇到一對初次來登山健行的夫婦，問我們行進路線，因此就攀談起來了。我們邊談邊走，直到走下山來過了濟賢橋，才分途而行：他們夫婦西去找木新路，我和老伴則北出校門，搭公車回家。與素昧平生的人談話如此投緣，彼此都深感愉快。

春初杏花林賞花

木柵後山觀光區樟山寺左側五百公尺處，有一所新闢建之園區名曰杏花林，是遊人賞花的好去處。每年春初，陳慶麟學妹都親自駕車，邀三五好友來此一遊。民國九十三年（二〇〇四）農曆年後之遊，我曾於手書未刊稿《隨興小記》中，記下一筆：

一月二十七日為農曆正月初六日，陳慶麟女史邀余夫婦暨王剛然、凌振鈺伉儷同遊木柵山郊貓空風景區。內子、慶麟及振鈺昔在法商學院為同班窗友，余與剛然亦係圓山及大直舊雨，誼皆同門故人也。晨九時，先在動物園門前會齊，由慶麟駕車，直趨貓空杏花林賞花。杏花初綻蕾，櫻花則盛開也。天微雨，更增情趣。中午，至大觀園共餐，皆山味，甚可口，放言暢談，樂無窮也。餐後再去一家臨溪茶廬品茶，水流濺濺，鳥鳴嚶嚶，誠仙境也。去年曾來此小酌，景物依然，茶主人言及往昔盛況，則有不勝滄桑之歎。盤桓至傍晚，始驅車返。越日仍覺遊興濃郁，不可不記，乃為俗句如下：

窗友樂春遊，新正開泰天，
山林共徜徉，笑傲學少年；
喜沾杏花雨，放情大觀園，
品茗識舊榭，悠悠飛鳥還。

九三、一、二八，木柵新舍

慶麟帶我夫婦遊覽貓空觀光區，不止一次，也不循同一條道路。有一次，是從深坑那邊上山，又是另一種景觀了。記得道路兩側剛栽植了梅花，是幼樹，幾年後才可以開花。我們到了叫做「青山綠草」的地方，又翻越山脊，才到了貓空。近數年來，我夫婦已不常來此山中健行，偶而來看看，也還感到一些新意。上週六（十一月二十六日），尹公斗兄自楊梅來看我們，曾一道搭公車上山來到樟山寺，又沿人行磴道一步步走回政大校園裡，居然沒有疲累的感覺，竊自慶幸健康情況還不錯！

民國九十四年（二〇〇五）十一月三十日，李雲漢識於台北文山木柵路蝸居，當日電腦儲存。遷入木柵新居已兩年，練習電腦打字亦滿十一個月，仍不夠熟練，頗有愧感。

筆耕一周甲

中學時代唯一習作

我開始對寫作有興趣，並曾在故鄉一份油印小報上發表作品，是在民國三十二年（一九四三），讀初中二年級。今年已是民國九十四年（二〇〇五），算來已是六十二年。取個整數，標題為「一周甲」，也就是要回憶一下六十餘年來的「爬格子」歷程的苦與樂。

我在故鄉讀中學時，正值抗日戰爭後期，對日本人兇惡殘暴，恨之入骨。我發表於報端的「處女作」是篇新詩，題目是「孤塚」，內容是悼念一位為國犧牲的抗日英雄。三十三年（一九四四）春，叔父李喜亭先生慘被日軍殺害，我忍痛在龐家河溝的簡陋寢室裡，用毛筆寫了本哀悼小冊，題為《葉落餘響》，來紀念先叔父。寫作期間曾哭過好幾次；我自幼就感情脆弱，經不起太大的風暴。

民國三十四年（一九四五）八月抗日戰爭勝利時，我讀高中一年級。次年，我們學校北遷縣城近郊吳家池子新校舍，我的思路開闊了很多，求知慾與寫作慾也相對的增強。當時唯一的一份日報，是國軍第八軍政治部在濰縣出刊的《統一日報》，成為我課外的主要讀物。也曾寫信給青島國立山東大學的張成義，要他把讀過的雜誌寄我閱讀，他就把《觀察》、《紐司》、《新聞天地》等寄我一大綑。讀高三那年，被遴派為三民主義青年團山東支團昌樂中學分團部的義務幹部，可以住在辦公室內，自由得多，文字工作也因而增多。記得曾編過一種石印宣傳刊物，我寫過幾篇時論性文字，獲得團主任高魯生先生口頭嘉勉。三年上學期，我當選班長，曾主導創刊一份班刊，定名曰《幼稚園》，當然也曾發表過文章。這一切，都隨了故鄉淪陷於中共而蕩然無存了！

唯一保存下來的中學時代作品，是高中畢業時我寫的〈班史〉。這篇文章，係提供給《畢業紀念冊》用的。紀念冊的全部資料由趙汝泌同學帶往青島去整編付印，因而免於「淪陷」，我也才能擁有一冊。這篇〈班史〉，寫於民國三十六年（一九四七）十二月，我二十一歲。只有兩千多字，可以見到我初學寫作時的風格，錄其開頭一段：

> 當抗戰開始之時，日寇挾優勢炮火，陷平、津，南窺魯、豫。詎省局偃旗息鼓，逡巡遁逃。敵直撲我魯南核心，東掠萊、濰、膠澳，進而威脅蘇、皖。斯時也，張公仲輔，挺身而起，誓挽狂瀾，毅然舉昌樂彈丸之地，獨樹抗戰大纛，除暴安良，痛懲頑敵！對縣

政尤銳意經營，補敝起廢，不遺餘力。使邑民雖處風雨飄搖之中，猶得安居於光天化日之下，赫赫政聲，固已遠震遐荒矣。然豈知張公之惠邑民者，莫大於創建本校一事。

這段文字中提到的「張公仲輔」，是我縣縣長也是我校創辦人張天佐（別號仲輔）先生。我非常珍惜這篇〈班史〉，民國九十一年（二〇〇二）一月，曾以毛筆正楷繕寫一遍，列入家乘文獻。加了一小段跋語，曾感慨言之；「五十五年已去矣！當年之壯志豪氣安在哉？所幸為國為黨默默奉獻四十年，實無負初志也。」

風雨聲中迎接黎明

家鄉淪陷後，我成為無家可歸的流亡學生。先到青島，再去海南島榆林港，最後來到台灣，在台北的七洋大樓——大陸來台流亡學生的大本營，暫時安頓下來。逃亡途中冒過生命危險，捱過餓，受過氣，生過重病，曾懷疑自己的生命還能維持多久！總算是個不幸中的幸運者，我沒有倒下去！經歷文武學校五個整年——民國三十九年至四十三年（一九五〇－一九五四）——的磨練後，終於順利升學國立政治大學研究部，確定了此生要走的學術研究道路。

這段時間，是段好整以暇，茹苦含辛，悲憤吶喊，滿懷期待的歲月。國家的大環境雖漸趨於安定，但海峽兩岸間的戰火並未停息，多數人的心理上仍滿佈陰霾；我更是集國仇家恨於一身，深深感到悽苦與悲憤，然並未消極，不時藉筆墨文字，自我發抒，也自我鞭策。這段期間，寫下七十多篇散文及新詩，多數曾經發表過。前幾年整理舊稿，把這些文字彙編為一冊專集，取名為《風雨聲中》。我寫了篇〈自序〉，說明寫作的內容和時代背景。這篇序文已收入本集內，不想多作辭費，只錄其最後一段，說明取名為《風雨聲中》的心意：

取題為《風雨聲中》，是想反映我來台前及初到台灣那個時代和環境的特徵。那時代，台海兩岸的戰火尚未停息，狂風暴雨隨時都可能襲來。圓山的絃歌以及鳳山軍營的磨練，都可能是風雨前的寧靜。說真的，我們這些心懷孤臣孽子悲憤心情的大陸來台青年學子，是在「風雨如晦，雞鳴不已」的情境中，捱來了幸運，壯大了自己。我把這時代中自己留存的作品彙集起來，標題為《風雨聲中》，誰曰不宜？

民國四十三年（一九五四）秋季升學政大研究部之後，開始寫學術性文字，多半是配合學科暨任課教授的要求而寫的專題報告。另外，曾兩度參加中國國民黨中央黨部、教育部等機構聯合舉辦的三民主義論文比賽，一次得第一名，一次得第二名，但都不曾保留論文的底稿，如今連題目都記不得了。政大研讀三年，唯一留存的一份作品，是我的碩士學位論文〈中等學校公民教育目標與教材的分析〉，係複寫稿，字跡已經模糊不清。當時覺得費過不少氣力，得分也還不低；今日看來，則缺點多多，不好意思拿出來獻醜。

黃金歲月四十年

從民國四十六年（一九五七）八月就業，至八十五年（一九九六）七月退休，整整四十年。這段時間，自三十一歲至七十歲，是我一生的鼎盛年代，也是我寫作生涯的黃金歲月。退休前四個月——八十五年三月，我的學術生活自敘傳《史學圈裡四十年》由台北東大圖書公司出版，其中最後一篇標題為「著作」，把「我在史學圈裡四十年積累下來的一點成績」臚列出來，目的是為了方便查考，「對我自己方便，對讀者也方便。」計有：

專著十三種
合著七種
編著七種
論文六十八篇
傳記十四篇
演講五篇
書評二十四篇
英文作品五篇

以上各類書、文的篇（種）數，係大概的統計，尚有遺漏，如「專著」類，漏列了為國立編譯館歷史科教科書編輯委員會所撰，專供各師範專科學校教學用的《中國現代史》。這些作品，都是學術性的。非學術性作品如感憶、弔唁、隨筆、序跋、祝詞、時評、談話、人物小傳、紀念文、史事詮釋等，並未計算在內。這些作品中，自然以專著部分最費心力，最有價值，最具代表性，也最有影響力。願將十四種學術專著及一種自敘傳的書名列下：

一、《從容共到清黨》
二、《國民革命與臺灣光復的歷史淵源》
三、《黃克強先生年譜》
四、《宋哲元與七七抗戰》
五、《于右任的一生》
六、《中國國民黨的歷史精神》
七、《中國現代史論與史料》
八、《西安事變始末之研究》
九、《中國近代史》（大學用書）
十、《中國近代史》（精簡本，專科學校用書）
十一、《中國現代史》（師範專科學校用書）
十二、《盧溝橋事變》
十三、《中國國民黨黨史研究與評論》
十四、《中國國民黨史述》
十五、《史學圈裡四十年》

十五種著作中，最用心、最吃力、花費時間最久、修改次數最多、所獲成果也最受重視的一種，是《從容共到清黨》。這是早期國、共兩黨關係史上最重要的關鍵問題，盤根錯節，非常複雜，外國學者已開始研究此一問題，中國史家卻還沒有人碰觸過。我於民國五十年（一九六一）決定

李雲漢獎牌：首屆中山學術著作獎。中華民國中山學術文化基金會，民國55年11月。

進行此一主題的研究，當然是個大膽的嘗試。由於這是我的第一部學術專著，又缺乏大部頭的寫作經驗，不能不小心謹慎，務實穩健，經過足足四年的時間，三度易稿，才完成了這部近六十萬字的「大書」。還好，心血沒有白費，這部書連續獲得中國學術著作獎助委員會的出版獎，及中華民國中山學術文化基金會的首屆學術著作獎，使我能躋身於民國史學者之林，且受到國際史學界的重視。但自己卻越來越感到惶恐，因為採用的資料還不夠周全，論點也還有數處值得商榷。未能及時出版增訂本，也是一大遺憾。

民國七十四（一九八五）、七十五（一九八六）兩年，台北三民書局先後出版我兩種版本《中國近代史》，也花了三年多時間。這書，帶給我三項感到欣慰甚至自豪的喜悅。其一，是三民書局董事長劉振強先生主動上門邀請我寫的。他和我並不相識，是他先到台灣商務印書館看過我的著作，覺得內容文筆都符合他希望的標準，才主動來相邀。我在三民書局（含東大圖書公司）先後出版過四種著作，和劉董事長振強也成了好朋友。其二、這兩種版本的近代史，出版都在十版以上，曾經是暢銷書，迄今仍為一部分大學歷史系、所所採用。其三、這書出版後，史學界同仁的評價很不錯，趙淑敏教授首先寫信來道賀，陳聖士教授見面時口頭恭喜，唐德剛教授在一篇討論盧溝橋事變的文章中，也引證了我的論點。很難得，我中學時代的歷史科教師現任政治作戰學校文史系教授王懷中（亦民）先生，於兩年後寫信封長信來慰勉，開頭一段話是：

採用吾弟編著之大學用書「中國近代史」已經兩年。多年來所採用之教科用書，以此書最為有價值，對口味。此書之編排十分科學，如每頁有註解，不需要翻來翻去的尋找註解。錯字極少，可與昔年之商務、中華相比。印刷又清楚，在目茫老花之人如我，即使不戴眼鏡，亦可悅讀自如。文字之通暢，更不待言。總之，採用此書，師生都感十分滿意，愉快。不多言。

我的著作中，部頭最大的，是那部為慶賀中國國民黨建黨一百週年而寫的《中國國民黨史述》（以下簡稱《史述》）。這部書，是經過半年多的仔細考慮，而後決定動筆的。自民國八十年（一九九一）六月開始動手，至八十三年（一九九四）八月完全定稿，花費時間為三年又兩個月。由於這部《史述》的寫作是我一生著述生涯中一件大事，我在《史學圈裡四十年》中列有一章（第十六章），對寫作心意、原則、過程、出版、史界反應等，有所說明。此處我仍願舉述我當時的想法和做法：

> 就本人專長及職責而言，撰寫一部較為完整而公正的中國國民黨黨史，乃為當務之急，且屬義不容辭。
>
> 寫一部完整的中國國民黨黨史，自然不是件輕而易舉的事。我曾冷靜的衡慮過本身的條件，也曾徵求過幾位好友的意見，並得到內子的鼓勵和支持，更基於素所抱持的歷史使命感，決定傾一己之力，義無反顧的完成這件向歷史交卷的事。
>
> 我之決定以一人之力完成這部書，並沒有任何個人英雄主義想法，完全是基於學術自由和善盡責任的精神，表達個人長年研究黨史的心得，倘有任何褒貶，皆願一身任之。取名為「史述」，意在秉持個人的知識和信念，作坦誠忠實的論述。

這部《史述》出版後，並未引起我們黨人暨史界人士的注意。黨的前輩中，只劉真（白如）先生等數人電話或寫信來獎勉。史界同道中，亦只蔣永敬、黃大受兩教授寫過書評，永敬兄的評論極為真切，褒貶參半。黨秘書長許水德先生似較注意這部書，他曾以此書為禮物贈送給外籍訪客。至於我自己，則有俯仰無愧的興奮，因為於公於私，我都有了差強人意的交代。我寫這部《史述》，一筆到底，未曾打稿，也未及回頭來再修改一遍，因而錯誤之處，在所難免，也沒有機會再作訂正，只有向讀者說聲抱歉了。

有幾種小型書，是應某些機構或團體之邀請而寫。《國民革命與台灣光復的歷史淵源》一書，係先後應中國國民黨中央設計考核委員會，及台灣省文獻委員會之請而寫，作為台灣史蹟源流研究會每年舉辦之青年自強活動的教材。初由台北幼獅書店出版，後來改由研究會自行印發。省文獻委員會主任委員為林衡道先生，每年都請我去講授「國民革命與台灣」的歷史，也因此成為好朋友。中央設考會主任委員是鄧傳楷先生，對這冊小書深感滿意，請我再寫一冊，這就是民國六十五年（一九七六）十一月由台北正中書局出版的那冊《中國國民黨的歷史精神》。

民國六十二年（一九七三），我四十六歲，正所謂「盛年時代」。這年九、十月間，我有三種著作出版：一是由黨史會出版的《黃克強先生年譜》，一是由傳記文學出版社出版的《宋哲元與七七抗戰》，一是由台北市新聞記者公會出版的《于右任的一生》。張玉法教授為三書寫了書評，暢談傳記文學與傳記史學的分野，認為這三書的文詞都很美，具傳記文學特徵；但內容及寫作方法，都合史學著作的標準，應當歸類為傳記史學。當然，玉法兄也提出一些批評。當年曾任陸軍第二十九軍政訓處主任的宣介溪先生則鍾愛《宋哲元與七七抗戰》，說「內容與文辭都好」。《黃克強》與《宋哲元》兩書，都曾耗費我兩三年的時間，《于右任》則是在一個暑假內一氣呵成的「速成品」，但後者得到的讚許反比前二者多。最使我高興的，是由於這冊書，而受到台北市新聞記者公會理事長，也是中央日報董事長曹聖芬先生的器重，締為文字交，不斷有書信往來。他喜歡用毛筆寫信，字體圓腴渾厚，自成一格。歷年來寫給我十多封信，已送由黨史館存藏。近日從舊稿堆中，發現了他於民國七十三年（一九八四）十一月十五日用自來水筆寫的一封限時信，原文如下：

雲漢吾兄文席：十九日下午四時（星期一），不知吾兄能惠臨忠孝西路中央日報一談否？弟有問題相商，並有史料一束借閱也。餘面敘。

弟聖芬十一月十五日

即頌
文安

我按時前往相敘。原來曹先生獲得大陸中共方面的五

（由左至右）許水德、李雲漢。

（由左至右）李雲漢、劉真、王壽南、陳三井。

（由左至右）李雲漢、曹聖芬。

封密電，是抗戰初期毛澤東指示共軍將領的電報，要共軍進行「獨立自主」的山地游擊戰；意思是不必遵守軍事當局的命令，也不必作正規戰，要全力創立根據地並擴展武力。曹先生認為要運用這份資料，揭穿中共假借抗日破壞抗戰的奸謀。他希望我運用這份資料寫篇長文，在中央日報發表。我當然同意，這就是那篇發表在民國七十四年（一九八五）九月三日中央日報慶祝軍人節特刊，篇幅占第十五版全頁的〈一段慘痛史事的回顧——中共在抗戰初期偽裝民族主義者的騙局〉。十八年後——民國九十二年（二〇〇三）六月，曹先生謝世了，我參加了他的追思禮拜，並寫下一篇〈追思雙清老人曹聖芬〉來悼念這位已有三十年情誼的老友。

每種著作都有其效用，我也都懷有一份感情。《宋哲元與七七抗戰》一書，宋氏子女都滿意，兩位宋小姐宋景憲和宋景昭，都曾不只一次的當面表達謝意，大小姐宋景憲在世時，每年春節都從美國寄來賀卡。這冊書，也是我副教授升等時的送審著作。教授升等送審著作則為《西安事變始末之研究》，獲得很好的評價。另一冊《盧溝橋事變》也是我的得力作品，極為謹嚴，為中華民國史學界有關《盧溝橋事變》唯一的一部學術著作，但其「知名度」卻不高，不能不為它叫屈。

論文，也都是學術性的。《史學圈裡四十年》書內列出六十八篇，也不完全，漏列的還有幾篇，不必一一舉列了。這些論文，除見於有關學術研討會的《論文集》外，曾分別發表於下開諸雜誌：《東方雜誌》、《中央研究院近代史研究所集刊》、《大學雜誌》、《傳記文學》、《幼獅月刊》、《中華學報》、《人與社會》、《國立臺灣師範大學學報》、《國立臺灣師範大學歷史學報》、《國立臺灣師範大學三民主義研究所學報》、《中華文化復興月刊》、《國立政治大學三民主義研究所專刊》、《近代中國》、《山東文獻》、《漢學研究季刊》、《國史館館刊》及《理論與研究》。

退休後一筆小賬

我是民國八十五年（一九九六）七月退休的，就快要十年了。退休時，有個想法，不擬再作嚴肅的學術研究，多留點時間讀點輕鬆的書，隨意寫點憶述性文字。一路下來，大體上是順著這樣的道路行進，但也無法立即放下一些不容推辭的學術工作，還是寫了幾本書和十幾篇學術性論文。書籍部分：

專著兩種：

一、《中山先生與日本》

二、《民國山東通志》卷六《政黨志》

合著兩種：

一、《民族主義正解》（與王爾敏合著）

二、《民生主義正解》（與于宗先、王爾敏合著）

學術論文十四篇：

一、〈國民政府對日政策的演變（一九三一至一九三七）〉　民國八十五年八月

二、〈羅志希先生的新史學觀〉　民國八十五年十二月，在故宮博物院舉辦「羅志希先生百年誕辰紀念會講」。

三、〈國民政府收回香港九龍之決策與交涉（「一九四一至一九四八」）〉　在故宮博物院主辦「從『南京條約』到『日本投降』的恥辱與奮發——中華民國力爭自由與平等外交史料特展」開幕專題演講會講，民國八十六年六月。

四、〈盧溝橋事變前後之中國國民黨（一九三五至一九三六）〉　北京中國社會科學院近代史研究所等單位主辦「紀念七七抗戰六十週年國際學術研討會」論文，民國八十六年七月。

五、〈兩岸現代史學交流的檢視和期待〉　民國八十六年十二月應台北《歷史》月刊社之請撰寫，發表於該月刊一九九八年二月號。

六、〈蔣經國先生的志節與理念〉　一九九八年（民國八十七年）一月，應日本蔣經國中日文化交流基金會主席李海天之邀，在東京「蔣故總統經國先生逝世十週年紀念演講會」講述。

七、〈宋美齡女士的愛國思想〉　民國八十八年十一月，中正文教基金會等機構聯合主辦「蔣夫人宋美齡女士與近代中國」國際學術討論會論文。

八、〈黨史會七十年〉　撰稿於民國八十九年（二〇〇〇）十二月，發表於台北《近代中國》雙月刊第一四〇期（同年同月二十五日出刊），為中國國民黨中央黨史會建會七十年來之史述。

九、〈中國國民黨在台灣（一九四五——二〇〇一）〉　民國九十年十月，中正文教基金會等五機構聯合舉辦「辛亥革命九十週年學術討論會」論文。

十、〈蔣中正先生廢除不平等條約的志業〉　民國九十一年十月，中正文教基金會等單位聯合主辦「國民政府廢除不平等條約六十週年國際學術討論會」論文，曾轉載於《近代中國》雙月刊第一五二期（民國九十一年十二月出刊）。

十一、〈孫中山先生與日本關係的省思〉　民國九十一年十一月一日，在中華軍史學會主辦「近代日本對華軍事侵略學術研討會」講述，刊載於《中華軍史學會會刊》第八期（民國九十二年四月出版）。

十二、〈由黃埔建校過程看蔣介石先生的風格與遠見〉　民國九十三年六月，在中正文教基金會主辦「蔣公與黃埔」口述歷史座談會所提書面意見。發表於《近代中國》第一五七期。

十三、〈孫逸仙先生對孔孟思想的論述〉　民國九十三年十一月十二日，在中華民國孔孟學會主辦「孔孟思想與現代人生」座談會引言報告，濃縮發表於同年十二月四日《中央日報》副刊。

十四、〈孫中山與台灣的歷史因緣〉　民國九十四年八月二十日，在南京大學中華民國史研究中心主辦「中國同盟會成立一百週年暨孫中山逝世八十週年國際學術討論會」開幕典禮中摘要報告，全文發表於《近代中國》季刊，第一六一期。

學術性文字之外，也寫過數十篇紀念文、傳略、鄉土文、序文、書（文）評、祝賀文及憶述文。茲分別錄其篇目如後：

紀念文（一）：已發表者：

〈悼念陳師孝祖教授〉　民國八十四年五月，發表於《山東文獻》第二十一卷一期。

〈永懷劉上將軍壽公〉　民國八十四年十月，發表於《山東文獻》第二十一卷三期。

〈參與珠海三次國際學術會議的回憶——我與梁校長永燊兄的學術交往〉　民國八十五年三月，刊於《梁故校長永燊先生紀念集》

〈志希先生二三事〉　民國八十五年十二月。

〈我與瞿韶華先生的相識與相知〉　民國八十六年七月，刊於瞿韶華先生紀念集《韶光華彩》。

〈我心目中的林衡道先生——參與台灣史蹟源流研究會活動之片斷回憶〉　民國八十七年一月

〈回憶追隨季師的日子〉　民國八十七年三月，發表於《近代中國》雙月刊第一二四期（八十七年四月出刊）

〈永懷王師志信先生〉　民國八十八年二月，發表於《山東文獻》第二十五卷第一期（八十八年六月出刊）

〈霍樹枏先生與昌樂中學〉　民國八十八年十一月，發表於《山東文獻》第二十五卷第三期（八十八年十二月出刊）

〈永懷恩師陳雪屏先生〉　民國八十八年八月，發表於《傳記文學》第七十五卷第四期。

〈我所知道的劉紹唐〉　民國八十九年二月，發表於《近代中國》雙月刊第一三五期。

紀念文（二）：未發表者：

〈談談劉紹唐先生和他的傳記文學雜誌〉　民國八十六年三月二十八日，在台北傳記文學研討會報告。

〈愴然於懷〉　民國九十一年十一月。悼念孫鴻祿先生、董淑賢女士、秦許海平女士、王靜芝（方曙）先生、宋梅村先生、蓋瑞忠先生。

〈追思雙清老人曹聖芬〉　民國九十二年六月

〈悼惜蘇墱基〉　民國九十二年八月

〈願張佛老永遠優游如仙〉　民國九十三年八月

傳略：

〈陳故教授孝祖先生事略〉　民國八十四年六月

〈孫國勛先生行狀〉　民國八十六年二月

〈蔣經國傳〉　民國八十七年六月

鄉土史：

〈在台任職中央黨政機構之山東人名錄〉　刊於《山東文獻》第二十三卷第二期

〈在台灣魯青籍中央民意代表暨任職中央政府各院部會正副首長人士名錄〉　刊於《山東文獻》第二十三卷第三期

〈大陸時期任職中央黨政機構之山東人士〉　刊於《山東文獻》第二十三卷第四期

〈魯冀古今兩昌樂〉　刊於《山東文獻》第二十六卷第三期

〈魏晉時代的營陵王氏世家〉　刊於《山東文獻》第二十六卷第四期

序文及書評：

〈《陳幹明侯先生傳記文錄》（陳幹將軍傳）序〉　民國八十五年九月

〈劉（維開）編《羅家倫先生年譜》序〉　民國八十五年十一月

〈吳（伯卿）著《近代人物與史事》序〉　民國八十八年四月

〈趙（國祥，子貞）著《山河劫》序〉　民國八十八年三月

〈劉（偉森）著《孫中山與美加華僑》序〉　民國八十八年十二月

〈再談山東昌濰戰役——對陳金城回憶文的糾評〉　民國八十八年十二月，刊於《近代中國》雙月刊第一三五期。

張（至礽，來禧）著《流亡六十年誠敘》序〉　民國九十一年十二月

〈劉（偉森）編《全美黨史（上冊）——中國國民黨歷程與美國黨務百年發展史》序〉　民國九十二年五月

〈蔣永敬的研究精神與風格——讀過《國民黨興衰史》後的感想〉　民國九十二年五月。刊於台灣商務印書館編刊《商務書訊》創刊號。

祝賀文：

〈《霍校長梓坡先生九十壽慶題名錄》序〉　民國八十五年八月

〈賀蔣教授永敬兄八秩華誕〉　民國九十年十二月

〈桃花流水深千尺——賀三民書局光輝的五十年〉　民國九十二年七月

〈賀白如先生福壽康寧〉　民國九十二年十一月

憶述文：

退休前即曾寫過幾篇憶述性文章，發表於《綜合月刊》暨《山東文獻》。退休後，立意多寫點輕鬆的文字，因而在《近代中國》《山東文獻》上，發表了六七篇信筆寫來的記事文。民國九十三年起，有感於歲月已邁，年事漸高，乃決定把一生中的幾個生活段落，逐次憶述下來，成為較為完整的生活自述。九十四年一月起，開始以電腦打字代替毛筆書寫，方便多了，進度也快些，一年內就完成了十五六篇，並將退休前寫的那幾篇予以增訂或改寫。截至年底，電腦已儲存憶述文二十三篇，以述事年代先後之順序列其篇目如下：

我的小學時代

童年時代的文字遊戲

生活在敵後戰區裡

我的母校——山東省立昌樂中學

國破山河在——五十年前流亡生活的追憶

風雨聲中（未刊稿）自敘

助教工作的回憶

指南山下話當年——五十年前就讀政大研究部的回憶
黨事六七樁
陽明書屋瑣憶
琴鳴瑟和
退休五年
懷元廬隨筆
書情・友情・史情
北美散記
我家三遷
偉人走入歷史
花蓮天祥二日遊
金雞報喜
再到美國
南京匆匆四日記興
木柵鄉居樂
筆耕一周甲

三家日報與五種雜誌

我在服務公職時期所寫時論、史事論評、人物介紹、紀念文、悼念文及若干應景文字，多發表於三家日報和五種雜誌。三家日報是台北的《中央日報》、《聯合報》及《中國時報》。五種雜誌是台北的《新知雜誌》、《傳記文學》、《近代中國》、《山東文獻》及《中國歷史學會會訊》。在五種雜誌上發表的文章多數都保存下來了，而且都列有目錄，一索即得。發表於三家日報上的作品，除少數幾篇外，大部分都未留底稿，感到很遺憾。我和這幾家文字傳播媒體的因緣，也深深值得懷念，有生之年，不會忘記，也為現仍在旺季的日報和繼續堅苦奮鬥的雜誌，不時作虔誠的祝福。

由於《中央日報》是中國國民黨黨報，每逢國慶日、黨慶日、重要國定紀念日，都會出刊特刊或專刊，也都會向我徵文，有時也主動轉載我在各次學術討論會的論文或講話。我寫的紀念性文字，如悼念亡兒肖元及追思林副主任委員徵祁兄的文章，也都送由《中央日報》發表。歷任董事長楚崧秋、林徵祁、徐抗宗，社長姚朋、黃天才，副刊總編輯胡有瑞，專刊編輯馬西屏等，也都成為朋友，民國七十二至八十五年（一九八三－一九九六）間，我曾應聘為中央日報社董事。楚崧秋先生任董事長時，一度邀請我兼任主筆，我自認並不具備主筆的條件而婉謝。

《聯合報》要我寫文章，始於民國六十年代，以紀念性文字為多。民國六十三年（一九七四）十一月二十四日，是中國國民黨建黨八十週年紀念日，該報要出特刊，決定了個大題目：〈八十年來的中國國民黨與中華民國〉，要佔一整版，邀請我來寫。陳祖華兄把他們的決定告訴我，我當然不能推辭。這篇文章，後來由張玉法兄收進了他主編的《中國現代史論集》第一輯。還有一段小插曲：中央研究院的青年政治學者朱雲漢教授為聯合報寫了篇政論性文章，排版時卻將作者排成了李雲漢，對朱對我，都不好意思。總編輯黃年先生因而親筆寫信給我說：「抱歉，是否為你帶來不方

《近代中國》雙月刊前後發行人互賀。（由左至右）李雲漢、秦孝儀。

（由左至右）劉紹唐、李雲漢、簡漢生。

便？」

《中國時報》和我的文字關係較晚，我發表的文章也比較少，然卻與該報前後任社長楊乃藩、林聖芬成為朋友。三大報之外，台北的《青年戰士報》、台中的《台灣日報》也曾登載過我的作品，只是篇目和時間已記不得了。

五種雜誌，都和我有直接或間接的關係，成為我中老年時代筆耕生活的一部分。其中，《新知雜誌》是張玉法兄創辦的一份書本型雜誌，我曾參與其事，然除了寫寫文章之外，愧無積極貢獻。由創刊到停刊的過程，我在《史學圈裡四十年》自敘傳中，列有「新知雜誌有疾而終」子目作了交代。《新知》刊載過我的十三篇文章，有記事，有事略，有紀念文，也有書評；其篇目已錄於《四十年》中，這裡就不必再提了。

《傳記文學》是好友劉紹唐（宗向）兄所創辦，歷時最久，傳播最廣，水準最高，讀者最多的一份月刊。我是基本讀者，也是基本作者，紹唐兄在世時，有幾年的社中人歲尾聚餐，也邀我和蔣永敬兄參加。從該刊第十九卷第一期開始，至第七十五卷第四期，我一共發表過四十篇長短文：長文是幾篇連載六七期的學術論文，短文是十多篇人物小傳、書簡、討論會發言紀錄及書序。也有幾篇紀念文，追懷我就讀政大研究部時代的業師：羅家倫先生，黃季陸先生，楊亮功先生，陳雪屏先生。由於紹唐兄的關係，多認識了幾位前輩名人，其中李璜（幼椿）、王鐵漢、冷欣（容庵）、張佛千等先生，都成為好友，這是非常值得高興的事。紹唐兄於五年前謝世後，我與《傳記文學》的關係也隨之結束。不過由於劉夫人王愛生女士的囑託，接辦《傳記文學》的女士們仍按期寄贈這份雜誌，也叫我有無限欣慰與感謝。

《近代中國》，是秦孝儀（心波）先生於接任黨史會主任委員後創辦的一份學術性期刊，先是季刊，後改雙月刊，再因經費困難而改為季刊。我大半生都在黨史會服務，親眼看到這份雜誌的創始，發展，鼎盛，以至今日的坎坷處境，真有無限感慨。我曾是這份雜誌的發行人，今日也還列名為社務顧問，除了偶而做點審稿工作外，竟然毫無助益，不能不心懷愧疚！我在《近代中國》第四期至一五七期發表了五十五篇文章，內容可分為五類：一是學術論文，一是在各次學術討論會及口述歷史座談會的書面報告，一是書評，一是紀念文，一是退休後寫的回憶性文章。這些文字，都有原版或複印存稿，有時翻一翻，也會感到「自我發現」的快樂。

《山東文獻》創刊於民國六十四年（一九七五）六月，至九十二年（二〇〇三）年三月出版至第二十八卷第四期之後，宣告休刊。這份為山東人士所喜愛的季刊，刊齡長達二十八年，而且為台灣出刊二十餘種各省文獻中，以成績優良榮獲獎勵之少數雜誌之一。最早倡議並熱心奔走力促其成的鄉前輩，是前山東省政府教育廳廳長楊鵬飛（展雲）先生，擔負主編重責始終如一的歷史學者，是張玉法教授。我濫竽編委行列，除不時寫點文章外，愧無貢獻。前後發表的文章，有二十五篇，多為鄉土史，憶述文及書籍序文。山東文獻社出版了一冊《山東文獻總目錄》，可資查考。《山東文獻》休刊後，我曾在隨筆錄中寫出如下的感想：

《山東文獻》要休刊的事，張玉法兄於去年夏天就曾對我提到過……讀過山東文獻雜誌社「休刊啟事」後，心中感到悒怏與惋惜。我也曉得天下沒有不散的筵席，《山東文獻》遲早會走入歷史；而且玉法、英惠諸兄連續二十八年來的義務服務，犧牲不可謂不大，實在沒有理由要他們幾位無限期的犧牲下去。我當時寫信給玉法，同意休刊，並認為《山東文獻》維持到今天，已經是難能可貴的奇蹟，他的付出與貢獻必將為山東鄉親與當代史的愛好者，永銘在心。

日子一天一天的過去，《山東文獻》的最後一期——第二十八卷第四期，終於和讀者們見面並揮手告別了。收到這期雜誌，看到了封面和封底那兩幀照片，讀過卷首的〈休刊的話〉和英惠兄發表在尾頁的〈休刊雜感〉，有種說不出，忍不下的苦澀情緒，盤結在心頭，頓時感到無限的悵惘和空虛。

雜誌創刊之初，我就掛名為編委會成員之一，且為榮譽贊助戶。然而，從未實際參與過編務，所能盡到的只是寫寫文章，參與《山東人在台灣》與《民國山東通志》兩套史籍的編纂而已。讀到李憲玉〈山東文獻感言〉詩中「雲漢玉法諸學者，泰岱精英擔重任」一句，頗有愧感。比起玉法、英惠、存武諸兄的熱心奉獻，我所做的實微不足道。如果說我是《山東文獻》的忠實讀者，倒是當之無愧。每期每篇文章，都曾讀過，對故鄉史事禮俗有了更多更深的了解，真的是受益良多。

感到惋惜，但並不悲傷。《山東文獻》成功的完成了它的任務，留下了完美的形像和不朽的精神。這是我在台灣所參與的許多文化活動中，很值得自慰自豪的一事，留給我一段極為美好的回憶。

民國九十二年五月一日，台北。

五種雜誌中，唯一由我主導創刊的是《中國歷史學會會訊》。那是民國六十八年（一九七九）五月間，中國歷史學會第十五屆會員大會時，理事長黃季陸先生提名我為總幹事，當經大會通過，是為我直接為中國歷史學會服務之始。我做了幾件改進會務的工作，其中一項，就是創刊《會訊》，於六十九年（一九八〇）一月出刊第一期。我在《史學圈裡四十年》一書中列有〈中國歷史學會與我〉專章，內有〈會訊之創刊〉一節，對《會訊》創刊宗旨、過程以及我發表之十二篇文章篇目，都有所說明。我並提到：「我很喜歡這份會訊，存有全套。」我擔任理事長時，曾將第一至五十期《會訊》精裝為兩冊合訂本，贈送給各位理、監事先生及女士們存作紀念，也是表示對他（她）們協力相助的一點謝意。可惜這份《會訊》已隨歷史學會會務的式微而無以為繼了。

未刊稿

作品未曾出版，或預定書稿中雖有部分文字發表過但全書迄未出版者，均視之為未刊稿。依此標準，我目前尚存有六種未刊稿，茲分別予以簡單的說明。

第一種是英文稿"Sung Che-yuan and the Twenty-ninth Army"，是我在美國哥倫比亞大學進修時（一九六七－一九六九）所寫的學術論文，中文應譯為〈宋哲元與二十九軍〉。這是我唯一一篇親筆撰成並親手打字的英文文稿，一百三十餘頁，正本存藏於哥倫比亞大學東亞研究所，我自己存有一份複印本。哥大和我本人都沒有出版這篇論文的打算，它將是一份「永遠的未刊稿」。

第二種是我在兒子肖元因公殉職後十四年內，陸陸續續寫出的詩文集，含六十二題。元兒是於民國七十一年（一九八二）七月十八日離開人間的，翌年三月二十九日公葬於新店空軍公墓。這時際，我夫婦於極度悲痛中編過一冊《幼鴻啼痕》來紀念他；但安葬以後，我們的痛苦並未稍減，只是彼此間強打精神，相互勸慰而已！我在默默中把悲傷的情懷投射在文字中，十多年後積聚成一冊手稿本詩文集，名之曰《西河吟》。九十一年（二〇〇二），我已七十六歲，為紀念元兒殉職二十週年，用毛筆正楷把這冊手稿重抄一遍，寫了篇〈弁言〉，末後幾段話是：

> 這些作品，都是我以毛筆寫出的手稿。由於落筆的時間、地點、環境、心情並不相同，因而使用的紙質、型態、墨色以及筆跡，也不一致。唯一相同的，是字裡行間處處可以見到我的悲思和淚痕！
>
> 本年七月十八日，是元兒殉職二十週年之期。早在五月間，我便決定將《西河吟》全稿以毛筆重抄一遍，作為紀念。用同一的紙型，保存和取閱也較方便。我本決心不再流淚，但在抄寫期間又復為往日情境所激動，數度暗自低泣，與元兒夢中相見的次數也因之增多了！
>
> 二十年來，我夫婦強忍著心理上的悲痛和困境中的折磨，孤獨而又堅毅的踽踽前行，慶幸沒有被完全擊倒。一息尚存，我們不會停止無望也無奈的努力，這也是我要告慰元兒泉下英靈的事！

第三種未刊稿，我名之曰《風雨聲中》——是我初來台灣五年（一九四九－一九五四）內的一些作品。共有七十二件，大部分曾經在幾家雜誌和報紙上發表過，未發表的部分則是取自我的日記。前面已經提過了，不再重複。九十三年（二〇〇四）把它裝訂成冊，並複印一份副本存藏。

第四種未刊稿，是我的一部分殘留日記。我有寫日記的習慣，即使在最艱苦的時際也未曾中輟。然而，幾十年的日記原本，我都於整理舊稿時忍痛銷毀了；只有幾次訪美、俄、日三國的片斷日記，因係另紙書寫，幸而保存下來。我把這些日記原稿視為珍寶，名之曰《訪外日記》，包括：第四度訪美日記（民國七十一年三月二十二日至四月九日）；第六度訪美日記（民國七十四年十一月二十九日至十二月二十四日，內子同行）；第七度訪美日記——赴美出席西安事變五十年研討會（民國七十五年十月二日至六日）；莫斯科日記（民國八十三年十月二十三日至二十七日）；第四度訪日日記（民國八十四年三月十三日至十七日）。這些日記，到最後恐也難逃銷毀的命運。

第五種是不折不扣的未刊稿，到目前為止，除我自己外，沒有人看過。是隨筆及札記體裁，故名曰《隨興小記》。始自民國四十三年（一九五四）十一月二十四日政大研究部舉行開學典禮那一天，標題為「難忘的一天」。從此時起，至民國九十一年（二〇〇二）一月二十七日，已有八十二題，是為第一部分。九十一年（二〇〇二）以後，每年都有十幾題，而且要延續下去，直到我老病不能用電腦打字為止。內容多為記事短文，亦有詩詞及慶輓文字。這些文字，恐怕一直是一部發展中的「書稿」，不大容易印刷成真正的書。有時自己翻翻，也會有自得之樂。

第六種未刊稿，是我在民國九十三、四年內，就舊稿重寫以及新撰的二十多篇憶述性文字，已儲存於電腦並列印一份，並彙集成冊。記事自小學時代起，迄於民國九十五年（二〇〇六）夏賤齡進入八秩。是我的生活自敘傳，是我學術自敘傳《史學圈裡四十年》的姊妹書。

祝賀文與祭輓文

這兩類文字屬於應酬文範疇。我並不善於此道，然社交應酬在所難免，又不喜歡事事求助於人，不能不自己動筆；至於外人品評，就完全置之度外了。民國九十四年（二〇〇五）仲夏赴美探親時，藉便把這些應酬文字整理一下，並打印一份帶回台北家中。計有祝賀文十三件，祭輓文三十件。這數字並不完全，有些祝賀新婚及為朋友祝嘏的賀函賀詞都因未留底稿而消失了。

祝賀文中，傳記文學社創刊三十週年時所撰的賀詞，出於真情流露，錄之如下：

秉史識，弘史道，譽著遐邇；細數當今才士，其有右乎？

以一人，敵一國，名震中外；忝列首纂友于，與有榮也。

祭輓文中，輓沈雲龍教授聯語，最動哀戚，以其觸動喪明之痛也。沈教授為中國青年黨籍史學家，與我互相敬稱「雲老」。彼先有喪女之痛，我繼遭殤兒之哀。他寄我唁慰函中有「天留二雲老，淚眼對斜陽」一語，故我於彼謝世後撰聯弔輓時。語及此事。原詞如下：

西河共戚，君嘆淚眼斜陽二雲老；

東鯤同道，我哭孤憤海天一沈翁。

代筆文字

基於職責或私誼，替公家或個人寫點東西，即所謂代筆文字。我於民國四十六年（一九五七）八月正式就業，次年四月即逢張天佐烈士殉國十週年紀念，在台鄉人共議編刊紀念集。我親撰兩文，並受邀為兩位中學時代的老師寫紀念文，是為撰寫代筆文字之始。其後，也曾為一位獨立學院主持人及一位圓山時代的老同學捉過刀，都是在「情非得已」的狀況下，不能不動筆。然而，我也絕非「有求必應」；一位中學及大學時代都是學弟的老鄉，在一家中學教書並擔任導師，老遠跑來要我代他寫篇畢業生紀念冊序文，我不但一口拒絕，並且毫不客氣的對他說：「自己不會寫嗎？年輕輕的，怎麼就這樣懶！」

民國五十九年（一九七〇）我調職台北，本職是黨史會纂修兼第二室總幹事，黃主任委員季陸先生又要我兼辦中華民國史料研究中心業務，因此對外國學術機構暨歷史學者的聯繫，成為我的一項主要工作。黨史會並沒有英文秘書，所有英文函件，差不多都由我承擔。黃主任委員是我的老師，不把我看成是單純的屬員，有些個人的文稿，也常交給我做。例如他在革命實踐研究院講課用的教材《我們的總理》那本小冊，即出於我的拙筆。黃先生從不喊我的職銜，只叫我名字雲漢。他鼓勵我報考甲等特種考試，我以「最優等」成績甲考及格後，黃先生即以國史館館長身分派任我為簡任纂修，於是我成了館、會雙料纂修。民國六十六至六十八年（一九七七－一九七九）間我專任國史館纂修兼主任秘書，為黃先生寫代筆文字的機會就更多了。他在中華民國史料研究中心編刊的《專題研究報告》各輯暨《中國歷史學會會訊》以理事長身分發表的文章，泰半係由我先起稿，再由黃先生過目後簽字繕發。有一次，我代黃先生以館長身分回信給美國印地安納大學史學教授鄧嗣禹先生談興中會史事，本想起稿呈奉黃先生核改後再繕發，沒想到他看過函稿後即簽名對我說：「就這樣發出去，更親切些。」省了時間，也感到自己文字受到肯定的興奮。

民國六十八年（一九七九）八月，我受命由國史館回黨史會任副主任委員，是由於秦主任委員心波先生的有意提拔。就在此時，黃先生蟬聯中國歷史學會理事長，秦先生當選為副理事長——兩年後接棒為理事長，黃先生提名我為總幹事。由於此項職務更動，有更多機會要為歷史學會和黨史會所主辦的學術活動，作文字代筆工作。

翻閱舊稿中的中國歷史學會文件，最少有三篇宣示性文字係我所代筆。一是黃理事長為《中國歷史學會會訊》發表的「代發刊詞」——題目是〈加速中華文化大國的建設〉；一是黃理事長在第十六屆會員大會的講詞〈發揚中華民國的歷史光輝〉（發表於《會訊》第二期）；一是以中國歷史學會名義發表的〈為忠告日本政府請尊重歷史精神與鄰國相與為善之聲明〉（發表於《會訊》第八期）。

黨史會秦主任委員心波先生為能文之士，且眼界甚高。

他個人著作，向不假手他人，但公務需要之文件或文章，則常指派某位纂修、委員、副主任委員草擬初稿，再由他核改。有關學術性的講詞或報告，亦曾授權我全權撰述。秦先生有時還為我「拉外差」，曾推薦我為行政院長俞國華先生寫篇報告稿，雖未被完全採用，我卻因此認識了以文字見長於當時的行政院副秘書長吳祺芳先生，很值得欣慰。民國七十年代開始三年，教育部主導邀集近百位歷史學者組成編輯委員會，邀秦主任委員孝儀先生為主任委員，合力撰著一部近九百萬字，分裝為十六巨冊的《中華民國建國史》；其卷首「序言」係由當時的教育部長朱匯森先生具名，事實上此文乃出自我手，朱先生一個字也沒改。

民國七十年至八十年間，黨史會曾經舉辦過多次大型國際學術討論會，均禮邀總統或副總統蒞臨致詞，講稿則須由黨史會預為準備，並須先行送請總統或副總統核定。講詞起稿的工作，也就落在我身上。依我的記憶，曾為嚴故總統家淦先生、李前副總統登輝先生、李前副總統元簇先生，寫過講稿；送核時，幾乎未作修改。手頭有一份民國七十五年（一九八六）十月間，代筆為嚴故總統家淦先生撰寫在「蔣中正先生與現代中國」國際學術研討會開幕典禮之講詞，題目是「蔣中正先生在近代歷史上的地位與貢獻」。重讀一遍，覺得詞、理及氣勢，都還清晰穩當，竊幸未曾有負孝公秦先生之囑託。

我在黨史會擔任副車一十二年（民國六十八年八月至八十年四月，一九七九－一九九一），所撰寫的代筆文字有長有短，篇數在三十上下。有學術性的，也有應景性作品；有的花費不少時間，自己還感到滿意，有的則筆不隨心，寫出的似乎都是言不由衷的空話。印象最深刻，也感到很光彩的一次，是受命寫一篇談論蔣故總統中正先生與日本關係的講稿，交由孔奉祀官德成先生帶去東京，在日本各界舉行的「蔣介石先生百年誕辰紀念會」上講述。秦主任委員於上午十時告訴我這件事，我當即開始構思，中午未休息，午後擬稿，改稿，重抄後，交掌理主任委員辦公室機要的武競時編審轉呈孝公，已是午後四時了。次日來到辦公室，武小姐告訴我：「主任委員很滿意，說你做得又快又好。」我當然很高興。秦先生也把稿由我撰的事告訴了孔先生，孔先生後來見面也表示嘉許。因此之故，這篇標題為「蔣介石先生與東方文化」，不到一千五百字的短文，我至今仍然保存著。

寫代筆文字，有一條不成文守則：執筆人不經囑託人同意，絕對不可對任何人「洩露天機」；囑託人自也不願輕意說破其中的「玄機」。然而，我的兩位老上司黃季陸先生和秦孝儀先生，卻是心胸開闊，從不諱言「代筆」的事。最令我敬佩的長者，是馬樹禮先生。馬先生擔任中國國民黨中央委員會秘書長時期，並未要我做任何分外的事。退休後專任逸仙文教基金會董事長，不時舉辦學術活動，並推動與北京大學等學術機構的交流合作，常邀我參加。民國八十五年即一九九六年，為孫中山先生誕生一百三十週年，北京大學學報〈哲學社會科學版〉要刊出專文紀念，透過校長吳樹青先生邀請馬先生「惠賜鴻文」。馬先生認為這篇文章一定要寫，但自己不能動筆，找人代筆又不好輕易開口，確是猶豫了一陣子。最後找到我，我當然一口承諾。文章題目定為〈研究孫中山思想的幾點體察——紀念孫中山誕生一百三十週年〉，寫好後送馬先生過目，他立即寄到北京大學。北大學報只將正體字轉換為簡體字，原文一字不動的發表了。馬先生很高興，但不隱私，逢友人即說：「這篇文章，是請雲漢先生代我寫的，北大一字未改。」次年，馬先生有意去倫敦一行，問我能否隨同前往，我以已有北京之約，婉謝了，但深感歉意。後來獲知馬先生也未成行，才稍感心安。

民國九十四年（二〇〇五）十二月二十一日星期三傍晚，李雲漢完成電腦儲存於台北市文山區木柵路仁普世家六樓之三蝸居。憶述文字暫告一段落，惟須進行重校及調整段落工作，盼於農曆年前竣其事。

看書畫・憶師友

首贈書畫的兩位師長

我是個既不能書，也不能畫的大笨人，卻很喜歡保存書畫，師友們也曾送我一些書畫。只是由於搬遷及年久蟲蛀等災害，一部分藏品已經報廢了，目前存有的不過十多件而已。過些時間，就找出來翻閱一遍，師友們的聲音笑貌清楚的出現在腦海中，心湖裡也蕩起了懷念與感激的漣漪。

陳雪屏先生，有名的書法家，是我就讀政治大學教育研究所時的業師，也是第一位贈我親書條幅的長輩。那是民國四十四年（一九五五）夏間，他在教育研究所所長任內，贈送每位同學一幅親書長條條幅，內容多半是一首詩。送我的一幅，我把它裝裱後掛在客廳裡，是我居住台中時期最喜愛的一份墨寶。其詩句全文，已錄入〈指南山下話當年〉一文中，這裡不再重錄。到民國八十年代，雪師到陽明書屋參加一項會議，我來接待他，順便提到贈我墨寶的往事，他立即說：「那時候，字寫得不夠好；現在寫得好多了，空時再給你寫一幅。」沒想到，竟然拖下來了，還沒收到雪師的新墨寶，老人家便撒手人寰。我曾寫過一篇〈永懷恩師陳雪屏先生〉紀念他，發表於《傳記文學》月刊。

第一位贈我國畫的畫家，是曹緯初先生。曹先生在抗日戰爭期間，尚是位翩翩青年，即在山東省立第八聯合中學任美術教師。來臺灣後，先在臺灣省政府教育廳任職，其後出任省立清水中學校長，成績斐然。他擅長書畫：書法以楷、隸見稱，臺中齊魯公墓中有幾位名人的碑文，都出於他的手筆；畫則以梅花為最擅，其他山水花卉也深具功力。我未曾在八聯中讀過書，所以並不認識曹先生。到臺灣後，趙立文老師有一次告訴我：曹緯初先生在教育廳服務，將來有機會可以見見面。我到台中工作，有次在臺中到草屯的公路局班車上，竟不期而遇，憑家鄉口音，就自我介紹：他說，李雲漢，我曉得你，只是沒見過面；我則逕稱他為曹老師，並請他惠賜畫作。兩天後，即收到他寄來的一幅梅花。此後雖不常見面，卻有他鄉故知之情，他出任清水中學校長暨在臺北省立博物館舉行畫展時，我都親自前往道賀。只是他謝世時我不在臺灣，深感遺憾！

幾位老上司有書亦有畫

我在中國國民黨中央黨史會服務長達三十七年，追隨過五位主任委員，六位副主任委員，他們都是我的老上司。五位主任委員，都是學者，然就書法一道而言，有名於時者，僅羅家倫（志希）、蕭繼宗（幹侯）、秦孝儀（心波）三位先生；黃季陸先生不常寫毛筆字，鋼筆字別成一體；杜元載（賡之）先生，雖喜寫毛筆字，然無神韻。我所持有之毛筆及鋼筆墨寶，只羅、黃、蕭、秦四位先生。六位副主任委員中，狄膺（君武）先生是黨的元老，傅啟學、崔垂言兩先生是名教授，梁興義、袁觀賢兩先生係黨人、許朗軒先生則係來自軍方。以書法言，首推狄老先生，次之為崔垂言先生，其餘四位似皆無筆墨興致。

羅家倫先生的書法，以清麗婉柔著稱，尤工於行書，他的詩集《心影遊蹤集》全係以毛筆行體字書寫。我跟羅先生工作十二年，未曾向他求贈墨寶，不無遺憾。所收存者，只有他寫給我的五、六封親筆信，已送黨史館庋藏。羅先生自己不作畫，卻喜好收藏並工於鑑賞。羅先生過世後，大小姐羅久芳教授揀一幅羅先生親題之「石濤種竹自畫像」拓本，送我留作紀念。羅先生寫了篇「題跋」，足見其鑑賞能力，原文如下：

> 無限江山奔腕底，一朝興廢鬱胸前。
> 苦瓜和尚零丁叟，落箇丰神美少年。
>
> 石濤習藝苑，曠代天才，其畫尤開張奇逸，凡筆墨所至，皆成創格，莫可樊籬。曩曾想像其人，必雄奇傲岸，不可一世者，孰意高標挺秀，瀟灑出塵若是耶？松風水月，未足比其清華，仙露明珠，詎能方其朗潤。移聖教序中讚美玄奘語以贈石濤，亦足當之。此石濤步入中年之自畫像也。題於本幅之上者，有戴本孝、湯藝生輩，凡六人，均彼黃山老友，多屬勝代遺民。對此希世名蹟，允為定證。是卷曾於乾嘉時為羅雨峰及朱野雲所臨摹，雨峰臨本裝在石濤所出道德經冊頁之卷首，今為張岳軍先生所藏。野雲當年係為伊秉綬臨，惜臨者皆只臨其自畫像之一小段，他如巨猿與幼僧合抬小松一束以供石濤手植之部分，均被略去，殊失此卷之完整性，且怪其未曾了解此乃石濤特色，非彼不能作此奇想而入畫也。今以此卷付日本大塚巧藝社複製，俾石濤本來面目得以長留人間，備素仰石公者致其愛慕。石公有知，諒必招松花而微笑。
>
> 中華民國四十九年雙十節
>
> 羅家倫題並書

狄君武先生在北京大學讀書時名為狄福鼎，與羅家倫先生同為參加民國八年（一九一九）五四運動的活躍分子，畢業後留學法國，尊吳敬恆（稚暉）先生為師。狄君老長年服務於國民黨中央，歷任中央政治會議副秘書長、秘書長、中央監察委員會秘書長等職務。國民黨渡臺實施改造之後，君老出任黨史會副主任委員，為羅先生副手，但從不過問會務。他每年夏季，都到草屯荔園史庫住幾個月，翻閱吳敬恆先生寄存之十多箱資料。君老工書法，惟晚年一眼失明，字有歪斜之弊，然神韻尚不減當年也。我於四十六年（一九五七）八月初至荔園任職時，君老適在彼處避暑，羅先生曾親書介紹。晚間，常陪君老月下聊天，聆聽其娓娓細述黨政高層中之密勿及軼聞。十月，我結婚之日，君老親書賀聯，並親自送到現場，是為我收到的第一份賀禮。很可惜，君老體力日衰，其後未曾多所請益，賀聯也因搬遷不慎而損毀，深以為憾。

黃季陸先生，十三歲時就參加過辛亥革命，二十六歲時以海外學人身分到廣州出席中國國民黨第一次全國代表大會，頗得孫中山先生器重，稱得上是「黨國元老」。然由於係在外國讀的大學，慣於用自來水筆寫作，很少動毛筆。我在黃先生身邊工作多年，唯一見到他寫的毛筆字，是應謝廣和同志之請，信筆而寫的「博愛」。筆力勁挺，剛中帶柔，令我大為驚奇。這件墨寶，我把它製版刊於《黃季陸先生與近代史研究》一書內頁。黃先生曾用自來水筆給我寫過兩封信，也已於〈哀悼黃季陸先生〉一文中製版發表，原件贈送黨史館典藏。

蕭繼宗先生是不折不扣的文人，原任教於台中的東海大學，先後擔任中文系主任及中國文學研究所所長。他之出任黨史會主任委員，黨內外人士多感意外。政大李元簇校長曾當面告訴我，他本想請蕭先生去政大任文學院院長，想不到蕭竟去了黨史會。蕭先生主持黨史會只一年多，與同仁相處融洽。他會寫字，也會畫畫。曾先後贈送我三件墨寶：兩幅字，一幅畫。兩幅字，一幅是應我之請而寫，係一副對聯，原文如下：

雲漢吾兄雅屬
林巒當春晴日煖催山意動
江城如畫好風時捲市聲來
幹侯蕭繼宗

另一幅字是橫幅，係蕭先生主動送我的，內容是許丁卯的一首七言詩。一幅畫是山景：有山，有樹，有屋，有橋，但未見瀑布，飛鳥，高士。蕭先生題辭其上，文曰：

水迴青嶂合，雲度綠谿陰。
己巳三月寫襄陽詩意
幹侯蕭繼宗

老上司諸先生中，我追隨秦孝儀心波先生的時間最久，計一十三年。秦先生對我曾兩次提拔，信任有加，我於處人治事方面，受教於秦先生者獨多。他能文能詩，尤工於書法，篆書不僅獨步當世，匹之史上二李——秦之李斯與唐之李陽冰，不少讓焉。

秦先生手跡，如手示、便箋、函札、書作等，我均有收藏，視若瑾寶。然最具紀念價值者，厥為秦先生所贈親撰親書兩賀聯：一為民國八十年四月，賀我接掌黨史會；一為民國八十五年四月，賀我夫婦之新書發表會及國畫展覽茶會。後者全文已見於〈琴鳴瑟和〉一文，前者全文錄之於下：

風規弘既往
器識導將來

雲漢道兄治近代現代史，至公至審，久為士子世人之所宗仰。與予如驂如輔，亦垂十餘歲。頃儀七十休致，兄遂代主黨史，使予仔肩雖已，而來軫仍駸駸可追，喜為篆風規弘既往器識導將來，以相貽焉。

中華民國八十年四月既望　秦孝儀心波作篆

崔垂言先生，出身於清華大學國學研究院，主修哲學。對孫中山先生學說，亦有深邃之研究。崔先生初任中央設計考核委員會副主任委員，民國六十年轉任黨史會副主委，兩年後出任蒙藏委員會委員長。以崔先生來台之初，曾為政府發表為臺灣省青年服務團團長，雖在我入團受訓之前即已離職，我仍以師禮事之，然未悉其工於書法也。及我受中央設考會之邀，撰寫《中國國民黨的歷史精神》一書，收到崔先生應中央設考會之請所作之審查意見，始驚訝其書法之美。此份審查意見係以便條紙書寫，毛筆行書，共四頁，我於珍存數年後，送請黨史會妥為存藏。

六位書法名家贈品

檢查現存友好們送我的書畫，有六位是知名的書法家：一位是台北輔仁大學中文系教授，國學家，書法家，劇作家王靜芝（方曙）先生；一位是臺灣大學中文系教授，哲學家，書法家臺靜農先生；一位是旅美名畫家，書法家匡時（仲英）先生；一位是以標準草書，享譽國內外的書法家唐濤（際盈）先生；一位是東北籍耆宿，在大陸從政到臺灣後從事國民黨黨務的業餘書法家張式綸（雪涵）先生；一位是內子同事，我卻未曾晤面的市政專科學校教授胡豈凡（濟塵）先生。

王靜芝先生，是位出身於北京輔仁大學，具有多方面才華，著作等身的學者，原籍是吉林省的邊城佳木斯（今改隸黑龍江省），有東北人的豪爽剛毅性格。我與他相識，係在三十年前。中國廣播公司要編播一種寓有民族精神的廣播劇，特邀請幾位歷史學者和劇作家一道來座談，研商。我代表歷史學界，王先生是劇作家，記得當時他用的名字是王方曙，我們的意見很相近，因而成為朋友。他送我一幅條幅，以行草體寫了一首五言長詩。原詩如下：

宿昔青門裡，蓬萊仗數移。花嬌迎雜樹，龍喜出平池。
落日留王母，微風倚少兒。宮中行樂秘，鮮有外人知。
能畫毛延壽，投壺郭舍人。每蒙天一笑，復似物皆春。
政化平如水，皇明斷若神。時時用抵戲，亦未雜風塵。

雲漢吾兄法家指正　王靜芝

王先生對我說，他的書法是民國初年書法大家沈尹默的嫡傳。我也說，我在中學時代曾經讀過沈尹默的新詩。他著有《書法漫談》一書，第十四章〈一百年來書法流程〉，介紹並品評清末民初的傑出書法家，嚴肅而又公允，我非常欽佩。王先生已於民國九十一年（二〇〇二）十一月間逝世，享壽八十有七。我在〈愴然於心〉一文中立一子題「王靜芝的不朽事業」紀念他，寫出這樣幾句話：「想到二十多年前那段友情，不能不想到這位學者光輝的一生。他的學術成就已使他的生命不朽，在中國學術文化的長流中永遠泛起銀色的浪花。老朋友，安心的去罷！」

臺靜農先生，臺灣大學中國文學系的元老教授，早在二十世紀三十年代的中國文壇，嶄露頭角，與當時的所謂左翼文人頗有來往。因此之故，臺先生到臺灣後不多談過去，一意韜光養晦，悉心培育後起之秀。他的書法，有飛龍走虎之勢，勁遒秀逸，風格超脫。我並不認識臺先生，只是久仰其名。有一次，哥倫比亞大學同學李又寧教授回來臺北歡敘，談起書畫，立即說，我要請臺老師寫幅字送給你夫婦，略表一點心意。我曉得，又寧女史是臺先生的得意門生，果然一諾千金，不久就收到臺先生寫給我夫婦的一幅墨寶：

積雨空林煙火遲，蒸藜炊黍餉東菑。漠漠水田飛白鷺，陰陰夏木囀黃鸝。
山中習靜觀朝槿，松下清齋折露葵。野老與人爭席罷，海鷗何事更相疑。
雲漢教授
榮貞夫人儷賞
丙寅冬初書王摩詰詩　臺靜農

丙寅年，係民國七十五年（一九八六）。王摩詰，就是唐代名詩人王維。這首詩，原題為「輞川積雨」。輞川，是王維隱居的地方。《千家詩》的編者說：「王維此詩，借輞川恬靜的田園生活，烘托他隱居時，與世無爭的心境。」我很喜歡這首詩，尤其欣賞臺先生的筆力。我立即寫信給臺先生致謝，希望以後能有一識荊州的榮幸。沒想到，還未及登門造訪這位大師，他就辭別了人間。

我與臺靜農先生無緣相識，與旅美書畫家匡時仲英先生亦只一面之緣。那是民國七十一年（一九八一）三月，夏威夷火奴魯魯（Honolulu，Hawaii）新建的興中會紀念堂訂於三月二十九日開幕，並舉辦革命史料展覽，中央海工會主任曾廣順先生邀請秦主任委員孝儀先生前往主持，並請我先期前往「指導」展覽場布置。匡先生也應邀自舊金山前來觀禮，我們同住時代大飯店（Dynasty Hotel），因而相識。然次日我即陪同秦主委飛往美國本土，與匡先生相聚僅二日。匡先生於此匆忙時際，竟趕夜工為我以甲骨文寫了一副對聯，其釋文如下：

召伯有成克明其德
吉甫燕喜載錫之光
雲漢先生法家博教
中華民國七十一年歲次壬戌青年節同在夏威夷
湘鄉仲英匡時

這兩句話，出自《詩經》。匡先生以召伯、吉甫兩位賢相隱喻我的地位與功績，我當然愧不敢當。匡先生也是畫家，曾在台北開過畫展，我去參觀過，但未遇到匡先生。以後也沒有再見面的機會，不曉得他近況如何，至感懸念。

唐濤先生，原名際盈，又名伯度，是位自學成名的書畫家，享譽中、日、韓、東南亞諸國。他原係中央軍校出身，任尉、校級軍官。民國三十六年（一九四七）臺灣發生「二二八事變」時，他曾率部守衛總統府。三十九至四十年間（一九五〇－一九五一），我在行政專修班就讀時，實施軍事管理，唐先生是軍訓大隊中隊長，因而和我有師生之誼。記得那時候他就苦練書法，一有空就用每天的報紙寫字，辦公室桌上，地上，滿是他當天的作品。他寫草書，彷于右任。我畢業就業後，有段長時間失去聯絡。及七十年代，再在台北相見，他已是蜚聲國內外的書畫家了，號為「唐山莊書畫堂主」。他開書畫展，我親去道賀，一見面，就說：「老弟，我曉得你一定會來的，我特地來等你。」熱情洋溢，不減當年。他兩度贈我手書聯語。一次是民國八十一年（一九九二）六月間，內容款式如下：

雲漢老弟正之
滿堂春醉三千客
一劍霜寒四十州
伯度唐濤　八十一年六月

所寫係孫中山先生的聯語，具有心意。另一次是八十七年（一九九八）三月一日，唐先生八十華誕壽筵中所贈，其文為：

士為天下重
退讀聖人經
戊寅　八十叟伯度濤

我最近一次和唐先生見面，係在民國九十三年（二〇〇四）六月間。李祖培兄以同學會召集人身分，邀十幾位師長及同學在台北大學活動中心的風雲樓餐敘，我在其列。唐先生應邀來參加，精神氣色都好，聲音仍很宏亮，我和他談及當年趣事，仍津津樂道。算來唐先生今年高齡已八十有八，我敬謹為他作虔誠的祝福。

張式綸雪涵先生，東北籍，是位「一生多采多姿，聲光並懋」的行政專家，經理專才，愛國志士，書法家。公職曾任察哈爾延慶縣及陝西省華陰、扶風、寶雞、郃縣縣長，遼北省政府委員兼民政廳長，並曾兼代遼北省政府主席。來台後轉任中國國民黨黨職，長年擔任中央財務委員會副主任委員。他長於我二十多歲，在中央黨部雖是同事，但不相識。及他退休之後，始因同屬中央直屬第四小組，常同席開會，而成為摯友。民國七十九年（一九九〇）二月，他的自傳《臺海晚晴記》出版後，立即送我一冊，親筆題款曰：

雲漢吾兄惠正

雪涵張式綸敬贈

民國七十九年二月

張先生稱我為兄，是他的謙抑美德，我則一直尊稱他為雪老。雪老工書法，我曾請他惠贈墨寶存作紀念。民國八十年（一九九一）七月九日，雪老寫來一信，以一條幅相贈，內文及題款如下：

老漁翁，一釣竿，靠山崖，傍水灣。扁舟來往無牽絆，沙鷗點點輕波遠。荻港蕭蕭白晝寒，高歌一曲斜陽晚。一霎時，波搖金影；驀抬頭，月上東山。

庚午夏月錄太平道人道情十首之一

雲漢吾兄雅屬

張式綸雪涵

我非常喜歡這首詩，只是不曉得太平道人為何許人，也未悉原題為何，姑名之曰「漁翁晚唱」。原文未作標點，我憑己意增列之。雪老手函中提及「落筆誤為庚午，提早一年」；蓋庚午為民國七十九年，八十年乃辛未也。雪老西歸時高齡一百零三，誠所謂「大德必壽」者，竊為雪老賀。

胡豈凡（濟塵）先生，前中國市政專科學校（今中國科技大學）教授，亦工書法。內子曾任教於該校，因有同事之誼，我則始終未曾相識。民國六十一年（一九七二）元旦，胡先生為我夫婦寫了兩幅條幅，格式及詩文如下：

一

放眼太空心地闊，縱情寫出新山河；無疆世界無人我，一筆輕揮包萬羅。

雲漢先生

榮貞女士 兩政

沔陽胡豈凡濟塵 民國六十一年首日

二

霞光紫氣滿河山，風雨及時人盡歡；壯馬鐵軍都百萬，待機恢復古長安。

雲漢

榮貞賢夫婦雅政

沔陽胡豈凡濟塵 六十一年元旦

三副嵌名聯

親撰嵌名聯語贈送好友，是古今文人雅士所喜愛的事。我不能算是文人，更不是雅士，卻有幸收到數位好友致贈的嵌名聯，良感欣慰。手頭所保存的，尚有三件，爰略作紹介。

第一件，是被媒體人封稱為「優遊詩書畫的活神仙」的張佛千先生所撰贈，時間是民國七十一年（一九八二）夏季。張先生，朋友及晚輩們都敬稱他為佛老，是西北名士，也是老報人；在大陸及臺灣，先後為胡宗南、孫立人、黃杰等人幕友，深受尊重。他以撰寫嵌名聯有名於時，我因傳記文學社劉社長紹唐兄而與佛老相識，曾數度通函談《大公報》主人張季鸞安葬及祭典史料。我親手查抄西安《中央日報》有關記事相贈，佛老即親撰嵌名聯貽我夫婦，題曰「雙頌」，並在信中說「小人所能，唯此而已。」「雙頌」的正聯如下：

「榮」木長青，貴「貞」在地；
「雲」章不朽，有「漢」于天。

佛老於正聯之後，作了如下的解說：

上聯之榮木，指松柏。明，陶汝鼐有「榮木堂」。莊子：「受命於地，惟松柏獨也，在冬夏青青。」又漢書杜周傳：「天道貴信，地道貴貞。」又，荀子：「松柏經隆冬而不凋，蒙霜雪而不變，可謂得其貞矣。」

下聯本容齋三筆：「雲章爛然，輝耀日月。」又，詩經大雅：棫樸：「倬彼雲漢，為章于天。」又，詩經小雅：大東：「維漢有天。」雲章在天，唯歷史之文可以當之也，故能切合。

考訂如此周詳，我真欽佩佛老國學之淵博深邃。他胸襟豁達，而又謙抑和藹。他於追念張季鸞先生文中提及我抄贈史料事，稱我為「史學家」，實為過譽。佛老逝世後，我參加過他的告別式，並在《隨興小記》手稿中，立一題曰「願張佛老永遠優游如仙」，寫出這樣一段話：

張佛老生於民元前四年即一九〇八年九月六日，於民國九十三年即二〇〇四年七月二十六日病逝，享壽九十七歲，已經是「仁者壽」的境界了。他似乎還不太情願，因為去年九十六歲壽誕時，曾放言：「一百歲沒問題，說不定一百一十歲。」人的壽限乃是天定，任何人都勉強不得。佛老，您就認了吧！以您老的樂觀與開朗，無論在人間或天上，都是逍遙自在的神仙，然否？

第二件，是有「海南才子」之譽的林光灝老先生，應元老記者名作家袁暌九先生之請，寫給我的一副嵌名聯。袁暌九，筆名應未遲，在大陸時即有文名的青年記者，來臺後一直服務於中國廣播公司，經常在《中央》、《藝文誌》、《湖南文獻》等期刊及報端發表文章。我和袁先生可稱為「文字交」，平日甚少見面暢談的機會。民國八十四年（一九九五）六月間，他陪同革命先進黃興（克強）先生文孫黃偉民先生前來陽明書屋相訪，我掬誠款待，相談甚歡。過後不久，即接其來函寄來文稿，並告我：「另請敝友有『海南才子』之稱的林光灝（年已八十六歲）先生書贈嵌名聯一副，以博一粲。」林光灝先生本名林灝，他的贈聯文字及款式如下：

雲漢先生大雅正之
雲天倒寫如椽筆
漢海高吟白雪篇
乙亥夏晚香林灝翁

第三件，是談龍濱先生賀我真除黨史會主任委員的嵌名聯，原文是：

雲漢主任委員榮膺誌禧
雲天彰正義
漢苑著春秋
民國八十一年三月　談龍濱書賀

談龍濱先生，江蘇籍，曾任中越文化經濟協會秘書長，受知於該協會理事長黃季陸先生。黃先生出任國史館館長後，談受任國史館總務處長。我曾任國史館纂修兼主任秘書，因得與龍濱兄同事兩年。朱匯森先生接任館長後，擢龍濱兄為主任秘書，直至退休。龍濱兄工書法，似近顏體。退休後不常見面，彼此略為隔閡。民國九十三年（二〇〇四）十月九日，我去國父紀念館中山畫廊參加「世紀蔣宋美齡——走過三個世紀的傳奇」特展開展式，遇到龍濱兄令嬡海珠女士及其夫婿焦仁和先生，詢及龍濱兄近況，始悉他已於五年前過世，不禁愴然。海珠女士為東海大學中文研究所碩士，係蕭繼宗先生高足，曾於暑期中至國史館工讀。焦仁和先生亦係舊識，曾任大學教授，革命實踐研究院處長，僑務委員會委員長等職，亦已退休矣。

同儕中之書法健者

同學同事，輩分等同，故曰同儕。其間，有十多位於書法一道，造詣甚深，皆曾以作品見貽，不勝羨感。他們是：小學時代同窗楊學晏、馮華（祝三）；中學時代同學崔永泰、張思駿；大學時代知友孫伯南、蔣永敬；革命實踐研究院同學連勝彥；黨史會同事郭易堂、阮繼光、許兆瑞；國史館同事唐元甫。軍校預訓班第一期同學中之汪中（後任臺灣師範大學教授）、董翔飛（後任內政部司長、大學教授、大法官）等兄亦擅書法，然我迄未存有彼等墨跡，引以為憾。

楊學晏兄，是我童年時代讀家鄉初級小學及中學時的同學。我倆一道流亡到臺灣後，就受限於現實環境，文武分途。其後，從國內到國外，他受過完整的高級軍事教育，歷任軍中要職，晉階陸軍中將，並曾主持正聲廣播公司，建樹良多。最可貴的，是他雖善於武學武藝，卻未疏於書史文墨，書法尤為可觀。他給我寫過一些信，有一封情文並茂的長信，我已連同張維翰、陳立夫、曹聖芬、李煥等三十五位先生的毛筆原函七十七件，贈與中國國民黨黨史會典藏，以期久遠。

小學時代另一位善於書法的同學，是比我低一班的馮華，家鄉淪陷流亡在外後改名馮祝三。他工於大楷，筆力強勁，《山東文獻》舉辦二十週年紀念書畫展時，他曾帶作品參加展出。只是他後來眈於教會工作，聽不到他的信息了。

我的小學及中學時代，都是在故鄉山東昌樂度過。來到臺灣的中學同學不下百位，其中工於書法曾貽我作品者，有崔永泰兄及張思駿兄。永泰兄在昌樂中學比我低好幾級，我慣以小弟視之。只知其具有經營長才，初不知其書法造詣之深，及民國九十三年（二〇〇四）三月接到他面贈《漢光書會五人聯展作品集》，始震驚於永泰兄的高段功力。這冊五人作品集中，有永泰兄的楷、行、草各體書法作品十八件，件件均可稱為傑作。當然，我是行外人，不宜擅作品評，惟盼永泰兄百尺竿頭，節節上昇。

張思駿兄，是我流亡期間的難友。還有卞玉玟兄，兩位對我的照顧最多。他兩位為人誠篤信實，亦均喜愛文墨，前年曾結伴作大西北之遊，歸來後均曾撰有專文，讀來雋永明暢，無限欽佩。思駿兄善於油畫，亦工書法。民國九十二年（二〇〇三）一月間，曾寄我親撰親書五言長詩〈我家頂樓——白頭翁的故鄉〉，我意可媲美白居易之樑上雙燕詩。思駿兄的詩全文如下：

仰望雲天碧　俯視池魚攸
扶疏綠滿院　一眼解千愁
三節花爭艷　四時美盡收
蜂蝶乃常客　雀鳥是朋友
巢築無覓處　擇枝茶樹頭
生卵孵雛育　毛豐任遨遊
飛去頻回顧　悽悽不勝憂
樹高縱千丈　葉落根上留
物我本同義　豈可忘故舊
大千果非妄　小園即宇宙
莫嘆春不在　剎那逾千秋
人生原若是　汝復何所求
但使人常健　結伴寰宇遊
孰曰無宏願　笑顏徧九州

我的大學時代——包括青年服務團、行政專修班、軍校預訓班、政大研究部以及革命實踐研究院，同學們都來自四面八方，人才濟濟，工於書畫者不乏其人。以行專教育行政科同班同學言，成湯已是名畫家，吳以政的書法也大有可觀，然我未存藏他們的作品。檢視手頭存件，只有孫伯南、連勝彥兩兄的條幅，及蔣永敬兄的一封楷體工筆函札。

孫伯南兄，曾是我青年服務團同事，也是行政專修班同學，係民國三十九年至四十三年間的事。那時候，他即以優美書法見稱於師友之間。其後數十年來，精益求精，蔚然成家。在台北多次舉行書法展，我都前去道賀並觀賞，風評甚佳。他送我一幅條幅，寫的是《書譜》中論述書法之氣、奇、姿、態、勢。去年見到他，當面談論寫字的竅門及苦練歷程，令人感動。

連勝彥兄，我革命實踐研究院研究班第十五期同學。他是臺北縣新莊市的世家子弟，具有多方面興趣與才華。在教育方面，繼承父親連清傳老先生志業，一直擔任清傳高商校長。黨務方面，曾任中國國民黨台北縣黨部副主任委員。政治方面，曾當選為國民大會代表。文化方面，連續擔任中國書法學會理事長等職務，並推動與日、韓書法界的交流活動，多次舉行書法展，成效卓著。他送我的條幅，寫的是「先天下之憂而憂，後天下之樂而樂」，不脫愛國知識份子情懷。他主持的清傳高商建校三十週年校慶時出刊特刊，向我徵求賀詞，我撰詞以應，列清、傳、勝、彥四字於句首，寓欽敬而親切之心意。詞曰：

清譽芬芳滿人間，
傳家弘道三十年；
勝占北臺名黌府，
彥才立雪何萬千。

蔣永敬兄，是我政治大學教育研究所同學，國民黨黨史會暨政大歷史研究所同事，已有五十多年的友誼。早在草屯共事時代，就曉得他以原子筆寫的字很漂亮；到晚年，才見到他寫毛筆字的真工夫，真本領，非常欽佩，也非常羨慕。他善於正體小楷，所書蘇東坡〈赤壁賦〉條幅尤見功力，曾贈送內子一份。我所欣賞並保存的一件墨跡，是永敬兄於民國九十年（二〇〇一）六月二十六日寫給我的一封信，那時我和內子正作客於美國女兒家。這信，是永敬兄練寫毛筆字的成品，筆力勁挺而娟秀。有朋友把他的字看作是字帖，複印多份分贈友好們共同欣賞，我真為老友高興。

黨史會與國史館的老同事中，郭易堂、阮繼光、許兆瑞、唐元甫等兄，亦工於書法。阮繼光曾跟陶希聖先生做過多年事，陶先生若干應酬文字都出於繼光兄之手。國史館黃館長季陸先生對外的題字或題詞，多由唐元甫兄代筆。元甫兄多次參加全國公務人員書法比賽，都曾獲獎。民國八十五年（一九九六）四月，我夫婦同步舉行新書發表會及習畫十年展，郭、唐、許三兄均曾親書賀詞相贈，至感厚意。迄於今日，易堂、元甫已為古人，繼光還鄉大陸後行蹤不明，只兆瑞尚能偶而見面。時不我待，良可慨也！

中華民國九十五年（二〇〇六）一月十六日星期一上午，李雲漢草成並打字儲存於電腦，新年度首件文字工作也。已進入八秩之年，願在智力體力尚可支持之時，為私為公，克盡棉薄。

八十雜談

進入中老年

中華民國九十五年（二〇〇六）五月十九日星期五——農曆為四月二十二日，是我七十九週歲的生日。過了這天，就進入八十歲，是「中老年」歲月的開始，人生的一段新境界來臨了。

古人，把七十歲看作是人生重要關口——甚至於暗示是最後的關口。孔子自述其為學進德的歷程：「吾十有五有志於學；三十而立；四十而不惑；五十而知天命；六十而耳順；七十而從心所欲，不踰矩。」七十以後呢？他沒有講，大概覺得七十歲以後的日子不會太多了，不好講。事實上，他也只活了七十三歲（五五一－四七九，BC）。也正因為古人此一觀念相沿成習，唐代大詩人杜甫（子美，七一二－七七〇AD）在他一首「曲江對酒」的詩中，慨嘆：「酒債尋常行處有，人生七十古來稀。」老杜寫這首詩時才四十七歲，可憐他只「享年五十九」！

今人，或者說是現代的人，當然不再受「古稀之年」的規範了。由於生活環境與生活品質的改善，衛生、醫藥及醫療水準的普及及提升，保健及運動習慣的培養等因素，人的壽命已大為提高，已是有目共睹的事實。我是個在烽火離亂中成長的人，童、少年時代飽經災難；青年時代流亡在外也歷盡風霜。因此，影響到身體的發育。記得在桃園中學做訓育組長時，幹事石作雲老先生即曾很坦率的對我說：「你身體長得不太好，一看就知道是經歷戰火苦難的人。」然而，我竟然跨過兩個世紀，今天智力體力尚未見大衰，仍能做些文字工作；也因此對人生抱持著樂觀的看法。我常對老友們瞎謅：

七十算及格，
八十很平常，
九十誠可喜，
百齡要治觴。

大家都承認，七十歲應當算是老年的開始，我卻認為活過八九十歲並不稀奇，甚至不應言老。老友王聿均教授於八十歲那年，親口對我說：「我越老活得越有興趣，覺得人世間還是有很多值得看，值得做的事。」我很欽佩他，也為他的達觀感到興奮，這才是健康的人生。算來聿均兄今年已屆米壽了，我為他祝福。五月十六日那天早上外出健行時，隨興想出下面幾句自賀詩：

莫道人生七十古來稀，
活過八十九十不稀奇；
要在對己對世無虧欠，
休計春來燕歸何遲遲。

我也喜歡把老年期分成三個階段：七十歲至八十歲是「少老年期」，雄風不減當年，應當照常工作；八十歲至九十歲是「中老年期」，可以放下工作，但不宜停止社交活動，抱輕鬆心情面對一切；九十歲以後就是「老老年期」，要真正做到清心寡欲，以養心養神為要著了。我已進入「中老年期」，事事都應當從寬闊處去看，去想，把自己的事處理好，就得了；切莫陷入煩惱的漩渦裡，無法自拔！

哀哀父母

生日來臨，就想到父母養育之恩以及二老晚年的悲慘遭遇，心頭隱隱作痛，有目眥欲裂的感受。把《詩經》取出來，翻到《小雅》〈蓼莪〉篇第一、四兩段，一讀再讀：

蓼蓼者莪？
匪莪伊蒿。
哀哀父母，
生我劬勞！
父兮生我，
母兮鞠我。
拊我畜我，
顧我復我，
出入腹我。
欲報之恩，
昊天罔極。

父親煥亭公，別號文齋，生於清光緒十六年農曆十二月十三日。我有兩個哥哥，都不幸夭折。我出生那年（民國十六年，一九二七），父親已經三十八歲。母親常氏小父親八歲，時年三十歲，記得母親的生日是農曆六月二十一日。我對兒時的記憶很模糊，是母親後來告訴我：很懦弱，兩歲多才會走路；不喜歡講話，常常幾天都聽不到我半句話；牙齒不好，是蛀牙，三、四歲了，還要母親把煎餅嚼碎了來餵食；多病，生過一次痧疹，幾乎活不過來。家人擔心我長不大，時時提防我的安全。母親更是終日提心吊膽，惟恐出錯，也常為我受到意外傷害而受到父親責難，代我受過。記得有個夏天的晚上，剛吃過晚飯，我赤了腳在院子裡跑來跑去，意外踏到蝎子，被螫到腳心，痛得嚎啕大哭。父親因而怪罪母親未給我穿好鞋子，大聲斥責。堂姐雲娥把我抱在懷裡，責備我說：「都怪你自己，還哭！」我竟然也就忍住疼痛，不再哭了。類似的事端還有，深感愧對母親，不敢多去回想了。一生未曾有對母親承歡反哺的機會，母喪也未能盡孝送終，真的是個不孝之人！每次默思「欲報之恩，昊天罔極」這句詩，不禁悲從中來，眼淚要奪眶而出！

母親盡心盡力養育我，但她未讀過書，不能教我識字，念書。父親也未進過學校，卻能自修，略識文字。我四、五歲時，早上醒來後尚躺在炕上，父親就教我認識貼在牆壁上年畫文字。有一張年畫，畫面是十個男孩在一株老梅樹下玩耍，有一行標題文字是「十子爭梅樂同春」，是父親最早教我認識的字。七歲那年，父親就送我進入本村的私塾就讀。九歲，父親要我離開家，到趙家嶺去讀「洋學堂」——就是依新學制設立的初級小學。母親有點捨不得，但也不能攔阻。母親後來告訴我，當我剛入塾學時，一大早就要叫醒我去上學，她不忍心，往往在我枕邊待好久，才不能不叫我起來；送我走後，她又常常偷偷的流淚。

父親初取別號「文章」，係取《論語》中之「煥乎其有文章」之意；後來覺得有點俗氣，因而改為「文齋」。身材很高大，只是有輕微駝背。記憶力很強，做事也很有決斷力。脾氣大，家裡的人都有點怕他。我受到寵愛，但也曾受過體罰。長大後想想，父親應當算是一位「奇人」。他未曾正式入學讀書，全靠自學進修，卻能粗識一些文字，也熟悉一些歷史掌故。善於珠算，也能用「蘇州數碼」記帳。壯年時代，曾去青島做過「煉油」生意，也曾在昌樂七區張次鎮主持過稅務站。四十歲以後，從事地方行政工作：先辦「團練」——組織地方民眾以武力自衛並進而勦匪；繼而被遴選參加昌樂縣政府主辦之鄉鎮長訓練班，結業後出任鄉長、副鄉長等職務，成為地方上的「士紳」。父親有一冊受訓時的《同學錄》，及一部新近編修出版的《昌樂縣志》，是我兒時時常翻閱的書。由於抗日戰爭前幾年的辦團練，抓土匪，父親結交了昌樂南鄉、東鄉的一些地方名流，連三十里外第八區的名紳劉伯諾、劉廷弼、初紀軒等先生都成為至交。劉廷弼先生與我父私誼尤篤，要我與其三女文文結為義姐弟。也由於戰時的積極抗日與反共，才被共產黨指為「土豪劣紳」、「地主惡霸」、「國民黨反動派餘孽」，難逃後來慘被殺害的惡運！

民國三十七年（一九四八）五月家鄉淪陷於中共之手後，我辭別了母親，與父親逃亡去了青島。次年六月，國軍撤離青島，我又辭別了父親，隨軍南下。這是生離，也是死別，從此失去了父母的訊息！直到四十年後，才獲悉父親早已於民國四十一年（一九五二）受盡折磨凌辱後為中共槍殺於故鄉，母親也於一段忍辱含垢，生不如死的歲月後，逝於內蒙！身為人子，父母先後罹難而無法匍匐靈前，乃我一生最大的憾事！「子欲養而親不在」的愧疚，不時絞痛在心頭！我雖函囑堂侄光三及胞妹蓮芳，分別於故鄉及內蒙為父母立碑紀念，然每一念及父母養育之恩及晚年的慘痛遭遇，就不能不悽然神傷！我今老矣！生辰前夕於徘徊低吟「哀哀父母」詩句外，尚能有何行動可慰二老在天之靈！

師長玉我於成

生平有三恩：一是父母養育之恩，一是師長教導之恩，一是老伴照顧之恩。我心目中的師長，不只是曾經親沐教澤的老師，也包含曾經追隨過的幾位機關首長。算起來，有恩於我的師長有二、三十位。

小學時代的業師：初級小學有楊振華、董鴻、趙有貴、孫鴻祿四位先生；高級小學有鞠氏兩兄妹：哥哥鞠鴻儀，學生稱他為大老師；三妹鞠蘭春，學生稱她為三老師。六位老師中，以孫老師暨兩位鞠老師對我的照顧最多，沒齒難忘。孫鴻祿老師於我小學四年級時教過我，指導我升學，帶我去投考，盡到老師和家長的雙重責任。中學時代，他是比我高一班的學長，有段時間同住一宿舍，生活上對我多所關照。來臺灣後，他也是我最早投靠的人。他過世後，我寫出一段「孫師恩惠長存」的札記。鞠鴻儀老師是我讀下皀戶高級小學時的校長，鞠蘭春老師是教我地理課的教師。於師生關係外，還有遠房親戚關係，我應當叫表哥、表姐。我畢業後，也一直與兩位老師有來往。鴻儀老師不斷鼓勵我，要我立志讀大學，曾說：「不要像我，讀這麼一點點書，做這麼一點點事。」他是青島李村師範畢業，一直以未能進入大學為憾。他思想很新穎，多才多藝，辦學也認真，後來升任為縣府教育科督學，卻始終感到不如意。鞠蘭春老師係青島女中畢業，書讀得好，行政能力亦強，曾繼其兄出任下皀戶小學校長。我高中畢業時，蘭春老師已出任昌樂縣北展鄉中心國民學校（一所規模不小之完全小學）校長。我是寒假畢業，到暑期才能升學，就利用這一個學期的空檔，應蘭春老師之邀，到她的學校裡擔任副教導主任兼補習班導師，與校長及教導主任郭先生同室辦公。無論公私，凡我所建議者，她無不同意。我曾為一位朋友向她貸借一百斤黃豆應急，未及歸還，共產黨就打過來了，學校停辦。我逃亡青島後曾見到蘭春師一面，為這事表示歉意，她說：「這些東西都是身外之物，能周人之急，就是好事，何必再介意！」兩位鞠老師都淪落青島，迄未再獲得有關他兄妹的任何訊息，只有暗中為他們祈禱！

中學六年，教過我課的老師不下三十位，隨政府播遷來臺者有十餘位，其中時有聯繫，不斷予我指導鼓勵，我也一直奉為恩師者，有滕振鐸（化文）、趙設科（立文）、王懷中（亦民）、霍樹枏（梓坡）、霍樹棻（蘭村）、趙建修六位，及鄉前輩前山東省第八區行政督察專員公署第二科科長趙光家（顯庭）先生。

我考進昌樂中學後的首位恩師，是滕師化文先生。他是教導主任，兼教英文、數學；由於化文師係齊魯大學天文算學系畢業，英文數學都是他的專長，所以極為叫座，也以嚴格著名，同學又敬又怕。初一時，化文師曾利用午飯後休息時間為我義務補習英文；高一時，又曾在「暑期傳譯班」上過他教的英語會話課。到臺灣後，化文師執教於桃園中學，有段時間出任訓導主任，曾要我去做過一個學期的訓育組長。我結婚時，化文師是以家長身分做我的主婚人，恩澤更深一層。可惜天不假年，化文師不幸於民國五十五年（一九六六）三月告逝，享年僅六十有七。我為化文師寫過一篇〈事略〉，以編委會名義發表於民國七十七年（一九八八）出版的《昌樂文獻》。

趙立文老師，國立北京師範大學畢業，主修英文。抗日戰爭期間，先後出任山東省立臨時政治學院教授暨山東省立昌樂中學分校及師範部主任，勝利後出任山東省立益都中學校長。在昌樂中學，我只於民國三十四年（一九四五）暑假期間，在「傳譯班」聽過立文老師教的英文文法課。到臺灣後，他任教於臺灣省立板橋中學。我因與趙師長子景龍兄同讀行政專修班，每於假日即同去探視老師與師母，他也待我如子弟。民國三十九年（一九五〇）農曆年節，即是在趙師板橋住處度過的，以後也時常見面話往。他八十歲時，寫過一篇〈八十自述〉，要我略加潤色後送由《山東文獻》發表。他另撰有比較詳細的自傳，於逝世後由景龍兄影印若干份分贈親友，原稿則由景龍兄保存。

王亦民師，北京燕京大學歷史系畢業，一生從事於教育工作。抗戰時期，任昌樂中學教務主任，教過我班的歷史課程。戰後去了青島，出任扶輪中學校長。來臺灣後，先後任教於新竹一中、政工幹部學校文史系，並曾任德祐商業專科學校教務主任。由於同在史學界，我和亦民師見面的機會比較多，也不時交換意見及著作。亦民師在政工幹校任教甚久，採用我寫的那冊大學用書《中國近代史》（臺北三民書局出版）作教科書，曾寫給我一封長信，對此書頗多獎飾，並將書中存疑之處一一列出，要我斟酌。這封信，我迄今仍然保存著，並節錄一段寫入〈筆耕一周甲〉一文中。

中學時代的校長霍梓坡師，與我初二、三年級時的導師霍蘭村師，是同父異母兄弟。梓坡師係北京師範大學數學系畢業，戰前即係數學名師，戰時及戰後主持昌樂中學，然仍開班教課，曾教過我班的「平面幾何學」。蘭村師係專業國文老師，教學認真，也有脾氣。有次在我的日記上批問：「你的作文，何以不如日記寫得自然而流暢？」給予我很大的反省與啟發。來臺灣後，兩位霍老師都任教於省立臺中一中，我在臺中工作時，時常去看望兩師。還記得，我離開青年教導總隊的第一「避難所」，就是台中省一中校內蘭村師的宿舍，午飯則是由梓坡師帶到他家中吃米飯，那時霍老太爺尚在世。在臺灣，梓坡師曾幫助幾百位昌濰地區各縣來臺青年解決學歷問題，對我更是有求必應。兩位霍師謝世後，我都曾撰文悼念。梓坡師晚年曾任教於中興大學暨逢甲大學，高壽九十有三，可謂福壽全歸。另一位霍師壽光縣同鄉當時擔任省一中教務主任的李承章（少文）先生，我也尊之為師。少文師後來出任逢甲工商學院（今逢甲大學）教務主任，我在逢甲兼課，時常到他辦公室坐坐；我介紹一位青年同事去逢甲任教，少文師也曾大力推轂。

趙建修先生，戰時曾先後做過卞家莊、下皂戶兩所小學校長，成績卓著。後至省立昌樂中學任教，曾兼任三民主義青年團山東支團昌樂中學分團部書記，我也以學生幹部被擢兼為組員，同室辦公，因而熟稔。到臺灣後，他從事於教會工作，任職牧師。三十九年春我在臺灣省青年服務團受訓時，他曾到臺北圓山來看過我。我後來也曾去中興新村他主持的教堂拜訪，吃趙師母親手包的水餃。他認識我父親，曾說有次和一位縣城北關同鄉因誤會而爭吵，幸由我父親告以兩人家世淵源，原係世交，因而化解了一場小糾紛。前幾年，經常有書信往還。他喜歡寫作，在《山東文獻》發表過不少作品。退休後卜居台中，彼此間來往就比較少了。

在臺灣的昌樂鄉前輩還有好幾位，初紀軒、王惠文（世恩）都是我父親的朋友，是長輩。趙顯庭先生也曉得我父親，但不熟識；倒是晚年和我來往最多。趙先生戰前及戰時長期服務於山東省政府財政廳，三十二年（一九四三）省府南遷安徽阜陽後，他就應張天佐專員（是他青州第十中學同班同學，另一同班同學是王源河星垣先生，曾任昌樂縣政府民政科科長，在昌樂中學兼課，教過我高一時的「三角學」）之邀，出任專員公署第二科科長，主管財政，戰後常駐濰縣。來臺灣後，一直擔任台中市立第一中學人事室主任。我敬他為師，他於信件中喜歡稱我為鄉弟。他熱心於昌樂同鄉聯繫，曾組成聯誼會，召開過幾次大會，並倡議編刊《昌樂文獻》，要我和張來禧、張瑞岐兩兄負責。趙師寫過兩篇憶述性文章：一是〈八十偶憶〉；一是〈〈昌濰述往——抗戰前後昌濰政情之片斷〉。兩文都是先寄我，要我先作「校正」後，再分別送由《昌樂文獻》暨《山東文獻》發表；後者極有價值，為抗戰勝利前後昌濰地區政情演變的重要史料。

民國三十八年六月至十二月，是我從軍青年教導總隊由青島經海南再轉進來臺的一段「學生兵生涯」。總隊長是佩有少將軍階的陳孝祖先生，早年留學日本，為山東革命元勳陳幹（明侯）先生哲嗣。他是位「文人將軍」，到臺灣後不久，就又「棄武回文」，受聘為台中國立中興大學農業教育系教授，並曾擔任過系主任。我政大研究部畢業後去臺中服務時，首先去拜候陳先生，從此稱他為陳老師。此後三十年間，先是在臺中，後來遷臺北，都不時見面，國事家事無所不談，於做人處世對我啟迪良多；也由於陳師的引薦，我得與劉安祺（壽如）上將相來往。陳、劉兩先生已先後謝世，我都撰有專文悼念，並曾為孝祖師撰寫事略，呈准黨中央為陳師靈柩覆蓋黨旗。

我在青年服務團受訓及升學行政專修班就讀的三年（一九五〇—一九五二）間，先後任團長兼班主任上官業佑（啟我）先生及楊爾瑛先生，都是好長官，也是令我尊敬的師長。同學都是大陸來臺的流亡學生，是上官先生勇於負責，為我們建立個「大家庭」，並為我們這群舉目無親的窮小子，開出一條升學深造的門徑。他對我略有印象，認為我「會寫文章」。後來對我勤於著述，也感到滿意，曾邀我去他創辦的中國市政專科學校（今中國科技大學）作一次專題講演。內子曾在市專教過書，上官先生曾對友人說：「她夫婦都是我的學生；先生能寫文章，太太教書教得好。」有意提掖之心，溢於言表。楊先生於我受畢一年的預備軍官訓練後，要我回專修班任助教，使我有不斷進修的機會，且曾一度要提昇我為「課長」，我雖未接受，確深深感受到楊師的栽培德意。兩位先生均享高齡；在世之日，一直與我有不定期的晤敘機會，恩惠常在我心。

民國四十二年（一九五三）八月至四十三年（一九五四）七月間，我在行政專修班擔任教育行政科的助教，科主任是前國立長白師範學院院長方永蒸（蔚東）先生。方先生是東北籍的教育家，來臺後曾連任四屆考試院考試委員，一度兼任臺灣師範大學教務長。一開始，我就事之以師禮，他則一直稱我李先生。方先生百齡大慶時，我獻以賀詞，曾述及兩人關係：「問道進業，自居於私淑之列；勵節策功，深誼在師友之間。」可謂妥切。四十餘年間，經常有來往，晚年還曾要我去溝子口住所，記述他口述一生的歷史。方先生逝於民國八十三年（一九九四）八月，享壽一百零三歲，我親撰輓聯：「一代宗師，從遊國士豈止七十二；千秋大節，光昭春秋何限百零三。」

國立政治大學研究部於民國四十三年（一九五四）秋季在臺北復校，我是教育研究所第一期研究生。那時的政大，「沒有大廈卻有大師」，是我一生求學過程中的黃金時代。我選過課的老師有十五位，予我為學做人處世有最大影響令我終生感激者，則為陳大齊（百年）先生，陳雪屏先生，劉季洪先生，羅家倫（志希）先生，黃季陸先生，楊亮功先生。

陳百年先生，政大在臺復校後的首任校長，是位元老教育家，也是哲學家，經學家。民國元年（一九一二）由日本留學歸國後，即任北京大學教授，並曾代理過北大校長。我在讀初中時，曾選讀過百年先生的一篇文章，卻未曾想到有緣成為他的學生。他出長政大時，已近古稀之年，我們同學喜歡稱他老校長。老校長對我們循循善誘，身教重於言教。他為祝賀我獲得三民主義論文比賽第一名親自簽名贈送的那冊《荀子學說》，已經五十一年了，我仍然放置書架上，是老校長留給我的唯一紀念品，令我對他的教澤永難忘懷。

陳雪屏先生，戰前曾任教於東北大學及北京大學，戰時任教於昆明的西南聯合大學，戰後主持青年運動，並曾代理過教育部部務。來臺灣後，受任為臺灣省政府教育廳廳長，熱心救助我們這群大陸流亡來臺學生，我身受其惠。陳師是我政大教育研究所首任所長，待學生有如家人，親切照顧。他的專長是心理學，在政大並未開課，只是不定期對我們講「社會心理學專題」。也不時找我們個別談話，「因材施教」，要我們在事功與學術兩條道路上，依據自己的性向、體力、智力及其他特定條件，作審慎選擇，不可輕率。我之走向學術研究道路，實深受雪屏師的啟發。雪屏師享壽九十有九，我曾撰寫一篇〈永懷恩師陳雪屏先生〉紀念他，也是我在《傳記文學》發表的最後一篇文章。

劉季洪先生，在政大教育研究所開的課是「教育行政問題研究」，我補修教育系學分時，劉師又曾帶我們幾個人作「教學實習」。及他接任政大第二任校長時，我已畢業離校了。但聯繫並未中斷；我到逢甲工商學院兼課，也是請劉師寫的介紹信。他後來出任考試院副院長、院長，公私場合也常見面。民國七十一年七月小兒不幸於預備軍官訓練期間因公殉職，劉師也是第一位寫信慰問我的長輩，那時他是考試院院長。

羅家倫先生和黃季陸先生，都是我讀政大教研所時的業師，後來又都成為我服務於黨史會及國史館的長官。兩位先生，早年曾在上海復旦公學同學；兩人的個性不同，政治生涯也各有自己的天地。但有兩點類似之處：一是都從事於教育事業，都做過國立大學的校長；一是都愛護並獎掖後進晚輩，重視新進人才。黃先生曾說：「志希對黨史會的一項貢獻，就是培植了永敬和雲漢，使人才未發生斷層。」劉岱、毛先榮等人的嶄露頭角，則係由於黃先生的伯樂心懷。我跟隨羅先生做事，有十二年；跟隨黃先生亦有十年，其中兩年是「近臣」——曾是黃先生國史館長任內的主任秘書。很榮幸，受自兩位老師兼長官的教導太多，我曾用「師恩浩蕩」來形容。每位老師，我都寫過三至四篇紀念文字。和兩位師母及師兄妹也都很熟，惜羅師母張維楨女士暨黃師母王全麟女士均已謝世。

楊亮功先生，是「五四時代」的新人物，他最早編著的一部書即是《五四》；卻也是孔子學說的信奉及闡揚者，晚年的一部著作題為《孔學四論》。他學政兩棲：學界曾是北京大學教授、中國公學校長暨安徽大學校長；政界則是監察院監察委員、監察使、秘書長，深受于右任院長之賞識與信任；晚年在臺灣出任考試院院長、總統府資政。他未在政大開課，卻曾應聘為蔣永敬兄的論文指導教授，暨我的論文口試委員，也因此和我有了師生緣。楊老師自公職退休擔任中山學術文化基金會董事長期間，和永敬兄與我往來最密切，時常邀我們去「心園」小吃。我和永敬兄曾請楊師口述

（由左至右）李雲漢、陳雪屏師、郅玉汝教授。

民國三十六年（一九四七）三月，以閩臺監察使身分來臺查辦「二二八事件」的一段經過，承他面告一些政治祕辛。他希望編一部年譜，要永敬和我負其責，後來又增邀前監察院秘書許師慎參加。《年譜》於民國七十七年十月，由臺北聯經出版事業公司出版。四年後，楊師以九十八歲高齡西歸道山，我曾在《傳記文學》發表專文悼念。他送我的幾種著作，都以毛筆親自題字，我極為珍惜。

留學美國兩年，有兩位師友的情誼常存心中：一位是哥倫比亞大學中國史教授，曾任東亞研究所所長的韋慕庭（C. Martin Wilbur）先生；一位是聖若望大學（St. John's University）副校長兼亞洲研究中心主任薛光前先生。我受邀為哥大訪問學人，受到禮遇，完全是韋先生的安排，在研究門徑及學術活動方面，也得到他多方面的協助。直到他去世，一直維持著不時函電往來的關係。薛光前先生，是我到聖大讀個碩士學位的實際贊助者，也等於是我的指導教授。他是位愛國學人，在學術及外交方面，為中華民國政府做了不少事。他也是位有「工作狂」的人，中午從不休息。因而積勞成疾，於民國六十九年（一九八〇）病逝臺北榮民總醫院。薛師給我寫過幾十封親筆信，有幾封具有特殊意義的，我已送由黨史會妥為保存。

師長輩中，王志信（篤修）先生是位「校外」的老師；因為他沒有在我讀過的學校裡教過課，而是內子中學時代的校長，也被視為是山東流亡學生的大家長。內子的老師，就是我的老師，我一直尊之敬之，他也不見外，對我親之導之，不時在電話中長談——談史事，也話家常。他晚年在其高足陶英惠兄協助下，主編過兩冊很有史料價值的書：《山東流亡學校史》及《山東流亡學生史》；要我也寫出自己的流亡經歷，這就是我那篇〈國破山河在——五十年前流

1967年10月7日，與薛光前（右）、謝然之（左）兩先生合影於聖若望大學圖書館前，美國紐約。

亡生活的回憶〉的寫作動因。志信師於民國八十八年（一九九九）一月辭世，享壽九十歲，我立即動筆寫一篇〈永懷王師志信先生〉寄《山東文獻》發表。志信師著有一冊回憶錄《前塵往事憶述》，身後由山東文獻雜誌社出版，在最後一節評述「傲上」與「抗上」行徑時，對我頗有獎勉之詞，令我受到意外的鼓勵。

我自民國四十六年（一九五七）八月至中國國民黨中央黨史會服務，至八十五年（一九九六）七月退休，歷時三十九年。其間，去國史館做了兩年主任秘書，出國進修兩年，實際在黨史會工作三十五年：擔任工作人員十八年，副主任委員十二年，代理主任委員一年，主任委員四年。追隨過五位主任委員：羅家倫（志希）先生、黃季陸先生、杜元載（賡之）先生、蕭繼宗（幹侯）先生、秦孝儀（心波）先生。其中，以追隨羅、黃、秦三位先生的時間最久，所受到的教導與提掖亦最多。尤其是秦孝儀先生，和我並無任何歷史淵源，卻蒙他兩度不次提拔——一次是打破人事規制，提請中央常會通過任命我為副主任委員；一次是他退休時，強力並堅持推薦我接任他的主任委員遺缺。平心而論，在治事及待人方面，我跟秦先生學到了不少，使我感覺到成熟了一些。秦先生今年已是八十六歲，仍然主持財團法人中正文教基金會致力於黨史宏揚，我也以仍能在老長官的引領下為基金會略效微力為榮。

幸與不幸

進入中老年，不時在回想這一生的歷程，深深感到自己是個很幸運的人，卻也曾經歷過慘痛的不幸遭遇！

有句成語：「三生有幸」，我這一生，則是：「生有三幸」。「三幸」何所指？一是青年時代，及時逃離大陸故鄉，免於為共產黨奴役及殺害；二是到臺灣後，一無憑藉，

首訪摩耶精舍。（由左至右）李雲漢、李守孔、黃季陸、王曾才、王壽南、秦孝儀、張玉法。

卻能在試場上連續告捷，順利完成了高等教育學程，為學術生涯打好了基礎；三是喜得佳偶，成為自以為榮，且為人稱羨的「有福之人」，了無遺憾。

逃離大陸一節，我絕不是危言聳聽。以我的家世背景、政治信仰及行動而言，絕對是共產黨不能容納的敵人；如不逃離，必將與父親同時被殺害。當然，逃亡也是以生命為賭注，幾次瀕臨被識破拘捕的災難，所幸上天保佑，竟能「人窮計生」，以機智瞞過了共產黨的「土幹部」。從青島到海南再來臺灣的行程中，也曾冒過大險，生過重病，受過不少痛苦。我常想，民國三十八年（一九四九）的逃亡，是我早年生死攸關的一劫；能夠逃過這一劫，曾用「謝天謝地」一詞來形容自己的心境，也曾真正體會到「自助天助」的況味。

初到臺灣時，也還是身無長物，走投無路！又是一次「天助」——在臺北街頭意外遇到趙景龍，才得以住進大陸來臺流亡學生的「大本營」——七洋大樓，接受臺灣省政府的救助。生活問題暫時解決了，前途呢？只有一條路——唯一的一條路：通過考試，來開闢自己的道路。很幸運，青壯年時代，曾在四次公開競爭的試場上，獲得捷報。第一次，是參加民國四十一年（一九五二）的全國性公務人員高等考試，獲得錄取。當時正在鳳山軍校接受預備軍官訓練，完全沒有時間準備，就憑平日所學上陣，結果成績還不壞——在前十名內，增加了一些信心。高考及格，不僅使我具備公務員委任一級的任用資格，更為我提供一次——也是唯一的一次——投考政大研究部的機會。第二次，即是報考政大研究部的勝利，成績在教育研究所錄取十四名研究生中名列第六。第三次，是參加中國國民黨中央黨部舉辦的公費出國留學考試，竟能力挫群英，獨占鰲頭。第四次，是參加考試院主辦的高於高考的「甲等特種考試」「史料整理與編纂」類，獲取為「最優等」，因而有了簡任文官的任用資格。做事四十年，完全依靠自己的本領，乃是私心裡很值得引以為慰為豪的事。

生平最大的幸運事，是得到一位德才學貌四美兼具的賢內助：她是韓榮貞女士。有了她，我的人生才更充實，更有活力，更有意義。她早年照顧全家，無條件無保留的犧牲奉獻，使我了無後顧之憂。進入老年，對我的照顧更無微不至，使我成為真正的有福之人。她的賢慧，老朋友們知之甚詳；不太熟識的外人，也能夠清清楚楚的看得出來。本年五月八日，內子陪我去萬芳醫院整型外科找王先震醫師診斷面部小恙，她代我說明一切，關懷之情溢於言表，王醫師即對我說：「李先生，你真是個有福之人。」

「有福之人」也有一些不幸的遭遇。古人說，人生的三大不幸是：「少年喪親，中年喪妻，老年殤子。」三大不幸中，我有其一：在我五十六歲那年——民國七十一年（一九八二）七月十八日，我兒肖元於入營接受空軍預備軍官訓練時，不幸因公殉職。他才二十二週歲，交通大學電子物理系畢業後僅僅一個月。對我夫婦而言，這是晴天霹靂，是一場慘變，是一次無比慘痛而沉重的打擊。所幸由於內子的理智與堅強，我們頂住了這場幾乎是不可收拾的災難，沒有倒下去。我們當時為元兒做了三件事：一是在他的母校母系設立「李肖元同學紀念獎學金」，迄今仍在發放；二是把肖元的中英文藏書由母親整理編目，捐贈給交大電物系，由訓導長戈武與系主任郭義雄兩位先生親來舍下接運；三是我夫婦強忍著悲痛，為元兒編了一冊紀念集《幼鴻啼痕》，於次年「三二九」公葬日前出版，贈送給愛護並懷念肖元的尊長、師長、長官、親友及同志、同學們。

我是個個性迂緩而內斂的人，感情常常壓抑在自己心裡，不想外露。剛來臺灣的那幾年，思親情切，時常找個空曠無人之地大哭一場。元兒的意外早逝，沖毀了我感情的堤防，常常情不自禁的哽咽起來，痛苦是難以言宣的。但我不願意累及內子及友人，悄悄的把對元兒的懷念形之於筆墨，十多年下來，積有悼念文字六十餘篇。我把這些文字輯為一冊《西河吟》，用毛筆謄錄一遍，裝釘為一冊未刊稿，列為「私檔」。內容多係詩詞，只有一篇記述文：〈同聲泣悼・同心奮勵——元兒殉職十週年答謝諸友好〉。這篇文章的第五節中，我寫出了自己的心路歷程：

> 元兒之逝，帶走了我全家的歡樂和希望。幾年來，我在重新考慮人生的意義和價值，我在徘徊，我在徬徨。說真的，我沒有信心把微弱的生命支持多久，所以《西河吟》裡，有不少「來日知幾許」和「不如早日歸去」的感傷語句。但念及國仇家恨和己身對國家、社會、家人所負的責任，身為讀書明理之人，怎可有退攖逃避的心念！因而決定吞盡辛酸與苦痛，做個孤獨卻又倔強的硬漢，化小我為大我，和命運拼鬥到底！
>
> 面對橫逆，夫竟不如妻！內子和我攜手共度十年來的悲苦慘澹歲月，她顯得比我更理智，更堅強，更決斷。我真的是由衷的欽佩她，感激她！以一弱女子，能卓然自拔於常人無法忍受的悲慘境遇，而能予我以最大的支助，反使我自愧枉為七尺之軀！此生此世，我夫婦同命一體，心如日月，志如鋼鐵，在人生的旅程上，要以老者健者的精神，迎向最後的目標，無愧無怍！

王錦章寄來賀函賀詩

王錦章兄，是我行政專修班教育行政科同班同學，為人忠厚而信實，與我很談得來。前幾年，幾位同班同學也是山東同鄉的崔劍奇、郭喜斌、劉宗藩、孫廣德等兄，過段時間就找到一起，閒聊一陣。有次一道健行，從政大後山沿「北二高」一直走到新店。後來錦章兄移居美國紐約了，喜斌兄常去杭州，宗藩兄也經常國外旅遊，在臺北會面的機會就少了許多。

今年四月，錦章兄回到台北來住一個月。首次接到他的電話，是那麼熟悉，那麼親切。七日，有汪慶餘、崔劍奇、劉宗藩、孫廣德等七八位同學在寧波西街一家「京華樓麵食館」歡迎錦章；二十三日，有三十多位同學在同一家飯館歡送他，次日他將回美。兩次餐會，我都參加了。餐後回木柵時，我倆同車，聊了很多。我感慨年華之易逝，對錦章說「我今年已八十歲了」！錦章竟記在心裡，回美後沒幾天，就給我寫了賀壽信，內有他「匠心獨創」的嵌名詩，為我賀壽。原函暨詩句如下：

雲漢兄嫂：

近來都好！此次回台北，匆匆數週，我們得有二次愉快的聚敘，舊夢重溫，至以為爽。席間老同學們猶滿面春風，熱情何減當年！欣喜之餘，深為感激。

時過無聲，不覺中我們都是髦耋之年矣！您曾提及今年已滿八十福壽，實應喜，應慶，應賀。特謅打油數句，聊以抒懷，藉供一笑：

雲與霞蔚器不凡，
漢仙鍾離今再現。
兄稟奇才重情誼，
八德名聲播近遠。
十全十美天上有，
福如東海水長滿；
壽比南山松不凋，
慶宴賓客樂陶然。

○八年一定回去與兄再聚，屆時必當藍天重現，歡騰盛況可期。咱們當開懷暢飲千樽少，額手稱慶太平年了（or與君同消萬古愁了）。好友胡扯為快。餘不一一。

耑此，順頌

儷祺

弟王錦章 九十五年五月八日

賀內子貴州之遊

內子的生日是農曆四月十二日——陽曆為五月九日，比我的生日早十天。以往，都是揀兩人生日中間的那個禮拜天一同賀生。今年因為內子與四季書畫會的好友——多半是她大學時代的同班同學——有約，要到貴州去旅遊，所以約定等她回來後，在我生日那天——五月十九日，再快快樂樂吃一餐。

內子這次貴州之行，發動者為四季書畫會會長陳慶麟女士，承辦者為臺中市的富丞旅行社，名稱是「貴州苗族風情、黃果樹瀑布、天龍屯堡八日遊」。依旅行社提供的說明書，預定要去遊賞的地方為貴陽、黃果樹、興義、安順，興隆等地的風景名勝景觀：號稱亞洲第一大瀑布的黃果樹瀑布、有明代建築遺風的天龍屯堡、最長的地下石灰岩龍宮地下鐘乳石洞、萬峰湖地上石林群、馬嶺河峽谷、花江大峽谷、紅楓湖、布依族聖母之地——三岔河「雙乳峰」；真是琳琅滿目，美不勝收。貴州，我兒時的印象是荒僻、貧窮、落後、滿地瘴癘；因為家鄉流行一句俗語：「要不是有雲南，就撇掉貴州。」讀諸葛亮〈出師表〉「五月渡瀘，深入不毛」一語，對貴州的負面印象遂深植腦中。今日的貴州則是一付令人刮目相看的新面貌、新氣象，內子有此機會前往一遊，真是再好不過了，她自己感到興奮，我也給予她言詞的鼓勵，要她盡情去玩，不要以我的生活為念。

我面部鼻子左側生個小刨，於五月一日去萬芳醫院請王先震醫師動個小手術，內子為這事感到憂慮。所幸五月四日、八日兩次回診，情形良好，她遂依原定計畫於五月十日成行。先到公館與陳慶麟學姐會合，再去中正機場第一航站報到集合，搭中華航機飛香港，轉中國西南航空公司班機飛貴陽。當晚十時就接她安全抵達的電話，我自然感到無比的高興。次晨把這訊息電告冉亦文學姐，叫她放心；她也關心我的生活，要我有事就趕快給她掛電話。

內子曉得我不會做家事，又懶，因而離家前為我做下了滿冰箱的菜，並再三叮囑注意安全。平日生活上依賴她慣了，剛一離開，自然感到一些不方便，精神上也有些孤單。年輕時過慣了流亡學生的簡單生活，喜歡吃冷食品，生活倒不是問題。內子隔天晚間就有電話來報平安，因而也沒有太多的懸念。五月十五日上午，去萬芳醫院拆了線，心情放鬆了不少。當晚內子電話訊問，我告訴她：一切ＯＫ，就等妳如期平安歸來。

按原定計畫，貴州旅遊團要在五月十七日晚間歸來。沒想到「天有不測風雲」，「珍珠」颱風直撲香港，機場關閉，旅遊團不能不在貴陽多住一晝夜。我曾與旅行社電話聯絡，隨後內子也來電話說明實情。直到十八日晚十時，她才回到了這個「窩」裡。她這次貴州之行功德圓滿，大家都高興。十九日休息一日，二十日中午，兩人去「極品軒」大快朵頤，過了個簡單而愉快的生日。

溪畔偶感

內子在家時，晨間健行及有事外出多兩人同行，因此前國立臺灣師範大學教育系教授瞿立鶴常說我夫婦「秤不離砣，砣不離秤。」她去貴州旅遊的八九天，我又暫時變成了「王老五」。早上仍然外出漫步，路上雖然人來人往，卻總有點形單影孤的感覺。

五月十六日——生日前三日清早，我沿景美溪獨自踽踽而行，突然興起了身世寥落之感：此生已度過了七十九週年，似乎空空蕩蕩，了無足述。感慨系之，歸而草為感懷短句：

離亂塵世間，悠悠八十春，
看盡興廢事，忠奸辨古今。
往事渾如夢，冷暖常在心，
幸得知心伴，共譜晚晴吟。

退休已十年

我於民國八十五年（一九九六）七月自黨史會退休，到今年（九十五年，二〇〇六）六月，已滿十週年。這十年，算是少老年期，又可分作兩段：前五年是前期，精神體力都未覺得有顯著變化，工作是少了些，仍然做了一些事，曾寫過一篇〈退休五年〉記述其主要環節；後五年是後期，心理上也無太大變化，只是近三年來，聽力已見衰退；腿、腳肌腱、膝蓋關節、面頰，也出點小毛病，不能不藉助於藥劑；工作範圍也局限於中正、中山兩基金會主辦的學術活動。一句老話：「歲月不饒人」，老友們見面似乎都有同樣的感慨。

老友們都很重視身體的保健，老同事許朗軒先生以及老同學李易登、張春興、張思駿、張瑞岐等兄，都曾送我有關老年保健及運動方面的書，我也讀過，卻沒有照章行事。我把飲食方面的事，都交由內子來管制——這已是老規矩，中年時代開始，內子即是我的「護士」兼「保健師」，而且效果不錯。我倆共同的「保健課」，是每天晨間一個半小時的健行活動。以前住興隆路，晨間多登仙跡岩；搬來木柵後，健行場地則是政大後山的環山大道——從家中出發，走過木柵路、指南路、進入政大校園走完環山一、二、三道，也需要一個半小時。腳趾出點小麻煩後，就少走一段，並放慢速度，最少也要走一小時。二十多年來，這已是常課；除非出國、有病、大風雨，未曾間斷。

最近三年為適應老境，我們老倆的生活有幾點變化。其一，我們決定在台北市安定下來，不再常跑美國。大孫、二孫都已上大學了，女兒家不需要老媽去幫忙；我身體不斷有小毛病，更需要台北最方便的醫療與交通。但親情是無法割捨的，我們還是要維持一年團聚一段日子的習慣，不是我們去，就是女兒回來。前年女兒全家回來過，去年我們去女兒家住一個多月，今年六月間女兒已訂好機票要再回來了。其二，我們放棄了居住三十多年的興隆路寬敞老房子，搬來木柵路「仁普世家」「小而安」「小而雅」的新居。這是經過一番思考後作的決定。新居的面積僅有老房子的三分之二，生活上行動上的方便度則遠勝過老住所。可惜的是新住所空間有限，我積存多年的藏書及一些紀念文物，大部分都不能不忍心捨棄！其三，多少年來，我一直喜歡寫毛筆字；雖然寫得不好，卻有駕輕就熟之感。然而，不知何時開始，腕力有點不足了，寫出字來有點軟，有點斜，很叫人洩氣。前年十二月，女兒全家回來，內子要女婿給我裝了架桌上電腦，於是開始學電腦打字。很感謝冉亦文姊的義務教導，很快就能上路。以電腦打字代替了毛筆字，也算是一項「改革」與「進步」，因為省去了磨墨潤筆展紙的麻煩，速度快了，改稿也方便得多，又可儲存列印，算是一舉數得；一年下來，已有順心應手的快感。

社交應酬，也逐漸減少，老友間的不定期餐敘卻相對的增加了。政治性的活動，也是選擇性參與。黨內黨外的歷次選舉，我從不缺席；但幾次很重要的街頭遊行，卻心有餘而力不逮。黨史會是我的「老營盤」，情有獨鍾；在中國國民黨窮到不能不「大瘦身」的現實困境中，我對黨史會被降格為黨史館，人員由三十多人遞減至只有三人，感到沉痛，但無能為力；惟對黨史會舉辦的任何活動，只要通知我，就從不缺席，盡力贊助。去年八月，馬英九先生當選為黨主席，將大幅調整黨組織，我曾寫一信給他，建議恢復黨史會一級單位位階，但沒有得到回音。這是意料中事，我能不了解「人微言輕」的道理？今日的黨史館，僅由三位同仁來支撐「局面」：邵銘煌是主任，綜理館務；楊麗美管黨史及展覽，胡海敏管孫逸仙博士圖書館，真的是「以一當十」而毫無畏縮，精神實在可佩。我每次和他（她）們見面或在電話中，都不忘嘉勉幾句，這是我惟一能夠做得到的事！

閱讀，本是我的嗜好之一。經常閱讀的雜誌本來有三種，但《山東文獻》已於民國九十二年休刊——事實上是無限期停刊，《近代中國》也因經費困難由雙月刊變成季刊，又由季刊變為半年刊，更由於編輯高純淑小姐退休離職，能否繼續出刊是個問題了！目前，每月如期寄到的雜誌，只有《傳記文學》；然其編輯宗旨已改變不少，有價值的文章不太多，我的閱讀興趣也大減。書籍，也還不時有朋友贈閱，中山、中正兩個文教基金會的出版品也會贈送。這些贈書中，有工具性的，有學術專著，也有朋友們的回憶錄。約略統計一下，近三年來的贈書有四十餘種。當然，這些書，不是每一種都讀過；但有一半以上曾經用心讀過，有幾種不只讀過一遍。有的書與我有關係：如中正文教基金會出版的《總統蔣公大事長編初稿》卷九、十、十一，我列名於編纂小組，劉維開教授編好初稿後，由我複閱過；張至礽（來禧）的回憶錄《流亡六十年誠敘》稿成後先寄我過目，我為他寫了一篇「序」；三民書局出版的《三民書局五十年》，有我的一篇文章：〈桃花潭水深千尺——賀三民書局光輝的五十年〉。幾十種回憶錄中，王志信老師的《前塵往事憶述》與蔣永敬學兄的《浮生憶往》，是我讀過數遍，不時取下來翻閱一番的「Favorite」，其中敘事與我有關的情節不少。

哀中央日報．嘆評委會議

中央日報要停刊的事，我早有所聞。五月三十一日該報刊出「六．一暫時停刊」的報導，我並不感到意外，只感到很遺憾，很沉重，也很無奈。中央日報是中國國民黨的黨報，連年虧損是事實，黨的經費困難也是事實，然黨中央不想個維持其生存的妥善辦法，眼睜睜讓它停刊，總不是個負責任的態度，也愧對黨的前輩先進暨黨的歷史。一位中央日報工作人員寫一篇短評〈依然不信！〉，悲憤的說了兩段話：

> 即使事實確在眼前，依然不信，不接受，這是中央日報的最後一天。
>
> 中華民國、中國國民黨、中央日報，同是中華民族源遠流長歷史的血脈，中華民國和中國國民黨還在，中央日報卻遭到了截肢的命運。我們很明白國的弱、黨的窮，然而，以金錢的理由關掉中央日報，讀者的不捨還是小事，歷史的不原諒，恐怕才是大事！

我也是「讀者的不捨」群中之一人，我的感慨恐怕比一般讀者要深。這不只是因為我和中央日報有段淵源——曾做過十多年的董事，編採群中不少好朋友，發表過數十篇長短文章；更重要的：我是個常年研究黨史的人，深深了解文宣工作的重要性，及中央日報的誕生成長、歷史地位與曾經發揮過的功能。我始終認為中央日報的存在，是國民黨歷史功過與榮辱的見證與象徵，是一項寶貴的文化資產。為沒有錢支持中央日報而關閉它，總是無可彌補的大憾事，或者是一件大笨事！

接到通知：中國國民黨第十七屆中央評議委員第二次會議，訂於六月四日（星期日）上午假台北市中山南路十一號地下一樓中正廳舉行。我決定屆時前往參加，因為身為中央評議委員，出席一年一度的會議是起碼的義務，人還好好的生活在台北，沒有理由不出席。我這項虛銜，自民國八十二年（一九九三）八月開始，經歷李登輝、連戰、馬英九三位黨主席，已經十三個年頭了，實在沒多大意義，只是始終忠於中國國民黨的象徵而已。

六月四日上午進入會場後，遇到兩件與中央日報有關的事。一是有人送我一份中央日報停刊前最後一份報紙——民國九十五年五月三十一日（星期三）出刊向讀者暫時告別的報紙，有不少值得保存的資料，也可以留作永久的紀念。中央日報創刊於民國十七年（一九二八）二月一日，已七十九年，比我還小一歲。我當然希望中央日報員工們「期待再相見」的願望，能夠早日實現。這份報，我要珍藏起來，作為一份歷史文獻。另一件事，是一位並不熟識的中評委高宗仁先生，提出「集腋成裘，搶救中央日報，以復興中華民國。謹提請公決案」，請我做連署人，我立即簽名同意。只要有利於中央日報復刊的行動，我都樂觀其成。但未來的事，變數太多，誰也不敢確信美夢一定會成真！

會議開始前，遇到黨主席馬英九，副主席吳伯雄，前副主席林澄枝，組織發展委員會主任委員廖風德，都寒暄幾句。到會評議委員三百多人，絕大多數是新面孔，遇到的熟人只張劍寒、蕭行易、汪大華、夏正祺、蕭知行、石永貴、梁尚勇等七、八人，也都是坐七望八的人，我和劍寒兄都已是「八字鬍兩撇」，不復當年的豪氣了。會議開始時，先要推舉一位主席，李煥（錫俊）先生又是眾望所歸。錫公今年已高齡九十，仍然耳聰目明，思路清晰，處理議事有條不紊。他宣布先為最近逝世的幾位先進委員孫運璿、倪文亞等，起立默哀。孫、倪兩公均享高齡，孫係九十有三，倪則一百零六。我也想到今年二月告別人間的熟人朱匯森（仲蔚）先生，他享壽九十六歲。我很想見到的幾位高齡長者馬樹禮、葉明勳、廖英鳴三位先生，這次都未來參加，我只有默默的為他們祝福。秦孝儀先生來了，坐在最前排，我在最後幾排，距離遠，沒去和他講話。孝公體力精力都好，我為他高興，也很羨慕。

會議中，提出的「評議及建議」提案有二十多項，都是些枝節問題，沒有一案是涉及政策性的要件。這些案件，都決議「交中央委員會研處」。中央委員會也將經由常務委員會的決議，分別交由中央各單位研處，一年後，向下次中評委會議提出一份「研處情形表」來「報請鑒察」，就算了事。這叫做「虛應故事」，一點實際作用也沒有，令人為之感嘆不已，而又無可奈何！

中華民國九十五年六月十三日星期二上午，打畢於台北市文山區木柵路三段六十九號（仁普世家）六樓之三寓所。八十初度翁李雲漢識。

入選臺北大學傑出校友

林義杜兄電話報喜

民國九十五年八月十七日傍晚時分，老同學林義杜兄掛來了電話。四個多月未見面了，聽到他的聲音，特別高興。先家長里短的聊一通，然後他說：「雲漢，告訴你個好消息，你當選了臺北大學本年度的傑出校友，是傑出校友選拔會全票通過的。老弟林義煊是校友會秘書長，得悉其經過，特搶先向老兄報喜。」

義杜兄為人信實，他的話當然不會錯。這件事，我卻不能不懷疑，因為我未曾向臺北大學校友會登記，也未繳過會費，怎麼會選到我為傑出校友？我把這情形告訴義杜兄，他立即說：「這都不是問題，你和我一同讀過專修班教育行政科是事實。我也於去年當選過傑出校友。論傑出，你在我們班上當之無愧。」

從義杜兄的口氣中，我確信是出於他向林義煊秘書長建言，特別謝謝他。我也理解到所謂「傑出」，並沒有一定的標準，而且也不是少數幾個人，不必看得太嚴重。就我們同班同學而言：走學術道路，進身為大學教授，有高水準的學術著作問世的，有孫廣德、葉經柱、沈成添、蘇淑年、戴卓英；從事教育行政，歷任中高級主管，表現優異的，有鍾永琅、崔劍奇、郭喜斌、楊仕俊；任職中央機關一級單位主管，績效卓著的，有林義杜、王錦章；從事新聞界，歷任社長、編譯部門主持人，文筆練達的，是梁雪郎；從事社會事業，創設創世社會福利基金會，造福全省植物人的，是曹慶。成湯已是享譽台海兩岸的畫家，潘家瑞在中部企業界小有名氣，還有幾十位畢生盡瘁於教育事業的優良校長及模範教師。這些學兄，都是傑出校友，都使我感到「與有榮也」。

兩份祝賀式通知

九月九日，收到臺北大學校友總會理事長江丙坤來信，正式告知我當選第六屆傑出校友，並表達祝賀之意。來信原文如下：

敬愛的雲漢學長道鑒：荷風扇暑，麥雨流膏，時深懷念。敬維

道旅延康，諸事順遂，為祝為頌。茲以母校前中興大學法商學院已於民國八十九年二月一日改制為國立臺北大學，並在台北縣三峽鎮建設新校區，校務蒸蒸日上，忝為校友，甚感光榮。在許新枝等學長之呼籲

與籌劃下，九十年三月二日正式成立「中華民國國立臺北大學校友會」（即校友總會），許學長被推舉為第一任理事長，九十二年許理事長任滿，推舉丙坤繼任，能有機會為學長們服務，實為榮幸，在全體校友熱烈支持下，會務亦蓬勃發展。此期間，又相繼成立台北市、台北縣、高雄市、美國、泰國、馬來西亞等各地區及海外校友會共十三處，校友情濃可見一斑。母校改制以來，為表彰校友對國家社會之貢獻，自八十九學年度起表揚傑出校友，共已表揚五居。本會有幸代表校友參與此項有意義之任務，倍覺光彩。今年選拔程序業已完成，學長德高望重，術業有成，功在社會。經本校各系、所，各校友會之推薦，並經「傑出校友評審委員會」一致之推舉，當選（九十四學年度）改制以來第六屆傑出校友，誠屬實至名歸，母校之光，至表揚日期與有關事項，諒母校近日內將專函奉達，謹先表達敬佩與祝賀之赤誠。耑此敬頌

鴻圖大展

闔家平安

國立臺北大學校友總會理事長江丙坤 敬上

九十五年八月二十五日

九月十四日，收到國立臺北大學校本部來函，標明「主旨」是：「學長榮獲當選本校「傑出校友」，謹先奉達，並致祝賀之赤誠。」告知：「本年傑出校友仍將配合校慶（十一月一日）隆重表揚，至確實之日期、時間、地點及表揚方式，均將俟校慶籌備會議決定後另行奉告。」並囑填寄「基本資料表」，個人及家庭照片，並提供二〇〇字至二〇〇〇字之自傳。函末附有本函正本受文人名單，亦即本屆「傑出校友」當選人名單，計為：

李教授雲漢　李教授大陵　楊館長仕俊　陳代表毓駒
許委員桂林　黃委員勤鎮　蘇律師友辰　柯委員慶賢
劉秘書長玉山　張主席五益　曾局長國烈　鄺縣長
麗貞　王署長進旺　梁創辦人謙和　鄒董事長澍中
陳董事長長儀　王董事長義郎　張總裁日炎　許總經
理銘燦　傅總監達仁　謝主委銀河　許董事長元國
曹董事長慶

以上二十三人中，我之前行政專修班畢業同學有四位：我、李大陵兄、楊仕俊兄及曹慶兄；我與楊、曹兩兄且係同班，能時常見面。大陵兄遠在美國，多年沒有見面了，希望這次他能回國接受表揚，藉便一傾離愫。

首屆傑出校友

內子閱及這兩份通知後，想起數年前保存的一份《臺北大學校慶特刊》，刊有首屆傑出校友名單及照片，找出來贈送給我。這是一份四開報紙型的校內刊物，正式名稱為「校友通訊」，第十九期為校慶特刊，出刊日期為中華民國九十

年十一月一日——改制為臺北大學後第一個校慶日。第一版刊出首屆傑出校友名單，計分五類，二十六人：

學術成就獎：楊敦和
企業經營獎：林省三 王桂榮 王家銓 賴榮聰 王事展
陳永泰 張平沼 謝士滄
公共服務獎：許智偉 李厚高 許新枝 徐立德 江丙坤
吳挽瀾 饒穎奇 康寧祥 林豐正 彭淮南
葉金鳳 吳容明 賴英照 吳淑珍 游錫堃
藝文體育獎：蓋瑞忠 陳聯和
行誼典範獎：（從缺）

行政會議開會通過此一名單後，有人臨時動議，以已故行政系校友黃信介（黃金龍）「生前對臺灣民主運動貢獻甚鉅」，提議頒贈「紀念獎」，由其家屬代領，當經通過，故首屆受到表揚之傑出校友，實為二十七人。我觀察此一名單，認識者只許智偉、徐立德、吳挽瀾、饒穎奇、林豐正、葉金鳳、蓋瑞忠七位，皆國民黨人。饒、蓋兩位均曾就讀過行政專修班，故人也。饒係臺灣台東人，為立法院資深委員，曾任副院長，今已淡出政治，多年不相見矣。蓋為山東萊陽籍，係嘉義師範學院教授，研究歷代工藝史，亦擅國畫；其入選「藝文體育類」傑出校友，諒係以畫家身分膺選也。他本滿腹雄心壯志，不意天不假年，竟於獲選傑出校友後次年，猝然告逝。

首屆傑出校友名單中，未見董翔飛兄大名，頗感意外。他係與我同年畢業之行政專科學校同學，同在陸軍軍官學校預備軍官訓練班第一期受訓，且為同隊；分科教育時，又同被分發至步兵學校；以是我對他知之甚詳。學識優，人緣好，能力強，儼然被視之為行政專校的代表；與臺大之羅錦堂、李子堅，同被認為是預訓班同學中的標竿性人物。他們都是我的好友。羅、李去了美國，翔飛兄則長期服務於內政部，官至司長，並一直在法商學院教課。後來做了大法官，維護中華民國憲政，不遺餘力。他能文，尤擅書法，曾舉辦多次展覽；我都曾去觀賞過，深為老同學的非凡成就感到高興。我確信翔飛兄必然曾當選過傑出校友，只是不曉得是那一屆。

缺席國賓飯店餐會

十月十六日，收到臺北大學校友會寄來的一份邀請函，邀我參加十月三十日晚間在國賓飯店舉行之聯誼餐會。函文如下：

敬愛的各位理事、本屆、歷屆傑出校友、學長先進
玉鑒：
久未晤教，渴念良殷。敬維
勛猷卓越，諸事順遂為禱。敬肅者：欣聞母校國立臺北大學第六屆傑出校友業已順利誕生，母校並訂於本年十一月一日校慶日隆重表揚。為表崇敬與祝賀之

意，本會訂本年十月三十日（星期一）下午六：三〇假台北市國賓飯店舉行「聯歡餐會」，會中將頒贈本會紀念獎牌表彰本屆傑出校友，並藉茲與歷屆傑出校友、本會全體理監事聯誼，懇請

光臨

此函署名邀請者有五位：理事長江丙坤、監事會召集人吳容明、副理事長張平沼、饒穎奇、常務理事葉飛呈。其中，只饒穎奇為舊識。實際負責策劃者，乃為校友會秘書長林義煊。按理，我是應當剋時到場的。只是由於面頰部的舊傷尚未痊愈，又係在晚間，不大方便，近年來也不大習慣這種場面，因此決定在「回條」上圈了「因事不克參加」一項。告訴內子，她也同意我的決定。

十月十八日晚間，接到林義煊秘書長電話，對我不能參加國賓飯店的聯誼餐會，表示失望。他說，幾位老同學如喬育彬教授等，都希望能見到我。我向林秘書長懇切說明不能參加的理由，請他諒解，並確切說明十一月一日的表揚大會，我一定會剋時前往。他也告訴我，老同學李大陵教授確定要從美國回來，接受表揚。

向前校長李建興先生致敬

國立臺北大學現任校長是侯崇文先生。我不認識侯校長，與前任校長李建興先生，卻已算是舊相識。我和建興先生，都是中華民國中山學術文化基金會學術著作獎審議委員會委員，每年至少有三次審查會議，可以見面談談。審議委員會的召集人原為前國立中央大學校長李新民先生；新民先生於兩年前過世後，董事長劉白如先生聘建興先生繼其任。建興先生很客氣，見面都稱我為李老師；我則一直稱他李校長，或只稱校長。

儘管如此，我對李校長在臺北大學校長任內的作為，所知不多。近讀老同學也是臺北大學退休教授喬育彬兄的回憶錄《悲歡歲月》，才曉得李先生對建校過程以及支持校友會活動，特別是倡議選拔傑出校友的卓識遠見，深感敬佩。且引喬育彬原著中的幾段話：

中興大學的台北校區亦隨著改制為國立臺北大學。國立中興大學台北校區籌備改制，奮鬥了將及十年，惟主事者只喊口號，並未實際行動，所以一直延誤；後經教育部政務次長李建興博士接事後，積極展開興建工作，將籌備處遷往三峽就近監督。傳聞校友林明煌博士日日監工，因使建校工程提前數月完成，這都是校長李建興博士知人善任的結果。

李校長在任臺北大學籌備處主任期間，多次邀約中興大學台北校區的退休教授懇談，希能提供建言作為建校的參考。就個人的看法，當時的李校長十分務實，並能廣納眾議，慎選對學校發展有幫助的建議，一概接納。例如台北大學既是二月一日掛牌成立，但台北大學既是由五度改制而來，校慶日勢必追溯到專

校十一月一日建校的時期，這一切主張，李校長均能欣然接受。

李校長主張大量選拔傑出校友。凡在中興大學，以往有台北校區畢業校友，曾被選為中興大學傑出校友者，全部納入臺北大學第一屆傑出校友。當時在臺北大學校區，也同時產生一些傑出校友，並在臺北大學校慶的同時一併表揚。李校長在第一次於三峽臺北大學校區，並在數百位校友面前，一再強調，臺北大學是五度改制而來，凡該校的教、職員、工，都是校友。法商以往的一切，臺北大學全部概括承受。這種想法是凝固了學校的全體，設想十分周到。學校快速成長，的確是需要靠這些有遠見、有氣度、有魄力，全心為學校的發展，大公無私的領導者。

讀過育彬兄這段話，不由自主的興起一個念頭：身為臺北大學的一位校友，要向李建興前校長表示最誠摯的敬意；也要對全體教、職員先生、女士們的貢獻，表達由衷的謝忱。

三峽校區表揚大會

十月十二日，接到臺北大學的『最速件』函，告以：今年度的傑出校友表揚大會，將於十一月一日校慶日在三峽校區隆重舉行，會中頒贈「傑出校友證書」、「傑出校友禮讚紀念品」、「傑出校友專輯」各一份。同月二十一日，復接到侯校長崇文先生的正式邀請函，很客氣的說：「敬請蒞臨指導」。其後數日內，連續接到校友會秘書長林義煊、校友中心一位陳先生及一位未知姓名的小姐的電話，詳告去三峽的交通情形，並詢問有幾位家屬參加。我告訴他（她）們，我將偕同內子一道前往台北校區民生東路大門口，搭乘傑出校友專車前往三峽。

由於面部舊創尚未痊癒，我對是否參加表揚大會曾作猶豫。想到這是人生難得一遇的盛典，我並沒有任何行動不方便之處，怎可不參加呢？我希望內子陪我一道去，一則可以盡隨身照顧之責，一則也讓她分享這份榮譽，因為我在學術上略有成就，她的鼓勵與協助，功不可沒。她也很高興陪我走一趟，還曾提供一些建設性的建議。

十一月一日，是個多雲而溫度適中的好天氣。我們按預定計畫，早七時四十分離開家，先乘計程車去民生東路三段六十七號臺北大學校門前，再搭傑出校友專車直往三峽。車程近一個小時，九時三十分到達商學院廣場校慶活動區。侯校長崇文先生已在現場迎接，與傑出校友及隨伴家人一一握手寒暄，態度誠懇。我第一次見到這位博士校長，身材像貌雖不算驚人，態度之溫文誠懇卻留給我甚為深刻的印象。

依據「傑出校友表揚大會程序表」，我們要簽名、接受資料袋、至貴賓室休息並聯誼；然後由校友中心主任戴麗華教授引導，去行政大樓參觀各項展覽。十時，我們來到表揚大會會場，貴賓、傑出校友暨家人或受託人，都應邀坐到受禮臺上，其他師生暨表演人員則坐臺下。典禮由侯校長主持，頒獎時，則由侯校長與校友總會理事長江丙坤先生會同頒贈。到場貴賓，我所認識者，尚有校友總會兩位副理事長：張平沼先生、饒穎奇先生。其他人士，均感陌生。我畢竟已是退休十年的「局外人」了。

大會開始，首由侯校長、江理事長先後致詞，隨即開始頒贈傑出校友禮品。我是第一位受獎的人，大家的視線自然會集中在我身上，這也是多年來未曾有過的經驗。我先後從侯校長暨江理事長手中接過來三項禮物：一是國立臺北大學傑出校友證書，分中、英文兩種；一是國立臺北大學「子衿歲月禮讚書」，是我就讀行政專修班時代的「成績紀錄表」，一是侯校長贈送的「九十五年度（第六屆）傑出校友學術成就獎」祝賀磁盤，所鑄刻的賀詞是：

李教授雲漢校友賜存

名揚學海

母校之光

校長侯崇文敬贈

二〇〇六年十一月一日

三項賀禮，均出於別出心裁的精心設計，令人感到意外的驚喜。江丙坤理事長說，贈送傑出校友在校時的成績紀錄表係出於他的建議，他的靈感則係由於前年隨連戰先生去大陸訪問時，親見連先生榮獲他祖父早年申請恢復中華民國國籍之原始資料，暨母親在北京讀書時的學籍資料，認為是值

侯崇文校長及校友總會江丙坤理事長頒贈「傑出校友證書」中英文本各乙紙。

得借鑑的美事。我於專修班畢業五十四年之後，獲見自己的成績紀錄表，當然有喜從天降的興奮；只是自己當年的成績並不輝煌（學業總平成績七七・六，操行成績八三・九，體育成績七二，軍訓成績九五。），在內子面前不無愧色，因為她在校時一直是優秀學生，拿獎學金。傑出校友證書的文詞亦對我有獎勉有加之意，錄其中文本全文於下：

國立臺北大學傑出校友證書

（九五）北大傑友字第A001號

本校校友李教授雲漢先生

博學研精，才高廣識，譽滿寰宇，名揚中外。經本校「傑出校友選拔委員會」公評昭信，榮膺第六屆傑出校友「學術成就獎」。名至實歸，殊堪褒揚，特舉旌善，垂範將來。

此證

校長侯崇文

中華民國九五年十一月〇一日

西元二〇〇六年十一月〇一日

接受三項禮品後，回到自己座位上，又有一位在會場服務的女學生送來一大束鮮花，頗令我感到意外。看看花上的賀卡，發現贈花人是公共行政暨政策系系主任周育仁先生。賀卡上的文字是：

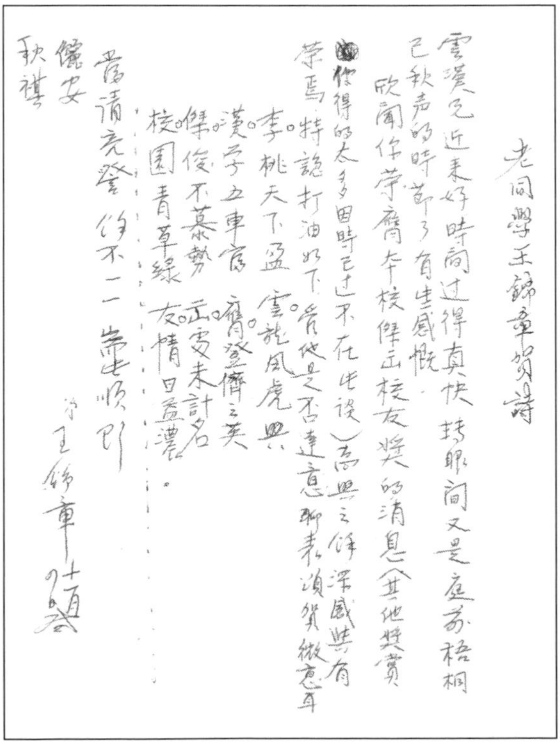
老同學王錦章賀詩
雲漢兄近來好 時間過得真快 轉眼間又是庭前梧桐已秋聲的時節了 有些感慨。欣聞你榮膺本校傑出校友獎的消息（其他獎賞你得的太多因時已過不在此說）高興之餘深感與有榮焉 特謅打油如下 看他是否達意 聊表道賀微意耳
李。桃天下盈 雲。龍風虎興
漢。學五車富 膺。登儕之英
傑。俊不慕勢 正。要未計名
校。園青草綠 友。情日益濃。
耑請 亮察 依不一一 並希 順即
儷安
秋祺
弟 王錦章 十一月四日

賀李雲漢學長榮膺傑出校友誌慶

國立臺北大學公行系系主任周育仁暨全體同仁敬賀

周主任，我並不熟識，怎會送來鮮花致賀？典禮完後，林義煊秘書長才介紹我與周主任見面，並說我這次傑出校友，是由周主任推薦的，周主任則說：「林秘書長才是幕後的操盤者」。我同時向兩位先生道謝。周主任也對我說了幾句恭維的話，說公行系推薦了四位，都當選了，但只送花給李學長，以表示特別的敬賀之忱。

表揚典禮是經過精心設計的，長達一個半小時，分兩階段進行，緊湊卻甚和諧。兩階段之間，加一節目為「獻唱

——掌聲響起」。第二階段結束後，緊接著是壓軸節目「大合唱——感恩的心」。兩首歌的歌詞都很美，也都令人感動。「感恩的心」中的一句：「感恩的心，感謝有你；伴我一生，讓我有勇氣作我自己。」我想拿這句話來贈給內子，因為這正是我的心意。

喜晤舊雨新知

三峽之行，最高興的事件之一，是見到了幾位多年不見的老友，也認識了幾位服務於臺北大學的先生和女士。

李大陵兄，來自美國，也是此次榮獲「學術成就獎」的傑出校友。他也是出身於行政專修班的老同學，當時讀土地行政科，是年齡最小的一位，排隊時總是站排尾。畢業受畢預備軍官教育後，考取翻譯官，駐在木柵；我那時就讀於政大研究部，曾見過幾次面。後來他出國了，一邊在新聞局駐紐約辦事處服務，一邊在紐約大學讀博士學位。我去哥倫比亞大學進修時（一九六七－一九六九），曾到他家裡吃過飯，首次見到他太太江漢儷女士（也是法商學院校友）。他們有一個五、六歲的女兒，聰明活潑，曾彈鋼琴為客人助興。此後三十八年，我和大陵兄未再見面，直到這次同時同地同榜受表揚，才又在台北聚首，那種喜悅是難以形容的，有說不盡的話，有關懷，也有期許。大陵兄的頭髮也發白了，太太還依稀見到當年的丰采。我們兩對夫婦學歷上出自同門，乃於見面後在臺北大學民生東路大門前合影留念。大陵兄是江蘇籍，我卻一直誤認他是山東老鄉。

我告訴大陵兄，這些年雖未能見面，卻從于潾、王錦章等兄的函件及談話中，瞭解他的近況。大陵兄隨即笑著說：「我最近還讀到你的大文——你寄給王錦章的那篇〈八十雜談〉；是王錦章讀過後轉給于潾，于潾讀後又轉給了我。」說罷兩人哈哈大笑，好像都變成「老頑童」了，真好！

來自美國洛杉磯的一位李春奎先生，對我說，他也是專修班畢業的，對我還有模糊印象；我卻完全記不起他是那班的，只是談起當年的人和事，大家都還很熟悉。他是洛杉磯校友會的負責人，在台北也有住所，他把台北市的地址和電話留給我，有必要時可以聯絡。

楊仕俊兄，是我行政專修班教育行政科同班同學，這次入選為「公共服務獎」的傑出校友。他家住台中，由太太廖鳳英女士陪同於十月二十九日就來台北了，參加了十月三十日晚間國賓大飯店的歷屆傑出校友聯誼餐會。他說，那晚沒見到我出席，感到很失望。我們兩對夫婦都是熟人，很談得來，在貴賓室及餐廳中都坐在一起，談得很盡興。仕俊兄是民國十三年（一九二四）生，長我三歲，他可能是二十三位受獎人中年齡最長的一位。他在接受表揚時，還發表了三分鐘的「感言」。我們同班的另一位同學曹慶，這次是「行誼典範獎」的唯一獲獎人，卻未見他前來接受表揚，不曉得是什麼原因，我有些納悶。

貴賓中，前立法院副院長饒穎奇是我青年服務團暨行政專修班的學弟，是臺灣省籍的一位政治菁英，也是我服務於中國國民黨中央黨部時的同事。我在接受表揚時，特別回身向他打招呼，握握手；他見到我，好像顯得很驚奇，因為已經有十多年沒有見面了。我回到原位後，後面來一位先生喊「李老師，你好。」我一時認不出是何人，看他送過來的名片，才曉得他是張勝彥博士，現任國立臺北大學人文學院院長。歷史學界的青年朋友嘛，過去慣常稱我李老師，只是好多年不見面，如不自我介紹，就完全無法記得起來了。

老同學，老朋友，算是舊雨；今天首次見面、交談的幾位臺北大學教職員先生女士們，當然就是新知了。他（她）們是：公共行政暨政策學系系主任周育仁先生，秘書室主任秘書張四明先生，校友中心主任戴麗華女士，校友會秘書長林義煊先生。周主任暨林秘書長，是我此次獲選為傑出校友的有力推手，為了表示由衷的感謝，我於十一月二日分別給兩位寫了謝函，並各贈《史學圈裡四十年》一冊。內子建議贈送一部《中國國民黨史述》給圖書館永久典藏，我也於同日寄由林祕書長轉交。圖書館負責人王怡心女士在美國讀書時，似曾與女兒肖寧相識，記得寧兒曾經提到王小姐。

我的〈生平自述〉

臺北大學編印了一冊《國立臺北大學第六屆傑出校友專輯》。刊有校長賀詞、校友總會理事長賀詞暨傑出校友選拔有關文件，主要內容為二十三位傑出校友暨三位獲得紀念獎之已故系主任簡介及各自提供的自述文字與活動照片。我的介紹篇幅有四頁（頁九－一二），含個人單照、主要事項簡述、〈生平自述〉專文暨家人活動照片三幀。〈生平自述〉是我自己寫的小傳，錄之於下：

生平自述

中華民國十六年（一九二七）農曆四月二十二日，我出生於山東省昌樂縣南鄉的一個小山村中。雖然父親曾從事於地方公職，我家基本上是個農業家庭，因此我具有一般農家子弟的性格：誠樸、敦厚、踏實、能耐勞耐苦，卻失之於保守。這性格支配我一生，迄今已晉八十之年，未曾改變。

我十一歲那年——民國二十六年（一九三七），抗日戰爭爆發。因而小學及中學教育，都是在烽火漫天的戰地中接受「戰時教育」，抗日意識特別強勁。抗戰勝利，目睹日軍向我軍納表投降之實況，引為生平第一快事。不幸繼之以國共內戰，被迫踏上流亡之途。三十八年（一九四九）來到台灣，賴政府公費先後就讀於行政專修班，法商學院，政治大學，獲授碩士學位。其後，又曾考取公費赴美留學兩年，獲授聖若望大學（St. John s University）碩士學位，並同時受邀為哥倫比亞大學東亞研究所（East Asia Instirute, Columbia University）訪問學人。回顧高等教育之艱辛歷程，受惠於政府之獎助者殊多，因之全心全意回饋於政治及社會之心志，始終如一。

正規教育系統之外，亦曾參加過較短期之政治暨軍事訓練，其比較重要者，有四次：一是山東省第八行政督察專員區中等學校學生暑期訓練班（民國三十五年）；一是臺灣省青年服務團（民國三十九年）；一是陸軍軍官學校預備軍官訊練班（第一期，民國四十一年八月至四十二年七月）；一是革命實踐研究院研究班（第十五期，民國七十四年）。亦曾參加兩次國家考試，均獲及格：一為全國性公務人員高等高等考試（民國四十一年），成績列中等；一為高於高考之甲等特種考試（民國六十年），成績列最優等，獲簡任級文官任用資格。

畢業於政治大學教育研究所之後，確定一生的路向：研究中國近、現代史，兼及著述與大學教學。為從事於史學研究，決定至庋藏豐富史料之史政機構——中國國民黨中央黨史會、國史館，長期服務。在黨史會服務的時間最久，有三十六年，職位由乙等職之編審遞昇至主管全局之主任委員，幸無任何缺失或隕越。曾兩度獲授黨的最高獎章——華夏一等獎章暨實踐一等獎章，大部分著作亦係於此時期內完成。擔任國史館簡任級纂修，前後有十二年，其間有兩年受黃館長季陸先生之命，兼任主任秘書。

研究與著述，乃一體之兩面，自以為生平最可安慰之事，莫過於研究著述工作之孜孜不倦。今日計之：自力完成之學術專著，有一十八種；與其他學者合著者，有十一種；編著者，有七種；學術論文（含傳記、專題報告暨書評），有一百二十篇；英文作品五篇；未出版之手稿本著作四種。學術專著中，《從容共到清黨》一書，曾先後獲得中國學術著作獎助委員會之優良著作出版獎，及中華民國中山學術文化基金會之首屆（民國五十五年）學術著作獎。《中國近代史》有兩種版本，一為大學用書，一為專科學校用書，書齡均逾二十年，迄今仍被採用。《中國國民黨史述》一書（五冊）為中國國民黨建黨一百年完整歷史之學術專著，亦曾獲得黨中央之獎勵與表揚。

大學開課，有三十年歷史。教過課的學校，先後有五所：逢甲工商學院（今逢甲大學）、中國文化學院（今中國文化大學）、政治大學、臺灣師範大學、中山大學。任教時間最久者，為政治大學歷史系、所，計有二十五年（民國六十年至八十四年）。在臺灣師範大學歷史、三民主義兩研究所講課，亦一十二年。教課之外，多次受聘為碩士、博士論文指導教授：計先後完成論文，通過考試，獲授學位之研究生，博士班有六人，碩士班十二人，今日皆為史學界菁英。

配合研究與教學，亦曾參與多個學術團體及其所主辦的學術活動。其主要者有三：一為中華民國史料研究中心，係由國史館與黨史會合作設立，我曾受命負主持之責達十餘年；一為中國歷史學會，我於民國五十八年（一九六九）加入為會員，六十三年（一九七四）起常年當選為理事、常務理事，並曾擔任過四年總幹事，兩任理事長；一為中國近代史學會，亦曾多次當選為理事、監事。退休後，則又先後膺選為中正文教基金會、中山學術文化基金會董事，矢志願為兩個基金會略效微力。

我於民國八十五年（一九九六）退休，迄今已十易寒暑。進入老年生活境界後，不再從事於較嚴肅之學術研究，然於與中國近、現代史有密切關係之學術活動，無不盡力贊助或參與。超過一周甲之筆耕生活，亦未曾間斷，惟以撰寫憶述性文字為主。自以為生平最大之幸事，乃為有一賢內助。內子韓榮貞女士，亦係前臺灣省立法商學院同學，於我生活上的照顧無微不至，其持家治事之能力，亦為我所不及。家室和樂，安貧自適，俯仰無愧，又復何求！只目睹台灣當前亂象，不能不為國家民族前途憂！身處無力無奈之地，未知將何所歸耶！

中華民國九十五年九月二十二日，李雲漢草於台北木柵，係應國立臺北大學之邀而寫，供編印《傑出校友專輯》之需，以我當選第六屆傑出校友故也。

江南水鄉七日之旅

早在民國九十六年三月間，內子即告訴我：她（他）們的「四季書畫會」老友計畫在五月間，舉辦一次大陸蘇杭地區的旅遊，歡迎會友帶眷屬或友人參加。她問我有沒有興趣？我未多考慮，就一口答應了。因為今年是我倆結婚五十週年之慶，早就想計畫作一次近程旅遊；一道參加老同學老朋友們的集體旅遊活動，不是更有意義嗎？蘇杭，地上的「天堂」，也是我很想去觀光的地方。

活動的策劃人，是住在深坑翠谷的四季書畫會會長陳慶麟女士，內子說她是位女強人；負規劃及聯絡之責者，為居住台中的張勤先生；兩位都是內子大學時代的同班同學。承辦此次旅遊活動者，為台中市的富丞旅行社，其總經理鄭育麟先生親任領隊。最後決定的活動名號是：「中興大學校友聯誼會江南水鄉七日之旅」。日期：五月二十三日至二十九日。遊覽城市：上海、杭州、蘇州、無錫、揚州、鎮江及南京，其中無錫與鎮江只作半日遊，不過夜；杭州則住宿兩夜，是此次水鄉旅遊的重點所在。成員：李廣榮（男）、劉鳳霞（女）夫婦、簡心（女）、陶元明（男）夫婦、程惠民（男）、孫境蔚（女）夫婦、韓榮貞（女）、李雲漢（男）夫婦、陳慶麟（女）、錢莉（女）、馮詹居正（女）、韓岳晉嵐（女）、胡心本（男）、黃禹昌（男）、張勤（男）、鄭育麟（男）。共十六人，多數是舊識。

初遊上海

五月二十三日，星期三，江南水鄉旅遊開始的一天。

旅行社的安排很緊湊，晨五時就得趕到公館去搭開往桃園國際機場的專車。感謝慶麟，她兒子小瑤送她車經木柵路時，順便接我夫婦及黃禹昌到公館。我倆起個大早，四時三十分就到大門外等慶麟的車。全員於六時在機場會齊，七時即登上中華航空公司由台北飛往香港的二三六次班機。到香港後，轉搭中國東方航空公司飛往上海的〇五九次班機，於午後一時四十分降落於上海浦東國際機場。

生平第一次到中國最大的都市上海，覺得很新鮮。出機場後的第一件新鮮事，是搭乘磁浮車（mogleu train）。正常車速為每小時四百三十一公里；我們只搭了七分又二十九秒，即已到達三十一公里外的龍陽站。出車站後，有一輛「浙江金鋒國旅」的遊覽車等候我們，隨車的洪姓導覽員（地陪，他要大家稱他小洪）介紹說：他和車，是我們此次江南旅遊的切身伴侶，從上海浦東機場到七天後的南京祿口機場，人和車都為我們這群爺爺奶奶們服務。

下午的主要活動，是穿梭於浦東地區及外灘的都市景觀。富丞旅行社提供的說明資料中，有如下一段敘述：「黃浦江畔五十二幢風格各異的大廈，有哥德式、巴洛克式、羅馬式、古典主義式、文藝復興式、中西合璧式，不同時期，不同風格的建築，被譽為『萬國建築博覽群』，為上海的象徵之一。」

車穿過以前的法租界地區，許多我在歷史文件中熟悉的舊道路，都於抗戰勝利後改名；中共建政後又改了一次，著名的霞飛路現在稱為解放路。車過南浦大橋時，我看到了環龍路的路標，於是想到了環龍路四十四號的老中國國民黨中央黨部，不曉得現在變成什麼樣子了。我也想到舊莫利愛路二十九號孫中山先生的住所，可惜這次沒機會去看看。還有，著名的抗日象徵閘北的四行倉庫，也無緣前往憑弔一番。車行途中，看到幾幅「同濟大學百年校慶」的宣傳布標，也引起我對這所德國人所創建，以醫學院著名於時的高等學府的一些感想！

晚餐安排在淮海西路五一八號的「上海東駿燕窩魚翅海鮮酒家」，是香港「鴻星海鮮酒家」的連鎖店；其實我們只是叫了普通飯餚，沒吃昂貴的燕窩魚翅。飯後安排的活動極具創意，是親身體驗外灘的「觀光隧道」，入口處我看到了經濟及社會學名家費孝通教授所題「五千年第一展」招牌，不曉得費孝通還活在人間否？郭恆鈺教授曾告訴我一些費氏訪問柏林時的糗事。隧道內結合科技與實象，令人感到震撼，且有目不暇接的感覺。更有新意的是「夜遊黃浦江」，即搭乘遊船於燈火輝煌的夜色中暢遊黃浦江，盡覽兩岸五光十色的景觀，高聳的新舊代表性建築如滙豐銀行、和平飯店、海關大樓、外白渡橋、東方明珠塔、國際會議中心、金茂凱悅等，各自設計出爭奇鬥艷的霓虹光帶，鮮艷奪目，為黃浦夜景之一絕。據說電費係由上海市政府負擔，每月人民幣三十萬元。

夜宿四川北路一八八三號的都倫國際大酒店，住一〇〇四室。

江南旅遊第二日——五月二十四日，上午仍在上海，下午就去杭州了。上海的活動：先去參觀「上海城市規劃展示館」，是一座新的標誌性建築物；展示的主要脈絡是從過去，看現在，展望未來，遠景則是預期於二〇一〇年在上海舉行的世界博覽會。展示館右側，是上海市人民政府，前面則是人民廣場，我都是遠遠的望一下，所謂「人民」也者，只是共產黨人在內戰時期的口頭禪。離開展示館後，驅車前去參觀上海名園「豫園」及「城隍廟」。旅遊資料中，有一段介紹「豫園」的文字：「豫園，建於一五五九年，是明代四牛布政使潘允端為取悅其父潘思而建。名『豫園』，有愉悅老親之意，是江南著名古典園林之一。古人稱讚豫園『奇秀甲於東南』，為東南名園冠。佔地七十餘畝，清乾隆時期又將南側城隍廟劃入，稱為『西園』。全園以五龍牆分成六個景區，以迴廊相串聯，將假山水塘，樓台亭榭，穿插其間。」

時間過於急促，我們只能大略走過一些地方。印象最清楚的是「玉玲瓏」天然石雕，巧奪天工，同伴們都在此處攝影留念。「城隍廟」，毀於「文化大革命」時的紅衛兵，至一九八一年始進行修復，然不復舊觀。已經見不到原來的城隍廟，只見附近全是土產、小吃、工藝品、南北貨、古董店，餐飲店，仍是觀光客的焦點。我們瀏覽一圈，在一家名曰「綠波廊」的餐廳裡用過午餐，即登車出上海市區向杭州方向行進。

滬杭道上

由上海去杭州，國民政府時代即已建有比較寬廣平坦的公路，稱為滬杭路。今則拓寬重建為高速公路，車流絡繹，景象清新。我首次駛經此路，特別用心觀察兩側的沃野田疇，很想見到「陽春三月，江南草長，雜花生樹，群鶯亂飛」的美景，結果卻有點失望；因為時令不同，時代也有了劇烈的變遷，出現在眼前的不是煙雨濛濛的村野，而是一些新近建成，外觀整齊卻又難免錯落單調的房舍。庾信〈哀江南賦〉所描繪出的江南，一去不返了。

然而，路上景物卻也不少令人耳目一新的創意。進入浙江省境後的嘉興收費站，有一列用特大號字體寫出的「迎賓詞」，令我心神一振，把它抄在隨身所帶的記事簿上：

春風春雨春色
新年新春新景

杭州宋城歌舞秀

我們的遊覽專車進入杭州市區時，已經是午後五時了。先在市區逗了一陣，然後駛往杭州東郊的新建觀光區：宋城景觀區。途中看到了水勢壯闊的錢塘江，以及橫跨江上的大鐵橋——是國民政府時代努力建設浙江的一項成績，對日抗戰時炸毀，勝利後再行重建。錢塘江也稱浙江，使我想起了清末浙江留日學生團體創刊宣傳革命的一種雜誌：《浙江潮》。

宋城，以保存並發揚宋代文化為號召，因為杭州曾經是南宋的首都，那時的名稱叫臨安。依據一份〈宋城景區簡介〉，宋城的特色是：

宋城是中國最大的宋文化主題公園，是杭州十大新景觀，浙江十佳美景，國家AAAA級景區。城內斗拱飛檐，車水馬龍，精彩豐富的民俗活動和氣勢恢宏的大型歌舞，真實再現了宋代都市的繁榮景象。宋城將給您一個不變的承諾：給我一天，還你千年。

時間有限，我們不可能遊覽宋城的全部景觀，只是選擇欣賞著名的歌劇「宋城千古情」。宋城大門有多幅石刻於楹柱的楹聯，我於匆匆中抄錄了兩副作為來此一遊的紀念：

南倚錢江引九曲清流縈玉帶

北鄰西子看祥雲瑞靄護涼樓

現古今苑林宋城分外瀟洒

聚中外景觀天堂更增嬌容

我取得一份介紹「宋城千古情」的資料，說：

〈宋城千古情〉是宋城景區斥五〇〇〇萬元巨資傾力打造的一台大型歌舞，以杭州的歷史典故，神化傳統為基點，融合世界歌舞、雜技藝術於一體，應用現代高科技手段營造如夢如幻的藝術效果，給人以強烈的視覺震撼，堪與法國巴黎紅磨坊和美國拉斯維加斯〇秀相媲美。〈宋城千古情〉推出八年來，觀眾超過五〇〇萬人次，是每一個到杭州的遊客必看的劇目。

實地觀賞過後，覺得這段描述並沒有失實或誇大之處。全場分六個段落，前四場是中國歷史故事，以岳武穆及白蛇傳為核心，第五場為韓劇，第六場為日劇。忽而風，忽而雨，忽而空中，忽而兩側，無論人物造型，音響配備以及新穎奇特的佈景，均場場精彩，引人入勝。杭州，不只有自然美與古典美，也已以擁有融合中外藝術而獨創一格的新文化意涵為榮。

晚飯係在「吳山酩樓大酒樓」。夜宿環城北路三〇八號「納德大酒店」，房號：六〇〇一。

名湖名塔一日遊

旅遊第三日——五月二十五日，全天都在杭州。預定的遊程是上午遊西湖，下午遊雷峰塔與六和塔，傍晚則去參觀西泠印社，隨即去鄰近以「百年老店，傳統美食」相號召的「樓外樓」進晚餐，是「大豐收」的一天。

童年時代——讀小學四年級那年，在「國語」教科書上讀到一課〈西湖十景〉，腦海中從此留存了西湖美景的影子。年齡稍長後讀《千家詩》，更為南宋詩人蘇東坡、楊萬里、林升等人歌頌西湖的詩篇所吸引；尤其是蘇東坡那首〈湖上初雨〉，能背誦如流：

水光瀲灩晴初好，山色空濛雨亦奇；

欲把西湖比西子，淡粧濃抹總相宜。

早上九時，我們便來到了西湖湖濱，「湖光山色，風景如畫」的景象展現在眼前。先沿湖濱步行一小段，至蘇堤北端碼頭登上八一八號遊船，開始「船遊西湖」。同船尚有來自台灣的另外兩組旅遊團隊，彼此間卻未曾交談，不曉得他（她）們的來歷。船上一位導遊小姐，陸陸續續的介紹湖畔湖上或遠或近的一些景觀，如西泠橋畔的蘇小小墓、鑑湖女俠秋瑾墓、岳王廟、斷橋、湖心亭、小潭洲、阮公墩、雷峰塔等，只是我聽力不佳，沒法聽得清楚。其實，我在書本暨有關文獻上，早就對這些名勝或景點，有了大略的瞭解。此際此身悠然遊盪在西湖中，清風陣陣，水波潾潾，自也有心曠神怡的感受。〈白蛇傳〉中許仙遊湖喜逢豔遇的神話，也不期而然的出現在腦際，竟是那麼淒美！

湖上原有三堤，分別以曾對西湖的開創與疏濬有過偉大貢獻的名人命名：白堤，紀念唐代大詩人曾任杭州刺史的白居易（樂天）；蘇堤，紀念南宋大文豪曾任杭州郡守的蘇軾（東坡）；楊堤，紀念明代能臣曾任杭州太守的楊孟瑛（溫甫）。隨了歲月的變遷，楊堤早因淤積而被闢為西山路；白堤仍存在，然也成為通衢大道；只有蘇堤，仍然是「西子湖上一道最美麗的風景線」，但也非復舊觀，一位熟悉西湖蒼桑的著作人慨嘆：「今日的蘇堤，除了桃柳花木亭閣之外，是無他物了。」我很想一睹蘇堤「千枝楊柳間桃紅」的景色，此次卻因時令不宜而失望了。

「蘇堤春曉」與「花港觀魚」都列名於「西湖十景」中。（另外八景是：柳浪聞鶯、曲院風荷、雙峰插雲、三潭印月、平湖秋月、南屏曉鐘、斷橋殘雪、雷峰夕照。）我等此次固無時間遍遊十景，卻能踏踏實實的走上了蘇堤，來到了花港，默思清乾隆帝來此觀魚往事，並信步走過同一景觀區內的牡丹亭及孔雀園，攝了幾幅深具紀念意義的照片。當然，西湖的牡丹亭，並非湯顯祖筆下把美人鮮花與愛情結合在一起的《牡丹亭》名劇。此地的牡丹亭，係建於一九五三年，有紀念白居易、蘇東坡之意，因為這兩位文學大家都嗜愛牡丹。

感謝富丞旅行社的安排，中飯地點選擇了杭州百年老字號「王潤興酒樓」。飯後就在附近的杭州傳統社區河坊街遛遛，看看古老杭州的商店、陳設和產品，別有風味。內子在一家絲織品專賣店內選購了數方圍巾，計畫贈送台北幾位知心女友。

杭州有三座名塔：雷峰塔、六和塔、保俶塔。三塔各有來歷，亦各有其獨特的特徵。依我們此次旅遊計畫，只於五月二十五日下午去參觀雷峰塔、六和塔。

雷峰塔之名聲遠播，是由於是座富有傳奇色彩的古塔，「那法海用雷峰塔鎮住了白娘子」的傳說，至今仍流傳民間。它依傍夕陽山，因而「雷峰夕照」被列為西湖十景之一。原來金碧輝煌的雷峰塔已於民國十三年（一九二四）九月倒塌了。今天看到的是重建的新塔，二〇〇二年始建成對外開放。新塔只五層，比原塔少了兩層；卻把原塔的「地宮遺址」包藏在新塔內。旅遊資料對新塔曾作如下的介紹：

> 重建的雷峰塔，塔形為磚身帶飛簷，平座的五層樓閣式。每個樓層展示的藝品如木雕、書簡、漆畫等，都具有極高的藝術價值。登臨塔頂，西湖美景一覽無遺；而它同時也是舊雷峰塔遺址的保護性建築。

從停車區登雷峰塔，先要徒步走上一段不算短的階梯路，需費點力氣，我尚能步履穩健，深以為慰。塔自一層到四層，有電梯可乘，也可逐層徒步攀登。我夫婦自忖體力不能與青壯年比，上下均搭電梯。未能登上塔頂去瞭望四方，不無憾感。很佩服陳慶麟，她自頂塔逐層徒步而下，得能瀏覽每層的藝品，可謂不虛此行。

由雷峰塔轉往錢塘江畔月輪山上的六和塔，俯瞰錢塘江上離離帆影，也是一種足堪自豪的享受。這塔本也是座歷史名塔，係「五代十國」時期吳越國王錢鏐所興建的九級浮屠，有鎮壓錢塘江怒潮之意。傳說中，《水滸傳》人物魯智深、宋江、林沖，都曾在六和寺待過一段時間，也葬於附近。六和塔也和其他古蹟一樣，歷經滄桑，今日所見六和塔已是幾經重建後的產物了。塔基兩層正在施工整修，不開放。我們只在塔後的「中華古塔博覽苑」區域欣賞小橋流水及奇花異卉之美。希望整修竣工後的六和塔，能恢復昔日「西湖塔魁首」的雄風。

山外青山樓外樓

離開六和塔，遊覽專車又折回西湖湖濱。我們先去「西泠印社」瀏覽半小時，再去鄰近的「樓外樓」餐廳享用晚餐。

「西泠橋」這名字，對我已不陌生；橋畔不遠的「西泠印社」，卻是一項新聞新見。翻閱有關資料後，始曉得這個「印社」是近代浙江金石篆刻書畫藝術學者所組成的會社，成立於民國二年（一九一三），首任社長為著名的金石書畫家吳昌碩，其宗旨則為「保存金石研究印學」。

「印社」是文化團體，也是觀光園林。從進口的月洞門到曲折迴環而上的山巔，其景觀有三層次。我們為時間所限，僅參觀了位於平地的第一層次，而且也只是走馬觀花。不過，我還是以人民幣二十九元的代價，買下王旭峰著作浙江攝影出版社印行的一冊《走讀西湖——從湖西開始的風雅之行》，作為此次西湖小遊的紀念。

「樓外樓」，多麼清逸雅致的名字！不消說，係源自南宋詩人林升的那首千古名詩——〈西湖（題臨安邸）〉：

山外青山樓外樓，西湖歌舞幾時休？
暖風熏得遊人醉，直把杭州作汴州。

走進「樓外樓」正廳，一眼就看到樓主人的創意：把林升這首詩作成了楹聯，張掛在正面的楹柱上，極為醒目。我們席開兩桌，以輕鬆愉快的心情，享受菜餚豐盛的團圓餐。時人皆知，「樓外樓」的三大名菜是「東坡肉」、「西湖醋魚」及「龍井蝦仁」，我們都加品嘗，的確名不虛傳。在台北，我承故宮博物院故院長秦孝儀先生多次邀請，去民權東路「亞都」大飯店飽餐「東坡肉」，比之「樓外樓」的「東坡肉」，似不遑多讓，均可列之為極品。其他飯店亦恆以「東坡肉」作號召，其品質等而下之矣。

飯甫畢，導覽小洪介紹一位刻印章者推廣生意，刻一印章只需台幣一百元。內子隨身帶有數百元台幣，決定訂刻三方：我夫婦外，另為劉百魁兄夫人范勝妹嫂刻一方；她常作書畫，需多種印章也。三印同規格，皆取篆體。次晨業者將印章送至旅館，我極喜愛。我夫婦於訂婚時曾刻同款式篆體字印章，視之為「鴛鴦章」，迄今仍在使用中。今值五十年金婚之慶，再刻同規格同款式印章，饒有意味。

水鄉勝蹟——浙北烏鎮

江南水鄉旅遊第四天，依預定旅程，由杭州北駛經烏鎮去蘇州——春秋時代吳國的京城，風光之美與杭州齊名。蘇杭之美，早在意中；浙北烏鎮之特異水鄉千年風情，則遠遠出我意料之外。

我們是於早上八時三十分離開杭州北行，沿途數度橫越由杭州至北京的京杭大運河，可惜未能停車一覽河岸風光。路上見到指向「長安」的路標，令我想到「長安鎮」——內子在內的山東流亡學生群，曾於民國三十八年（一九四九）在此小鎮落腳幾個月的地方。想來今日的「長安」，已不再是個小鎮，可能是個市或縣了。十點左右，到達桐鄉市境內的一處休息站，原來也是一處茶葉推廣中心；我們被招待至接待室品茶，聽簡報，也選購自己喜歡的名茶。內子選購四筒由桐鄉特產「杭白菊」調製的菊花茶；她說，女兒要回來台北了，她最喜歡菊花茶。我很感動，立即想起「有媽的孩子是個寶」這句童話。

過了桐鄉，進入嘉興市境，十一時就到達烏鎮。在這裡，首次看到水上人家，也首次在水鄉的河道中乘船小遊，體察「原汁原味，千年積澱」的水鄉古文化。旅遊資料中，特別介紹烏鎮的歷史遺跡：

> 千百年來，（烏鎮）居民臨河而建，傍橋而市，迤邐千餘米的古幫岸、水閣和廊棚透出水鄉悠悠韻味，形成了典型的江南水鄉風情。現今保存的文化古蹟也多：十景塘邊有昭明太子讀書處，是梁朝遺跡；市河東前街上的修真觀戲台始建於乾隆十四年（一七四九），是浙北市鄉集鎮保存下來僅有的古戲台，其中西柵的朱家廳另具一格，此樓建於民國元年，人稱「廳上廳」。鎮西的兩座古石橋都建於明代，兩橋直角相連，不論站在那一座橋邊，都可透過橋洞看到另一座橋，有「橋裏橋」之稱。

蘇州小遊的喜與憾

在烏鎮用過午餐後，繼續北駛，過江浙邊境，到了蘇州——一座古城，也是名城的大都市。我說它是古城，因為它是周末春秋時代東南大國吳國的都城；隋代始稱蘇州，也已有一千三百多年歷史。我說它是名城，因為它是一座名聞中外的文化城，名勝古蹟之多，人文翰墨之雅，園林刺繡之美，均令人歎為觀止。

我們到達蘇州市境，已經是午後三時三十分。沒有休息，直趣虎丘——春秋時期吳王闔閭埋骨之處，遊蘇者必遊之地。這是座並不甚高的山，也是座占地近二十公頃的大公園。名勝古蹟有虎丘塔、雲岩寺、劍池、千人池、試劍石等，風景甚為清幽。虎丘塔，也稱雲岩寺塔，為北宋時代所建，為中國最早的磚造塔：高四十七公尺，八角七層，因有十五度傾斜，故有東方比薩斜塔之稱。我們只作遠距離觀賞，據云近年曾整修一次，並無倒塌之虞。這也是中國傳統建築史上一項奇蹟，不讓西方建築師們專美於世界。

離開虎丘，即去蘇州兩大名園之一的「留園」一遊。另一名園是「拙政園」，兩園與北京的「頤和園」及承德的「避暑山莊」，並稱為中國四大名園。我曾到過頤和園，係北方的宮廷園林之美；今日來到留園，則是體會南方私建園林之雅；縱使是來去匆匆，仍有不虛此行的喜悅。旅遊資料對留園的介紹，頗為生動：

留園始建於明代嘉靖年代，原名涵碧山莊。清光緒初年，官紳盛康買下此園，重新擴建修葺，改名為留園。是蘇州大型古典園林之一，分中、東、西、北四個景區。留園以其嚴謹佈局，高雅風格，豐富景觀，曾被評為吳中第一名園。

在留園內欣賞了多處亭台、迴廊、假山、閣樓以及幾處有藝人彈琴、清唱的地方，已是夜幕低垂時分了。一道去蘇州百花洲一百號的「錦繡天堂大酒店」晚餐，品嘗道地蘇州菜。夜宿於干將東路九三八號的「錦地星座大酒店」，房號六〇三三。

次日——五月二十七日，已是旅遊第五日，上午仍在蘇州消磨小半天，去看位於園林路的名園「獅子林」。此園為佛教名勝，由大如禪師請名畫家倪雲林所設計，原為菩提正宗寺的後花園，以太湖石堆砌的假山精巧奇特，著稱於世。因許多石峰形如雄獅，故名曰獅子林。園內亦有樓台亭閣，可惜我們只是匆匆走過，不能有深刻的體會。

「蘇州園林甲天下」，據稱城內就有大小園林兩百處。我所嚮往幾處景觀：唐人張繼「楓橋夜泊」詩中的「楓橋」及「寒山寺」、宋人蘇舜欽所建為蘇州最古老園林「滄浪亭」、蘇州博物館內收藏之虎丘出土五代文物及江南才子唐寅（伯虎）的書畫，都無緣一觀，不無憾感。

無錫半日

離開蘇州獅子林，向西北方向行進，下一目的地是太湖東北角以泥塑享有盛名的無錫。這地名跟錫有段傳說：「周朝因產錫而被稱為『有錫』，至漢朝因錫礦採盡而改稱『無錫』。」無錫東南郊有山名曰錫山，實則並不產錫。記得六十年前在故鄉讀中學時代，從雜誌上讀到一副聯語的上聯，徵求下聯；上聯是：

閻錫山，過錫山，見錫山無錫。

下聯為何？未曾聽聞，也可能迄今無適當下聯出現，未知同行諸友能予我圓滿答案否？到達無錫市郊，見有不少招牌寫的是簡體字：「无錫」，內心不以為然；「无」字雖也有來歷（首見於《易經》），究不如「無」字之有意韻也，願無錫人士審思之。

無錫名勝，首推西南郊太湖邊的「蠡園」，其面臨的太湖外湖則名為「蠡湖」，相傳是春秋時期越國名臣范蠡於協助越王勾踐復國之後，與其妻美女西施隱居的地方。我們來到蠡園，首先引起我興趣的是：園門前的一方假山型石塊上，以桃紅色雕刻出崔護那首膾炙人口的情詩：

去年今日此門中，
人面桃花相映紅；
人面不知何處去，
桃花依舊笑東風。

進入園門後，首先見到成行的桃樹，但非花季，難見灼灼桃紅。繼走過荷花池、四季亭、益紅亭、千步長廊之後，開始登船遊湖。湖水甚清澈，風亦帶濕氣，可惜只航行十分鐘，就在春秋閣下船。繼續前行，經水淼亭，遙見西施的白色塑像。出園門時已是中午時分，即驅車前往一家「泓曆皇朝酒店」用餐，當然要一嚐有名的「無錫排骨」。途中，看到規模甚宏偉的無錫體育館，導遊特別予以介紹，謂無錫的桌球甚負盛名。飯後又去一家「聚寶苑」參觀珍珠飾品，似乎沒有人願在此處多消費。

依旅遊計畫，下午本預定要去太湖西北岸的「黿頭渚」——是伸入太湖的一個小半島，「因巨石突入湖中形狀酷似『神黿』昂首而得名」。風景極美，有人讚稱：「太湖佳絕處，畢竟在黿頭。」領隊鄭育麟先生考慮我們這些老人家的體力，建議改去「三國城」，大家也都同意了。省點時間也好，我們還要趕去江北的揚州吃晚飯。

「三國城」，是大陸中央電視台在無錫闢建的影視拍攝基地，有軍營，有戰艦，有陸上宮殿，也有水上訓練場。戰艦，實際就是遊艇，均以三國時代的文武名人命名。我們乘的遊艇名曰「趙雲」，旁邊的一艘名為「曹操」。只是在湖中也只轉一小圈，天又熱，遊興也因之大減。離開「三國城」後就再上高速公路，西北行，經常州、丹陽兩市境，過長江大橋「潤揚橋」，於薄暮時分到達揚州——具有兩千四百多年歷史的政治與文化古城。先到一家名曰「食為天」的餐廳用晚餐——吃有名的揚州炒飯及三丁包（雞丁肉丁筍丁），再去江陽中路二三六號的「花園國際大酒店」過夜——我夫婦的房號是九〇四。算日期，寧兒和兩孫今晚應當回到台北家中了。妻於就寢前電話家中，寧兒接話，欣悉彼等於晚間到家後，即電話冉亦文阿姨前來開門，一切都已安排妥當，我們這才放下了心。很感謝亦文姐，熱心又週到，是位事業有成就的傑出女強人。

美哉揚州瘦西湖

對我而言，揚州有多種不同的意義。古代揚州，是行政區劃，大禹分天下為九州，揚州為其一，當時的領域包括整個江南。隋代揚州，煬帝開鑿大運河後曾來揚州冶遊。明末揚州，史可法曾以此城為抗清基地，惹來清兵南下時的揚州十日大屠殺，王秀楚寫了一冊《揚州十日記》記下當時慘絕人寰的實況。清末揚州，為江南才子名士流寓唱和之地，所謂「揚州八怪」（指金農、羅聘、鄭燮、李方膺、汪士慎、高翔、黃慎、李鱓）均曾留下了風流傳聞。唐詩人筆下的揚州：李白送好友孟浩然東遊說：「故人西辭黃鶴樓，煙花三月下揚州。」小杜（杜牧）既懷念揚州之「二十四橋明月夜」、「春風十里揚州路」，又慨嘆半生落魄：「十年一覺揚州夢，贏得青樓薄倖名。」

民國時代的揚州，似乎趨向沒落了，然揚州特產漆器、玉器、盆景、剪紙，以及名勝瘦西湖、大明寺（宋歐陽修為官江都太守時所建）、平山堂（南朝宋帝劉裕所建）、鑑真紀念堂（融合日本奈良及唐代風格）等，仍有名於時。特別是瘦西湖，更為不少中外觀光人士所喜愛。我們這次本是江南水鄉之旅；就是為了一遊瘦西湖，才決定過江到揚州來住一夜，又半天。

五月二十八日上午，我們幾乎把全部時間消費在瘦西湖。旅遊資料中介紹瘦西湖景觀：

> 瘦西湖位於揚州西北郊，是著名的風景遊覽點。它原來是一段自然河道，經過歷代的疏濬治理，建造園林，逐步發展而成。美在蜿蜒曲折，古樸多姿。瘦西湖的美，主要在於蜿蜒曲折，湖面時寬時窄，兩岸林木扶疏，園林建築古樸多姿。行船其間，景色不斷變換，引人入勝。瘦西湖全長四・三公里，遊覽面積四十六公頃，有長堤、徐園、小金山、吹台、月觀、五亭橋、鳧莊、白塔等名勝。

為了實地領略湖畔及湖上風光，我們決定徒步走大半路程後，再搭遊艇。大家先在湖門前合影，作為紀念。我順便把牌坊石柱上的一副楹聯，錄了下來：

> 兩陽花柳全依水，
> 一路樓台直對山。

進入湖區後，首先映入眼簾的巍峨建築物，是熙春台，相傳係清乾隆帝為祝母親六十壽誕而建。台前廣場，標誌為「二十四橋景區」，有毛澤東以毛筆草體寫出的杜牧那首「寄揚州韓綽判官」詩：

> 青山隱隱水迢迢，秋盡江南草未凋。
> 二十四橋明月夜，玉人何處教吹簫？

這佈局，我認為非常不調和，應當算是設計上的敗筆。除此之外，則盡是美不勝收的景觀了。我們信步而行，看到較遠處之白塔、法海寺，走過蓮花橋、藕香橋，到達了「刺繡揚州」，欣賞繡工們的現場示範。堂內牆壁上懸掛著繡出的清明上河圖，梅蘭竹菊四君子，人物，花鳥，無不唯妙唯肖，栩栩如生。再往前行，是書畫展覽場，我和內子匆匆瀏覽一圈。出一道邊門，就是「徐園」。解說員興致勃勃的解說此園來歷，及「徐」「園」兩字筆跡不同的原因；謂此園為民初揚州軍政首長徐寶山所建。徐寶山的行跡，我很清楚。他是當時所謂民軍第二師師長，名為革命軍，實際為揚州地頭蛇，軍閥，外號叫「徐老虎」。「徐園」門聯「清風徐來，春色滿園」，對仗雖不工，意境卻也不失幽雅超脫。

隨即到達小金山園庭、關帝殿，見老幹新枝合株之銀杏樹，題曰「枯木逢春」，亦一奇也。繼至「湖上草堂」，其楹聯文曰：「蓬出綠波桂生高嶺，桐間露落柳下風來。」再前行至「釣魚台」（原名「吹台」），相傳清乾隆帝來遊時垂釣之處），聯曰：「浩歌向蘭渚，把釣待秋風。」係名書畫家劉海粟八十七歲時所題；彼已於前數年謝世矣，其藝術生命則永垂不朽。

我等於釣魚台搭乘畫舫，蕩漾於水波潾潾的湖面上，觀賞遠山近樹，別有風趣。清新空氣中，似也吮吻到四處飄散的花香。穿過五亭橋下，以未能登上橋面一窺其秘蘊為憾。二十分鐘後，回到熙春台，捨舟登岸，與瘦西湖作無言的告別，不無依依。時已過午，腹中已覺轆轆。

鎮江金山寺

今天是旅遊第六天，行程安排得夠緊湊。午餐過後又匆匆上路，過長江潤揚大橋，沿滬寧高速公路西向進發。首站是鎮江，終點站則是南京。南京，在國民政府時代是中華民國的首都，市政建設一度曾突飛猛進。國立臺灣海洋大學安嘉芳教授的博士論文即是：《政治都市化的發展——抗戰前的南京（一九二七—一九三七）》。鎮江在同時期內，則是江蘇省省會，建設亦曾呈現欣欣向榮景象。中國共產黨於一九四九年統治中國大陸後，將南京降格為江蘇省省會，鎮江則成為江蘇省的一個省轄市。近年來，兩市均向現代工業都市方向發展，成績已甚可觀，兩市人民均期盼能有光明的遠景。

經過鎮江，唯一的活動是參觀金山寺——相傳此即白蛇傳中水淹金山寺的金山寺。旅遊資料介紹金山寺謂：

> 金山寺在金山上，始建於東晉。原名澤心寺，此為白蛇傳中的寶塔所在。廟宇依山勢而建，使山和寺混為一體，獨具風格。

來到金山寺正門，我首先注意到的是：寺門橫匾所題的寺名是「江天禪寺」。門口有一對石獅子，狀極雄豪。有一副長達四十字的楹聯，我曾抄錄下來，並加標點：

> 江水滔滔，洗盡千秋人物，閱滄桑因緣聚散，悟空性；天風浩浩，吹開大地塵氛，倚聖教禪靜止觀，覺有情。

寺有四層，主要者為大雄寶殿，相傳南朝梁武帝蕭衍曾親來瞻仰。藏經樓，我只匆匆一瞥，未知其內容。另有慈壽塔，為清末兩江總督劉坤一所建，用以慶賀慈禧太后六十壽辰。我等進至第三層已感吃力，未再上登。遙見山上高塔，也想到如能到山巔俯瞰滾滾江流，該多豪壯！力不逮矣，不能不慨嘆「歲月不我留」！

再蒞南京

五月二十八日下午五時，我們的遊覽車進入了南京。這是此次旅遊的最後一站，對我來說，算是舊地重遊。兩年前，我曾應南京大學中華民國史研究中心之邀，來南京出席一次國際學術會議，住過四天。中華門、玄武湖、古城牆、夫子廟、總統府、太平天國天王府、明孝陵、中山陵以及第二歷史檔案館，都曾留有我的足跡。我曾寫下一篇〈南京匆匆四日遊〉，記其大概。我對南京的初步印象，親切而美好，南京市市花就是中華民國國花：梅花。

我們先到秦淮河畔夫子廟社區，遊賞一番，體驗歷史遺跡及飲食文化。夫子廟，即孔夫子廟，北方多稱為文廟。與夫子廟相鄰的古建築，是極其莊嚴卻不夠堂皇的貢院，係科舉時代江南各省士子們來此考試的地方。我們只在大門前駐足一觀，並未入內。其內部建築規格、陳設及有關考試的嚴格規定等，我在台北各電視台的「大陸尋奇」「錦繡中華」等節目中，已經看過多次了。再度走過「烏衣巷」，自然又想到唐人劉禹錫那首最得意的懷古名詩：「朱雀橋邊野草花，烏衣巷口夕陽斜；舊時王謝堂前燕，飛入尋常百姓家。」我也再度看到「王導紀念館」、「李香君故居」等名人遺址的招牌，但無時間入內一窺其內涵。兩度於傍晚時分漫步於秦淮河畔，卻始終無緣坐上畫舫欣賞金光輝煌、歌聲嘹繞的秦淮夜景。

遊過夫子廟，即到一家大酒家（南方人喜歡稱餐廳為酒家）晚餐，卻迎來了意外的驚喜。今天是農曆四月十二日，是內子生日，我當然知道。昨日在揚州，內子即懇託鄭育麟領隊代買蛋糕等食品，準備今日與大家共享。但鄭先生說陳慶麟會長已有交代，他會作適當安排，不接受內子出錢。內子仍然買了水蜜桃分贈各同伴好友。沒想到，大家於晚餐時鼓起了祝壽熱潮，合唱生日快樂歌，切蛋糕、分壽桃、攝合照，以及講一些吉祥話，笑聲盈耳，大有樂不可支的青少年人表情。我沾內子之光，分享了這分榮耀，是一次難以忘懷的美好經驗，真的由衷感謝敬愛的老友們。祝大家健康，快樂；萬事稱心，如意；老夫婦們知福惜福，愛河永浴。

飯後至「黃埔大酒店」住宿，我倆的房號是二〇一七。這飯店座落於南京市黃埔路二一二號；我因而想到：中央軍官學校也在黃埔路上，校內有蔣中正委員長的辦公室，很多重大決策都是在這裡決定的，也應長久保存供人參觀，但不曉得實際情形如何。兩次到南京，都未能到中央軍校舊址看看。還有政大前身中央政治學校舊址「紅紙廊」，也未曾一臨其地，內心也真的有點遺憾。

五月二十九日——江南旅遊最後一日，上午唯一的活動是去參觀位於紫金山南麓的明孝陵——明太祖朱元璋與馬皇后的陵園；午飯後，就要趕赴祿口國際機場搭機回返台北了。

前年八月，曾來明孝陵瞻仰過；只是為時間所限，僅走過神道路的一部分，沒能由翁仲守護遞階而進的甬道，直達明孝陵的最後最高一進：明樓。這次倒是依層次進進走過。我對具有歷史價值的景點，如「文武方門」匾額，清康熙帝所撰「治隆唐宋」碑，都曾細心觀賞一番；只是想在「孝陵博物館」內選購一兩種有關朱元璋比較完整而正確的傳記，卻不可得。更遺憾的是朱元璋的陵墓也見不到了。倒是神道路兩側或立或蹲或臥，象徵吉祥的六種石獸，我都把名字記下來了。牠們是：馬、象、獅、獬豸、麒麟、四不像。

高高興興歸來

中飯是在「天緣飯店」，大家都喜歡這名字，因為我們十六位老友結伴同遊，相扶相持，相恤相愛，有如兄弟姐妹，也是一種天緣。午後一時到達祿口機場，二時就登上中國東方航空公司由南京飛往香港的七六七次班機。令人厭煩卻又無奈的是香港轉機，白白等上三個多小時。兩岸如能直航，省時又省錢，那該多好！不過，從香港登上飛台北的中華航空二三六次班機，看到了台北的報紙，心神又為之一爽。家，永遠是個安樂窩！

桃園機場，與多位遊伴們話別，互道珍重。我倆與陳慶麟、黃禹昌先搭富丞旅行社的專車送至公館，再由慶麟兒子小瑤把我倆帶回木柵路家門口。老同學，我們也就不多言謝了。回到家中已近十一時，女兒及孫兒正在焦急的等待著，世界上還有甚麼東西比親情更寶貴呢！一次溫馨而成功的旅遊，該是今年開春以來最值得回味的大喜事！

中華民國九十六年（二〇〇七）七月二十七日星期五傍晚，李雲漢追記於台北木柵，電腦儲存於「民國九十六年度記事」欄內。時年八十有一，尚覺有「餘勇可賈」，一笑。此文經張一民兄刊載於《金雞嶺》季刊第七四、七五兩期。

金婚話往

西洋人的習慣，結婚五十週年稱之為金婚，是人生非常值得慶賀的喜慶日。我非常高興，也感到非常幸運，和內子韓榮貞女士攜手同行已屆五十週年；今年（民國九十六年，二〇〇七）十月六日，將是我們的金婚大慶。我們本來都是從千難萬苦的境地中走過來的流亡學生，婚後於笑語淚光中已走過半個世紀，今日兩人相恤相勉，恩愛有加，確認上帝施予的恩惠，不能算薄。

事實上，我和內子的緣分不始於結婚之日，而是提前三年到初次相識進而相愛的歲月。永遠不會忘記：首次聽到她的名字，是在民國四十三年（一九五四）秋天，一位在行政專修班讀書的同鄉告訴我說：「新進伙伴中有位漂亮小姐，叫韓榮貞」；首次見到她的人，是在她入學考試的時候，我以監考人身分核對考生照片的機會，偷偷多看她幾眼；首次聽說她英文成績很不錯，是參加評閱英文考卷的蔣柱一先生告訴我：「你的一位山東同鄉女學生韓榮貞，英文分數最高」；首次在一次會議場合聽到她講話，覺得很有條理，很有見地，是在圖書館內進門左首的一間小會議室內；首度受教育行政科主任方永蒸（蔚東）教授之託，寄一篇教育論文給學術股長韓榮貞，請她印發給同學們參考，我藉便表示一點隱藏性的「善意」，也得到她正面的回應，是在這年十二月耶誕節前數日。

友誼之橋建立起來了，特別感激方蔚東先生無意中賜予我寫出第一封信的機會與勇氣。我曾是教育行政科助教，和方主任很接近，很投緣，從此成為亦師亦友的忘年之交；只是他在世之日，一直不曉得曾在我和內子之間扮演過「月老」的角色。

從相識相愛，同心協力，艱苦中建立起我們這個溫暖的家庭，到今日白髮蒼蒼的爺爺奶奶年代，當然經歷過不少溫馨的感受，同時也遭遇過一些凌厲的風霜。難得的金婚婚慶就要到來了；近來幾乎每天都會想起一些甜甜蜜蜜，有時又有點火火刺刺的前塵往事。情之所在，興之所至，就在電腦螢幕上寫出片片斷斷的回憶吧！先從婚前那段「做朋友」的美好時段談起，是我一生中的「黃金歲月」。

純樸真誠的愛

「做朋友」，就是在「談戀愛」，我倆都是初次嘗試。那時我們都還是學生：我在木柵讀甫行在臺復校的國立政治大學研究部教育研究所，榮貞在大直讀臺灣省立法商學院分部教育行政科；兩人都靠政府公費，手頭很拮据，是不折不扣的窮學生。我秉性愚拙，不善言詞，儘管內心裡熱情如

民國45年2月5日。

火，表情上卻顯得很靦腆，很保守，有時甚至有點自卑，土氣。榮貞比我聰敏，比我開朗，且由於也是窮苦的流亡學生出身，很能體會並包容我的心情，從未對我有任何不滿，只有不斷的勸戒與鼓勵，要我努力上進，力爭上游。說真的，那時候不但以自己能交到這樣好的女朋友為榮，幾位比較接近的老同學也深感羨慕。政大室友鍾永琅兄就曾去教育廳對崔劍奇兄等說：「想不到李雲漢會交到這麼漂亮的女朋友！」

星期一到星期六，我們各自忙碌於課業，又沒有裝電話，只靠一兩封信互通款曲。只有星期天，只要沒有不可抗拒的原因，我總要跑去大直找女朋友，然後一道到臺北市中心地帶看場電影，泡泡茶館，享受人生最可珍貴的純真之愛。我在〈指南山下話當年——五十年前就讀政大研究部的回憶〉一文中，曾說：「未進政大前的『王老五』年代，最怕星期天——日記裡不知有多少『寂寞最怕星期天』的感歎。有了女友後，就終日盼望星期天，因為只有星期天才可以見面談心，一掃幾天來的課業壓力及一些不如意事造成的陰霾，享受到關懷、溫馨和鼓勵，也增加了不少活力、信心和勇氣。」

說來很寒酸，因為窮，不能不限制每次見面的消費額為新台幣十五元。因此，從未請她進過像樣的餐廳，生日及情人節，也沒有贈送她任何式樣的禮物。一直到今天，未曾向她送過一次花，只寫出幾句被她視之為「無病呻吟」的長短句，向她表白心跡。當年常去泡茶的茶室，有「大世界」電影院附近的「巴西」、重慶南路與衡陽路交口處的「中光」以及懷寧街靠近新公園的「三葉」，如今都已痕跡全泯，只能從記憶中找尋當時的況味了。

我曾把女友的交往，視作是「生命新動力」的一項泉源，不是空話，而是真實的感受。認識榮貞之初，她還是個「清湯掛麵式」髮型的清純女孩。曾送我一張那時候的相片，至今仍然保存著，稍微有點變色。相識幾個月後，她燙了頭髮，顯得更俊秀了，似乎也成熟了一些。我把她送我的一幀燙過髮後的小照放大成六吋，鑲了框，放在書桌上，每天每晚都在向我微笑，陪我做功課，給予我無比強烈的滿足感與鼓舞力，真正體會到羅家倫老師所說「愛力瀰無邊」這句話的意涵。言詞鼓勵之外，榮貞也常以行動表達對我的期勉。民國四十四年（一九五五）農曆四月二十二日是我的生日（身分證上登記的日期，變成了陽曆），她在這天，送給我一份別寓深意的禮物：一冊「勝利日記」。她在內頁上寫出一段富有哲理的話：

> 宇宙間沒有絕對的真實，除了自己以外。是以人的前途與事業，需要自己去開闢。彥云「前事不忘，後事之師」，唯有於不斷的檢討中，求改進，求進步。
>
> 農曆四四、四、二二，雅贈。

她簽名為「雅」，是因為小時候一位長輩曾為她取名「博雅」，後來因為要與兄姐們排行為「榮」字輩，乃正名為榮貞（長姐榮蕙、大哥榮慶、小哥榮愷）。她寫信給我，有時也簽名為「雅」，我在婚前寫信給她，也喜歡稱她「雅妹」。這冊日記簿，記滿了我讀書的苦辛以及戀愛的甜蜜，保存了四十五年之久，至八十九年（二〇〇〇）始連同四十多年二十多冊日記原本，忍痛銷毀；只把榮貞親筆題詞簽名的一頁保存下來，將伴我一生。

令我感動而又感激的事，當然不只這一樁，我在〈指南山下話當年——五十年前就讀政大研究部的回憶〉一文中，提到另外的兩件事：

> 生平第一套絨布睡衣，是她（女友）利用課餘時間親手為我縫製的，穿在身上又輕又軟，不自覺的顯示出喜悅與榮耀的表情。我受薩孟武先生慫恿，想預約一套台北藝文印書館影印的四史和十三經，苦於資金不足。她卻全力贊助我，願意提供僅有的一點點存款。她也是靠政府公費吃飯的窮學生，一點點小錢存來不易，我如何忍心來花用！她這份心意就是支持我的最大動力，我能不奮勉有加，期能無負於又愛又敬的人嗎？

平心而論，榮貞為我付出的比我對她回報的要多。細想想，我送她點禮品，似乎只有一次。那是因為我參加教育部等單位聯合舉辦的三民主義論文比賽，被評審為大專學生組第一名，獲得新台幣一千元獎金，我抽出小部分送她買件新裙子，她接受了。我用其餘的部分買一架收音機，早晚聽聽新聞及英語教學節目。她也曾得成績優良獎學金，送我點小禮品，兩人都有自得其樂的享受，回想當時的情景，仍然感到「心花怒放」的快樂。

星期天，絕大多數是我跑到大直去找女朋友；也有好幾次，是她前來木柵政大的研究生宿舍找我。有一次，因為事先沒有聯絡好，她來了，我卻不在，害她在室外等候。看到這情形的人，都怪我不應該失約，我也很感內疚。當時圖書館主持人黎寶金女士，後來服務於黨史會的孫逸仙博士圖書館，成為同事；有一次見到我，就說：「那時大家都曉得你有個漂亮女朋友，有一次，竟然看到她枯立室外等你，你這人實在太大意，不應該！」

星期天，我們也曾有幾次相偕出遊，到過木柵指南宮及陽明山後山公園。也有一次與七八位青年服務團的老同學，一道去中和鄉的圓通寺作郊遊，並有交換禮品等餘興活動。還記得參加的人，有周濟德夫婦、伍猷謀、劉錫銘、韓欽元、湯振鶴、賀立民、詹俊傑及其女朋友張潔源等，曾留有多幀頗具紀念意義的照片。如今物換星移，周濟德兄早已謝世，韓欽元兄行動已不甚方便，伍、賀、詹等兄不常見面。尚能不時見面聊聊，吃吃便飯，只有我夫婦與劉錫銘兄嫂了。

與女友交往時期，當然也不是事事如意，一帆風順。曾經經歷過的幾次風暴中，有的是有人誣陷，寫密函給榮貞偽造我一些「罪行」，說我「人面獸心」，以逞其離間陰謀。有的是由於我一時失慎，出言不當，叫女友傷心；我也悔恨交加。有的則是由於愛之深而期望也高，言詞有時過於直率，反而惹人厭煩。好在彼此間都有信心，風波過後就會雨過天晴。

感念三位長輩

金婚之歲，難忘三位長輩的深恩厚愛。第一位，是內子在臺灣的準家長，也是她的主婚人，山東省蒲台縣選出的第一屆國民大會代表，當時住在基隆的胡月村老伯。第二位，是我中學時代的教導主任，受到照顧最多的恩師，當時任教於臺灣省立桃園中學的滕振鐸（化文）老師；他是我們婚姻的催生者，也是我的主婚人。第三位，是我們的證婚人，也是我就讀政大教育研究所時的業師，更是我甫行到職的服務機構——中國國民黨中央黨史史料編纂委員會（簡稱中央黨史會）——的首長，前國立中央大學校長、首任駐印度大使、考試院副院長羅家倫（志希）先生。

胡月村老伯的長女胡熙珍，是榮貞在故鄉讀書時代的同學，感情深厚。由於這層關係，榮貞初到臺灣時，有一段時間為胡府接去小住。胡伯伯及胡伯母王瑞英女士都很喜歡榮貞慧嫻勤敏，愛之有如親生女。胡府有兩位公子：長名春如，次名心如。老夫婦自然有企盼榮貞能成為胡家媳婦的心願，這是可以理解的。我與榮貞相識相愛後，要想更上一層樓，自應首先通過胡老夫婦一關。倫理上，我也應當儘快前往胡府拜訪。由榮貞先期將此事委婉的向胡老伯及伯母說明，再安排我這笨瓜親去基隆胡家請安，亮相。我很惶恐卻不能不硬起頭皮來面對，坦然去冒一次險。還好，由於老人家深愛榮貞，尊重榮貞自己的抉擇，對我沒有半點不愉快的表示。無形中，胡府成了我的「準岳家」，榮貞與胡伯母間情同骨肉的感情，令我感銘五內。我倆婚後，也一直與胡府維持密切的來往。胡老伯不幸於民國六十二年（一九七三）一月逝世，我倆以共同的感受親撰一副輓聯，表達由衷的崇敬與感激：

蒲臺名邑，寅誼鄉誼，兩族世代稱通好；
延平古郡，顧我復我，懷德豈能有盡期！

滕老師化文先生，是我山東昌樂同鄉，更是我在就讀山東省立昌樂中學時代的一位恩師，受到他的教誨與恩惠最多。他的兩位男女公子興華和愛華，從初中到高中都與我同班，因此在感覺上，滕師不僅是師長，而且是長輩，到臺灣自然就成為我們學生輩心目中敬愛的家長。他任教於臺灣省立桃園中學，宿舍就在高中部進門左側的兩排平房內。我於民國四十二年（一九五三）秋天，才與卞玉玟兄一道到桃中拜候滕師，此後即時相往來。榮貞於四十五年（一九五六）夏法商學院畢業後，在滕師協助下至桃園中學女生部任教，無異成為滕師一位未受過課的女學生。次年春，滕師受聘為訓導主任，希望我去分他一點勞，於是我去客串一個學期的訓育組長，每天都與老師相處，無話不談，跟老師學得了很多。老師希望我和榮貞快些結婚，主動向學校為我們要房子，像照顧子女一樣。我倆結婚時，滕師當然就是我天經地義的主婚人了。興華兄則被我拉來當男方介紹人，他也為我倆的新家破費不少。五十年過去了，滕師謝世也已四十一年，他的深恩厚澤時時縈繞在心頭。我於今年二月間，寫了一篇〈長懷滕師化文先生的恩澤〉，作為我金婚紀念作品之一。

羅師家倫先生，早在民國八年（一九一九）「五四運動」的新潮時代，即已揚名於學術文化界。中華民國對日抗戰時期（一九三七－一九四五），他的一冊名著《新人生觀》，更使他聲名大噪。我有幸親身沐受到羅師的教誨，則是在三十八年（一九四九）來到臺灣以後的事。我做羅師的學生，有兩次：一次是三十九年（一九五〇），在臺灣省青年服務團受訓時，聽他講述「人生哲學」；一次是四十三至四十四年（一九五四－一九五五）間，在國立政治大學教育研究所選讀他開的課：「民族主義研究」。四十六年（一九五七）七月，我畢業後由教育研究所推薦給羅先生，經過他約談面試之後，接受我，派我為中國國民黨中央黨史會編審，於是羅師與我於師生關係外，更成了長官與部屬。我於八月一日到職，十月六日就要結婚，不能不當面對他有所說明。我提出三項請求：一是為我證婚；二是准我婚後住進台中市市營巷一棟日式舊房子；三是准我預借兩個月薪金。羅先生的回應是：一、證婚沒有問題，勸我婚後少生小孩，並以他本人例，說明兒女不能多的必要；二、房子沒問題，只是希望能空出一間供台北來人落腳之需；三、預借薪金兩個月不合規定，准預借一個月，另由他私人借一個月。我當然很感激羅老師，但未接受他以私人身分借錢給我。羅師是引導我走上史學研究道路的師長，也曉得我是書呆子，有牛脾氣，但還信任我，曾寫信給副主任委員狄膺（君武）先生介紹我說：「其人沉著謹慎，向學之興趣頗強，能安心坐下工作。」羅師已於五十八年（一九六九）十二月辭世，我曾四度寫文章或作講演來紀念他，與他的兩位女公子羅久芳教授、羅久華教授，也成為好朋友，羅師在天上也會感到欣慰吧！

亦喜亦憂的日子

婚後第一個十年，是段甜甜蜜蜜的日子，卻也是段堅苦奮鬥的歲月。我們毫無積蓄，微薄的薪水只足以餬口，然女兒及兒子先後出生了，生育養育教育三大問題接踵而至，身為一家之長，不能不早作籌謀。工作雖甚安定，然也只是個起碼的公職人員，我正壯年，總不能苟安於現狀；否則就是太沒出息，自甘墮落。我倆時常談及家計及前途問題，不能不下定決心，先建立最低限度的經濟基礎，再在工作及進修方面力求突破。

要一家人生活安定，就得想辦法增加收入。辦法在那裡？我除文字工作外，別無一技之長，更談不到財務管理與經營，因此要增加點收入，唯一的門徑就是到學校裡兼課。民國四十八年至五十四年（一九五九－一九六五）間，我曾先後在台中商職夜校、逢甲工商學院、僑光商專三校兼任過教職。那時際，我的胃病時常犯，心中不無憂慮，情緒常陷於低迷狀態。所幸內子明達，她除了本身繁重的教學工作外，一手包辦了家中的大小事務，教養子女，並照顧我的生活，叫我無後顧之憂，工作之外，還不忘自我進修。在她的悉心調護下，我的胃病竟然好了，真是大幸。有了健康，我才能於民國五十五年（一九六六）夏天，以最高分考取中央黨部的公費出國留學，使人生進入一段新里程，數年來心中的鬱悶，也因之一掃而空。

年近四十歲了，才有了出國進修的機會，說好聽點，是「大器晚成」，其實是「晚來的幸運」。不管怎麼說，兩年公費得來不易，而且是帶職進修，我必須善加利用這難能可貴的機會，期能無負於羅師的提攜以及愛妻的鼓勵與期望。長輩及同輩同學友好中，有的寫信祝賀並勉勵我，如胡伯月村先生及劉世景兄；有的於祝賀的同時，要我考慮到長期不在家中的一些困難，如吳湘永兄。湘永是我中學時代比我高三班的同學，年齡也比我大些，時常以老大哥身分對我進「忠告」。他說：「你老家將軍堂的墓地裡冒煙了」（我們家鄉話，是說後代子孫中有人有了大喜事，祖先們也感到高興，墓地裡會有輕煙昇起。）但同時警告我：「兩年不在家，萬一有什麼事故發生，怎麼辦？你得多考慮。」我謝謝湘永兄，但未多考慮他的建言。出國進修是我一直追求的目標，有進無退；相信內子的智慧、能力和毅力，足以應付預料中的一些困難。只是要她為我多受兩年苦難，內心深感不安。當時的心情，我在〈我家三遷〉一文中，曾有如下的回憶：

> 出國進修的兩年（一九六七—一九六九），對我和內子，都是一次嚴酷的考驗。我是單人獨馬的去美國「闖天下」，雖然有公費可以維持生活，不需要去打工，然而課業的繁重，生活的單調，思家的情懷，長期的苦悶，都無時無刻不煩擾在腦際，真有度日如年的感覺。內子的負擔，折磨和犧牲，比我更大，更多。為了兩個孩子的生活和教育，她把課務作了必要的調整，大事小事都由她一肩擔負起，日間晚上都在忙亂與焦慮中熬過。那時候，我家中並未裝設電話，國外家內只靠信件來聯繫，我也才真正體會到「家書抵萬金」的況味。一別兩年，現在想來真的十分可怕。好在堅強的意志和靈犀相通的期待，給予我們最大的勇氣和信心，終於平安而圓滿的度過了這段歲月。

這兩年，是我一生中的關鍵時段，對我工作經歷及學術順利度過這一關鍵的主要動力；我常說她有恩於我，這是其中的一項。新任黨史會主任委員黃季陸老師有意要我在美多半年，我沒接受，兩年期限一到就立即回來了。記得回到台北松山機場時，內子帶了兩個孩子來接機，見到孩子都長高不少，榮貞清秀的面容上卻略帶憔悴，心中真是既感激又歉疚，千言萬語盡在不言中！

美滿中的缺陷

多少年來，我的主觀認知一直感到很愜意，很自豪：我沒有錢財，沒有地位，更沒有超人一等的智慧與能力，卻蒙上天見愛，賜予我美滿的婚姻，不能不引為是「一生之大幸事」。

憶及我倆初建家庭之時，一無所有，經過兩人台中十二年的辛勤耕耘，台北十三年的穩定發展，才打定起碼的經濟基礎，有了完全屬於自己的住所。一對兒女，也已順利完成大學教育，女兒肖寧且已出國深造，兒子肖元亦已高分考過出國留學的語文關口「GRE」，我在史學界也算是初露頭角。老同學高明敏兄來我家相訪時，稱讚我倆已建成一個「神仙家庭」。

我家由台中遷至台北，是在民國五十九年（一九七〇）夏天。此次搬遷，受惠的是我和兩個孩子；受害的則是內子。我，五十八年（一九六九）二月美國進修期滿歸來後，即留在台北工作，且升任中級主管職務，又承中央准予貸款購買住所，於是買了台北市興隆路的一間三樓公寓。為工作方便，自然要長住台北。寧兒小學甫畢業，需要到台北升水準較高的中學；元兒已讀完小學五年級，很想到台北讀六年級，為明年升學第一流中學打好基礎。來台北後，兩個孩子的目標都達到了。只有榮貞，卻不能不放棄臺灣省立臺中商業專科學校的講師身分，到台北後幾乎失業。當時，臺中商專教務主任楊茂林教授曾勸她多考慮一番，內子以我和孩子

爸媽與女兒。

的需要為重，還是忍痛離開臺中商專。我當時的想法也過於天真，以為到台北後找個相當的教職應當沒有問題，因為黃主任委員季陸先生以及台北市政府教育局第二科科長張壽山兄，都答應幫忙。事實上，困難度遠在我想像之外，榮貞不能不屈就國民中學教師，從此喪失了升等副教授、教授的機會。她沒有後悔，也沒有抱怨，我則一直感到很內疚，很對不起她！是不是我的自私害了她？多少年來真的是歉歉於懷！

我家更大的缺陷，也是最大的災難，發生於民國七十一年（一九八二）七月：肖元甫畢業於國立交通大學電子物理學系，考取預備軍官，分發空軍，於七月十一日前往虎尾空軍基本訓練中心報到入伍，十八日卻因參加（七一）天龍作戰演習時中暑，送醫不治，因公殉職。這一慘變，改變了我和內子的命運，此後的二十五年，我倆幾乎是在孤苦無告的境地中，強忍悲痛，勉作鎮定、堅毅卻又茫然無奈的奮鬥。我很感謝並佩服榮貞的理智與決斷，令我們渡過了生平最艱險的難關。元兒殉職十週年時，我寫過一篇紀念文〈同聲泣悼同心奮勵——元兒殉職十週年答謝諸友好〉；二十週年時把此文以毛筆正楷書寫一遍，收入我悼念愛兒所寫的詩文集《西河吟》（未刊稿）內。其中有兩段話，是我椎心泣血的敘述：

> 元兒之逝，帶走了我全家的歡樂和希望。幾年來，我在重新考慮人生的意義和價值，我在徘徊，我

在徬徨。真的，我沒有信心把微弱的生命維持多久，所以《西河吟》裡有不少「來日知幾許」和「不如早日歸去」的感傷語句。但念及國仇家恨和己身對國家、社會、家人所負的責任，怎可有退攖逃避的心念！因而決定吞盡辛酸與苦痛，做個孤獨卻又倔強的硬漢，和命運拼鬥到底！

面對橫逆，夫竟不如妻！內子和我攜手共度十年來的悲苦慘澹歲月，她顯得比我更理智、更堅強、更決斷。我真的我真的是由衷的欽佩她！感激她！以一弱女子，能卓然自拔於常人無法忍受的悲慘境遇，而能予我最大的支助，反使我自愧枉為七尺之軀！此生此世，我夫婦同命一體，心如日月，志如鋼鐵，在人生的旅程上，要以老者健者的精神，迎向最後的目標，無愧無怍！

元兒殉職已經二十五年了！我倆也已面臨老境，感情已逐漸昇華至雲淡風輕的境界，懂得如何面對殘酷的現實。失去的，永遠追不回來；最重要的，是如何把握現在，善盡本分，事事能做到心安理得，俯仰無愧。

「五好」配「五糗」

人世間，本來就沒有十全十美的人，也沒有盡善盡美的事。每個人，不論男女，都有自己的生長環境，不同的性格與各別的志趣；對周圍的人和事，也都有自我的認知和評價；甚至基本的人生觀，有些人也會南轅北轍。婚姻是由兩個人相互同意而組合成的，自然有很多很多相同的基因存在，同樣也會有不少性格與志趣方面的差異。感情再好的夫妻，也不可能避免的，有時會有「話不投機」的情事。被人人稱讚為「好姻緣」的語言學大師趙元任、楊步偉夫婦，晚年不也自己承認是「吵吵鬧鬧四十年」嗎？

我和榮貞，只是普通人，有一般夫婦結合的基本元素，也有各自不同的性格和癖好。兩人的血型：一個是A，一個是O；個性：我是溫和而失之優柔，她是開朗卻又有幾分躁急。然我倆都有相互理解、尊重、容忍的雅量，能做到「剛柔相濟」，也有更多相同或相近的觀念與認知，因此共同生活五十年，一直處於琴鳴瑟和的和諧狀態。偶有言語的小小誤會、情緒上的小小不愉快，也無傷大雅，彼此都不放在心上。平心而論，榮貞付出的比我多多，我對她的感激與尊重也完全出於至誠。在我心目中，她是位「五好女士」：「好學生、好老師、好太太、好媽媽、好鄰居。」

說榮貞是「好學生」，是不折不扣的實話實說。青年時期的大學時代，她就是個品學兼優的好學生，得過優秀學生獎學金，也曾被選拔去參加陽明山的夏令講習會。直到近年，已是古稀之年的老婦人了，仍是很認真的學習新事物；去年參加文山社區大學的粉彩及雅克力畫班，結業成績仍是八十五分高分。至於「好老師」、「好太太」、「好媽媽」、「好鄰居」，雖也是我的主觀認定，然證據確鑿，不須多解說。「好鄰居」一節，倒有予以說明的必要。回想一下，不論是住桃園，住台中，住台北市興隆路，近鄰有六七家，內子與之相處均極融洽，與女主人成為世交好友。特別值得一提的，是興隆路對門鄰居蔡太太，不僅平日禮尚往來，時有餽贈，且連年藉赴美探親之便購買專治骨質疏鬆症之丸藥，贈送蔡太太，竟使她的病情大有起色。我親自聽到蔡太太對內子說：「妳對我比我親妹妹都好。」也曾在巷道中遇到蔡家大少爺對內子致謝說：「李伯母，多謝妳多年來對我媽的照顧。」

榮貞早期對我的印象如何？我未曾認真的問過她。我猜想，她對我的印象，大概不太好，也不太壞。說不太好，是她很少在言詞上稱讚我；說也不太壞，是基於她終於和我結婚的事實，如果印象太壞的話，恐怕早就把我甩掉了。我有自知之明：雖不是「一無可取」，畢竟缺點不少，有時自己都覺得很難為情。然也不可否認，我為人心地善良，從未有過損人利己之心，作人做事雖然笨拙一點，但還值得朋友同事們信賴。進入老年，夫妻間無論言語行事，已經沒有什麼顧忌，有時講話的聲音會不自覺的直率些、放大些。十年前吧，榮貞檢討我的生活習慣與行事風格，歸納為五個字：髒、懶、笨、拗、拖；當然，她的本意不是奚落我，而是希望我時時警惕，有所改善。這五個字，都是我的老毛病；我承認了，並不以為忤。

結婚四十七週年婚慶日前夕，我寫了幾句祝賀並感謝的話送給她，落款即寫：「五糗老人」。但我也要強調一點，即是在榮貞的感召與督責下，這些毛病已有了改進，只是她要求的標準，還差得很遠；有時我也自嘲：「朽木，不可雕也！」

以晨間健行為常課

每日起床後的第一件事，是相偕外出漫步。這是行之有年的老習慣，如非有出國、疾病或其他不可抗拒的原因，不曾停止過。這事已經成為生活的一部分，晨間如不出去走一圈，就好像缺少點什麼，覺得沒有交代。只是隨了年齡的增長與體力的日漸衰退，健行的時間與路程已作了適度的調整。居住興隆路年代，我倆晨間健行的地域是景美山上的仙跡巖。遷來木柵後，前兩年是到政大校園內，上山又下山，走完山上校區的環山一、二、三道。從前年起，路線縮短為木柵路、集英街、指南路、政大溪邊路、環山一道、出後校門，過恆光橋，再沿木新路或保儀路走回家。除環山一道有上下坡度外，盡屬平地，需時約七十分鐘。偶而興起，也會走一次環山道全程，不過步履很慢，邊走邊談，需時九十分鐘。最近一次走完環山道全程，是本年九月二十二日星期六，三總出院後第八天。似乎通過了一次體力考驗，增強了幾分信心。然自己曉得，已是八十多歲的老人了，如何還能強與體力賽跑？當心點，就好！

郊外漫步，是最適合老年人的一種運動，主要目的在於呼吸新鮮空氣，活動筋骨，促進血液循環。同時可以欣賞路邊的樹木，聞聞花香，聽聽鳥語，有時並可欣賞日出山巔時的雲彩變幻，溪流中的鷺群競逐，感到意興盎然，別有

老而彌篤。

天地。也常與老同學冉亦文姐、老同事劉世景兄、學術界好友曾濟群教授等，途中相遇，駐足小談，感到無比愉快。另外，健行時刻也是兩人最接近的時段，或前或後，細語絮絮，相互引領關注之情態自然顯現出來，覺得很溫馨、很得意，也許有路人看了，很羨慕。只是我年來聽力衰退，有時聽不清楚老伴講的話，回話時也常「驢唇不對馬嘴」，自討沒趣，不無挫折感。有時也會觸景生情，思及一些生平往事以及從公與治學的是非得失，一時靈感，草為短句，歸而錄之。

九月七日晨間漫步時，想到結婚五十年來的生活歷程，頗有感慨，乃以〈慰老伴〉為題，串成五絕短句：

攜手五十年，
共締好姻緣；
甜苦皆成夢，
晚晴賞雲煙。

最稱職的護士

十一年前，我在自己的學術生活自敘傳《史學圈裡四十年》的〈自序〉中，曾說出內子在我生活中的角色：「我常說，她是我的女友、太太、管家、護士、顧問和督戰官。」

這是心底裡的話，沒半點曲意奉承的意思。六項職務，她都非常稱職；但隨了老境的來臨，一耳重聽，意外病痛也不斷的發生，榮貞照料我的工作重點也略有改變：飲食之外，在家時要做「接話生」，一道外出時則成為我的「耳目」及「代言人」。特別是近兩年來，我為面部鼻子左側的小毛病所煩，她為我陪同就醫，晨昏敷藥，悉心照顧，月以繼年，無怨無艾，善盡褓母兼家庭護士的職責，甚至曾私下為我祈禱、許願。直到今年九月，陪我住進三軍總醫院內湖院區實施手術後，情況好轉已接近痊可，她才略有「仔肩稍卸」的感覺，開始展露轉憂為喜的表情。

我這點小毛病，如果生在別的部位，根本算不了甚麼。生在鼻溝處的神經交感地帶，就很討厭了。早在民國八十五年（一九九六）夏天，同部位處曾患過「小腫瘤」，經三軍總醫院整形外科主任王先震醫師診斷為良性，並施行手術後即告痊癒，其後九年一如常人。九十四年（二〇〇五）八月下旬，我去南京出席一次國際學術討論會歸來後不久，患部即有發炎腫脹現象，因而開始一連串的醫療行動。初看萬芳醫院耳鼻喉科，並作頭部掃描檢查。繼改由同醫院整形外科主治醫師王先震先生（三總退休後轉來萬芳）主診，於九十五年（二〇〇六）內動過三次手術，卻未能治愈。王醫師為國內名家，未能有功，真出人意外。我相信他已盡心盡力。一次榮貞陪我去就診時，他見太太對我的辛勤照料，就對我說：「李先生，你真是個有福之人。」

十二月，接受表弟妹孫小潤女士建議，改去三總皮膚科求診，由瞿德璐主任主治。他把病情看得很簡單，認為把壞細胞割除就好」。其後又施行三次小手術，逐日外敷藥膏，歷時半年，卻始終處於時好時壞狀態中，未能根治，我當然有些洩氣！

本年六月間，皮膚科林軼鵲女醫師建議應去三總整形外科進一步檢查，並建議去找陳天牧主任主診。我們去與陳主任談過兩次，他很誠懇，務實，認為須住院動大手術作澈底檢查後，再決定治療方法。我倆經冷靜考慮後，接受陳主任的安排，於九月十一日住進三總內湖院區第四一病房一五一病床，次日（十二日）晨七時三十分即被送進手術室。由於全身麻醉，手術進行情形我茫然無知。

醒來後，榮貞暨程威海兄先後告知手術過程，才有些悚懼。原來發現病因起於上顎的犬齒齒齦發炎，經整形外科主任陳天牧、住院醫師李子朋、麻醉科主任鄭達寰（滕興華兄外甥，滕麗華之子）、口腔外科主任夏毅然會診，並徵得內子同意及授權後，面部及口內都動了刀。這是我有生以來最大的一次手術，留給我極為深刻而複雜的記憶。

此次住院動手術，雖只四天三夜，感覺上卻如隔了一大段時限。手術之晨，冉亦文姐、程威海兄均蒞臨現場，陪伴榮貞，滕興華兄則一大早即遠自桃園趕來榮總手術室，陳會傑、劉景芬兄嫂則於晚間親來病房慰問，劉鍾渝嫂則於次晨即到病房詢問病況。寧兒連日均有電話回來詢問情況，安慰母親。更難想像的，是陳慶麟學妹，她連日電話舍下竟無人接聽，心想一定有了什麼問題，乃極為機智的想到榮貞老同學冉亦文，記得亦文就住我家附進之一棟大樓，乃親赴揣想中的一棟大廈詢問，果是亦文住處，因知實情，立即掛電話到病房來慰問。榮貞講過話後，我也特別講幾句，謝謝她。

劉百魁兄尚未痊愈，我們不願驚動他，待他曉得我出院回家後，又偕同范勝妹嫂來舍探視，真不好意思。當然，最辛苦也最受委屈的人，是榮貞。她日夜陪我，照顧我飲食行動，自己卻吃不飽，睡不好，又得與醫護人員聯絡，一時一刻都不能疏忽。她慮事周詳，預計十五日上午出院，十四日晚間就買好一盤精緻的蛋糕準備送第三護理站全體人員，表示謝意，結果皆大歡喜。她曾對我說，現在才更能體會到兩人相依為命的真義，語帶哽咽。我有同感，背著她，輕輕的擦了擦眼睛。

我寫這段文字時，已是出院後第十二天，復元的情形良好，只是覺得速度慢了些。十七日上午曾去三總整形外科回診，由陳天牧主任診視，認為恢復情形不錯，約定一個月後再去檢查。

十月六日好徵兆

十月，在中華民國史上是個光輝的月份。九天之後，就是我倆結婚五十週年之慶，很興奮，卻還沒想到用甚麼方式來祝賀，看來還是要靠老伴來動腦筋了。女兒說，「爸爸依賴媽太深」，並沒有冤枉我，越老越感到依靠老伴的重要。家中大小事，我都想靠她作決定，她的一些想法確實比我實際，高明。不過，有一件事，我是已經確定了的。就是要把過去三十年來，每逢內子生日、結婚紀念日及其他具有紀念意義的事件，我不定期所寫出的二十多篇小文彙集起來，成一小冊，列為家乘。這些長短句，完全是我一個人的「夫子自道」，所以小冊定名為《我言・我心》。

十月六日，我很喜歡這個「十」字，帶有「十全十美」的意境；更喜歡這個「六」字，因為它暗示「六六大順」的吉祥意義。由「六」，也可推想到「六六三十六」，是臺灣習俗中的「大吉利」象徵。希望今年十月六日這一天，是我家平安、健康、快樂的新開端。九月二十七日凌晨，我忽然興起，立即取筆寫出一首「打油小詩」，送給老伴：

六六三十六，
恩比天地厚；
謹布區區意，
扶將期百秋。

中華民國九十六年（二〇〇七）九月二十七日（星期四），八十一歲老人李雲漢誌於台北市文山區木柵路三段六十九號六樓之三寓所。時近正午，老伴正忙於家事。賀她比我健康，更祈求她長壽。有妻如此賢慧，心願足矣，又復何求！

藍寶石婚慶謝贈賢內

二千零二年，十月過六日；
喜氣上眉稍，迎我藍寶石。
脈脈對賢內，喃喃且自語：
憶昔基水濱，有幸識才女，

秀慧集一身，學品尖端數，
緣來生摯愛，欣結終生侶。
布教有義方，敬業復進取；
瀝盡心血淚，育成乖兒女。
上天何不仁？奪我愛兒去！
西河泣未已，呑聲誓再起！
投注汗青間，清逸明夙志，
老境相扶將，緩步坎坷路，
受屈為求全，耘人常捨己！
友于羨明達，鬚眉嘆弗如！
鉅細一肩擔，愧我三尺軀！
秉性太迂疎，有勞多開示，
責切緣愛深，回報無半縷！
恩義高如山，歷歷何可數，
歲月空蹉跎，來日知幾許？
他世若相遇，銜環報知己！

結婚四十五週年，是西人所謂藍寶石婚慶也。內子惠我者多，草此詩以申謝忱。

民國九十一年九月二十五日成稿，二十九日修正後謄清，以毛筆繕之。七十六歲翁李雲漢識於台北文山興隆路陋寓。九十四年十一月二日電腦儲存。

結褵四十八週年書贈賢內

紅絲一線牽，天作好姻緣，
笑語淚光中，扶將四八年。
情深恩更重，儕侶讚卿賢，
髮白血益赤，心志鐵石堅。

民國九十四年九月二十九日星期四成稿，並打字儲存於電腦。十月六日吉日將至，感激賢內之情已如潮湧也。雲漢識於木柵蝸居。

二十三歲韓榮貞（雅妹）。民國44年7月，雅妹留影於台北。題小詞曰：「烏歸林，樹結根，我的雅妹，我的心！碧海晴空，那得愛情深！」——雲漢。

老而彌篤。

三代同席：（由左至右）李雲漢、韓榮貞、王繡蘭。

我的同學們

童年時代讀梁任公（啟超）的文章，記得他說過一句話：「老年人常思既往，少年人常思未來。」認為是地地道道的寫實筆法，任何人都逃不過這一思維的規範。我在童、青年時代，也曾做過不少「白日夢」，為自己的未來描繪出一幅幅美麗的遠景，然而「人算不如天算」，後來絕大多數美夢都落了空。今日已登耄耋之年，真的很喜歡「生活在回憶裡」，想從逝去的歲月中重拾一些溫馨的「前塵往事」。民國九十六年度（二〇〇七）即將過去，更加懷念那些曾經同窗共硯及同甘共苦過的伙伴們，其中一小部分已經離開了人間，大部分則仍然「老而彌堅」，過著恬淡自適的晚晴歲月。逝者已矣！我要對「老當益壯」老兄弟、老姐妹們，表達由衷的賀忱與敬意。

小學時代

我的小學時代，包含三個階段：本村村塾時期，初級小學時期，高級小學時期。時間係自民國二十三年（一九三四）至三十年（一九四一），年齡則是自七歲至十五歲；由於抗日戰爭爆發及侵華日軍大舉進犯，中間曾輟學兩次，小學足足讀了八年。

我是在七歲那年，被父親送進家鄉將軍堂村私塾開始念書的。塾師（當時稱「師父」）是族伯李蓮亭先生；學生只有五人：年齡最大已讀過數年書的是李璞玉，我們稱他為「學頭」，次之為李仁德，他們兩人的輩分都比我高，稱呼為叔叔；另外三人是大堂兄李雲龍、二堂兄李雲啟和我。師生六人中，在故鄉的五人均已謝世，只我一人遠在臺灣做「白頭宮女」，慨談七十三年前的一些舊事，很感慨，也很幸運！

塾學，是舊時代舊社會制度下的產物，是閉塞與落後的象徵。父親接受過「昌樂縣鄉鎮長訓練班」的訓練後，有了新思想，於我九歲那年，送我和大堂兄雲龍去三華里外趙家嶺村的「洋學堂」（就是依中華民國「新學制」設立的初級小學）讀書，從二年級讀起，為我接受新式教育之始。教師是楊振華先生，助理教師是董鴻先生。採混合一、二、三、四年級的複式教學，教師當然很辛苦。各年級學生共有三十多人，我至今記得姓名並有印象的同學，有下開諸人：

李好忠 李好英 李好孝 李好朋 李法文 李好德 李好廉
李桂蘭 李秀英 李好義 董懷義 劉萬全 周鴻霖 高立亭

趙家嶺初級小學讀了兩年，抗日戰爭爆發了。日本人打到了我家鄉，學校停課，我因而失學。直到民國二十七年（一九三八）秋，抗日的昌樂縣政恢復常軌，我父親才商請縣政府教育科的同意，在我村設立了將軍堂初級小學。我復學後，讀四年級。學生有本村的秦修亮、岳希孟、岳存禮、舍妹李蓮芳、堂弟李雲鵬等二十餘人外，尚有彭家溝的楊學晏、楊學信、楊學舜等十餘人。當時的昌樂縣政府暨保安團團部均駐彭家溝，村內已無空房子設立學校，學生不能不到二華里外的我村來求學。楊學晏是我遠房表弟，白白淨淨的，才讀一年級。教師初為趙有貴先生，繼為孫鴻祿先生。一年以後，我升學昌樂縣立下皂戶小學（只設五、六年級，稱高級小學），校長為鞠鴻儀先生，教師為鞠蘭春女士。至民國三十年（一九四一）暑期，我小學畢業。高級小學時代的同學，大部分都還記著他（她）們的姓名和當時的形貌。姓名是：

韓學德 韓東輝 李培棟 李培芳 李培臻（女） 李光先
李好義 盧瑞君 楊學舜 楊學信 趙延齡 田世義 鞠鴻美
（女） 楊春溪 楊錫福 王明斗 王文忻 王文修 王思恭
王思敬 倫文海 萬福綏 萬福華 李廣富 李忠儉 李和禎
王學書 李玉璜 尹志瑞（女） 于文翰 姚化先 姚化誠
唐在學 唐振宗（唐振典） 唐玉珪 張蓮芳（女） 張隆
選 張鶴書 宋學新 宋瑞蓂 楊學孝 張來禧

另有倫姓、王姓、張姓、劉姓四位男同學，名字記不起來了。王梅春的弟弟王篤敬似乎也曾插班過來，我一時不敢確定。

以上小學時代的同班同學我能寫出姓名者，近六十人。其中張隆選於日軍一次「大掃蕩」（即發動優勢兵力向我軍防區大舉進攻）時，慘被殺害。民國三十七年（一九四八）昌濰地區為共軍攻佔後，不少同學循不同管道流亡去青島，復於次年（一九四九）隨軍隊暨政府單位撤退到臺灣。我所知道的，有初級小學時代的李好朋、楊學晏；高級小學時代的王明斗、王文忻、姚化誠、田世義、張來禧、張鶴書；再加下皂戶小學低我一班的馮華（祝三）、王文章（慶儒），連我，共十一人。在臺灣，各人的際遇不同，有幾位投考了陸軍軍官學校，其後歷任國軍將校級高級軍官；有的升學大學，走學術研究路線；有的投身於警界，有的服務於交通單位，均直到限齡退休；也有一二人走入民間，從事小本生意。王文忻於兩岸開放後回到昌樂原籍；田世義、張來禧（至礽）、張鶴書、王文章，不幸於數年前離開了人間。

中學時代

我的中學時代，開始於民國三十年（一九四一）八月，迄於三十七年（一九四八）一月。就讀的學校，初名昌樂縣立初級中學，繼升格為山東省立昌樂中學，是戰時山東規模最大的一所完全中學。校址初設於鄌郚附近的劉家溝；鄌郚被日敵侵佔後，東遷馬宋與營邱之間的六七個村莊；三十四年（一九四五）八月抗戰勝利，昌樂縣政府決定於縣城東南郊吳家池子附近興建新校舍，各班級均於三十五年（一九四六）秋季開始遷入新校址上課。由於校址被迫東遷時初中部停課半年，我延至三十七年（一九四八）一月高中才畢業，在校期間為六年又五個月，年齡已是二十二歲。

我在省立昌樂中學，讀過三個班級：一是師範講習科，簡稱「師二級」，讀不到一學期，就轉到初中部去了；二是初中部第二級，簡稱「中二級」，一年級時在劉家溝，二、三年級則東遷龐家河溝；三是高中部第四級，簡稱「高四級」，一年級及二年級上學期都在馬宋寺後，二年級下學期北遷吳家池子，當時新校舍尚在繼續施工興建中。我對母校懷有濃厚的感情，在臺灣曾寫過一篇〈我的母校——山東省立昌樂中學〉發表於《山東文獻》季刊，對母校作了重點性的介紹，於師資的優良暨「戰時教育」的特徵，多所著墨。

談到中學時代的同班同學，彷彿又回到了那個時代，他和她們的聲音笑貌又都出現在腦際。

師二級是個大班級，記得有五十多人。不過在六十六年之後的今天，我能記得姓名的同學，僅十多人，他們是程威海、龐叔儀（樂禮）、劉紹武、康立亭、滕欣榮、趙令名、卞克銘、王漢傑、宋學新等。他們畢業後，多半從事於本縣教育工作，只有程威海投筆從戎，參加知識青年從軍報國行列，到抗戰的大後方去了。至民國三十九年（一九五〇），我才又和威海在臺灣見了面。另一位師二級同學滕欣榮，也到了臺灣，在臺東縣長濱鄉任小學教師；我和他通過幾次信，尚未及見面，他竟罹意外車禍去世，令人痛惜！威海兄則是位堅苦中奮鬥有成的人，先後完成了大學教育，考取了高等考試，在中央政府機關中服務，官位升到簡任級，成為在臺昌中同學中的「標桿人物」之一。還記得他在師二級就讀時，首次月考的成績是第一名，我才得第十二名！

中二級，人數比師二級更多，大概有六十多人。那時教室裡沒有課桌椅，每人自備一副馬踏及圖板，擠得滿滿的。服裝剛入學時「五花八門」，後來昌樂縣政府免費送我們每人一套黑制服，才整齊多了。那麼多同班同學，當時混得很熟，如今想來，大部分還能記得姓名；只有三五人，腦中有印象，也記得他（她）們的姓氏，卻沒法想起名字。我牢記不忘的「中二級」同學，有下開諸人：

王秀仙　趙彩霞　王鳳英　楊俊英　滕愛華　賈雪麗　李培臻
張蓮芳　趙蘭桂　田藍玉　王友倩　唐美蘭　邱祖慰　劉聖源
（以上為女生）
王貴增　劉恆心　趙世華　龐樂信　李雲漢　陳俊宅　陳會傑
劉百魁　宋其仁　馬居正　張同芳　王傳政　張炳孝　楊連春
張立綏　趙世傑　徐漢民　滕興華　滕欣常　尹公斗　卞玉玟
王益賢　楊萬選　劉　翔　滕寶福　馬大忠　馬大信　王在信
任撝敘　楊春溪　周　相　許衍潤　高慶來　王龍灝　張　炎
張言成　路樹蔭　路樹籓　路稚凡　吳廉生　秦家起　王紹坩
賈偉靈

這些同學，有的中途轉學，也有一兩位「降了班」。另有好幾位同學，未畢業前即參加知識青年從軍，到大後方去了，如趙世華、劉聖源、賈偉靈、宋其仁、張炳孝；趙世華投入海軍，不幸於赴美受訓學成歸國途中遇意外海難，犧牲了。也有一位女同學楊俊英未畢業即結婚，退學了。中二級畢業後，一部分同學就業，一部分同學改讀後師，升學「師二級」，大部分同學志願讀高中，考進高四級。

初進高四級時，我記得有四十六、七位同學，後來也有一些「跳出」與「轉入」的變化。欒國祥轉去省立安邱中學，後來不幸於安邱戰役中被難。朱亮東，讀過一學期竟染病逝去。抗戰勝利後，北遷吳家池子新校區，郭龍春等幾位則自濰縣轉來我校我班。張翰業，臨朐籍，暑假回家時竟被當地土共所擄，幾個月後始脫險歸來。一位令人激賞的同學是馬大信，他乘風破浪去了收復未久的臺灣；到基隆後曾寫信給高四同學報告觀感，叫我們很欽佩，也很羨慕。高四級畢業時，印過一份《畢業同學錄》，內有一部分老師暨高四、師二兩級同學的照片，成為我所存藏有歷史價值的中學時代原始資料之一；另一份資料是我高中第三學年的「學生證」原件。依據《畢業同學錄》，我班畢業時的同學，只有四十人：

賈雪麗 張蓮芳 滕愛華 杜雲英 田藍玉（以上為女生）

趙汝泌 許衍潤 王選民 郭龍春 張翰業 周　相 朱金城

王天民 吳廉生 楊春溪 魏立孚 王錫海 陳俊宅 陳會傑

李雲漢 張培義 龐樂信 趙世傑 呂訓忠 郭山松 楊連祺

中學同窗大家，民國96年12月10日。台北銀翼餐廳。
後排（由左至右）：尹公斗、滕興華、劉成仁、劉百魁、李雲漢、程威海、陳會傑。
前排（由左至右）：范勝妹、韓榮貞、劉鍾渝、丁清原、劉景芬。

王者興　王文昶　任捣敘　滕興華　劉　翔　張晉忠　徐漢民
劉百魁　尹公斗　馬居正　劉緒興　周樹桂　李貴卿　楊祖宣

高中畢業後不到四個月，昌濰戰役爆發，家鄉從此淪入中共的統治之下，已近六十年了。屈指一算，初、高中時代同班同學來到臺灣者，計有二十二人，姓名如下：

程威海　滕欣榮　王友倩　王紹坩　秦家起　張　炎　高慶來
王龍灝　卞玉玟　馬大忠　周　相　許衍潤　張晉忠　馬大信
周樹桂　趙世傑　尹公斗　徐漢民　滕興華　陳會傑　劉百魁
李雲漢

當年是意氣風發的青年人，如今都是八十左右的白髮老翁了。很不幸，滕欣榮、張炎、王龍灝、馬大忠、趙世傑已經做了古人。王紹坩早年只見過一面，秦家起曾到圓山來看過我，以後兩人都失去聯絡。高慶來遠居南部的岡山，見面不容易。居住在中、北部的同學，都可於每年春節時的「山東省立昌樂中學旅台校友春節聯歡餐會」中相聚一堂，把臂言歡。我和劉百魁、陳會傑、程威海三兄住台北市同一社區，過段時間就邀幾對夫婦檔餐敘一番，談東論西，樂趣橫生。有次我對百魁說：「在老家，相距四、五十華里，想見面談談，可真不容易；在這裡，成了近鄰，隨時都可撥電話，約期見面聊天，真正做到守望相助，是緣分，也是福氣。」有幾位中學時代同學常住美國，如于煒文、路樹蔭、滕愛華等，他（她）們偶而回國時才能見一面，談及在校時往事，熱情仍不減當年。

「學生兵營」中的一群

民國三十八年（一九四九），是中華民國政府在大陸大潰敗、大撤退、大災難的一年，也是我個人生活史上血淚交織的一段悽慘歲月。在青島，經過一番焦思苦慮，下定決心要移孝作忠，含淚走進第十一綏靖區青年教導總隊的營門，成為一個武裝的「學生兵」，也從此成為一個浪跡天涯，無家可歸的「尋夢人」。

成立青年教導總隊，是綏區司令官兼行政長官劉安祺（壽如）將軍的決策，我始終認為是一項德政。總隊長是位留學日本出身的文人將軍陳孝祖先生，當時他還是國立山東大學的兼任教授。他說，青年教導總隊屬於軍事系統，但不是戰鬥單位，而是教育單位，主旨為「養成文武兼備之才，儲備國用。」對我們這群流亡學生來說，這是最好的也是唯一的一條生路。我把這一「學生兵」歷程，視作是中學時代的延長教育。

青年教導總隊是在三十八年六月初離開青島的，經過臺灣，未登岸即又開航，於月底到達海南島的榆林港，旋奉令進駐榆林港東北十公里的金雞嶺。八月，奉令改稱「第二十一兵團幹部訓練班學生總隊」。我由於與父母生離死別的悲痛縈結心中，又加水土不服，竟憂鬱成疾。所幸同學中有不少昌樂中學同學及昌濰區各縣的鄉友相照顧，才能逐漸恢復了體力與信心。

總隊的「學生兵」約四百多人，都是昌濰及膠東各縣的知識青年。其中昌樂中學老同學暨新近相識且極投緣的新同學，有三十三人：

> 孫熙烈 陶慶武 滕建孟 王國安 李維楨 張瑞岐 孫國勛 孫英三 秦耀光（華洲） 劉玉珍 楊景德 潘貴全（滌，錫九） 張立民（一民） 孟信民 尹慶山 劉博源 胡永智 王法舟 馮祝三 田世義 王雪村 陳 超 王夢麒 趙守信 楊學晏 張思駿 劉漢民（玉民） 王國華 卞玉玟 高健之 孫約三 李雲漢（伯筱） 卞貴銘

這些同學，有幾位來頭很不簡單。王國安，多才多藝，文筆尤佳，在故鄉昌樂曾任小學校長，教育科督學。到臺灣後，我曾在中央日報副刊上讀到他的一篇文章，題目是〈小卒〉，內容為介紹劉誠心（外號「小卒」）兄在離家後的奮鬥史，很叫人感動。潘貴全兄，昌樂中學簡師第一級畢業後，任小學校長，長於文墨，意氣風發。共產黨佔領昌樂後，他甚感悲憤，乃與其兄其弟於一夜間協力將中共之「區政府」幹部數人擊斃，然後逃往青島，被稱之為「反共壯士」。孫約三，年齡比較大，出道也早，戰前已畢業於法政專校，戰時在本縣游擊部隊中擔任「指導員」（即今之「政戰官」）。在一次與日軍的遭遇戰中，他曾兩度為日軍槍擊畢命，待日兵走後，竟又悠悠醒來，被認為是一項奇蹟。他此時屈任一名班長，和我同中隊。他曾和卞玉玟、張思駿、我，共同編刊一份「壁報」，參加比賽，榮獲第一名。貴全、約三，一有空就來找我聊幾句，相互安慰、勉勵。民國七十一年（一九八二）秋，貴全撰文悼念我兒肖元，曾提及三人當時的心情：

> 在那艱苦驚險的環境中，大家只有抱定患難相依度絕境，生死與共待天明的決心苦撐，於是彼此間的友情，竟成了這些孤臣孽子賴以生存的主要力量。當時除李兄（雲漢）外，還有一位孫約三先生，一有空閒，三人便湊在一起，情緒好的時候，相互勸勉，如若不然，就相顧唏噓，悽然而散。久而久之，我們的精神意志與情感，無形中都緊密的交織在一起，永遠不會為時空所隔離。（《幼鴻啼痕》三五〇頁）

說來慚愧，我這個「學生兵」大部分時間都待在療養室裡，很多操、課，我都不能參加。中隊長王其昌少校、分隊長孫建功上尉（後來晉升為少將師長），都能體諒我，也很關心我。照顧我最多的，是卞玉玟和張思駿，情感有逾兄弟；馮祝三、孫國勛、楊學晏，也都為我費心盡力。當然，生病的人非只我一個，有的復元了，有的竟含怨以終。昌樂中學師二級畢業同學孫熙烈兄就不幸一病不起，埋骨海疆！

我們這群「學生兵」，是在三十八年十一月由海南來到臺灣的，初駐臺中。次年，軍中有個大整編，「學生兵」面

臨兩條出路：一是投考軍官學校，繼續在軍事系統求發展；一是走向社會，向行政、教育、黨務、警政等領域，為國家做些貢獻。總隊長陳孝祖少將也回到教育本行，受聘為國立中興大學農業教育系教授。四十六年（一九五七）我到臺中服務時去看他，從此改稱陳老師。又十年後，陳老師推介我去見老長官劉安祺上將，我也不再稱他司令官，以鄉後輩身分，敬稱「壽公」。兩位鄉前賢謝世後，我都曾撰文哀悼，視之為恩人：因為沒有兩位先生當年的決策和愛護，我們這批身處絕境的流亡學生，怎能有機會渡海來臺，開創自己的一生？

留在軍中的「學生兵」同學，都非常出色，楊學晏的表現與成就更加突出，積功晉陞至陸軍中將；他如萬壽鵬、王文章、孫英三、張瑞岐等，亦各有專長，表現優異，成為校級軍官的標桿型人物。從事社會各部門工作的金雞嶺老伙伴們，以從事黨務的孫國勛、獻身教育的張一民、陳超、開辦機械工廠的宓蘭室等，都有卓越的成就。卞玉玟兄以電訊專長考進空軍服務，先後派赴駐韓國、泰國武官室工作，成績特優，獲特准結婚並發獎金一萬元的榮譽。「學生兵」同學組成一個「金雞嶺學友會」，編印過一冊《金雞嶺憶往》，並定期編刊《金雞嶺》會刊（季刊），傳承並光大「金雞嶺精神」。學會的成立及專刊會刊的編印，張一民兄出錢出力「數十年如一日」，貢獻最多，也贏得大家由衷的敬佩。他允文允武，已有多種編著出版，我幾乎每年都收到他的贈文及贈書。

同學同鄉來到「臺灣的懷抱」

民國四十年代，有一首非常流行的愛國歌曲：「臺灣好」。曲調本是台東一帶的民謠，歌詞則是出於先師羅家倫（志希）先生的手筆。歌詞分三段，第一段的前一句是：

臺灣好，臺灣好，臺灣真是復興島；
愛國英雄，英勇志士，都投到他的懷抱。

我讀到這句歌詞，內心有些激動，是一種特別的感受。我們背鄉離井，冒險犯難，度過千辛萬苦，終於來到臺灣的同學及鄉友們，雖不敢自稱「愛國英雄」，比之為「英勇志士」，應當之無愧。我們是在不同的時間，從不同的地點，循不同的管道，匯集到臺灣來的。來自海南的「學生兵」以及來自大陸的「昌濰臨中」，是兩股主流；還有不少昌樂中學的師生們，已經先期在臺灣各地建立起「灘頭堡」。

到底有多少昌樂中學同學來了臺灣？沒人作過精確的調查。以我為中心，除前述小學、中學、青年教導總隊來臺同學外，凡曾見過面，通過信的同學，尚有九十多位。年級高於我者：

李　瑞　吳湘永　于延文　于鼐文　趙怡然　潘國佐　高仲美
王銘箴　于作賢　王樹榮　潘建英　潘傑英　劉　簡　高廣孚
任可毅　張世範　張懷仁　李傳倫　于煒文　趙允德　張春興

唐振訓 王祥鑑 張存武 孫鴻祿 崔廷選 王剛鑑 于作智 劉金鄉（建耘） 劉景堯 劉成棕（新民） 李復興（建坡） 戴德勝 鞠鴻文 亓維中 趙篤誠 楊岱雲 劉淑貞

與我不同班卻同年級者：

陳樂千 高鵬翔 劉鵬昇

年級低於我者：

趙景龍 毛鴻章 趙企增 劉德禎 李師祥（健民） 劉明欽 宋繼修 冀維仁 曹鑾書 曹學書 曹志青 霍榮華 孟慶明 劉 笈 王振奎 張炳智 尹慶山 楊法雲 王熙月 王耀本 范懷磊（世儒） 高忠信（潔） 于鼎文 劉成仁 王友慧 李祥龍 崔永泰 崔華章 韓懷中 王珠源 李祖訓 冀維信 王傳仁 王錫海 冀維德 梁廷琛 張福盛 王者光 王振東 王 政（德著） 馬奎聚 吳湘曾 李 震（世昌） 鞠利民 蕭世芳 張化方 郝萬友 鄭學禮 張國訓 高仲源 孫仲鈞

以上僅就個人記憶所及，難免有遺忘者，抱歉。在臺灣，各人的職業領域不同，然愛國愛鄉的心情完全一致，見面談話，總離不開中學時代的趣聞軼事。有成就的人不在少數：張春興、高廣孚、張存武、于鼎文、王銘箴、劉簡等，都是名教授；于延文、王祥鑑、崔廷選、張懷仁、趙怡然、王振東等，都曾任中學校長；李瑞、孫鴻祿、高鵬翔、劉百魁、張炳智、冀維仁等，都曾任小學校長；孫仲鈞、王耀本、鄭學禮等，都是醫師；一位飛將軍且曾為立法委員的人，是高仲源；多位曾任職中央及地方機關的簡、薦主管，如程威海、劉新民；農經專家有宋繼修、劉明欽；崔華章習畫有年，崔永泰書法有成；以及人數更多之辦學及教學著有名聲的中小學優良教師。當然，半個世紀的時光荏苒而逝，不少同學已經凋謝了！這乃是人世間最無可如何之事，天下那有不散的筵席！

大學時代

我的大學時代是很零散的，包括四個階段：臺灣省青年服務團時期，臺灣省行政專修班時期，陸軍軍官學校預備軍官訓練班時間，及國立政治大學教育研究所時期。年代係始自民國三十九年（一九五〇）三月，迄於四十六年（一九五七）七月，計共七年又四個月。年齡，係自二十四歲至三十一歲；比正常的大學學程晚了將近十年。

臺灣省青年服務團

這個團，是臺灣省政府教育廳為大陸各省來台流亡學生而設立的教育及服務機構。但流亡學生也不是無條件入團，須經學力甄審及體格檢查。團址設於台北市的圓山，團長是湖南籍的上官業佑（啟我）先生。實行軍事管理，設兩個大

五家青年服務團老同學伉儷。
後排（由左至右）：劉慶林、李祖培、李雲漢、高明敏、劉錫銘。
前排（由左至右）：劉太太、陳月里、韓榮貞、李淑品、徐潔敏。

隊轄六個中隊，另有個女生中隊。全程教育期限為六個月，分為兩期：前期四個月，著重思想教育；後期兩個月，分科實施專業教育。團員同學大概有六百多人，來自大陸各省一百多所院校，其中昌樂中學畢業同學有數十人，我記得姓名的，有：吳湘永、王樹榮、趙企增、趙景龍、劉成仁、孟慶明、梁廷琛、孫國勛、李祥龍、李祖訓、馬奎聚、胡佩璋、秦耀光、劉淑貞。淑貞是女同學，只在昌樂中學中一級讀過一學期，就轉學她本縣壽光的十五聯中去了。可是在圓山一見面，我就能認出來，說：「妳是中一級的劉淑貞，是我的學姐。」此後和我談話或寫信，她就以「大學姐」自居。

昌樂中學的老同學之外，在團內相知相識及結業後仍能不時往來的新同學，也只三十多位，因我秉性內向，不喜交遊，故認識的同學不多。最熟稔的男同學有：

伍猷謀 劉錫銘 韓欽元 王述親 湯振鶴 周道濟 李易登
王士祥 李慶榮 李錫公 高明敏 吳存信 姚潤身 何清中
李祖培 馬永駿 王剛然 崔劍奇 喬育彬 褚金鎧 郭增學
黃 斌 葉經柱 侯伯烈 劉慶林 徐廣霖 尉文江 程大器
丁 人袁 非

其中五十七年來，過段時間就舉家餐敘未嘗間斷的，是我、劉錫銘、高明敏、何清中、李祖培等幾家，嫂子們也都成為莫逆之交。至於女同學，最熟稔的是鄭源慧，次之是鄭錦如、袁遂姜，再次是丁海倩、丁海伶姐妹。只是她們結婚之後，除了團慶之類的活動外，就很少見面了，她們也都已成了奶奶輩的老人家。鄭源慧大姐後來與其壽光同鄉韓斌（又斌）中將結婚，每年都交換賀卡。

臺灣省行政專修班

臺灣省行政專修班成立於民國三十九年九月，無獨立編制，課務與事務均由臺灣省青年服務團兼辦，經費則由教育部提供。此班之設立，係出自上官業佑先生的決策，是一項嘉惠學子的德政。學生來源有二：一為有志升學的青年服務團團員；一為國立長白師範學院來臺學生；然均須經過甄試。初設普通行政、教育行政、土地行政、財務行政四科，教育行政科有一年制、二年制兩班。實質上，專修班乃為一專科學校，然當時的教育部長程天放堅持「不建校、不復校」政策，故以「班」名之。至四十四年（一九五五）教育部長易為張其昀之後，始令准專修班與臺灣省地方行政專科學校合併，改稱臺灣省立法商學院，後改國立中興大學法商學院，即今國立臺北大學之前身。

我在行政專修班，讀二年制教育行政科。是個超大班，初入學時有九十多人。其後，未畢業即退學者，二人；出國後失去聯絡者，四人；先後逝世者，已達二十四人。依據本（九十六，二〇〇七）年十月間的調查，在國內外之本班同學，有六十人：

王文元 李淑品 陳慧根 諸毓珍（以上為女同學）

于 潾 王 烈 王 熹 王成俊 王聿琥 王錦章 王俊咸

白國棟 史經國 朱光復 仲肇淦 成 湯 李志先 李雲漢

汪慶餘 何啟東 沈成添 尚文彬 吳勇生 林義杜 房傳玨

胡露白 徐復華 袁默之 唐 泉 唐國風 孫以宙 孫廣德

高從先 郭喜斌 徐文和 崔立柱 崔劍奇 張芸亭 張洪範

張國安 張銘森 張積祥 陳子謙 陳志武 陳秋雄 曹 慶

曹芹生 曹荷生 梁雪郎 莊鶴齡 符 斌 葉經柱 楊仕俊

趙景龍 鄭秉寬 劉宗藩 劉時鎰 劉錫三 潘家瑞 鍾永琅

戴卓英 蘇惟智 顧海濱

以上六十人，皆來自大陸各省，而以山東籍之十九人為冠。其中，大多數從事於教育工作：有五人為大學教授（孫廣德、李雲漢、沈成添、葉經柱、戴卓英），二人曾任專上學校校長（郭喜斌、鍾永琅），十三人曾任中、小學校長（王文元、王聿琥、白國棟、吳勇生、孫以宙、張芸亭、張洪範、張積祥、尚文彬、陳志武、莊鶴齡、蘇惟智、顧海濱），一人曾任教育科長及教育廳主任秘書（崔劍奇），多人曾任省、縣督學（劉時鎰、唐泉、曹荷生），一人曾任博物館館長（楊仕俊）。離開教育界者，有十數人，分別從事於新聞、中央機關、交通、稅務等單位，職位最高者為中央部會之司長、副司長（林義杜、郭喜斌）、祕密處主任（王錦章）。考過甲等特種考試，獲簡任文官任官資格者，有三人（郭喜斌、劉時鎰、李雲漢）。亦有多人，於脫離公職後另有事業上的「第二春」，有人經營公司著有成就（潘家瑞）；有人勤習國畫著有名聲（成湯）；也有八、九人去外國創業（徐文和、于潾、王聿琥、王錦章、尚文彬、朱光復、袁默之、崔立柱），並享受老年安逸生活的新境界。最值得興奮的是：在國立臺北大學近六年來選出的傑出校友中，我班同學佔了四位，其中包括了一手創辦「創世社會福利基金會」，嘉惠全省植物人病患的曹慶董事長；其餘三人是林義杜、李雲漢、楊仕俊。前幾年，同班同學每年至少要餐敘一次，九十二年起，改併同學子女婚宴時聚會，參加人數也越來越少了。

與我班「二教」同時在校的「一教」、「二財」、「二土」三班同學中，亦有十多位相知甚深，畢業後常有來往。「一教」的高明敏、楊承彬、鮑家驄、汪學文、張澤民、郭治華；「二財」的姚潤身、李祖培、陳元培、楊道淮、王養廉；「二土」的李大陵、詹俊傑、陳康順等兄是。這幾位學兄均於其本業範圍內，有優異表現，然際遇不同：王養廉不幸早逝，鮑家驄甫於花蓮師範學院院長任內退休後返大陸故鄉探親時，遽逝於山東萊陽老家，楊承彬前年逝於台北，姚潤身則長期臥病，令人慨嘆。其餘諸兄，李大陵一直在美國任教，餘人都在台北。李祖培兄為中興大學（今臺北大學）的元老教授，對回校補修學分同學協力甚多。陳康順兄多才多藝，他的一冊《魔術館長的故事——當代難忘藝文人物》，曾於民國九十五年榮獲中山學術文化基金會之「文藝創作散文獎」。楊道淮兄已自財政部退休，能文，尤擅書法。

二教窗友，民國97年4月4日。台北孫廣德家中。

陸軍軍官學校預備軍官訓練班

我們專修班「二教」同學於民國四十一年（一九五二）六月畢業時，正逢政府要實施預備軍官培訓制度，令六所大專院校（國立臺灣大學、臺灣省立師範學院、臺灣省立農學院、臺灣省立工學院、臺灣省立地方行政專科學校、臺灣省行政專修班）應屆畢業生，於八月一日前往鳳山陸軍軍官學校報到，接受為期一年的預備軍官教育。這是件破天荒的事，要文武教育真正合一。我對軍中生活有些恐懼，但也不能不硬著頭皮面對。除女生及幾位青年軍出身的同學免訓外，我們都在鐵路沿線各大站均盛大歡送的情形下，走進軍校的大門，當晚即換了軍服，由「文學生」變成了「武學生」。後來事實證明，我入校前的一些顧慮是多餘的；我們都以身為軍校預訓班的第一期學生為榮。

當時軍校校長是羅友倫中將，預訓班主任是王寓農少將。兩位都是足智多謀的儒將，我對他們的印象極好。與我們同時在校受訓的正科班學生，是第二十四、二十五兩期，其中有昌樂中學來台同學近二十人，他們是：劉福祥（金廣）、高潔（忠信）、劉建耘（金鄉）、滕建孟、滕建民、田世義、田克源、王文章、張海昌、孫英三、張來禧、曹孝昌、崔永泰等。已是中尉軍官的劉景堯，則在近鄰的陸軍步兵學校當教官。楊岱雲在步校示範部隊，也駐鳳山。楊學晏表弟此時是少尉排長，有段時間就駐步校附近。操課雖忙，一有空就找幾位老同學聊一陣子，精神上也並不寂寞。來自臺北地區幾位男女同學們的信件，也會帶給我不少安慰與鼓勵。

預訓班受訓，六所學校同學混合編隊，同班同隊的同學，有七成是新面孔。由於都是集體行動，很少有私人交談的機會，因而交不到多少新朋友。倒是分科教育到步兵學校受訓期間，與幾位「幹部人物」混得很熟，因為我也曾被推舉擔任第二任「學員長」（實習中隊長），列名「自治幹部」之一。如今想來，受訓期間相識相知，結業後仍不時有往來的預訓班同學，僅有九人：

羅錦堂　臺灣大學中國文學系，後進師範大學國文研究所，為中華民國第一位文學博士。常年任教於夏威夷大學，我多次在國際學術會議場所與錦堂見面，兩度路過火奴魯魯時，均曾到羅府接受招待。

李子堅　臺灣大學政治系，領導能力強。其後赴美深造，一直服務於有名的《紐約時報》。我到紐約哥倫比亞大學進修時，曾於夜晚電話話舊，惟始終未有機會見面。

李子達　李子堅之弟，師範學院教育系，即後來之名導演李行。入伍教育時與我同班，人極機敏。任何場合見到面，總是他先高喊一聲：「李雲漢，怎麼在這裡碰到你。」

董翔飛　行政專校行政學系，後入政治大學公共行政研究所。專習政法，擅書法。歷任內政部司長、司法院大法官，國立中興大學教授。因為都住台北，見面的機會比較多，熱誠不減當年。

呂士朋　臺灣大學歷史學系，數度出國進修。精研《資治通鑑》，明史，亦涉足於近、現代史。常年任教於台中東海大學歷史系、研究所，亦為中國歷史學會主幹人物。同在史界，見面機會最多。

汪　中　師範學院國文學系，詩文書法均有專精，自成一家。一直任教於國立臺灣師範大學國文系、所。為人信實，不喜交遊。入伍教育期間，我不時與汪中暨張德壽兄見面暢談，德壽不幸已作古矣！

李德進　臺灣大學政治系。結業後即至臺北市政府服務，積升至一級單位主管。雖不常見面，信息時有聽聞。有一次，我應邀於晚間到市府職員集會中演講，德進搶先到休息室看我，說：「見一次面不容易，等一會，人多了，我不好強擠。」

開昌國　臺灣大學經濟系，有經營長才。結業後即至遠東紡織公司任職。以洞悉市場變化，獻策改變經營方針，因而「賺了大錢」，年終送他一筆「數字大得驚人」的獎金。我問他「到底是多少？」他總笑而不答。

趙金祁　師範學院理化系，後出國取得博士學位。受訓期間，面熟，但無深交。及他先後出任中山大學校長、教育部政務次長，才多所接觸。他溫文儒雅，思想縝密，為學人從政之好榜樣。

國立政治大學教育研究所

我於受畢軍校預備軍官教育後，本來可以分發至臺灣省政府教育廳服務，由於青年服務團楊團長爾瑛先生希望我回專修班做助教，所以就又回到大直去了。助教工作做了一年多，就升學至甫行在臺復校的國立政治大學研究部，讀教育研究所。時為民國四十三年（一九五四）九月，但到十一月才正式開學。這時只設教育、政治、外交、新聞四個研究所，第一期研究生共五十六人。教育研究所首任所長是陳雪屏先生，同學十四人：

鄭瑞澤　陸　銑　呂寶水　王承書　李序僧　黃啟炎　李雲漢

程　運　徐傳禮　陳石貝　鍾永琅　高長明　江漢松　高明敏

十四人中，徐傳禮、鍾永琅、高明敏是行政專修班教育行政科同學，其他多是師範大學出身，只有程運，我一直不曉得他是來自何地何校。畢業後，各自走上自己的道路，際遇自也不盡相同。陸銑去美國留學，獲取博士學位後，一直留在那邊做教授。江漢松去南洋辦學，高長明後來也去了美國從事教育工作。在國內的，程運、鄭瑞澤一直留在政大教育系任教，瑞澤曾當過系主任，程運有段時期借調教育部擔任訓育委員會常務委員。呂寶水、鍾永琅、陳石貝則常年服務於教育部及其直屬文教機關。高明敏一離校就辦學，歷任溪州國中、花蓮高工、新竹高工、台南高工、亞東工業專科學校等校校長，並曾當選為全國十大傑出青年。同樣有雄心壯志要辦學有成的李序僧，於省立武陵中學校長卸職後不久，不幸雙目失明。王承書曾到行政院服務，其後則失去聯繫。在臺的黃啟炎、在美的徐傳禮，卻不幸先後離開了人世。

第一期四所同學同住一棟宿舍，同一餐廳用餐，也多半在同一教室聽課，因此大家混得很熟。第二年，各所第二期同學進校，相處有兩年，所以也都認識。第三期同學入學時，我仍在校，只認識少數幾位；第四期以後，就全然不相識了。

第一期外所同學於畢業離校後，在臺灣不時碰面或在國外多次相遇者，有政治所的周道濟、馬起華、邱創煥、簡木桂、徐有守，外交所的羅龍、呂秋文、陳栗、林尊賢，新聞所的李瞻、張宗棟、洪桂己等兄。周道濟是我青年服務團的老同學，中華民國第一位法學博士，我結婚時他代表同學們上台講話；他做臺灣大學三民主義研究所所長時，曾請我去作專題講演及擔任碩士學位口試委員。馬起華喜歡參加學術會議，我主辦的學術會議多次邀請他，他主持的學術活動也常邀我參加。邱創煥的官位最高，黨內做過單位主管、副主席，因而時常和他在會議場合相遇；最近一次見面，是九十七年一月八日在中央黨部為紀念蔣經國先生逝世二十週年而舉辦的一次「口述歷史座談會」會場內。簡木桂在日本東京開了家「東豊書店」，我多次到東京都會找他聊聊，他回臺北時也總要到我辦公室坐坐。徐有守，也多是在公私集會場所見到面。羅龍、林尊賢都是常年駐外的外交官。我在紐約進修時，羅龍在聯合國服務，曾邀我於晚間到他宿舍中話舊；民國八十三年（一九九四）十一月我應莫斯科大學亞非學院之邀前往出席一項國際學術會議時，羅龍適為我國駐莫斯科代表，方便多多。林尊賢在駐日大使館服務時，我自美回台經過東京，曾在大使館見面；他回台到陽明山革命實踐研究院受訓時，一天中午我去接他到山間吃「土雞城」，暢談駐外情形，感慨很多。呂秋文是張其昀先生愛將，一直在文化大學執教，有著作出版，總會贈我一份。陳栗已由外交官轉任經濟部駐外專員，回國時總想法見見面。李瞻一直主持政大新聞系、所，有功於中華民國之新聞教育；他主持吉星福張振芳伉儷文教基金會時期，聘我為董事，去年我才辭職。張宗棟長期在中廣及中視服務，一度出任中國國民黨中央秘書處主任，成為同事，時常找在一起談東論西。洪桂己本在台北市政府當科長，後來到了國史館做史料編纂工作，成為同事，見面的機會最多，也告訴我一些政治密勿。時光飛逝，洪桂己、馬起華、周道濟三兄已先後成為古人了！

第二、三兩期同學中相熟稔者，想來應有二十四位。他們是：教育研究所第二期的蔣永敬、梁尚勇，楊承彬、蔡保田，第三期的高銘輝、高廣孚、張壽山；政治研究所第二期的朱堅章、雷飛龍、杜奎英、張亞澐，第三期的華力進、芮和蒸、胡佛、陳寬強、傅宗懋、張緒心；外交研究所第二期的陳宗堯、徐乃力，第三期的張豫生、李光億；新聞研究所第二期的陳聖士、閻沁恆，第三期的于宗先。其中以蔣永敬兄，一同至黨史會工作，一同去美國哥倫比亞大學進修，一同在政大歷史研究所教課，又有很長一段時間做鄰居；已經有五十二年的友誼，成為通家之好。因此，他在回憶錄《浮生憶往》一書中，記下不少我公私兩方面的「美行」與「糗事」。當年我們被認為是史學界的「新進少壯派」，其後被推稱為「蔣李二公」，今則垂垂老矣，已有向史學界告別的打算。這二十多位同學，有幾位在行政界做過次長級官員，大學校長；大多數則獻身於學術界，成為享譽國內外的知名學者。很可惜，杜奎英、蔡保田老早就過世；近年來，陳聖士、楊承彬、傅宗懋、朱堅章，也走了；聽說華力進也已悄悄離開人間！然耶？非耶？

留美時代

我很早就有出國深造的意願，羅家倫老師及內子都曾給予我最大的鼓勵與支持。但我們是窮苦人家，出國一定要考公費。考公費，並不容易。因此拖延到民國五十五年（一九六六），人都四十歲了，才考得中國國民黨的兩年公費，於次年一月去了美國，開始一段留學外邦的孤寂歲月。家和兩個孩子的教養重任，完全落在內子肩上，想來我真有點自私。

我想進紐約市的哥倫比亞大學（Columbia University），因為哥大的東亞研究所（East Asia Institute）是研究東方歷史文化的中心，所長韋慕庭（C. Martin Wilbur）博士是朋友，凡事會有個商量。韋教授歡迎我，主動憑我的著作為我請得「訪問學人」（Visiting Scholar）身分，提供我研究室，可以自由聽課，自由進出圖書館，參加教授團定期舉行的學術談話會（Faculty Seminar），很受尊重，但沒有學籍、學分。我覺得這很可惜，想讀個學位。但同校不能有兩種身分，因此去聖若望大學（St. John's University）找亞洲研究

韋慕庭夫婦與李雲漢夫婦。

中心主任薛光前先生商量。薛先生很瞭解我的情形，同意我到聖大修個碩士學位，並為我代辦一切申請入學手續，我從此稱他薛老師。白天在哥大，要寫篇英文論文。每週有三個下午去聖大聽課，每一科也都要寫「學期報告」（Term Paper），一部打字機成為我的切身伴侶。還好，一切都照我的計畫進行，如期完成；對學校，對自己，都有個滿意的交代。

哥大的同學，只十餘人，包括已得到博士學位離校就業，仍不斷回來參加學術活動的徐乃力、朱永德、李又寧，正在讀博士學位的陳福霖、吳應銧、葉嘉熾、吳章銓、夏沛然、張華華、利迪雅（Lydia）。他（她）們有的來自臺灣，有的來自香港，利迪雅則是祖籍烏克蘭的美國女士。我在哥大東亞研究所，是個特殊人物，英文不如其他同學，卻受到禮遇，討論會時可講中國話。和我有同樣身分的，是蔣永敬兄。第二年，永敬兄回國了，張玉法兄來到哥大，和我住同一棟大樓。經由玉法兄，認識了也在哥大攻讀的沈大川兄。這些哥大老友，除永敬、玉法、大川在台北經常見面外，李又寧、徐乃力也常回台，葉嘉熾每年都寄賀卡，陳福霖在香港教書，吳章銓在聯合國工作，張華華也曾來過台北，夏沛然則一直沒有消息。可憐利迪雅，十多年前竟然自殺身亡！

在聖若望大學我雖是正牌研究生——王正明兄喜歡稱我為advance student，但只是蜻蜓點水式的去聽課，一下課即趕車回哥大附近的宿舍，所以對聖大的情形了解不多；認識

哥大老友：（由左至右）張玉法、李雲漢、韋慕庭、蔣永敬、蘇雲峰、張朋園。

的同學，也只限於亞洲研究中心的中國籍朋友。記得最清楚的，有文武全才的王正明、古典美人劉琦言（王、劉均來自臺灣）、愛國情殷的丁非比（菲律賓籍華人小姐）、自認為「中國種」卻非中國人的蔡德偉（華裔馬來西亞青年）、英語流暢老於世故的神父張鶴琴（日本上智大學教授）、研究胡漢民的朱澤孚等人。另有一位美籍牧師Christopher，當時也很熟。李本京是另一種情形，他已畢業就業了，有空還回校會會老同學，因而相識。本京是政大外交系畢業的，尊我為學長，其後在美國及台北，時相往來，在台北他是淡江大學的常年客座教授。

我住紐約西一一二街，在哥大校區內。有十多位常住紐約來自臺灣的老同學，也時常見面，聚會或通電話問候。除羅龍、徐乃力外，尚有行政專修班的朱光復、崔立柱、陳鵬仁、李大陵、陳定夷李粵芳夫婦等，政大研究部的李鑫矩、孟德聲、袁良、徐本智、陳宗堯、張壽山、黃炳煌等。中央警官學校的徐遠齡雖非同學，由於曾同住一家Apartment，因而相識，有志同道合之感。曾到我住處作過客的外地同學，有劉明欽、吳以政。這些同學，有一半已回國服務，一半在美國落地生根。可惜李粵芳、吳以政、袁良已經離開人間了。李粵芳是廣東政要李揚敬的么女，我做過她班的助教；吳以政在行專和我同班，擅書法，亦能畫；袁良為山東同鄉，戰時曾就讀省立第八聯合中學，在紐約常年主持《華美日報》編務。三人的逝世，都曾帶給我一陣感傷！

（由左至右）孫英善、李雲漢、張玉法。1982年4月10日，孫英善家中。

（由左至右）沈大川、李雲漢。

革命實踐研究院研究班第十五期

民國七十四年（一九八五）一月，我奉調革命實踐研究院研究班第十五期受訓一個月，年齡已五十有九。這是我一生中最後一次當學生，不過名號已不是學生，也不是學員，而是「研究員」。這時，革命實踐研究院的主任由黨主席蔣經國先生兼任，實際主持院務的人是副主任吳俊才（叔心）先生。事實上，我在五年前，即已受聘為該院的講座，在實踐班及海外班講授中國國民黨黨史方面的課程，調訓期間也仍然要到實踐班講課，成為扮演兩種角色的「雙面人」。和我有同樣情形的，尚有祝基瀅教授。

這個班，有研究員二十九人，其中有兩位是女士（沈蓉、郭慶芳）。依學號次序排列，二十九人的姓名及當時的職務如下：

陳義揚　國立交通大學教授
李雲漢　中國國民黨中央黨史會副主任委員
谷家恆　經濟部科技顧問室主任、國立中山大學工學院院長
徐錠基　逢甲大學教授兼環境科學系主任
顏慶章　財政部稅制委員會執行秘書兼賦稅法令研審會執行秘書
李宗仁　立法委員
莊國欽　遠東機械工業股份有限公司總經理、心得科

技公司董事長

章孝慈　東吳大學法學院院長

開昌國　中央信託局業務稽核處處長

萬心澄　中華工程公司副總經理

楊立賢　淡江大學訓導長

林維義　中國造船公司副總經理、中興大學法商學院兼任副教授

羅天行　中國國民黨中央財務委員會總幹事、光華投資公司總經理

連勝彥　國民大會代表、台北縣私立清傳高級商業學校校長

李德武　交通部總務司司長

祝基瀅　國立政治大學新聞研究所客座研究教授

林聯輝　立法委員

賴耀輝　中國農民銀行稽核室主任

嚴雋泰　唐榮鐵工廠股份有限公司總經理

王業凱　國家安全局訓練中心主任

李　炎　教育部國際文教處處長

鍾榮吉　立法委員、中華民國團結自強協會秘書長、聯合報主筆

郭崑謨　國立中興大學教授兼企業管理研究所所長

顏正平　國立中興大學教授兼總務長

楊昌年　國立臺灣師範大學國文系教授兼主任秘書

洪俊德　監察委員

王瑞林　法務部政務次長

沈　蓉　國立臺北護理專科學校校長、中華民國護理學會理事長

郭慶芳　國民大會代表、臺灣省婦女會理事

以年齡論，以王瑞林最長（民國十二年出生），我次之。王兄官位也最高，所以大家選他為研究員長。年齡最輕的是徐錠基，民國三十九年生。以籍貫論，臺灣省有十一人，最多；江蘇省五人，次之；福建、江西各二人，又次之；浙江、山東、貴州、安徽、廣東、河南、湖南七省，各只一人。以門第言之，有三位是所謂「權貴子弟」：嚴雋泰是嚴前總統家淦（靜波）先生哲嗣，章孝慈是蔣總統經國先生庶出次子，谷家恆是黨內大老谷正綱先生么兒。但在同學中，一點也看不到他們的「貴氣」，三位都是溫文儒雅，格調很高的學者、企業家。我和三位相處，甚為相得，我們都不大喜歡多講話，但都用心聽講，尤其是章孝慈，每堂課都看到他手不停揮的作筆記。最活躍也最機敏，善於為大家製造笑料的人，是鍾榮吉兄；他是政大新聞系畢業的學弟，比我小十六歲，所以一直稱我為學長。開昌國、萬心澄、賴耀輝，是我陸軍軍官學校預備軍官訓練班第一期的同學，暇中聊天，也常談到鳳山那段軍旅生活的軼聞趣事；我和昌國同過隊，彼此瞭解的「底細」也最多。

我們這期研究期限為一個月，最後三天去金門參觀。我於四年前，曾陪同幾位外國學者訪問過金門，只一天，

當然看不到甚麼。這次住下來了，太武山、古寧頭、馬山播音站、花岡石醫院、民俗村、酒廠等景點，都到過了。這時兩岸雖仍然處於戰爭狀態，金門卻一片祥和，聞不到戰爭氣息。我在太武山上照了一張故作仰天長嘯狀的相片，是為此次訪問金門的最佳紀念。今天的金門，與二十二年前比，當然又是一副截然不同的繁榮景象。

結業後，各自回到自己的工作崗位，似乎沒有任何昇遷。早幾年，同學們還會輪流作東，定期邀同學們餐敘，忘記什麼時候停止了。只有少數幾位同學不時見面，很有情感。其中，祝基瀅、鍾榮吉、李宗仁三兄都曾到中央黨部服務，分別擔任文工會、社工會、考紀會主管，每週都可在中央常務委員會議暨中央工作會議（前者係列席，後者係出席）時見面。李炎、李德武，見面的機會也多。李炎是教育部國際文教處處長，工作上有兩次幫過我大忙：一次是我要出國，要國際文教處同意，而辦手續的時間只有一天，不能不叫武競時小姐帶了我的名片直接去找李處長，他立即簽字為我解決了難題；一次是民國八十年（一九九一），我代理黨史會主任委員任內，要召開一次中華民國建國八十年國際學術研討會，經費方面煞費苦心，最後通過教育部長毛高文去找李炎處長幫忙，李處長以同學關係對我說「能幫多少就幫多少」，事實上完全滿足了我的需要。我在《史學圈裡四十年》自敘傳中，寫出一筆：「他（李炎處長）告訴我，一定設法，但能補助多少，須看年度結束經費分配及動用情形而定。事實上，我所要求的，李處長幾乎全都同意了。這次國際學術會之如期舉行，李炎先生實屬功不可沒。」

章孝慈兄，多才多藝，能寫，也能唱。我喜歡聽他唱的「虹彩妹妹」，但他不輕易出口。他要選中央委員，我曾義務做助選員，因為我希望能有更多的青年學者，參與黨的高層機構。沒有想到他在東吳大學校長任內，去北京進行學術交流活動時，竟致中風不起。他是二十九位同學中，唯一不幸早逝的人，真的有「痛失英才」的感傷。

懷念與祝福

從小學到大學後的研究機構，同過班，同過校，且曾有過長期往來的同學，約有三百多人，如今都是七十歲以上的老人了。有五十多人已經作古，在本文撰寫期間，又傳來中學時代同學王振奎不幸往生的消息！在臺灣，能經常見面或不時通信問候的同學，僅有五十人左右，在國外的則不足十人。這是天賜緣分，值得珍惜。費十多天工夫，寫完這篇回憶文字後，願竭誠為老同學們遙致無限無盡的懷念與祝福！

中華民國九十七年（二〇〇八）一月六日（星期日）下午，李雲漢完稿於台北市木柵路三段「仁普世家」六樓寓所。初登八十二歲門欄，懷舊憶往之情緒正與日俱增，願天助我等能重睹堯天舜日也。

中部山區觀光地帶三日遊

本年（民國九十七年、西元二〇〇八年）七月間，內子說，她（他）們的四季書畫會計畫於九月間舉辦一次台灣島內的旅遊，目的地是中部日月潭至合歡山地帶的觀光區，問我有沒有興趣參加。這是椿極有意義的活動，畫會成員也都是中興大學的學友，因此我欣然同意。八月中旬，負責籌劃此項活動的書畫會總幹事張勤兄台中來信，附寄計畫書一份，得悉：名稱：中興大學校友清境農場日月潭三日遊；日期：九十七年九月十日（星期三）至九月十二日（星期五）；承辦單位：台中富丞旅行社。

陳慶麟代購車票並贈新書

依據計畫書，台北地區參加旅遊的學友應搭乘九月十日七點台北站開出之南下自強號一〇〇三次班車去台中，在台中站與全體學友一道搭乘龍翔旅遊公司遊覽車出發。由台北至台中以及由台中返台北的車票需先行預購，以免臨時向隅。我本想親自於三日前至台北火車站預購，內子卻想麻煩陳慶麟會長，請她用電腦網路購票時代我倆買兩張票，慶麟立即允諾。她倆是同班同學，且是無話不談的知己，我也就樂於沾沾光，不再客氣。

九月十日，好天氣。甫六時，我倆即離家出發，搭計程車前往台北火車站。沒想到，忙中出錯，竟然忘記帶眼鏡及紙筆，真糗。進站後不久，同車諸友也都到了。慶麟取出一冊新出版的論文集送我，謝謝她，卻沒把忘記帶眼鏡不能馬上閱讀的憾事告訴她。書名是《中華民族的未來》，編者為劉鑑，印行者為楊正民。作者共二十位，其中容鑑光係舊識，齊衛國曾同席吃過飯，兩位都曾將其著作見贈。慶麟的論文，題為〈維護文化道德應從教育著手——兼談兩岸教育得失及融合〉，篇幅占六頁。旅途中，內子先讀過，我到旅遊結束回家後才能戴上眼鏡詳細閱讀一遍。這是我首次讀到慶麟學術性文章，文筆簡潔而練達，很欽佩。基本觀念也多數相同；她認為「欲國家統一，就必先文化統一」，確是不刊之論。

中部地貌完全改觀

預定旅遊的第一站，是南投縣的集集鎮。民國五十年代，我家住台中市，辦公處所則在草屯近郊的「荔園」。每天都搭乘由台中開往草屯的公路局班車，沿途的草湖、霧峰、省議會、坑口、烏溪橋以及草屯舊市區，我都非常熟悉，甚至培養出某種程度的睠念之情。此次來遊，心想可以重蒞舊地作一番久別重逢的巡禮，結果此一願望落了空：我

四季書畫會於台北中正紀念堂內懷恩藝廊舉辦聯展。

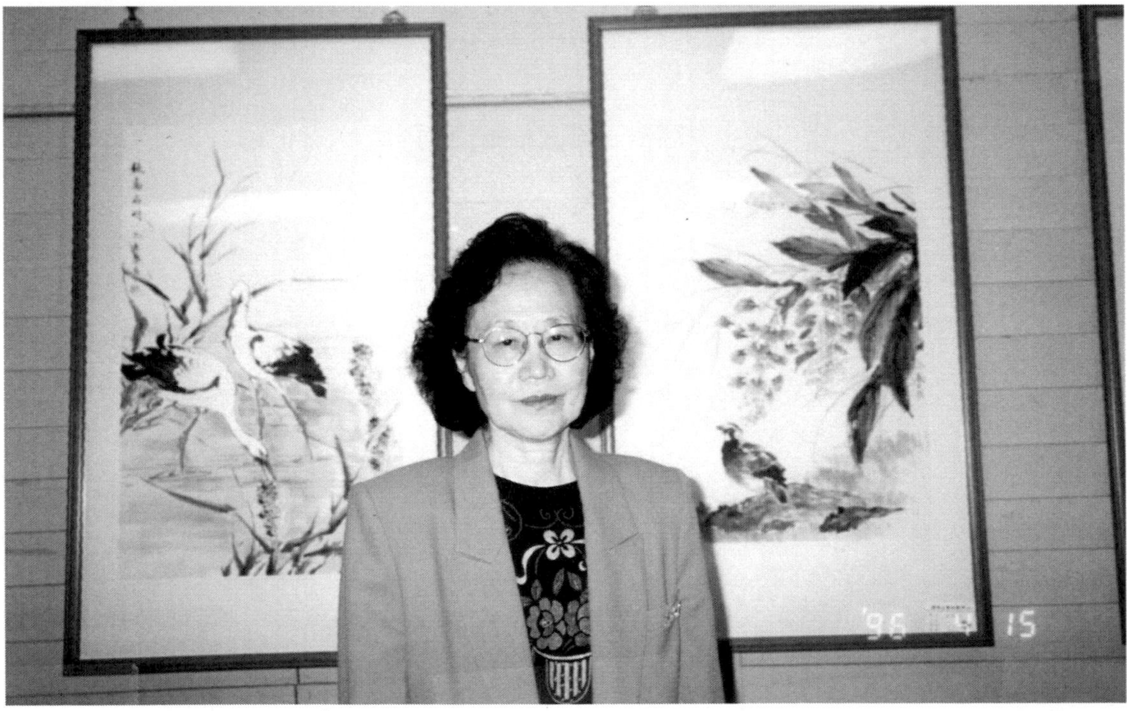

韓榮貞於作品前留影。

（由左至右）韓榮貞、陳慶麟。

（由左至右）凌振玉、王月英、陳慶麟、韓榮貞。

們的遊覽車一出台中即上了「三號國道」——一條新修建的高速公路，路上完全看不到霧峰、草屯等地的市區。所幸鄭育麟領隊在車上介紹了草屯的演變史——由「草鞋墩」演變為「草屯鎮」的過程，稍微紓解了我的懷舊心情。從遊覽車上注視左右遠近景觀，發現中部台灣的地貌完全改變了：不再是青翠連陌的平疇沃野，而是道路縱橫樓臺起伏的新市鎮形象，真的是「十年河東十年河西」！

車出了名間交流道，速度慢了，才又見到美麗質樸的農村景象，椰風蕉影的回憶湧向腦際。很高興，看到了成排成行的鳳凰樹，有的還正在開出黃色的花。我台中老住所巷子裡，有幾株高大的鳳凰樹；政大校園內以及鄰接的北政國中體育場邊，每年也都可以欣賞到鳳凰花；它們都留給我難以忘懷的愉快記憶。鄭領隊又把鳳凰樹的來歷敘說一番，滿有情趣。

集集——可愛的小鎮

集集，行政系統上係屬於南投縣魚池鄉的一個小鎮，早年曾經是中台灣的商品交易中心，有條小鐵路通往二水，稱「集集線」，與台鐵縱貫線銜接。多年前，我曾經搭公路局班車經過此地，沒留下明顯的印象。這次到來，以短短一個半小時的時間，參觀了三處景觀：台灣特有生物研究保育中心所屬的保育教育館、明新書院、武昌寺；也走過集集老街，在車上看看集集火車站的外貌，鄭領隊也適時作了口頭介紹。

台灣特有生物研究保育中心的設立，係在民國八十一年（一九九二）七月，當時的名稱是「台灣省特有生物研究保育中心」，屬於台灣省政府農林廳。七年後，當時的總統李登輝實施「精省」，此一機構遂於八十八年（一九九九）七月改隸行政院農業委員會。這是個佔地十公頃的綜合性園區，含有保育教育館、生態教育園區、野生動物急救站、鳥類展示園區、蝴蝶生態園區、研究大樓等單位。我們只參觀了保育教育館，經地下樓、一樓、二樓的展示區，有不少令人耳目一新的新發現。只是徒步上下樓梯，老年人難免感到吃力。我還好，尚沒有難以適應的感覺。

離開保育教育館，步行到了明新書院。對我來講，也是一項新發現；因為事先完全不知道這所文化古蹟的存在，旅行社提供的資料中也沒有介紹文字。這書院是重修過的，鄭領隊也作了詳細的解說，由於我身上沒帶紙筆，記憶力已嚴重衰退，當時聽到的，看到的，轉眼間就一片模糊，遺憾之至。有一紀念碑文說明書院沿革及重修過程，是當時的南投縣縣長吳敦義具名，叫我感到很欣慰：不只是因為我和吳相識，而是因為吳是台大歷史系畢業生，懂得並重視文化古蹟的保存與維護。

參觀過明新書院後，上車去憑弔一下已倒塌的武昌寺。這座寺，是祀奉太上老君的，很有靈氣，只是沒能逃過民國八十九年（二〇〇〇）「九二一大地震」的災難，整座寺很平穩的蹋落下來，外觀卻仍然保持著原貌。信徒們要為大震災留下紀念性憑證，決定不修復原寺，而在原寺對面新建一更宏偉更壯觀的新武昌寺。新寺正在興建中，叫人不能不讚嘆宗教信仰力量的偉大！

本來還計畫去參觀集集火車站的。由於時間已過十二點，須趕到水里用午餐，就不再停車，只放慢車速，讓我們安坐車上遠遠看看集集火車站的輪廓，車站旁還停著一輛破舊的老戰車。

五遊日月潭

水里，原名水裡，不知何時改作水里。在一家較具規模的餐廳用過午餐後，即駛向日月潭。只不過一刻鐘光景，我們就來到位於日月潭名勝街十一號的「碼頭休閒大飯店」，我夫婦被安排住進三〇三室——一間靠邊的日式雙人房，雖不滿意，但可接受。

日月潭，此次是第五次來訪。第一次是民國四十六年（一九五七）十月，是我夫婦婚後來此地渡蜜月，卻跟來了一位不速之客——中學時代的學弟滕建孟。當時是住的「明潭大旅社」，原址就在這次住的「碼頭大飯店」斜對面，只是已改建為大廈，名稱也改為「明潭民宿」。第二次，是應中國青年反共救國團之邀，到青年活動中心對參加暑期戰鬥活動的青少年朋友們講一次課；第三次，是來青年活動中心出席中國歷史學會的年會，住了一天一夜；兩次到來的年代，一時記不起來了。第四次，是在民國七十六年（一九八七）十月間，為慶賀結婚三十週年而來作「舊地重遊」。我們住在涵碧樓，遊湖之外，還曾去過九族文化村。此次來遊，是與大學時代的老同學們同作「環湖游船」，預定的遊賞景觀是拉魯（Lalu）島——以前的光華島、玄光寺、依達邵——以前的德化社、文武廟及涵碧步道；山上的玄奘寺、慈恩塔，不適於老年翁婆，省了。

遊湖的時間，是旅遊第一日午後四至七時，十六人單獨租一條遊艇，很方便。首站是拉魯島——我仍喜歡稱它為光華島，「日月光華」，不是很美的境界嗎！鄭領隊說，此島為日月潭原住民部落邵族視之為聖地，邵族已昇格為十個原住族群之一，要求以他們的首領名字為島名，政府也同意了。我們登上島域，才發現原來的光華島被圈禁著，不開放；另在原島外沿增建了人工浮島，遍植花草，供遊客們登臨拍照。範圍是擴大了一點，但人工做的假島總叫人感到不真實，煞風情！

離開光華島，遊艇駛向東南方湖濱山麓，下船開始登玄光寺。寺建於民國四二年（一九五三），原供奉由日本取回之唐三藏陳玄奘的一顆舍利子；今舍利子已他移，寺變成玄奘紀念廟。走上去，要登兩大段石質梯道，對老年人是個考驗。我夫婦決定接受考驗，一步步走上去了，並未感到過累。寺名為當時的內政部長王德溥所題。遇到數名法輪功的女信徒在作反中共宣傳，其效果恐怕是「適得其反」，遊客們是討厭受到政治活動的干擾的。

離開玄光寺，再搭遊艇駛向「依達邵」——邵族部落的住地。湖上遊覽到此為止，以後的行程都靠遊覽車。這地方，我有點懷念；五十一年前來此渡蜜月時，曾來一遊，曾穿上山胞衣著與山地姑娘合影留念。當時的德化社（日據時代稱化番社）雖很簡陋，卻是山地部落的原始風貌。今日的依達邵，已是一個新興小市鎮，道路寬廣，車輛擁擠，有了高樓大廈，也開闢了歌舞表演場，連7-11便利商店及大陸省區地方風味的飲食店都出現了。我們走過主要道路及商店街，感到山地色彩已很淡。是進步？還是因有失原貌而掃了遊客的興致？社名改了，警察局派出所及國民學校卻仍沿用德化舊名，也算是多元文化的表徵，對否？

下一旅遊景觀，是我深感興趣的文武廟。我久聞其名，幾次來到日月潭都未有機緣親往一遊，這次幸能如願以償。廟在日月潭北岸山麓間，其淵源雖始自清代末年墾地先民所建的「龍鳳宮」與「益化堂」，今日之文武廟則係民國五十八年至六十一年間（一九六九－一九七二）所重建者，對重建工程極度關心之人則是已故蔣中正（介石）總統。《財團法人日月潭文武廟》編印的摺頁介紹書中，有一段說明：

> （民國五十六年）將（日月潭文武廟）管理委員會改組為財團法人組織，成立董監事會，同時從事新廟重建工作。重建工程於民國五十八年動工，期間適值先總統蔣公前後七次親臨基地垂詢基地工程，諭示以「前、中、後三殿式格局」，繼省政府主席蒞臨視察，核定採北朝宮殿式建築為重建後之廟貌。……預計需時十載方能竣工。……重建工程僅歷時兩年三個月即告竣事，計提前七年有餘，成為當年台灣一大神蹟。民國六十一年舉行鎮座大典，新廟氣勢雄偉，華麗無比，全省寺廟實難出其右，堪稱台灣最具代表性的宮殿式廟宇。

據同一資料記載：文武廟建地面積達三五〇八平方公尺，為全台規模最大的文武廟。主要建築為「一埕二庭三殿」：「一埕」，即進門後供祭典或香客參拜的設置部分，亦稱廟埕；「二庭」：即中庭、後庭；「三殿」：即拜殿（前殿）、武聖殿（正殿）、大成殿（後殿）。廟門採牌坊式，以楹柱區隔為三門：居中者為正門，居左者為左門，居右者為右門。各有門匾：正門題作「文武廟」，左門題作「崇文」，右門題作「重武」。我等循序而進，對拜殿略作巡禮；至武聖殿及大成殿，則駐足稍久，細心觀察。武聖殿，祀有兩位主神：一為關聖帝君，即漢末三國時代蜀漢名將關羽（雲長），一為岳武穆王，即宋代抵禦金兵入侵的名將岳飛（鵬舉）。大成殿，主祀被尊稱為萬世師表的孔子（丘，仲尼），右龕配祀孟子（軻）、曾子（參），左龕配祀顏淵、子思。各殿均有不少匾額及楹聯，我未帶紙筆，無法作記錄，感到很可惜。

文武廟對面，有座觀光大飯店名曰「景聖樓」，外觀很有氣勢。左側不遠處，就是孔雀園。我們都為時間所限，不能光顧。預定要走一趟的「涵碧樓自然步道」，即使天色已暗，我們還是不想落空。遊覽車到了教師會館，我們即下車開始這段挑戰性甚高的行程。先循步道下坡，至湖濱後左折前行。原以為前面有路可以走回教師會館，沒想到遇到了「道路封閉」的困窘，不得不走回頭路。回程是上坡山路，夜色來了，視線有點模糊。我夫婦惟恐落了隊，拼全力奮勇向前，竟拔了頭籌。很累，但很高興，因為我們順利通過了一次不尋常的體力測驗。

遊覽車駛回停車場，司機下班了。我們又要徒步走一段，才到達預定用晚餐的「新山味餐廳」。這家餐廳，座落於日月潭中山路一三四號，設備及服務人員的態度，僅勉強及格。很奇怪，日月潭是知名的觀光勝地，旅館及飯店的經營卻看不到有甚麼進步！商業色彩重，似乎聞不到一絲文化氣息！我在走回旅館途中，想找一家文具店買點紙筆，卻不可得！

初臨清境農場

九月十一日——旅遊第二日，晨六時起床，出旅館沿湖濱公路慢步半小時，亦曾走一段湖濱步道。據日月潭國家風景區管理處處長曾國基言，目前已完成十四條各有特色的步道，以便遊客們晨昏漫步其間，領略晨曦或晚霞輝映下的湖上景色。途中遇程惠民、傅賢超兩兄，彼等起身較我夫婦更早，精神極為煥發，良可佩也。

七點三十分早餐，八點三十分離開日月潭，沿二十一號公路向埔里方向行進；過埔里後，轉台十四甲線景觀公路，經霧社，駛向今日預定的遊覽區：清境農場。埔里、霧社，我都曾到過，並不陌生。車經過霧社抗日烈士紀念碑門口，令我想起五十三年前到訪時的情景。清境農場，是我從未蒞臨的新天地，當然滿懷希望。其實，最吸引我興趣的，是標高在三千公尺以上的合歡山，與蔣中正故總統行館之一的松雪樓。旅遊計畫書中，原也列有合歡山與松雪樓；只是鄭領隊臨時宣布說，由於我們搭的是大型遊覽車，礙於法令規定，不能登合歡山了。也好，山越高，氣溫越低，空氣越稀薄，對我等老人而言，未必適當。不過，我們的遊覽車進入狹長的清境農場地帶後，仍然前衝十二公里，到達武嶺休息站，欣賞白雲在腳底下飛翔的奇觀。再往前行，就是大禹嶺，是南投、台中、花蓮三縣交界處。我在武嶺休息站，見到通往「太魯閣國家公園」的指示牌，就又想到四年前與女兒全家遊覽花蓮天祥的情景。

從武嶺休息站回駛一刻鐘，到一家「麗景花園山莊」午餐並休息。整體清境農場地帶，都屬於南投縣的仁愛鄉，「山莊」的地址是「大同村仁和路二〇七號」，以「清境合歡沿線最佳的景觀渡假山莊」作標榜。餐後，休息一小時，再開始徒步遊賞青青草原的牛羊牧場。事實上，清境農場不只是農場，而是沿山公路兩側二十多處觀光及休閒渡假的景觀區。據一份〈清境農場生態逍遙遊〉的資料記述：

> 清境面積約有三六〇公頃，為一開放市式農場，為合歡山系向西南延伸的支脈，自合歡山蜿蜒下降，形成波浪狀起伏之山脊。農場範圍多分布於山稜線上，依經營方式大致可分為果園、畜牧、花卉、茶園等。依

遊憩資源，大致可分為青青草原區、壽山園生態區、步步高升、小瑞士花園、觀光茶園等區域。

這勝景，自然不是短時期內可能形成的，而是有一段將近半個世紀的艱苦經營史；主要的經營者，則是國軍退除役官兵暨由泰緬邊境撤退來台的反共救國軍官兵及眷屬——多為滇緬邊區的少數民族。請看一段文字記述：

> 漢人進入仁愛鄉山區前，此地原為泰雅族人的獵場及墾植區。……日治時期為馬場……光復後由南投縣政府接收，並闢為霧社牧場。……民國四十九年，國軍退除役官兵就業輔導委員會為安置來台榮民，評估此地適合設置農場，五十年正式成立為「台灣見晴榮民農場」。五十四年間，前主任委員經國先生蒞場視察，感於此地「清新空氣任君取，境地優雅是仙居」，於五十六年十月一日更名為「清境農場」。民國五十年，泰緬邊境異域孤軍來台，大部分安置於清境地區。清境農場在這批孤軍與雲南少數民族妻子的努力下，四十年來有著一段鮮為人知的歷史，特有的雲南擺夷文化及榮民傳統就在這裡流傳下來，也呈現出最具特色的主題文化。

談到緬、泰邊區的義軍與義民，不能不想到反共救國軍的首任總指揮李彌。他是雲南騰衝人，正牌黃埔軍校的優秀軍人。他於抗日戰爭末期國軍反攻滇西時，任第八軍中將軍長，於松山大勝日敵，第八軍遂被稱為「松山部隊」。勝利後，第八軍奉令開赴我的家鄉——山東省的昌濰地區，接受日軍投降，軍譽極好。民國三十五年春，我們昌樂中學高中部同學為抗議東北俄軍延不撤離，到濰縣縣城遊行示威，曾承李彌軍長接見，並講話勉勵，給我的印象極佳。三十八年徐蚌會戰（中共方面稱「淮海戰役」）失敗，他以兵團司令官之尊，化妝為農夫，經已為共軍佔領的山東舊防區，得民眾祕密掩護，順利抵達仍為國軍駐守的青島，宣告脫險，一時傳為佳話。他於雲南陷共後，能於緬北荒漠之地「異軍突起」，也是一項難得一見的奇蹟。

據台北聯合報記者古鎮榮的報導，清境目前尚有六個榮義民眷村，其居於首村地位者，為最北端的松崗博望新村。九、十月間，他們要舉辦數項表現邊疆民族傳統習俗的活動：九月二十九日，在松崗水擺夷餐廳推出滇、緬、泰式料理大餐，十月三日在博望新村舉辦「火把節」，同日起連續三天舉辦工藝品及農產品特展。（民國九十七年九月十五日聯合報D八版，古鎮榮報導：〈清境火把節——異域文化大探秘〉）可惜的是，我們此次連博望新村都未到達，遑論其他活動了。即使走過青青草原，也只是浮光掠影的走過一條步道，趕時間，天又落起小雨，這天也沒有「牛、羊秀場」及馬術表演，失望而又遺憾！

盧山的喜悅與感嘆

離開青青草原後，即登車向盧山方向行駛。沿途經旅遊服務中心、小瑞士花園外沿、國民賓館，都未停車；又經過霧社，到達盧山。時間已是薄暮時分了，住進天盧大飯店，洗洗手，先睡上一陣。我本有午睡習慣，兩天來沒能於午間養神，自會有點疲倦。

這家旅社，是天仁集團在中台灣兩大「天盧企業」之一，另一企業是座落於南投縣國姓鄉北山村的「天盧度假村」。盧山以溫泉有名於時，天盧大飯店更以擁有「天下第一泉」自豪。大飯店建於塔羅灣溪左岸，部分房舍已跨建溪上。有樓房三棟，我夫婦住C棟七樓五十號雙人房，拉開窗帘即可俯視溪流汨汨，再加花木芬芳，頗有置身仙境的自得之樂。

晚五時，四季書畫會召開一次會議。七時，至一樓大餐廳用餐，餐後諸友又到前首會議室中聊天，話古說今，樂趣橫生。看到窗外溫泉浴池中的青少年男女，也聽到他（她）天真的嬉戲聲，不禁回想起五十四年前帶領中央山脈探險隊東隊學員經此小住的往事。默默中，打出一首感憶詩的腹稿，錄之留念：

民國四三季，探險過盧山；
青山翠谷中，泉室四五間。
百數好兒女，浴歌樂無邊；
嗟我近「而立」，偷閒學少年。

時間是民國四十三年八月間，由花蓮出發，上行經銅門、水簾、磐石、天長、過奇萊峰；下行至檜林、雲海，與來自台中的西隊會師；再西行至霧社，晚間抵盧山。那時的盧山尚是純樸的山村，沒有一家像樣的飯店，我們住的是日式台糖招待所。學員一百位，都是北、東部中上學校男女學生。主辦單位是中國青年反共救國團，東隊領隊是花蓮師範學校校長許俊哲，我是三位輔導員之一。這年我已二十八歲，因有「近『而立』」之嘆。荏苒五十四年，當年的「好兒女」都登古稀歲月，有幾位如李久沂、汪廷瑚等已成古人！一位來自蘭陽女中的李月嬌，後來從事黨務工作，做到海運黨部的總幹事；在一次會議場合見到我，提起那次探險過程中的趣事軼聞，仍有津津樂道的喜悅。

一夜好睡，次晨仍然起個大早。我倆走出旅館，沿商店街西行，發現今日盧山已是高樓大廈鱗次櫛比的小城。有公園，有涼亭，也有警察局的派出所，過盧山吊橋後是另一條繁華的小街，橋頭也有了「全家」便利商店的連鎖店。看看盧山景觀指示圖，尚有溫泉頭煮蛋池、莫那魯道紀念碑、馬赫波古戰場紀念塑像、蔣公（介石）行館等值得一遊的地方，我們卻為時間所限，不能如願。回到旅館用早餐，發現成群結隊的中學生擋住去路，原來他們才是旅館的「貴賓」，現在正整隊出發，開始下一段行程。我為盧山小城的美麗與繁榮，感到欣慰；台灣，畢竟是個足堪自豪的寶島。

誰又想到，兩天之後廬山就毀於「辛樂克」颱風帶來的狂風暴雨！讀到報紙連日有關「廬山風景區空前浩劫」的報導，看到「蘆山賓館片瓦無存，綺麗飯店倒在溪中」的圖片，真有無限的感傷！我們住過的天廬大飯店，沒有倒，卻在「水淹一樓」十家飯店名單中，不知是要為它祝賀，還是惋惜！人世間，「人算不如天算」的例證太多，能怨誰啊！

埔里大半日

九月十二日——旅遊第三日，大半天時間消磨在南投縣第二大鎮埔里。我們是上午八時三十分離開廬山天廬大飯店的，經春陽、霧社、南豐等地，欣賞到一些小而美的旅舍、農園、梅櫻花樹苗圃，至九時四十分進入埔里市區。這裡已看不見崇山峻嶺，卻也很少高樓大廈，很純樸，很安靜，氣候又好，被認為是台灣最適於居住的地方；聽說，這地方還出美女，五十年代頗有名氣的電影明星張美瑤，就是埔里人。

埔里參觀的第一景點，是台灣地理中心碑。進門處右側之「台灣地理中心」六字，係已故副總統謝東閔（求生）所書。碑係尖頂正方牌坊式，左右兩側豎有碑碣數方：一為「南投縣治沿革碑」，一為「台灣地理中心碑」，一為「山清水秀碑」，碑文撰寫人則為曾任南投縣長之楊昭璧、劉裕猷等人。據記載，「山清水秀」四字，係故總統蔣經國題贈；蓋蔣氏曾於民國六十八年（一九七九）四月二十二日偕同周書楷、林洋港、魏景蒙來訪，有感於此地山水之勝，題字贈之。南投縣為台灣唯一內陸縣，埔里則居全省地理之中心點。真正之中心點，係在埔里東方虎頭山麓，東經一二〇度五八分二五秒九七五〇與北緯二三度五八分三二秒三四〇〇之交會處，時間不允許我們去尋根追柢。

第二參觀景點，是埔里酒廠的酒文化館。我曉得，埔里酒廠是有歷史、有名氣的酒廠；但不知道，酒文化館才是觀光客的最愛。但領隊安排只有一個多小時，實在無法作詳密的觀察。我對一般的釀酒程序紹介，不感興趣，惟對「台灣紹興酒故事館」的沿革敘述，與有關「酒文化」的各式文字記述，情有獨鍾。「故事館」中，從「造酒祖師杜康」到一九一七年建廠，以及一九九九年「九二一大地震」的災害與重建，我得到一些新理解。「酒文化」的詩詞文字很美，我昨日從天廬大飯店裡得到了紙筆，想抄下幾幅，卻發現文字太多，抄不勝抄。正躊躇時，程校長惠民兄說：「不用抄了，我已全部拍攝下來，送你們一份就好。」十日之後，內子果然收到程兄寄贈一份《酒文化》資料，內含六類，共四十六項（條），很有趣。不過，我當時還是把「酒黨」八項下之前四項「酒仙」、「酒聖」、「酒賢」、「酒霸」四者之定義，抄錄下來了。原文是：

酒後能保持飄逸絕倫者，為酒仙；
酒後猶能通達無碍者，為酒聖；
不以飲酒害事者，為酒賢；
豪情萬丈，以力服人者，為酒霸。

談到「酒霸」，我又想起恩師黃季陸先生。他做黨史會主任委員時，每逢誕辰，同仁們就到他公館中大吃大喝，甚至醉話連篇，黃師暨師母均不以為意。專門委員吳純瑜兄酒量最大，酒話也最多。黃師就封稱他為「酒霸」。其後，「酒霸」成為黨史會的一項「名銜」，誰的酒量和酒品後來居上，誰就是新「酒霸」，行之達數十年之久。今日在《聯合報》〈副刊〉上讀到台大曾永義教授寫的〈椰林大道憶恩師〉（中），得知至聖先師孔子奉祀官孔德成（達生）先生，早年在台大中文系「酒黨教授」中，亦曾被稱為「酒霸」。不過，據我所知，達公進入老年後已退出「酒國群雄」行列了。

離開酒文化館時，已是十一點又半了。急速登車，趕去「廣興紙寮」參觀造紙過程。「廣興」派專人接待，引導我們參觀由取材到成紙的全部過程。廠不算大，員工也不多，但每人都有專長，分工也很細致。參觀過後，休息一會兒。內子想選購一點作畫用紙，竟找不到她所需要的那種，真出意外。午後一時了，又急忙驅車趕往「金都餐廳」午餐。埔里之行，算是結束了，以未能去看看暨南國際大學為憾。一位政大史研所畢業的女學生李盈慧，在暨大做歷史系主任，見面時總希望我能去看看她多年來的經營，卻總找不到個適當的機會。

喜莅中台禪寺

午飯後由埔里回台中，顯示三天的旅程接近尾聲了。鄭領隊宣稱，時間還夠用，決定繞經中台禪寺一遊。好消息！是我久所盼望的。台灣有四大佛教聖地：一是南部高雄，由星雲主持的佛光山；二是北部台北金山，由聖嚴主持的法鼓山；三是東部花蓮，由證嚴開創的慈濟系統；四即中部埔里，由惟覺主持的中台禪寺。四者中，只有佛光山我夫婦曾經前往一遊，其餘三處都只是聞名。不過，我曾審查過聖嚴申請中山學術文化基金會學術著作獎的著作，對他的思想與事業有所了解，也算是一種緣份。如今偶有機會前來瞻仰中台禪寺，云胡不喜？

到達中台禪寺大門，首先映入眼簾的是一座大型標示板，揭示出勸誡世人的「四箴」：「對上要敬，對下要慈，對人要和，對事要真。」雖是老生常談，卻是至理名言，是陶冶人性，端正倫理，恢宏道德，淨化社會的正確道路。我把它抄錄在便條紙上，隨時取閱，也隨時檢討，希望佛門信徒們真正能實踐力行。

走進禪寺大門，像是另一世界。沿左側前行，見到「鹿野園」的指標，可惜沒時間進園參觀。至正殿正面，先在對面道路肩上觀察全局，建築雖不如佛光山的美輪美奐，金碧輝煌，卻也宏偉莊嚴，氣象不凡。門係牌坊式，分三道，分題匾額：「脫解」、「身法」、「苦航」。我等緩步走進殿內，迎面是一尊高大的南無彌勒尊佛像，大肚鼓鼓，笑面迎人；四角樑柱則是四尊「頂天立地」的五面佛雕像，是否象徵「眼觀八方」、「面面俱到」？我喜歡彌勒佛像兩邊的那副聯語，立即筆記下來：

大肚能容，了卻人間多少事；
滿腔歡喜，笑開天下古今愁。

原聯未斷句，標點符號是我加的。程惠民兄寄給內子的《酒文化》資料中，於上開聯語之外，增列了北京壇戒寺的那副名聯：

肚大能容，容天下難容之事；
笑口常開，笑世間可笑之人。

再往後走，即是主殿大雄寶殿，供奉佛祖釋迦牟尼塑像，兩廂分別列有佛門諸先知先賢以及眾位菩薩、十八羅漢塑像，也陳列著檀香木及其他法器。於佛學，我是門外漢，也有事事不求甚解的毛病，儘管領隊一直在用心的解說，我似乎沒得到甚麼啟發。時間有限，我們也只能大略的看一遍，四點鐘就離開了中台禪寺。

從一些標語牌招及文字說明中，得知中台禪寺也是一所佛學教育的中心。中台佛教學院已開辦，一所普台國民中小學也在積極籌備中。禪寺也推廣社會教育，看到一份公告，說要在後天中秋節舉辦「九十七年度中秋月光晚會」。只是海陸颱風警報已發佈，很擔心「天公不作美」！

風雨伴我歸

依旅遊計畫，家住台北的學友們要搭下午五點十八分由台中開往花蓮的台鐵自強號一〇三〇次班車北上。還好，我們剋時趕到台中火車站，向家住中部的學友們道別。三天的旅遊很圓滿，要謝謝陳慶麟會長、張勤總幹事、鄭育麟領隊的周密規劃與辛勤奔走。進站後，才獲知車要誤點二十分鐘。與老同學陳慶麟、王月英同車，有說有笑，頗不寂寞。到台北站後，街頭已落起了雨。及回到木柵家中，真的已是風狂雨驟的「颱風之夜」。有點累，心情卻甚愉悅，畢竟又多了一次「好友結伴同遊」的經驗。

中華民國九十七年（二〇〇八）九月二十八日（星期日）教師節，亦「薔蜜」強烈颱風侵襲台灣，造成災害之日。古營陵居台老人李雲漢述於台北文山木柵路三段「仁普世家」寓所。時年八十有二。

閱讀偶得之樂

王爾敏列我為「士林碩彥」

中華民國九十七年（二〇〇八）十月號《傳記文學》（第九十三卷第四期），刊出中央研究院近代史研究所已退休研究員王爾敏教授的一篇憶述性文章，題目是：〈有貴人相助：士林碩彥聚珍〉。他舉述十位對他學術研究有所協力的友好，想「借此短文，略述受惠之情，聊申感懷之忱。」王教授所舉十位友好依次為：

朱家驊院長　錢思亮院長　趙鐵寒教授　凌叔華女士
陳堯聖先生　郭穎頤教授　王壽南教授　李雲漢教授
林治平教授　金振庭先生

王爾敏兄，河南省人，臺灣師範大學畢業後即到中央研究院近代史研究所作研究，專治近代中國思想史，著述宏富。近史所的學人，大多數是我的朋友，交誼都在三十年以上。爾敏兄與我，早年在學術方面相互切磋，然並無深交。直到晚年都退休後，才有兩度合作著書的機會，他也因此視我為值得感懷的友好之一。早在合作寫書以前，爾敏兄在對近史所同仁作「退休感言」講話時，即曾提到王壽南和我是他欽佩的「史學界領袖」，這次抬愛我，已經是第二次了。他此文中述及我時，開頭即說：

李雲漢先生，山東人，誠慤正直，穩重謙和，忠於職守。乃是五〇年代羅家倫識拔之人才。

爾敏兄對我長期在中國國民黨中央黨史會默默耕耘，很了解、很同情、也很感佩。他率直的寫出一大段：

雲漢前後得羅家倫、黃季陸、秦孝儀三位先生的信任授權，做了不少學術貢獻。黨史會出版品產量驚人，除我們同行重視，有些學者則一向輕忽。我們同道把黨史會之出版品，如《國父全集》、《國父年譜》當成學術寶藏，而多數學者抑之為政論宣傳。我想雲漢是一生做勞苦，而難以受人看重。只有近代史研究所與黨史會合作辦學術活動，世人觀點纔有肯定與尊重的看法。雲漢與我們一批學者共事，雖做主任委員，也是屈己下人，尊重學者。這是領袖風範，使我欽服而極願共事。承他厚愛，使我佔盡了好處。

爾敏兄與我合作撰寫的兩種書：一是《中山先生民族主義正解》，一是《中山先生民生主義正解》，兩書都由台北學生書店分別於民國八十八年（一九九九）、九十年（二〇〇一）出版。兩書是受中山學術文化基金會的委託而寫，計畫是我擬的，爾敏兄是我邀請來共襄盛舉的，第二書還加邀了于宗先兄。這件事，我是向中山學術文化基金會舉薦賢才，爾敏兄謙抑為懷，解釋成「把自己的研究專長拉別人一同分享著作」，稱讚我「寬宏大度」、有「德量」，我實在愧不敢當。爾敏兄人在加拿大；有機會時，一定要向他致謝，同時也請他切勿再對我作溢譽之言。

三首喜愛的詩

「粉身碎骨全不怕，只留清白在人間。」我曉得，是明代忠臣于謙（廷益，一三九八－一四五七）的詩句，可是詩的全文呢？久想一查，卻不知從何查起。偶然翻閱雜記簿，竟然發現了于謙〈石灰行〉詩的全文，只四句：

千錘百鍊出深山，
烈火焚燒若等閒；
粉身碎骨全不怕，
只留清白在人間。

還有宋末忠臣文天祥（文山，一二三六－一二八三）留傳千古的詩句：「人生自古誰無死？留取丹心照汗青！」是人人耳熟能詳的。詩的全句如何，我想查，因為手頭沒有《文文山集》暨《宋史》，無從查起。查過《千家詩》，但無所得。近日閱讀清華大學歷史研究所教授黃一農著《兩頭蛇：明末清初的第一代天主教徒》，於二二七頁意外發現著者引用了文天祥此詩全文，好高興，錄之留念：

惶恐灘頭說惶恐，
零丁洋裡歎零丁；
人生自古誰無死？
留取丹心照汗青！

清初諸帝均採行文化上的漢化政策，康熙（愛新覺羅玄燁）與其孫乾隆（愛新覺羅弘曆）均喜愛漢詩，乃為歷史學者深信不疑。閱及民國九十七年（二〇〇八）四月二十日台北聯合報A一九版所載黎建南投書〈人事難產馬總統請大格局執政〉，引用了清入關後第五帝嘉慶（愛新覺羅顒琰）的一首漢詩，對我而言，是新發現，錄存以免遺忘：

玉杯飲盡千家血，
銀燭燒殘百姓膏；
天淚落時人淚落，
歌聲高處哭聲高。

意境悲悽，嘉慶帝亦愛民如子之賢君！

鄭所南的「一心中國夢」

中國大陸上的領導人已進入第四代，學術素養與領導風格完全不同了。江澤民、胡錦濤以至溫家寶、於接待台灣客人時，都喜歡唸幾句古人的詩句。今年（二〇〇八）四月間，溫家寶在海南省的博鰲參加「亞洲論壇」，遇到來自台灣來客時，曾意有所指的唸了宋末愛國詩人鄭思肖（所南）的一句詩：

一心中國夢，萬古下泉詩。

此詩全文為何？我沒印象，手頭也沒有鄭所南的詩文集可資查考。感謝台北聯合報記者汪莉絹寫了一則「閱報秘書」欄內的專文〈溫念的詩哪裡來？〉（民國九十七年三月十九日聯合報A一四版），指出此詩出自鄭所南的〈德佑二年歲旦〉，其全文如下：

力不勝於膽，逢人空淚垂。
一心中國夢，萬古下泉詩。
日近望猶見，天高問豈知。
朝朝向南拜，願睹漢旌旗。

關於鄭所南的生平，台北三民書局編印的《大辭典》下冊四〇八五頁作了如下的簡短介紹：

鄭思肖（一二四一——一三一八），南宋詩人，畫家。字憶翁，號所南。福建連江人。以太學上舍應博學鴻詞科。元兵南下，宋亡。隱居蘇州，改室名為「本穴世界」（本穴即「大宋」兩字的隱語），以示不忘「趙宋」之意。又自稱「三外野人」，常南向痛哭，因又號「所南」。善墨畫蘭；入元後，畫蘭而不畫土，以示國土已淪亡。著有《蘭譜》；又記宋亡之痛而著《心史》，稱《鐵函心史》或《井中心史》。今有《鄭所南先生文集》。

我最早曉得鄭所南，是抗日戰爭時期（一九三七——一九四五）就讀昌樂縣立下皂戶小學時代，鞠鴻儀（理堂）老師特別介紹鄭所南的筆名是「八大山人」，寓「哭不得笑不得」之意。民國三十八年（一九四九）秋，我流亡海南島在青年教導總隊做學生兵時，曾與同鄉孫約三兄辦壁報，他寫文章引用《鐵函心史》，顯然他曾讀過此書，我則只知其名而未睹其實。約三比我年長，出道也早，亦已成為古人矣！汪利絹謂所南此詩作於「德佑二年」，我查得「德佑」應為「德祐」，係南宋恭帝年號，此年已是西元一二七六年，元世祖（忽必烈）至元十三年，即蒙古人君臨中國已十三年矣！所南時年三十五歲，面臨亡國之痛，能不一字一淚耶！

臨朐名學者馮琦

約在二十五年前，我寫過一篇學術性論文〈山東昌濰：一個因時勢而形成的特區〉。於論及昌濰地區之安邱、濰縣、益都、臨朐、昌樂五縣歷史上之人文概況時，提到臨朐（我縣昌樂西境鄰縣）於明代（一三六八—一六四四）科第至盛，尤以馮氏四世均名著文苑且仕績顯赫，有聲於時。我依據《益都縣誌》《臨朐續誌》，列出馮氏四世之有科第功名者十人名單：

馮振 馮裕 馮惟健 馮惟重 馮惟訥 馮惟敏 馮子履 馮子咸 馮瑗 馮琦

十人中，只知馮惟健、馮惟訥、馮惟敏兄弟均有文名，餘人事績則無所聞，亦未曾查閱有關典籍。今受中山學術文化基金會學術著作獎評議委員會之託，審閱中央研究院院士、清華大學歷史研究所教授黃一農著作《兩頭蛇：明末清初的第一代天主教徒》，發現有關馮琦的記述，意外有得，十分高興。茲將黃著所記馮琦大致事略述之如下：

馮琦（一五五八—一六〇三），山東臨朐人，明神宗萬曆五年進士。累官至禮部尚書，至萬曆三十一年（一六〇三），卒於官。著有《經濟彙編》一百卷，記述儲官、理財、賦役、治河、漕運、貨殖等治國大端；另著有《北海集》一種。時天主教初傳入中國，馮琦曾與利瑪竇談學問，對天主教持包容態度，然未曾入教。有關馮琦之著述：丁基源：〈馮琦及其《經濟彙編》〉；葛谷登：〈容教士人馮琦〉；後藤基巳：〈馮琦小論〉。黃一農書一〇一頁有「馮氏家族世系」。

彭歌也犯筆誤

彭歌，是民國四十至七十年代的名作家，也是新聞界一位聲名至隆的骨幹人物。本名是姚朋，彭歌是筆名。據說，早年談戀愛時代，女朋友喜歡喊「朋哥」，他因此採「朋哥」的諧音「彭歌」為筆名。是否如此，我未曾問過他。見面，我習慣喊他「姚朋兄」。

姚朋在大陸時代，即考進國立政治大學前身中央政治學校大學部的新聞系；民國四十三年（一九五四）政大在台復校，先恢復研究部，我是教育研究所第一期的研究生；兩年以後，姚朋考進新聞研究所，成為我的學弟。當時，我們並不相識。民國五十八年（一九六九），黨史會和國史館合作設立中華民國史料研究中心，黃主任委員兼館長季陸先生欣賞姚朋兄才華，想聘他為總幹事，要我副之，但他始終未到職。直到民國七十年代，姚朋擔任中央日報社社長，我是董事會董事，才常見面。記得第一次見面時，他說：「我倆啊，早就應當見面，怎麼會拖到今天！」

回想起來，姚朋對我的「文字交」，應當始於民國六十二年（一九七三）冬季。這年夏天，我接受台北市新聞記者公會之邀約，寫了一冊《于右任的一生》，由公會於同年九月一日記者節出版。姚朋讀過此書後，在聯合報副刊他的專欄「三三草」內，發表一篇題為〈大丈夫〉的短文，稱頌于右老為頂天立地的大丈夫，也對我的書作了極為中肯的評論，給予極高的評價。

大家自公職退休後，見面的機會就少了。姚朋去加拿大後，一直沒再碰面，只有偶而在發表的文字上，獲得點訊息。月初，收到《傳記文學》九十三卷第四期，讀到姚朋以彭歌筆名發表的新作：〈遠涉江河逆水行——抗戰時期投奔大後方的經歷之二〉，好高興，這位愛國心切，曾經冒險犯難突破敵軍封鎖線，間關投奔戰時大後方的老青年，開始寫自傳了，要為他遙致賀忱及祝福。只是姚朋文章中，我發現一點筆誤：他把李嗣璁誤寫為李「思」璁了。他的一段原文：

> 李家是河北望族，李姨夫（李北麒）的長兄李蔭翹先生（諱思璁），以清正廉能知名於世。抗戰時期，雖然他已任監察使要職，生活儉約一如平民，餐桌上常常只有一碗鹽煮黃豆，便是全家佐餐的主菜。同鄉後進背後戲稱他是「黃豆御史」。在政府遷台之後，蔭翹先生經總統蔣公提名，出任監察院副院長和院長。他獲得的同意票，幾乎是百分之百，高風亮節，世所仰望。

謝謝姚朋兄告知世人有關監察院故院長李嗣璁先生這段行誼，但誤「嗣」為「思」，雖屬筆誤，仍須檢討。歷史學者要求「真」，文學家慣於求「美」，希望姚朋兄以文學家的筆觸多寫些憶述性史事，一個字也不要錯。

大家都愛臺灣

閱民國九十七年十月三十一日星期五的《聯合報》，讀到大陸海峽兩岸關係協會會長陳雲林昨天在記者會上，談到他對臺灣的感情，順口說出小時候聽到歌頌臺灣的歌詞「臺灣島啊我的故鄉」中的幾句：

> 台灣島，多麼美麗的地方，
> 阿里山的森林一望無際，好像大海洋！
> 蔗糖甜，稻米香，
> 日月潭呀，好風光！

這使我想起小時候「國語」課本上一篇題為「臺灣糖」的課文：

> 臺灣糖，甜津津，
> 甜在嘴裡痛在心！
> 甲午一戰清軍敗，
> 臺灣從此歸日本！

人不同心同，中國人都愛臺灣。像我，在山東老家只生活了二十三年，在臺灣卻已度過近六十年的光陰，能不算是臺灣人？能不愛臺灣！但我憎惡那些數典忘祖的台灣人！

中華民國九十七年（二〇〇八）十月三十一日星期五，雲漢隨筆於台北木柵寓所。

再到北京

民國九十九年（二〇一〇）五月二十一日，我夫婦搭中華航空公司五一一次班機由桃園機場直飛北京。這是我們第二次來到北京，距第一次（民國八十六年，一九九七）已經十三個年頭了，情況當然有了很大的變化。

這次去北京，我的任務是應邀出席兩個國際學術研討會：一是中國社會科學院近代史研究所主辦的「第三屆近代中國與世界國際學術研討會」；一是中國中共文獻研究會主辦的「中國道路：回顧與展現」國際論壇。內子是要去探望娘家的大嫂與其家人，並去已謝世的榮慶大哥墓前獻花追思。我參加過兩個研討會後，於二十四日下午去韓府相會；住一天半，再與內子一道於五月二十六日飛回台北。往返匆匆，然此行為本年度的首次學術之旅，不能不留點痕跡，以是為之記。

應邀與準備

去年（民九八，二〇〇九）九月十五日，我去南港出席中央研究院近代史研究所主辦的「蔣介石的權力網路及其政治運作」國際學術研討會。午後休息時，遇到大陸中國社會科學院近代史研究所科研處處長金以林教授，告訴我，明年五月中科院近史所成立六十年，將舉辦一次國際學術研討會，希望我參加，當面交我第一號邀請函。我告以只要健康情況許可，我樂於出席；並請向其父親轉達問候之忱。他父親，金沖及先生，為中共中央黨史研究室負責人，也是我相識十多年之一位大陸老一輩學人。

儘管作了有條件的承諾，我仍在考慮是否要再去一次北京。想到內子大哥已於六年前謝世，她一直想去北京探視大哥遺孀余忠玉女士及侄孫輩家人，我如能結伴同行，彼此有個照顧，倒是件好事。因此於二月間接到第二號邀請函後，獲悉研討會日期為五月二十一至二十三日，就決定應邀出席。內子提醒我，要參加，就要像一般學者一樣，寫篇論文提出來宣讀，不要顯得很老邁，很特殊。寫篇論文，不是難題，我決定個四平八穩的題目：〈孫中山的美國民間友好〉，也從劉維開處借到張忠正、習賢德兩人的著作，列為三月份的中心工作。正在此際，電腦故障了，有點洩氣。幸好女兒、女婿回來了，由內子作決定，給我換了一台新電腦——二〇〇七年出廠的「家庭進階版」。鉅婿教我論文注釋的打法，因此可以如期把論文打好，於四月上旬以掛號件寄往北京。

另一項要做的準備工作，是申請換發新護照，「台胞證」加簽，以及預訂飛北京的往返機票。這些事，統統委託華旅網際旅行社的吳玉娟女士代辦。近年來幾次出國，都拜託吳女士代辦；幾通電話，一切都ＯＫ，爽快而可靠；只是至今未曾見過面。預訂的飛機，是中華航空公司從桃園直飛北京的班機，航程只需三個多小時。我倆的舊護照今年都到期，換發的新護照有效期限為十年——至二〇二〇年。大概這次就是最後一次換照了罷，我暗中這樣想！內子比我達觀，認為世間事很難以預料。

四月上旬，接到中科院近史所科研處來函，謂：中共中央文獻研究室計畫於五月二十四日上午舉辦一次「中國道路：回顧與展望」國際論壇，主辦人冷溶主任曉得我將去北京，想邀我出席，問我方便不方便。我既然人在北京，那有拒絕人家一番盛意之理？因此復函同意。五月上旬，即接到署名為中國中共文獻研究會的邀請函，說：

> 「中國道路」已成為中外學界關注的熱點之一。它如何發展而來，它的未來會怎樣。中國中共文獻研究會將于二〇一〇年五月二十四日在北京舉辦以「中國道路：回顧與展望」為主題的國際論壇，共同探討。論壇將采用主題發言，自由討論的形式。我們誠摯地邀請您參加論壇，敬請出席。

既然參加，就應該準備點材料，萬一受邀講幾句話時，不至於出現窘態。我預定的講題是「迎接中國人世紀的努力方向」，並寫出個簡單的綱要。「努力方向」方面，提出三點：一、創建世界新文化；二、推展人類新道德；三、建立國際新秩序。至於「當前基本要務」，也提出三點：一、國民知識水準的普及與提高；二、民族團結與融和；三、歷史紀錄的容忍與統合。

直飛北京

五月二十一日桃園機場飛北京的華航班機起飛時間是晨間〇八〇五，我們應當在〇六三〇前趕到桃園機場第二航站辦理登機手續。我在十九日就預約了漢傑交通公司的計程車，準時於〇五三〇到我家大門前等候，因此雖起個大早，卻不緊張。我們到達第二航站，遇到同機的蔣永敬老兄，隨即發現有三位政大史研所博士班畢業的學生也相伴同行。三位是：東華大學歷史系副教授陳進金，國史館修纂處纂修兼處長吳淑鳳，纂修王正華。「有事弟子服其勞」的古訓，用到了。登機手續都由陳進金等一道辦理，我和永敬「坐享其成」。正華早就與內子熟識，相談甚歡。我也於進金、淑鳳交談中，獲悉一些史界訊息。一路不寂寞，感到很愉快。

飛機準時於一一一〇抵達北京首都機場第三航站。內子提醒我，手機要開機，因為她侄兒韓加教授來接機，會撥手機聯絡。說對了，剛步出機艙，就接到韓加電話，說他和母親都在出口處等候。第三航站新建成啟用，規模要比香港的新機場大，從候機室到提取行李及入境檢查站，有段很長距離，需要坐一段電車。等辦完所有入境手續進入入境大廳時，已近午後一時了。大嫂與韓加都見到了，姑嫂一見面就相互擁抱。社科院近史所也有專人專車來接機，舉著我的姓名牌，我的身價似乎提高了一些。寒暄過後，內子即隨娘家人回韓府，我等台北來客則搭近史所專車駛往研討會會場所在的北京香山飯店。據研討會第三號邀請函介紹：「香山飯店位于北京西北五環外，交通便利，乘坐飛機或火車都可方便往來。如從首都機場出發，五十分鐘之內即可到達，出租車費大約一百二十元人民幣。」

進入香山飯店後，才曉得要憑「台胞證」辦理駐店手續，並須先行繳納保證金一百元人民幣。這些手續，都由幾位學生們代辦，我和蔣永敬兄坐在中庭椅子上休息，聊天。我分配到的房間是四樓的三四三一房間，永敬住我對面。房間很寬敞，設備也完善，我感到滿意。看到飯店的說明書，才曉得飯店係在香山公園內，依山傍水，有步道通往碧雲寺等名勝區。晚間，與內子通電話，告訴她飯店及房間的電話號碼，叫她放心；也希望她好好利用這次難得的探親機會，留下些美好的記憶。

舊雨新知

來北京參加此次國際學術研討會，除了對社科院近史所成立六十週年表示祝賀，藉便探視岳家家人外，也想會會中外史學界的一些老朋友，當然也可認識幾位新朋友。這願望，大體上算是實現了，只是覺得還有點遺憾，有人想邀談而找不出時間。

依據《第三屆近代中國與世界暨紀念近代史所成立六〇週年國際學術研討會會議手冊》所載〈與會人員名錄〉，出席中外學者專家共一八〇人。其中，中國大陸一二九人，台灣十五人，香港三人，新加坡一人，日本十三人，韓國三人，美國十人，澳大利亞二人，俄羅斯二人，法國一人，德國一人。外籍人士中，有多位說中國話的華裔，因此會場中的外觀現象乃是「中國人天下」。

台灣去的十五人中，有十四位是熟人。其中，蔣永敬、張玉法、陳鵬仁三位教授是老同學，陳三井教授、蔣方智怡女士分別是中山、中正兩文教基金會同事，陳立文教授是前黨史會同事，陳進金、李朝津、劉維開、王正華、吳淑鳳、謝國興六位青年教授則是我在師大、政大史研所教過的學生；中研院近史所所長黃克武教授，認識較晚，然也算是新朋友。只有一位蕭旭音，登記的服務機構是中正文教基金會，很啟人疑。多年來，我一直是中正文教基金會董事，怎麼從未聽說有此一人？此人是否已來到會場，我也不清楚，也沒人提到他或她。

大陸學者中，我認識的友人有金沖及、金以林父子、章開沅、楊天石、張海鵬、步平、陳紅民、陳謙平、張磊、馬振犢、楊奎松等十餘位教授。其中金沖及、金以林父子，我分別帶了兩份台灣茗茶相贈，表示謝意。三天會議中，見面最多的是金沖及；於會場、餐廳同室同席外，他曾於二十二日中午休息時間到我住的房間來聊一陣，把近著《二十世紀中國史綱》兩冊相贈。他是共產黨人，卻是在國民黨執政時代讀到上海復旦大學，還當面背誦一段孫中山先生遺囑。他說，台灣有友人說他在共產黨中的地位，就像「國民黨中的李雲漢」，他引以為榮。說罷兩人抵掌大笑。見到浙江大學「蔣介石與近代中國研究中心」主任陳紅民時，我對未能應邀參加四月間他主辦的一次討論蔣介石先生的國際學術研討會表示歉意，他說以後有機會「還要請李老師來指教」，並以新居中掛了李師母贈予的國畫，「感到很光彩」。楊天石教授長期在美國史丹佛大學（Stanford University）作研究，為開這個會才趕回北京來。他說，十一月間將來台北。永敬說，可以住他木柵舊居，如此我們就成為鄰居了，我要他到台北後即與我電話聯絡。

美國來的學者中，有四位華裔人士：林孝庭、宋曹琍璇，都是史丹佛大學胡佛研究所研究員，我都不熟識。郭岱君，也來自胡佛研究所（Hoover Institute），見過面，但未曾有過來往。只有現任柏克萊加州大學（University of California, Berkerley）東亞研究所主任葉文心教授，是舊識。她是已故台灣新聞界耆宿，也是我多年老友葉明勳先生千金，是位才女，在台北見過多次面。開幕式中看到她，打個招呼，未能多談。次日晨間外出散步時，巧遇葉文心、陳三井等老友，一道去看看「靜翠湖」以及清代以來有好幾位顯要住過的「雙清別墅」，也談談彼此近況。我沒提葉明老逝世的事，怕惹她傷心。

從日本來的學人中，山田辰雄博士是相識最早，見面也最多的一位老朋友。他原是慶應大學的資深教授，現在的職位則是日本放送大學教授。研討會第二天，他才來到會場。我在走廊上遇到他，談一陣，互相祝福健康快樂。姬田光義、西村成雄、狹間直樹三位教授，在台北與東京都曾多次見面，但無深交。深町英夫以前也見過，這次似沒看到他在會場。鹿錫俊是華裔日人，係日本大東文化大學國際關係學部教授，特別來寒暄幾句，提到一九九四年在東京見面的事。田中仁，二十三日晚餐時同桌，寒暄幾句。他和陳鵬仁兄很熟，因此談話也比較投緣。

老朋友之外，也認識了多位新朋友。到達香山飯店的當天晚上，就遇見來自澳大利亞的黎志剛教授，現任昆士蘭大學歷史系主任，曾是王爾敏兄的學生，多次來過台灣，談起話來格外親切。社科院近史所有數位青年博士見過面，談過話。于文浩女士，曾到機場接機，談起來才曉得她也是山東人，是位「綜合政策博士」。另一位女博士是杜麗紅，人比較老練些；還有馮琳女士，是研究台灣史的；兩位都送我名片，也都希望以後能有機會多談談。有一位近史所的馬先生，於二十二日晚間來電話說要來我房間拜訪，因為王正華正在我處談話，不方便，只有婉謝，不無歉意。茅海建先生，華東師範大學歷史系教授，是於二十三日晨間外出散步時遇到的，談話很投緣。這天上午，北京大學歷史學系博士導師兼中國近現代史研究中心主任徐勇教授在會場中見面，送我一冊著作《近代中國軍政關係與「軍閥」話語研究》（北京：中華書局，二〇〇九年十月），我當面申謝。中國法政大學教授郭世佑博士，沒時間多談，送一張名片供以後聯絡之用，我卻沒有名片回贈。韓國鮮文大學文學院長及歷史系教授吳在環告訴我，他是在臺灣師範大學歷史研究所修的博士學位，指導教授是李國祁博士。由於我也曾任教於師大史研所，教過幾位韓國學生，提到一位李姓女研究生殉情的事，他說還有印象。新加坡國立大學中國研究系主任黃賢強教授也對我說，他是到臺灣大學留過學的，很喜歡台灣。還有兩位媒體人——《人民日報》的李明三，英文「China Daily」的朱萍，遞來名片，希望訪談，我則禮貌的婉謝了。年老聽障，切戒在公共場所獻醜！

順利達成任務

兩天的研討會日程，安排得很緊湊。五月二十二日上午的開幕式、合照，二十三日下午的全體會議與閉幕式，須全體出席外，研討會分四組同時進行。共召開分組討論會二十四場，討論論文一百二十三篇。論文集分裝為五巨冊，稱得起「洋洋大觀」。大會資料及佩帶的名牌，我的姓名都被改作簡體字，叫我無可奈何；只有論文是影印我的打字原稿，用了正體字（大陸上，稱作繁體字），稍慰於心。

既來出席，自然要全程參加。特別是大會賦予的兩項任務：論文報告人及一次分組會議主持人，更應當鄭重其事，不能有差錯。好在我已是研討會「老手」，能做到「老神在在」，一點也不緊張。

論文報告，安排在分組討論會第二場，地點為二樓第二會議室。主持人是章開沅教授，曾任華中師範大學校長，是我於民國七十一年（一九八二）四月在美國芝加哥「辛亥革命與民國創建」國際學術研討會首次碰頭的大陸學者，其後他來台北任政大史研所客座教授一學期，成為同事。昨晚已見面，今天在會中介紹我時又說：「李先生，我們好久沒有見面了。」一臉老友關懷表情。報告人有五位：依次為張磊、李玉貞、郭世佑、李雲漢、郭岱君。前四人的論文都與孫中山先生有關，郭的論文題目為〈蔣介石研究的回顧與新局〉。評議人則是廣東省社會科學院研究員王杰。我作說明時，只簡單說明研究計畫及本文重點，不細述內容，只佔了十分鐘。評議人對我論文，沒多評論；自由討論時，也只有一位問「孫中山在辛亥革命前對美國有無批評？」這很好答覆，因此我輕鬆渡過這一「關」，不曉得該喜，還是憂？

擔任分組會議主持人，事先並沒有人徵求我同意；當然，我對主辦單位的安排，不會有意見。他們也是出於對我的尊重，因為資深學者才有做主持人的資格。我主持的是分組討論第十四場，時間是五月二十三日上午八：三〇－一〇：〇五。地點在二樓第二會議室。論文報告人有五位：中科院近史所的三位研究員：楊天石、汪朝光、黃道炫；一位副研究員：賈維；美國史丹佛大學胡佛研究所研究員：林孝庭。評議人是華東師範大學歷史系教授沈志華。五位報告人的論文，都與蔣介石先生有關，等於是一次「蔣介石事功討論會」。意外的，人數爆滿，加了椅子，還是有人站著。報告及評議都很精彩，發言也很踴躍。我自以為程序發言及時間控制，都很得當，因此會議一直在高漲的熱烈情緒中進行，皆大歡喜。報告人對蔣老先生雖也持批評態度，然都依據史料講話，未有任何情緒性的言詞。人人都有「回歸歷史真相」的體認，應當是大陸史學界的一大進步。我本來擔心自己聽力衰退，怕出現誤解他人言語的尷尬場面，結果卻毫無障礙，私下至感快慰。

兩天來，收到不少研討會資料及多位朋友贈書，金沖及一人即贈送三冊。構成一項負擔，不知道如何處理好。還好，二十三日午後，郵局有人到會場服務，幫我解決了難題。我把這些書裝成三包，以海郵寄台北家中。只是郵費有點貴，花了人民幣二百一十元。希望郵途不會有差錯，慢點沒關係，只要寄到就好。

五月二十三日午後一六：〇〇－一七：三〇，是全體會議與閉幕式時間，也是研討會的總結會議，在一樓的宴會廳舉行。由中科院近史所現任所長步平任主持人，討論主題是「回顧與展望」；應邀坐主席台上做引言人的人，有六位：李文海、章開沅、張玉法、山田辰雄、葉文心、宋曹琍璇。最後致閉幕詞的人，是社科院近史所前所長張海鵬。我坐第三排，聽不十分清楚。主要論點不外是希望多多開放史料，中外學術界多多交流，希望能出現「百花齊放」的景觀。研討會圓滿結束了，大家一起熱烈鼓掌祝賀。

入住金台飯店

晚間「歡送晚宴」時，有人告訴我：晚八時三〇分，中國中共文獻研究會有車停在正門前，接明日參加「中國道路：回顧與展望」國際論壇的學者前往金台飯店，請準時上車。這表示此行第二個會的「前哨行動」開始了。我按時登車，發現台灣同道受邀者只有四人：張玉法、李雲漢、陳鵬仁、謝國興。張玉法太太李中文女士同行，但說明天不會去「論壇」會場。葉文心以美籍學人身分接受邀請，但她沒有和我們同車進「金台」，她說明早會自行前往「論壇」會場。

車在夜晚行駛，所經過之道路路燈也不夠亮，無法辨識方向，更看不到遠遠近近的地形地物。約四十分鐘後，進入了西城區地安門西大街三十八號的「金台飯店」。他們一切都準備好了。立即有人送我到七樓的二十九號房間。很寬敞，設備亦齊全，只是隔離式的浴桶，我不習慣。最急要的事，是給內子撥電話，告訴她：明天下午可以去韓府相聚，晚間請全家老少共餐。她也告訴我，已訂好「全聚德」的房間。她慮事周全，我自嘆不如。桌上放一籃水果，我沒興趣。放一張便函，內容是這樣寫的：

尊貴的客人：

歡迎您參加「中國道路——回顧與展望」國際論壇！

明天早上八：三〇，我們安非排了車輛在酒店門口接您前往會場。我們為您統一定制了七：二〇的Morning Call，如果您有特殊需要，請聯繫酒店客服部門取消或更改。

酒店的費用（含早餐）已支付至二十五日中午，

洗衣費、寬帶費、長途電話等特殊服務費不含其中。
如您需要帮助，請聯繫以下會務組工作人員：
張長江 一三五二二九九二八八六
桑月鵬 一三九一〇七三四二六二
祝您晚安

中國中共文獻研究會
「中國道路——回顧與展望」國際論壇會務組
二〇一〇年五月二十三日

房間裡也放置了飯店的介紹書夾。說：「金台飯店，對內稱中直招待所。」「位居皇城顯尊位，西臨北海，眺望景山，與紫禁城箭步之遙。」客房中，有「總統套房」。看來這家飯店頗有來頭。次晨起床後，拉開窗簾外望，看不到北海、景山、紫禁城，只看到隔街對面一排高樓突顯的大字招牌：北京大學第一醫院。我只是一位住宿一夜的過客，不管那麼多啦。

有計畫的「論壇」

五月二十四日晨八：三〇，一輛中型旅遊車接我等「嘉賓」由金台飯店前往「論壇」會場——前毛家灣一號院，車程僅二十分鐘。這是中共中央管轄的「公務重地」，門禁森嚴，人員車輛都須持有通行證件。我們車到時，葉文心自用車也到，我看到她停車檢查。這情形，在台北也常遇到，我並不感到驚奇。

依據「議程」，「論壇」會場在綜合樓二樓的「報告廳」。與會人員到後，先簽到（我用正體字簽名），再參觀中共中央文獻研究室室慶三十週年展覽，然後進入會場，按座次表入坐。會場布置成馬蹄型，正中為演講台，正面及左右側各布置前後三排座位，共八十四席，其中有四席是媒體人。我的座位在演講台右首第一排第四席，正對面是陳鵬仁。張玉法與葉文心是預定的報告人，坐於演講台正對面之主賓座位。謝國興則坐於我背後第二排的位子。九時正，論壇開始。由中國中共文獻研究會副會長陳晉主持，首由中共中央文獻研究室主任、中國中共文獻研究會會長冷溶致歡迎詞。隨即開始「主題發言」，由預定的十四位中外學者依次每人作八分鐘的報告。十四位報告人姓名及報告題目如下：

上半場：
沈大偉　一個美國人眼中的「中國模式」
章百家　中國改革開放的經驗與啟示
布洛夫　俄羅斯學者眼中的中國特色社會主義
唐洲雁　毛澤東時代的探索——奠基之功
蒂姆・懷特　三十多年中國道路與英國漢學
龍平平　鄧小平開創改革開放的歷史貢獻
張玉法　中國道路：回顧與前瞻
下半場：
葉文心　中國道路的歷史深思
陳揚勇　二〇世紀九十年代和跨世紀進程中對「中國

道路」的堅持與拓展

貝淡寧　政治儒學能夠如何彌補民主政治體系的缺陷

李其慶　關於「中國道路」若干問題的思考

瑪瑪耶娃　中國的政治改革：階段與方向——對中共和蘇共若干要素的比較分析

張　寧　在新的起點上

柯蘭君　外援對中國發展的貢獻——戰略、政策和實施

由於距離演講台有段距離，我聽力又不靈光，對報告人報告內容只了解個大概，大家似乎都在講好聽的話。對張玉法講的話，倒是幾乎「句句入耳」。他講的中國，是廣義的中國，亦即歷史的中國，也可說是文化的中國；與其他人講的政治中國即中華人民共和國，旨意不同。他提到儒家思想，認為中國發展的方向應是《禮運》〈大同篇〉所論述之「天下為公」的「大同之治」。他提到孫中山的政治理想，也提到台灣的開放黨禁與法治精神。我很欽佩玉法的見識，也認為他有足夠的道德勇氣。中間茶敘時，我小聲告訴玉法，你今天的言論，真是「高桿」。他笑笑，說：「有人會不高興」。

十四位嘉賓「主題發言」過後，有段「自由發言」時間，然後由主持人陳晉作「簡要總結」後，「論壇」宣告結束。大家被請到綜合樓前攝全體照留念。距午餐尚有五分鐘時間，金沖及邀我和玉法去右首一棟大樓——林彪的官舍——參觀，他一一介紹林彪及其家人使用過的房間和擺設，也看看他的辦公室——房號是一〇一。我對金沖及戲言：你會步步高昇，昇到像台北的一〇一。然後一道到對面一棟大樓二樓餐廳用餐。共開四桌，客人名次也是依據事前安排好的名單。我被安排為第二席的首席客人。其他十人中，尚有三位李姓同宗：李捷、李其慶、李平，都是中共文獻研究會的主幹人物，李捷且是副會長。李其慶在會場中曾坐我左邊，講過話，現在又同桌，他連說「有緣」「有緣」。李平是研究毛澤東的人，我始終未與他講話。新加坡大學的黃賢強主任也在這一桌，和我談話最多，也免除一些刻板氣氛。菜色不錯，只是我「心有旁騖」，淺嚐而已。直到席終被送回金台飯店，心情才放鬆。

岳家作客一天半

五月二十四日午後二：三〇，我離開金台飯店，搭計程車（出租車）前往豐台區方庄芳城園二區六號樓七樓七號韓公館，與內子及內嫂相會。司機（北京要叫師傅）曉得我來自台灣，態度很友善，說只曉得豐台有個方庄，不曉得有個芳城園，邊走邊問吧。他真的問過兩三次，才找到這棟大樓。內子怕我找不到門號（因為各公寓門口都沒有門牌），已在外門臨時掛出「七樓七號韓宅」紙招牌，所以我上樓後沒費事就找到岳家。這是我首次到岳家作客，由於與內嫂已見過面，並不感到陌生，反倒有賓至如歸的親切感。只可惜榮慶大哥已離開人間了，沒有人能再和我「談經論道」！

大嫂住的公寓不大，平時就她一個人嗎，「小而安」就好。事先已講好，晚間由我做東，請全家到蒲芳路十八號「全聚德烤鴨店」吃晚飯。大嫂、韓加及我夫婦先到，點菜，隨後內侄孫韓瀟帶他的女朋友也到了，帶給我一份意外驚喜。十三年前我首次請岳家全體在民族大飯店中餐廳晚飯時，韓瀟還是個小學童，如今則是武漢大學畢業服務於中國旅行社北京分社的瀟洒青年俊才，令人有「十年河東十年河西」之感。我和韓瀟談了不少話；他問起有關對日抗戰的領導權問題，頗叫我吃驚，我在此場合自然不方便高談闊論，卻為大陸的青年一代有心追求歷史真相，感到高興。韓加溫文儒雅，有其父親遺風。他現任警官學校系主任，講話自然很謹慎，我們談話也絕不牽涉到政治。未到北京前，想嚐嚐全聚德的烤鴨和天津狗不理包子。全聚德的烤鴨今天吃到了，天津狗不理包子卻不想吃了，因為楊天石教授告訴我：「狗不理包子店都在地安門一帶，你想去吃嗎？恐怕會失望！」

五月二十五日是預定在北京「逛大街」的一天。七時三十分，韓加就開車過來，接我們三位長輩去吃早飯，由他付賬。飯後，韓加送我們去東長安街與王府井大街交口的地方，他即趕去學校上班，我們三個老人就「信步而行」的閒逛。看到「瑞蚨祥」綢緞行北京店，引起我一陣感慨；想到青島的「瑞蚨祥」，是我六十一年前「賣身為兵」的東家。我們沒有進入店內，內子和大嫂也未能發現我內心的隱痛。走過王府井新華書店，進去轉了一大陣，我想買幾本有參考

韓榮貞與娘家大嫂。

價值的新版史書，卻未能如願。倒是內子找到一冊介紹北京景觀的《玩轉北京》，定價三十五元，買了。出書店後向左走不遠，看到對街那座高聳的大樓，大嫂說那就是有名的北京大飯店，我不禁又有「望飯店而興歎」的聯想。

大嫂要帶我夫婦去「老舍茶館」吃茶，參觀。路邊等計程車，卻成了難題：車少，上下車地點又有限制。我們步行了一段，才找到一位好心師傅願送我們過去。車經過東交民巷——以前的使領館區，也叫人湧起世事滄桑不勝今昔的思緒。清末民初的中國地圖上，處處都可見到租界、租借地、割讓地、勢力範圍等外人侵略的痕跡，如今終於完全清除了。此項成就，國民黨、共產黨都有貢獻，這才是公允的看法與講法。

老舍，是三十年代知名文學家舒慶春的筆名。我在小、中學時代，讀過老舍的幾篇散文，印象甚好。我想在「老舍茶館」裡，會看到他的著作原稿及其他紀念文物。大嫂要帶我們來這家位於北京前門西大街正陽市場三號樓的名茶館吃茶，非常高興。有一份自我介紹的摺頁宣傳品，這樣寫著：

> 老舍茶館始建於一九八八年，是以人民藝術家老舍先生及其名著《茶館》命名，是集京味文化、茶文化、戲曲文化、食文化于一身，融書茶館、餐茶館、清茶館、大茶館、野茶館、清音桌茶館，六大老北京傳統茶館形式于一體的京味文化茶館。

我們到後，先坐下來飲茶，叫了幾樣點心。漸漸的，我感到有點失望了。服務員態度有點冷淡，叫的點心更量小到難以令人相信。我有受騙的感覺，但不好掃大嫂的興。隨後上二、三樓參觀。二樓是「茶文化」區，有「新京調茶餐坊」、「四合茶院」、「老舍茶庄」，陳設雖也琳瑯滿目，但以出售茶葉茶具為經營重點，生意氣氛濃厚。三樓是「演出大廳」、「品珍樓」。演出大廳的表演節目有京劇、曲藝、雜技、魔術、川劇變臉、口技、舞蹈、雙簧、中國功夫、茶藝表演等，票價在人民幣一八〇－三八〇元之間。因為表演時間未到，沒人在場，燈光很微弱，我們只是看一眼就離開了。「品珍樓」是高級消費區，以「宮廷茶膳」、「小滿漢」為經營特色；最低消費額為每人三八〇元。當然，我們也只有看一看，就悄然離去。樓梯旁，滿是茶館創始人尹盛喜與來訪中外名人合影及活動圖片，完全看不到老舍的存在。大嫂帶了相機，為我們攝了五六張照片，也是一項難得的紀念。時間已是午後一點了，有點累，於是覓一計程車送我們回大嫂家。

傍晚，內子與大嫂要外出購食品，留我一人在家。她們怕我寂寞，交我一冊《肇星詩百首》打發時間。肇星，即中國前外交部長李肇星。這是他的白話詩集，親筆簽名贈送給韓加太太曉飛的；曉飛是中共駐北韓大使館的外交官，大概成績不錯，外交部長才贈書給她。李肇星這名字，我是曉得的，但不曉得他也喜歡舞文弄墨。大概翻翻這書，才曉得他是山東膠南人，一九四〇年生，一九六四年北京大學畢業。

屬於中共政權的中生代，是位很優秀的外交官。他的詩，我覺得還不錯；內子卻認為沒甚麼章法，不能算是詩。我有時也喜歡寫幾行長短句，她也習慣的批評是「無病呻吟」，看來她的眼界滿高啊。

平安歸來

五月二十六日，要回台北了。預定的華航五一二次班機起飛時間是一二：二五，但為了避免路上塞車，也希望不致過度耽誤韓加的時間，決定要他八點鐘就來接我們去機場。大嫂也要去送機，也只能接受她的一番盛意。韓加久住北京，路線很熟，走外圍五環新闢建道路，直駛首都機場第三航站。韓加送我們到華航櫃台，值班女士們還沒有到場呢。先讓韓加回去，我們又等了五分鐘才開始辦理登機手續。證件齊備，行李又少，服務小姐很熟練，態度也好，很快就拿到登機證，不慌不忙的循指標路線，去搭電車。九點三十分左右，就到達華航班機的登機門。

不久，就見到王正華她（他）們三位年輕學人，同機返台。缺了蔣永敬兄，他要去南京住段時間，說要到六月中旬才返台北。我們的座次是三十二D、E，靠通道，很方便，餐點也合胃口。飛機準時於一五：三五到達桃園機場第二航站，可謂「一路順風」。取得行李箱後，和正華、淑鳳、進金道別。出入境大廳，搭計程車直駛木柵，四時四十分回到家中。多少有點累，心情卻甚愉快。順順利利出門，平平安安歸來，這就是福氣，如何不高興！半小時後，即接韓加電話問訊，我告訴他：「剛到家，一切順利，請轉告你媽放心，謝謝你啦。」

中華民國九十九年六月二十四日，
李雲漢憶筆於台北木柵寓所。
時年八十四，中老年人也，好自為之。

辛卯隨意談

中華民國一百年（二〇一一），歲次辛卯，我已是賤齡八十有五的老叟。撫今追昔，感慨萬端，感恩、慶幸、懷德、傷逝、惕勵的情緒，同時交織在腦海中，有些「剪不斷，理還亂」的煩擾。有幾位朋友曾說我是個「有福之人」，自己也承認，早年掙扎在驚濤駭浪的「大時代」裡的時際，確曾受恩惠於天助、人助與自助。正因為如此，總想留下丁丁點點的痕跡，不要讓歲月空空的流失。十七年前，我在學術自敘傳《史學圈裡四十年》的〈我這條路——代序〉中，說過一句自我期許的話：「生命是可貴的，一分一秒都要珍惜，浪費生命是不可寬恕的罪惡。」今日雖屆耄耋之年，然腦還能想，眼還能視，手還能動，如何可以有違自己的承諾？興之所至，就在電腦螢幕上隨意寫出想說的話罷。

干支紀年誌事

以「干」、「支」配合作為記載年代的符號，是中國人的發明，也是中華文化體系中的一項特色。台北三民書局編輯出版的《大辭典》，綜合古代典籍有關記述，對「干」「支」分別作了如下之解說：

天干：甲、乙、丙、丁、戊、己、庚、辛、壬、癸，為天干，也稱十干，古代排列次序的符號。

地支：子、丑、寅、卯、辰、巳、午、未、申、酉、戌、亥，也叫十二支，歲陰，配以天干，用來記年。

干支相配，從十干之首的甲配十二支之首的子為甲子，至十干之末的癸配十二支之末的亥為癸亥，有六十種不同的組合，代表六十年，稱為一甲子，周而復始，無盡無窮。兩位唐代詩人杜甫、許渾的詩作中，都出現過「甲子」：杜甫〈春歸〉：「別來頻甲子，倏忽又春華。」；許渾〈送宋處士歸山〉：「世間甲子須臾事，逢著化人莫看棋。」一個人賀年滿六十歲之誕辰，稱為「花甲之慶」。機關、機構、團體賀其建立六十年，亦常標示其「甲子」光輝。猶記民國七十九年（一九九〇），我服務的中國國民黨中央黨史會成立六十週年時，計畫編印一冊圖文並茂的會史，主任委員秦孝儀（心波）先生即曾定名為《汗青一甲子》，眾皆稱善。

干支相配，不僅記年，且用以記月、日、時（辰）。此一規制，自古有之，文史典籍如《詩經》、《左傳》、《資治通鑑》等書暨歷代名家文學作品中，隨處可以發現干支記年、記月、記日、記時（辰）的紀錄。茲就手頭所存書籍有關干支的記載，舉述若干例證：

《詩經・小雅・吉日》：「吉日維戊」（意即「吉祥的日子是戊辰」）；「吉日庚午」（意即「吉祥的日子是庚午」）。

《詩經・小雅・十月之交》：「朔月辛卯」（意即「初一那天是辛卯」）

《左傳》僖公二十二年記「子魚論戰」：「冬十一月己巳朔，宋公及楚人戰於泓。」

僖公二十四年記「寺人披見文公」：「三月，己丑，晦，公宮火。」

僖公三十二年記「秦晉殽之戰」：「僖公三十二年，冬，晉文公卒。庚辰，將殯於曲沃。」「夏四月辛巳，敗秦師於殽。」

成公十三年記「呂相絕秦」：「夏四月戊午，晉侯使呂相絕秦。」

晉人王羲之〈蘭亭集序〉：「永和九年，歲在癸丑。」

唐人元稹〈鶯鶯傳〉談鶯鶯年歲：「今天子甲子歲之七月，終今貞元庚辰，生年十七矣。」

唐人皇甫湜〈昌黎韓先生墓誌銘〉述韓愈生平：「長慶（唐穆宗年號）四年八月，昌黎韓先生既以疾免吏部侍郎……其年十二月丙子，遂薨。……明年……三月癸酉，葬河南河陽。」

宋人司馬光《資治通鑑》〈唐紀三十九〉記「郭子儀單騎退敵」：「永泰（唐代宗第三年號）元年，冬十月丙寅，回紇、吐蕃合兵圍涇陽。丁卯，復至城下。」「癸酉，戰於靈台西原，大破之。」

宋人蘇軾（東坡）〈前赤壁賦〉：「壬戌之秋，七月既望。」

宋人王禹偁〈黃岡竹樓記〉自述其經歷：「吾以至道乙未歲，自翰林出滁上；丙申，移廣陵；丁酉，又入西掖；戊戌歲除日，有齊安之命；己亥閏三月到郡。」

明人宋濂〈謝翱傳〉：「前至元甲午，去家虎林西湖上，前代遺老，猶多存者，咸自詫見翱晚。明年乙未，以肺疾作而死，年四十七。」

明人袁宏道〈初至西湖記〉：「余遊西湖始此，時萬曆丁酉二月十四日也。」又〈晚遊六橋待月記〉：「杭八遊湖，止午，未申，三時。」

清人姚鼐〈登泰山記〉：「是月丁未，與知府朱孝純子穎，自南麓登。」「戊申晦，五鼓，與子穎坐日觀亭，待日出。」

清人袁枚〈祭妹文〉：「乾隆丁亥冬，葬三妹素文於上元之羊山。」

清人蔣士銓〈鳴機夜課圖〉：「庚戌，外祖母病且篤。」「明年丁卯，食廩餼。」「己巳，有南昌老畫師遊鄱陽。」

清末，革命運動發生。革命黨人否認滿清政府統治中國的正當性，拒絕用清代帝號年號，其著述及宣導文字中，均用干支。茲舉數例：

孫中山《孫文學說》第八章〈有志竟成〉：「余自乙酉中法戰敗之年，始決推覆清廷創建民國之志。」

鄒容《革命軍》〈自序〉述其經歷：「不文以生居於蜀，十有六年。以辛丑出揚子江，旅上海。以壬寅游海外，留經年。」

宋教仁日記《我之歷史》：「開國紀元四千六百零六年……九月二十二日，晴，辰正。」「九月二十七日，卯正。」「二十八日，未正。」

林述慶〈江左用兵記〉記「起事遠因」：「乙巳之春，余由福州來江寧，欲覓二三同志謀恢復祖國之舉。」「己酉冬，伯先以事得旋鎮江，遂來江寧。」

徐自華〈鑑湖女俠墓表〉：「洎甲辰夏，乃東渡海赴日本肄業……至丁未五月，皖中事起。」

居革命黨人立場以干支紀年，已成黨史著述的傳統：以民國紀元為正統，民國建國前稱民元前，附以清曆、干支及西元；民國建國後依民國紀年，亦附干支及西元。中國國民黨中央黨史會編著並出版之黨史書刊、年譜、傳記、文集，多循此例。早年革命文獻及黨務文書，亦多類此。如中國國民黨於民國十三年（一九二四）一月發表之〈中國國民黨第一次全國代表大會宣言〉，開頭即謂：「中國之革命，發韌於甲午以後，盛於庚子，而成於辛亥，卒顛覆君政。」因此之故，史界人士有人稱之為「革命史派」。實則黨外歷史學者著述中，亦有以民國年紀為正統而標示為「民前」及「民國」者，如胡頌平編著《胡適之先生年譜長編初稿》，首條即記作「民前二十一年（一八九一）辛卯生」。

近代歷史學者於以干支紀年外，尚以干支標誌重大的歷史事件、特定書刊或社團。事件如「甲午戰爭」（一八九四）、「乙未首義」（一八九六）、「戊戌政變」（一八九八）、「庚子拳變」（一九〇〇）、「庚子賠款」（一九〇〇）、「辛丑和約」（一九〇一）、「辛亥革命」（一九一一）、「癸丑之役」（一九一三）等是。甚至有人將明思宗崇禎十七年（一六四四）李自成攻陷北京崇禎帝自縊身殉事，稱之為「甲申之難」或「甲申之變」。民國三十三年（一九四四），郭沫若曾寫過一篇〈甲申之難三百年祭〉，頗惹人注意。書刊如《庚申外史》、《庚子消夏記》、《辛壬春秋》、《甲寅雜誌》等是。以辛亥革命名的書籍，為數尤夥。台北且有辛亥路、辛亥國民小學、辛亥隧道、捷運辛亥站的設置，以紀念辛亥革命一甲子。社團如民國五、六年間（一九一六－一九一七）在國會中出現的「丙辰俱樂部」是。然此等現象，於二十年代之後受新思潮影響，漸趨於沈寂。今人率多以西元（或名之曰公元）記年，民國年紀除政府機關之公文書及中國國民黨黨務文書外，已不多見了，令人難免有滄桑之嘆。

中華民國一百年四月十五日，
雲漢隨筆於台北木柵路「仁普世家」六樓寓所。

卯與兔結為屬相

卯，為古字，其解說有多種，其中一種為十二地支之第四位。兔，為一種野生亦可家畜之小型動物，早已出現於《詩經》等古籍。古代命理學家以鼠、牛、虎、兔、龍、蛇、馬、羊、猴、雞、狗、豬十二種動物配十二地支，來記人的生年，稱之為十二生肖。即：

子鼠 丑牛 寅虎 卯兔 辰龍 巳蛇
午馬 未羊 申猴 酉雞 戌狗 亥豬

十二生肖，中國北方俗稱十二屬，意即某人生於某生肖之年，即肖某動物，稱之曰屬，如孫中山生於清同治五年（一八六六）歲次丙寅，他即屬虎。屬蛇者，以蛇為有毒動物，諱避之，稱之曰「小龍」。此項設計始於何時，難以稽考，大抵東漢（西元前二五－二二〇）以後即普遍流行於中國民間，則已成為國人的共識。卯、兔聯為一詞，始見於王充〈論衡・物勢〉：「卯，兔也。」另有「黃荃獻兔畫」的故事：唐、宋之間「五代十國」時期（西元九〇七－九六〇），後蜀第二代國王孟昶生於卯年，屬兔，每逢誕辰，有畫家黃荃即畫兔進獻，累至三、四本之多，投昶所好也。黃意雖不可取，所留兔畫則不失為一項文化財。

「卯」與「兔」，亦各有其文字學及文化史上的特定意涵，願就個人所瞭解者略作陳述。

先談卯字。依據《大辭典》的解說，「卯」，具有十種涵義，其中具有歷史意義的一種是公務用語：

卯，十二時辰之一，午前五時至七時。古時官署辦公從卯時開始，故點名叫點卯，應名為應卯，簽名為畫卯，名冊為卯冊。〈水滸傳・二三〉：「武松……逕去縣裡畫了卯。」

將一晝夜劃分為十二時辰，以地支為記的制度，據稱始於漢武帝太初年間修改曆法之後。卯冊，亦稱卯簿，相當於現今各機關的簽到簿。因卯時為每日晨間，故早上睡覺叫卯睡，早上飲酒叫卯酒或卯飲，早上吃飯叫卯飯。唐人白居易的詩句中，曾出現卯酒、卯飲字樣，如〈醉吟〉：「耳底齋鐘初過後，心頭卯酒未消時」；〈卯飲詩〉：「卯飲一杯眠一覺，世間何事不悠悠。」卯睡一詞，則見於宋人蘇轍（子由）的〈復次煙字韻答黃大臨堅見寄詩〉：「定應笑我勞生在，卯睡聞呼衣為顛。」

再談談兔字。

兔，自古有之，許慎《說文》：「兔，兔獸也。」兔，也是世界性的動物，據稱全世界有二十餘種。老同學張一民兄年初撰有〈兔年談兔〉一文，指出「世界兔」的多種特色：「世界上繁殖力最強的兔子是諾福克之星」、「最小的家兔是尼德蘭矮種兔和波蘭兔」、「耳朵最長的兔子是法國的長耳兔」、「最大的家兔是弗拉芒大兔」、「活得最長的一隻兔子，據報導，一九七七年有一隻兔子已經活了十八年半。至今還不知道是否有別的兔子活得比牠更長。」

生長在中國土地上，活躍在中國民間神話、傳統典籍以及私人著述中的兔，姑名之曰「中國兔」。中國兔，以其生存領域或環境論，可分為野兔與家兔；以其存在及活動的真幻言，可分為實體兔與意像兔。家兔與野兔均為實體兔，傳說中長年獨處於月宮中的白兔以及歷代詩人、畫家所描繪的玉兔、赤兔、喜兔、福兔、鴻兔、聖兔等，都屬於意像兔的範疇了。

《大辭典》形容兔的形象與功能說：「尾短耳大，前足短，後足長，上唇中裂，善於跳躍，毛可製筆，肉可烹食。」是指的野兔。據我童年時代的親見親聞，家兔與野兔的毛色、眼色及跳躍能力，都有極大的差異。野兔多為褐色或灰色，家兔多為白色。野兔眼睛色彩不明顯，家兔的眼睛則是紅而發光。野兔聞聲即逃，跳躍如飛；家兔卻慣於緩步徐行，因長期受人餵食，無懼與人相見了。時至今日，仍有人豢養家兔，名之為「寵物」。〈樂府詩集．佚名．木蘭詩〉中花木蘭對「同行十二年，不知木蘭是女郎」的同伴們說：「雄兔腳撲朔，雌兔眼迷離，雙兔旁地走，安能辨我是雄雌！」指的自然是家兔，只是不知此話是否有真實的依據！

兔，是弱者，自古即為人們獵殺烹食的對象。《詩經》中最少有四處提到野兔，都是受害者。依據滕志賢注釋，葉國良校閱，台北三民書局出版之《新譯詩經讀本》，錄其原詩句及語體釋文如下：

——〈國風．周南．兔罝〉：「肅肅兔罝，椓之丁丁」，釋之以語體文乃是「排列整齊的兔網，打樁聲登登的響」；「肅肅兔罝，施于中逵」，語體釋文為「排列整齊的兔網，佈設在交叉路口」；「肅肅兔罝，施于中林」，語體釋文則為「排列整齊的兔網，佈設在樹林中。」

——〈國風．王風．兔爰〉；「有兔爰爰，雉離于羅。」「有兔爰爰，雉離于罦。」「有兔爰爰，雉離于罿。」三語的語體釋文，均為「兔子逍遙自在，野雞卻陷進了羅網。」

——〈小雅．巧言〉：「躍躍毚兔，遇犬獲之。」滕志賢注釋其意義是：「好比跳躍的狡兔，遇到獵犬就能把牠抓獲。」

——〈小雅．瓠葉〉一詩中三次寫出：「有兔斯首，炮之燔之。」語體解說是：「有野兔的頭，裹泥燒，用火烤。」

上舉《詩經》的記述，野兔不是被網捕，就是被獵犬抓獲，燒烤佐酒餚，自身毫無抵抗力。但牠並不笨，想個辦法來保護自己：多找幾處藏身處所。這就是成語「狡兔三窟」的來源。語出《戰國策‧齊策四》，馮諼面告孟嘗君說：「狡兔有三窟，僅得免其死耳。今君有一窟，未得高枕而臥也，請為君復鑿二窟。」唐人李白（太白）很欣賞此一典故，有詩句曰「孟嘗悅狡兔，三窟賴馮諼。」宋人李朴（先之）的〈中秋〉詩中曾謂「狡兔空從弦外落，妖蟆休向眼前生」，未免有傷野兔之純潔靈活習性也。

成語中尚有「兔死狗烹」一詞，或作「狡兔死良狗烹」，源自《韓非子‧內儲說下》：「狡兔盡則良犬烹，敵國滅則謀臣亡。」漢人司馬遷著《史記》一書，於〈越王勾踐世家〉一篇中，記述范蠡致文種的信中警告說：「蜚鳥盡，良弓藏；狡兔死，走狗烹。越王為人長頸鳥喙，可與共患難，不可與共樂，子何不去？」此一典故，遂成為最流行的警語。獵人捉兔，除兔網、獵犬外，尚用鷹，我兒時在故鄉曾聞「不見兔子不撒鷹」之諺語。這句話，我小學時代老師來台後轉任教會牧師的趙建修先生，把它收進所編《昌樂諺語》一書中，解釋其意義是「沒有把握不出手」。

稱野兔為狡兔，很容易誤會為兔是狡猾的動物，我認為言過其實，有點為野兔抱屈。古書又曾把狐與兔相聯結，稱「狐兔」，如〈周易參同契‧上〉所言：「燕雀不生鳳，狐兔不乳馬」，不知何所依據。此觀念流傳至後世，遂有「狐死兔泣」或「兔死狐悲」成語的出現：前者如〈宋史‧叛臣傳‧李全〉言：「狐死兔泣，李氏滅，夏氏寧獨存？」；後者見施耐庵〈水滸傳‧二七〉所說：「豈不聞『兔死狐悲，物傷其類？』」

當然，歷史上也有些愛兔養兔的官宦人家。前漢梁孝王（漢文帝的兒子劉武）曾建有「兔園」，有名於時。漢代名文士枚乘暨南朝梁大文豪江淹都曾作過〈梁王兔園賦〉，可惜沒有流傳至今日。唐太宗李世民的兒子李惲命其僚屬仿傚應試科目策問問答的書，竟也以漢梁孝王的「兔園」為名，稱之為《兔園策》，用為啟蒙課本。民間養兔的人更多。記得我首次見到白毛紅眼的家兔，是在族伯李思恭家裡，他養了一大群兔子。

意像兔，存在於古代神話與民間傳說中。最有名的意像兔，是在月宮中不停息的搗製仙藥的白兔，也稱玉兔。李白撰有〈把酒問月詩〉，有一句：「白兔搗藥秋復春，嫦娥孤棲與誰鄰？」月中的白兔因之成為家喻戶曉的仙兔，不少仕女們暗暗投以敬仰、愛憐、祈求的心願。由於白兔或玉兔常年存在於月中，古人遂以白兔、玉兔為月的代稱；與以金烏為太陽的代稱，意義相同。唐詩人韓琮〈春愁詩〉中有句「金烏長飛玉兔走」，想起自己小學時代記日記時，亦嘗以「金烏西墜，玉兔東昇」來形容黃昏時分，煞是有趣。

意像中的白兔，曾被一位古代被遺棄夫人取作化身。故事出自《古詩源》中，一位美男子竇玄的妻子寫的〈古怨歌〉：「煢煢白兔，東走西顧，衣不如新，人不如故。」據同書注釋：「玄狀貌絕異，天子使出其妻，妻以公主，妻悲怨，寄書及詩與玄，時人憐之。」古代傳說中，尚有位仙人名曰「白兔公」，唐人韓翃在其〈送齊山人歸長白山詩〉有曰：「舊事仙人白兔公，掉頭歸去又乘風。」作者不詳之一種元、明間劇曲〈劉知遠白兔記〉中的白兔，應該也是一種意像兔，實體兔是不可能具有導使劉知遠夫婦重歸團圓的靈性和能力的。

中華民國一〇〇年四月二十一日午後，
雲漢隨筆於台北木柵寓所斗室。

我的八個兔年

古人稱兔年出生的人為「卯君」。宋人蘇軾（子瞻）為其兔年出生的弟弟蘇轍（子由）賀壽所作的詩中，就有一句：「繚繞無窮合復分，東坡持是壽卯君。」今人喜稱生肖屬兔的人為「卯字號人物」。民國五十四年（一九六五）三月，先師故考試院院長楊亮功先生在《傳記文學》（六卷三期）發表一篇〈三位卯字號人物〉，所指三位「卯」號名人是蔡元培、于右任、胡適之；三位「卯君」均與楊師有不尋常的師生或同僚關係。楊師說，他不屬兔，卻生於清光緒二十一年（一八九五）乙未六月十八日卯時，注定與「卯」號人物有緣。我很高興，因為我生於民國十六年（一九二七）丁卯四月二十二日卯時，有資格躋身於「卯」號人物行列之末，與楊師亦甚投契，曾受邀參與《楊亮功先生年譜》的編纂。楊師過世後，我也曾撰寫專文悼念。

十二生肖代表十二年，十二年一翻，家鄉人稱為「一巡」。人生百年，不過「九巡」，即經歷過九個生肖年。小時候，從家人口中學得一首便於記憶生肖年份的歌詞：

一歲十三二十五，
三七四九六十一，
七三八五九十七。

從出生之年算起，我已度過了八個兔年，感到很滿意了。我是經歷過大時代、大風浪、大不幸，也有過大冒險、大幸運、大突破的人，每個兔年似乎都有值得懷念的一些往事。第八個兔年，很可能是我一生最後一個兔年，在生辰前夕，作一番重點性的回顧，藉便回頭看看自己八十五年來留下的痕跡，也是一件「自我感覺良好」的事。

民國十六年（一九二七）丁卯年，是我的第一個兔年。初生兒懵懵懂懂，當然記不得任何出生之年的家事及國事。由於出生於山東省昌樂縣，注定我是道地山東人，有「侉子」性格，講一口又濁又笨的昌樂土話。成年後研究中國近、現代歷史，才曉得我生於民國史上一個重要的轉折年代——國民革命軍北伐期間的關鍵年代，中國政治改變了面貌：北京政府垮台，南京國民政府開始治理全中國，國旗由紅黃藍白黑五色旗變換為青天白日滿地紅旗；國民黨與共產黨由合作轉變為分裂，對抗、廝殺，開始了長期殘酷的內戰。我出生次年（民國十七，一九二八），發生了日本軍隊強佔濟南慘殺民眾上千成萬的「五三慘案」，影響到我孩童時代的思想，入學啟蒙年代聽到及看到的，盡是「毋忘五三慘案」「誓死湔雪國恥」的歌聲及呼聲，因之我反日抗日的情緒根深柢固。

民國二十八年（一九三九），己卯，是我的第二個兔年。這年是抗日戰爭第三年，也是最艱苦的一年，我虛歲十三。按常規，我應該小學畢業了。由於先讀兩年舊式私塾，抗戰初起時又停課一年，到這年才升入縣立下邑戶小學讀五年級（當時學制：一至四年級稱初級小學，設於鄉村；五、六年級稱高級小學，設於縣城及市鎮，均為縣立）。小學畢業後，升入省立昌樂中學讀初中、高中。因此，我的童、少年歲月，是在故鄉烽火漫天的戰地裡度過，受盡戰地生活的艱難困苦，兩腿留下了多處疥瘡的疤痕，並曾數度面臨死亡的威脅。但，戰時教育也鍛鍊出耐勞耐苦的習性，堅忍不拔的意志以及臨危不亂的應變能力。第二個兔年是我懂得磨練自己的開端，從這年起，多半時間都隨學校過「炮聲書聲相和，崎嶇奔波」（高中畢業紀念歌歌詞首句）的生活，學得如何在困境中自救、自保，進而自立、自強。

民國四十年（一九五一），辛卯，我已二十五歲，流亡到台灣的第三年，也是我的第三個兔年。一生中最緊要的關鍵年代，是民國三十八年，一九四九，我曾用「生死交關」來表達自己的感受。很幸運，我竟能安全渡過一波又一波的大風浪，來到台灣，立住了腳。三十九年（一九五〇）三月，進入台灣省青年服務團受訓，算是有了個「新家」；十月，升學台灣省行政專修班，在不正常的學校中接受正規的專科教育，開始有了一條路。到四十年，健康才完全恢復，人生觀轉向積極樂觀，也打定了足堪告慰的學業基礎。畢業後考取了公務員高等考試，又憑高考及格資格考進甫行在台復校的國立政治大學教育研究所，順利完成高等教育學程。因此，我把第三個兔年，看作是青年求學時代的新起點。這期間，留下多次論文比賽獲得優勝，服務熱心嘉獎記功的紀錄。

民國五十二年（一九六三），癸卯，是我的第四個兔年，年齡已三十有七，正所謂壯年時代。這時，我服務於中國國民黨中央黨史會典藏室，家住台中市，卻要到草屯郊外的荔園辦公，很辛苦。結婚六年了，兒女正讀幼稚園，經濟負擔也重。太太賢慧，任教於台中商校，操持全部家務。兩人合力維持這個小而溫暖的家，我內心裡感受的壓力卻與日俱增。一則要建立起碼的經濟基礎，使家人無凍餒之虞；二則要在工作及進修方面力爭上游，不能有「老大徒傷悲」的晚境。為增加收入，先後在商職夜校暨逢甲工商學院兼課。為前途，著手著作並進修英文，爭取深造機會。妻全力支持我，我卻時而有「煙霧裡辛苦，看不到未來」的怨嘆。還好，終於完成了第一種夠水準的學術著作，獲得中山學術文化基金會首屆學術著作獎，同時考得帶職進修獎學金赴美進修兩年，算是出了口怨氣。居住台中的十年，是我在默默無聞中辛勤耕耘的年代，由衷感謝內子的鼓勵、支持、辛勞與多方面無休止的付出。

民國六十四年（一九七五），乙卯，賤齡已屆四十九，將是半百之人了。這是我的第五個卯年，家已遷居台北，兒女正在讀中學。這年，國家發生的最大變故，是蔣中正（介石）總統逝世。雖然未影響到政權及政策的改變，卻由於黨史會人事的更動，帶給我人生旅程中一次波瀾。我是五十八年（一九六九）二月在美進修期滿回國的，黨史會主任委員已由羅家倫先生更換為黃季陸先生。黃先生改組人事，升任我為纂修兼第二室總幹事，並負責中華民國史料研究中心業務。外人看來，我已是黨史會「重臣」，我也確曾放手做事，一心一意想提高黨史會學術地位與成就。我也應國立政治大學之聘，兼任歷史研究所教授。然而，黃先生只做了兩年主任委員就「依例自退」，接任的是副主任委員杜元載先生。杜先生是學者，是好人，但缺乏知人之明，難免會為人「欺之以方」。我很失望，乃辭去總幹事兼職，專任虛有其名的纂修。及蔣總統兼黨總裁介石先生過世，秦孝儀（心波）副秘書長接長黨史會，我就提前退休，受國史館黃館長季陸師之命，出任該館纂修兼主任秘書。五十幾歲正是有所作為之年，竟離開黨史會「改變跑道」，難免怏怏；展望前程，亦難踏實。我這一步，是耶？非耶？冷靜想想，還是對的！

民國七十六年（一九八七），丁卯，是我的第六個卯年，年已六十一。我由黨史會「出走」兩年後，又為秦孝儀主任委員邀回黨史會，並破格報請中常會決議任我為副主任委員，確是意外。我和秦先生並無淵源，他初接黨史會時相處也不甚和諧，為甚麼送走我後又接我「回歸」？秦先生對我講得很清楚：「你能做事，要你回來就是要做事，以後就看你的。」我也把此次變動視作是最後的港口，要竭盡全力。我為秦主任委員做副車有一十二年，彼此間才真正了解，建立了互信與共信。最後他退休前，力薦我接班，使我成為中央黨部第一位由基層升任的一級單位主管。七十六年是我六十週歲之年，秦先生呈請中央頒授我黨內最高級的華夏一等獎章，算是獎勉，也是為我的「甲子之慶」祝賀。有次，秦先生對我說「我們相處不是一天了」，含意多麼深長！他過世後，家屬及治喪會推我在告別式中報告秦先生生平，認為我最了解秦先生。我也曾以嚴肅敬謹心情，寫篇長文〈秦心波先生與我〉，來悼念老上司；秦先生生前故宮博物院院長任內的機要秘書廖寶秀小姐告訴我，此文為追悼文字的第一篇。

民國八十八年（一九九九），己卯，是我的第七個兔年，也是退休後第三年，年齡已經七十三歲，進入老年生活的境界了。我是八十五年（一九九六）七月退休的，除解除黨史會主任委員本職外，連同政治大學及其他機構的兼任職務或榮譽名義，都一併辭卸，只保留中山、中正兩個文教基金會的審議委員、董事職銜。退休第二年，應邀去北京出席七七抗戰六十週年國際學術討論會，內子一道去探望高齡大哥大姐，我也藉便與內蒙舍妹見一面，實現了四十多年來的心願。八十七年（一九九八）三月，決定去美國女兒家住一段日子，幫她照顧三個半大不小的孫男。此後有五年時間，我倆不斷往來於美、台間，享受一些天倫之樂，也未停止做點文字工作，還完成了兩本半書，寫過幾篇學術論文。九十二年（二〇〇三）十一月，遷住木柵新家，次年女兒女婿為我裝設了一台電腦，學會打字，從此不再寫毛筆字。這期間，由於民進黨執政後中華民國名存實亡，內心中的陰影難以消散，個性也變得更為憂鬱。

轉眼間，民國一百年到來了。一百年，辛卯，是我退休後第二個兔年，一生的第八個兔年。喜樂悲苦相間迭乘的歲月中，活到八十五歲，進入「耄耋之年」，想來也真不容易，值得慶幸。然而，視力、聽力、記憶力都在漸次衰退中，面部皺紋已是「縱橫交錯」，也首次出現了「老人瘢」，頭髮更是「白番番」一叢。好在體力、精神，都還維持得很平穩，未影響到正常的作息活動。最難得的是老伴的健康狀況不錯，真是我的福氣。思路已有很大的改變，不再專注於社會、時事及學術動態，而時時懷有感恩、惜福、自勉的心意。要感謝父母的養育之恩，師長的教誨之恩，妻子的照顧之恩。父母及師長們都已成為古人了，只有結縭已超過半個世紀的老妻日夜廝守在一起，有恩不報，尚待何時？最簡單的報恩行動是不要出口傷人，讓她生氣。可是我連這點也沒做好，很慚愧。兩人攜手走過青年時代的患難與貧苦，好不容易建立起這個溫馨的家，又能從西河哀慟中走出來，真正熬到白頭偕老的晚晴歲月，這是福分，能不珍惜！一個人的壽命係屬天定，不可強求。放下生死這一關，把握目前能夠掌握的一切，為人為己，盡心盡力，於家於國，無愧無怍，這不就是完美的老人哲學嗎？

中華民國一百年四月二十七日，
雲漢隨筆於木柵寓所。

卯號前賢、友好

此處所稱「卯號」，係指卯年出生生肖屬兔的人。前賢，是指與我有過牽連的數位國民黨元老及山東鄉前輩，他們都已作古。友好，是指我最熟稔的一部分同學、同事、同道；有多位已謝世，多位是與我同時代的學術界人士，也都進入老年階段。

三位黨國元老

我生也晚，國民黨卯字號元老先進中，我熟悉其言行，與其家人或本人見過面的人，僅有三位。一位是胡漢民展堂（一八七九－一九三六）先生，一位是于右任伯循（一八七九－一九六四）先生，一位是孫科哲生（一八九一－一九七三）先生。

胡漢民先生，在中國國民黨早期革命歷史上的地位，應與黃興克強先生相伯仲；於民國建國後二十年奮鬥過程中的貢獻，應居孫中山先生「四大弟子『胡、汪（兆銘、精衛）、廖（仲愷）、蔣（中正、介石）』」之首。我於撰寫《黃克強先生年譜》暨《從容共到清黨》兩書時，曾對胡先生的言論行動多所體會。服務黨史會期間，兩位「胡系大將」黃季陸先生及傅啟學先生，都曾私下對我講過不少胡先生的深謀遠慮。這情形，大大增加了我對這位卯號國民黨元老的了解與崇敬。直到民國六十年代黨史會遷設於陽明書屋後，我才有機會與胡先生女公子第一屆國民大會代表胡木蘭女士接觸。木蘭女士很謹慎，但也不時對我們談到一些往事，並同意將胡先生的遺稿文物贈予黨史會妥為保存。胡木蘭女士也已離開人間了。

已故監察院長于右任先生，是元老報人，民國開國元勳，紅顏白鬚，飄然若仙，更以詩文、書法聞名於世，為台海兩岸均受尊崇的一代偉人。于先生屬兔，民國五十年（一九六一）八十三歲誕辰時，同樣屬兔的中央研究院院長胡適寫信來賀壽，就說：「今天是一個卯字號小弟弟，敬祝您老大哥快樂長壽！」傳為佳話。在台灣，我只見到于先生一次：民國四十年（一九五一）青年節慶祝大會時，聽他演講。但我對于先生的生平志業，並不陌生。原因有二：一是我於民國六十二年（一九七三）接受台北市新聞記者公會之邀請，為于先生作傳，書名定為《于右任的一生》，閱讀過所有有關于先生的文獻、史料；一是我與于先生哲嗣于望德教授見過多次面，與其令孫旅美學人于子橋（George Yu）教授是好朋友，在美國與台灣多次交換研究及著作的心得，他們也告訴我一些文字外的家事與黨事。于先生過世後，我也曾受監察院邀請，代表黨史會參與于先生遺著遺文及紀念集的編輯工作，從監察委員劉延濤、秘書長螘碩等人的口中，獲知于先生一些軼事。

孫科先生的父親是中華民國國父孫中山先生，黨內外對他及他的支持者有「太子派」之稱。他在大陸時，曾任立法院院長，行憲後曾任國民政府副主席，私生活方面的緋聞也多。大陸淪入中共統治後，孫先生去了美國，到民國五十四年（一九六五）國父百年誕辰之慶，才回到台灣定居，受任為考試院院長。他與國史館館長黃季陸先生有深交，曾將一批家藏的國父函電文件贈予國史館典藏。民國六十六年至六十八年（一九七七－一九七九）期間，我擔任國史館纂修兼主任秘書，黃館長邀孫院長到館參觀，由我接待，是我首次與哲生先生見面談話，並曾合影留念。發現他並沒有甚麼僚氣，不失為一位平易近人的長者。我與哲生先生長公子孫治平也數次見面論事，覺得他具有乃祖之風，誠懇，有雅量，能接受多方面善意的建議。

三位山東鄉前輩

在台山東省籍的前輩們，我認識的有七、八位，其中屬於卯字號的有兩位：一位是前山東省參議會議長、中國國民黨中央評議委員裴鳴宇先生，一位是前陸軍總司令、中央信託局理事會主席劉安祺上將。另一位抗戰期間壯烈殉國的名將張自忠，我不認識，卻因曾為他寫過小傳的關係，與張將軍的女兒張廉雲女士及其孫兒張慶隆教授，成為朋友。裴、張兩位鄉前輩，都出生於清光緒十七年（一八九一），辛卯；劉晚了「一巡」，生於清光緒二十九年（一九〇三），癸卯。三位先生謝世年份亦有先後：張最早（民國二十九年，一九四〇），裴次之（民國七十二年，一九八三），劉最晚（民國八十四年，一九九五）。茲依三位先生謝世先後為序，略述我的敬仰與感念心忱。

我對張自忠的了解，始於撰寫《宋哲元與七七抗戰》一書。很高興，我在此書中對陸軍第二十九軍戰前支撐華北危局的論述，不僅獲得史學界的認同，而且因此與宋哲元的兩位女兒宋景憲、宋景昭，張自忠的女兒張廉雲，建立了友誼。張廉雲在大陸，是「民革」北京市黨部的負責人之一。我於退休後首次到北京出席七七抗戰六十年國際學術研討會後，曾受到張女士的招待，也談到一些有關張自忠將軍的事。只是近十年來沒有聯絡，不曉得她近況如何。張自忠的忠烈事蹟，在抗日戰爭史上永遠閃爍著燦爛的光芒。

裴鳴宇先生，抗戰期間讀中學時就曾聽說過他的大名。真正見面並從歷史文獻及幾位長者談話中了解到裴先生的為人，是民國三十八年（一九四九）到台灣以後的事。民國四十年（一九五一），我就讀於台灣省行政專修班二年制教育行政科，同學中有二十多人為山東籍。聽說台北的山東同鄉會對就讀大專院校之魯籍學生每人津貼台幣五十元，卻沒有把我們包括在內。同鄉會的負責人就是裴議長。我逕往同鄉會辦事處力爭，裴先生開始態度強烈，我也嚴詞相對，最後他說：「我要查明你們是否真正有專科學校學歷，如果有，一定少不了你們的。」他言而有信，稍後我們果然領到這筆錢。一年後我們畢業時，在台北市西寧南路「會賓樓」餐廳開了個慶賀餐會，邀請三位鄉前輩前來參加。三位先生是：前山東省政府主席秦德純、前財政廳廳長今監察院監察委員趙季勳、前省參議會議長裴鳴宇。三位先生都到了，也都講了一番勉勵我們的話。我與三位先生同坐首桌，聽到三位先生彼此交談所講的話，可惜沒有錄音錄影。只記得裴先生的話最多，也最有趣。後來我在黨史會、國史館追隨黃季陸師，想不到黃師與裴先生交稱莫逆，公餘飯後，對我談了一些他、裴與桂系李（宗仁）白（崇禧）之間的祕史，我才曉得老議長飽有「奔走南北」的經歷與「舌粲蓮花」的長才。晚年在中央評議委員會議場合遇到他，就很少聽他開口了。

劉安祺上將，對我們這些魯籍流亡學生而言，是恩公，也是大家長。我是劉上將於民國三十八年六月青島撤退時帶來台灣的，但與他相識並時有往來，是民國六十年代以後的事。我是由陳孝祖（伯繩）先生引薦的，陳先生是位文人將軍，在青島時是第十一綏靖區青年教導總隊少將總隊長，來台後解除軍職，專任台中國立中興大學教授。我曾是青年教導總隊的學生兵，因而尊稱陳先生為老師，時相過從。對劉安祺上將，我也如其他鄉人後生一樣，敬稱他為壽公（劉上將別號壽如）。另一種促使我與壽公接近的媒介，是山東文獻雜誌社；壽公曾被推為社長，我則列名於編輯委員會，因而很多會議及餐敘，都會會面。壽公有大將風範，不常談論他過往的經歷，偶而也會透露一點軍政界的祕辛。倒是陳先生對青島撤退前後部署瞭若指掌，對我談過一些少為人知的人事密勿。陳、劉兩先生均於民國八十四年（一九九五）先後辭世，我都曾親與喪禮，並撰寫專文悼念。

五位黨部老同事

我長年服務於中國國民黨中央委員會黨史委員會，高級、同級及次級的同事在五百人以上。當然，不可能全體同事都認識；相識並有過較接近關係的，也不全是卯字號中人。然高層同事中，有林洋港、蔣彥士、蕭繼宗、蕭萬長、吳伯雄五位先生，確定與我同屬兔兒。蔣彥士、蕭繼宗出生於民國四年乙卯（一九一五），大我「一巡」；林洋港生於民國十六年丁卯（一九二七），與我同庚；蕭萬長、吳伯雄都生於民國二十八年己卯（一九三九），小我十二歲。五位先生在中央黨部的職位，都比我高。

林洋港與我的關係，可以追溯到民國三十九年，我在台灣省青年服務團受訓，林在同地址由服務團代辦的台灣省黨務人員訓練班做學員，廣義說來，我倆有「同門」關係。當時，並不認識。等到他當了台北市市長後，我因受聘參與台北市文獻委員會的學術活動，才一起見面、吃飯。等他出任黨副主席之後，每週三的中央常務委員會議（他出席，我列席）都可見面，有時寒暄幾句，有時也談到黨史弘揚問題，從不涉政治。我欽佩他兩件事。一是退出政壇後即返南投老家，絕口不談政治是非，維持住良好形像與政治道德。另一件事是他不忘舊情，盡力幫助弱者。他在黨訓班受訓時的隊長是青年服務團的唐際盈少校。若干年後，林以台灣省政府主席身分到台灣省訓練團（由青年服務團改組而來）訓話，發現唐隊長仍是低級公務員，乃介紹唐至中小企業銀行做科長，使唐有餘力發揮其書法專長，成就為名書法家（改名唐濤）。唐先生也做過我的軍訓隊長，晚年親口告訴我這段往事。

蔣彥士是農業專家。從政後曾出任教育部部長、外交部部長。黨內職務，曾獲蔣經國主席賞識，任為中央委員會秘書長。那時每星期四下午，黨部有中央工作會議，由秘書長主持，各單位主管出席，副主管列席。我是黨史委員會副主任委員，每次均到會，有時也接受安排在會中作「專題報告」。就在一次「報告」之後，蔣秘書長特地來我座位前握手道賀：「講的很充實，很好。」以後也曾多次接觸，深感他是一位講是非，肯負責的好上司。平心而論，我所經歷的七、八位秘書長中，蔣彥士先生給我的印象最深刻，最完美。

蕭繼宗先生是位文人，長期擔任台中東海大學中國文學研究所教授兼所長，於民國六十四年（一九七五）被任命為中央黨史會主任委員，成為我的頂頭上司。他態度儒雅，處世和平，慮事亦周全；只是對黨史一直在門外，不想進入。他在黨史會只有一年，與我的平淡交誼則能延續到最後歲月。他善於書法，曾贈送我多幅墨跡，也曾到過我興隆路的家中拜會過。不幸在街頭被機車撞倒而竟不治，享年八十有二。

蕭萬長的專長是經濟，有一段時期曾被任命為中央委員會組織工作會主任，我因此與他成為同事。民國八十五年

（一九九六）總統選舉期間，蕭是李登輝競選總部總幹事，也有多次接觸。後來他擔任國民黨副主席，我已經退休了，每年也還收到他的賀卡。

吳伯雄，相識於他做中央秘書處主任時代，那時的黨主席是蔣經國。黨史會在陽明書屋興建一座新庫房，承他大力協助，出點子，工程得以順利進行。秦孝儀主任委員很感謝他，他也當面對秦主委說：「孝公，你真的要好好請我吃一餐。」他性格爽朗，態度誠懇，有擔當，更善於言詞，因而人緣極佳。我退休後，他先後出任黨中央秘書長、副主席、主席以至榮譽主席，對國民黨重獲政權以及兩岸關係的開展，卓著貢獻。我有時在中央黨部的某項會議中遇見他，總說幾句叫我心安氣爽的話；有次在洗手間內高聲對我說：「我絕不讓陳水扁得逞」。快人快語，真的是位豪俠志士。

史學界六位同道

一生有幸列名於史學界，結識了幾十位志同道合的好朋友。有的比我年長，有的比我年幼，也有幾位是我同年次出生的「兔兄弟」。其中有合作關係較為密切的兔友，想來只有六位：瞿韶華、林衡道、李新民、呂實強、王爾敏、張存武。瞿、林、李三位生於民國四年乙卯（一九一五），長我十二歲，也都曾擔任過史政機關主管或大學校長；呂、王、張三兄則是與我同庚也同道，畢生獻身於中國近代史研究的知己好友。

瞿韶華本是官場中人，早年在大陸曾是從事敵後抗日活動歷經劫難的愛國青年；來台灣後，先後出任過行政院秘書長、台灣省政府秘書長、銓敘部部長及國史館館長。我和他開始有公務接觸、機構合作及私人友誼的建立，是在他掌管國史館時代（一九九〇－一九九五）。他雖久在官場，但沒有官僚習氣，與中國國民黨中央黨史會、中央研究院近代史研究所、中國歷史學會等機構合作愉快，對歷史學者個人亦推誠相待。我接掌黨史會後，彼此間尤有求必應。他以健康關係於民國八十四年辭職，兩年後即駕鶴西去。我列名為治喪委員，撰寫一篇〈我與瞿韶華先生的相識與相知〉來紀念他。

林衡道，出身於板橋林家，是位愛鄉愛國的歷史學者。他早年畢業於日本仙台市東北帝國大學法文學部經濟學科，台灣光復後致力於台灣鄉土史、民俗及史蹟源流的研究與推廣，先後出任過台北市文獻委員會主任委員、台灣省文獻委員會主任委員、中華民國台灣史蹟研究中心副主任等職，並任教於各大學。他每年都舉辦一至兩次台灣史蹟源流研究會，聘我講述「國民革命與台灣」課程，因而相識。與他相識二十多年，雖非莫逆，卻稱得上是道義之交。他過世後，我寫過一篇〈我心目中的林衡道先生——參與台灣史蹟源流研究會活動之片斷回憶〉來追思這位喜歡「獨來獨往」之史學圈內的「台灣通」。

李新民，是位傑出的數理哲學者，出身於國立中央大學，留美獲博士學位，在台灣曾任師範大學教授兼數學系主任，中央大學在台復校後出任校長。我和李先生相識甚晚，是在民國八十七年（一九九八）我應聘為中山學術文化基金會學術著作獎審議委員會委員時，他是此委員會的召集人，每年開三至四次審議會，談話的機會也多。記得第一次見面時，他說：「李先生，你是第一屆學術著作獎得獎人，最有資格來做審議委員。」說罷，握手大笑。他性格豁達，勇於負責，相處七年，極為愉快。他於民國九十三年（二〇〇四）十二月逝世，所遺中山基金會董事職缺，董事會通過劉真董事長白如先生提議，由我接任。

呂實強，一生都在中央研究院近代史研究所從事中國近代史研究，也在國立台灣師範大學歷史系、所教課。我和他相識於民國五十年代，同庚，同鄉，憨厚剛直的個性也相近，因而相處融洽，很多史學看法也大體相同。尤其是實強擔任近代史研究所所長期間，我是黨史會副主任委員，很多大型國際學術研討會及大部頭史料叢書之編纂，都共同主辦，合作無間。秦孝儀主任委員決定延聘幾位近代史學者為黨史會兼任委員，與我洽商人選，最後決定四位：呂實強、李國祁、孫同勛、閻沁恆，皆一時之選。實強已退休多年，曾著有回憶錄細述其生平，值得晚輩後生們一讀。

王爾敏，與呂實強同受中央研究院近代史研究所創所所長郭廷以先生見重，最早延攬到該所的研究人員，位列「三公」（王聿均、李毓澍、黃嘉謨）之後。他研究晚清軍制、政治思想及社會文化、亦兼及外交，著作有十餘種。曾應香港中文大學之聘，任教十餘年。我與爾敏相識於學術會議場合，於彼此踏實作風，引為同調。民國八十年代，我倆曾應中山學術文化基金會之約，合著《中山先生民族主義正解》與《中山先生民生主義正解》（合著人增加于宗先）兩書，並同時受聘為博士論文著作獎審議委員會委員。以是了解頗深，引為至交。他移居加拿大後，聯絡少了，尚能不定時於《傳記文學》雜誌讀到其自述性作品，喜見老友談鋒，至慰至佩。

張存武，少年時代在山東故鄉曾與我同就讀於山東省立昌樂中學，但當時並不相識。時值抗日戰爭時期，他於民國三十三年（一九四四）響應青年從軍報國運動，到「大後方」（西南各省抗戰基地）去了，成為青年軍的一員。三十八年（一九四九）來台灣後，他考進台灣大學歷史學系，我才有機會認識他；說話行事，家鄉味特濃。台大畢業後，存武即進入中研院近史所從事於中國近代史研究，並去美國哈佛大學進修。他最早的兩種著作是《光緒三十一年中美工約風潮》、《清韓宗藩貿易，一六三七－一八九四）》。他也應聘在師大、政大等校歷史系所兼課，並大力倡導「韓國研究」，曾任中華民國韓國研究學會理事長多年。存武亦已退休，我等數家（尚有蔣永敬、張玉法兩兄）過段時間就餐敘一次，互傾心愫，人生至樂事也。

同學中的兔兒伴

小學、中學同學於民國三十七、八年間流亡到台灣者，我所認識的應在五十人左右。年齡大於我者較多，小於我者亦不少，但未發現那幾位是與我同是兔年出生的人。偶然翻翻台灣中華書局印行的《中華民國當代名人錄》，意外發現中學比我高一班的張春興兄小傳中，記載「民國十六年生」（第二冊，八二三頁），顯然他也是我的兔兒伴了。他學業有成，是美國加州大學博士，台灣師範大學心理學權威教授，曾任心理學系主任，著作等身。今已退休，健康情形不甚良好。以前常見面，這幾年他不再參與同學間的餐敘活動，我也只能默默為他祝福。

在台灣，我就讀的第一所特殊性專科學校是台灣省行政專修班，讀的是教育行政科。初入學時，教育行政科有兩個班：一年制班（簡稱「一教」）；二年制班（簡稱「二教」）。我讀的是「二教」。兩班同學合計有一百二十餘人，依我初步了解，和我同年出生的兔兒伙伴只有六人：鮑家驄、王熹、田立泉、吳以政、馮國璽、符斌。他們都在教育界服務，各有建樹，然也都不在人世了。服務成績最耀眼的人，應是鮑家驄兄。他高考及格，先在台灣省政府教育廳服務，繼去國科會擔任主任秘書，又轉至教育部做總務司司長，最後的職務是花蓮師範專科學校校長、花蓮師範學院院長。他和我一直有聯繫，我去美國進修時曾送我程儀美金五百元，也將花蓮師院校刊按時寄給我。只是他退休後回鄉探親，不幸猝逝，未能送他最後一程，深以為憾。

行政專修班畢業後，去鳳山陸軍軍官學校預備軍官訓練班接受為期一年的預備軍官教育。同學都是民國四十二年（一九五三）各院校應屆畢業生，有七百多人。忙於操課，彼此間甚少接談機會，因而相識之新同學不過數十人。和我同屬兔年出生者，只曉得師範大學的趙金祁一人。他是美男子，溫文儒雅。結業後各奔前程，有三十年未曾見面。直到民國七十四年（一九八五）我們幾個史學機關及社團聯合在高雄國立中山大學舉辦「孫中山先生與近代中國」學術討論會時，才又相見，他那時已是中山大學校長，李國祁兄是教務長。在兩位熱心支持下，討論會辦得有聲有色。其後他出任教育部政務次長，也不時見面。各自工作崗位退休後，就很少聯絡了。

國立政治大學研究部於民國四十三年（一九五四）在台北木柵復校，次年恢復設立大學部。研究部設立四個研究所：教育、政治、外交、新聞；我是教育研究所第一屆研究生。由於我在校讀了三年，第一、二、三屆的同學都很熟。以年齡論，教研所同學沒有與我同年次的人；倒是政研所第一屆的周道濟，第二屆的陳寬強，第三屆的傅宗懋，是與我同庚的兔男兒。三位後來都榮獲博士學位，成為名學者、律師、政府官員。周道濟，是我青年服務團時代的老同學，台大畢業，在政大與我是二度同學。他英、日文俱佳，是中華民國第一位政治學博士。常年在台大教書，先後擔任過訓導長、三民主義研究所所長等職務。退休後，移居加拿大溫哥華，不幸於古稀之年往生。陳寬強，是律師，也是教育工作者，曾任致理商業專科學校校長。在校時，曾與我同屬於國民黨同志的一個小組，很健談，也有正義感。傅宗懋，思想縝密，處人謙和，政大政治研究所畢業後先從政，做過銓敘部次長；後轉至教育界，任中國文化大學中山學術研究所所長。已經有十多年沒有聯繫了！他體型瘦削，應是長壽之人，卻沒想到竟也撒手人寰了。

中華民國一百年（二〇一一）五月二日，
李雲漢隨筆於台北市文山區木柵路「仁普世家」寓所。

政大與我同庚

很高興，我的母校國立政治大學與我係同年同月誕生。如果大學也可以有屬相，政大也應是屬兔的卯字號大學，和我一樣，年齒已進入八十五歲，有資格稱之為「老大哥大學」。

政大的前身是中央政治學校，中央政治學校的前身是中央黨務學校。中央黨務學校係於民國十六年（一九二七）五月二十日開學，這一天也就成為政大的校慶日。我的生日四月二十二日是農曆，國曆為五月二十二日，比政大小了兩天。退休以前，每逢政大校慶，我都會接到校友會的通知，回校走一趟，有時也參觀一些校慶活動。八年前遷來木柵新居後，晨間都偕老伴到政大校園中漫步，隨時都了解到政大的動態；只是我當年住過的研究生宿舍，早已蕩然無存了。醉夢溪兩岸也經過整修，不復當年的純樸村姑形象；然當聽到溪中的汩汩之聲，看到溪畔芒草迎風搖擺的姿態，仍會喚起一些青年時代指南山下三年研究生生活的甜美回憶。

身為政大人，自然關心政大事。早期所存的《政大校刊》、《政大四十年》、《國立政治大學校友通訊錄》、《國立政治大學教職員名錄》等書，都由於搬遷住址房舍變小而割捨了。今日書廚中，僅有兩種為慶祝政大八十週年出版的書：一是彭明輝編著的《政治大學校史，一九八七—一九九六》；一是第五屆政大校友世界嘉年華會籌備委員會主編的《親愛精誠八十年——政大校友回憶錄》。兩書中，各有一點與我有關的文字：前書有一段記述政大校友會「舉辦陳果夫先生百歲冥誕紀念活動」，提到我與黨史會所承擔的工作；後書收入我那篇〈指南山下話當年——五十年前就讀政大研究部的回憶〉。前書編著人彭明輝與後書實際編輯人邵銘煌兩位教授，都是在政大歷史研究所聽過我課的史學博士，我因而有點「與有榮焉」的興奮。

紀念陳果夫先生百年冥誕的事，是在民國八十年（一九九一）十月，那時我是代理黨史會主任委員。事情是陳立夫先生發起的，由政大前校長現任副總統李元簇先生主持籌備事宜，要我參與，當然是義不容辭。事過二十年，記憶有點模糊了。今日翻閱彭明輝編著《政治大學校史》，於六二二頁發現校友會提供的資料，是如此記述的：

> 一九九一年十月十四日適逢政大故教育長陳果夫先生百年誕辰，經與陳果夫先生生前所主持或創設之各單位首長聯繫，取得同意，共同發起舉辦紀念活動，包括重印全集及其遺稿展等。發起者計有：余俊賢、黃尊秋、李洪鰲、鄭水枝、關中、蕭錚、楊家麟、張京育、陳金讓、祝基瀅、李雲漢、徐立德、吳俊才、

郭國灼、胡炘等先生。一九九一年六月二十八日，由李元簇先生主持籌備會議，研商相關紀念事宜，會中決定：（一））舉辦陳果夫先生百年誕辰紀念大會。（二）影印及續編紀念文集。（三）舉辦墨寶文件生平事蹟展覽會。（四）舉辦口述歷史座談會。（五）編印陳果夫先生傳。（六）編印陳果夫先生百年誕生紀念集。（七）出版合作紀念特刊。（八）洽商《中央日報》、中視及中廣公司製作紀念專輯。經李元簇常務理事洽請中央黨史會同意，比照戴季陶先生冥誕方式辦理。十月十四日上午於公企中心舉行陳果夫先生百年誕辰紀念大會，由時任副總統的李元簇先生主持。會中多位校友致詞，推崇陳果夫先生偉大情操。另有陳果夫先生的著作，手稿，文物展覽。更請黨史會撥贈陳果夫先生全集及紀念特刊各五十份，分贈校友。

這件事，是我代理黨史會主任委員一年期間，所做最愉快的事件之一。凡是陳立夫先生李元簇先生所交代而為黨史會能力所及者，無不全力以赴。因此之故，立夫先生一定要我在紀念大會上講話。有資格講話的前輩很多，我再三推辭，立夫先生卻堅持，說：「我不是隨便邀請；我的話，你應當信從。」立夫先生是長者，我只能「恭敬不如從命」。我講的題目是「陳果夫先生與黨史會」，說明黨史會於民國三十七年（一九四八）遷來台灣之初，如無果夫先生的大力協助，恐怕難有「立足之地」。這是事實，我以黨史會主管身分報告出來，自然也懷有崇德報恩的心意。果夫先生與先師羅家倫（志希）先生，都是政大初創時貢獻最多的負責人，是政大的元老師長。今日政大校園內不少高樓大廈，然一進校門看到的，卻是兩棟在台復校時所建已經陳舊的二層樓房：右為果夫樓，左為志希樓；其紀念意義遠大於實用意義。我很高興，初到政大任教的前幾年，曾在果夫樓一樓的教授休息室內「休息」，在志希樓一樓的教室內講過課。每逢走過這兩棟老舊「大樓」前，就會投以敬仰的眼光！

中華民國一百年（二〇一一）六月一日，

李雲漢憶述於台北文山木柵路寓所。

慶百年賀期頤

提到政大，就想到母校在台復校後首任校長陳大齊先生。校長別號百年，應是取義於〈列子・楊朱〉：「百年，壽之大齊。」友好們，喜歡尊稱陳校長為百年先生。他是浙江海鹽人，民國元年（一九一二）畢業於日本東京帝國大學後，即應聘為北京大學教授，其後曾任系主任、教務長，並曾代理校長。國民政府時期，曾應考試院長戴傳賢（季陶）之請，出任考選委員會秘書長、副委員長、委員長。他是經學、哲學大師，通日文、德文；留德出身之田培林教授在課堂上曾對我們說：「民國二年（一九一三），陳校長百年先生即曾在北大教過我德文。」政大之能於民國四十三年（一九五四）在台復校，居首功者應為新任教育部長張其昀（曉峯）先生，是他做的決定；復校後之蓽路藍縷，悉力經營，粗具規模，不能不歸功於百年校長。他出任政大校長時是六十九歲，尚不能算老，可是研究部第一期同學們卻喜歡稱他「老校長」。四維堂是政大復校後最早興建的禮堂，是棟平房，設備也簡陋。由於堂名「四維堂」三字是陳校長手筆，雖然有點歪，歷次修繕仍保存原形，以示對百年先生的尊重與懷念。八年前遷來木柵後，我夫婦時常去政大校園中漫步，每次走過四維堂前看到老校長的手筆，總會莞爾一笑。政大為紀念陳校長，另建有「百年樓」一座，為文學院所在地。歷史研究所設於百年樓三樓，我曾在此所教過多年課，感到很榮耀。當年在教育研究所就讀時，我曾參加民國四十四年度全國性三民主義論文比賽，獲得大專組第一名，老校長召我去他辦公室，獎勉幾句，並親筆簽名送我他的得意著作《荀子學說》。五十六個年頭過去了，我仍然把此書保存得好好的，不時取出來翻翻；當時的情景，不禁又出現在腦際，清清楚楚，倍感溫馨。

《古詩十九首》有謂：「生年不滿百，常懷千歲憂。」壽登百年，遂成為世人最大的願望。〈周禮・考工記・函人〉有曰「犀甲壽百年」，故百年之壽可稱為大壽、犀壽，理應紀念或慶賀。我在中國國民黨黨史會服務期間，曾參與諸先烈先進的百年冥誕紀念活動，包括孫中山（逸仙）、黃興（克強）、宋教仁（鈍初）、陳其美（英士）、戴傳賢（季陶）、林森（子超）、蔣中正（介石）、于右任（伯循）、張繼（溥泉）、陳果夫、陳幹（明侯）、孫連仲（仿魯）、張群（岳軍）、羅家倫（志希）、黃季陸、蔣經國等先生。也曾躬逢中國國民黨建黨百年大慶（民國八十三年，一九九四），主辦過多項有意義的慶祝活動，著成一部《中國國民黨史述》。今年又迎來中華民國建國一百週年，自身卻已進入黃昏歲月，雖有祝賀心意卻有「無能為力」之憾，不無怏怏！

百年之壽又稱期頤之慶，源於〈禮記・曲禮上〉：「百年曰期頤」。一位長者壽登百年，稱之曰「期頤大慶」。記憶中，我曾參與三位長者的期頤慶賀活動。一位是蔣宋美齡女士，是民國八十六年（一九九七）由黨史會主辦在陽明書屋舉行的「慶祝蔣夫人期頤嵩壽座談會」，我留有一幀與會者合照，共二十五人，前排坐，後排站，我坐於前排右起第一人，右起依次為潘振球、秦孝儀、邵夢蘭、郝柏村、辜嚴倬雲、俞國華、周宏濤、曹聖芬、唐振楚、王效蘭，頗有紀念價值。一位是老教育家，前國立長白師範學院院長，考試院考試委員方永蒸（蔚東）先生的百齡嵩壽祝賀餐會，時間是民國七十一年（一九八二）六月，地點在台北市中山堂光復廳。方先生擔任法商學院教育行政科主任時，我是助教，因而相識，並以師禮事之，時有聯絡。老先生享年一百零三歲，逝世後我曾親與喪禮，並為覆蓋黨旗委員，也曾親撰輓聯弔唁。另一位是國立台灣師範大學前校長、台灣省政府教育廳前廳長、國立政治大學教育研究所前所長劉真（白如）先生，他生於民國二年（一九一三），去年他的友好及門人即發起舉辦期頤茶會及展覽會，地點在台灣師範大學圖書總館。白如先生也是中山學術文化基金會董事長，我是董事，因而應邀出席。老先生不良於行，坐輪椅，思路卻甚清楚，尚能與來賓一一握手道謝。

蔣永敬教授是我政治大學教育研究所同學，中國國民黨同志，黨史會暨政大歷史研究所同事，長年研究中國現代史及中國國民黨黨史的同道，因此我稱之為「四同老友」。他生於民國十一年（一九二二），今年已屆九十歲。我贈他一首賀詩，最後兩句是：「相約期頤宴，為兄譜新聲。」並自願於他百齡大壽時籌備一次盛大的宴會。希望我的承諾能夠實現，屆時我要雙手合十，多說幾聲「謝天，謝地！」

中華民國一百年（二〇一一）七月十四日，
李雲漢感述於台北文山木柵路寓所。

癸巳冬月書文緣

我曾大步開放史料

中華民國一〇二年（二〇一三）十一月二十二日，中國國民黨文化傳播委員會黨史館、財團法人中正文教基金會及國立中正紀念堂管理處，聯合舉辦了一次學術研討會，名稱是「新史料、新視野：總裁批簽與戰後中華民國史研究」學術研討會，地點在中正紀念堂一樓的中正演藝廳。會前我接到邀請函，邀往參加。雖然年事已高，興趣轉淡，但對黨史館舉辦的學術活動，有義務要支持，所以回函出席，但只參加上午的研討會，中午要趕回家來陪老伴共進午餐。

研討會共舉行四場次，討論論文十二篇。主辦單位已印就一冊《新史料、新視野：總裁批簽與戰後中華民國史研究》，贈送出列席人員。其中第一、二篇分別是劉維開、高純淑的作品，論述《蔣中正總裁批簽檔案目錄》一書的編輯經過。兩人都是我在國立政治大學歷史研究所教過的學生，也都是在黨史會服務很長一段時間的同事，如今也都是民國史領域內的知名教授。會場中，聽他倆口頭報告，由於聽力差，有「語焉不詳」之憾。回家後，再翻閱一遍，才在高純淑女弟文中，發現有關我在黨史會主任委員任內開放史料的記述。這樁事，我在學術自敘傳《史學圈裡四十年》中曾有交代，時間久了，幾乎已經忘記。且把純淑的一段文字抄錄下來：

> 另一方面，到了二十世紀九〇年代，黨史會體察學術研究發展趨勢，深知不逐步開放新檔案，勢將無法滿足學人擴大研究領域的需求。李雲漢先生奉命主持黨史會會務後，先後兩次向中央提議應適時擴大史料開放範圍。第一次是在一九九一年九月對中常會報告中的建議。隨後奉准史料開放範圍擴大至一九二七年，包括「上海環龍路檔案」、「漢口中央黨部檔案」，這是黨史會首次開放原始檔案提供學人研究。第二次是在一九九三年十一月，在中常會報告中進一步的建議，擴大開放檔案範圍至一九六一年，一九九四年五月十八日，中國國民黨中央各單位主管會談通過「中央黨史委員會擴大開放史料實施辦法」，黨史會依據此辦法，自是年六月一日起實施。惟限於人力，仍需視整理程度，採逐步開放方式辦理。依此原則，「總裁批簽」中部分史料已屆三十年開放之期，惟尚未做進一步整編，只有少數學者得以運用。

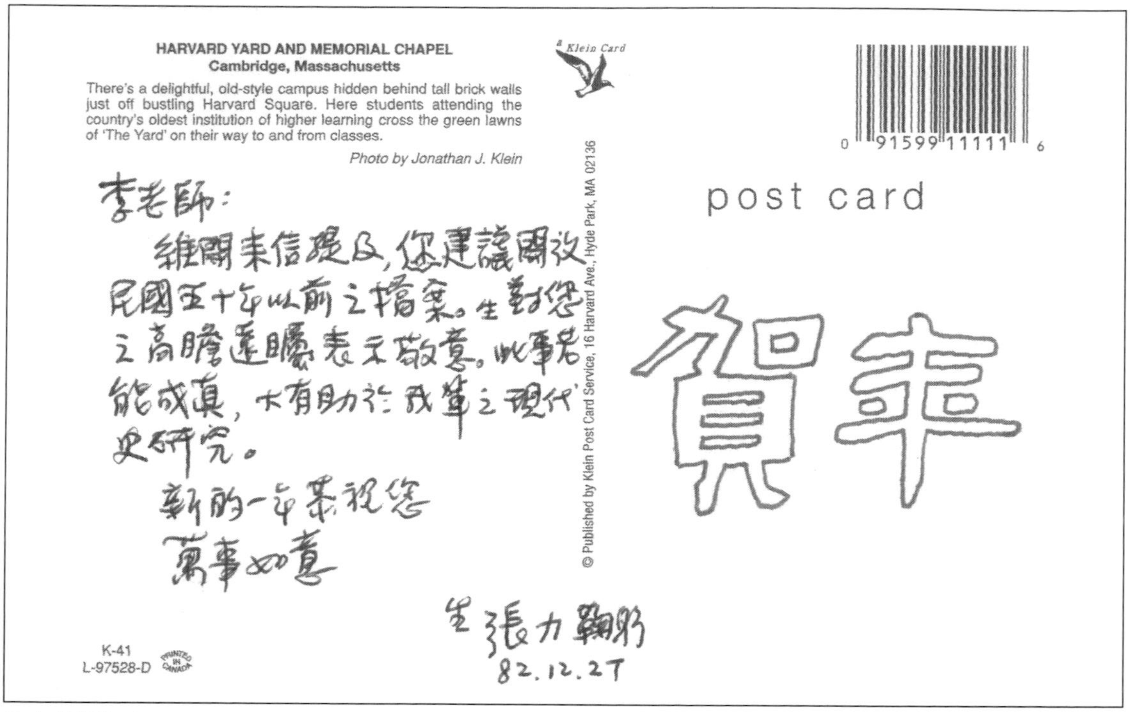

HARVARD YARD AND MEMORIAL CHAPEL
Cambridge, Massachusetts

There's a delightful, old-style campus hidden behind tall brick walls just off bustling Harvard Square. Here students attending the country's oldest institution of higher learning cross the green lawns of 'The Yard' on their way to and from classes.

Photo by Jonathan J. Klein

Klein Card

0 91599 11111 6

post card

賀年

李老師：

維聞來信提及，您建議開放民國五十年以前之檔案。生對您之高瞻遠矚表示敬意。此事若能成真，大有助於我輩之現代史研究。

新的一年恭祝您

萬事如意

生張力鞠躬
82.12.27

© Published by Klein Post Card Service, 16 Harvard Ave., Hyde Park, MA 02136

K-41
L-97528-D
PRINTED IN CANADA

張力教授賀卡。

接待貴賓（青潭）。（由左至右）孫科、黃季陸、李雲漢。

我對黨史會，自以為已經盡到最大責任，略有貢獻；其一，即是擴大開放史料。蔣永敬兄在會場發言時，提及羅家倫先生、黃季陸先生主持黨史會時代史料運用及開放情形，也提到我，說：「李雲漢時代，更大規模開放史料」，應是為歷史作證。想到史界巨擘許倬雲教授為《中華民國發展史》叢書撰文論述民國百年來史學發展時，也說我對現代史研究有貢獻，自然感到一些安慰。也只是自己內心的感覺而已，不足為外人道也。

中華民國一〇二年十一月二十七日，
雲漢筆於台北木柵寓所，時年八十有七。

回味青潭那段日子

民國一〇二年（二〇一三）十二月八日中午在黨史會退休同仁餐會中，國史館館長呂芳上當面贈送蔣永敬兄和我各一部他的近著：《民國史論》。是一部新書，由臺灣商務印書館於本年本月初版；也是一部大書，含學術論文四十二篇，共一七一〇頁，分裝為上中下三冊。稱謝外，當時無暇翻閱，只聽到芳上對永敬說〈前言〉中提到兩位師長的提攜，指一段文字給永敬看，永敬笑答「不敢當」。因而回到家後，首先就要翻閱這書的〈序：民國史研究的一鱗半爪〉，發現芳上在序文第一子題〈我的民國史研究之路〉中，提到他進入黨史會以及在青潭服務過程，寫出下面的兩段話：

> 一九六七年，我從東海歷史系畢業，當完一年又四個月的預官役後，因呂士朋教授的引介，進入草屯荔園黨史會工作，算是第一份職業，也決定了我一生的志業。……後來證明這個不全是偶然的決定，確帶我走出一條路來。
>
> 一九六〇年代，國民黨黨史會主委是北大五四學生運動領袖之一的羅家倫（志希）先生，他同時是國史館館長。他在任時，我只見過一次，大頭，聲音沙啞，讓我對他起敬意的是他個人的歷史和他的文采。真正引我走進民國史堂奧的是當時在黨史會的上司蔣永敬和李雲漢教授，蔣、李二公風格不同，都是我的長官也是老師。他們兩位應該是後來黨史會學術化的推手。蔣公個子高，不苟言笑，那時我在他擔任總幹事的編輯室工作，他給我編輯任務，但又放牛吃草，我因此涉獵許多民國史原始資料。我研究朱執信是他給我的靈感——那個人有才氣，追隨孫中山左右，短命，不那麼複雜！一九六九年，李雲漢先生甫自美國哥大留學歸來，我開始追隨他清點庫藏史料，一年半的時間，我真有「觸摸」歷史的感覺，對民國史的興趣與認識益趨濃厚。李先生後來奉命在新店大崎腳與國史館合作成立「中華民國史料研究中心」，我追隨他，見到「第一代開國偉人」（劉紹唐語）的黃季陸館長。黃先生「肚」大心寬，倡導「當代人寫當代

史」，大大打破了史學研究的傳統。李先生任事勤奮，腳踏實地的作風，深深影響了我。現在想來，這時期我們最大的成就是連續舉辦十餘年，每月一次的民國史學術討論會，把南港近史所及臺北各大學的學者邀請到偏僻的青潭開會，本身就是一大工程。這一學術活動，出了十幾本討論集，大大影響臺灣民國史研究風氣的推動。我個人受益最大的是增廣視野，走出黨派格局，並變成學術中人。幾年後，我能走入史學殿堂中研院近史所，與此息息相關。

讀過芳上這段敘述，使我想起當年的「青潭時代」，很值得回味，然也很感慨。十七年前，我寫學術自敘傳《史學圈裡四十年》時，即將第五章標題為「我在青潭」。時間是民國五十九年（一九七〇）至六十八年（一九七九）的十年間，是我四十四歲至五十三歲的盛年時代，也是我在條件不太充分進行也不太順利的情形下，為推廣民國史研究而默默耕耘的年代。我當時是黨史會纂修兼第二室總幹事，奉黃館長兼主任委員季陸先生之命，兼管中華民國史料研究中心業務。因此，我的班底是第二室的四位同仁：郭易堂、胡春惠、林泉及呂芳上。郭、胡、林三位在台北市中山南路中央黨部內的辦公室辦公，在青潭大崎腳坐鎮研究中心，不計勞累孤寂，始終其事的，則是芳上。他是我從草屯編輯室找來的，當時還是單身青年學子。四十年時光過去了，郭、林兩位已經離開人間，胡、呂則是今日民國史界的台柱學者，譽著兩岸三地。如今讀到芳上於青潭時代對他史學道路有正面影響的陳述，很高興，也有幾分「吾道不孤」的自我陶醉感。不是嗎，青潭時期提供芳上升學國立臺灣師範大學歷史研究所機會，聽過我的課，我也指導過他的碩士論文，今日以國史館館長高位奉我為師；現任黨史館主任王文隆則是我政大史研所學生張力教授之學生，薪火相傳，能不視為生平樂事之一！

我在〈我在青潭〉文中，提到研究中心曾出版五種民國史的好書：蔣永敬著《胡志明在中國》、黃季陸等二十二位學者合著《研究中山先生的史料和史學》、胡春惠著《韓國獨立運動在中國》、論文集《孫中山先生與辛亥革命》、《黃季陸先生與中國近代史研究》。其中最後一書係為紀念黃季陸先生而編著，雖由我發動，主編人則推呂芳上，他曾寫過一篇〈編後〉，謙虛為懷，沒有具名。另外於民國六十八年（一九七九）研究中心十週年時，我發動編了一冊《中華民國史料研究中心十週年紀念論文集》，邀請臺灣、美國、香港知名文史學者二十六位先生義務撰文，作為「共同的一份獻禮」（我撰〈緒言〉中的話）。附錄一篇〈十年來的中華民國史料研究中心〉，是為「史料研究中心」唯一的一篇小史。十年來，研究中心一直獲得黃季陸館長、黨史會前後任主任委員杜元載（賡之）、蕭繼宗（幹侯）、秦孝儀（心波）及副主任委員崔垂言諸先生的熱烈支持。內部史料管理、學人接待及編輯出版事務，貢獻最多者則為呂芳上先生，另有夏文俊、謝廣和及葉有廣等人亦各有所獻力。我心存感激，無時或忘！可惜夏、謝兩君，已經成為古人了！

寄望大陸民國史學界

民國一〇二年（二〇一三）十二月十六日，收到南京大學中華民國史研究中心寄來的郵包，赫然發現是一冊十二開本精裝新書《民國史巨子——張憲文教授學術生涯紀傳》。憲文兄，好久沒有見面了，有「見書如見人」的感覺，立即打開，首先見到的是我和他七年前在南京明故宮瞻仰大道所攝的一幀六吋合照，雖都滿頭白髮，卻態容欣愉，面帶微笑。看到這照片，想起我的首次南京之旅，受到他真誠的尊重和禮遇，留下了美好的回憶。今讀其《學術生涯紀傳》，心頭也湧起一波憶往懷舊的漣漪。

這冊書，是憲文教授的門生們為祝賀其恩師八十華誕而撰述的集體創作：由兩位青年教授陳謙平、陳紅民主編，南京大學出版社於二〇一三年九月出版，體例創新，圖文並茂，稱得上是皇皇巨著。主要內容包括六部分：一是憲文教授的「學術身影」，即他的照片專集；二是〈學術紀年〉，是一份自一九五四年至二〇一一年間，憲文教授學術活動年表；三是憲文教授自撰〈學術之旅：「我在南大六十年」〉，是本書的精華部分；四是〈師門憶述〉，含憲文教授南大門生陳紅民等五十位史學新秀的祝壽文章；五是〈弟子錄〉，是受業弟子五十六人的小傳；六是〈媒體訪談〉，含媒體人訪談文章三篇。我花兩天時間，翻閱一遍，為老友的輝煌成就與貢獻，感到很興奮，很欽佩，更為他開創之大陸民國史研究的遠景，寄予莫大的期盼。

回想一下，我首次聽到張憲文這個名字並讀到他的民國史著作，是八十年代的事，搭線人是美國伊利諾大學（University of Illinois）教授易勞逸（Lloyd E. Eastman）。他去南京大學訪問研究一段時間後來到台北，帶來一冊張憲文的頭一冊著作《中華民國史綱》，送給我，並簡略介紹著作人的研究態度。當時兩岸還處於封禁狀態，我也沒當回事，然對張教授於南京大學建立中華民國史研究中心，深感興奮。九十年代之後兩岸開始來往了，憲文先後應邀來台北參加學術活動及講學，才有機會見面談談，成為朋友，算來也有二十多年了，彼此都以老友相稱。他是山東同鄉，談話自然多一份親切感。熟識了，我總稱他憲文兄，他卻客氣得多，有時稱李教授，有時稱李老師，這是因為我年齡長他七歲的緣故。這次贈書，換一稱呼，他於扉頁親筆寫出：

雲漢學長
教正
憲文敬贈
二〇一三年十月二十七日

〈學術身影〉欄內，有我三幀照片。一是憲文與我及張玉法、陳三井兩教授合照，主編人標題謂「憲文師訪問台灣，歡晤同行老友」；一是民國九十四年（二〇〇五）八月我應邀去南京出席「紀念同盟會成立一百週年暨孫中山逝世八十週年學術研討會」時，與五位大陸學者（張憲文、金沖及、林家有、蕭致志、馮祖貽）暢遊總統府時合影於「煦園」；一是我與憲文兄兩人在參觀明故宮途中的合照，主編人加一標題：「與憲文師老友加老鄉的李雲漢」。我寫信謝謝他，說出內心話：「台北首次晤敘，亦逾二十年矣。誼屬同鄉，又係同道，雖不能經常會晤多所討教，然於民國史事之大經大節互有心同理同之感，想為兄我所共具，實亦『人之相知，貴相知心』之謂也。」

以張憲文為首，南京大學中華民國史研究中心為營壘的民國史研究陣容，已形成兩岸近代史學界盛稱的「南京學派」，陳紅民且已在浙江大學建立了以研究蔣介石為主旨的新中心。北京的民國史研究近年也有進展，金沖及、楊天石兩位先導學者，也是老友，都基於新史料、新觀點，對辛亥革命及蔣介石有了新的評價。目前，大陸的民國史研究已被稱之為「顯學」，有些地方，且已出現所謂「民國風」。這是可喜的現象。當然，大陸史家研究民國史也還有其局限性，尤其對國共關係的論述，一時還無法突破中共官方所設定的教條。時代是進步的，思潮與環境也在不斷的變遷，相信歷史終究是歷史，其真實面總會逐漸水落石出。努力！民國史同道們，持續並加倍努力！

中華民國一〇二年十二月二十一日，
雲漢筆於木柵寓所。

儕群健者 齊魯之光

十二月中旬，收到張一民兄寄贈一份《齊魯》——中華齊魯文經協會會刊第十五期，很高興，花兩天時間把所有文章都讀一遍，很感動，也受到鼓舞，情不自禁的要記上一筆。

首先要敬佩並感謝的人，是「協會」首席副會長兼《會刊》總編輯張一民。一民是前第十一綏靖區（司令部設於青島，司令官為劉安祺）青年教導總隊的老同學，但在軍中並不認識，到民國四十七年（一九五八）我服務於台中後，才經由前總隊長陳師孝祖教授引介，見面暢談，有相見恨晚之感覺。他為人熱誠，上進心強，有行政長才，輔佐故劉安愚校長先後經營臺灣省立中興中學、國立臺灣師範大學附屬中學及國立華僑中學，均創佳績。尤善於文史，勤於著述。其長年為《金鷄嶺》季刊暨《齊魯》會刊義務主編，更為鄉人所推譽。忝列友于，與有榮也。

此期《齊魯》，一民兄把我五月間所撰悼念張瑞岐之〈張瑞岐誠信一生〉一文發表出來，瑞岐地下有知，定當感到欣慰。於「協會」及「會刊」組織成員名錄中，看到多位老友的名字，如榮譽理事長于宗先、現任理事長馬建周、理事李瞻、莊惠鼎、高惠宇、王振東以及萬壽鵬、高瀅、李乃詳等，也引起懷念及祝福心意。宗先與我有兩度同學之誼，一是在山東濰縣，都曾參加山東省第八行政督察專員區中等學校學生暑期訓練班，一是台北木柵國立政治大學研究部，但當時並不相識。等到共同參加吉星福張振芳伉儷基金會暨《山東人在台灣》叢書編纂工作，才不時見面，相知也深。他是學術圈裡的「強人」兼「鐵人」，只是近數年未見面，今夏張存武兄請他夫婦和我在「天廚」餐敘時，發現他曾因摔倒而損及健康，不禁心有戚戚。我們都是老年人了，不能不承認歲月無情，時時提防處處小心才好！

偉人　偉業

十二月二十二日星期日上午，以財團法人中華民國中山學術文化基金會董事身分，應邀去台北市中山北路二段六十三號國賓大飯店一樓明園，出席慶祝基金會四十八週年紀念暨民國一〇二年度中山學術著作獎贈獎典禮及「中山思想在台灣的實踐與未來」座談會，會後留下吃自助餐。天陰雨，又冷，往返均搭計程車。回到家中，已是午後二時二十分，興奮中卻也有不少感慨。

興奮的事有三端。一為遇到多位文化教育界老友，如湯振鶴、崔劍奇、簡漢生、李建興、簡茂發、沈大川、陳三井、黃自進等是。振鶴是六十年前青年服務團老同學，本是熟人，小我四歲，俊逸瀟洒，今也出現老態，一時竟認不出來了！報了名，才相互擊掌大笑，警覺彼此都老了！也都有老人病纏身！一是基金會編印了一份摺頁式文宣，介紹基金會緣起，成立經過，主要工作，出版書刊，歷任董事長，組織架構及未來發展方向，圖文並呈，是項首創，表現出新人事陣容的新作風。一是典禮形式有了改善，會場布置略成兀字形，靈活多了，無人佩帶識別花證；程序則依照舊規，有「唱國歌」、「向國旗暨國父遺像行鞠躬禮」兩項，帶給我意外的興奮與感動。臺聯黨主席黃昆輝也以董事身分在場，大家在唱國歌時，他表現似乎不很自然，然也隨同大家一道向國旗及國父遺像鞠躬行禮。

感慨的事，也有幾樁。最大的感慨，是「座談會」預定的主題是「中山思想在臺灣的實踐與未來」，三位引言人（林大鈞、林國章、葛永光）、三位與談人（莊奕琦、劉阿榮、李酉潭）及綜合座談發言人簡漢生的言論，似乎都沒能扣緊主題，都在談兩岸經貿及文化關係，反應出學術界人士對中山思想依然很淡薄。當然，我聽力衰退，也許抓不住他們發言的精髓。簡漢生公開說他認可三權分立，等於對孫中山五權憲法提出質疑；這是他個人的主張，有其自由權；只是以他的身分（曾任中國國民黨中央文工會主任及副秘書長）在這樣的場合提出來，不能不叫人感到遺憾。

會場中焦點人物，應是黃自進。他是中山學術著作獎人文社會類著作的得獎人，應邀在典禮中作了二十分鐘的專題演講，講題是：「蔣介石與日本：一部近代中日關係史的縮影」，是他此次得獎著作的書名。他是日本慶應義塾大學法學博士，現職是中央研究院近代史研究所研究員。同在史學界，我與他相識已多年；由於他的博士論文指導教授山田辰雄是我的朋友，因此也敬我為師輩，稱我李老師。他是當代青壯歷史學者中，以研究蔣介石為專業的唯一專家，極有成就。他的研究計畫，曾獲得中正文教基金會暨蔣經國國際學術交流基金會的支持。他的著作，大部分都曾贈送給我，很紮實。這次在會場中，當面再贈送他主編的一部新書：《蔣介石與現代中國的形塑》，係他與潘光哲主編，中央研究院近代史研究所於本年九月出版，含學術論文三十五篇，分裝兩冊，總頁數一三五〇，稱得上是一部大書——近年來有關蔣介石研究的高水準論文集。其特色有如卷首〈謝辭〉所陳述者：跨國界、多層次、突破意識型態，不拘於傳統框架。引〈謝辭〉中一段話：

> 全書由中央研究院近代史研究所蔣介石研究群、中國社會科學院近代史研究所及日本蔣介石研究會三方面組成的編輯小組，負責選錄工作；……本書收錄之三十五篇論文，作者背景出身不一，包含臺灣學者十二位，臺灣旅美學者一位，中國大陸學者十一位，中國大陸旅日學者二位，日本學者八位及韓國學者一位。本書集其研究心得於一帙，應可顯示東亞學界同仁力求超越國界，突破意識型態，在實事求是的基礎上共同開展學術研究的共識。……

這是可喜現象，是史學界進步行動。負有主要推動責任的黃自進，祖籍浙江，生長於緬甸，求學於日本，服務及研究卻在臺灣，影響力則逐漸擴及東亞；今年五十七歲，前程大有可為。蔣介石是近代中國歷史上的一位偉人，曾建立不止一次的偉大事功；然在國內外立場各別的人士心目中，卻也存在著一些爭議。走正道，持正義，弘正論，是我對黃自進及其「蔣介石研究群」的歷史學者們的讚許與期盼，道路還很漫長，也很艱鉅，期望他（她）們一波接一波的作持續恆久的耕耘，不斷的開花結果。

民國一〇二年十二月二十五日，
李雲漢筆於木柵蝸居。

失落了的黃埔精神

去年（民國一〇一年，二〇一二年）開始，不斷收到北京寄來的一份雜誌《黃埔》（雙月刊），是免費贈閱。這是大陸「黃埔軍校同學會」的會刊，社址在北京市豐台區南三環中路趙公口小區二十號，社長兼總編輯是李忠誠。我與黃埔軍校並無直接關係，為何寄我？未加深究。視之為一份史料素材，藉以獲知大陸黃埔軍校成員背景以及建校早期中共份子活動情形，未嘗不是件好事。所以我對這份雜誌並不排斥，每期都選擇性的閱讀一遍。對我比較有用的材料，是一些人物傳記及每期都發表的〈海峽兩岸大事記〉。

最近收到的一期《黃埔》，是本（民國一〇二年，二〇一三年）年十一月出版的二〇一三年第六期，總期次為一五三。有一「特別策劃」的專欄，題為「常德會戰」，含十四篇文章，佔三十二頁篇幅，確也有些參考價值。只是看不到一面青天白日滿地紅國旗及國軍軍旗、中華民國國號暨軍事委員會委員長蔣中正的任何圖片文件、連國軍的青天白日帽徽也未曾正面出現。倒是引用了中共機關報《新華日報》的社論（題為「贊常德保衛戰的英雄們」）以及毛澤東著作《論持久戰》及其多次談話，好像戰爭是在中共指導下進行的，自欺欺人，令人讀來啼笑皆非。在大陸，早已見不到真正的黃埔精神，不足為怪！只是在台灣，近年來也很少人再提到黃埔，社會大眾似乎也不曉得有「中華軍史學會」暨「中華黃埔四海同心會」的存在，不能不教人感慨萬千！這是歷史的虧欠，不知要向何處對何人乞求彌補！

民國一〇二年十二月二十六日傍晚，

雲漢筆述於台北文山木柵路「仁普世家」蝸居。

兒喪三十三年

轉眼三十三年

我兒肖元，於民國七十一年（一九八二）七月十八日上午八時五十五分，以中暑及合併急性腎臟衰竭逝於台中國軍八〇三醫院加護中心，迄今已三十三年矣！他的面貌仍不斷出現在腦際，夢中，心情也隨之墜於痛苦的深淵！連日來枯坐小窗前，幾度靜默沉思，暗自流淚，只是不想讓妻發現，影響到她的情緒！

不時翻閱元兒紀念集《幼鴻啼痕》，默念這孩子短短二十二年六個月又十四天的生命，不禁悲憤交集，自嘆福淺命薄竟至於斯！當然，身為元兒母親，妻的傷痛較我尤甚！只是她比我冷靜，自我制約力也比我強，於痛苦一段漫長歲月後，已能接受既定事實並理智以對！我不願過度影響到她的心情，盡可能不對她顯露我對元兒的「內心世界」。表弟楊學晏於紀念元兒逝世百日所撰〈永遠的懷念〉文中，說我「在情感上是比較含蓄的，是屬於有淚往肚子裡流痛在心裡的那種人。」可謂知心之言；我的哀思多表現在已印行之《幼鴻啼痕》及未刊稿《西河吟》所載近七十篇悼念文字的字裡行間！元兒逝世次日，我曾含淚和他作首次筆談，題曰〈元兒，爸媽為你驕傲〉。「三七」之日，曾於《中央日

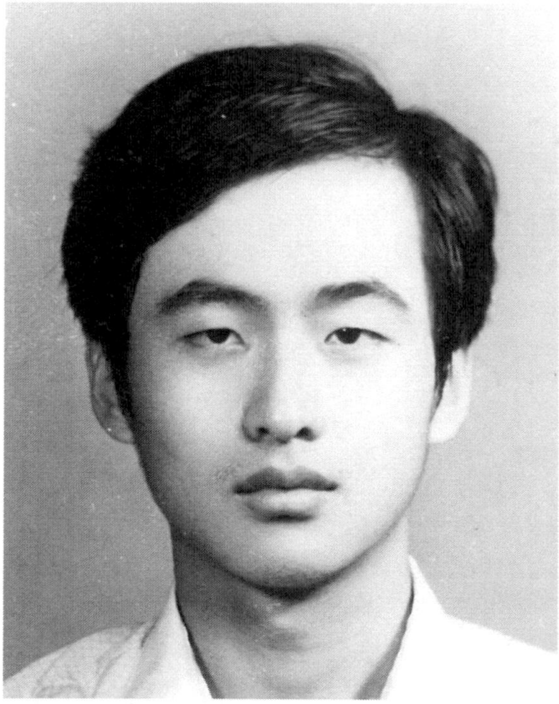
我兒肖元：步入青春。

我兒肖元：幼兒時代。

我兒肖元：大學畢業合家照，民國71年6月6日。

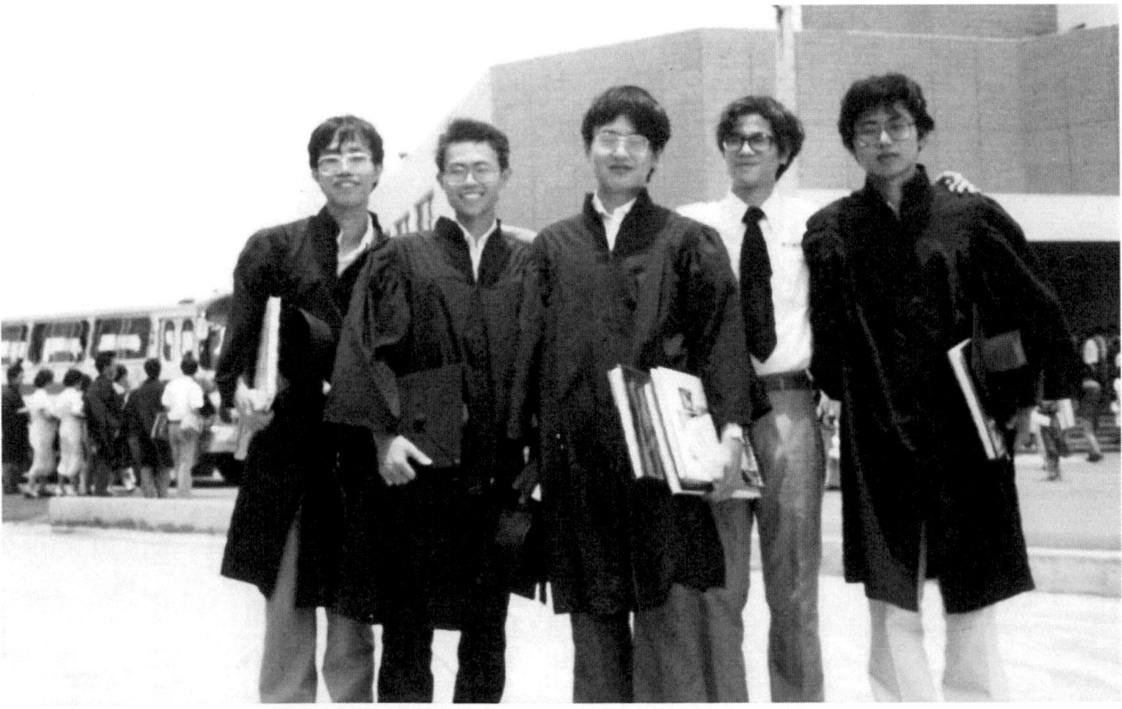

我兒肖元：大學畢業同學照。

報》發表第二篇筆談：〈泣告元兒〉。週忌前夕，寫過一篇〈此情此心——元兒殉職週年的哀感與自箴〉。兩周忌時，在《中央日報》發表那篇引發國內外識與不識有所反應的〈吞淚慰兒魂〉。十周忌時，寫過〈同聲泣悼同心奮勵——元兒殉職十週年答謝諸友好〉；民國九十一年（二〇〇二）把此文以毛筆重寫，標明：「四月七日重寫於北美旅次，以志元兒二十周忌紀念。」於今元兒殉職已屆三十三年了！我也已是白髮蒼蒼的暮年老叟，有些話還是一吐為快！雖然也明白，如今無論說甚麼話，都是多餘的！好吧，就在電腦螢幕上盡情發洩心中的鬱積吧！也許這是最後一次為不幸早逝的兒子動筆！兒其知否？

我的歉疚

元兒不幸告逝，父母親友都認為軍方應負主要責任，軍方也未曾否認。中央黨史會秦故主任委員心波先生曾告訴我，參謀總長郝柏村聞悉此事後「為之震怒」，下令調查。調查結果，應當就是國防部於七十一年九月二十六日發布之「（七一）橋桐字三四八八號令」中所述：

一、七十一年班（卅二期）第一梯次預官李肖元，於接受入伍教育期間，因中暑急救延誤致死，此一不幸事件造成國家社會損失，及學生家長無可彌補之傷痛。

二、各總部應轉飭所屬教育訓練單位澈底檢討改進，做好各項防範措施，爾後不得再有類似情事發生。

「急救延誤」，一方面指的是虎尾空軍基本訓練中心延誤送醫，一方面指的是八〇三醫院未能採取緊急有效醫療措施。肖元於七月十四日中暑昏迷送醫的，我當晚即趕到醫院。十五日晨甦醒過來後，醫院院長及主治醫師均認為危險期已過，繼續觀察就好。院長當面對我說：「沒事了，你可以安心回家休息一下。」主治醫師於元兒嚥氣後，也曾表示「我也好難過，想不到是這樣結果。」至於我，對於中暑的嚴重性一無所知，只信任醫院，以為沒甚麼危險了，簡直是無知、麻木！十八日晨與數位老同學搭車去台中參與霍校長梓坡先生之夫人喪禮，周樹桂兄警告說「不可掉以輕心」，討論轉院台北的可能性，可是已經來不及了！肖元已在同天早晨嚥下最後一口氣！好可憐的孩子！

我最不可原諒的無知行為，是沒有把肖元出事的事及時電話告知在美探親的妻子，直到元兒死去後才電話報喪。妻非常難過，氣憤，時常埋怨我，我自已也深感內疚，幾至於怨艾交錯，羞於啟口！我在〈泣告元兒〉一文中，曾寫出向家人告罪與求恕的一段話：

> 元兒，你最敬愛你媽，也最關心你媽。你在入營後寫回的家信和一次長途電話中，都殷殷以媽在美探親的生活為念，再三要我代你問候媽和姐姐。可是，元兒，爸今天不能不向你告罪——也向你媽和姐求恕，這次爸有意欺瞞了她們，並沒有把你的意外病變告訴她們。直到你已氣絕之後的八個小時，爸才掛越洋電

話告訴她們這一任何人都難以置信的人間慘事。她們當時所受到的劇烈打擊，是任何人都可以想像得到的。爸最初對她們的隱瞞，固然也是出於善意，但這一「善意」卻鑄成無法彌補的遺憾和歉疚，媽因此未能及時趕回見你最後一面，而你也在完全缺乏家人愛撫的情形下孤獨哀怨的逝去！爸對造作這一歉疚要負最大的責任，良心將永遠受到譴責！

父母所能做的事

儘管父母呼天喚地，也無法改變元兒亡故的事實！我們於哀傷欲絕之際，想到還能為元兒做些甚麼事呢！他在世的時候是我們的寵兒，未曾受到任何委屈；如今他走了，也希望沒有任何遺憾！妻自美返回台北家中的當晚，於痛哭一陣後，即開始設想我們應當也能夠為元兒做得到的幾件事。這方面，妻的思考比我冷靜而縝密，大部分事項都出於她的提議。我在〈八十雜談〉感憶文中曾慨嘆：「面對橫逆，夫竟不如妻！」

我們認定：元兒是因公殉職。他入營雖僅五日，然已具有現役軍人身分；於「天龍作戰演習」中殉職，應視同作戰陣亡，應由空軍方面負責治喪，我們希望軍方公葬肖元於台北新店近郊之空軍忠烈將士公墓。事實如此，空軍總司令部也有同樣認知，組成「李肖元同志治喪委員會」，登報公告，於七月三十一日在台北市民權東路市立殯儀館懷德廳舉行祭典，次年（民七十二，一九八三）三月二十九日革命先烈紀念日時，舉行隆重公葬儀式。七月三十一日之祭典，我夫婦於中央日報所登訃文中已表明「懇辭花圈花籃賻儀」，屆時卻有四百多位尊長、親朋、友好暨團體，致送輓額、輓幛、輓聯、花籃、花圈，親臨弔祭之各界友好也超過兩百五十人，包括十多位年高德劭的大老暨大師級前輩在內，氣氛之哀戚肅穆更令人感動。當晚，國立臺灣師範大學文學院院長李國祁兄再電話慰問，曾說：「我參加過無數次喪禮，未有如今日之悲傷難過者。」七十二年「三二九公葬」典禮，由空軍總司令郭汝霖主持，向肖元靈骨罐行舉手禮，親手覆蓋一面國旗。此後，元兒即長眠於此風景秀麗有如公園的空軍公墓，名登國軍忠烈將士名錄，長期接受國家的禮敬與照顧。好多次去公墓為元兒送花時，我曾自言自語：「兒呀，你有這麼個好地方安身，命運比爸好多了；爸不知道自己身後歸骨何處，肯定沒有你這樣安適！」

元兒是經過嚴格考試而錄取的空軍政戰預備軍官，雖然未受畢一年的預官訓練，卻是因公殉職，應當得到褒揚；且志在研究與國防科學有關的光學，因此我們希望空軍基訓中心能專案呈請國防部，請求提前授肖元以空軍少尉官階。我們把這意見向空軍基訓中心指揮官葉文培提出來，他表示同意，並建議依據法令，以請求追贈為宜。基訓中心的公文由空軍總部轉呈國防部；當時國防部部長是宋長志上將，參謀總長是郝柏村上將，兩位亦均同意空軍基訓中心所請，簽報總統蔣經國先生核准。十月二十日，總統府發布台會〇四九一號〈總統令〉，文曰：

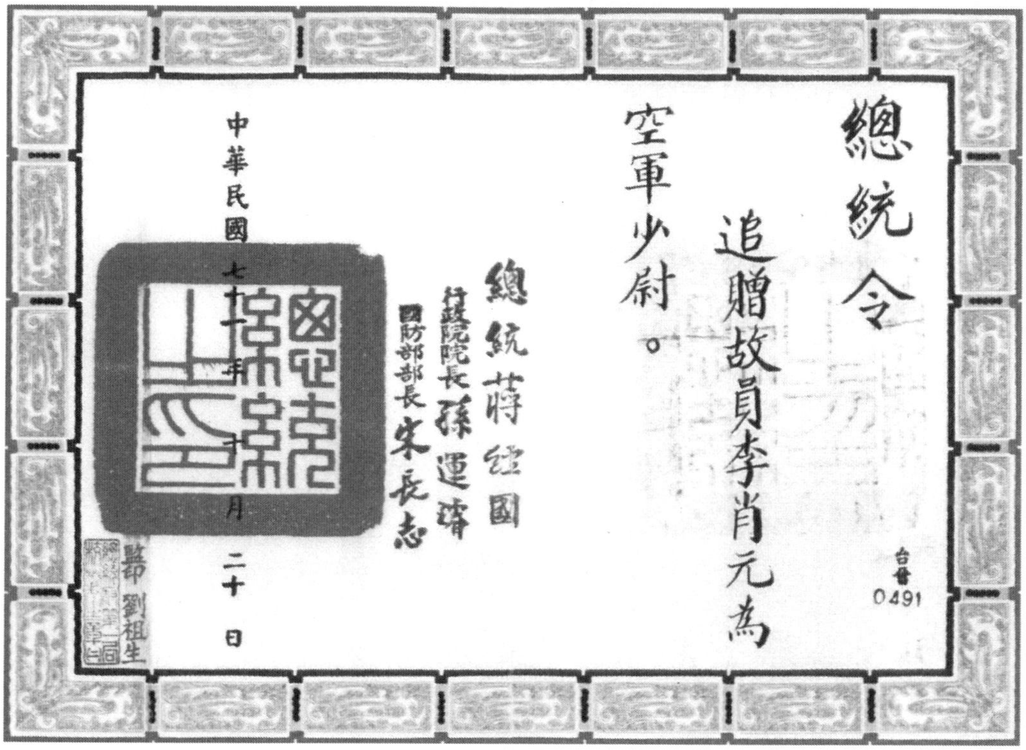
總統令

追贈故員李肖元為

空軍少尉。

總統蔣經國

行政院院長孫運璿

國防部部長宋長志

中華民國七十一年十月二十日

0491

監印 劉祖生

追贈故員李肖元為空軍少尉

這件事，我於〈吞淚慰兒魂〉紀念文中，告訴元兒：

你是在預官訓練期間，因參加作戰演習而殉職，應當得到應有的褒揚。媽是第一個注意到這事的人，這也是家人親友們共同的願望。感謝你軍中長官的愛護，尤其感謝總統的關懷，你終於獲准追贈為空軍少尉。總統頒給你的追贈令，爸已加以護貝作為傳家之寶，只要這個家存在，這份象徵你生命光輝的總統令就會妥善保存著。這是你短暫一生中，最後獲得的一項榮譽！

內子所提議，最具教育意義的一項紀念行動，是在肖元母校母系——國立交通大學電子物理學系，設置「李肖元同學紀念獎學金」。肖元祭典過後六天——八月六日，我夫婦聯名寫信給國立交通大學校長郭南宏先生，提出願提供台幣貳拾伍萬元在電物系設置獎學金計畫，郭校長於同月十二日復函同意，並謂電物系主任郭義雄博士亦甚贊同，於是以肖元獎學金嘉惠其學弟妹的規劃成為事實。首期獎學金頒發典禮於十一月二十四日下午舉行，郭校長親自主持，我應邀前往參加，於講話時幾乎哽咽失聲。首期獎學金一萬二千元，因基金利息未到期，由交大先行墊付，其後交大並未收回此款，郭校長的盛意也叫我感動。此項獎學金以獎勵修習光學及電磁學課程成績優良學生為主，每學期獎勵兩名。至民國九十九年（二〇一〇），我們又再度提供伍拾萬元，以延續辦理，期於久遠。獎金原定每人每次為六千元，至本（民國一〇四）年我夫婦有感於金額偏低，建議增加為一萬二千元，交大立即同意執行。如今受惠學生已逾百人，早期獲獎者已是國家建設陣營中之有力幹員，等於肖元間接對國家社會作了貢獻。中國國民黨中央常務委員暨中央日報社董事長曹聖芬先生，於聞悉肖元變故後，立即來信慰問，希望我「達觀順變，推切切之心以愛天下青年。」今日我願以感激心忱奉告已駕鶴西歸的老友：「聖老，你的囑託我未曾間斷的盡心盡力去做，請安心吧！」

肖元在他母校母系的遺愛，尚不止獎學金一項。他留下了不少書籍，中英文都有。有關科學方面的中英文書籍三百多種，由媽親自檢選編目並加蓋「李肖元藏書章」，決定贈送給交大電物系館，供他的學弟妹們應用。這批書，由交大訓導長戈武教授與電物系主任郭義雄博士一道來我家運去，兩位也對肖元藏書之多，表示驚異。另一件事，是電物系於兩年前開始籌建新系館，接受系友捐獻，我也代肖元捐贈伍萬元，系館建成後的徵信題名碑上，也會有李肖元的姓名。

另一件父母為肖元身後做的事，是強忍著悲痛，為兒子編印了一冊紀念集《幼鴻啼痕　悼惜李肖元這個年輕人》。於卷首肖元遺照、總統追贈令、國防部令等文件外，主要內容有兩部分：一為肖元一生的成長過程圖集、自幼稚園至大學之學業成績及課外（含校外）活動紀錄、作業、作文及日記，都依原件製版影印；一是肖元告逝後喪祭實況、悼念文字、唁慰信函、紀念獎學金文件暨肖元贈送交大電物系系館書籍書目。我夫婦於〈編後小語〉中說明我們的心意：

> 肖元不幸早逝，他留給父母師長親友們的只是無盡的痛惜與懷思。把這些痛惜和懷思保存下來，聊作肖元這短暫一生之惟一的，也是永久的紀念罷！也由於這一冊書，肖元將永遠活在愛護他關心他的人們的心裡！

這冊紀念集，承中華印刷廠副廠長姚步堅的協助，於肖元公葬日前夕印竣，以是得於肖元墓室中放置一冊。另外，放置了肖元喜愛的一管橫笛和一冊《唐詩三百首》。這冊紀念集，於贈送親友外，也寄贈肖元小、中、大學母校的圖書館及獲得肖元獎學金的交大電物系同學們，曾獲得熱烈的回應。我於元兒殉職一週年所撰〈此情此心〉文中，曾作如下的告白：

> 所編《幼鴻啼痕》，如期在今（七十二）年三月二十九日元兒公葬的前夕印成，也如期送到了尊長師友親朋和同學同志們面前。妻和我表達的心意雖屬有限，獲自各方友好們的安慰、鼓勵和期望，卻無窮無盡。從古稀高齡的碩學師尊，到熱血滿腔的青年學子；從散居國內各地的同道同好，到各國史界的友好學者；

一封封、一件件的信函和卡片紛紛寄來，是如此熱誠的溫暖了我們的心。我夫婦以虔誠悚惶的心情一一展讀這些來札，不知流過多少感激卻又感傷的眼淚！

這些回應信札，我都摘要輯錄於〈同聲泣悼　同心奮勵〉文中。交大郭南宏校長講了很多慰勉的話，要把《幼鴻啼痕》存放校長室「永久珍藏」。台中逢甲工商學院（今逢甲大學）院長廖英鳴則把我的三千元演講費移作李肖元獎學金，也使逢甲學生曉得李肖元其人其事。國立臺灣大學校長孫震（伯東）兄要我「節哀奮發，為國珍重」，「中年之身，不宜常存悲戚。」素不相識的退休公教人員井健文、蔡亞鏡夫婦，從肖元日記中得知肖元願與母親「熱茶共飲」，因而從南投中興新村寄來一封長信暨高級烏龍茶一罐，建議我夫婦每晨沏一盃熱茶，供奉肖元遺像前，「如同晤對」。他如高級中學教師謝仲芳、高中女學生曹涵馨、楊蕙瑛、旅居美國的林美雲、劉曉蕙等女士，都不相識，然從他（她）們真情流露的信函中，獲得極多的安慰。曹涵馨曾寫來兩封信：前信說：「相信他（肖元）並沒有死，他的精神一直與正義共存。」後信則說：「我會再去一次空軍公墓，去看一位血性的男兒。我要讓我的同學也知道，在他的忠魂佑護下，中國會更強。」元兒地下有知，也該會欣然接受這位青年知音的禮讚吧！

親情永在

元兒舉殯前後，不少同學、朋友來信勸我夫婦「節哀順變」、「心志堅強」、「化哀傷為力量」，我倆萬分心感，也想盡力向這方面去想，去做。然而，父母與子女血肉相連，親情是無法割捨，也無可取代的！一年、十年、二十年、三十年的歲月過去了，元兒的聲音笑貌仍然不時出現在腦際，覺得他仍然是這個家庭中的一份子！他的形體雖已消失，父母卻認為他的靈魂仍然陪伴在我們周圍；我為了排遣思兒情緒，常常假想肖元能夠聽得到父母對他講的話！

我們盡可能的利用各種方式，與元兒「接近」。最直接的管道，是時常去空軍公墓探視他，為他送去鮮花，為他清理墓園的花草樹木。元兒墓地四角的四株龍柏，是表弟楊學晏遠從中部防地選購栽植的。後面桂花玫瑰花等多種花卉，則是父母親選親植。可惜，父母從陽明山選購的兩株名貴盛開牡丹型玫瑰，種植在平面墓碑兩側，卻被愛花的雅賊偷走了！當然，每次去公墓探視元兒，也都會哀思洶湧，不知落過多少酸淚！我手稿《西河吟》裡有一首詞，最足以說明我公墓探兒時的心情：

來一次，又一次！心摧神傷墓草碧，兒魂在何處！
夏陽驕，秋雨急！花落草黃飛雁啼，淚洒精忠路！

元兒逝後十數年間，父母每隔兩週，就會去公墓探視兒子。我在紀念元兒殉職兩週年所寫〈吞淚慰兒魂〉中，也曾告訴元兒：

> 國家把你葬在新店空軍烈士公墓，和你相伴而眠的都是為國捐軀的青年志士。每隔兩週，爸媽就一定會去公墓看看你，帶去你最喜歡吃的，用的，也告訴你家裡以及國家近來發生的大事。爸媽親手為你澆水，除草，把墓園整理得乾乾淨淨，花草樹木都特別茂盛，叫你在同伴面前堪以自豪。告訴你：爸媽約定無論何時去看你，都是兩人一道去，讓你同時見到爸媽，會格外高興。不管春夏秋冬，不管風雨陰晴，爸媽絕對按時前往，不會要你失望，一直到最後我們也倒下去的時候。

然而，時間與空間的變化，會沖淡一切。公務的羈絆以及出國探親等行動，都使得我們不能不放緩公墓探兒的行程。近十年來，我們只有在元兒生日、公葬日、忌日、中元節、軍人節、春節等日子，才去公墓為元兒送花。女兒女婿及孫兒們自美返台探親時，也要陪他們一道去公墓送花追思。如今我們也都是坐八望九的白髮老人了，體力已有所不濟！而且也已看開了「生死關」，不再嘆息，不再飲泣！今年元兒殉職三十三週年紀念日，我夫婦沒有特別的安排，晨間去公墓為元兒送花，只說一句話：「小元，爸媽來看你了，我們不知道還能來幾次！願你平安的長睡此地！」公墓說話的機會少了，夢中見面的次數近來卻增多，昨今兩夜，元兒都曾出現在我的眼前！

「接近」元兒的另一門徑，是翻閱他遺留的照片、書籍、文件及遺物，或是翻閱放置案頭的《幼鴻啼痕》與《西河吟》。面對這些形象或紀錄，有時也會自言自語的獨白幾句：「喪兒三十多年的孤苦歲月過去了，不知自身來日尚有幾許！」

為紀念元兒，我的書房與妻的畫室都定名為懷元廬。妻曾刻過篆字「懷元廬」的圖章，於畫作完成後與姓名章同時加蓋其上。我寫文章，結尾於民國年月日之後，加書「李雲漢筆於懷元廬」字樣。在南投中興新村教堂做牧師的小學師長趙建修先生，於讀到我紀念黃季陸先生的文章，發現文尾「懷元廬」後，寫信來再申悼惜心意：「不禁為之黯然」。我一生從事於文墨，除已出版及已發表的著述外，還有不少「未刊稿」。近來大略整理一下，可有十種，擬編輯為一套叢書，取名為《懷元廬存稿》。為思念元兒所寫的詩文集《西河吟》，將列為叢書第九種《家乘》中。

十二年前，由興隆路老家遷來木柵路新住所，空間小了，不少書物不能不割愛贈讓或毀棄，元兒的書物則保留了一小部分，帶來新家。我臥室兼書房的書櫥保留了一格，放置肖元遺留的書物。飯廳靠壁的短檯上，放置著我的中山學術著作獎獎牌，榮貞所獲國畫銅駝獎牌，以及象徵肖元精神狀貌的蹲姿瓷質小雄獅。這座小瓷獅，是我在肖元讀小學時送給他的生日禮物，希望他長大後真如雄獅般的雄豪威風。

日前翻讀《幼鴻啼痕》，發現肖元成功大學同學林哲昌所寫〈成思〉紀念文中，亦曾戲稱肖元是頭雄獅。哲昌文中說：

> 翻閱相簿，往事一幕幕湧現眼前，中山公園與您合照，曾戲謔您是頭雄獅，而我是隻睡獅，猶見您那幅高大的身軀迄立身旁，那幅可人的笑容，令誰都無法不想不接近您。

談到生日禮物，家人一向沒有彼此贈送禮物的習慣。兩個孩子慢慢長大後，卻懂得送賀卡給父母。寧、元姐弟倆，喜歡在父母生日前一天夜間，悄悄的把賀卡放在父母書桌上，次早起身一眼就看到，讓父母感到驚喜。民國七十年（一九八一）秋，寧兒去美國留學了。七十一年（一九八二）四月給爸媽的生日賀卡，是元兒自己精選的，別出心裁。沒想到，同年七月他竟與爸媽永別了！次（七十二）年，意外的，妻和我生日那天，分別收到了一件賀卡，寄卡人是「交通大學電子物理系同學」。他們曉得肖元每年都寄生日賀卡給父母，想代替肖元盡一分孝道。僅僅是兩份生日賀卡，卻反應出最寶貴的人性光輝，也可見元兒與同學間真摯的感情。我在〈此情此心〉文中，感慨言之：「這份真情至性的心意，也反應出元兒在世時和同學相處的融洽，親愛有如兄弟。元兒雖逝，他的同學願意代他行孝，能不說是他真誠待人所得到的回報！」

朱百齡君的紀念詞

民國一〇二年八月，收到肖元交大同班同學兼室友朱百齡自美國寄來的一封信，說：「七月十八日是肖元逝世紀念日，我照例發表悼詞，表達懷念之情。」朱信中附有他最近五年對肖元的悼念詞：

一

民國九十八年七月十八日，肖元逝世二十七週年：

緬懷高導

二

民國九十九年七月十八日，肖元逝世二十八週年：

麗澤情深
盍簪誼重

三

民國一〇〇年七月十八日，肖元逝世二十九週年：

故園親友如相問
愧我胡塵尚未收

四

民國一〇一年七月十八日，肖元逝世三十週年：

故人何在前程

五

勉成國器

民國一〇二年七月十八日，肖元逝世三十一週年：

對於紀念詞的來源及涵義，朱百齡都有說明。於「勉成國器」一詞，朱的說明是：

楊震曾說：「肖元如果在世，應能為國家社會做一番事。」我有時不免自問，肖元如果在世，要我以一句話相贈，我該說什麼？「勉成國器」語出我桐城派後期掌門吳汝綸氏對桑梓後代的深耕期許。汝綸先生放下京師大學堂的總教習不做，卻歸鄉創辦桐城中學堂，上世紀前半葉先父「由縣立中學而省立法政學校。後輟學從軍，參加國民革命行列」，故我也是汝綸先生百年樹人的受惠人。今年我以此四字緬懷前賢，悼念肖元，肖元如果在世，定能受之無愧，為國家為社會成就大事。吳汝綸係我安徽省桐城縣高甸鄉人，其宅邸距我朱家灣莊朱家老屋故居約十公里。

朱百齡上文提到的楊震，也是朱與肖元的同班同學。朱信也附寄一份楊震寫給他的信，述說他去新店空軍公墓為肖元送花的情形，也說了一段惋惜又推重的話：

這個月很忙。下個月會找個時間去新店空軍公墓，憑弔李鳥。他的死令人惋惜不已，就像隻大鳥在眾人的歡呼注目下正要展翅高飛，卻突然折翼。如果他沒離開，他今天對社會的貢獻絕對超過我們。我們以自己的方式悼念李鳥吧。

我於八月十七日復函朱百齡，謝謝他，也告訴他：「肖元地下有知，也一定因為有你幾位志同道合的同窗好友，而深以為慰，為榮。」民國一〇四年一月間，收到朱百齡的一份明信片，告訴我數事：「元月五日係肖元五十五歲誕辰，每年的這一天，我都無限傷感。」「一年前我購得李伯伯『幼鴻啼痕』一書，閱後感覺往事一幕幕又浮現眼前。」「今年我擬以『巍巍鄴架，孜孜力學』八字，悼念肖元。」我與內子讀過後，都哭了，一月十五日復信朱君致謝時，忍不住又再流淚。元兒能有如此情深義重的同學知己，父母也引以為榮！

不負此生

老年殤子，是人生三大不幸之一，我夫婦罹焉！天乎！命乎！元兒之逝，帶走了全家的歡樂與希望，我夫婦頓時陷於孤苦絕望境地！所幸內子理智明達，終於攜手度過那段哀傷欲絕的悲苦時日，能夠面對現實，益自惕厲。我在〈八十雜談〉文中，披瀝心愫：

內子和我攜手共度十多年來的悲苦慘澹歲月，她顯得比我更理智，更堅強，更決斷。我真的是由衷的欽佩她，感激她！以一弱女子，能卓然自拔於常人所無法忍受的悲慘境遇，而能予我以最大的支助，反使我自愧枉為七尺之軀！

說真的，內子是我家的掌舵人，內內外外都靠她一身承擔。她持家治事能力及敦友睦鄰胸襟，都非我所能及。我深自慶幸有此賢內助！有了她，我們才能一步步走過三十多年的坎坷路，以老而健者的姿態，迎接冉冉而至卻也能坦然自適的黃昏歲月！

坦誠言之，我自己也不是個懦弱無能，是非不明的白癡！我也能冷靜應付橫逆，把眼淚吞進肚裡；更能於學術研究及行政職責範圍內，惕厲奮勉，克盡忠誠，最後為畢生志業劃下完美句點。我在元兒殉職次日所寫〈元兒，爸媽為你驕傲〉筆談文中，告訴他：「爸教你負責盡職，爸自然也要負責盡職。爸不再流眼淚了，只願埋下心願：以未來並不甚長的餘年，作個鞠躬盡瘁的老硬漢！」三十多年後的今天，我有足夠的理由告訴元兒：「爸沒有說謊！爸做到了！對國家、社會、家庭、親友，作了最大誠意的付出，感到：於人於己，無愧無怍；年屆耄耋，不負此生！」

中華民國一〇四年（二〇一五）十月二十二日，李雲漢感憶於台北文山木柵路三段「仁普世家大廈」六樓寓所。年已八十晉九，健康狀況也日益衰退，憶念往昔，良可慨也！

叁　尾語

閒話雲漢

「雲漢」，是我的學名。

我七歲入讀塾學時，師傅是族伯父李蓮亭先生。他是長輩，一直叫我的乳名——家鄉人稱之為「小名」：「元吉」。這乳名，不曉得是父親還是其他長輩所命，小時候也不知道它代表什麼意義，只聽長輩們說，我這名字比其他堂兄弟們的名字文雅、吉祥。成年後查字典，才曉得這兩字代表的意義是大吉、大福。台北三民書局編纂之《大辭典》上冊三三八頁「元吉」條的解說是：

> 大吉，大福。〈易・坤・象〉「黃裳元吉」。疏：「元，大也。以其德能如此，故得大吉也。」〈文選・張衡・東京賦〉「祚靈主以元吉。」注：「元，大也。吉，福也。」

九歲那年，父親要我和大堂兄（叔父喜亭公之長子）改讀新式學堂——趙家嶺初級小學，從二年級開始。教師是楊振華先生，受父親之託，為我兄弟倆各取一學名。父親告訴楊老師，我倆是李家第二十一世孫，雲字輩。楊老師考慮了一天，才宣布大堂兄的名字是「雲龍」，我的名字是「雲漢」。他並以大紅紙條正楷寫出我倆名條，貼於書桌左上角，以便其他同學們辨認。楊老師的書法非常好，給我留下了畢生難忘的印象。

我喜歡「雲漢」這個名字。那時候，還不大懂事，只覺得它在字義上。予人以清逸高潔的感覺。尤其喜歡這個「漢」字，它代表漢朝——中國第一個威名遠播的盛世；也代表漢族人——大民族，中國真正的主人；更代表「漢子」——是個頂天立地的好男人。我覺得，「雲」與「漢」聯結在一起，象徵著一種無形卻有動感的榮耀。

小學四年級時，孫鴻祿老師才告訴我，我這名字源出《詩經》，係指天河，英文叫作Milky Way。出自《詩經》何處？有何意義？當時還是很茫然。成年後閱讀《詩經》，才發現《大雅》部分有兩篇詩和我的名字有關。一是〈棫樸〉篇，其第四段首兩句：

> 倬彼雲漢，
> 為章于天。

另一篇是〈雲漢〉篇，開頭兩句即是：

> 倬彼雲漢，
> 昭回于天。

兩詩中的「雲漢」，都是指天上的銀河，寓高遠超脫之意。中學時代的一位同學滕欣隆給我起個別號「翔如」；來台灣在行政專修班當助教時，我請講授國學的浙江籍老教授錢逸塵（名法學家阮毅成教授的岳父）給我起個別號，他順口而出：「倬吾」。兩位都是依據《詩經》，我覺得有點平俗，沒有採用。

後來讀唐詩，也發現「雲漢」一詞被詩人們寫進了他們的作品中。詩仙李白膾炙人口的〈月下獨酌〉，共十四句，最後兩句是：

永結無情遊，
相期邈雲漢。

韶州曲江籍以感遇詩知名於當時的張九齡（子壽），寫過一首〈奉和聖製圖經華山寺〉，有句曰：

萬乘華山下，
千巖雲漢中。

還有一位唐代名詩人沈佺期（雲卿），在一首題為〈侍宴〉（亦作〈侍宴安樂公主新宅應制〉，安樂公主係唐中宗第八女。）的七言律詩中，開頭就寫出：

皇家貴主好神仙，
別業初開雲漢邊。

「雲漢」不僅見於唐詩，且曾出現在宋代大文豪蘇軾（東坡）的文中。東坡寫過一篇〈潮州韓文公廟碑〉，結尾以一首長詩歌頌韓文公（愈）的生平，開頭三句：

公昔騎龍白雲鄉，
手抉雲漢分天章，
天孫為織雲錦裳。

《大辭典》「雲」字詞目中，有「雲漢」一條（下冊，五一八四頁），記有東漢桓帝時人劉爽畫「雲漢圖」事：

〈博文志校證・佚文〉「劉爽，漢桓帝時人。曾畫『雲漢圖』，人見之覺熱；又畫『北風圖』，人見之覺涼。」

由於「雲漢」一詞有此文學史上的淵源，因而有不少人取之為名。依我所聞知，有十數位同姓同名及異姓同名的人。同姓同名的人，有三位：一位是中國國民黨中央委員會在臺早期所設立的中央月刊社中，有位管理賬目的老先生，叫李雲漢，我未曾和他見過面；一位是韓國獨立黨領導人金九的自傳《白凡逸志》中記載的那個李雲漢，是個大壞蛋，叛徒；一位是大陸陝西省一名文化幹部李雲漢，是在電視上發現的，不知道他的底細。異姓同名的人，有六位。抗日戰爭（一九三七－一九四五）時期，在報紙上看到有名國軍將領，成雲漢；湖南省有位第一屆國民大會代表，張雲漢；我在陸軍步兵學校接受預備軍官教育時，曉得高級班裡有位上校軍官：陸雲漢；一九九九年十月十六日美洲《世界日報》披露：一位一百零九歲的瀋陽人瑞閆雲漢，於此年九九重陽節前夕，登上了長城。這幾位「雲漢」，我都不認識。在台北，有兩個「雲漢」曾經見過面，講過話：一位是國防部情報局前副局長高雲漢少將，也是位研究大陸問題的專家；一位是中央研究院研究員，台灣大學教授，蔣經國國際學術交流基金會執行長朱雲漢，是位優秀的政治學者，經常發表政論性文章。有次他在《聯合報》發表的文章，編者竟將作者朱雲漢誤排為李雲漢，平添一段趣聞。

台北市有座巍峨莊嚴的「中正紀念堂」，位於中山南路、信義路、杭州南路、愛國東路四大幹道之間。正門面向中山南路，門名原為「大中至正」，後改「自由廣場」。進門後，即是寬廣的瞻仰大道。大道兩側，是公園，有兩個大池塘：左邊那個名曰「光華池」；右邊那個稱為「雲漢池」。一位由美國回來的學術界朋友來中正紀念堂遊覽時，發現了「雲漢池」，竟興致勃勃的來到我中央黨部內的辦公室，向我道賀，說：「中正紀念堂的名池能以大名命名，足見老兄成就非凡，恭喜恭喜。」這話，把我弄糊塗了！只能很誠懇的解釋：「我真的不曉得這池命名的由來，那『雲漢』和我這『雲漢』，毫不相干。」我講的是實在話，直至今天，我並不曉得中正紀念堂的「雲漢池」為何人命名，以及其命名的意旨為何。

我的「悠悠」釋義

決定編纂這冊自敘傳之初，本想取名為「雲漢悠悠」，因為「悠悠」兩字，很適合我的個性與境遇。後來發現一位文學作家姜貴所寫「第一人稱自白式的小說」（台北：時報文化出版事業有限公司出版，民國六十七年一月）取名為《雲漢悠悠》，心想何必與他人著作採同一名稱！一度想改題為「我生悠悠」；幾經考慮，最後才定名為《雲漢悠悠九十年》，這就沒有兩書同名的問題。其實，姜貴的書與我這冊自敘傳，截然是兩碼子事，不可作「等量齊觀」。關於「雲漢」，姜書只是把「兩個地名」（連雲港、漢口）連接在一起，完全沒有創意；至於「悠悠」，姜竟解釋成「有無可奈何的意味」，更令人百思莫解，甚至感到遺憾！也因此，想對我心目中的「悠悠」意涵，作一說明。

提到「悠悠」，首先想到的是初唐才子陳子昂（伯玉）那首千古絕唱〈登幽州臺〉詩：

> 前不見古人，
> 後不見來者，
> 念天地之悠悠，
> 獨愴然而涕下！

天地悠悠，何等幽情與氣勢！但這只是陳子昂的感慨，我還想查查此一詞語在其他時、地、人的情境中所表達的涵義。先查查辭典。手頭一本小字典《標準學生字典》（台南：世一文化事業股份有限公司編印，二〇〇四年七月）的簡明解釋是：閒逸舒適的樣子、渺遠的樣子、深思的樣子；《大辭典》（台北，三民書局編印本，民國七十四年八月））依據古今各家用法，綜合為六項解釋：深思、憂思的樣子、悠長遙遠的樣子、安閒的樣子、周偏流行、眾多、平庸凡俗。我也發現，「悠悠」的涵意，係隨了詞主的身世、性格、處境、心態的狀況，而有所異同。《詩經・鄭風、子衿》中的「青青子衿，悠悠我心」，與崔顥〈黃鶴樓詩〉中的「白雲千載空悠悠」，王勃〈滕王閣序〉中的「閒雲潭影日悠悠」，意境完全不同。我始終認為：「悠悠」用到我身上，係代表我的生活情境與人生理念：恬淡自適，爽然自安，在穩定卻也並不平坦的志業道路上，悠悠蕩蕩的進入了九十高齡。回顧前塵，卻也無愧無怍，自得其樂。

內容上，本集包括三部分：首列〈總述〉，是我九十歲以前的生平概述；末附〈尾言〉，說明「雲漢」、「悠悠」的意涵；主體部分則為〈散記〉欄內的三十六篇憶述性文字。這些文章的排列，大部分係按時序先後，也有一兩篇例外。最早的一篇是〈我的小學時代〉，憶述七歲至十五歲童年時代就學過程；最晚的一篇是八十九歲之年所撰〈兒喪三十三年〉，為紀念我兒肖元不幸早逝的末篇悼念文。由於各篇撰述的時間不同，其間難免有重疊或重複的地方。我在做統一校訂時，已儘量注意做到聯貫且不重複，但有些重要的關節及引文，還是不好輕易割裂。我也盡可能的求實、求全、求精、求確；然老眼已有些昏花，還是不敢保證絕無魯魚亥豕之誤。好在這只供自己、家人及少數知己好友們作消遣，不必計較其學術水準；「自我感覺良好」，就好。

中華民國一百又五年（二〇一六））二月二十九日，李雲漢筆於台北市文山區木柵路三段六十九號六樓之三寓所。年已九十，思路尚無大碍。盼有餘年，可以完成《懷元廬存稿》及《雲漢家乘》兩項整編計畫。

血歷史121　PC0711

新銳文創
INDEPENDENT & UNIQUE

懷元廬存稿之一：
雲漢悠悠九十年

作　　者　李雲漢
責任編輯　洪仕翰
圖文排版　周妤靜
封面設計　葉力安

出版策劃　新銳文創
發 行 人　宋政坤
法律顧問　毛國樑　律師
製作發行　秀威資訊科技股份有限公司
114 台北市內湖區瑞光路76巷65號1樓
電話：+886-2-2796-3638　傳真：+886-2-2796-1377
服務信箱：service@showwe.com.tw
http://www.showwe.com.tw
郵政劃撥　19563868　戶名：秀威資訊科技股份有限公司
展售門市　國家書店【松江門市】
104 台北市中山區松江路209號1樓
電話：+886-2-2518-0207　傳真：+886-2-2518-0778
網路訂購　秀威網路書店：https://store.showwe.tw
國家網路書店：https://www.govbooks.com.tw

出版日期　2018年5月　BOD一版
定　　價　700元

國家圖書館出版品預行編目

懷元廬存稿之一：雲漢悠悠九十年 / 李雲漢著. --
一版. -- 臺北市：新銳文創, 2018.05
面；　公分. -- (血歷史；121)
BOD版
ISBN 978-957-8924-13-0(平裝)

1. 李雲漢 2. 回憶錄

783.3886　　107004633

讀者回函卡

感謝您購買本書，為提升服務品質，請填妥以下資料，將讀者回函卡直接寄回或傳真本公司，收到您的寶貴意見後，我們會收藏記錄及檢討，謝謝！

如您需要了解本公司最新出版書目、購書優惠或企劃活動，歡迎您上網查詢或下載相關資料：http:// www.showwe.com.tw

您購買的書名：________________________________

出生日期：________年________月________日

學歷：□高中（含）以下　□大專　□研究所（含）以上

職業：□製造業　□金融業　□資訊業　□軍警　□傳播業　□自由業

□服務業　□公務員　□教職　□學生　□家管　□其它______

購書地點：□網路書店　□實體書店　□書展　□郵購　□贈閱　□其他

您從何得知本書的消息？

□網路書店　□實體書店　□網路搜尋　□電子報　□書訊　□雜誌

□傳播媒體　□親友推薦　□網站推薦　□部落格　□其他__________

您對本書的評價：（請填代號　1.非常滿意　2.滿意　3.尚可　4.再改進）

封面設計____　版面編排____　內容____　文／譯筆____　價格____

讀完書後您覺得：

□很有收穫　□有收穫　□收穫不多　□沒收穫

對我們的建議：________________________________

____

____

____

請貼
郵票

11466
台北市內湖區瑞光路 76 巷 65 號 1 樓
秀威資訊科技股份有限公司 收
BOD 數位出版事業部

（請沿線對折寄回，謝謝！）

姓　　名：＿＿＿＿＿＿＿＿ 年齡：＿＿＿＿ 性別：□女　□男

郵遞區號：□□□□□

地　　址：＿＿＿＿＿＿＿＿＿＿＿＿＿＿＿＿

聯絡電話：(日) ＿＿＿＿＿＿＿＿ (夜) ＿＿＿＿＿＿＿＿

E-mail：＿＿＿＿＿＿＿＿＿＿＿＿＿＿＿＿